21 世纪法学系列教材配套辅导用书

商法练习题集

（第四版）

主　编　林　嘉

撰稿人　（以撰稿先后为序）

戴　晨　余辉庆　陈　闯

钱　源　李　哲　魏　丽

张　敏　李俊杰　陈文涛

王　琦

中国人民大学出版社

·北京·

编写说明

面对高等法学教育中的种种现象，我们感到困惑，也产生了很多的忧虑：十年前的时候，法学专业是所谓的“热门专业”之一，现在的热门专业排行榜早已不见了“法学”的踪影；法学本来是很“专业”的专业，但在目前法学专业毕业的学生求职的时候，很多用人单位感觉法学学生似乎最没有专业；很多学生学了四年的法学专业，知道了很多法律上的专业名词，在被问到一个案子如何处理的时候，可以侃侃而谈、头头是道，满口专业词汇，甚至德国如何规定、美国有某个新鲜的理论，但是就是不知道中国怎么规定，这个发生在中国的案子究竟该如何解决；等等。这种现象似乎可以称为“专业教育的非专业化”。2005 年贺卫方教授在网上宣布停止招收研究生，就是针对现在考研过于注重公共课程、不注重学生对于专业的喜好这种现象而进行的挑战。法学教育中出现的这些现象，可能与整个大的教育背景有关。很多文科的学生进入大学后，“一半时间在学外语，一半时间在打游戏”。因为文科的期末考试都比较简单，学生混个学分顺利毕业是不成问题的，很多学生对专业的学习都是考试前一个月甚至一个星期前死记硬背对付考试，所以有人戏称，有些文科学生大学四年实际上是学了八个月甚至更少。我们在抨击应试教育而强调素质教育的时候，却把专业教育给“晾”了。这种“不专”的现象，已经引起了很多法学教育工作者和从业者的忧虑和不安，长此以往，不仅对我们的法学专业学生会造成不利影响，极而言之，可能对我国的法学教育造成戕害。因此，我们建议，法科的学生还是应该学好专业，把这个专业性很强的专业修炼成自己的看家本领，从而能够以专业而谋得生存、谋得尊重。

大学生也做练习？可能有人尤其是一些文科的学生会带着嘲讽的口吻反问。理工科的大学生在学习的过程中做练习、做实验，都是很平常的事情，但是在文科的学校、院系，做练习似乎成了稀奇的事情，有的大学生也因此感到了大学与中学的“根本不同”。但是，我们专门为法学专业的学生组织编写了这套“练习题集”，就是主张法学学生在平时学习的时候也应当同步进行练习自测。这个设想就是基于以上的疑惑和忧虑而来的。我们希望，通过同步练习，帮助和促使同学们切实地掌握本学科的知识，熟悉我国现行法的规定，并对一些学术前沿问题有所了解。说得大一点，我们要为法学教育的“专业教育”作出一点努力。

具体来说，这套书希望达到以下目的：

1. 帮助学生系统掌握本学科知识。修完一门课程，并不是拿到学分了事，要真正掌握本学科的一些“门道”，至少要完成入门的工夫吧。这套“练习题集”设计了“知识逻辑图”栏目，详细勾画了一章内容不同知识点之间的逻辑关系。设计了各种题型的自测题，突出了重点，提供了详细精辟的答案分析，不仅可以开阔学生的眼界，帮助同学们了解不同类型考题的不同形态，掌握其解题方法，而且可以培养和增强学生的适应能力。除了每章的自测题外，全书还专门设计了三套综合测试题，同学们可以在学完本门课程后自己测验一下学习的效果。

2. 帮助学生通过国家司法考试。法学专业的学生系统学习四年过后，通过国家司法考试应当是顺理成章和轻而易举的事情，事实上，情况不是这样，只能表明某些同学平时的专业学习还浮在表面。这套“练习题集”从历年国家司法考试（律师资格考试）的试题中精选了部分经典的试题，帮助学生了解司法考试的难度、角度和形式，并进行有针对性的学习和复习。

3. 帮助学生准备考研。一方面从一些法学名校（如中国人民大学、北京大学、中国政法大学等）历年考研试题中精选了部分试题，另外，这套书专门设计了一个“论述题与深度思考题”栏目，以拓展学生学术视野，对考研的同学掌握论述题的答题方法和技巧亦有较大帮助。

我们的思路可归纳为：通过似乎回到“应试教育”模式、进行同步练习这样一种“俗”的方式，来达到我们强化“专业教育”的大而不俗的目的。

这套“练习题集”一共包括14本，对应着14门法学核心课程，是“21世纪法学系列教材”的配套辅导用书。不得不提的是，“21世纪法学系列教材”自2000年出版以来，被全国众多法律院校师生选用，有的教材比如王利明教授的《民法》印销数量已经达到了30万册之巨，14门核心课的教材平均印销量也在10万册以上。10万册书背后就是10万位甚至更多的读者。这么多读者的厚爱与支持，让我们感到责任重大。我们唯有不断提高服务来作为回报！“21世纪法学系列教材”目前已经有了核心课教材、核心课教学参考书、选修课教材、案例分析教材、双语教材等多个子系列，共80余种，现在又增加了这套“练习题集”。这么多品种，目的就是一个：让使用我们教材的老师、同学有更多的选择，能够满足老师、同学们更多的需求。我们希望，这套大型的“21世纪法学系列教材”能够不断补充、完善，让使用这套教材的老师、同学们满意，也为我们国家的法学“专业教育”作出自己应有的努力！

编 者

2006年2月

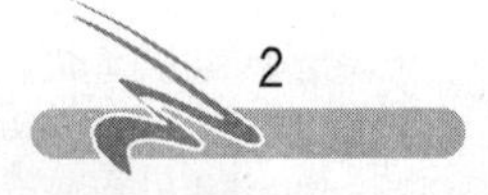

第四版修订说明

《商法练习题集》（第三版）出版以来，立法机关先后对《公司法》《证券法》《保险法》等商事法律进行了一系列修改，尤其是2013年《公司法》修改后，将原先采用的注册资本实缴制改为注册资本认缴登记制，取消了首次缴纳数额及分期缴纳期限的限制，并且废除了原《公司法》第29条所规定的验资制度。为使本书练习题的内容与时俱进，我们结合相关法律条文变化，结合近几年司法考试真题和考研试题，对有关章节作了相应修订。具体如下：

第一编　商法总论。主要对第二章“商主体”部分补充了司法考试和考研试题中有关合伙的题目。

第二编　公司法。因为2013年公司资本制度改革，相关法律条文变化较大，尤其是2013年《公司法》删去原《公司法》第29条，导致条文序号发生变化。本次修订对第二编中涉及公司资本制度的题目做了删改，并调整了答案解析中相关法律条文的序号，补充了司法考试真题。

第三编　证券法。《证券法》分别于2013年、2014年进行了部分修改，本次修订按照修改后的法律条文对相关习题进行删改，并补充了司法考试和考研真题。

第四编　票据法。《票据法》并未进行修改，因而本次修订主要是补充了司法考试真题。

第五编　保险法。《保险法》于2014年、2015年进行了部分修改，但主要是针对保险业法的部分条文，并不涉及本书中的相应内容，因而本次修订主要是补充了司法考试真题。

第六编　破产法。《企业破产法》并未进行修改，因而本次修订主要是补充了司法考试真题。

综合测试题（一）（二）（三）。本次修订主要结合相关法律条文变动修改了部分试题及其答案。

此外，全书所有涉及《公司法》条文变动的部分均进行了修改，包括题目、答案及每章前的“知识逻辑图”。

对于本次修订，尽管我们竭尽全力，但由于时间和水平所限，不足之处在所难免。敬请广大读者不吝指正，以臻完善。

编者

2017年2月

目　　录

第一编　商法总论

第一章　商法概述

知识逻辑图

- 商法概述
  - 商法的划分
    - 形式意义的商法
      - 主观主义立法例
      - 客观主义立法例
      - 折中主义立法例
    - 实质意义的商法
      - 广义商法:全部商事法律部门
      - 狭义商法:商法典及其附属法规
    - 英美法系商法
    - 大陆法系商法:商事普通法、商事特别法和商事习惯法
  - 特征
    - 商行为的营利性
    - 商事规范具有较强的技术性
    - 商法兼具公法性
    - 发展性
    - 国际性
  - 我国商法学术界对商法调整对象的认识
    - 商事财产和与其密切联系的商事人身关系
    - 因从事营业行为所引起的社会经济关系以及与此相关的社会关系总和
    - 商事组织关系、交易关系、代理关系、自律关系和监管关系
    - 商主体内部、外部和商业管理关系
    - 现代商事组织关系和现代商行为关系
    - 商事关系即商人之间因商行为而形成的法律关系
  - 商法的独立性:商法是一个独立的法律部门,是民法的特别法
  - 商法的基本原则
    - 商主体严格法定原则
    - 维护交易公平原则
    - 保障交易简便迅捷原则
    - 维护交易安全原则
  - 中国立法模式选择
    - 民商分立
    - 民商合一
    - 折中模式

名词解释与概念比较

1. 商事关系
2. 中世纪商人法（考研）
3. 外观规则
4. 形式的商法与实质的商法

选择题

单项选择题

1. 在外国商法中，采用商人和商行为折中主义原则的国家有：(　　)。

A. 美国、英国　　　　B. 德国、法国

C. 日本　　　　　　　　D. 瑞士

2. 改革开放以来我国商事立法中相继出台了多部法律，可以归入商法范畴的有：（　）。

A.《合同法》《企业破产法》《民事诉讼法》

B.《公司法》《票据法》《保险法》《合伙企业法》

C.《个人独资企业法》《信托法》《证券法》《商业银行法》

D.《劳动法》《行政诉讼法》《中外合作经营企业法》

3. 商主体法定原则是指：（　）。

A. 商主体在法律上的资格不以强行性法规加以规定

B. 商主体的类型在法律上有严格的界定

C. 商事交易主体的地位平等，任何一方不享有特权

D. 商主体类型法定、内容法定、公示法定三个方面

4. 甲、乙、丙、丁成立一普通合伙企业，1年后甲转为有限合伙人。此前，合伙企业欠银行债务30万元，该债务直至合伙企业因严重资不抵债被宣告破产时仍未偿还。对该30万元银行债务的偿还，下列哪一选项是正确的？（　）（司考）

A. 乙、丙、丁应按合伙份额对该笔债务承担清偿责任，甲无须承担责任

B. 各合伙人均应对该笔债务承担无限连带责任

C. 乙、丙、丁应对该笔债务承担无限连带责任，甲无须承担责任

D. 合伙企业已宣告破产，债务归于消灭，各合伙人无须偿还该笔债务

简答题

1. 简述商法的调整对象。

2. 请简述商法和民法的区别。（考研）

3. 商法的公法性的含义。

4. 请评价商法与经济法的关系。

5. 简述商事交易便捷原则在我国商事立法中的体现。（考研）

论述题与深度思考题

论商法的独立性（论民商分立与民商合一）。（考研、考博）

参考答案

名词解释与概念比较

1. 商事关系：是商事主体实现商行为所形成的社会关系。商事主体是指不含有自然人特征的经营单位，商行为是经营活动，不包括非经营活动。

2. 中世纪商人法：指的是11世纪至16世纪在欧洲，特别是地中海、亚得里亚海、波罗的海和北海沿岸，一些自治城邦中普遍发展起来的商人法。中世纪商法部门化的标志是：（1）客观性，即各种权利和义务变得更加客观、准确，而较少任意、模糊；（2）普遍性，即各种权利和义务在地方的适用中更加统一、更加普遍，而较少差异，也较少歧视；（3）权利的互惠性，即程序上不强迫、欺诈或因其他滥用任何一方意愿或认识的行为而交易，实体上不能使任何一方承受与他所得利益极不相称的代价，以及不能不正当地损害第三方的利益或一般的社会利益；（4）参与裁判制，即商法一般由商人法官实施，并被看作商人阶层的相对自主权；（5）整体性，即与商事关系相联系的各种权利、义务逐渐被自觉看作是一种完整的法律体系——商法的组成部分；（6）发展性，即整个商法体系处于一种演化过程之中，并表现为一种自主的发展。中世纪商人法的基本特点主要有：价值取向上坚持商人主义；法律渊源上以城市法、海商法、商业行会规约、商事法院裁判、商事习惯为主；内容上主要调整工商活动、商人资格的取得、商业合伙、商事代理、商品买卖、商业信用、商业票据、保险、商业账簿等；具有很强的地域性和非成文性；教会法仍起着一定的作用。

3. 外观规则：德国学者称外观规则为外观法理，日本学者称其为外观主义，英美法系则称其为禁反言。外观规则是指以交易当事人行为的外观为准而认定行为所生法律效果的规则，凡是能够识别为典型的权利或意思表示形式，即使该权利或者意思表示形式与真实的权利或意思状况不相符合，法律仍得通过权利或者意思的表示形式来推定权利或意思的基础，从而保护交易安全的做法。商法坚持严格外观规则，一般不刻意考虑商事主体的“真实意思”，而注重表示行为给人带来的信赖。商事普通法中的商事登记效力、表见商人、表见代理、经理人制度、公司法上越权规则、票据法上票据文义性和无因性、保险法上的保险人弃权和禁止反言等，将外观规则深入具体制度层面。商法扩大外观规则适用，首要目的是体现商法关注交易安全、保障交易便捷的原则。依外表事实进行的商行为具有法律效力，受到法律保护，有助于维护交易安全并提高交易效率。此外，商业强调最大诚信和商业道德，使得商人可以诚信地开展商事交易。

4. 形式的商法和实质的商法：将商法进行形式上和实质上的划分，是我国学者的普遍做法，也是被普遍认可的。形式上的商法主要是指在民商分立的国家，以商法的名义而制定、编撰的商事法典、商事规则等，强调规范的制定结构和表现形式。在这些国家，还有根据商法典或者宪法的规定所制定的各种商事单行法，被视为商法的特别法。实质上的商法是指调整商事关系的法律规范的总称，它着眼于规范的性质、构成和功能的统一。我国台湾地区著名学者刘兴善认为，实质意义上的商法，实际上是泛指以商事主体为对象，而规范其特有生活关系的全部法规，并不以冠以“商法法典”者为限，没有形式上独立的商法典，但有规范商事关系的法律。这些规范存在于宪法、民法、经济法、行政法和诉讼法中，当然最主要的还是各商事单行法。

商事法图式

形式的商事法	指民商分立国家所制定的法典，而命以“商法”之名，如法、德、日、美等的商事法

续前表

实质的商事法	指以商事为其规范对象之各种法规，如瑞士、土耳其、泰国、俄罗斯以及我国民国时期的商事法。
国际商事法	A. 联合国国际贸易买卖公约、国际邮政与电话公约等 B. 船舶碰撞与海难救助统一公约及其他有关商事统一公约 C. 两国间友好通商航海公约 D. 国家间共同遵守的商事习惯法
国内商事法	商事公法——宪法、行政法、刑法、诉讼法中关于商事的规定 商事私法——民商分立国家：商法典、商事特别法、商事习惯法；民商合一国家：民法中有关商事的规定、关于商事的民事特别法、有关商事的民事习惯法
狭义的商事法	专指国内商法中的商事私法
大陆法系商法	分法国法系和德国法系
英美法系商法	分普通法、衡平法、习惯法、制定法
按时代划分	古代商法、中世纪商法、近现代商法

选择题

单项选择题

1. C。日本是折中主义代表。法国以商行为主义即客观主义原则为商事立法基础，德国以商人法即主观主义为基础。英美商法是现代商法中与大陆法系商法相对应的另一体系，在法源上商事习惯法、判例法与商事成文法同时并存。瑞士为首个民商合一立法的国家。

2. B。通说认为属于商法范畴的有：公司法、破产法、合伙法、票据法、海商法、证券法、保险法。

3. D。现代商法一般都制定了大量的强行性法规，对商主体的资格予以严格控制，形成了商主体严格法定原则，主要包括商主体类型法定、商主体内容法定和商主体公示法定三个方面。

4. B。《合伙企业法》第 84 条规定：普通合伙人转变为有限合伙人的，对其作为普通合伙人期间合伙企业发生的债务承担无限连带责任。因此，转为有限合伙人的甲需要对作为普通合伙人期间

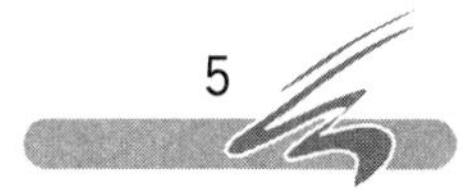

合伙企业发生的债务承担无限连带责任。故B项正确。

简答题

1. 德国商法以商人为调整对象，法国商法以商行为为调整对象，英美商法立法和司法侧重于以商行为为调整对象。无论是德国、法国还是美国，从商法典的制定、颁布之初，学者们就开始对立法展开批判，使得大陆法系国家的商法不断修订。今天我们看到日本商法典的兼收并蓄、德国商法典对商人制度的重大修订和美国商法典的独特格局。

对于商法的调整对象，比较有代表性的观点有：(1) 商法是由国家制定或认可的，反映统治阶级意志，并用国家强制力保证实施的，调整商品流通中经济关系行为规范的总称（徐学鹿）。(2) 商法调整对象就是企业，商法是调整企业内部关系（商事组织）及对外关系（商事活动）的基本法（彭万林）。(3) 商法是指调整与商业活动有关的法律规范的总称（李昌麒）。现代的商法主体、商事行为的范畴已经远远突破了传统商法的范围，传统商人是以不完全的单个个体为基础，而现代商人更是一种组织形式或机构体系，形成了现实生活中的经济权利所有人，是众多社会成员的集合体。所以商法是主要调整各类企业在一定社会中的特定的经营活动。这种由商人行为向企业行为的转变，是世界商法发展的共同趋势，有助于我们再次理解民法、商法和经济法等不同法律部门的关系。

2.

	民法	商法
主体	民事关系大多以自然人为基本主体	商事关系则以公司法人为基本主体
客体	民事关系的客体一般为特定物	现代社会化的商品生产以批量和规模的极大化为基本追求，各类商品生产普遍采用行业、国家甚至国际标准，所以商事关系的客体具有明显的种类化趋势

续前表

	民法	商法
目的性	民事关系一般以满足主体的自身消费需求为目的	商事关系则以营利为目的，具有营利性
交易形式	民事交易具有个别的和偶然的性质	商事交易表现为同种交易的大量反复进行，从而具有集团交易的特点
价值目标	民法首先选择公平，即公平至上，兼顾效益与其他	商法中最高的价值取向是效益，即效益至上，兼顾公平与其他
规范的制定	民法规范具有强烈的伦理性，所制定的一般规则是对整个市民社会及其经济基础的抽象和概括，是人们理性思维的结果，较为稳定	商法规范体现为大量的技术规范

3. 赵中孚先生主编的《商法通论》（第五版），以及王保树先生在谈到商事法的独立性问题时，均认为商法的基本特点是公、私法结合的法，其本质性质仍是私法。私法公法化在很大程度上表现在商法领域，即商事立法中越来越体现政府经济职权色彩和政府干预、调节个人与政府和社会间经济关系、维护社会公共利益的内容，这些内容体现了公法的明显属性。但私法公法化只表明公、私法的相互渗透，而绝不意味着相互取代。商法尽管有私法和公法的双重属性，但究其本质，仍属私法无疑。

随着现代经济的发展，为了商事交易的安全性、便捷性，兼顾商事交易主体、善意第三人、国家和社会利益的需要，以及商事交易国际化的要求，商事法逐渐具有明显的公法性。在商品经济的发展历程中，随着交换关系的范围和主题的不断开拓，交换出现了个体向群体发展的趋势，具体关系日渐为抽象关系所打破。传统商法的商人自治的私法机制无法满足这一变化的现实。因此，商法必然对自身作出合适的调整。在加强要式主义和严格责任的基础上，通过国家干预的形

式来弥补商人自治的不足，即“商事私法的公法化”。我国台湾地区著名学者李宜琛也认为：现代商法虽带有公法色彩或含有公法因素，但其本质仍属私法。强调商法的私法性质，是要突出商人的法律地位，使其在交易中有独立性、自主性和平等性。对商事交易活动进行适当引导和监管，最终仍是为了维护交易者的利益。强调“商法公法化”，将会模糊商法和经济法的界限。因此，笼统地说商法已经公法化是不准确的，也是不妥的。

4. 西方有学者指出，商法正在超越公法和私法之分而转化为经济法。也有西方学者视商法为经济法的核心与基础，经济法便成了商法的特别法。大陆法系国家的经济活动在传统上是由以民商法为核心的私法调整的，而私法公法化实际上就是商法的公法化。在这些国家里商法的概念与范围越来越模糊，调整经济的法律正处于分化与重组之中。原因主要是传统商法在相当程度上被“公法化”，同时许多新的商事法规和经济法规，如反垄断法、反不正当竞争法、中央银行及银行法、证券交易及其管理法等层出不穷。欧陆国家的一些商法学者希望用经济法来更新传统商法，使商法摆脱私法范畴。但这将严重扭曲商法作为私法的本质特点和传统形象。因此，稳健的商法学者把商法视为经济法的核心或基本法。这种倾向主张不必更新商法，也不必保留商法所有特征的同时把它改名为经济法。

商法公法化之后与经济法的关系日益密切，在基本原则和基本制度方面存在交叉，但二者又确实存在本质上的区别：

	商法	经济法
调整对象	商法主要的调整对象是个人（法人）与个人（法人）的利益关系	经济法的调整对象主要是社会经济生活中的市场主体与社会之间的关系（我国法学界认为经济法调整政府与经济主体的关系，这实际上是对政府作为社会利益代表的身份的曲解）
法律价值	商法中最高的价值取向是效益，即效益至上，兼顾公平与其他	经济法一方面负有维持自由经济的使命，另一方面又负有规制市场竞争秩序的任务。显然，经济法追求的是双重性的价值目标——既追求自由、效益，又以秩序、公平为取向，较理性地实现社会整体的利益

续前表

	商法	经济法
法律本位	商法一般以个人和企业为本位	经济法不以国家、个人（法人）为本位。经济法主体是具体的社会化的主体，包括了工商业经营者及其联合体、消费者、劳动者等作为社会阶层和群体的主体，经济法常常被认为是以社会利益为本位的法

5. 商事交易的目标在于充分利用现有的资源以追求最大的经济效益，商品的流转客观上要求法律保障商品交易的快捷、迅速，其意义丝毫不亚于交易的公平。商法中保障交易的便捷原则主要体现为交易简便性。

（1）相当一部分外国商法采用要式行为和文义行为方式，此类法律行为中的大部分内容通过强行法或推定法预先确定，仅将特殊部分的内容留待当事人约定。例如，对票据、提单、保险单、证券等采用标准化的文件，而商事买卖、租赁、借贷、承揽、居间等内容采取充分的意思自治。

（2）定型化的交易规则，即交易形态的定型化和交易客体的定型化。交易形态的定型化是指商法通过强行法规则预先规定若干典型的交易，使交易的方式定型化。任何个人和组织可获得统一的法律效果。交易客体的定型化是指交易对象的商品化与证券化，使消费者易于识别不同类型的商品，从而促进交易的便捷。

（3）短期时效主义。各国商法对商事契约的赔偿请求权多适用 2 年的短期消灭时效，对于票据请求权适用 6 个月甚至 60 天的短期消灭时效。这推动了商事交易纠纷的快速解决，但是以牺牲债权人的时效利益为代价，换取交易便捷的社会利益。

（4）信息披露制度，主旨在于增强商事交易的透明度，如各种强制公示制度、众多的通知义务，在证券交易中更是明显。意思推定制度，主旨在于促进当事人相互间的信赖关系，如德国商法上的商业备忘录、商业通知书等，无因性制度，主旨在于将基础行为的效力与派生性行为分离。

（5）另外抗辩事由（如代理、保证等）的分离也确保了商事交易的快捷。

论述题与深度思考题

关于民法与商法的关系在理论界一直存在着不同的看法，本质上说是民商合一或者民商分立的问题。民商分立是指民法和商法各为相互独立的、自成体系的法律部门；民商合一是指商法不单独构成一个法律部门，而是作为民法的特别法存在。在立法上也存在民商合一和民商分立两种立法体系。民商分立是大陆法系国家历史上形成的普遍法律现象，与欧洲各国的经济、文化以及政治有着密切的联系。民商合一是近现代出现的法律学说和法律实践，在欧洲大陆法系国家，民商合一学说的倡导和支持者并不多，民商合一的实践也只是少数国家的事。而在英美普通法系国家，没有法典化的传统，不存在民商合一或民商分立的问题。

民商合一或民商分立反映了立法者对于民法体系和商法体系的不同编纂技术，但运用何种编纂技术，都必须从问题的实质入手，所选择的立法体例应与其所反映的内容相一致。所以，民商立法例不仅仅是一个编纂技术问题：从理论上分析，反映的是民商关系深层次的逻辑问题；从社会发展的根基分析，体现的是社会政治、经济体制问题；从人们的思想观念看，也是一个如何对待传统文化的问题。毋庸置疑，民法和商法同属私法范畴，具有相容关系和类同的法律性质。在民商法关系的表述上，基本有三种观点：（1）商法是民法的特别法；（2）反对商法是民法的特别法的说法，但未提出新的见解；（3）民法和商事法规之间是基本法与补充基本法的单行法规之间的关系。以中国当前的实际情况为背景，还是应当强调商法的独立性，赋予商法以独立地位。

（1）商法具有独立的产生、发展历程

商法之所以具备独立发展的天性，根源于中世纪商法产生的历史机遇和深刻的经济、政治原因。商人阶级的产生和壮大，商人数量的迅猛增长，以至于形成了一种自治的社会共同体，为商人提出了作为独立阶层的要求创造了机会。在商业实践中和自治体的促动下，商人需要并建立了商法规则，商人阶级的规模发展得更加迅速，使各地的各种市场不断发展和扩大，交易实践逐渐将交易习俗演变为交易习惯法。

（2）商法具有独立的调整对象

在民法与商法的诸项价值目标中，最基本的价值取向是公平。当公平与其他民法原则发生冲突、矛盾时，民法首先选择公平，即在公平与其他民法原则的关系上是公平至上，兼顾效益与其他。在商法中最高的价值取向是效益，其基本立法要求是效益至上，兼顾公平与其他。商法源于商事实践，商事活动的复杂性、技术性、高风险性以及效率、营利等独特价值理念，使得商法很难被民法从精神到规则层面完全吸纳或包容。这既反映出民法的局限性，也奠定了商法独立性的基础。商法包含营利性和效率等独有的价值理念，公平原则虽为民商法所共有，但商法却赋予其新的内涵。传统民法系以个人本位为主，强调对私权和个人利益的维护，它仅仅是追求形式上的公平和机会上的平等，而不能从社会整体利益出发去追求实质的公平和平等。商法则更多地从社会利益出发解释公平，强调程序公平和实质的平等。而且商法具有其本身独特的规则，使其明晰地与民法区别开：

1）外观主义

民事行为主要为意思表示行为，追求表意人的真实意思以及行为或权利的真实面目，并由此决定民事行为的内容及其效力。商法强调保护交易安全、鼓励交易，关注社会公共利益。因而采用外观规则，即以交易当事人行为的外观为准，由此认定行为所生法律效果的规则，如果可识别为典型的权利或意思表示形式，即使该权利或者意思表示形式与真实的权利或意思状况不相符合，法律仍得通过权利或者意思的表示形式来推定权利或意思的基础，从而保护交易安全的做法。商法中的商事登记效力、表见商人、表见代表、表见代理、经理人制度、公司法上越权规则、票据法上票据文义性和无因性等，将外观规则深入具体制度层面。其成为社会公众及相对人对公示事项信赖的法律基础，体现商法关注交易安全、保障交易便捷的原则。

2）自治性

商法从产生伊始即具有明显的自治性，现代商法虽然把大多数成熟的习惯和惯例归纳在国内法中，但商事活动对灵活性和便捷性的要求仍为各种商事习惯和商事惯例的存在和发展留下了巨

大空间，例如行业自治规范、地区习惯、特定当事人间的习惯和商事主体章程等都随着商事交易的开展而日益丰富。《日本商法典》第1条和《美国统一商法典》均明确规定了习惯和惯例的法律地位。商事习惯和惯例是商业实践的结果，商人创造性的实践使商法也具有明显的自治性。

3）营利性

追求营利是商人的本质属性，保护合法营业活动则是商法的重要使命，并使之相对独立于民法并形成独特的商事规则体系。营利性使得民法上“人”的含义发生了根本性变化，例如，在各国公司法所规定的各种程序中，发起人创设公司，旨在营利；公司从事营业活动，是为了营利；股东转让其所持有的股票，还是为了营利；非股东购买股票，也是为了营利。因此，确认营利、保护营利是商法对商事交易价值规律的客观反映。没有商主体对利润的孜孜追求，没有商法对营利行为的法律承认和切实保护，就不会有繁荣的市场经济，也就不会有人类物质文明和精神文明的进步。需要强调的是，商法承认和保障的营利必须是通过合法交易、正当手段，在遵守公认的商业道德的基础上所获得的经济收益和利润。

除此之外，民法与商法在产生基础、法律关系、法律的制约程度、归责原则等方面都存在区别。因此，民法与商法作为两个不同的法律部门，已为大多数大陆法系国家所接受。

应当看到无论是“民法商法化”的合一论，还是“商法民法化”的合一论，在对待商品经济的基本认识上都采用简单化的模式，进而将农贸市场上发生的交易和现代化的期货交易所中进行的交易相等同。必须看到，适应简单商品经济的法律制度，对高度发达的商品经济关系来说，已经失去了积极意义；而适应高度发达的商品经济关系的法律制度，对于简单商品经济来说，也有不能适应的问题。

（3）商法独立有其必要性

随着改革开放的进一步深化，市场经济日益暴露了其本身所固有的缺陷，因此需要通过经济的手段、法律的手段和行政措施来实现宏观调控。而民法、商法、经济法作为市场经济的法律都在发挥着举足轻重的作用，三者的作用是不可相互取代的。民法规范与商法规范，作为市场规范中配置资源的形式，其作用是不同的。周林彬先生认为，民法规范可以作为市场规范配置资源的互补形式，而商法规范则为市场规范配置资源的替代形式。从发展而言，商法具有不同于民法的发展历程；就调整对象而言，商法有其独立的调整对象；自商法在市场经济中所发挥作用角度而言，商法独立，有其必要性。

同时，世界各个国家和地区的商法典为我国商事通则作出了很好的范例，从中去粗取精，再和中国的本土情况紧密地结合在一起，将为我国经济的迅速发展奠定更加坚实的基础。

第二章　商主体

知识逻辑图

商主体

- 法律特征
  - 本质上是拟制的法律主体
  - 以营利为目的
  - 承担商法上的权利和义务
  - 商主体法定
- 商事能力
  - 商主体依法从事商行为，承担商法上的权利、义务的行为能力
  - 具备商事能力者一般应以具备民事能力为前提，商事能力是一种特殊的民事能力
  - 商事权利能力和商事行为能力皆以法律授权范围为限
- 商主体独立性
  - 现代民法赋予商主体以具体人格，设立不同的组织与行为规范，实现民商主体实质的平等
  - 商主体未与民事主体混同
    - “人们普遍商化”并非意味着人人都是商人
    - “民法的商法化，商法的民事化”：规范企业的商法在市民法体系中占据了主导地位，修正了民法的一些原理
  - 商主体独立立法的制度价值
    - 法律赋予商主体的注意义务严于一般民事主体
    - 传统民法的主体制度不能解决内部关系极为复杂的商主体问题
- 现行商法中商主体类型
  - 有限责任公司（参见《公司法》第 23 条）
  - 股份有限公司（参见《公司法》第 76 条）
  - 合伙企业（参见《合伙企业法》第 2 条）
  - 个人独资企业（参见《个人独资企业法》第 2 条）
  - 个体工商企业（参见《民法通则》第 26 条）
  - 全民所有制工业企业（参见《全民所有制工业企业法》第 16、17 条）
  - 城镇集体所有制企业（参见《城镇集体所有制企业条例》第 12、14 条）
  - 乡村集体所有制企业（参见《乡村集体所有制企业条例》第 13、14 条）
  - 中外合资经营企业（参见《中外合资经营企业法》第 3 条）
  - 中外合作经营企业（参见《中外合作经营企业法》第 5 条）
  - 外资企业（参见《外资企业法》第 3、6、7 条）
- 独立商主体的条件
  - 财产
  - 以自己名义从事商事活动
  - 营业
  - 登记
- 商主体的分类
  - 商法人：按照法定构成要件和程序设立，拥有法人资格，参与商事法律关系，依法独立享有权利、承担责任的组织
  - 商个人：按法定程序取得特定的商主体资格，独立从事商行为，依法承担法律上的权利和义务的个体
  - 商合伙：两个或两个以上的合伙人依法对合伙经营所产生的债务承担无限连带责任的商事组织
  - 商中间人
    - 代理商
    - 居间商
    - 行纪商
  - 商辅助人
    - 经理人
    - 代办人

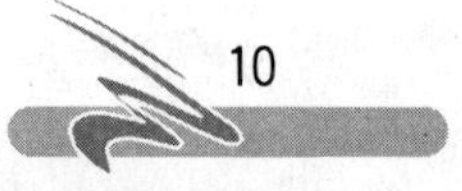

名词解释与概念比较

1. 商人
2. 商业辅助人
3. 民事合伙和商事合伙
4. 代理商、居间商和行纪商
5. 法人和合伙的区别（考研）
6. 隐名合伙（考研）

选择题

（一）单项选择题

1. 下列不是民事主体与商事主体区别的是：（　　）。

A. 商主体必须同时具有权利能力和行为能力，而民事主体未必如此

B. 民事主体的权利能力和行为能力可以不同时产生，商主体则必须同时产生

C. 公法上的主体如政府部门等可以成为商主体，但不能成为民事主体

D. 商主体的构成一般必须是行为人积极法律行为的结果

2. 有关商法人的表述错误的是：（　　）。

A. 商法人是法人的一种，是一种拟制的主体，是通过意思行为创立的

B. 商法人是商事法律关系的主体，其行为属于商行为，受商法的调整

C. 商法人应具有独立的财产和财产权

D. 商法人没有统一的意思机关

3. 有关商个人的论述正确的是：（　　）。

A. 商个人是自然人的别称

B. 作为法律主体，商个人主要享有商法上的权利承担商法上的义务

C. 商个人与自然人的各项权利重合

D. 商个人的财产责任能力是独立的，承担有限责任

4. 代理商与其他商主体的主要区别：（　　）。

A. 仅仅是固定地从事促成交易或缔结交易的商事活动

B. 代理商不需要商业经营的固定性和持续性

C. 代理商是依赖被代理商而存在的

D. 代理商所代理的行为一定为商行为

5. 某合伙组织起字号为“兴达商行”，其中甲出资 60%，乙、丙各出资 20%，甲被推举为负责人。在与兴达商行的债务人丁的一场诉讼中，甲未与乙、丙商量而放弃兴达商行对丁的债权 5 万元，乙、丙知道后表示反对。甲放弃债权的行为的效力应如何认定？（　　）（司考）

A. 是有效行为

B. 是无效行为

C. 是可撤销行为

D. 是效力未定行为

6. 甲、乙、丙合伙经营汽车运输业务。因生意好，甲想让其弟丁参加合伙，乙同意，但丙反对。甲以多数人同意为由安排丁参与经营。后合伙经营的汽车发生交通事故，造成 5 万元损失。四人为该 5 万元损失分担问题诉至法院。本案应如何处理？（　　）（司考）

A. 由甲、乙、丁分担 5 万元

B. 由甲、乙、丙、丁分担 5 万元

C. 由甲、乙、丙分担 5 万元

D. 由甲、乙、丙承担大部分，丁承担小部分

7. 甲、乙、丙、丁四人组成一个运输有限合伙企业，合伙协议规定甲、乙为普通合伙人，丙、丁为有限合伙人。某日，丁为合伙企业运送石材，路遇法院拍卖房屋，丁想替合伙企业竞买该房，于是以合伙企业的名义将石材质押给徐某，借得 20 万元，竞买了房子。徐某的债权若得不到实现，应当向谁主张权利？（　　）（司考）

A. 应当要求丁承担清偿责任

B. 应当要求甲、乙、丙、丁承担连带清偿责任

C. 应当要求甲、乙承担连带清偿责任

D. 应当要求甲、乙、丁承担连带清偿责任

8. 2007 年 1 月，甲、乙、丙设立一普通合伙企业。2008 年 2 月，甲与戊结婚。2008 年 7 月，甲因车祸去世。甲除戊外没有其他亲人，合伙协议对合伙人资格的取得或丧失未作约定。下列哪一选项是正确的？（　　）（司考）

A. 合伙企业中甲的财产份额属于夫妻共同财产

B. 戊依法自动取得合伙人地位

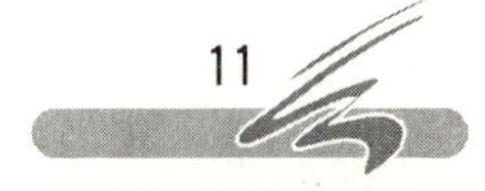

C. 经乙、丙一致同意，戊取得合伙人资格

D. 只能由合伙企业向戊退还甲在合伙企业中的财产份额

9. 甲是某有限合伙企业的有限合伙人，持有该企业15%的份额。在合伙协议无特别约定的情况下，甲在合伙期间未经其他合伙人同意实施了下列行为，其中哪一项违反《合伙企业法》规定？（　　）（司考）

A. 将自购的机器设备出租给合伙企业使用

B. 以合伙企业的名义购买汽车一辆归合伙企业使用

C. 以自己在合伙企业中的财产份额向银行提供质押担保

D. 提前一个月通知其他合伙人将其部分合伙份额转让给合伙人以外的人

10. 普通合伙企业合伙人李某因车祸遇难，生前遗嘱指定16岁的儿子李明为其全部财产继承人。下列哪一表述是错误的？（　　）（司考）

A. 李明有权继承其父在合伙企业中的财产份额

B. 如其他合伙人均同意，李明可以取得有限合伙人资格

C. 如合伙协议约定合伙人必须是完全行为能力人，则李明不能成为合伙人

D. 应当待李明成年后由其本人作出其是否愿意成为合伙人的意思表示

11. 根据《合伙企业法》规定，第三人有理由相信有限合伙人为普通合伙人并与其交易的，该有限合伙人对该笔交易承担与普通合伙人同样的责任。关于此规定在合伙法原理上的称谓，下列哪一选项是正确的？（　　）（司考）

A. 事实合伙　　B. 表见普通合伙

C. 特殊普通合伙　　D. 隐名合伙

12. 关于合伙企业的利润分配，如合伙协议未作约定且合伙人协商不成，下列哪一选项是正确的？（　　）（司考）

A. 应当由全体合伙人平均分配

B. 应当由全体合伙人按实缴出资比例分配

C. 应当由全体合伙人按合伙协议约定的出资比例分配

D. 应当按合伙人的贡献决定如何分配

13. 甲、乙、丙、丁打算设立一家普通合伙企业。对此，下列哪一表述是正确的？（　　）（司考）

A. 各合伙人不得以劳务作为出资

B. 如乙仅以其房屋使用权作为出资，则不必办理房屋产权过户登记

C. 该合伙企业名称中不得以任何一个合伙人的名字作为商号或字号

D. 合伙协议经全体合伙人签名、盖章并经登记后生效

14. 赵、钱、孙、李设立一家普通合伙企业。经全体合伙人会议决定，委托赵与钱执行合伙事务，对外代表合伙企业。对此，下列哪一表述是错误的？（　　）（司考）

A. 孙、李仍享有执行合伙事务的权限

B. 孙、李有权监督赵、钱执行合伙事务的情况

C. 如赵单独执行某一合伙事务，钱可以对赵执行的事务提出异议

D. 如赵执行事务违反合伙协议，孙、李有权决定撤销对赵的委托

15. 中外合资经营企业是重要的外商投资企业类型。关于中外合资经营企业，下列哪一表述是错误的？（　　）（司考）

A. 合营各方可在章程中约定不按出资比例分配利润

B. 合营企业设立董事会并作为企业的最高权力机构

C. 合营者如欲转让其在合营企业中的股份，需经审批机构批准

D. 合营企业的组织形式为有限责任公司

16. 兰艺咖啡店是罗飞、王曼设立的普通合伙企业，合伙协议约定罗飞是合伙事务执行人且承担全部亏损。为扭转经营亏损局面，王曼将兰艺咖啡店加盟某知名品牌，并以合伙企业的名义向陈阳借款20万元支付了加盟费。陈阳现在要求还款。关于本案，下列哪一说法是正确的？（　　）（司考）

A. 王曼无权以合伙企业的名义向陈阳借款

B. 兰艺咖啡店应以全部财产对陈阳承担还款责任

C. 王曼不承担对陈阳的还款责任

D. 兰艺咖啡店、王曼和罗飞对陈阳的借款承

担无限连带责任

17. 某普通合伙企业为内部管理与拓展市场的需要，决定聘请陈东为企业经营管理人。对此，下列哪一表述是正确的？（ ）（司考）

A. 陈东可以同时具有合伙人身份

B. 对陈东的聘任须经全体合伙人的一致同意

C. 陈东作为经营管理人，有权以合伙企业的名义对外签订合同

D. 合伙企业对陈东对外代表合伙企业权利的限制，不得对抗第三人

18. 李军退休后于2014年3月，以20万元加入某有限合伙企业，成为有限合伙人。后该企业的另一名有限合伙人退出，李军便成为唯一的有限合伙人。2014年6月，李军不幸发生车祸，虽经抢救保住性命，但已成为植物人。对此，下列哪一表述是正确的？（ ）（司考）

A. 就李军入伙前该合伙企业的债务，李军仅需以20万元为限承担责任

B. 如李军因负债累累而丧失偿债能力，该合伙企业有权要求其退伙

C. 因李军已成为植物人，故该合伙企业有权要求其退伙

D. 因唯一的有限合伙人已成为植物人，故该有限合伙企业应转为普通合伙企业

19. 2010年5月，贾某以一套房屋作为投资，与几位朋友设立一家普通合伙企业，从事软件开发。2014年6月，贾某举家移民海外，故打算自合伙企业中退出。对此，下列哪一选项是正确的？（ ）（司考）

A. 在合伙协议未约定合伙期限时，贾某向其他合伙人发出退伙通知后，即发生退伙效力

B. 因贾某的退伙，合伙企业须进行清算

C. 退伙后贾某可向合伙企业要求返还该房屋

D. 贾某对退伙前合伙企业的债务仍须承担无限连带责任

20. 关于合伙企业与个人独资企业的表述，下列哪一选项是正确的？（ ）（司考）

A. 二者的投资人都只能是自然人

B. 二者的投资人都一律承担无限责任

C. 个人独资企业可申请变更登记为普通合伙企业

D. 合伙企业不能申请变更登记为个人独资企业

（二）多项选择题

1. 在我国，可以从事商事经营的主体很多，主要表现在以下哪些法律的规定中？（ ）

A.《民法》

B.《公司法》

C.《合伙企业法》

D. 工商登记的各项法规

2.《乡村集体所有制企业条例》中规定的乡村集体所有制企业的设立条件有：（ ）。

A. 有自己的名称、组织机构和生产经营场所

B. 有确定的经营范围

C. 有能源、原材料、交通运输的必要条件

D. 有必要的劳动卫生、安全生产条件和环境保护措施

3. 汪、钱、潘、刘共同投资设立了一个有限合伙企业，其中汪、钱为普通合伙人，潘、刘为有限合伙人。后因该合伙企业长期拖欠供货商货款，企业资产不足以清偿到期债务。依照我国相关法律的规定，下列哪些选项是正确的？（ ）（司考）

A. 债权人可以根据企业破产法申请该合伙企业破产

B. 债权人可以要求任一合伙人清偿全部债务

C. 债权人只能要求汪、钱清偿全部债务

D. 如果该合伙企业被宣告破产，则汪、钱仍需承担无限连带责任

4. 国有企业甲、合伙企业乙、自然人丙协商，拟共同投资设立一合伙企业从事贸易业务。根据我国《合伙企业法》的规定，下列哪些选项是错误的？（ ）（司考）

A. 拟设立的合伙企业可以是普通合伙企业，亦可以是有限合伙企业

B. 乙不能以劳务作为出资方式

C. 三方可以约定丙按固定数额分配红利而不承担亏损

D. 三方可以约定不经全体合伙人一致同意而吸收新的合伙人

5. 甲、乙、丙、丁欲设立一有限合伙企业，合伙协议中约定了如下内容，其中哪些符合法律

规定？（　　）（司考）

A. 甲仅以出资额为限对企业债务承担责任，同时被推举为合伙事务执行人

B. 丙以其劳务出资，为普通合伙人，其出资份额经各合伙人商定为5万元

C. 合伙企业的利润由甲、乙、丁三人分配，丙仅按营业额提取一定比例的劳务报酬

D. 经全体合伙人同意，有限合伙人可以全部转为普通合伙人，普通合伙人也可以全部转为有限合伙人

6. 贾某是一有限合伙企业的有限合伙人。下列哪些选项是正确的？（　　）（司考）

A. 若贾某被法院判决认定为无民事行为能力人，其他合伙人可以因此要求其退伙

B. 若贾某死亡，其继承人可以取得贾某在有限合伙企业中的资格

C. 若贾某转为普通合伙人，其必须对其作为有限合伙人期间企业发生的债务承担无限连带责任

D. 如果合伙协议没有限制，贾某可以不经过其他合伙人同意而将其在合伙企业中的财产份额出质

7. 周橘、郑桃、吴柚设立一家普通合伙企业，从事服装贸易经营。郑桃因炒股欠下王椰巨额债务。下列哪些表述是正确的？（　　）（司考）

A. 王椰可以郑桃从合伙企业中分取的利益来受偿

B. 郑桃不必经其他人同意，即可将其合伙财产份额直接抵偿给王椰

C. 王椰可申请强制执行郑桃的合伙财产份额

D. 对郑桃的合伙财产份额的强制执行，周橘和吴柚享有优先购买权

8. 2009年3月，周、吴、郑、王以普通合伙企业形式开办一家湘菜馆。2010年7月，吴某因车祸死亡，其妻欧某为唯一继承人。在下列哪些情形中，欧某不能通过继承的方式取得该合伙企业的普通合伙人资格？（　　）（司考）

A. 吴某之父对欧某取得合伙人资格表示异议

B. 合伙协议规定合伙人须具有国家一级厨师资格证，欧某不具有

C. 郑某不愿意接纳欧某为合伙人

D. 欧某因夫亡突遭打击，精神失常，经法院宣告为无民事行为能力人

9. 张某向陈某借款50万元作为出资，与李某、王某成立一家普通合伙企业。二年后借款到期，张某无力还款。对此，下列哪些说法是正确的？（　　）（司考）

A. 经李某和王某同意，张某可将自己的财产份额作价转让给陈某，以抵销部分债务

B. 张某可不经李某和王某同意，将其在合伙中的份额进行出质，用获得的贷款偿还债务

C. 陈某可直接要求法院强制执行张某在合伙企业中的财产以实现自己的债权

D. 陈某可要求李某和王某对张某的债务承担连带责任

10. 甲、乙、丙三人拟共同设立一个有限合伙企业，下列哪些表述是错误的？（　　）（司考）

A. 该有限合伙企业至少应当有一个普通合伙人

B. 经合伙协议约定，有限合伙人可以货币、实物、劳务、知识产权或其他财产作价出资

C. 经合伙协议约定，有限合伙人可以执行部分合伙事务

D. 如有限合伙人转为普通合伙人，则对其作为有限合伙人期间企业的债务不承担连带责任

11. 中国海天公司与某国小宇公司准备成立一家中外合资经营企业，并签署了合资合同与章程，但海天公司迟迟未向主管机关报批。数月后，小宇公司因报批无望准备退出，但其为此次投资事宜已经花费70万元。根据中外合资经营企业法律的相关规定，下列哪些表述是正确的？（　　）（司考）

A. 如最终未能获得审批机关的批准，则双方之间的合资合同为无效合同

B. 拟成立的合资企业的组织形式可以是有限责任公司或有限合伙企业

C. 小宇公司有权通过仲裁或者诉讼，请求海天公司按照合同约定履行报批义务

D. 小宇公司可以请求海天公司赔偿其70万元的损失

12. 鲁南水泊公司欲与某国梁山公司在阳谷市

设立一家中外合资企业，双方初步拟定的合作框架包括以下事项，其中哪些符合我国法律规定？（　　）（司考）

A. 合资企业不设股东会，由董事会作为最高权力机构

B. 合资企业合同文本采用英文

C. 合资企业注册资本在企业成立时全部缴清

D. 合资企业合同约定由瑞典斯德哥尔摩仲裁院仲裁解决纠纷

13. 灏德投资是一家有限合伙企业，专门从事新能源开发方面的风险投资。甲公司是灏德投资的有限合伙人，乙和丙是普通合伙人。关于合伙协议的约定，下列哪些选项是正确的？（　　）（司考）

A. 甲公司派驻灏德投资的员工不领取报酬，其劳务折抵10%的出资

B. 甲公司不得与其他公司合作从事新能源方面的风险投资

C. 甲公司不得将自己在灏德投资中的份额设定质权

D. 甲公司不得将自己在灏德投资中的份额转让给他人

14. 2015年6月，刘璋向顾谐借款50万元用来炒股，借期1个月，结果恰遇股市动荡，刘璋到期不能还款。经查明，刘璋为某普通合伙企业的合伙人，持有44%的合伙份额。对此，下列哪些说法是正确的？（　　）（司考）

A. 顾谐可主张以刘璋自该合伙企业中所分取的收益来清偿债务

B. 顾谐可主张对刘璋合伙份额进行强制执行

C. 对刘璋的合伙份额进行强制执行时，其他合伙人不享有优先购买权

D. 顾谐可直接向合伙企业要求对刘璋进行退伙处理，并以退伙结算所得来清偿债务

15. 君平昌成律师事务所是一家采取特殊普通合伙形式设立的律师事务所，曾君、郭昌是其中的两名合伙人。在一次由曾君主办、郭昌辅办的诉讼代理业务中，因二人的重大过失而泄露客户商业秘密，导致该所对客户应承担巨额赔偿责任。关于该客户的求偿，下列哪些说法是正确的？（　　）（司考）

A. 向该所主张全部赔偿责任

B. 向曾君主张无限连带赔偿责任

C. 向郭昌主张补充赔偿责任

D. 向该所其他合伙人主张连带赔偿责任

16. 通源商务中心为一家普通合伙企业，合伙人为赵某、钱某、孙某、李某、周某。就合伙事务的执行，合伙协议约定由赵某、钱某二人负责。下列哪些表述是正确的？（　　）（司考）

A. 孙某仍有权以合伙企业的名义对外签订合同

B. 对赵某、钱某的业务执行行为，李某享有监督权

C. 对赵某、钱某的业务执行行为，周某享有异议权

D. 赵某以合伙企业名义对外签订合同时，钱某享有异议权

17. 甲、乙、丙于2010年成立一家普通合伙企业，三人均享有合伙事务执行权。2013年3月1日，甲被法院宣告为无民事行为能力人。3月5日，丁因不知情找到甲商谈一笔生意，甲以合伙人身份与丁签订合同。下列哪些选项是错误的？（　　）（司考）

A. 因丁不知情，故该合同有效，对合伙企业具有约束力

B. 乙与丙可以甲丧失行为能力为由，一致决议将其除名

C. 乙与丙可以甲丧失行为能力为由，一致决议将其转为有限合伙人

D. 如甲因丧失行为能力而退伙，其退伙时间为其无行为能力判决的生效时间

18. 甲、乙、丙、丁以合伙企业形式开了一家餐馆。就该合伙企业事务的执行，下列哪些表述是正确的？（　　）（司考）

A. 如合伙协议未约定，则甲等四人均享有对外签约权

B. 甲等四人可决定任命丙为该企业的对外签约权人

C. 不享有合伙事务执行权的合伙人，以企业名义对外签订的合同一律无效

D. 不享有合伙事务执行权的合伙人，经其他合伙人一致同意，可担任企业的经营管理人

（三）不定项选择题

张、王、李、赵各出资四分之一，设立通程

酒吧（普通合伙企业）。合伙协议未约定合伙期限。现围绕合伙份额转让、酒吧管理等事项，回答第1—3题。（司考）

1. 酒吧开业半年后，张某在经营理念上与其他合伙人冲突，遂产生退出想法。下列说法正确的是：（　　）。

A. 可将其份额转让给王某，且不必事先告知赵某、李某

B. 可经王某、赵某同意后，将其份额转让给李某的朋友刘某

C. 可主张发生其难以继续参加合伙的事由，向其他人要求立即退伙

D. 可在不给合伙事务造成不利影响的前提下，提前30日通知其他合伙人要求退伙

2. 酒吧开业1年后，经营环境急剧变化，全体合伙人开会，协商对策。按照《合伙企业法》规定，下列事项的表决属于有效表决的是：（　　）。

A. 张某认为"通程"二字没有吸引力，提议改为"同升酒吧"。王某、赵某同意，但李某反对

B. 鉴于生意清淡，王某提议暂停业1个月，装修整顿。张某、赵某同意，但李某反对

C. 鉴于酒吧之急需，赵某提议将其一批咖啡机卖给酒吧。张某、王某同意，但李某反对

D. 鉴于4人缺乏酒吧经营之道，李某提议聘任其友汪某为合伙经营管理人。张某、王某同意，但赵某反对

3. 经全体合伙人同意，林某被聘任为酒吧经营管理人，在其受聘期间自主决定采取的下列管理措施符合《合伙企业法》规定的是：（　　）。

A. 为改变经营结构扩大影响力，将经营范围扩展至法国红酒代理销售业务

B. 为改变资金流量不足情况，以酒吧不动产为抵押，向某银行借款50万元

C. 为营造气氛，以酒吧名义与某音乐师签约，约定音乐师每晚在酒吧表演2小时

D. 为整顿员工工作纪律，开除2名经常被顾客投诉的员工，招聘3名新员工

甲、乙、丙三人共同商定出资设立一家普通合伙企业，其中约定乙以其所有房屋的使用权出资，企业的财务由甲负责。2015年4月，该合伙企业亏损巨大。5月，见股市大涨，在丙不知情的情况下，甲与乙直接将企业账户中的400万元资金，以企业名义委托给某投资机构来进行股市投资。同时，乙自己也将上述房屋以600万元变卖并过户给丁，房款全部用来炒股。至6月下旬，投入股市资金所剩无几。丙得知情况后突发脑溢血死亡。（司考）

请回答第4—6题。

4. 关于甲、乙将400万元资金委托投资股市的行为，下列说法正确的是：（　　）

A. 属于无权处分行为

B. 属于改变合伙企业经营范围的行为

C. 就委托投资失败，甲、乙应负连带赔偿责任

D. 就委托投资失败，该受托的投资机构须承担连带责任

5. 关于乙将房屋出卖的行为，下列选项正确的是：（　　）

A. 构成无权处分行为

B. 丁取得该房屋所有权

C. 丁无权要求合伙企业搬出该房屋

D. 乙对合伙企业应承担违约责任

6. 假设丙有继承人戊，则就戊的权利，下列说法错误的是：（　　）

A. 自丙死亡之时起，戊即取得该合伙企业的合伙人资格

B. 因合伙企业账面上已处于亏损状态，戊可要求解散合伙企业并进行清算

C. 就甲委托投资股市而失败的行为，戊可直接向甲主张赔偿

D. 就乙出卖房屋而给企业造成的损失，戊可直接向乙主张赔偿

王某、张某、田某、朱某共同出资180万元，于2012年8月成立绿园商贸中心（普通合伙）。其中王某、张某各出资40万元，田某、朱某各出资50万元；就合伙事务的执行，合伙协议未特别约定。（司考）

请回答第7—9题。

7. 2013年9月，鉴于王某、张某业务能力不足，经合伙人会议决定，王某不再享有对外签约权，而张某的对外签约权仅限于每笔交易额3万

元以下。关于该合伙人决议，下列选项正确的是：（　　）

A. 因违反合伙人平等原则，剥夺王某对外签约权的决议应为无效

B. 王某可以此为由向其他合伙人主张赔偿其损失

C. 张某此后对外签约的标的额超过3万元时，须事先征得王某、田某、朱某的同意

D. 对张某的签约权限制，不得对抗善意相对人

8. 2014年1月，田某以合伙企业的名义，自京顺公司订购价值80万元的节日礼品，准备在春节前转销给某单位。但对这一礼品订购合同的签订，朱某提出异议。就此，下列选项正确的是：（　　）

A. 因对合伙企业来说，该合同标的额较大，故田某在签约前应取得朱某的同意

B. 朱某的异议不影响该合同的效力

C. 就田某的签约行为所产生的债务，王某无须承担无限连带责任

D. 就田某的签约行为所产生的债务，朱某须承担无限连带责任

9. 2014年4月，朱某因抄底买房，向刘某借款50万元，约定借期四个月。四个月后，因房地产市场不景气，朱某亏损不能还债。关于刘某对朱某实现债权，下列选项正确的是：（　　）

A. 可代位行使朱某在合伙企业中的权利

B. 可就朱某在合伙企业中分得的收益主张清偿

C. 可申请对朱某的合伙财产份额进行强制执行

D. 就朱某的合伙份额享有优先受偿权

高崎、田一、丁福三人共同出资200万元，于2011年4月设立“高田丁科技投资中心（普通合伙）”，从事软件科技的开发与投资。其中高崎出资160万元，田、丁分别出资20万元，由高崎担任合伙事务执行人。（司考）

请回答第10—12题。

10. 2012年6月，丁福为向钟冉借钱，作为担保方式，而将自己的合伙财产份额出质给钟冉。下列说法正确的是：（　　）

A. 就该出质行为，高、田二人均享有一票否决权

B. 该合伙财产份额质权，须经合伙协议记载与工商登记才能生效

C. 在丁福伪称已获高、田二人同意，而钟冉又是善意时，钟冉善意取得该质权

D. 在丁福未履行还款义务，如钟冉享有质权并主张以拍卖方式实现时，高、田二人享有优先购买权

11. 2013年2月，高崎为减少自己的风险，向田、丁二人提出转变为有限合伙人的要求。对此，下列说法正确的是：（　　）

A. 须经田、丁二人的一致同意

B. 未经合伙企业登记机关登记，不得对抗第三人

C. 转变后，高崎可以出资最多为由，要求继续担任合伙事务执行人

D. 转变后，对于2013年2月以前的合伙企业债务，经各合伙人决议，高崎可不承担无限连带责任

12. 2013年5月，有限合伙人高崎将其一半合伙财产份额转让给贾骏。同年6月，高崎的债权人李耕向法院申请强制执行其另一半合伙财产份额。对此，下列选项正确的是：（　　）

A. 高崎向贾骏转让合伙财产份额，不必经田、丁的同意

B. 就高崎向贾骏转让的合伙财产份额，田、丁可主张优先购买权

C. 李耕申请法院强制执行高崎的合伙财产份额，不必经田、丁的同意

D. 就李耕申请法院强制执行高崎的合伙财产份额，田、丁可主张优先购买权

简答题

1. 取得商人资格的限制。
2. 简述合伙的主体地位及合伙制度的完善。
3. 简述有限合伙和两合公司的异同。（考研）

案例分析题

甲因单位经营困难，下岗在家，生活很困难。

他的朋友乙在一家食品厂做销售工作，建议甲在社区内开一家食品店，为该食品厂代销各种食品，乙答应为甲供货，价格从优，而且乙可以赊销，甲卖后再给乙钱。因为甲没有钱注册登记，担心工商部门不给执照。乙说个人独资企业又不是公司，没有注册资本的要求，一块钱也可以办企业。试对乙的说法进行分析。

论述题与深度思考题

试述商主体的独立性。

参考答案

名词解释与概念比较

1. 所谓商事主体，又称商人，指的是具有商法上的资格或能力，能够以自己的名义从事营业性商行为，独立享有商法上权利并承担商法上义务的组织和个人。在法律上，商人首先是个独立的人格体，但由于各国确定商人标准不同，逻辑起点不同，价值取向不同，所以对商人的定义也各异。各国的立法例参见下表。

国家	标准
法、德、意、韩	基本采取二标准制：一是行为标准，即商人必须是实施商行为的人；二是职业标准，即从事商行为在时间上要有连续性，并以之为业
日本	对商人认定采取三标准制，除上述两者外，还有名义标准，即需要以自己的名义实施商行为。这是一条权责标准，用于商人和商业辅助人的区分。另外，日本特别注重职业标准，并将职业概念扩大到一切以营利为目的的社会组织
美国	采取四标准制，特别强调知识标准，这是美国认定商人的核心标准，也是美国商法的特点之一

2. 商业辅助人是指通过聘请和雇佣关系，从属于特定营业主或法定代表人，在企业组织内部服从营业主和法定代表人的指挥和命令，在外部商事业务上以代理人身份辅助其与第三人进行交易的人。按照国际通例，公司中的一般从业人员（经理、高级雇员、一般经营管理人员、其他雇佣人员）都不是商人，而是商业辅助人员，其与公司的关系用民法或劳动法调整。按照有代理权和无代理权来划分：前者包括经理人员、其他高级雇员、一般经营管理人员，其有权对外行为，结果归于营业主或公司；后者指商事企业中的勤杂人员，无代理权，更不是商人。

3.

民事合伙	商事合伙
民事合伙所从事的是普通私法行为	商事合伙从事的是商行为，它要求遵循简易、稳定和安全的商法原则
大陆法系国家将非营利目的的合伙和未达程度与规模的营利性合伙作为民事合伙规定于民法典，民事合伙是一个契约性共同体或共同行为的共同体	大陆法系国家将营利目的并具有组织性的合伙规定于商法，商事合伙是一个组织性共同体
不强调交易的快速、便捷，注重安全	商事主体的行为是为了营利，就必须在尽可能短的时间里进行多次、反复的交易，变营利的愿望为现实，因此，商事交易要求快速、便捷

4.

代理商	居间商	行纪商
固定地从事他人的委托，以被代理人或自己的名义（隐名代理）促成交易或缔结交易	不以他人或自己的名义为他人缔结契约，仅是通过居间人的服务使委托人和第三人建立有效的合同关系，包括向委托人提供缔约的机会和缔约的媒介服务	行纪商以自己的名义履行其行为，不仅仅是契约中的当事人，而且与交易活动的结果密切相连；行纪商与第三人发生直接的权利义务关系，而第三人与委托人不存在直接的权利义务关系

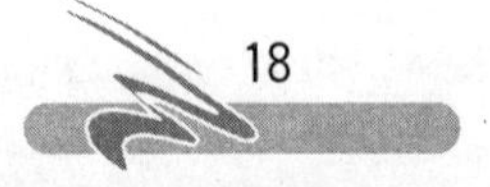

续前表

代理商	居间商	行纪商
代理人是独立的商事经营者，不依赖于被代理人而存在	是一种完全的商人，他的活动是自由的、独立的，不像商辅助人那样受到雇佣契约的约束	行纪商必须从事职业性的行纪经营，必须以行纪交易的缔结为其正常的经营业务，行纪商的身份与职业经营密切相连
责任由被代理人承担	居间商对其所从事的商事促成活动以及这种活动所导致的结果不负有义务	行纪商不仅以委托人的费用为其办理行纪事务，而且行纪商与第三人的契约及由此产生的权利义务可直接转让给委托人，由其承担交易的结果

5. 首先，合伙企业是契约式企业，我国《合伙企业法》规定，合伙企业是由各合伙人依法订立合伙协议，共同出资，合伙经营，共享收益，共担风险，并承担无限连带责任的企业。合伙协议是合伙人享受权利和承担义务的依据，合伙人的出资方式、数额和期限，合伙人分配利润和分担亏损的办法，合伙企业的事务执行、解散和清算等问题都按照依法订立的合伙协议来操作。我国《民法通则》第36条规定："法人是具有民事权利能力和民事行为能力，依法独立享有民事权利和承担民事义务的组织。"

其次，合伙企业不具有法人资格，法人具有人格，这是合伙企业和法人最主要的区别。这一区别有两重意义：第一，说明合伙企业只具有相对独立的人格，法人具有绝对独立的人格。第二，说明合伙企业的财产只具有相对独立性，法人的财产具有绝对的独立性。

再次，合伙企业是每一个独立的合伙人根据合伙协议组合成立的，具有人合的性质。合伙企业只具有相对独立的人格，作为独立的主体进行经营活动，可以以自己的名义拥有财产、参与诉讼，享受其他各种权利，但在承担债务责任方面，合伙人与合伙企业则具有连带关系：合伙人对合伙企业的债务承担无限连带责任，每一个合伙人都可以代表其他合伙人享受权利和承担义务，即使他们内部定有承担债务责任比例的协议，也不能对抗对外的无限连带责任。以作为法人之一的公司为例，公司由股东按照一定的比例出资组成，具有资合的性质，股东以其出资额为限对公司承担责任，公司以其全部资产对公司的债务承担责任。

又次，合伙企业与法人在承担责任方面有区别。合伙企业的产权结构是一元结构，而法人的产权结构是二元结构。合伙企业的财产不属于合伙组织独立所有，而是属于合伙人共有，因此，合伙人与合伙企业是连带责任关系。法人则不同，法人是与出资人相分离的主体，由出资而形成，但法人的财产权利是独立于出资人的，出资人对其投资形成的资产没有直接的支配权。

最后，合伙企业与公司在设立方式、运营结构、投资的撤出和转让以及企业的延续和解散等方面也有明显的区别。

6. 合伙制度起源于罗马法，有两种形式：一种是普通合伙，就是全体合伙人共同出资、共同经营、共享利润和共负亏损，全体合伙人对合伙债务承担无限责任的合伙。我国《民法通则》和《合伙企业法》都规定了普通合伙。另外一种是特殊合伙，即部分成员不参加经营并且对合伙债务负有限责任的合伙。特殊合伙主要包括两种：一为有限合伙，二为隐名合伙。隐名合伙起源于中世纪的康曼达契约，是指当事人预定一方对他方所经营的事业出资，而分享其营业所得收益及分担其营业所受损失的契约。隐名合伙具有以下不同于一般合伙、借贷关系的法律特征：（1）隐名合伙必须当事人一方为隐名合伙人。（2）隐名合伙人的出资为出名合伙人所有。出名合伙人是否出资不为合伙的条件，隐名合伙人对其出资不再享有权利，其出资的财产由出名合伙人享有所有权，如果出名合伙人为二人以上，则由出名合伙人共有。（3）出名合伙人为对外承担权利和义务的主体，代表合伙企业对外与第三人发生法律关系，而隐名合伙人不为权利与义务的主体，无权代表合伙企业与第三人发生权利义务关系。（4）隐名合伙人一般对合伙事务无执行权和决策权，出名合伙人有权决定和执行合伙事务。（5）隐名合伙人以其出资为限对合伙债务承担有限责任，出名合伙人则对合伙债务承担无限责任。

(6) 隐名合伙中，隐名合伙人死亡，营业仍然继续，合伙不因隐名合伙人的死亡而解散，只有当出名合伙人死亡时，合伙企业才解散。(7) 隐名合伙人的出资以金钱或实物为限，而不得以劳务或信用出资。(8) 隐名合伙人除了为维护其利益而行使监督权外，无权干涉合伙企业的内部事务。

选择题

（一）单项选择题

1. C。政府也可以成为广义的民事主体，缔结合同，购进消费品，涉及债权债务事项。

2. D。商法人是指按照法定构成要件和程序设立的，拥有法人资格，参与商事法律关系，依法享有权利和承担义务的组织。商法人的财产独立于商法人的成员或其投资者的财产，商法人可以以其全部财产对外承担法律责任；商法人能够在法律和其自治规章的权限范围内独立地占有、使用和处分其财产。商法人是通过法定程序设立的，要受到商事法律的监管，所以 A、B、C 项是正确的，而 D 项应为商法人有统一的意思机关，否则，其很难正常开展营业。

3. B。商个人是指按照法律规定的条件和程序取得特定资格的，从事商行为的法律主体。商个人的财产责任能力不独立，创设商个人的自然人或家庭有义务以其全部财产承担连带责任。商个人是法律拟制的主体，不同于自然人，也非自然人的别称，其与自然人在一些人身权方面是不重合的，例如，自然人享有结婚、劳动、参与政治活动等权利。

4. A。代理商的行为方式只是促成交易和缔结交易，代理商的业务范围很广泛，代理商所代理的行为并非一定是商行为，并非一定是以营利为目的，代理商必须固定地从事受他人委托的、促成交易或缔结交易的活动。代理商是一种独立的商事经营者。

5. A。执行合伙事务的合伙人，对外代表合伙组织，其执行合伙事务所产生的收益归全体合伙人，所产生的亏损或者民事责任，由全体合伙人承担。故选 A。

6. C。《合伙企业法》第 43 条第 1 款规定："新合伙人入伙，除合伙协议另有约定外，应当经全体合伙人一致同意，并依法订立书面入伙协议。"本题中丙反对，故丁不是合伙人，不分担合伙企业的损失。

7. D。《合伙企业法》第 2 条规定：本法所称合伙企业，是指自然人、法人和其他组织依照本法在中国境内设立的普通合伙企业和有限合伙企业。普通合伙企业由普通合伙人组成，合伙人对合伙企业债务承担无限连带责任。本法对普通合伙人承担责任的形式有特别规定的，从其规定。有限合伙企业由普通合伙人和有限合伙人组成，普通合伙人对合伙企业债务承担无限连带责任，有限合伙人以其认缴的出资额为限对合伙企业债务承担责任。第 67 条规定：有限合伙企业由普通合伙人执行合伙事务。执行事务合伙人可以要求在合伙协议中确定执行事务的报酬及报酬提取方式。第 68 条第 1 款规定：有限合伙人不执行合伙事务，不得对外代表有限合伙企业。第 76 条规定：第三人有理由相信有限合伙人为普通合伙人并与其交易的，该有限合伙人对该笔交易承担与普通合伙人同样的责任。有限合伙人未经授权以有限合伙企业名义与他人进行交易，给有限合伙企业或者其他合伙人造成损失的，该有限合伙人应当承担赔偿责任。

依据以上规定，有限合伙人不得执行合伙企业事务，但在本题中，有限合伙人丁以合伙企业名义将石材质押徐某的借款行为，由于徐某不知情，为善意第三人，可以认定为合伙企业的行为，依据《合伙企业法》第 76 条，有限合伙人丁对该行为承担与普通合伙人同样的责任。同时，依据《合伙企业法》第 2 条，普通合伙人甲、乙也要与丁一起承担连带清偿责任。选项 D 正确，是本题正确答案。

8. C。2001 年修订的《婚姻法》第 18 条规定，一方的婚前财产为夫妻一方的财产。因此，甲结婚之前投资设立的合伙企业，不属于夫妻共同财产，因此，A 项错。《合伙企业法》第 50 条规定："合伙人死亡或者被依法宣告死亡的，对该合伙人在合伙企业中的财产份额享有合法继承权的继承人，按照合伙协议的约定或者经全体合伙人一致同意，从继承开始之日起，取得该合伙企业的合伙人资格。"由于合伙企业的"人合"性质，戊作为继承人，不能自动取得合伙人的资格，而需全体合伙人同意，故 B 项错而 C 项正确。另外，如

果继承人不愿意成为合伙人、合伙企业另有约定等，合伙企业才必须向死亡合伙人的继承人退还被继承合伙人的财产份额。因此D项错。

9. B。本题考查有限合伙人的相关规定。《合伙企业法》第70条规定，有限合伙人可以同本有限合伙企业进行交易；但是，合伙协议另有约定的除外。本题中，有限合伙企业中的合伙协议并没有就有限合伙人同本有限合伙企业进行交易的问题进行特别的约定，因此，甲是可以与本有限合伙企业进行交易的。故A项中的行为不违反《合伙企业法》的规定。《合伙企业法》第68条规定，有限合伙人不执行合伙事务，不得对外代表有限合伙企业。因此，B项中的行为是违反《合伙企业法》的规定。《合伙企业法》第72条规定，有限合伙人可以将其在有限合伙企业中的财产份额出质；但是，合伙协议另有约定的除外。本题题干中已经给出合伙协议无特别约定的信息，因此，C项中有限合伙人甲将自己在合伙企业中的财产份额出质的行为不违反《合伙企业法》的规定。《合伙企业法》第73条规定，有限合伙人可以按照合伙协议的约定向合伙人以外的人转让其在有限合伙企业中的财产份额，但应当提前30日通知其他合伙人。据此可知，D项中的行为不违反《合伙企业法》的规定。

10. D. 本题考查普通合伙企业中合伙人资格及其财产份额的继承。《合伙企业法》第50条规定，合伙人死亡或者被依法宣告死亡的，对该合伙人在合伙企业中的财产份额享有合法继承权的继承人，按照合伙协议的约定或者经全体合伙人一致同意，从继承开始之日起，取得该合伙企业的合伙人资格。有下列情形之一的，合伙企业应当向合伙人的继承人退还被继承合伙人的财产份额：(1) 继承人不愿意成为合伙人；(2) 法律规定或者合伙协议约定合伙人必须具有相关资格，而该继承人未取得该资格；(3) 合伙协议约定不能成为合伙人的其他情形。合伙人的继承人为无民事行为能力人或者限制民事行为能力人的，经全体合伙人一致同意，可以依法成为有限合伙人，普通合伙企业依法转为有限合伙企业；全体合伙人未能一致同意的，合伙企业应当将被继承合伙人的财产份额退还该继承人。

根据上述规定可知，李明有权继承其父在合伙企业中的财产份额，A项正确。如其他合伙人均同意，李明可以取得有限合伙人资格，原来的普通合伙企业依法转为有限合伙企业。因此，B项正确。如果合伙协议事先约定合伙人必须具有完全民事行为能力的，那么李明不能成为合伙人，只能要求退还其父在合伙企业中的财产份额。因此，C项正确。另外，李明是否愿意取得合伙人的资格由其法定代理人代替作出意思表示即可，不需要等到李明成年后由其本人作出。另外，即便是本人愿意，也需要其他全体合伙人一致同意才可以实现。因此，D项错误。

11. B。考点为表见普通合伙。表见普通合伙指有限合伙人仅以其认缴的出资额为限对合伙企业债务承担责任。但是，如果有限合伙人的行为足以使得第三人合理信赖其为普通合伙人时，则有限合伙人得承担普通合伙人的责任。

12. B。考点为合伙企业的利润分配。《合伙企业法》第33条第1款规定，合伙企业的利润分配、亏损分担，按照合伙协议的约定办理；合伙协议未约定或者约定不明确的，由合伙人协商决定；协商不成的，由合伙人按照实缴出资比例分配、分担；无法确定出资比例的，由合伙人平均分配、分担。

13. B. 考点为普通合伙企业。选项A错误。《合伙企业法》第16条第1款规定，合伙人可以用货币、实物、知识产权、土地使用权或者其他财产权利出资，也可以用劳务出资。据此可知，各合伙人可以以劳务作为出资。

选项B正确。《合伙企业法》第17条第2款规定，以非货币财产出资的，依照法律、行政法规的规定，需要办理财产权转移手续的，应当依法办理。据此可知，乙若以房屋使用权而非房屋所有权作为出资的话，不必须办理房屋产权过户登记。

选项C错误。商号，即厂商字号，或企业名称。商号作为企业特定化的标志，是企业具有法律人格的表现。商号经核准登记后，可以在牌匾，合同及商品包装等方面使用，其专有使用权不具有时间性的特点，只在所依附的厂商消亡时才随之终止。我国法律对商号权未有明确规定，因此，也未禁止或限制将合伙人的名字作为合伙企业的商号或字号。

选项D错误。《合伙企业法》第19条第1款规定，合伙协议经全体合伙人签名、盖章后生效，合伙人按照合伙协议享有权利、履行义务。

14. A。考点为普通合伙企业。选项A表述错误：《合伙企业法》第26条第2款规定，按照合伙协议的约定或者经全体合伙人决定，可以委托一个或者数个合伙人对外代表合伙企业，执行合伙事务。第27条第1款规定，依照本法第26条第2款规定委托一个或者数个合伙人执行合伙事务的，其他合伙人不再执行合伙事务。据此可知，孙、李不再享有执行合伙企业事务的权限。

选项B表述正确：《合伙企业法》第27条第2款规定，不执行合伙事务的合伙人有权监督执行事务合伙人执行合伙事务的情况。

选项C表述正确：《合伙企业法》第29条第1款规定：合伙人分别执行合伙事务的，执行事务合伙人可以对其他合伙人执行的事务提出异议。提出异议时，应当暂停该项事务的执行。如果发生争议，依照本法第30条规定作出决定。

选项D表述正确：《合伙企业法》第29条第2款规定，受委托执行合伙事务的合伙人不按照合伙协议或者全体合伙人的决定执行事务的，其他合伙人可以决定撤销该委托。

15. A。本题考点中外合资经营企业。选项A表述错误：《中外合资经营企业法》第8条第1款规定，合营企业获得的毛利润，按中华人民共和国税法规定缴纳合营企业所得税后，扣除合营企业章程规定的储备基金、职工奖励及福利基金、企业发展基金，净利润根据合营各方注册资本的比例进行分配。据此可知，合营各方只能按出资比例分配利润。

选项B表述正确：《中外合资经营企业法实施条例》第30条规定，董事会是合营企业的最高权力机构，决定合营企业的一切重大问题。

选项C表述正确：《中外合资经营企业法实施条例》第20条第1款规定，合营一方向第三者转让其全部或者部分股权的，须经合营他方同意，并报审批机构批准，向登记管理机构办理变更登记手续。据此可知，合营者如欲转让其在合营企业中的股份，需经审批机构批准。

选项D表述正确：《中外合资经营企业法》第4条第1款规定，合营企业的形式为有限责任公司。

16. B。《合伙企业法》第37条规定：“合伙企业对合伙人执行合伙事务以及对外代表合伙企业权利的限制，不得对抗善意第三人。”第33条第2款规定：“合伙协议不得约定将全部利润分配给部分合伙人或者由部分合伙人承担全部亏损。”合伙协议约定罗飞是合伙事务执行人且承担全部亏损，该约定仅对内部有效，不能对抗作为善意第三人的陈阳，陈阳与合伙企业的借款合同有效。故A项错误。《合伙企业法》第38条规定：“合伙企业对其债务，应先以其全部财产进行清偿。”故B项正确。第39条规定：“合伙企业不能清偿到期债务的，合伙人承担无限连带责任。”合伙企业全部财产不足以清偿全部债务的，再由合伙人承担无限连带责任。故C项、D项错误。

17. B。《合伙企业法》第31条规定，除合伙协议另有约定外，聘任合伙人以外的人担任合伙企业的经营管理人员应当经全体合伙人一致同意。因此，A项错误，B项正确。第35条第1款规定：“被聘任的合伙企业的经营管理人员应当在合伙企业授权范围内履行职务。”因此，陈东必须经过授权才能以合伙企业的名义对外签订合同，故C项错误。第35条第2款规定：“被聘任的合伙企业的经营管理人员，超越合伙企业授权范围履行职务，或者在履行职务过程中因故意或者重大过失给合伙企业造成损失的，依法承担赔偿责任。”故D项错误。

18. A。《合伙企业法》第77条规定：“新入伙的有限合伙人对入伙前有限合伙企业的债务，以其认缴的出资额为限承担责任。”故A项正确。根据《合伙企业法》第78条，丧失偿债能力并非有限合伙人的退伙原因，并不影响李军在20万元的责任范围内承担责任，故B项错误。第79条规定：“作为有限合伙人的自然人在有限合伙企业存续期间丧失民事行为能力的，其他合伙人不得因此要求其退伙。”故C项错误。第75条规定：“有限合伙企业仅剩有限合伙人的，应当解散；有限合伙企业仅剩普通合伙人的，转为普通合伙企业。”李军丧失行为能力并未影响其有限合伙人资格，不会影响有限合伙企业的存续，故D项错误。

19. D。《合伙企业法》第46条规定，合伙人退伙的，应当提前30日通知其他合伙人而不能随

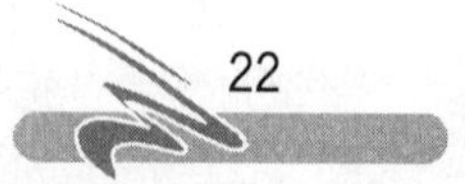

意退伙，故A项错误。第51条规定，合伙人退伙，其他合伙人应当与该退伙人按照退伙时的合伙企业财产状况进行结算，退还退伙人的财产份额。第86条第1款规定："合伙企业解散，应当由清算人进行清算。"因此，合伙人退伙并不必然导致合伙企业解散，其他合伙人应当与退伙人结算而不是对合伙企业进行清算，故B项错误。第52条规定："退伙人在合伙企业中财产份额的退还办法，由合伙协议约定或者由全体合伙人决定，可以退还货币，也可以退还实物。"故C项错误。第53条规定："退伙人对基于其退伙前的原因发生的合伙企业债务，承担无限连带责任。"故D项正确。

20. C。《合伙企业法》第2条第1款："本法所称合伙企业，是指自然人、法人和其他组织依照本法在中国境内设立的普通合伙企业和有限合伙企业。"《个人独资企业法》第2条规定："本法所称个人独资企业，是指依照本法在中国境内设立，由一个自然人投资，财产为投资人个人所有，投资人以其个人财产对企业债务承担无限责任的经营实体。"合伙企业的投资人既可以是自然人也可以是法人及其他组织，而个人独资企业的投资人只能是自然人个人。故A项错误。根据《合伙企业法》第2条和《个人独资企业法》第2条的规定，合伙企业的投资人因合伙人责任承担的不同分为普通合伙人和有限合伙人，普通合伙人对合伙企业债务承担无限连带责任，而有限合伙人以其认缴的出资额为限对合伙企业债务承担有限责任。个人独资企业投资人承担的是无限责任，故B项错误。企业采取何种组织形式经营是由投资人自己决定的，不管个人独资企业变更为普通合伙企业还是普通合伙企业变更为个人独资企业，只要符合法律规定的条件即可申请变更，故C项正确，D项错误。

（二）多项选择题

1. ABCD。我国的商主体的种类没有以商法典的形式作出明确的划分。有较多法律、法规均规定了可以从事商事经营活动的主体，主要表现在民法、企业法、涉外企业法、工商登记的各项法规中，因此，A、B、C、D项都是对的。

2. ABD。《乡村集体所有制企业条例》第13条规定了设立的条件，除了A、B、D项以外，还有：产品和提供的服务为社会所需要，并符合国家法律、法规和政策规定；有与生产经营和服务规模相适应的资金、设备、从业人员和必要的原材料条件；符合当地乡村建设规划，合理利用土地。而C是《全民所有制工业企业法》第17条中对全民所有制工业企业的设立规定。

3. ACD。《企业破产法》第2条规定：企业法人不能清偿到期债务，并且资产不足以清偿全部债务或者明显缺乏清偿能力的，依照本法规定清理债务。企业法人有前款规定情形，或者有明显丧失清偿能力可能的，可以依照本法规定进行重整。第135条规定：其他法律规定企业法人以外的组织的清算，属于破产清算的，参照适用本法规定的程序。《合伙企业法》第92条规定：合伙企业不能清偿到期债务的，债权人可以依法向人民法院提出破产清算申请，也可以要求普通合伙人清偿。合伙企业依法被宣告破产的，普通合伙人对合伙企业债务仍应承担无限连带责任。依据以上规定，选项A、D说法成立，是本题正确答案。选项A是《合伙企业法》所作的特别规定。《合伙企业法》第2条规定："本法所称合伙企业，是指自然人、法人和其他组织依照本法在中国境内设立的普通合伙企业和有限合伙企业。普通合伙企业由普通合伙人组成，合伙人对合伙企业债务承担无限连带责任。本法对普通合伙人承担责任的形式有特别规定的，从其规定。有限合伙企业由普通合伙人和有限合伙人组成，普通合伙人对合伙企业债务承担无限连带责任，有限合伙人以其认缴的出资额为限对合伙企业债务承担责任。"依据该条规定，汪、钱作为普通合伙人，应该承担无限连带责任，因此是对全部债务负责，而有限合伙人只以其出资承担责任。选项B说法错误，非本题正确答案。选项C说法正确，是本题正确答案。

4. ABC。《合伙企业法》第3条规定："国有独资公司、国有企业、上市公司以及公益性的事业单位、社会团体不得成为普通合伙人。"依据该条规定，国有企业甲只能作为有限合伙人，拟设立的合伙企业只能是有限合伙企业，故选项A说法错误，是本题的正确答案。

《合伙企业法》第16条规定："合伙人可以用货币、实物、知识产权、土地使用权或者其他财产权利出资，也可以用劳务出资。合伙人以实物、知识产权、土地使用权或者其他财产权利出资，需要评估作价的，可以由全体合伙人协商确定，也可以由全体合伙人委托法定评估机构评估。合伙人以劳务出资的，其评估办法由全体合伙人协商确定，并在合伙协议中载明。”第 64 条规定：“有限合伙人可以用货币、实物、知识产权、土地使用权或者其他财产权利作价出资。有限合伙人不得以劳务出资。”依据这两条的规定，合伙企业乙只要不是以有限合伙人出现就可以以劳务出资。故选项 B 说法错误，是本题的正确答案。

《合伙企业法》第 33 条规定：“合伙企业的利润分配、亏损分担，按照合伙协议的约定办理；合伙协议未约定或者约定不明确的，由合伙人协商决定；协商不成的，由合伙人按照实缴出资比例分配、分担；无法确定出资比例的，由合伙人平均分配、分担。合伙协议不得约定将全部利润分配给部分合伙人或者由部分合伙人承担全部亏损。”第 69 条规定：“有限合伙企业不得将全部利润分配给部分合伙人；但是，合伙协议另有约定的除外。”依据这两条的规定，普通合伙企业中，风险、亏损必须共担；有限合伙企业中，未对风险、亏损的负担作出明确规定，只是规定合伙协议可以约定将全部利润分配给部分合伙人。对于风险、亏损的负担，依照《合伙企业法》第 60 条的规定，应当适用普通合伙企业的规定。故选项 C 的说法错误，是本题正确答案。

《合伙企业法》第 43 条规定：“新合伙人入伙，除合伙协议另有约定外，应当经全体合伙人一致同意，并依法订立书面入伙协议。订立入伙协议时，原合伙人应当向新合伙人如实告知原合伙企业的经营状况和财务状况。”依据该条规定，普通合伙企业的合伙人可以通过合伙协议约定“不经全体合伙人一致同意而吸收新的合伙人”。而对于有限合伙企业没有作出明确规定，依照《合伙企业法》第 60 条的规定，应当适用普通合伙企业的规定。故选项 D 说法可以成立，非本题正确答案。

5. BC。《合伙企业法》第 68 条第 1 款规定：“有限合伙人不执行合伙事务，不得对外代表有限合伙企业。”因此 A 项不正确。《合伙企业法》第 16、64 条规定，普通合伙人可以用劳务出资，而有限合伙人不得以劳务出资。因此 B 项正确。《合伙企业法》第 69 条规定：“有限合伙企业不得将全部利润分配给部分合伙人；但是，合伙协议另有约定的除外。”如合伙协议另有规定，则 C 项规定的利润分配模式是可能实现的，所以 C 项是符合法律规定的。按照《合伙企业法》第 82 条的规定，除合伙协议另有约定外，普通合伙人转变为有限合伙人，或者有限合伙人转变为普通合伙人，应当经全体合伙人一致同意。但是，《合伙企业法》第 61 条规定，有限合伙企业至少应当有一个普通合伙人。而且按照《合伙企业法》第 75 条的规定，普通合伙人全部转为有限合伙人的，合伙企业应当解散；有限合伙企业仅剩普通合伙人的，转为普通合伙企业。因此 D 项错误。

6. BCD。按照《合伙企业法》第 48、60 条的规定，合伙人被依法认定为无民事行为能力人或者限制民事行为能力人的，经其他合伙人一致同意，可以依法转为有限合伙人，普通合伙企业依法转为有限合伙企业；其他合伙人未能一致同意的，该无民事行为能力或者限制民事行为能力的合伙人退伙。因此 A 项的表述并不正确，应当为：其他合伙人未能一致同意时，才能要求其退伙。《合伙企业法》第 80 条规定：“作为有限合伙人的自然人死亡、被依法宣告死亡或者作为有限合伙人的法人及其他组织终止时，其继承人或者权利承受人可以依法取得该有限合伙人在有限合伙企业中的资格。”因此，贾某的继承人有可能取得合伙人资格。因此 B 项正确。《合伙企业法》第 83 条规定：“有限合伙人转变为普通合伙人的，对其作为有限合伙人期间有限合伙企业发生的债务承担无限连带责任。”因此 C 项正确。《合伙企业法》第 72 条规定：“有限合伙人可以将其在有限合伙企业中的财产份额出质；但是，合伙协议另有约定的除外。”因此 D 项正确。

7. ACD。考查合伙企业财产。根据《合伙企业法》第 25 条，合伙人以其在合伙企业中的财产份额出质的，须经其他合伙人一致同意；未经其他合伙人一致同意，其行为无效，由此给善意第三人造成损失的，由行为人依法承担赔偿责任。所以 B 选项错误。

8. BCD。本题考点为普通合伙人的资格及财产份额继承问题。《合伙企业法》第 50 条规定，

合伙人死亡或者被依法宣告死亡的，对该合伙人在合伙企业中的财产份额享有合法继承权的继承人，按照合伙协议的约定或者经全体合伙人一致同意，从继承开始之日起，取得该合伙企业的合伙人资格。有下列情形之一的，合伙企业应当向合伙人的继承人退还被继承合伙人的财产份额：(1) 继承人不愿意成为合伙人；(2) 法律规定或者合伙协议约定合伙人必须具有相关资格，而该继承人未取得该资格；(3) 合伙协议约定不能成为合伙人的其他情形。合伙人的继承人为无民事行为能力人或者限制民事行为能力人的，经全体合伙人一致同意，可以依法成为有限合伙人，普通合伙企业依法转为有限合伙企业。全体合伙人未能一致同意的，合伙企业应当将被继承合伙人的财产份额退还该继承人。

因此，选项 A 错误：吴某之父不是合伙人，其对欧某取得合伙人资格表示异议的，不影响欧某通过继承的方式取得该合伙企业的普通合伙人资格。选项 B 正确：若合伙协议约定合伙人必须具有国家一级厨师资格证，而欧某不具有的，其不能取得该合伙企业的普通合伙人资格。选项 C 正确：郑某是普通合伙人之一，其不同意欧某成为普通合伙人的，欧某不能取得该合伙企业的普通合伙人资格。选项 D 正确：合伙人的继承人为无民事行为能力人的，经全体合伙人一致同意，可以依法成为有限合伙人，但是不能成为普通合伙人。

9. AC。考点是合伙企业与第三人的关系。选项 A 正确：《合伙企业法》第 22 条第 1 款规定，除合伙协议另有约定外，合伙人向合伙人以外的人转让其在合伙企业中的全部或者部分财产份额时，须经其他合伙人一致同意。本题中，张某经李某和王某同意（其他合伙人一致同意），可以将自己的财产份额作价转让给陈某。选项 B 错误：《合伙企业法》第 25 条规定，合伙人以其在合伙企业中的财产份额出质的，须经其他合伙人一致同意；未经其他合伙人一致同意，其行为无效，由此给善意第三人造成损失的，由行为人依法承担赔偿责任。据此可知，如果张某不经李某和王某同意而将自己在合伙企业中的财产份额出质的，该出质行为无效。选项 C 正确：《合伙企业法》第 42 条第 1 款规定，合伙人的自有财产不足清偿其与合伙企业无关的债务的，该合伙人可以以其从合伙企业中分取的收益用于清偿；债权人也可以依法请求人民法院强制执行该合伙人在合伙企业中的财产份额用于清偿。据此可知，陈某可直接要求法院强制执行张某在合伙企业中的财产以实现自己的债权。选项 D 错误：合伙人个人的债务不是合伙企业的债务，合伙人个人的债务应当由合伙人自己承担。本题中，陈某只是张某的债权人，而不是合伙企业的债权人，因此不能要求李某和王某对张某的债务承担连带责任。

10. BCD。本题考查有限合伙企业的相关规定。《合伙企业法》第 61 条第 2 款规定，有限合伙企业至少应当有一个普通合伙人。因此，A 项正确。《合伙企业法》第 64 条规定，有限合伙人可以用货币、实物、知识产权、土地使用权或者其他财产权利作价出资；有限合伙人不得以劳务出资。因此，B 项错误。《合伙企业法》第 68 条第 1 款规定，有限合伙人不执行合伙事务，不得对外代表有限合伙企业。因此，C 项错误。《合伙企业法》第 83 条规定，有限合伙人转变为普通合伙人的，对其作为有限合伙人期间有限合伙企业发生的债务承担无限连带责任。因此，D 项错误。

11. ACD。考点是中外合资经营企业的设立。具体看，选项 A 正确：《中外合资经营企业法实施条例》第 14 条规定，合营企业协议、合同和章程经审批机构批准后生效，其修改时同。据此可知，合营企业合同需要经审批机构批准后才生效，本题中的合资合同如最终没有经审批机关批准，则没有生效，为无效合同。因此，小宇公司也就无权依据合资合同的约定要求海天公司履行报批义务。选项 B 错误：《中外合资经营企业法》第 4 条第 1 款规定，合营企业的形式为有限责任公司。据此可知，拟成立的合资企业的组织形式应是有限责任公司，不能是有限合伙企业。选项 C 正确：《中外合资经营企业法实施条例》第 97 条规定，合营各方在解释或者履行合营企业协议、合同、章程时发生争议的，应当尽量通过友好协商或者调解解决。经过协商或者调解无效的，提请仲裁或者司法解决。选项 D 正确：因海天公司迟迟未向主管机关报批，致使合营企业没能设立成功，小宇公司为此次投资事宜花费的 70 万元的费用，可以向海天公司请求赔偿。

12. ABCD。本题考查中外合资经营企业法的相关规定。《中外合资经营企业法实施条例》第30条规定，董事会是合营企业的最高权力机构，决定合营企业的一切重大问题。因此，A项正确。

《中外合资经营企业法实施条例》第11条规定，合营企业合同应当包括下列主要内容：(1) 合营各方的名称、注册国家、法定地址和法定代表人的姓名、职务、国籍；(2) 合营企业名称、法定地址、宗旨、经营范围和规模；(3) 合营企业的投资总额，注册资本，合营各方的出资额、出资比例、出资方式、出资的缴付期限以及出资额欠缴、股权转让的规定；(4) 合营各方利润分配和亏损分担的比例；(5) 合营企业董事会的组成、董事名额的分配以及总经理、副总经理及其他高级管理人员的职责、权限和聘用办法；(6) 采用的主要生产设备、生产技术及其来源；(7) 原材料购买和产品销售方式；(8) 财务、会计、审计的处理原则；(9) 有关劳动管理、工资、福利、劳动保险等事项的规定；(10) 合营企业期限、解散及清算程序；(11) 违反合同的责任；(12) 解决合营各方之间争议的方式和程序；(13) 合同文本采用的文字和合同生效的条件。合营企业合同的附件，与合营企业合同具有同等效力。

根据《中外合资经营企业法实施条例》第11条第13项的规定，合同文本采用的文字可以由合同来约定，即本案中合资合同中约定采用英文文本没有违反法律规定。

《中外合资经营企业法实施条例》第28条规定：合营各方应当按照合同规定的期限缴清各自的出资额。逾期未缴或者未缴清的，应当按合同规定支付迟延利息或者赔偿损失。据此可知，合资企业注册资本的缴纳期限是通过合资合同来约定的。因此，C项中关于合资企业注册资本在企业成立时全部缴清的约定是合法的。

《中外合资经营企业法》第15条第1款规定，合营各方发生纠纷，董事会不能协商解决时，由中国仲裁机构进行调解或仲裁，也可由合营各方协议在其他仲裁机构仲裁。因此，D项中合资企业合同约定由瑞典斯德哥尔摩仲裁院仲裁解决纠纷是合法的。

13. BC。《合伙企业法》第64条规定："有限合伙人可以用货币、实物、知识产权、土地使用权或者其他财产权利作价出资。有限合伙人不得以劳务出资。"甲公司作为优先合伙人，不得以劳务出资，故A项错误。第71条规定："有限合伙人可以自营或者同他人合作经营与本有限合伙企业相竞争的业务；但是，合伙协议另有约定的除外。"合伙协议可以约定甲公司不得从事与本合伙企业相竞争的业务，故B项正确。第72条规定："有限合伙人可以将其在有限合伙企业中的财产份额出质；但是，合伙协议另有约定的除外。"合伙协议可以禁止有限合伙人将其在有限合伙企业中的财产份额出质，故C项正确。第73条规定："有限合伙人可以按照合伙协议的约定向合伙人以外的人转让其在有限合伙企业中的财产份额，但应当提前三十日通知其他合伙人。"合伙协议不能限制有限合伙人转让自己的财产份额，故D项错误。

14. AB。《合伙企业法》第42条第1款规定："合伙人的自有财产不足清偿其与合伙企业无关的债务的，该合伙人可以以其从合伙企业中分取的收益用于清偿；债权人也可以依法请求人民法院强制执行该合伙人在合伙企业中的财产份额用于清偿。"故A项、B项正确。《合伙企业法》第42条第2款规定：人民法院强制执行合伙人的财产份额时，应当通知全体合伙人，其他合伙人有优先购买权；其他合伙人未购买，又不同意将该财产份额转让给他人的，依照本法第51条的规定为该合伙人办理退伙结算，或者办理削减该合伙人相应财产份额的结算。因此，对刘璋的合伙份额强制执行时，其他合伙人享有优先购买权，故C项错误。相比合伙份额转让，合伙人退伙会给合伙企业造成更大的不良影响，根据《合伙企业法》第42条第2款，只有在合伙人的合伙份额无法转让给其他人时，才能办理退伙结算，故D项错误。

15. AB。《合伙企业法》第57条第1款规定："一个合伙人或者数个合伙人在执业活动中因故意或者重大过失造成合伙企业债务的，应当承担无限责任或者无限连带责任，其他合伙人以其在合伙企业中的财产份额为限承担责任。"因为曾君、郭昌的重大过失致人损害，应当由曾君、郭昌对客户的损失承担无限连带责任，而其他合伙人仅以其在合伙企业中的财产份额为限承担责任。故B项正确，C、D两项错误。《合伙企业

法》第58条规定："合伙人执业活动中因故意或者重大过失造成的合伙企业债务，以合伙企业财产对外承担责任后，该合伙人应当按照合伙协议的约定对给合伙企业造成的损失承担赔偿责任。"就君平昌成律师事务所而言，其应当以律所的全部财产对合伙人给客户造成的损失承担责任，所以客户可以要求该所承担全部赔偿责任，故A项正确。

16. BD。《合伙企业法》第27条第1款规定，委托一个或者数个合伙人执行合伙事务的，其他合伙人不再执行合伙事务。因此，孙某无权以合伙企业的名义对外签订合同。故A项错误。第27条第2款规定："不执行合伙事务的合伙人有权监督执行事务合伙人执行合伙事务的情况。"故B项正确。第29条第1款规定，合伙人分别执行合伙事务的，执行事务合伙人可以对其他合伙人执行的事务提出异议。可以提出异议的是执行事务合伙人，周某不是合伙企业的事务执行人，无异议权，故C项错误。钱某作为合伙事务执行人，可对另一合伙事务执行人赵某提出异议，故D项正确。

17. ABD。不管丁是否知情，因为甲为无民事行为能力人，所以合同无效。故A项错误。《合伙企业法》第49条第1款规定："合伙人有下列情形之一的，经其他合伙人一致同意，可以决议将其除名：(一)未履行出资义务；(二)因故意或者重大过失给合伙企业造成损失；(三)执行合伙事务时有不正当行为；(四)发生合伙协议约定的事由。"本题中，甲虽然被法院宣告为无民事行为能力人，但是并不具备上述情形，乙、丙不能将其除名，故B项错误。第48条第2、3款规定："合伙人被依法认定为无民事行为能力人或者限制民事行为能力人的，经其他合伙人一致同意，可以依法转为有限合伙人，普通合伙企业依法转为有限合伙企业。其他合伙人未能一致同意的，该无民事行为能力或者限制民事行为能力的合伙人退伙。退伙事由实际发生之日为退伙生效日。"甲丧失民事行为能力，并不必然导致被除名，经其他合伙人一致同意，可以转为有限合伙人，故C项正确，不当选。退伙事由实际发生之日为退伙生效日，而不是法院宣告日，故D项错误。

18. ABD。《合伙企业法》第26条第1、2款规定："合伙人对执行合伙事务享有同等的权利。按照合伙协议的约定或者经全体合伙人决定，可以委托一个或者数个合伙人对外代表合伙企业，执行合伙事务。"甲乙丙丁均享有对外签约权，也可决定合伙人丙对外代表合伙企业，故A、B项正确。第37条规定："合伙企业对合伙人执行合伙事务以及对外代表合伙企业权利的限制，不得对抗善意第三人。"可见，如合伙协议约定了合伙事务执行人，其他非执行人以合伙企业名义签订合同是否有效，依第三人是善意的还是恶意的而定，并不是一律无效，故C项错误。第31条规定，除合伙协议另有约定外，聘任合伙人以外的人担任合伙企业的经营管理人员，应当经全体合伙人一致同意。由此可知，只有聘请合伙人以外的人经营管理才需要全体合伙人同意，非执行合伙事务的其他合伙人可以作为合伙企业的经营管理人员，而无须合伙人一致同意。故D项正确。

（三）不定项选择题

1. D. 考查普通合伙人的退伙。选项A错误：《合伙企业法》第22条第2款规定，合伙人之间转让在合伙企业中的全部或者部分财产份额时，应当通知其他合伙人。据此可知，张某将其份额转让给合伙人王某，虽不用经其他合伙人同意，但应告知其他合伙人。选项B错误：《合伙企业法》第22条第1款规定，除合伙协议另有约定外，合伙人向合伙人以外的人转让其在合伙企业中的全部或者部分财产份额时，须经其他合伙人一致同意。据此可知，张某将其份额转让给李某的朋友刘某，不仅要经过王某、赵某的同意，还需要经过李某的同意。选项C错误、选项D正确：《合伙企业法》第46条规定，合伙协议未约定合伙期限的，合伙人在不给合伙企业事务执行造成不利影响的情况下，可以退伙，但应当提前30日通知其他合伙人。

2. B。考点为合伙事务的执行。选项A错误：《合伙企业法》第31条第1项规定，除合伙协议另有约定外，改变合伙企业的名称，应当经全体合伙人一致同意。选项A中，合伙人李某不同意，该决议未通过。选项B正确：《合伙企业法》第30条第1款规定：合伙人对合伙企业有关事项作出决议，按照合伙协议约定的表决办法办理。合伙协议未约定或者约定不明确的，实行合伙人一人

一票并经全体合伙人过半数通过的表决办法。选项B中，停业装修整顿不属于《合伙企业法》第31条中规定的必须经全体合伙人一致同意的事项，因此，该决议有过半数合伙人通过即有效。选项C错误：《合伙企业法》第32条第2款规定，除合伙协议另有约定或者经全体合伙人一致同意外，合伙人不得同本合伙企业进行交易。选项D错误：《合伙企业法》第31条第6项规定，除合伙协议另有约定外，聘任合伙人以外的人担任合伙企业的经营管理人员，应当经全体合伙人一致同意。选项D中，合伙人赵某不同意，该决议未通过。

3. CD。考点为合伙事务的执行。选项A错误：《合伙企业法》第31条第2项规定，除合伙协议另有约定外，改变合伙企业的经营范围、主要经营场所的地点，应当经全体合伙人一致同意。选项B错误：《合伙企业法》第31条第3项规定，除合伙协议另有约定外，处分合伙企业的不动产，应当经全体合伙人一致同意。选项C、D中的事项不属于《合伙企业法》中规定的需要经全体合伙人一致同意才能进行的事项，因此，经营管理人在其受聘期间可以自主决定采取。

4. C。《合伙企业法》第31条规定："除合伙协议另有约定外，合伙企业的下列事项应当经全体合伙人一致同意：（一）改变合伙企业的名称；（二）改变合伙企业的经营范围、主要经营场所的地点；（三）处分合伙企业的不动产；（四）转让或者处分合伙企业的知识产权和其他财产权利；（五）以合伙企业名义为他人提供担保；（六）聘任合伙人以外的人担任合伙企业的经营管理人员。"甲、乙将400万元资金委托投资股市的行为，不属于需要经过全体合伙人一致才可以为之的事项。因此，属于有权处分行为，也不是改变经营范围的行为。甲、乙二人共同侵害丙的财产权，应当承担连带责任，受托的投资机构无须承担连带责任。故选项C正确、D错误。

5. BD。《合伙企业法》第21条规定："合伙人在合伙企业清算前，不得请求分割合伙企业的财产；但是，本法另有规定的除外。合伙人在合伙企业清算前私自转移或者处分合伙企业财产的，合伙企业不得以此对抗善意第三人。"乙以其房屋使用权作为出资，并未将房屋所有权转移给合伙企业，其对房屋仍然享有处分权，故乙将房屋卖给丁属于有权处分，A项错误。但对合伙企业而言，乙按照合伙协议约定将房屋使用权作为对合伙企业的出资，其擅自转卖房屋给丁违反了合伙协议，应当对合伙企业承担违约责任，故D项正确。乙将房屋出卖给丁，并且办理了过户登记，丁获得房屋所有权，有权要求合伙企业搬出该房屋，故B项正确，C项错误。

6. ABCD。《合伙企业法》第50条第1款规定："合伙人死亡或者被依法宣告死亡的，对该合伙人在合伙企业中的财产份额享有合法继承权的继承人，按照合伙协议的约定或者经全体合伙人一致同意，从继承开始之日起，取得该合伙企业的合伙人资格。"据此，戊要成为合伙人，需要符合合伙协议约定或者经全体合伙人一致同意，并不能当然取得合伙人资格，故A项错误。第85条规定，合伙企业亏损并非合伙企业解散的法定事由，而戊作为丙的继承人根本没有权利要求解散合伙企业，故B项错误。第97条规定："合伙人对本法规定或者合伙协议约定必须经全体合伙人一致同意始得执行的事务擅自处理，给合伙企业或者其他合伙人造成损失的，依法承担赔偿责任。"甲、乙擅自将合伙企业的400万元资金用于炒股，虽然在表决权限上属于有权处分，但这种行为显然违反了合伙人对合伙企业的忠实、勤勉义务，并且给合伙企业造成损失，应当对合伙企业或者其他合伙人承担责任。但戊作为丙的继承人，并不能当然成为合伙人，所以不能直接向甲主张赔偿，故C项错误。第96条规定："合伙人执行合伙事务，或者合伙企业从业人员利用职务上的便利，将应当归合伙企业的利益据为己有的，或者采取其他手段侵占合伙企业财产的，应当将该利益和财产退还合伙企业；给合伙企业或者其他合伙人造成损失的，依法承担赔偿责任。"乙擅自转卖房屋，给合伙企业造成损失，应当对合伙企业或者其他合伙人承担责任。但戊作为丙的继承人，并不能当然成为合伙人，所以不能直接向乙主张赔偿，故D项错误。

7. CD。《合伙企业法》第26条第1、2款规定："合伙人对执行合伙事务享有同等的权利。按照合伙协议的约定或者经全体合伙人决定，可以委托一个或者数个合伙人对外代表合伙企业，执行合伙事务。"合伙人对合伙事务享有同等的权

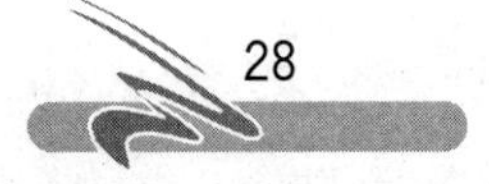

利，但是合伙人可以协议决定合伙人对合伙事务的执行，因此合伙人会议决定王某不再享有对外签约权并没有违反合伙人平等原则。故A选项错误。第30条第1款规定："合伙人对合伙企业有关事项作出决议，按照合伙协议约定的表决办法办理。合伙协议未约定或者约定不明确的，实行合伙人一人一票并经全体合伙人过半数通过的表决办法。"合伙事务的决议与合伙事务的执行是不同的，而合伙企业事务的决议只能由合伙人依法作出，一般情况下人数过半即通过，有约束力。本题中合伙人会议决定是依法作出的，对合伙企业和合伙人有约束力，并没有违反合伙人平等原则，因此王某不可以向其他合伙人主张赔偿损失。故B选项错误。合伙人会议的程序和内容并不违法，将张某的对外签约权仅限于每笔交易额在3万元以下的决定有效，因此当张某对外签约的标的额超过3万元时，须事先征得王某、田某、朱某的同意。故C选项正确。第37条规定："合伙企业对合伙人执行合伙事务以及对外代表合伙企业权利的限制，不得对抗善意第三人。"故D项正确。

8. BD。合伙企业对田某的对外代表权限并无特别规定，田某作为合伙人享有完整的执行合伙事务的权利，因此田某签订订购合同不因数额较大而需要征得朱某同意，故A项错误。《合伙企业法》第29条第1款规定："合伙人分别执行合伙事务的，执行事务合伙人可以对其他合伙人执行的事务提出异议。提出异议时，应当暂停该项事务的执行。如果发生争议，依照本法第三十条规定作出决定。"从合伙企业事务的执行来看，事务执行人提出异议，相关事务应当暂停执行。但田某对外签约是以合伙企业的名义，完全合法有效，朱某的异议不能影响该合同的效力，故B项正确。第39条规定："合伙企业不能清偿到期债务的，合伙人承担无限连带责任。"田某作为合伙企业的事务执行人，所签订的合同代表合伙企业，因此所有的合伙人对外都要承担无限连带责任，故C项错误，D项正确。

9. BC。《合伙企业法》第41条规定："合伙人发生与合伙企业无关的债务，相关债权人不得以其债权抵销其对合伙企业的债务；也不得代位行使合伙人在合伙企业中的权利。"据此，朱某对刘某的债务为个人债务，刘某要对朱某实现债权，不能代位行使朱某在合伙企业中的权利，故A项错误。第42第1款规定："合伙人的自有财产不足清偿其与合伙企业无关的债务的，该合伙人可以以其从合伙企业中分取的收益用于清偿；债权人也可以依法请求人民法院强制执行该合伙人在合伙企业中的财产份额用于清偿。"据此，刘某可就朱某在合伙企业中分得的收益主张清偿，也可申请对朱某的合伙财产份额进行强制执行，但对朱某的合伙份额不享有优先受偿权，故B、C项正确，D项错误。

10. AD。《合伙企业法》第25条规定："合伙人以其在合伙企业中的财产份额出质的，须经其他合伙人一致同意；未经其他合伙人一致同意，其行为无效，由此给善意第三人造成损失的，由行为人依法承担赔偿责任。"合伙人以其合伙财产份额出质的，必须经其他合伙人一致同意，未经同意的，出质绝对无效，善意第三人也不能主张善意取得，故A项正确、C项错误。经全体合伙人同意合伙人以合伙财产出质的，出质自合同签订之日起生效，而不是经工商登记时生效，故B项错误。第23条规定："合伙人向合伙人以外的人转让其在合伙企业中的财产份额的，在同等条件下，其他合伙人有优先购买权；但是，合伙协议另有约定的除外。"如果法院拍卖丁某的合伙企业财产份额，高、田二人享有优先购买权。故D项正确。

11. AB。《合伙企业法》第82条规定："除合伙协议另有约定外，普通合伙人转变为有限合伙人，或者有限合伙人转变为普通合伙人，应当经全体合伙人一致同意。"故A项正确。第13条规定："合伙企业登记事项发生变更的，执行合伙事务的合伙人应当自作出变更决定或者发生变更事由之日起十五日内，向企业登记机关申请办理变更登记。"第76条第1款规定："第三人有理由相信有限合伙人为普通合伙人并与其交易的，该有限合伙人对该笔交易承担与普通合伙人同样的责任。"变更合伙企业形式的，必须到登记机关办理变更登记，否则变更不具有对外效力，不能对抗善意第三人，故B项正确。第68条第1款规定："有限合伙人不执行合伙事务，不得对外代表有限合伙企业。"高某变更为有限合伙人后无论出资多少都不能执行合伙事务，故C项错误。第84条规定："普通合伙人转变为有限合伙人的，对其作为普通合伙人期间合伙企业发生的债务承担无限连带责任。"高某于2月转变为有限合伙人后，应对2月以前的合伙债务承担无限连带责任，故D项错误。

12. ACD。《合伙企业法》第73条规定："有限合伙人可以按照合伙协议的约定向合伙人以外的人转让其在有限合伙企业中的财产份额，但应当提前三十日通知其他合伙人。"可见，有限合伙人对外转让财产份额，可以不经过其他合伙人同意，只需提前30日通知即可，故A项正确。由于有限合伙人可以不经其他合伙人同意转让其财产份额，因而其他合伙人也就不享有优先购买权，故B项错误。第74条规定："有限合伙人的自有财产不足清偿其与合伙企业无关的债务的，该合伙人可以以其从有限合伙企业中分取的收益用于清偿；债权人也可以依法请求人民法院强制执行该合伙人在有限合伙企业中的财产份额用于清偿。人民法院强制执行有限合伙人的财产份额时，应当通知全体合伙人。在同等条件下，其他合伙人有优先购买权。"可见，李耕申请法院强制执行高崎的合伙财产份额，不必经田、丁的同意，故C项正确。由该条可知，田、丁可主张优先购买权，故D项正确。

简答题

1.

因职务或权利能力上的限制	因营业性质的限制	因竞业禁止的限制	因人身的限制
（职务上的限制）各国公务员法几乎都规定，禁止公务人员直接或间接经营商业或其他投机事业	不得从事违反法律和社会公共道德的行业，如贩卖毒品、人口或开设赌场、妓院等	《公司法》第147条："董事、监事、高级管理人员应当遵守法律、行政法规和公司章程，对公司负有忠实义务和勤勉义务。	主要是受到男女差异、婚姻财产制度的影响，对于已婚妇女经商

续前表

因职务或权利能力上的限制	因营业性质的限制	因竞业禁止的限制	因人身的限制
（经营范围的限制）经营商事业务并没有限制，但商人所经营的业务一经选定，便不能超越或擅自另营他业	由于实施公共政策的需要，对邮电、铁路、城市公用水电等公营行业有所限制	董事、监事、高级管理人员不得利用职权收受贿赂或者其他非法收入，不得侵占公司的财产。"第148条："董事、高级管理人员不得有下列行为：……（五）未经股东会或者股东大会同意，利用职务便利为自己或者他人谋取属于公司的商业机会，自营或者为他人经营与所任职公司同类的业务……"	的限制（《法国商法典》第4条）。我国由于实行婚姻家庭财产共有制，有必要完善这一立法
（因年龄的限制）对未成年人的商事能力加以限制，一般各国都禁止童商，其不能取得独立的商人资格	由于特殊需要由政府实施管制的行业，如战时对粮食、钢铁等管制		

2. 合伙包括民事合伙和商合伙，其是否具有法律主体地位乃学术界一个颇有争议的问题，主要有"契约说"和"主体说"之分，各国立法的态度也是不一。传统上大陆法系立法将合伙视为"契约"；英美法也视合伙为"关系"，即合伙本身并不具备法律主体地位。但随着社会经济的发展，两大法系的法律主体制度历经了重大变化，许多国家合伙立法也同时有了不同程度的改变和进步。如法国1978年修订的《法国民法典》第1842条确认合伙具有民事主体地位。瑞士虽然不承认合伙的法人资格，但也确认其社团主体资格，而且德国、日本、比利时等大陆法系国家都承认商合伙为独立的法律主体。至于英美法系国家，一般也都将合伙视为非法人的经济实体，即商合伙具有法律主体资格。我国《民法通则》并无将个人合伙视为法律主体的明确规定。我国有学者提出：合伙在人格、财产、合伙利益、民事责任等方面存在相对独立性，是属于非法人组织的经济实体，具有民事主体的地位。不少学者也都提出将合伙作为与公民、法人并列的"第三民事主体"进行

立法的呼吁。的确，商合伙作为一种特殊的法律拟制主体，具有商法所赋予的相对独立人格、相对独立财产、相对独立的责任能力，并可以自己的商号起诉或应诉，虽然不完全具备法人的条件和特征，但经商事登记成立的合伙已具备独立的商主体资格，因此，我国《合伙企业法》就十分明确地规定了合伙企业这一商合伙的商主体地位。2007年6月1日起施行的《合伙企业法》增加了新的合伙企业形式——有限合伙企业，使投资人能有更大的选择余地、更高的积极性和灵活性来参与创业，消除了投资人一旦参与合伙企业，便不得不承担无限连带责任的顾虑。除我国外，对于有限合伙这种企业形式，英国、美国、加拿大、我国香港地区等均有有限合伙法或条例对之加以规定。

3. 有限合伙，是指由对合伙债务承担有限责任的有限合伙人和对合伙债务承担无限责任的普通合伙人共同组成的合伙。

两合公司，是以共同商号进行商业活动的公司，其股东的一人或数人以其一定的出资财产数额而对公司的债务负责任（有限责任股东），其他股东负无限责任。

二者相同之处在于：（1）二者的成立均须登记，均具有商号。（2）二者均为混合责任制。两合公司的社员分为两类，即有限责任股东和无限责任股东。前者以其出资额为限对公司负责，后者对公司的债务负无限连带责任。对有限合伙而言，其成员也分为两类，即仅以出资为限承担有限责任的有限合伙人和对合伙债务承担无限连带责任的普通合伙人。显然，两合公司与有限合伙二者的责任形式相同，均为混合责任制形式。（3）二者原则上均由负无限责任者享有参与管理权，负有限责任者不享有参与管理权。（4）二者均赋予有限责任者监督检查权。（5）二者均只对无限责任者课以竞业禁止义务，而对有限责任者均不课以竞业禁止义务。

二者的差别在于：（1）法律基础不同。两合公司的法律基础为章程，有限合伙的法律基础为合伙协议。（2）法律地位不同。两合公司是营利性社团法人；有限合伙虽具有团体性，但其不具有法人资格。（3）财产归属不同。在两合公司中，股东出资后，不再对其出资拥有财产所有权。公司对股东的出资及公司经营过程积累的其他财产拥有独立的财产所有权。有限合伙并不拥有独立财产所有权，合伙财产为全体合伙人共同共有。

案例分析题

《个人独资企业法》第8条规定：设立个人独资企业的条件：投资人为一个自然人；有合法的企业名称；有投资人申报的出资；有固定的生产经营场所和必要的生产经营条件；有必要的从业人员。甲要开办食品店，只要符合以上条件即可注册。虽然《个人独资企业法》对个人独资企业的设立没有规定最低注册资本金的要求，但这并不是说企业的设立和经营不需要资金保障，也不意味着企业登记不需要注册资本。个人独资企业是一种营利性的组织，其从事经营活动必须有经济基础，如没有物质保障，即一元钱就可以办企业，那就很可能产生欺骗行为，损害债权人的利益。投资人申报的出资是个人独资企业成立之初的经营资本，也是企业对外承担责任的重要财产来源。规定出资是国家对个人独资企业监督的要求。事实上，在设立个人独资企业时，投资人承诺将投入企业的资本金不仅是企业设立和经营的基本保障，也是登记机关据以登记的企业出资额。由于个人独资企业对资金的需求相对较小，同时为了鼓励中小企业的成立，注册资本采取实事求是的方法，不规定最低限额，只要求保障生产经营的实际需要即可。

论述题与深度思考题

（1）由抽象人格到具体人格

传统民法抽象人格的法律构造，只是实现了所有主体形式上的“平等”，掩盖了各个自然人之间、法人之间以及自然人与法人之间大量存在的实质差异的“平等”，只能是一种理想中的状态，必然导致实质上的不平等。尤其是随着生产力的发展，在市场交易中，个体之间的差异进一步扩大，使作为近代民法基础的两个基本判断即所谓平等性和可互换性已经丧失，出现了严重的两极分化，如企业主与劳动者、生产者与消费者的对立，由此产生了现代民法中的具体人格理论。近代民法追求形式平等，但鉴于20世纪社会经济生

活所发生的根本变化，传统民法所规定的抽象的人格，对一切民事主体作抽象的对待，创造了经济上的强者对经济上的弱者在实质上的支配，反过来动摇了民法的基础。因此，现代民法在价值取向上转而追求实质平等，在维持民法典关于抽象人格的规定的同时，又从抽象人格中，分化出若干具体人格。如果把近代民法对平等原则的确立称为从身份到契约的运动，那么现代民法可称为从契约到身份的运动。现代民商法实践已经证明，商法得以保持其旺盛的生命力，在于其恰好是建立在现代民法的具体人格基础上的。或者说，现代民法对传统民法抽象人格的纠正，便是通过赋予商主体以具体人格，针对不同类型的商主体具体情况，设置不同的组织与行为规范，从而实现民商主体实质意义上的平等。

（2）“人的普遍商化”“商法民事化，民法商事化”的争论

近年来，国内外都有学者以所谓“人的普遍商化”“商法民事化，民法商事化”为理由，否定商主体的独立性。

所谓“人的普遍商化”只不过是指商品经济高度发达后，绝大多数人都被卷入了市场，参与商品交换。自从《法国商法典》以平等的精神，赋予所有人平等地从事商行为的能力后，商人身份就不是依赖特许而获得，而是依赖商行为或商人所从事的营业行为的特性而取得，因此，每个人只要从事该类行为并履行相应手续，便可获得商人资格。从这一意义上，可谓“人的普遍商化”。但这只是商主体范围得到了扩大而已。商主体固然是以实施营利性行为为目的的“人”，但并非凡实施了营利性行为的人就是法律上的商人。要想成为法律意义上的商人，其行为必须满足特定条件，一般来说须以其财产为基础而具备连续性。因此，所谓“人的普遍商化”，并不能改变商主体的独立地位。另外，作为私法的两大支柱，民法与商法从来就是密不可分的。即使是在民商分立的国家，虽然形式上独立存在的商法典与民法典相并列，但商法始终是民法的特别法，许多基本制度还是要适用民法的规定，如法人制度、时效制度、法律行为制度，等等。所谓民法的商事化，其真正含义并非指民法逐渐发展出调整商事关系的规范，从而可以取代商法，而是指随着经济生活的发展，规范企业的商法在市民法体系中占据了主导地位，从而导致了修正民法原理的现象。而且近代商法没有赋予商人以所谓特权地位，商法从一开始就是作为主体平等的私法存在的。商主体范围的扩大并非是其走向民事化，虽然民事主体在履行相关手续后即可成为商主体，但商主体仍然不同于一般民事主体。因此，所谓“民法的商事化，商法的民事化”的民商法现代发展趋势，并不能改变商主体的独立性。

（3）商主体独立立法的制度价值

我国实行的是“民商合一”的立法体制，而且存在独立的商事法律法规，民法与商法之间为一般法和特别法的关系。但比较商主体和民事主体，法律对商主体注意义务的要求普遍高于消费者。商主体以从事商行为为业，应具有更加审慎地注意的能力。随着市场经济的深入发展，商主体形态不断创新的情况下，仅仅依赖传统民法的主体制度，根本不能解决内部关系极为复杂的商主体问题。

首先，在现代社会中，何人可以经商，经商者必须具备哪些条件，经商者的权利、义务如何，都是与商主体相关的基本问题，并通过商主体的确立而确定。其次，国家、政府、社会对经济活动的调控、干预、引导，主要是通过对商主体的调整来实现的。商主体是实现国家参与经济活动的中介，是建立社会经济秩序的主体性基础。再次，商主体的界定是实现政企分开、区别营利部门与非营利部门、营利行为与非营利行为的法律依据。因此，如果商主体界定不清，国家就无法实现对社会经济活动的有力调整，一个社会的市场经济秩序就无法建立起来。在我国，商主体的市场准入方面，除《公司法》《合伙企业法》有一些并不完备的限制性规定外，只有《法官法》《检察官法》《人民警察法》《公务员法》《预备役军官法》等法规中，有法官、检察官、人民警察、国家公务员、现役军人等不能从事商事活动的规定。此外，还有些以党或中央政府、地方政府的文件形式及行政措施的形式出现的限制性规定。由于缺乏关于商主体积极资格与消极资格的一般规定，在法制环境尚欠佳、法律意识尚严重不足的背景下，大量出现了国家机关及国家工作人员经商之类的与市场经济体制格格不入的现象。因此，我

国除对商主体具体形态予以规范外，明确规定商主体的一般要求，对于培育与规范公平竞争的市场运行环境就具有更加突出的意义。在商主体类型方面，我国多数学者主张商主体类型法定原则，但我国相关立法均未表达出明确的态度。另外，关于组织体是否均为商主体、事业单位性质以及其商行为能力的认定、营利部门与非营利部门的区分，等等，都处于较为混乱的状态，给国家税收等事务的管理造成极大的不便。

要制定出包括所有商事法规的商法典不现实，也没必要，但针对我国国情制定出一部"商法通则"，健全商事法律，具有重要意义。但是，我国具体形态的商主体立法因其明显的计划经济色彩，而落后于形势发展的需要。仅仅有具体形态商主体的立法是不够的，还需要确立商主体的素质要求、资格与法律人格要素等基本规范，方可使实践中出现的许多为传统民法与具体商事法律所不能解决的问题得到有效解决。譬如，传统民法认为，人格权始终与民事主体相伴随而存在，民事主体只能享有而不能转让或者抛弃这种权利。然而，商主体的人格权属性就明显超出了民法理论中的人格权的特性，具有直接的财产内容，并可以转让，仅从这一点看，抽象的商主体概念及基本制度也是有其独立存在的价值的。

第三章 商行为

知识逻辑图

商行为
- 定义
  - 客观主义:法国按法律行为的客观内容来认定是否属于商行为
  - 主观主义:德国主张只有商人双方或一方参加的法律行为属于商行为
  - 折中主义:日本为代表的多数大陆法系国家采取主、客观双重标准
- 我国商行为概念界定
  - 商行为与商主体相联系:《深圳经济特区商事条例》第 5 条 —— 类似主观主义的商行为概念
  - 非商主体也可以成为商行为的实施主体
  - 现代商法中传统商行为已发展为以资本和智力经营为特征的市场行为
- 特征
  - 以营利为目的的法律行为
  - 经营性(营业性)行为
  - 商行为一般是商主体所从事的行为,但一般民事主体也可成为商行为的实施主体
  - 商行为是体现商事交易特点的行为
- 分类
  - 绝对商行为:依行业的客观性和法律的规定
  - 相对商行为:在法律所列举的范围内,仅由商主体实施或基于营业目的实施时认定为商行为
  - 单方商行为:行为人一方是商主体、另一方不是商主体所从事的行为
  - 双方商行为:当事人双方都是商主体而从事的商行为
  - 基本商行为:直接从事营利性营业行为的商行为
  - 辅助商行为:行为本身不能直接达到商主体所要达到的营业目的,但对基本商行为起辅助作用
  - 固有商行为:商主体实施的营利行为或商法典列举非由商主体实施亦可以认定的商行为
  - 推定商行为:要依商法规定或以推定的方法确认其性质的商行为
- 立法模式
  - 法国:商行为为中心
  - 德国:《德国商法典》对民法一般原则的变更、补充、排除
  - 日本:借鉴德国,但采用折中主义立法原则
  - 韩国:受《日本商法典》和《美国商法典》的影响,将绝对行为和营业性合一称为基本商行为
  - 中国澳门地区:吸收大陆法系、英美法系的经验,对商行为的内容规定详细
  - 中国台湾地区:采民商合一立法例,设有“单行法”辅之
  - 英美:都存在严格意义的商行为。英国有独立的商事司法体系,《美国商法典》以商业交易为中心设计
- 商事代理
  - 定义:是代理商以自己的名义或委托人的名义为委托人或卖或买提供服务,从中获取佣金
  - 特征
    - 商人性
    - 独立性
    - 职业性
    - 有偿性
- 商事行纪:行纪人所从事的行纪商事经营行为,一般行纪人从事职业性的行纪经营
- 商事居间
  - 以实现委托人与第三人订立合同的目的
  - 处于中介人地位,不直接介入委托人与第三人的合同关系中
  - 有偿法律行为、双务行为

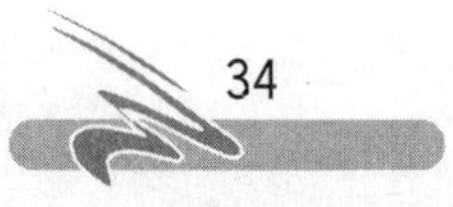

名词解释与概念比较

1. 商行为
2. 商事代理和民事代理
3. 经纪人
4. 附属商行为
5. 绝对商行为与相对商行为（考研）

选择题

（一）单项选择题

1. 特殊商行为不包括以下哪项？（　　）

A. 商事代理

B. 辅助商人

C. 商事行纪

D. 商事居间

2. 关于商行为的法律特征，表述最准确的是（　　）。

A. 是商主体所为的以营利为目的的经营性活动

B. 是以交易为目的的一切行为

C. 是秘密性的活动

D. 是一切民事主体可以从事的商业行为

3. 某外商独资企业经S市人民政府批准成立。现该企业欲以其厂房作抵押，向某银行贷款1 000万元。该企业之抵押行为符合下列哪一选项才有效？（　　）（司考）

A. 须经注册登记的工商行政管理机关批准

B. 须经中国人民银行批准

C. 须经国务院对外经济贸易主管部门批准

D. 须经S市人民政府批准并报工商行政管理机关备案

4. 万某因出国留学将自己的独资企业委托陈某管理，并授权陈某在5万元以内的开支和50万元以内的交易可自行决定。设若第三人对此授权不知情，则陈某受托期间实施的下列哪一行为为我国法律所禁止或无效？（　　）（司考）

A. 未经万某同意与某公司签订交易额为100万元的合同

B. 未经万某同意将自己的房屋以1万元出售给本企业

C. 未经万某同意向某电视台支付广告费8万元

D. 未经万某同意聘用其妻为企业销售主管

（二）多项选择题

1.《德国民法典》中关于从无权利人处善意取得财产所有权的有关规定，必须具备的条件包括：（　　）。

A. 财产让与人必须是商人，至少必须是小商人

B. 所有权之取得必须涉及动产物的转让，并且这种转让必须在商事经营企业发生

C. 财产受让人善意地相信，财产让与人拥有财产所有人处分该财产的权限，但这种善意是不可以被推定的

D. 财产受让人从无权利人处善意取得财产所有权的规定适用，与其他形式的动产所有权转移一样，必须具备“合意和交付”

2. 以下选项中，哪些属于绝对商行为？（　　）

A. 汇票的出票

B. 不动产出租

C. 在证券交易所买卖股票

D. 专业咨询服务

简答题

商事代理行为的特点。（考研）

案例分析题

A公司与B公司签订了3年的商事代理合同，B公司在北京地区独家代理A公司的产品——轮胎，A公司按照B公司的需求随时供货。双方规定了年供货的最低额，B公司负责一切A公司商品的推销工作，费用由B公司自理。A、B公司在开始两年合作很好，在第三年，A公司单方面终止了合同，不再向B公司供货，使B公司的货物严重短缺。B公司几经要求，A公司均拒绝供货，使B公司损失惨重。A公司随即提出终止合同，只赔偿B公司损失的代理费，B公司要求A公司

赔偿其广告费等各种宣传费和A公司停止供货后B公司因销售网点的废止而损失的各种费用和人员工资。

论述题与深度思考题

论述我国商事代理法律制度的完善。

参考答案

名词解释与概念比较

1. 商行为是商事主体以及包括非商主体在内的具有特定商事能力的主体以营利为目的和内容所从事的商事经营行为；或者可以定义为商主体所从事的任何经营活动，以及任何主体所从事的以营利性营业为目的的经营行为。大陆法系的不同国家认定商行为的标准不同：法国主张按法律行为的客观内容来认定其行为是否属于商业性质，即根据行为的内容和形式进行判断；德国主张只要有商人双方或一方参加的法律行为就是商行为；日本主张确定商行为的标准应当兼采主观和客观两方面。现代社会不应固守单一的商行为理论，应走向兼容，即从行为主体、行为本身的内容和形式等方面结合起来确定。但在确定时，应该以新商人主义立场为基础，兼采客观主义的理论。

2.

区别	商事代理	民事代理
产生基础	基于对当事人资本的信任，即对代理人资金、技术、设备、专业能力等方面的信任	以当事人的信任为前提，通过委托、法定及指定取得，有委托、法定和指定代理三种
主体	被代理人和代理人均要求为具备特定商事资格和能力的商主体，是独立的商事经营者	被代理人和代理人为自然人或法人，范围广泛。代理人应具有民事行为能力

续前表

区别	商事代理	民事代理
代理行为性质	是商行为，即代理商所从事的代理是以营利为目的，具有持续性和同一性的营业行为	平等主体的公民和法人所从事的具有民法意义的行为，可为无偿或有偿代理
显名代理或隐名代理	代理人可以被代理人或自己的名义实施代理行为	多以被代理人名义实施代理行为，即显名代理
代理的责任	即使无过错也依法律或行业惯例承担某些特别责任，商事代理的严格责任维护了交易的安全	除非有过错，通常不向第三人或被代理人承担责任，实行过错责任制，补偿性的民事责任

3. 经纪人（broker）是一种中间商，指按照法律规定或当事人约定，以收取佣金为目的，为促成他人交易而从事居间、行纪或代理等中介业务的商人。

4. 附属商行为又称辅助商行为，是指间接媒介商品交易的行为，如货物运输、仓储保管、加工包装和其他服务活动，与买卖基础行为相比是附属的商行为。附属商行为中必须有主商行为存在。这种行为虽然也适用关于商行为的一般规定，但它与基本商行为不同，它不是以商人概念为基础的，对主营业行为的实现起辅助推动的作用。附属商行为虽是为了营业而附带进行的行为，但其行为后果仍归责于营业主。

5. 绝对商行为与相对商行为是依据商行为确认标准和条件所作的分类。这一分类在采取折中商法主义和商行为法主义的国家中具有重要的意义。

绝对商行为又称为“客观商行为”，指依照法律规定，无论是商人为之或非商人为之，也不论是否以营业的方式进行，皆可谓之商行为。即此类行为无论是由商人实施还是由非商人实施，也不论行为人是否具有营利目的，均应依法认定为商行为。其判断标准具有客观性和无条件性。按照多数国家商法的规定，票据行为、证券上市交易行为、保险行为和海商行为等均属于绝对商行为。而在某些国家中，绝对商行为的实际范围往往更为广泛。绝对商行为之确认不受行为主体和具体行为目的之影响，其标准具有客观性和确定性，这给司法实践显然带来了便利。但此类商行

为范围之确定往往关系到一国的立法政策，其理论根据仍源于事实推定原则。

相对商行为又称为“主观商行为”“营业商行为”，是指在法律所列举的范围内，仅由商人实施时以及仅基于营利性目的实施时方构成商行为的行为。相对商行为概念依不同国家的立法政策仍可有内涵上的差别。它可以是在法律列举的范围内，仅商人实施方可构成商行为的行为（主观商行为）；也可以是仅基于营利性目的实施时方可构成商行为的行为（营业商行为）；还可以是仅由商人基于营利性目的实施方可构成商行为的行为。此类行为通常包括：财产出租，加工制造，保管运送，承揽修缮，出版印刷，居间代理，娱乐服务等。相对商行为的基本特征在于其性质具有相对性和条件性。此类行为并非当然具有商行为性质，只有在行为主体或行为目的符合法定条件时，该行为方构成商行为，并适用商法的特别规则；而在行为主体或行为目的不符合法定条件时，其行为仅构成一般民事活动，适用民法的一般规定。

选择题

（一）单项选择题

1. B。特殊商行为是指商事交易中具有个性的，并受商法中的特别法或特别规则调整的商行为，包括商事代理、商事行纪、商事居间、商事信托、商事信用、商事期货交易、融资租赁、商事仓储和商事货运。

2. A。商行为本质上为市场行为，其根本目标在于实现利润的最大化，即营利性。商行为需要有经营性，至少是在一段时间内不间断地从事某种同一性质的营利活动，而不是一切以交易为目的的活动都是商行为。商行为又被称为市场行为、交易行为，是具有较高技术性和公开性的活动。商行为一般是商主体所从事的行为，D项的论述不全面，有些国家例如德国等规定只有商主体从事商行为，而采用折中主义（日本）和客观主义（西班牙）的国家认为非商主体可以从事商行为。

3. D。《外资企业法实施细则》第23条规定，外资企业将其财产或者权益对外抵押、转让，须经审批机关批准并向工商行政管理机关备案。因此，D项是正确答案。

4. B。《个人独资企业法》第20条规定：“投资人委托或者聘用的管理个人独资企业事务的人员不得有下列行为：……（七）未经投资人同意，同本企业订立合同或者进行交易……”因此，B项是正确答案。

（二）多项选择题

1. ABD。只有当财产让与人具备商人身份，并从事商事经营的时候，财产受让人之善意取得才可以适用《德国商法典》的规定。只有存在事实上的转让或被推定为事实上的商行为才可以适用。商法中财产受让人对让与人处分权限的善意，是可以被推定的。

2. AC。绝对商行为是依照行为的客观性和法律的规定，而无论行为人是否为商主体，也不论是否以营业的方式去进行，具有客观绝对性、法律确定性与事实推定性的特点。在许多国家，票据行为、证券交易行为、融资租赁行为、保险行为、海商行为等均是绝对商行为。

简答题

商事代理行为的特点有：(1) 主体的商人性。在商法实践中，判断某一行为是否属于商行为，主要看主体的身份，所以商法中的商事代理是指专门从事各种商务代理活动的独立的职业的代理商，但是对于非登记商事主体，则难以确定。(2) 行为的法定性和独立性：一些特定行为被法律规定为商行为，任何人为之皆为商行为；行为必须符合其经营业务的法律规定，即商行为应该遵循许多适用于商人之间特定商业事务的共同条款，而且商事代理的法律地位是独立的。(3) 行为的有偿性：在商法实践中，商事代理都是有偿的，有佣金请求权。(4) 行为的技术性：现代商事活动的技术性要求越来越高，尤其是票据行为、保险行为、期货交易行为、证券交易行为、网上交易行为等，不仅要求行为人熟悉法律规定，而且要严格按照操作规程进行。正是基于此，《美国统一商法典》把具有专门知识和技能作为商人的一个重要条件。(5) 规制的严格性：方式定型化、外观主义、公示原则、严格责任等等。(6) 司法特殊性：对于至少有一方为商人的纠纷，多数国家设有特别司法机关予以审理。原因在于商事案件有很强的技术性、复杂性和专门性，并要求迅速处理。

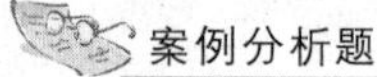

案例分析题

我国的《民法通则》所规定的代理是民事代理的范畴，重在保护被代理人的利益，在实际案件中很难保护商事代理人的利益。A公司所赔偿的代理费是B公司的部分损失，B公司为推销A公司的产品，通过广告等各种宣传方式推广A公司的产品；销售A公司的产品时，为A公司产品量身定做了销售网点，雇用了销售人员，培训了推销人员；因A公司违约不供货而导致的部分客户流失，B公司商业信誉等多方面造成了损失。总之，对于B公司从谈判、签订合同、制定营销策略、培训人员到建设销售网点、推广产品等一系列的损失，A公司都有一定的责任。试想如果一个商品经过代理商千辛万苦的推广后而在该地区小有名气，之后没有任何原因就被撤换为另一家更便宜的代理商，又得不到损失的完全赔偿，结果将损害代理商这个行业。所以法律应保护B公司的合法权益，赔偿商事代理商的所有法院可以认定的损失而不仅是代理费。

论述题与深度思考题

商事代理是商品经济发展的产物。在现代社会，商事代理已经成为维系社会经济生活和商事关系正常流转所不可缺少的重要手段。不论是在市场经济高度发达的国家还是在市场经济欠发达的国家，商事代理都是一个为人们所普遍认可的法律概念，它的存在为商事主体的商事活动提供了极大的便利。商事主体可以直接借助于商事代理活动实现自己在交易过程中遇到的难以实现的事务，同时也可大大降低商事交易的成本。商事代理分为直接代理和间接代理。直接代理是指受托人以委托人的名义进行商事营业的代理。间接代理是指受托人以自己的名义，为委托人的利益而进行商事营业的一种经营活动。我国市场经济体制刚刚建立，商事主体制度还在创设阶段。对商事代理制度尚未有专门的商事代理法进行调整。涉及代理纠纷时只能适用《民法通则》关于代理的一般性规定。尽管我国1999年颁布的《合同法》中已对委托合同、行纪合同、居间合同等作出了规定，但是关于商事代理的形式和内容的规定还是十分不完善的。

目前我国尚无专门调整商事代理关系的代理法，现有的调整代理关系的有关法律不够完善。应着手建设代理方面的法律体系，主要包括：代理的概念；代理关系的产生；代理的效力；滥用代理权；无权代理和表见代理；代理法律关系当事人的权利与义务；代理终止；侵权和犯罪的责任。代理的概念应明确承认间接代理或未披露本人身份代理的存在。商事代理人只有符合法律规定的各项条件，具有相应的专业技术知识，才能成为商事代理人。我国法律中对民事代理人的资格并没有严格限制，但是商事代理人如保险代理商、证券代理商等应仅限于法人，主要的原因是某些商事活动需要具备的条件相对较高，且自然人作为代理商不利于保障第三者的利益或不利于整个经济的发展，需要由国家宏观调控。因此，有必要在立法上将代理商的“业务”范围进行界定。从有利于商事代理的规范发展角度，对专业人员应作出相应的规定，我国部分法律规定的内容上还不够明确，具体操作起来有一定的困难。除一些实质条件外，商事代理人还必须依法进行登记，设立程序与其他商事主体的设立程序应当是一致的。佣金制度也要随之完善，明确销售价格，在代理期间不得随意调价。明确代理的类型和支付佣金的条件，例如单一商号代理、区域代理、独家代理、总代理等在法律中规定明确的支付条件。代理关系尤其是销售代理关系中，代理人通过自己的代理活动打开市场，而一旦产品有了销路，代理人买断产品或被代理人终止代理关系将破坏稳定的代理关系，我国的代理立法应吸收国际上的经验，明确规定提前通知解除代理关系的时间。在代理中，无论何方提出解除代理关系都应提前以书面形式通知对方，以便及时采取措施，减少损失。德国规定，对未定期的代理合同，其通知解除代理关系的期限在缔约后第一至第三年的为6个星期，3年以后的为3个月，这些都值得我国立法者借鉴。还应建立商业信誉补偿制度，一方提前解除代理关系，给对方造成的损失，应予以赔偿；没造成损失的，也应进行商业信誉补偿，且为强制性。代理人就商业信誉赔偿的请求应在代理关系终止后的合理时间内提出，

据发达国家的经验，一般以关系终止后的3个月，作为索赔的时效。

我国目前的商事立法对居间商、行纪商、信托商等并没有明确的规定，对它们的主体资格的确立也就没有法律依据。居间商是指为获取佣金而向委托商报告订立合同机会或者提供订立合同的媒介服务的人。如果居间商是以法人形态存在，则须具备法人的资格条件；如果是以个人形态存在的，则须经过登记才能从事居间事务。从日本、德国等一些国家的商事立法看，其对居间商应由自然人担任还是应由法人担任并没有限制。作为居间人关键是有从事居间业务的能力和由此而产生的责任能力。我国将来的居间商立法中应允许法人和自然人从事居间业务，通过确定一个具体的标准，审核登记后成为居间商。我国《合同法》第414条有对行纪合同的规定，但在行纪人的概念和条件、法人或自然人是否可以成为行纪人等方面还需要通过立法加以明确。

第四章　商事登记

知识逻辑图

- 商事登记
  - 概念：为设立、变更或终止商主体资格，依法由当事人申请、经审核将登记事项记载于商事登记簿的综合法律行为
  - 特征
    - 设立、变更、终止商主体资格的法律行为
    - 要式的法律行为
    - 公法性质的行为
  - 立法原则
    - 自由设立原则
    - 特许原则
    - 行政核准原则
    - 准则原则
    - 严格准则原则
  - 对象
    - 行为人从事商事经营活动，并符合登记条件就可以或必须登记
    - 例外：有些国家对必须履行登记的商主体作了一些限定，例如小商人
  - 管理机关的立法模式
    - 法院
    - 法院和行政机关
    - 行政机关或专门设立的附属行政机关
    - 专门注册中心和商会
  - 登记种类
    - 开业登记
    - 变更登记
    - 注销登记
    - 企业分支机构登记
  - 成立要件
    - 成立要件主义：先登记再成立
    - 非成立要件主义：先成立再登记
  - 效力
    - 消极效力：未登记或公告，不能以之对抗善意第三人
    - 积极效力：登记或公告后，第三人除不可抗力不知悉外，均产生对抗效力
    - 特殊效力
      - 对商号享有专用权的效力，例如，德国、荷兰
      - 取得法人资格
      - 取得公司的营业权
      - 股份有限公司取得发行股票并自由转让的权利
    - 创设效力和公示效力

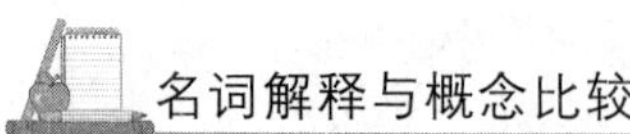

名词解释与概念比较

1. 商事登记法
2. 商事登记的对象
3. 商主体非成立要件主义

选择题

（一）单项选择题

1. 在多数国家中，下列各行业不属于核准原

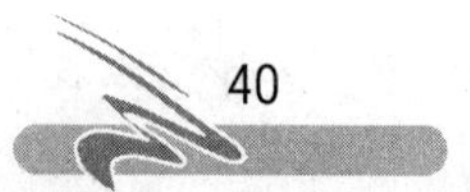

则设立企业的有：(　　)。

A. 矿产业　　B. 证券金融保险业

C. 邮政　　D. 批发业

2. 合伙企业分支机构申请注销登记的，应当在清算结束之日起（　　）内向原企业登记机关办理注销登记。

A. 10 日　　B. 15 日

C. 30 日　　D. 60 日

（二）多项选择题

1. 下列关于商业登记程序的说法中正确的是：(　　)。

A. 法国仅审查形式上是否符合法律要求，至于所提供的文件，实质上是否真实，一般不予过问

B. 商事登记的程序包括申请、受理、审查、核准发照（登记发照）、公告

C. 英、美国家也多采用形式审查，在美国许多州规定公司的章程要经公证

D. 采用实质审查的国家通常对有限责任公司采用实质审查

2. 各国关于商事登记管理机关的规定不同，下列各项中属于国际通行的模式有：(　　)。

A. 法院和行政机关均为商事登记机关

B. 专门的行业协会为商事登记机关

C. 法院是商事登记机关

D. 法院授权仲裁委员会作为商事登记机关

3. 目前各国商事登记的立法原则概括有：(　　)。

A. 自由设立原则　　B. 特许原则

C. 行政核准原则　　D. 严格核准原则

4. 关于商事登记，下列哪些说法是正确的？(　　)(司考)

A. 公司的分支机构应办理营业登记

B. 被吊销营业执照的企业即丧失主体资格

C. 企业改变经营范围应办理变更登记

D. 企业未经清算不能办理注销登记

简答题

1. 简述商事登记的特征和基本原则。

2. 简述商事登记的效力。(考研)

案例分析题

2006 年 6 月，A、B、C 三家公司达成协议，共同投资，在某大学附近成立一家有限责任公司——东东超市。三家公司共同草拟并一致通过了公司章程，章程规定新的公司注册资本 90 万元，每家公司出资 30 万元，出资方式有：货币、土地使用权和超市营业需要的设备等。货币出资已于 7 月划入东东超市的临时账户，设备和土地使用权也于 8 月份办理了相关的手续。8 月底，东东有限责任公司委托会计师事务所验资，后该会计师事务所出具了验资证明。9 月初，东东有限责任公司向工商行政管理部门申请登记，提交了公司登记的申请书、公司章程、验资证明等文件。工商局审查后，认为东东有限责任公司的法定资本和生产经营条件合格，但该大学附近类似的超市已有数家，为了防止超市之间的恶性竞争和促进该地区经济有序地发展，工商局决定不予登记。后经 A、B、C 三家公司的共同努力，工商局同意登记。2006 年年底，东东超市看到代订火车票的业务十分赚钱，擅自增加代订火车票业务。2007 年年初，东东超市的生意滑坡剧烈，三家公司决定为该公司更名，以转换商运。

请对以上案例进行分析。

论述题与深度思考题

在我国，从事商事活动必须依法登记，取得营业执照。(考研)

参考答案

名词解释与概念比较

1. 商事登记法是指商事登记的法律适用、登记机关及其权限、申请及相关要求、登记的效力等内容的法律规范的总称。传统的商事登记法制度是商法典或民法典的有机组成部分，属于私法

的范畴。但在当代已有商业登记法单行化的趋势，其主要表现在：一是商事登记法具有很强的公法性。因为商事登记的多数规范并不以平等主体间的权利和义务为调整对象。二是商事登记法具有强制性。商事登记法规范绝大多数是强制性规范。三是商事登记法主要体现为程序法。主要是规制登记程序的法律规范，商事登记中最主要的问题是申请人应如何履行申请登记的业务及登记机关如何完成登记行为。

2. 商事登记的对象为商主体，但那些商主体必须履行的商事登记和如何履行，各国的法律规定不同。多数国家规定，只要行为人从事了商事经营活动，并且符合商事登记条件，它就可以或必须登记。但部分国家和地区对必须登记的商主体有限定，只有完全商人才履行登记，小商人或不具备商人条件而偶然从事商行为者不必登记，德国、日本都有相关立法。我国《企业法人登记管理条例》及其实施细则将登记企业分为具备企业法人条件的企业和不具备企业法人条件的企业两种。农村承包经营户并非商事登记的对象，其需要签订农村承包经营合同，不需要登记注册。那些以企业方式从事农业生产经营的农村承包经营户不再是农村承包经营户而成为农业企业，是商事登记的对象。

3. 关于商事登记与商主体成立的关系各国（地区）立法存在颇大的差异：(1) 成立要件主义是以商事主体登记为商主体成立的必要条件，如德国、法国、美国和我国香港地区的规定。(2) 非成立要件主义是将商主体的设立登记视为商主体成立后依法须进行的行为，先设立后登记，即履行公证和其他一些手续后，商主体自动成立，之后再将设立文件提交登记机关注册，荷兰、比利时等国家采用。非成立要件主义形成于19世纪末、20世纪初，是自由贸易时代的产物，现今除个别国家采用非成立要件主义外，多数国家（地区）采用成立要件主义，是贸易秩序化的产物。

选择题

（一）单项选择题

1. D。当今各国商事登记中，除自由设立原则极少被采用外，多数国家依据商事经营业务或行业的差异采用不同的登记原则，例如，矿产业、邮政运输交通业、烟草业、金融保险业、证券业等商主体多采用核准原则。

2. B。《合伙企业登记管理办法》第22条、第30条规定，15日内向原企业登记机关办理注销登记。

（二）多项选择题

1. BC。法国规定折中审查，即既重形式，又重实质。申请人之申请，只要形式适法，主管机关就不得拒绝登记，但如有不实之事项，得依职权呈报请示制裁之。在采用实质审查的国家，登记机关主要对申请文件和事项的真伪，即是否符合法律和政策的规定，进行重点审查。一般对股份公司的审查，多采用实质性审查。

2. AC。各国关于商事登记管理机关的规定有四种：(1) 法院为商事登记机关，如德国、韩国等。(2) 法院和行政机关均为商事登记机关，如法国。(3) 行政机关或专门设立的附属行政机关为商事登记机关，如美国、英国、日本等。(4) 专门注册中心和商会为商事登记机关，如荷兰。因此B、D项错误。

3. ABCD。商事登记分为任意登记主义和强制登记主义，但两者从立法内容上看，所奉行的立法原则具体可分为：自由设立原则、特许原则、行政核准原则、准则原则和严格准则原则。

4. ACD。选项A正确：《公司法》第14条第1款规定：公司可以设立分公司。设立分公司，应当向公司登记机关申请登记，领取营业执照。分公司不具有法人资格，其民事责任由公司承担。选项B错误：企业被吊销营业执照后，并没有立即丧失主体资格，应当先进行清算，清算后要办理注销登记，注销登记之后才丧失主体资格。选项C正确：《公司法》第12条第1款规定，公司的经营范围由公司章程规定，并依法登记；公司可以修改公司章程，改变经营范围，但是应当办理变更登记。选项D正确：企业未经清算的，相关的债权债务关系并没有解决，不能办理注销登记。

简答题

1. 尽管各国商事登记立法并不完全统一，但依据各国商事登记法的规定，可以认为，商事登

记法律制度主要有以下一些特征：(1) 商事登记是使主体设立、变更或终止的法律行为，其目的在于获得商主体的资格与能力，得以确立或使其发生变化的法律效果，在绝大多数国家，对一般生产者来说，商事登记是取得合法主体资格的必要途径。(2) 商事登记是一种要式法律行为，必须按照法定要求在法定机关办理，其行为的内容与方式必须符合法定要求，由商事特别法以强制性条款具体列明。(3) 商事登记在本质上是一种带公有性质的行为。商事登记法的多数规范是调整不平等主体之间的权利义务关系。其法律关系是登记申请人与登记机关之间的关系。违法行为的法律后果以行政罚款等为主。但是即使商事登记法独立立法，其规范体系也是以相关商主体法为前提并服务于商主体法的，不管商事登记法的公法性质如何强烈，也不可否认其私法属性。

将我国多年来的商事登记实践总结，有必要确立以下基本原则：(1) 强制登记原则。除法律另有规定外，任何个人和组织要从事经营活动，都必须依法登记，取得商事主体地位和营业资格。登记是一项强制性义务，当事人没有自愿选择的权利，违反了这项义务，除了要受到行政甚至刑事的处罚外，还要承受民事救济上的不利。(2) 公开原则。公开原则的基本要求包括两个方面：一是商事登记的依据，包括所有关于登记机关、登记条件、登记申请文件、登记程序和登记期限等的规定应当公布，未经公布的，不得作为实施依据；二是商事登记的实施过程和结果应当公开，接受申请人和其他人的监督，满足各方面了解商事主体资信状况的需要。(3) 形式审查原则。由于它直接关系到登记材料、登记程序和法律责任等具体制度的设计，应将其作为原则性问题在总则中加以规定。

2. 商事登记是一项法律行为，因登记与否、登记是否真实以及登记的特殊目的而产生不同的效力：

(1) 情况属实的登记效力

1) 消极效力。德国称之为消极公示主义，是指商事经营中应登记的事项，如果未经登记或公告，则不能发生使商主体设立、变更或终止的法律效果，不能对抗善意第三人，如《德国商法典》第 15 条第 1 款，《日本商法典》第 12 条。

2) 积极效力。德国称之为积极公示主义，即凡商事登记应登记的事项业已登记与公告后，除基于不可抗力之正当理由而尚无所知外，凡第三人不论善意或恶意，皆得对抗者。对商事主体的经营活动采取强制登记主义国家，对登记事项采取实质审查，凡已登记的事项具有对抗第三人的普遍效力，如《瑞士债法典》第 933 条。

3) 特殊的效力。严格说特殊效力并不能与积极和消极效力并列，它只是其效力的特殊表现形式。特定的登记会产生新的法律关系，并且会受到比较强有力的保护。主要有以下几种情况：一是对商号的登记；二是公司要取得法人资格，登记注册是必经程序；三是取得公司的营业权；四是股份公司可取得发行股票并自由转让的权利；五是对设立中的公司的效力，采取“一体说”等。

(2) 情况不实的登记效力

商事登记的效力均以其登记内容真实为前提，但是现实生活中登记不实的情况时有发生。商法为了保护登记、公告对公众的公信力，对故意或过失进行不实登记者，不仅不能以此虚假登记的事项对抗善意第三人，而且要受到一定的处罚。我国《公司登记管理条例》第 68 条、第 69 条对此进行了规定。

案例分析题

商事登记是指当事人依照法律规定向主管机关提出的，旨在设立、变更或终止商事主体资格的申请，主管机关予以注册登记的一系列法律行为。在世界范围内，不同国家对不同类型的公司设立条件有不同的规定，但总体上有公司设立的人数要求、资本要求和组织要求。我国《公司法》第 23 条对有限责任公司的设立条件作了规定，工商局确认了东东有限责任公司的设立条件符合法律的要求，而且该公司不属于政府进行市场准入控制的领域，因此，工商局应该给予无条件的注册，不应以《公司法》之外的理由对设立予以驳回。依据《公司登记管理条例》第 33 条的规定，公司变更经营范围的，应当自变更决议或者决定作出之日起 30 日内申请变更登记；变更经营范围涉及法律、行政法规或国务院决定规定在登记前须经批准的项目的，应当自国家有关部门批准之日起 30 日内申请变更登记。东东超市应向工商局申请变更经营范围而不应擅自变更。依据《公司登记管理条例》第 28 条的规定，公司变更名称的，应当自变更决议或者决定作出之日起 30 日内申请变更登记。东东超市需要变更名称时也需要申请变更登记。

论述题与深度思考题

商事登记，是指商人或商人的筹办人，为设立、变更或终止商人资格，依法将登记事项向登记机关提出申请，经登记机关审查核准，将登记事项记载于商事登记簿的综合法律行为。在我国，营业执照已成为商事登记的主要体现。

（1）营业执照的作用

企业进行商事登记，领取营业执照，进行生产、经营活动。营业执照在企业的经营活动中有如下作用或者功能。

1）营业执照是公司完成设立登记、取得企业法人资格的凭证

根据《民法通则》的规定，企业经主管机关核准登记，即可取得法人资格。但随后出台的企业法律、法规和规章，尤其是国务院和国家工商总局出台的有关企业登记规则却将核准登记和签发营业执照紧密联系在一起，并将营业执照的签发或领取作为企业完成设立登记、取得企业法人资格的标志，日益凸显营业执照对企业法人资格的证明效力，而逐步弱化了核准登记对企业法人资格的确认功能。如《无照经营查处取缔办法》第 2 条和第 21 条规定，除了农民在集贸市场或者地方人民政府指定区域内销售自产的农副产品外，任何单位和个人不得违反法律、法规的规定，从事无照经营。

《意大利民法典》第 2194 条、第 2195 条也有类似的规定。但是也有不少国家和地区存在任意性登记，如美国、日本、澳大利亚、新西兰、我国台湾地区等。任意性登记是指商事登记是从事商业活动的前提，但并非从事商业活动的必备要件。任意登记可以分三种情况：A. 偶尔从事非连续性营利活动的当事人可不必履行商事登记程序；B. 从事营利性活动的当事人可以先开业，继而再进行商业登记；C. 法律虽然不将商事登记作为商事主体资格或能力取得的逻辑前提，但非经登记，其从事的商业活动没有对抗第三人的效力。

例如，《德国商法典》第 2 条就是关于“自由登记商人”的规定，而第 5 条是关于“依登记商人”的规定。在德国，从事农业、林业及其从属业的经营者以及小商人都属于任意商人。自由职业包括律师、会计师等，虽然也从事营利活动，但是与工商业不同，因此，它们可以申请企业主体资格登记，也可以不申请登记，是自由登记商人。

2）营业执照是公司获得经营资格、成为市场活动中的合法主体，可以在公司章程规定的经营范围或者核准登记范围内从事经营活动的凭据。

我国《公司法》第 7 条第 2 款、第 3 款和《公司登记管理条例》第 33 条等都对公司的营业执照记载的内容进行了详尽的规定，同时明确变更记载事项时应当依法申请变更登记。

而现代各国普遍的做法是取消营业范围对主体经营能力的限制，如英国《1989 年公司法》规定，“公司能力不受其章程限制”；美国《1991 年模范公司法》规定，除非公司章程作出限制，否则，公司的业务范围是从事任何一项合法的业务。在一般情况下，公司活动的合法性不能以公司缺乏能力而进行抗辩。

总之，在市场经济中，多数国家的商事立法就企业设立方式比较一致，商事活动本质上属于私法领域，应当允许并鼓励主体在法律范围内自由竞争，从而创造更大的经济效益，所以设立登记（准则主义）是普遍的倾向，而只对那些关乎国计民生、重要行业的企业和对实现国家产业政策有特殊意义的企业才采许可设立（核准主义）或特许设立。从这种意义上分析，如果企业经营事项属于自由经营领域，则营业许可没有任何存在的必要。所以建议在商事登记立法中除许可设立与特许设立的商事登记外，对注册登记企业不再适用营业执照制度。

经营范围的规定是计划经济下国家为确保供需平衡、节约紧缺物质资源而对企业经营所设的特定限制。在自由竞争经济领域中，此种限制显然背离了市场经济的本质精神。有人建议在商事登记立法中先列明“经营范围”，而后重新审视企业经营范围在企业登记上的地位和效力。对于不属于国家依法管制的范围，可在商事登记簿注册

的经营范围列出企业主要经营业务，再加上“以及任何其他合法的业务”这样的文字表述。但是，企业注册登记的经营范围仅仅表明其经营的业务范围和发展方向，不能限制其权利能力。既然在注册登记中可通过许可设立与特许设立对特定领域的商事经营作出限制，又何必多此一举，对自由登记设立商事主体的经营范围加以说明？在合同领域中，最高人民法院对超越经营范围订立合同的效力的解释给我们创设了很有价值的立法范例：“当事人超越经营范围订立合同，人民法院不因此认定合同无效。但违反国家限制经营、特许经营以及法律、行政法规禁止经营规定的除外。”由此可见，企业经营范围在自由经营领域的商事登记中并无实质意义。建议在商事登记立法中除许可设立与特许设立的商事登记外，在注册登记事项中取消经营范围的规定。

(2) 企业被吊销营业执照后的主体资格问题

1) 学术观点

企业由于违法经营或者未按照法律、法规的规定进行年检被吊销营业执照时，企业的主体资格是否存在？对此存在下面几种观点：

A. 法人人格否定说。这种观点认为，法人制度原为社会生活的需要、大众的便利和公共利益的处置而创设的。基于此，法人如果设立是为了不法目的，或者设立法人有反社会的倾向，或者存在为其他公共利益所不允许的情况，国家自然有权力剥夺法人的人格，从而否定法人的存在。在现实生活中，企业被吊销营业执照是对其法人人格的绝对否定，即企业被全面、永久地被否定。

B. 行为能力消灭说。该观点认为，吊销营业执照是一种行政处罚措施，是消灭企业的经营资格，并不是消灭企业的主体资格，企业在一定范围内仍被视为存续，可以进行参加诉讼、清偿债务等一系列善后事务。[参见许凌洁，罗静．年检制度对商事主体资格的影响及适用建议．当代法学，2002 (1)。]

C. 行为能力限制说。该观点认为，企业被吊销营业执照之后，其主体资格仍然存在，只是其行为能力受到一定的限制，无法像正常的企业那样进行经营活动，类似于限制民事行为能力的自然人，只在清算意义上存在。[参见蒋爱荣．吊销企业法人营业执照后的法律问题论纲．政法论坛，2003 (6)。]

2) 法律规定

最高人民法院《关于企业法人营业执照被吊销后，其民事诉讼地位如何确定的复函》中指出：“企业法人被吊销营业执照后，应当依法进行清算，清算程序结束并办理工商注销登记后，该企业法人才归于消灭。因此，企业法人被吊销营业执照后至被注销登记前，该企业法人仍应视为存续，可以自己的名义进行诉讼活动。”由此可以看出企业法人被吊销营业执照后，其主体资格并不一并消灭，其仍然可以参加诉讼，只是不能进行经营活动，即法人资格和经营资格出现了分离。

3) 实践中的状况

在司法实践中，工商行政管理部门在对企业作出吊销营业执照，并予以公告后，并未采取进一步的措施，吊销的营业执照仍然在企业处悬挂，公章未收回，仍然在继续使用，有的税务登记、银行账户仍然存在。这些现象的存在致使第三人认为其仍具有经营资格，继续与其进行业务往来。这是造成被吊销营业执照的企业得以继续存在的根本原因。

而依照《企业法人登记管理条例》第 20 条，“企业法人歇业、被撤销、宣告破产或者因其他原因终止营业，应当向登记主管机关办理注销登记”。随后，在第 21、22 条等条文中规定了办理注销登记的相应手续。第 25 条规定，除登记主管机关依照法定程序可以扣缴或者吊销营业执照之外，其他任何单位和个人不得收缴、扣押、毁坏。从以上的规定可以看出，工商行政管理部门的不作为是造成被吊销营业执照的企业继续存在的主要原因。

在实践中，被吊销营业执照的很多情形是企业资不抵债，通过不进行年检而被吊销营业执照的手段来逃避债务，因此对被吊销营业执照的企业进行清算显得尤为重要。对被吊销营业执照的企业进行清算，应由工商行政管理部门组织有关机构、个人参加的清算组对企业资产进行清算。对于存在被吊销营业执照的企业拒不配合、提交账目不清、主要负责人无正当理由逃避等情况的，因无相关的法律规定，应加强相关的立法，避免被吊销营业执照的企业继续存在，影响正常的市场秩序。

第五章　商业名称

知识逻辑图

商号（商业名称）
- 商号的权利属性
  - 知识产权说
  - 财产权说
  - 人格权说：内容具体体现为商号权、名誉权、商业形象权等
  - 折中说：混合权利
- 法律特征
  - 商号仅是一个名称，不是法律上权利的享有者、义务的承担者
  - 商号是商主体用于代表自己的名称，它依附于商主体，是商主体相互区别的重要外在标志
  - 商号是商主体的商事名称，从事商行为时使用这一名称
- 立法例
  - 民商分立的国家：在商法典中规定
  - 民商合一的国家：概括在姓名权中，受民法典保护
  - 英美法系中姓名权与名称权在适用习惯法和判例法方面常常相似
- 中国法律的来源
  - 《民法通则》
  - 《企业名称登记管理规定》
  - 其他单行法规与部门规章

商号与类似标记的比较

行号	最大区别：行号仅指企业，商号是指明商主体
注册商标	一定经营企业的特种商品或产品的标记，适用商标法
服务商标	服务的标记，商号的人格标识意义要比服务商标更明显
原产地标记	并非由某一企业专有，而商号为某一企业专有

名词解释与概念比较

1. 商号
2. 商业名称与商标
3. 商誉权
4. 商业秘密权

选择题

（一）单项选择题

1. 下列不属于商号权的法律特征的是：（　　）。

A. 商号仅仅是一个名称，不等于承担义务的行为人

B. 商号权具有公开性，因此其不受地域的限制

C. 商号权具有可转让性，但分为绝对转让性和相对转让性

D. 商号是商主体的商事名称，只有商主体在从事商行为时才可以使用这一名称

2. 在法国，甲公司在商事登记时申报其商号“若诺”，并将“若诺”登记于商事登记簿上。在公司内部使用的信纸上印有该商号。乙公司并未在商事登记簿中登记其商号“澜鸶”，但在媒体广告中对“澜鸶”这一商号进行了大量的宣传，为公众所知悉。按照法国的商号权取得规定，下列

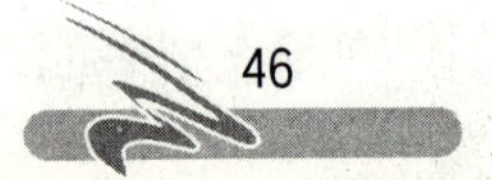

论述正确的是：（　　）。

A. 甲公司将获得“若诺”的商号权

B. 乙公司对“澜鸶”登记后将获得该商号权

C. 甲公司在先使用“若诺”的商号权，不经登记也可获得该权利

D. 乙公司不必登记，公开使用“澜鸶”即可获得商号权

3. 商号权从法理上考察，其属于：（　　）。

A. 绝对权　　B. 相对权

C. 姓名权　　D. 别除权

（二）多项选择题

1. 我国商号权的法律渊源包括：（　　）。

A.《企业名称登记管理规定》

B.《民法通则》

C.《合同法》

D. 其他工商登记的单行法规

2. 采用商号真实主义原则的国家主要有：（　　）。

A. 德国　　B. 瑞士

C. 日本　　D. 法国

3. 在现实生活中，商号的出借演变为以下的形式：（　　）。

A. 企业挂靠　　B. 商号的转让

C. 特许经营　　D. 连锁经营

4. 就我国而言，商号权人在获得法律救济后，行政执法部门或司法部门可能使侵权人承担的责任主要有：（　　）。

A. 责令停止侵害　　B. 赔偿损失

C. 没收违法所得　　D. 吊销营业执照

简答题

1. 简述商号转让权。（考研）

2. 简述商标权与商号权的权利冲突及解决。（考研）

3. 简述商号权的性质。

案例分析题

1. 案情：浙江海盐的陈某在 2011 年 3 月与金某等一起租了某度假村客房部。当年 4 月，陈某购买了 84 台双菱空调器，共计人民币 27 万余元，但仅首付了 10 万余元的货款。2011 年 11 月，陈某等人以空调器存在质量问题为由，向上海双菱空调器制造有限公司投诉，双菱公司派员赴连云港进行检测和协商，但双方并未达成一致意见。此后，陈某等人一方面多次发函至双菱公司，提出巨额索赔；另一方面，陈某等又自行委托连云港环境监测中心、江苏质检中心对空调进行噪声检测。2012 年 3 月、5 月，陈某等人分别在上海、南京等商业、交通要道，悬挂标语，当众砸毁双菱空调。事发后，国内一些媒体作了报道或转载。2011 年 12 月、2012 年 1 月，钱某先后采写了题为“噪音超标被处罚，客户索赔 200 万，84 台双菱空调惹麻烦”“双菱空调惹麻烦有续闻，业主停业索赔 300 万元”的两篇新闻报道，在报纸上登载。案发后，经上海市产品质量监督检验所、国家日用电器质量监督检验中心依法定程序，在度假村客房部使用的 77 台壁挂式双菱空调器中抽取 2 台进行检测，结论为制冷量、制热量及噪声检验结果均符合国家标准。同时，多名证人的证言也证明度假村客房部购买使用的双菱空调总体质量是好的，个别空调出现问题，主要是错接电源、安装不当等原因。双菱公司接到度假村客房部的投诉后，即派员前去进行检测，未发现空调有重大质量问题，其中 6 台空调有噪声是由于安装位置不当造成空气回流所致。“三砸空调”的闹剧经新闻媒体曝光后，有关双菱空调质量有问题的传言甚嚣尘上，公司、商家人心惶惶，大量的退货使双菱公司经济损失惨重。后经审计，仅退货直接损失就达人民币五十余万元，公司顿时陷入产品滞销、生产停顿的困境。

问题：本案应如何处理？

2. 案情：2008 年 11 月，某市一家有限责任公司开业，公司登记的名称为“蜜雪儿时装有限责任公司”（以下简称“甲公司”）。年底时与该公司仅隔一条马路的另一街区也成立了一家公司，登记的名称为“蜜雪儿制衣有限责任公司”（以下简称“乙公司”）。两家公司离得很近但属于不同的街区，在不同的工商登记部门注册登记。甲公司认为其先设立并一直以“蜜雪儿”这个名称对外营业。而乙公司也用“蜜雪儿”这个名称，也兼营服装的销售。这样使两家公司的关系微妙，在社会上会造成一定不良的影响。据此，甲公司要求乙公司停止使用“蜜雪儿”这个名称，消除影响。但乙公司认为，两家公司在不同的街区注册，登记机关是不同的，而且经营的范围也不相同，不存在任何影响和侵权行为。

问题：如甲公司以乙公司使用相似名称为由向法院起诉，应如何处理？

论述题与深度思考题

论述商事人格权制度的保护和完善。

参考答案

名词解释与概念比较

1. 商号，从习惯上讲，是对商业名称的一种传统称谓，而且主要用于个体和独资企业，是指商主体在从事商行为时所使用的名称，以及商主体在商事交易中为法律行为时，用以署名或让他的代理人用以与他人进行商事交往的名称。现代多以商业名称替代商号，如我国台湾地区修改“商业登记法”，改“商号”为“商业名称”；不过在有些国家（如德国），两者可以通用。商号是商业名称的组成部分之一，并且是核心部分。

2.

		商业名称	商标
联系		都属于绝对权，都具有财产性，都可以有偿转让，现实中存在重叠性	
区别	性质不同	表征主体，属名称权	表征商品，属知识产权
	年限限制	没有年限限制	有年限
	地域效力不同	限于一个地区	在全国乃至世界范围内均可适用
	形式不同	只能用文字	可以是文字、图形或者二者的结合
	法律制约不同	强制注册	分为自愿注册和强制注册两种形式
	效力不同	具有宣示效力和创设效力	仅具有宣示效力

3. 商誉权作为法律概念来源于英美法系国家，将其作为适用于商誉侵害诉讼的“仿冒之诉”的新概念，弥补名誉概念和诋毁之诉的不足。据《布莱克法律辞典》解释，商誉权是指从社会公众那里赢得的关于商事经营的美好声誉。大陆法系对商誉权的法律保护存在，但未引入商誉的概念。我国法学界接受了商誉权的概念，但立法上未明确使用商誉权的概念。我国《民法通则》第102条规定：“公民、法人享有荣誉权，禁止非法剥夺公民、法人的荣誉称号。”在学理上多数学者认为，商誉权是商品生产经营者在生产、流通以及与此有联系的经济行为中逐渐形成的，反映社会对其生产、产品、销售、服务等多方面的综合评价。

4. 商业秘密是指不为公众所知悉，能为权利人带来经济利益，具有实用性并经权利人采取保密措施的技术信息和经营信息。商业秘密的保护逐渐成为各国政府和企业所关注的焦点，许多国家都通过制定法律创制了商业秘密权。各国大多通过《反不正当竞争法》予以规制，我国也在1993年的《反不正当竞争法》中专门规定了商业秘密的保护。

选择题

（一）单项选择题

1. B。商号不等于商主体，就像公司名称不等于公司。商号权具有公开性，多数国家和地区规定商号必须登记而予以公开，为他人知晓。但商号登记的效力受一定区域范围的限制。除全国驰名的大企业可在全国范围内对其商号享有专门使用权外，其他商主体的商号只能在其所登记的某一地区范围内使用。

2. D。使用取得主义，是指商号一经使用，使用者即可取得该商号的专用权而无须履行法定的登记手续。目前在法国商号权来自于使用而非登记，在进行登记时无须审查商号。法国法律也没有规定取得商号的程序。其所谓的使用是指公开的使用，并面向公众足以使公众知悉。甲公司仅在公司内部印制“若诺”的商号，很难让公众知悉，而乙公司的“澜鸶”在公共媒体播放，足以使其取得商号权。目前采用使用取得主义的国家很少，该制度经常面对确定使用时间的难题。

3. A。商号权包括专有权和使用权。从法理上考察，商号权是一种名称权，属于法律上的绝对权，而非相对权，更不可能是姓名权和别除权。

（二）多项选择题

1. ABD。在我国，商号的法律渊源主要是（1）《民法通则》，规定法人、个体工商户、个人合伙享有名称权，即字号；（2）《企业名称登记管理规定》，其第7条规定，企业名称应当由以下部分依次组成：字号（商号）、行业或者经营特点、组织形式；（3）其他单行法规和部门规章。

2. BD。商号真实主义原则是法律对商号选定加以严格的限制，商号必须反映商主体的真实状况，也就是说商号要与商主体的营业种类、经营范围及资金状况相符合，不可以误导公众，否则，禁止使用。采用这一原则的国家主要是法国、瑞士等大陆法系国家，《德国商法典》在1998年修订后采用折中原则。

3. ACD。商号的出借是指商主体将使用权部分或全部让与他人的行为。商号出借的效力是借用人通过出借协议依法取得对他人商号的使用权，出借人仍然保留商号的所有权，但不保留或部分保留商号的使用权。商号出借既可能出于借助他人较好商誉，也有税收减免和突破经营范围的动因。商号的出借可为有偿，也可为无偿。商号转让是指商主体将其享有的商号权利全部让与受让人，出让人丧失商号权，受让人成为商号权的主体。因此不选B项。

4. ABCD。责任形式有：责令停止侵害、赔偿损失、没收违法所得、罚款（追究刑事责任）、吊销营业执照，按照《保护工业产权巴黎公约》第9条的规定，还可以禁止出口、扣押或查封。

简答题

1. 目前理论界占主导地位的观点认为：商业名称权兼具人格权和财产权的双重性质，即商号权既具有姓名权的排他效力，又具有财产权的创设效力，可以转让或继承。一方面，商业名称权是商事主体表示自己的名称所生之权和自然人的姓名权有同样的性质；另一方面，商业名称是同商誉紧密联系在一起的，是商誉的外在表象和客体，可以成为转让的对象，具有财产权的性质。正是基于商号权兼具有人格权与财产权的属性，各国商法理论和商事立法普遍肯定了商号权的可转让性。我国相关立法已经明确规定了商号权可以转让，《民法通则》第99条第2款规定："法人、个体工商户、个人合伙享有名称权。企业法人、个体工商户、个人合伙有权使用、依法转让自己的名称。"转让商号在世界上一直存在两种学术观点并导致两种不同立法：一种主张绝对转让主义，在立法上奉行不得单独转让的原则，即商号应当连同营业一起转让或者在营业废止时转让。奉行这一立法原则的国家主要有德国、瑞士、意大利、日本、韩国等。另一种主张相对转让主义，在立法上奉行可单独转让的原则，即商号可以与营业相分离而转让，商主体不仅可以单独转让商号而不转让营业，而且多处营业可以同时使用一个商号。商号转让后，转让人仍享有商号使用权和其他权利。奉行这一立法原则的国家不多，主要有法国。

2. 商号权和商标权都属于知识产权范畴。商号权是商号使用人将其商号依法登记而取得的专用权。商号作为生产经营厂商的字号，是企业名称的重要组成部分。商标权和商号权的冲突的原因是：（1）采取分别立法、分别注册、分别管理的方式。商标主要受《商标法》的调整，商号主要规定在《企业名称登记管理规定》中，两者是并行的制度，对商标的保护不涉及商号，对商号的保护也不涉及商标。（2）商标和商号法律保护的不平等。《商标法》是法律，而《企业名称登记管理规定》只是行政法规；而且商号实行分级登记管理。目前所发生的商号权与商标权冲突主要有两种形式：一是将其他企业的商标作为商号使用，二是将其他企业的商号作为自己的商标申请注册。就第一种形式的冲突，《驰名商标认定和保护规定》已有一定程度的解决。但是对第二种严重侵犯企业商号权的保护，法律规定仍是空白。所以应明确商号权的性质，建立统一管理、统一保护体制。建立驰名商号评定制度，进行完全保护，禁止将登记在先的驰名商号注册为商标。在商号立法中，要明确将他人在先的商标作为商号登记的禁止要件，区分驰名商标和一般商标，分别给予完全保护和一般保护。对于驰名商标，应赋予完全保护，对一般商标给予一般保护，从而可以减少费用，节省资源，提高效率。

3. 商号权是厂商对其商号依法享有的权利。其内容主要表现为排除同一或类似名称登记与不正当使用的权利。关于商号权的性质，主要有四种看法：（1）财产权说。认为商号权具有经济价值，可以转让与继承，是一种无形财产权。（2）人格权说。认为既然自然人姓名权、公司人格权均为人格权，而商号权与姓名权、公司名称权在实质上是一样的，那么商号权也应该只有人格权性质。（3）知识产权。商号权是商品生产经营者依法对其注册商号所享有的专用权，其内容具有人身权和财产权双重属性，在权利类型上属于知识产权。（4）折中说。认为商号权兼具姓名权与财产权的双重性质。商号权不同于人格权的地方在于其可转让和继承，并以依法公开为必要，绝大多数国家要求商号必须登记；商号权也不同于财产权或知识产权，因其具有严格的人身依附性，不可脱离主体而独立存在，而且商号权有严格的地域性，没有严格的时间性。因此，多数学者认为商号权是财产权和人身权的混合权。

案例分析题

1. 法院经审理后认为，陈某、金某等故意捏造并散布双菱空调质量低劣的虚伪事实，对双菱空调的商品声誉进行损害，给双菱公司造成重大经济损失，遂以损害商品声誉罪，分别判处陈某有期徒刑1年，并处罚金人民币3万元；判处金某等罚金人民币3万元。一审判决后，四人均不服，向上海市第一中级人民法院提起上诉。法院经审理后认为，陈某等人在只有个别空调可能存在瑕疵，且尚未完全通过合法途径解决纠纷的情况下，即向社会公众和新闻媒体散布有关双菱空调“质量低劣”“投诉无门”的言论，其行为属于捏造并散布虚假事实；并且给厂家造成损失五十余万元，且双菱空调的声誉在一定程度上遭到重创。据此，上海市第一中级人民法院依法驳回陈某等人的上诉，维持原判。陈某等人既不通过正当渠道解决质量纠纷，又假借“维权”捏造并散布虚假事实，肆意诋毁他人的商品声誉。这一行为，已经明显超越了维权的合法界限，给他人造成了重大损失，应当以损害商品声誉罪予以处罚。上海双菱空调公司最后拿起法律这个有力武器，才摆脱了“赔了夫人又折兵”的尴尬境地。

2. 本案中争论的焦点是公司名称的登记管理问题。公司名称专用权是指公司对已选定的名称拥有专有使用的权利，它始于公司设立完成，终于公司解散。公司的名称必须在公司章程中予以确定，并进行登记。公司名称的专用权于特定期限内受到法律保护。我国《企业名称登记管理规定》规定：企业被撤销或营业执照被吊销未满3年的，或者企业因其他原因办理注销登记未满1年的，任何企业以与此相同或相似的名称申请公司登记的，登记机关不予核准。公司名称专用权具有排他效力，即公司名称一经登记，排斥其他企业在相同区域中使用相同或相似的名称，是保护工业产权，防止不正当竞争。当然，我国现行的公司名称登记制度中也存在一些问题。公司名称登记制度采用分级登记制度和辖区登记管理制度，这样就会导致在不同的辖区范围内，存在数个名称相同或相似但彼此不存在任何关系的公司。在同一省市中，会存在冠以不同地名但字号相同或相似的公司，从而造成了字号上的混乱，因此立足于交易的安全，应对公司名称登记制度进行修改。但目前对于本案，甲公司以乙公司使用相似的名称为由向法院起诉，主张乙公司侵犯其名称专用权无法律上的依据，法院应驳回起诉。

论述题与深度思考题

所谓商事人格权，就是能够进行商业利用、已经商业化的人格权，是指公民、法人为维护其人格中兼具经济利益因素在内的、具有商业价值的特定人格利益——商事人格利益而享有的一种商事权利。这种商事人格利益在实践中的表现形式很多，如作为商事主体的商自然人和商法人所拥有的商号、商誉、商业秘密、商业信用等人格利益，以及作为一般民事主体的自然人的姓名、肖像乃至声音等人格标识用于商业目的时产生的人格利益等，它们都同时包含有经济利益因素，是具有商业价值的人格利益。以这种人格利益为保护对象的商事人格权，反映的是自然人和法人在现代市场经济活动中其人格因素商品化、利益多元化的社会现实，体现了人格权在商品社会中的发展变化，是人格权的商事化。一方面，它仍然保留部分传统的普通民事人格权的基本属性，

如它仍是主体因其特定人格自身所产生的权利，而不是主体通过自己的行为所取得的权利；另一方面，它又不得不发生相应的变化，适应社会商品化的发展和商业利用的需要，在很大程度上又兼具有财产权。商事人格权的种类和范围是在不断变化发展的，它以社会经济的发展和人们的认识水平为转移。而且，由于各国的法律概念体系的不同，对同一人格利益进行保护的权利形式可能分属于不同权利概念，如在中国的现行法律中，对企业法人的商誉的保护是包含在法人名誉权制度之中的。

商事人格权受侵害的行为方式有其特殊性：一是大多数发生在商业或贸易领域，并由其竞争对手所致，如对商誉诋毁、盗用商业秘密、损害对方信用等，常发生在同行之间，因此通常用反不正当竞争法或贸易法来调整。二是主观上故意的情形居多。无论是未经允许使用他人姓名、肖像，还是冒用对方商号、仿冒对方商品，或者制造谣言、雇员泄露商业秘密等，多是故意所为。三是对商事人格权的损害，既有侵权行为，又有违约行为，以侵权行为居多。相应地，所适用的民事责任等救济方式也以侵权责任为主；违约责任的适用范围较窄，如雇员违反合同泄密的违约责任，以及合同缔结过程中泄露对方秘密所应承担的缔约过失责任。

第一，对商事人格权的保护通常不包括对精神利益的损害赔偿，不适用精神痛苦抚慰金的责任方式。法人的名誉不含有精神利益因素，故法人不可能受到精神损害。对政府等机关法人而言，社会公众或媒体对其在管理和统治方面的声誉的诋毁，不构成侵害名誉。因为这是宪法中的言论自由，即使存在虚假，被批评者也不能提起侵害名誉之诉。于事业单位法人和企业法人，对有关其专业和经营方面的诋毁，构成的是商誉侵权，不构成一般的名誉侵权，不存在精神损害赔偿。自然人的名誉和商誉也应分开，对一个个体经营者的诋毁，有时会同时损害其名誉和商誉两种人格利益，这时侵权行为人既要承担侵害商誉的财产损害责任，又要承担侵害名誉而造成精神痛苦的精神损害赔偿责任。

第二，以财产损害赔偿为主要形式。维护商事人格利益的目的在于维护其无形财产利益。法人尤其是企业法人的人格利益受损，往往意味着其有形或无形的财产损失，自然需要采取财产损害赔偿的责任方式。这种损害赔偿制度虽然也适用侵权法的基本原则，但对于许多具体问题，主要适用反不正当竞争法以及商标法、商业秘密法等特别法，由此形成了商事人格权损害赔偿制度的一些特点。在赔偿范围和数额方面：一是虽然仍然适用按实际损失赔偿的原则，但这种实际损失已经扩大到间接损失的范围，其损失通常是通过这些受损害人格利益的获利能力的降低而形成的间接损失，如因商誉受损而造成的客户退货、解除合同等损失。二是可以适用损失额的推定计算方式，由于商事人格利益的无体性，它的实际损失额许多时候是难以确定的，所以可采用推定计算方式，例如，我国《反不正当竞争法》第 14 条、第 20 条。三是可以适用法定赔偿金制度。在许多分割商事人格权的案件中，原告的损失和被告的利润都难以确定，司法实践中法院按照法律规定的固定的赔偿数额确定侵权人的责任。其适用前提是已经造成了损害，但具体数额没有证据证明，而由法律或法院直接选择赔偿金额。这种方式特别适用于商誉、信用、商业秘密、商号以及人格商品化权等商事人格权的损害赔偿。四是适用惩罚性损害赔偿。如果盗用商业秘密是基于故意和恶意，可以请求惩罚性损害赔偿。

第三，商事人格权的保护也适用停止侵害、赔礼道歉、消除影响等。对于商事人格权来说，不作为的请求权和防止、减轻、终止、消除损害的积极作为的请求权，有的比损害赔偿请求权的意义还要大。如商业秘密，它一旦泄露，就产生无法恢复的后果，且侵权行为通常具有继续的性质，因此，为了保护这种商事人格权益，禁令及停止侵害的责任方式非常重要。赔礼道歉是侵害普通人格权如名誉等常用的责任形式，它表明对受害人人格的尊重，实践中也是这样执行的。

第四，商事人格权的保护已扩展至国际性法律规范。如有关商誉、商号、商业秘密的保护，都已被纳入世界知识产权组织的规范性文件之中，对其成员国有约束力。

为了适应人格权商业利用的需要，有必要对我国商事人格权制度作进一步完善。

（1）必须承认和维护人格权中的经济利益因

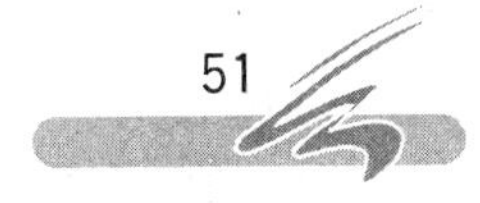

素和人格权的财产权属性。随着人格权的商品化，人格权商品化中所形成的商业价值、经济利益也需要予以维护，诸如姓名权、肖像权这样一些传统民法中认为属于纯粹人格权的权利，不但具有人格权属性，还应包含财产权的属性。它们所保护的客体既包括作为精神价值的人格利益，也包括作为财产价值的人格利益。

(2) 确立商事人格权的可转让性和继承性。只有人格权可以转让和继承，它们的商业价值才能得以充分展现和利用，才有利于对人格权商品化中相应主体经济利益的保护。

(3) 商事人格权主要是经济利益型人格利益。传统的人格权的保护方式如赔礼道歉、精神损害赔偿等，主要是针对精神利益型人格利益的，这种保护方式不适于对经济利益型人格利益的保护。因此，有必要适用财产损害赔偿制度来保护商事化的人格权，只有这样，才能更为公平、更为全面地保护相应自然人和法人的人格利益，才有利于维护他们人格的全面发展和充分利用。

第六章　商事账簿

知识逻辑图

商事账簿
- 商事账簿的内涵
  - 实质意义上的商事账簿：商主体所制作的一切有财务记载内容的账簿
  - 形式意义上的商事账簿
    - 广义：商法规定的各种账簿、计算书、报表、财产清册等
    - 狭义：仅指商事会计法及其相关法令规定的账簿
- 商事账簿的立法原则
  - 强制原则：德国、法国、中国
  - 折中原则：日本、韩国
  - 放任原则：英国、美国
- 商事账簿的法律属性：具有很强的公法性特征
- 账簿的制作原则
  - 客观原则
  - 相关性原则和及时性原则
  - 可化性和一致性原则
  - 明晰性原则
  - 权责发生制原则
  - 配比原则
  - 谨慎原则
  - 实际成本原则
  - 全面性和重要性原则
- 账簿的法律效力
  - 交叉计算中，财务清算的重要依据
  - 审计、计算税率、资产评估的重要依据
  - 证据效力

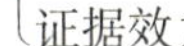

名词解释与概念比较

1. 商事账簿
2. 会计凭证
3. 商事账簿的强制原则
4. 财务会计报告

、选择题

不定项选择题

1. 关于各国商主体制作商事账簿时所奉行的原则中说法正确的是：(　　)。

A. 大陆法系国家多采取强制原则

B. 英美国家赋予商主体制作账簿的自由权，在诉讼中，如果商主体不能提供商事账簿，也没有不利的影响

C. 折中原则和强制原则中所有的商主体都必须登记，但折中原则不规定记载办法

D. 依据《公司法》第 8 章的规定，我国商事账簿立法实行强制原则

2. 商事账簿的法律关系的性质：(　　)。

A. 民事法律关系　　B. 商事法律关系

C. 行政法律关系　　D. 综合法律关系

3. 在我国，依据会计、审计法律法规的规定，商事账簿的分类主要有：(　　)。

A. 会计账簿　　B. 财务会计报告

C. 上市公司年报　　D. 会计凭证

4. 对有关国家主管机关而言，法律规定制作

商事账簿的目的在于利用国家对企业的经营予以：(　　)。

A. 强制　　B. 监督管理

C. 干预　　D. 协调控制

5. 商事账簿的主要特征有：(　　)。

A. 商事账簿是商主体制作的，非商事经营的主体可不设置商事账簿

B. 商事账簿的设置具有法定性

C. 商事账簿的目的是营利性，相对于政府账簿，商事账簿更为复杂

D. 商主体是否必须设置商事账簿以及如何设立取决于法律的明确规定

6. 中国甲公司与日本乙公司拟共同设立一中外合资经营企业。在拟订的下列合同条款中，哪一条是违法的？(　　)（司考）

A. 合营企业的注册资本用美元表示

B. 中方用以出资的土地使用权，其作价在合营期间不得调整

C. 合营企业编制的财务与会计报告以美元为计算和表示单位

D. 合营企业注册资本的增加或减少的决议须经董事会一致通过

简答题

1. 简述商事账簿法律关系。
2. 商事账簿的制作原则有哪些？
3. 简述商事账簿的法律效力。

案例分析题

A公司是2006年成立的上市公司，公司聘用了取得会计从业资格证书并从事会计工作10年的老马担任单位会计机构负责人（会计主管人员）。此外，为了节省资金，还聘用了正在进行会计从业资格考试的小刘作为会计人员。2009年公司的总经理以公司的名义为B公司向银行提供了担保。2010年B公司不能还款，银行将A、B公司一起告上法庭，要求A公司承担担保责任。A公司未将诉讼事项在财务报告中说明。2010年3月老马生病，在家休息了1个月。此期间，公司的经济业务事项和会计事项由小刘经办，审核和财物保管人员也由小刘兼任。2004年年底，公司业绩滑坡，公司董事长和总经理要求老马想办法在财务上修改公司的业绩。老马改变费用、成本的计量方法，不列或者少列费用、成本，增加利润，使A公司的年度报告很令股民满意。2011年，老马和小刘私设会计账簿，一本应付工商税务部门，另一本内部核算。2011年年末，审计组对A公司进行检查，通过审阅“银行存款日记账”等会计资料发现，该公司以租用仓库为由，先后向其关联公司C支付了23万元。审计组调查得知：A公司没有大的仓储业务。虽然账簿记录和材料验单相符，但仓库保管员却不知道外租仓库一事。后了解到是A公司的老总通过“租用费用”从C公司手中购得一辆豪华轿车。

试分析该案例中存在的财务账簿方面的错误。

参考答案

名词解释与概念比较

1. 商事账簿有两种含义：一是指实质意义上的商事账簿，又称广义上的商事账簿，是商主体所制作的一切有财务记载内容的账簿，其制作是否依法或出于任意均在所不问；二是形式意义上的商事账簿，又称法定商事账簿或必备商事账簿，是商法规定商主体必须置备的有特定记载内容和记载要求的固定账簿。

2. 会计凭证是指记录主体日常经营活动情况及收支情况的原始凭据和证明，经审核无误的会计凭证是登记商事账簿的依据。依据法律的规定，商主体在经营活动中所作出的货币收付、款项结算、货物进出、财产增减，等等，都必须有经办人取得或填制会计凭证并在会计凭证上签字、盖章，明确责任，作为结算的依据。会计凭证记载的事项必须真实、客观、可靠。会计凭证分为原始凭证和记账凭证两类。

3. 商事账簿的强制原则也称干预原则，是指法律既规定商主体必须制作商事账簿，又规定商事账簿记载的内容和记载的方法，还规定对商主体制作商事账簿的情况由国家主管部门予以监督。德国、法国和我国均奉行这一原则。强制性原则

是当代社会商事立法的发展趋势，尤其随着现代股份公司建立，商事关系变得日益复杂，商事活动中隐含的投机性和不确定性越来越明显，强化对商事账簿的干预，成为维护交易安全的重要手段。

4. 财务会计报告又称财务报告，是指商主体依法向政府提供或向社会披露的，反映其财务状况和经营成果的书面文件。《公司法》第164条第1款规定："公司应当在每一会计年度终了时编制财务会计报告，并依法经会计师事务所审计。财务会计报告应当依照法律、行政法规和国务院财政部门的规定制作。"其主要目的是为企业外部的利害关系人提供有关企业经营活动的信息。

选择题

不定项选择题

1. AD。英美国家采取放任原则，法律不直接规定商主体必须制作商事账簿，但在诉讼中，如果商主体不能提供商事账簿，将在法律上导致对其极大的不利，因此这些国家的商人实际上都设立了详细的商事账簿。即使在采取强制原则和折中原则的国家中，多数国家和地区的商事法规都允许从事小规模商事交易活动如沿街叫卖的小商人，不需要制作商事账簿。

2. D。商事账簿的法律关系既有劳动雇佣关系和授权委托关系，也有合同权利义务关系和行政责任关系，还有刑事责任关系，因此属于综合法律关系。

3. ABD。依据会计、审计法律、法规，商事账簿主要有：会计凭证、会计账簿和财务会计报告三种。

4. B。对政府主管机关而言，商事账簿的设立有利于其对商主体实施监督管理，降低整个市场的交易风险，确保其他交易主体或社会公众的安全。

5. ABCD。商事账簿是商主体在经营活动中所形成的权利、义务通过账簿语言直接转化为会计要素，非从事商事经营的主体如政府、事业单位、个人以及公益组织等所设立的账簿不属于商事账簿。商事账簿的立法有强制原则、放任原则和折中原则，由各国法律具体规定商事账簿的设立要求，所以其设立具有法定性。商事账簿通常包括资产负债表、损益表、财务状况变动表，其主要反映企业是否营利；相对于政府账簿，其内容更复杂。

6. C。《中外合资经营企业法实施条例》第18条第2款规定，合营企业的注册资本一般应当以人民币表示，也可以用合营各方约定的外币表示。第48条第2款规定，场地使用费作为中国合营者投资的，在该合同期限内不得调整。第75条第2款规定，以外国货币作为记账本位币的合营企业，其编报的财务会计报告应当折算为人民币。第33条第1款规定，下列事项由出席董事会会议的董事一致通过方可作出决议：（1）合营企业章程的修改；（2）合营企业的中止、解散；（3）合营企业注册资本的增加、减少；（4）合营企业的合并、分立。

简答题

1. 商事账簿法律关系是指受商事账簿法律关系规范调整的，因商事账簿的设置、核算、监督、记账和保管等行为所形成的商事账簿当事人之间的权利义务关系。在法律性质上，它是一种综合复杂的法律关系，而且涉及商主体、会计人、投资人、债权人、财政税务机关、商事账簿代理人、审计监督机关等当事人。具体来说，商事账簿的法律关系主要表现为：（1）商事账簿的核算关系：商主体会计人员、会计机构或商事账簿代理人在办理会计核算事务的过程中与他人发生的权利义务关系。（2）商事账簿信息披露关系。依据法律商主体有义务向投资人披露商事账簿信息，以使投资人能够及时了解投资风险，确认其股权收益、监督商主体经营、审查自己的投资决策等。商主体所负有的商事账簿信息披露义务就是投资人所享有的获知商事账簿信息的权利。（3）商事账簿管理关系：商事账簿管理机关依法对商事账簿予以管理的过程中形成的法律关系，带有很强的行政法律关系色彩。（4）商事账簿监督关系。包括内部监督关系和政府监督关系两种。

2. 商事主体制作商事账簿应遵循的原则有：（1）客观性原则。商主体在编制商事账簿时，应当以其实际发生的营业业务为依据，如实反映其财务状况和经营成果。（2）相关性和及时性原则。相关性原则是指商事账簿所提供的会计信息能够

满足商事账簿使用者的需要，这些需要包括国家宏观经济管理的需要、社会各方了解商主体财务状况和经营成果的需要，以及商主体内部经营管理的需要。及时性原则是指商主体必须按照有关法律制度，及时地编制商业账簿，以便会计信息能够被使用人适时加以利用。（3）可比性和一致性原则。可比性原则是指商主体在编制会计报表时，应按照同一或类似的程序和方法，使用者在对各商主体的财务状况进行分析、对比时，能够对其经营的优劣作出有效的判断。一致性原则是指同一商主体在不同时期使用的会计处理方法前后一致，不得随意变更，如有需要应在财务报告中对变更的原因及影响作出说明。（4）明晰性原则。会计记录和报表应清晰明了，便于理解和使用。（5）权责发生制原则。商事主体编制商事账簿，要在交易和其他事项发生时确认影响。（6）配比原则。会计期间内所赚的营业收入应与产生的成本和费用配比。（7）谨慎原则。有几项不同的合理方法可供采用时，选择较不利的财务状况和净利较低的会计方法。（8）实际成本原则。资本应按照各项财务物资取得时的实际成本入账。（9）全面性和重要性原则。财务报告应全面、充分地反映商主体的财务状况，在全面的基础上突出重要内容，力求精确。

3. 商事账簿要具备法律上的效力，必须符合法律规定的条件而制作。商事账簿的效力源于其记载方式的合法性，即商事账簿必须按照法律规定的方法记载，或者具备普遍认可的条件。我国《企业会计准则》要求：统一使用借贷记账法；以人民币为记账本位币；记录文字应使用中文。商事账簿的法律效力表现在三个方面：（1）对于商事交易各方，尤其在商事交互计算中，商事账簿是进行财务清点、核算的重要依据。（2）对于商事主管部门，商事账簿是稽核审计、计算税率、资产评估的重要依据。（3）在法律诉讼中，商事账簿具有重要的证据效力。前两项效力实际上是商事账簿的意义在其他角度上的阐述，第三项效力是商事账簿效力中最需要强调并依法律调整的内容。

案例分析题

该案例有以下错误：

（1）《会计法》第38条规定：“从事会计工作的人员，必须取得会计从业资格证书。担任单位会计机构负责人（会计主管人员）的，除取得会计从业资格证书外，还应当具备会计师以上专业技术职务资格或者从事会计工作3年以上经历。”小刘的聘用是不符合法律规定的。

（2）《会计法》第19条规定：“单位提供的担保、未决诉讼等事项，应当按照国家统一的会计制度的规定，在财务会计报告中予以说明。”所以A公司应在财务报告中披露诉讼和担保的事项。

（3）《会计法》第27条第1项规定：“记账人员与经济业务事项和会计事项的审批人员、经办人员、财物保管人员的职责权限应当明确，并相互分离、相互制约。”小刘不能同时兼任记账人员和审批人员。

（4）《会计法》第28条第1款规定：“单位负责人应当保证会计机构、会计人员依法履行职责，不得授意、指使、强令会计机构、会计人员违法办理会计事项。”因此，公司董事长和总经理不可以要求会计人员去做违法的事。

（5）《会计法》第42条第1款规定：“违反本法规定，有下列行为之一的，由县级以上人民政府财政部门责令限期改正，可以对单位并处3 000元以上50 000元以下的罚款；对其直接负责的主管人员和其他直接责任人员，可以处2 000元以上20 000元以下的罚款；属于国家工作人员的，还应当由其所在单位或者有关单位依法给予行政处分：……私设会计账簿的……”

（6）《会计法》第43条第1款规定：“伪造、变造会计凭证、会计账簿，编制虚假财务会计报告，构成犯罪的，依法追究刑事责任。”A和C公司虽签订了合同，但该合同目的在于规避法律，是无效合同。A公司明显违反了《会计法》中不得以虚假的经济业务事项或资料进行会计核算，以及任何单位和个人不得伪造、变造会计凭证、会计账簿及其他会计资料，不得提供虚假财务会计报告等规定，应按照《会计法》第43条的规定追究其法律责任。

第二编　公司法

第七章　公司概述

知识逻辑图

- 公司概述
  - 公司
    - 公司的概念、起源
    - 公司特征（营利性、独立性、组织性、法定性）
    - 公司分类
      - 法定分类
        - 有限责任公司
        - 无限责任公司
        - 股份有限公司
        - 两合公司
      - 学理分类
        - 依公司信用
          - 人合公司（无限责任公司）
          - 资合公司（股份有限公司）
          - 人资两合公司（两合公司以及有限责任公司）
        - 依公司资本构成
          - 公营公司（如国有独资公司）
          - 私营公司
        - 依公司依附关系
          - 母公司
          - 子公司
        - 依公司国籍
          - 本国公司
          - 外国公司
          - 跨国公司
    - 公司能力
      - 公司权利能力
        - 概念：公司享有权利和承担义务的资格
        - 起止时间：从公司营业执照签发之日起至公司注销登记止
        - 内容范围限制
          - 性质限制（公司不享有自然人基于其自然性质而享有的权利，如生命、健康、肖像等）
          - 法律限制
            - 投资
            - 担保
            - 借贷
          - 目的限制（也即公司章程上的限制）
      - 公司行为能力
        - 概念：公司通过自己意思表示构建法律关系的资格
        - 法定代表人：由章程规定，可以规定董事长、执行董事及总经理为公司法人代表
      - 公司责任能力
        - 概念：公司承担因侵权行为所致的损害赔偿的责任能力
        - 公司侵权行为构成条件
          - 公司工作人员行为
          - 该行为与公司职务有密切关系
          - 具备一般侵权行为要件（过错、违法性、因果关系、损害）
        - 法律责任
          - 公司责任
          - 行为人（工作人员）责任
      - 公司人格否认制度
  - 公司法
    - 概念、特征、历史沿革
    - 我国《公司法》规定的公司形态
      - 一般形态
        - 有限责任公司
        - 股份有限公司
      - 有限责任公司中的特殊形态
        - 一人公司
        - 国有独资公司
      - 外国公司分支机构

名词解释与概念比较

1. 公司法人财产权（考研）
2. 有限责任公司与股份有限公司
3. 股份两合公司（考研）
4. 国有独资公司（考研）
5. 外国公司（考研）
6. 跨国公司
7. 子公司与分公司
8. 控股公司
9. 公司社会责任
10. 法人人格否认

选择题

（一）单项选择题

1. 下列所作的各种关于公司的分类，哪一种是以公司的信用基础为标准的分类？（　　）（司考）

A. 总公司与分公司
B. 母公司与子公司
C. 人合公司与资合公司
D. 封闭式公司与开放式公司

2. 某公司下属的一家分公司以自己名义对外签订的合同，其效力如何？（　　）（司考）

A. 无效
B. 有效，其责任由分公司独立承担
C. 有效，其责任由总公司承担
D. 有效，其责任由分公司独立承担，总公司负连带责任

3. 有限责任公司与股份有限公司最主要的区别是：（　　）。

A. 后者的全部资本分为等额股份并采取股票的形式，前者则不然
B. 后者必须以股东大会为权力机构，前者则不然
C. 前者以其全部资产对公司债务承担责任，后者则不然
D. 前者的股东有最高人数限制即 2 人以上 50 人以下，后者则不然

甲公司为国有独资公司，乙公司为甲公司独资举办的子公司。1996 年，甲公司出资 70%、乙公司出资 30%，投资创办丙有限责任公司，甲公司总经理王某兼任该公司的董事长。请根据这些情况和下列各问中设定的条件回答 4～7 题。（司考）

4. 设乙公司对外负债 100 余万元无力偿还，而该债务是在甲公司决策、指示下以乙公司的名义进行贸易造成的，甲公司对此债务的责任应如何判定？（　　）

A. 甲公司不承担责任
B. 甲公司应承担全部责任
C. 甲公司应承担主要责任
D. 甲公司应承担次要责任

5. 设王某代表丙公司作出一项投资决策，结果导致丙公司损失 50 余万元，该损失应由谁承担？（　　）

A. 由甲公司承担 70%，乙公司承担 30%
B. 由甲公司全部承担
C. 由王某个人承担
D. 由丙公司承担

6. 设甲公司董事长李某以王某不懂经营为由，欲解除王某担任的丙公司董事长职务，而丙公司的董事会成员均表示反对。李某遂派甲公司人员到丙公司宣布停止王某的职务，封存丙公司的全部会计账目及文档。对这些行为应如何认定？（　　）

A. 均系股东行使权利的正常行为
B. 均属违反公司法的行为
C. 宣布停止王某职务属正常行为，封存公司会计账目及文档属违法行为
D. 宣布停止王某职务属违法行为，封存公司会计账目及文档属正常行为

7. 设甲公司持本公司关于解除王某董事长职务、任命张某为丙公司董事长的董事会决议，到工商管理机关申请办理丙公司法定代表人的变更登记，工商管理机关应如何处理？（　　）

A. 应按甲公司的申请办理变更登记
B. 应拒绝甲公司的申请
C. 应要求提供丙公司董事会关于变更法定代表人的决议
D. 可以按甲公司的申请办理变更登记，也可

以拒绝其申请

8. 关于企业法人对其法定代表人行为承担民事责任的下列哪一表述是正确的？(　　)(司考)

A. 仅对其合法的经营行为承担民事责任

B. 仅对其符合法人章程的经营行为承担民事责任

C. 仅对其以法人名义从事的经营行为承担民事责任

D. 仅对其符合法人登记经营范围的经营行为承担民事责任

9. 有限责任公司的投资者或者股东以其(　　)为限对公司承担责任。

A. 出资额

B. 投资总额

C. 个人所有财产总额

D. 注册资本总额

10. 关于股东的表述，下列哪一选项是正确的？(　　)(司考)

A. 股东应当具有完全民事行为能力

B. 股东资格可以作为遗产继承

C. 非法人组织不能成为公司的股东

D. 外国自然人不能成为我国公司的股东

11. 下列属于典型的人合公司的是：(　　)。

A. 合伙企业　　B. 股份有限公司

C. 有限责任公司　　D. 无限公司

12. 我国《公司法》规定的公司形态有：(　　)。

A. 有限责任公司、国有独资公司和股份有限公司

B. 有限责任公司和股份有限公司

C. 有限责任公司、股份有限公司和上市公司

D. 有限责任公司、国有独资公司、股份有限公司和上市公司

13. 下列关于公司分类的哪一表述是错误的？(　　)(司考)

A. 一人公司是典型的人合公司

B. 上市公司是典型的资合公司

C. 非上市股份公司是资合为主兼具人合性质的公司

D. 有限责任公司是以人合为主兼具资合性质的公司

14. 责任有限原则是指(　　)。

A. 股东以自己的出资或持有股份为限，为公司承担责任

B. 股东以自己的出资或持有股份为限，为公司债务承担责任

C. 股东以自己的出资为限对公司承担责任

D. 股东以自己的出资为限或持有股份为限对公司承担责任；公司以其全部财产对外承担责任

15. 我国《公司法》规定的公司是指(　　)。

A. 社团法人　　B. 财团法人

C. 机关法人　　D. 事业单位法人

16. 有限责任公司不同于合伙企业的特点之一是(　　)。

A. 以营利为目的

B. 具有法人资格

C. 有独立的名称

D. 独立对外签订合同

17. 公司法是规定(　　)。

A. 公司的设立、组织以及对内、对外关系的法律

B. 公司的设立、组织和解散的法律

C. 公司的设立、组织活动和解散以及其他与公司组织有关的对内、对外关系的法律规范的总称

D. 公司的设立、组织、解散以及对内、对外关系的法律规范

18. 我国《公司法》上的公司具有的法律特征之一为(　　)。

A. 资本性　　B. 股份性

C. 营利性　　D. 集团性

19. 按公司与公司之间的控制依附关系，可将公司分为(　　)。

A. 上级公司与下级公司

B. 总公司与分公司

C. 大公司与小公司

D. 母公司与子公司

20. 将公司分为人合公司和资合公司是(　　)。

A. 以股东对公司承担责任的形式为标准划分的

B. 以公司股东构成和股份转让方式为标准划分的

C. 以公司的信用基础为标准划分的

D. 以公司之间的控制依附关系为标准划分的

21. 某外国公司在中国境内设立分支机构，以下文件中属于法律规定应当在其分支机构中置备的是（　　）。

A. 该外国公司营业执照

B. 该外国公司章程

C. 该外国公司的股东名册

D. 该外国公司财务会计报表

22. 我国《公司法》规定，除其他法律有特别规定外，设立公司采取（　　）。

A. 自由设立主义　　B. 特许主义

C. 准则主义　　D. 许可主义

23. 某有限责任公司对甲企业负有 1000 万元的合同债务。该公司注册资本是 500 万元。公司董事长对甲企业负责人说："本公司仅以 500 万元为限对公司债务承担责任。"为此，甲企业负责人向一些律师咨询，听到了以下四种意见。依《公司法》的规定，正确的是：公司以其（　　）。

A. 注册资本对公司债务承担责任

B. 实收资本对公司债务承担责任

C. 全部资产对公司债务承担责任

D. 净资产对公司债务承担责任

24. 中国历史上第一部公司法是（　　）。

A.《公司条例》　　B.《商律》

C.《公司律》　　D.《商人通律》

25. 德胜公司注册地在萨摩国并在该国设有总部和分支机构，但主要营业机构位于中国深圳，是一家由我国台湾地区凯旋集团公司全资设立的法人企业。由于决策失误，德胜公司在中国欠下 700 万元债务。对此，下列哪一选项是正确的？（　　）（司考）

A. 该债务应以深圳主营机构的全部财产清偿

B. 该债务应以深圳主营机构和萨摩国总部及分支机构的全部财产清偿

C. 无论德胜公司的全部财产能否清偿，凯旋公司都应承担连带责任

D. 当德胜公司的全部财产不足清偿时，由凯旋公司承担补充责任

26. 以下对公司法性质的表述，正确的是：（　　）。

A. 公司法兼具强制法和活动法的双重性质

B. 公司法兼具强制法和组织法的双重性质

C. 公司法兼具强制法和任意法的双重性质

D. 公司法兼具强制法和实体法的双重性质

（二）多项选择题

1. 根据有关法律规定，公司所需具备的重要法律特征有：（　　）。

A. 独立性　　B. 营利性

C. 法定性　　D. 组织性

2. 对于公司国籍的确定，世界上存在着三种不同的标准，主要是：（　　）。

A. 准据法

B. 控股股东的国籍

C. 公司住所地所在国国籍

D. 公司主要营业所的所在地

3. 外国公司在中国设立分支机构必须满足的条件有：（　　）。

A. 外国公司必须向其中国分支机构拨付与其所从事的经营活动相适应的营运资金

B. 外国公司必须指定负责该分支机构的代表人或代理人，作为公司在中国境内的代表

C. 外国公司分支机构必须在其名称中表明该外国公司的国籍及责任形式

D. 外国公司分支机构应在其分支机构中置备外国公司章程

4. 公司的基本构成要素包括（　　）。

A. 资本　　B. 员工

C. 章程　　D. 执照

E. 机关

5. 公司的权利能力限制包括（　　）。

A. 性质上的限制

B. 经营范围的限制

C. 转投资的限制

D. 法律限制

6. 下列对公司法的论述中正确的是：（　　）。

A. 公司法中的规定，既有强制性的，也有非强制性的，但强制性规范占大多数

B. 公司法属于公法的范畴

C. 公司法体现了国家干预的原则

D. 公司法体现了经济民主的原则，对公司不是一味强制

E. 公司法大多是任意性规范

7. 按公司是否发行股份和参与投资人数的多

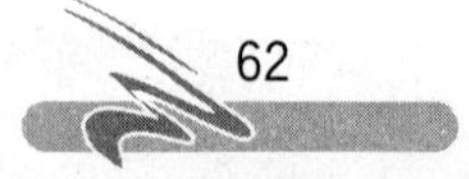

少，可将公司分为：(　　)。

A. 股份有限公司　　B. 有限责任公司

C. 独资公司　　D. 母公司

E. 子公司

8. 依据股东对公司的责任形式，可将公司分为：(　　)。

A. 人合公司　　B. 资合公司

C. 有限公司　　D. 无限公司

E. 公开公司

9. 在我国公司法上，外国公司是(　　)。

A. 依中国法律设立的

B. 依外国法律设立的

C. 在中国境内设立的

D. 在中国境外设立的

E. 中国法人

10. 关于母公司与子公司法律关系的判断，正确的是：(　　)。

A. 一个公司只有拥有另一个公司50%以上的股份时，才成立母子公司关系

B. 两公司间是否成立母子公司关系，应以母公司对子公司是否有实际控制能力为标准

C. 母公司与子公司之间关系只能是基于股权的占有才能实现

D. 母公司和子公司是两个完全独立的法人

E. 母公司如果滥用控制权损害了子公司少数股东和债权人利益的，会导致子公司人格被否认，母公司对子公司的债务承担责任

11. 下列人员中可以成为公司的法定代表人的有：(　　)。

A. 监事　　B. 董事长

C. 执行董事　　D. 经理

(三) 不定项选择题

1. 下列有关《公司法》的特征的表述中正确的是：(　　)。

A. 公司法规范的对象是公司企业

B. 公司法既是组织法又是行为法

C. 公司法主要由强制性的法律规范组成

D. 有一定的国际性

2. 在理论上，可将公司分为公开公司和封闭公司，其分类标准是：(　　)。

A. 公司的资本基础

B. 股东对公司的责任形式

C. 股份的发行方式

D. 股份的转让方式

E. 公司与公司之间的控制依附关系

3. 关于子公司的财产性质、法律地位、法律责任等问题，下列哪项说法是正确的？(　　)(司考)

A. 子公司的财产所有权属于甲公司，但由子公司独立使用

B. 当子公司财产不足清偿债务时，甲公司仅对子公司的债务承担补充清偿责任

C. 子公司具有独立法人资格

D. 子公司进行诉讼活动时以自己的名义进行

4. 公司以(　　)为住所。

A. 主要营业地

B. 法人代表住所地

C. 主要办事机构所在地

D. 以上均是

5. 公司的财产包括(　　)。

A. 股东出资　　B. 公司增值收益

C. 公司向银行的借贷　　D. 发行债券收入

简答题

1. 简述公司的分类。

2. 简述股份有限公司与有限责任公司的异同。(考研)

3. 简述外国公司分支机构的法律特征与法律地位。

4. 一人公司与私营独资企业的区别。

5. 股权的概念和特征。(考研)

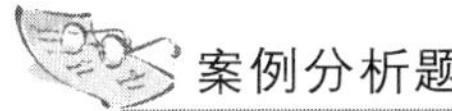

案例分析题

1. 案情：甲与乙各出资100万元人民币设立志远商贸有限责任公司并经营良好，但实际上甲的100万元出资是向乙借的。公司成立后，因乙欠第三人丙50万元长期不还，丙要向人民法院起诉要求乙归还借款，乙便径自从公司拿50万元归还丙。甲提出异议，乙以甲的出资系向乙借款而否认甲的股东权。

问题：(1) 乙径自从公司拿 50 万元还债是否合法？

(2) 能否以甲的出资是从乙处借来的而否认甲的股东权？法律依据和法理依据何在？

2. 案情：张某、李某、赵某 3 人投资设立一有限责任公司。张某出资 20 万元人民币，李某以价值 20 万元的房屋出资，赵某出资人民币 10 万元。后经营失败，公司欠甲 100 万元，公司资产价值 50 万元。甲知道张某具有偿还能力，在公司财产不足清偿债务时，要求张某偿还所欠的债务。

问题：若你是甲的法律顾问，对甲的要求如何回答。

论述题与深度思考题

1. 论述有限责任制度及其局限性。(考研)
2. 试分析一人公司的特征及性质。(考研)
3. 论述公司法人人格否认制度。
4. 论公司能力。

参考答案

名词解释与概念比较

1. 公司法人财产权，是指公司法人对其公司资产的占有、使用、收益和依法处置的权利，包括财产所有权和与财产所有权有关的财产权、知识产权和债权。它是公司责任能力的基础，也是其独立人格的物质保障。公司的法人财产除了最初来源于股东的投资外，还包括公司在运营中的资本增资和财产积累。

2. 有限责任公司又称有限公司，是指符合法律规定的股东出资组建，股东以其出资额为限对公司承担责任，公司以其全部资产对公司的债务承担责任的企业法人。

股份有限公司又称股份公司，是指全部资本分为股份，并通过发行股票来募集资本，股东以其所认购的股份为限对公司承担有限责任，公司以其全部资产对公司债务承担责任的公司。具有资本募集的公开性、股东出资的股份性、公司股票的流通性等特征。

有限责任公司与股份有限公司的不同点颇多，下表仅是对它们的主要方面的区别进行的总结，详细情况可参看《公司法》的规定。

有限责任公司	股份有限公司
由 50 个以下股东出资设立	2 人以上 200 人以下为发起人，须半数以上在中国境内有住所
发起设立	发起设立或募集设立
股东以其认缴的出资额为限对公司承担责任	股东以其认购的股份为限对公司承担责任
股权形式是出资，发给股东出资证明	出资形式是股份，股份的法律形式是股票，可以流通和买卖
出资转让通过协议的方式	既可以协议转让，也可以通过公开证券市场转让

3. 股份两合公司，是指由无限责任股东和有限责任股东组成的公司。其无限责任股东，对公司债务负连带无限清偿责任，有限责任股东以其所认购股份为限对公司债务负责。该公司是人合公司与资合公司的典型结合，既有无限责任股东以增进公司的信用，又可以将有限责任部分的资本分为等额股份，发行股票，公开募集资本。这种公司的无限责任股东，人数不多，一般资财也不雄厚，实际上很难扩大公司的信用。由于公司对内对外事务均由无限责任股东负责，公司大权全操在无限责任股东手里，有限责任股东的地位远不及股份有限公司的股东，一般情况下投资者不愿参加，所以实际上采取这种形式的企业不多，多见于亲友间组织的中小企业，其经济作用与隐名合伙相同。

4. 国有独资公司，是指国家单独出资，由国务院或者地方人民政府委托本级人民政府国有资产监督管理机构履行出资人职责的有限责任公司。国有独资公司的主要特点是：(1) 国有独资公司的投资人是 1 人，即国家；(2) 国有独资公司的投资人只能是国家授权的投资机构或国家授权的部门；(3) 国有独资公司主要适用于国务院确定的属于特定行业或生产特殊产品的公司。(4) 国有独资公司不设股东会，由国有资产监督管理机构行使股东会职权。

5. 外国公司是指依照外国法律在中国境外设立的公司。确定该类公司以其注册国为依据，凡是公司的国籍隶属于外国，并依外国的公司法而

设立的公司都称为外国公司。

6. 跨国公司，也称多国公司或国际公司，是指在本国设立总公司或母公司，而在其他国家和地区设立分支机构或子公司，形成一种国际化的垄断组织。跨国公司及其子公司、控股公司遍及世界各地，它们在推进国际化的同时，也往往把污染与垄断控制带给不发达国家，因此这种公司往往成为新殖民主义的工具。国内、国际纷纷加强对跨国公司消极因素的控制。1974 年联合国经济及社会理事会决定，成立联合国跨国公司中心和跨国公司委员会，负责协调和研究跨国公司的活动，以便把它们的活动纳入对国际社会负责、为世界发展服务的轨道上来。

7. 分公司是指公司在其住所地外设立的从事经营活动的机构。设立分公司，应当向公司登记机关申请登记，领取营业执照。分公司不具有法人资格，其民事责任由公司承担。其特点为：(1) 是公司的分支机构；(2) 具有营业资格；(3) 不具有法人资格。

子公司是由其他公司设立或参股而受其他公司控制或指挥的公司。能够控制或指挥子公司的是母公司，母公司与子公司是股份控制的经济关系。子公司具有法人资格，依法独立承担民事责任。子公司的特点是：(1) 子公司的全部或一定数额股份被母公司持有并加以控制。(2) 子公司具有独立的法人资格。

分公司与子公司的最大分别就是前者没有独立的法人资格，而后者是独立的法人。

8. 控股公司又称持股公司，是指拥有其他公司半数以上或相当部分股份，并能够直接或间接支配其他公司的公司。这种公司通常并不直接对外营业，但和普通公司一样，可以发行股票和公司债券。控股公司通过持有各子公司一定比例的股份，可以操纵股东会，掌握董事会，从而决定子公司负责人的人选和公司的营业方针。因此，控股公司（母公司）可以控制许多公司，用较少的投资控制较多的企业，是资本主义垄断组织的一种主要形式。

9. 公司社会责任，是指公司不能仅仅以为公司股东盈利为唯一目的，应最大限度地关怀和增进股东利益之外的其他社会利益，包括消费者利益、债权人利益、职工利益、社区利益、环境利益及其他社会公共利益等内容。它既包括自然人的权利尤其是社会权，也包括法人和非法人组织的权利和利益。

10. 参见论述题与深度思考题 3。

选择题

（一）单项选择题

1. C。以公司的信用基础为标准，可将公司分为人合公司、资合公司或人资兼合公司。

2. C。分公司不是独立法人，责任由总公司承担。

3. A。二者最大的差别是：有限责任公司股东以其认缴的出资额为限对公司承担责任；股份有限公司全部资本分为等额股份并采取股票的形式，股东以其认购的股份为限对公司承担责任。

4. A。公司可以设立子公司，子公司具有法人资格，依法独立承担民事责任。乙公司是甲的子公司，是独立法人，独立承担民事责任。

5. D。甲、乙均为股东，出资设立有限责任公司。我们根据公司法人的独立责任原理可以知道，对于以公司名义作出的行为，股东、董事等均不负个人责任，50 余万元损失由丙公司自己承担。

6. B。甲、乙、丙均为具有独立法人地位的公司，丙公司董事长的选任、更换应由丙公司股东会依法定或章程约定的程序作出决定，甲、乙公司及其他任何人都无权干涉。

7. B。理由同上。

8. C。法定代表人代表法人，以法人名义从事的经营行为的后果，均由企业法人承担。

9. A。公司以其全部财产对公司的债务承担责任。有限责任公司的股东以其认缴的出资额为限对公司承担责任，股份有限公司的股东以其认购的股份为限对公司承担责任。

10. B。法律对股东并无行为能力的要求，所以理论上股东可以是限制民事行为能力人或无民事行为能力人。《公司法》第 75 条规定，自然人股东死亡后，其合法继承人可以继承股东资格，但是，公司章程另有规定的除外。股东还可以是国家，当国家作为股东时需明确代表国家行使股东权的具体组织，例如国有资产监督管理机构。

11. D。无限公司是指全体股东对公司债务承担无限连带责任，以个人的信用、资产为担保，是典型的人合公司。

12. B。我国《公司法》第 2 条规定，本法所称公司是指依照本法在中国境内设立的有限责任公司和股份有限公司。

13. A。本题考查公司的分类。一人公司是有限责任公司的一种特殊形式，从《公司法》关于一人公司注册资本、出资及年度会计、审计等有关规定来看，一人公司偏向于资合公司。

14. D。有限责任的有限实际是指股东责任的有限，股东以自己的出资或持有的股份为限对公司承担责任；公司以其全部财产对外承担责任。

15. A。我国《公司法》规定的公司是社团法人、私法人。

16. B。有限责任公司与合伙企业最大的区别是是否具有法人资格。

17. C。公司法是调整公司的设立、组织活动和解散以及其他与公司组织有关的对内、对外关系的所有法律规范的总称。

18. C。公司具有营利性、独立性、法定性、组织性等特征。

19. D。按公司与公司之间的控制依附关系，可将公司分为母公司与子公司。

20. C。以公司的信用基础为标准，将公司分为人合公司、资合公司或人资兼合公司。

21. B。外国公司的分支机构应当在其名称中标明该外国公司的国籍及责任形式；外国公司的分支机构应当在本机构中置备该外国公司章程。

22. C。这是我国 2005 年修改《公司法》的亮点之一，无论是有限责任公司还是股份有限公司，其设立均采准则主义，修改前的《公司法》对设立股份有限公司一律采行许可主义。

23. C。公司以其全部资产对公司债务承担责任。

24. C。中国历史上第一部公司法《公司律》诞生于光绪二十九年十二月（1904 年 1 月）。

25. B。外国公司在中国境内设立的分支机构不具有中国法人资格，外国公司对其分支机构在中国境内进行的经营活动承担民事责任。

26. C。公司法兼具组织法和活动法的双重性质，以组织法为主；公司法兼具实体法和程序法的双重性质，以实体法为主；公司法兼具强制法和任意法的双重性质，以强制法为主；公司法兼具国内法和涉外法的双重性质，以国内法为主。

（二）多项选择题

1. ABCD。公司具有营利性、独立性、法定性、组织性等特征。

2. ABC。公司国籍的确定标准在国际上主要有：公司设立准据法说、控股股东的国籍说、公司住所地主义。D 项中，公司主要营业所的所在地是确定公司住所地的一种标准。

3. ABCD。外国公司在中国境内设立分支机构，必须在中国境内指定负责该分支机构的代表人或者代理人，并向该分支机构拨付与其所从事的经营活动相适应的资金，还应当在其名称中标明该外国公司的国籍及责任形式，在本机构中置备该外国公司章程。

4. ACE。名称、场所、章程、资本、机关是公司的基本构成要素。

5. AD。选项 B、C 是法律对公司权利能力限制的具体表现形式。

6. ACD。公司法中既有强制性规范也有任意性规范，是由这两种规范有机构成，合理布局。就条文数量而言，绝大多数公司法规范应属于强制性规范。任意性规范属于少数但却起着重要作用。

7. AB。按公司是否发行股份和参与投资人数的多少，可将公司分为股份有限公司和有限责任公司。

8. CD。依据股东对公司的责任形式，可将公司分为有限公司与无限公司。

9. BD。我国《公司法》第 191 条规定："本法所称外国公司是指依照外国法律在中国境外设立的公司。"

10. BDE。本题关键在于：两公司间是否成立母子公司关系，应以母公司对子公司是否有实际控制能力为标准，而不以具体持股比例为标准。

11. BCD。我国《公司法》第 13 条规定："公司法定代表人依照公司章程的规定，由董事长、执行董事或者经理担任，并依法登记。公司法定代表人变更，应当办理变更登记。"

（三）不定项选择题

1. BD。A 项中公司法规范对象以公司、企业

为主，但也涵盖个人、社会团体乃至相应的政府机构。C项中，公司法中有不少强制法的内容，但从本质上讲，公司法是私法，突出公司的自治。

2. CD。封闭公司与公开公司是以公司的股份是否公开发行及股份是否允许自由转让为标准所作的分类。

3. CD。子公司具有独立法人资格，拥有自己的财产、公司名称、章程和董事会，对外独立开展业务和承担责任。

4. C。关于公司住所地的确定一般有两种不同的标准：一种以公司中心管理机关（办事机构）所在地为住所地；另一种以公司营业中心为住所地。我国法律规定公司以其主要办事机构所在地为住所。

5. ABCD。公司是企业法人，有独立的法人财产，享有法人财产权。公司以其全部财产对公司的债务承担责任。公司财产不限于股东出资，股东出资与公司新增资产以及负债、银行借贷、发行债券等构成了公司的全部财产。

简答题

1.（1）公司的法定种类：公司形态实行法定主义，就是说公司的种类必须由法律明文规定，当事人只能在公司法规定的公司种类中选择某一类形式来投资或设立公司。我国《公司法》只规定了有限责任公司和股份有限公司两种形式。在大陆法系国家，依照公司法所规定的公司股东责任不同，可将公司分为无限责任公司、有限责任公司、股份有限公司和两合公司四种基本类型。在英国，依照公司是否注册为标准，将其分为注册公司和非注册公司，注册公司又进一步区分为有限责任公司和无限责任公司。

（2）法理上的分类：①以公司的信用基础为标准，将公司分为人合公司、资合公司或人资兼合公司；②以公司资本构成作为标准，可将公司分为公营公司和私营公司；③按照公司之间的依附关系，可将公司区分为母公司和子公司、本公司和分公司；④按照公司的国籍的不同，可将公司区分为本国公司、外国公司和跨国公司。

2. 参见名词解释与概念比较第2题。

3. 外国公司是指依照外国法律在中国境外登记成立的公司。外国公司分支机构是指外国公司依照我国《公司法》的规定，在我国境内设立的经营性组织。外国公司分支机构的法律特征如下：（1）隶属于外国公司。外国公司分支机构须由外国公司设立，并隶属于该国公司。外国公司分支机构不能独立于外国公司而存在。（2）依照我国公司法律的规定。设立外国公司分支机构须依所在国法律，是国际上通行的一般规则。在我国《公司法》中，规定了外国公司分支机构设立的程序、条件等，外国公司分支机构在设立时必须依照该规定进行。（3）在我国境内设立。外国公司分支机构须在我国境内设立，才具有我国《公司法》上规定的外国公司分支机构的资格，依照我国《公司法》受到相应的保护。在我国境内设立，是指该外国公司分支机构须在我国境内有确定的住所，有确定的代表人或者代理人，有相应的经营活动资金，并开展连续性的活动。（4）不具有独立法人资格。外国公司分支机构并非独立的法人，而仅仅是法人的组成部分。外国公司属于外国法人，其在中国境内设立的分支机构不具有中国法人资格。外国公司对其分支机构在中国境内进行经营活动承担民事责任。

根据其上述特征，外国公司分支机构的法律地位包括两方面的内容：（1）外国公司分支机构不具有中国法人资格。（2）外国公司分支机构不能独立地承担民事责任，外国公司分支机构在中国境内进行生产经营活动所产生的民事责任，应由设立该分支机构的外国公司承担。

4. 一人公司是指仅有一个股东持有公司全部出资的有限责任公司，或仅有一个股东持有公司全部股份的股份有限公司。一人公司是公司的一种特殊形态，具有两个突出的特征：一人公司共有一个股东；一人公司的全部出资或全部股份，为该公司唯一股东所有。私营独资企业，是指由一个自然人出资经营的企业。

一人公司与私营独资企业有相似之处，但两者是有严格区别的，主要表现在：

（1）一人公司由公司法所调整，它可依法取得法人资格；而私营独资企业，则由私营独资企业法调整，为自然人企业。

（2）在一般情况下，一人公司的股东仅以其出资额或其所持股份为限，对公司负责，而不直

接对公司债权人承担责任。而私营独资企业的出资人即企业主，则要对企业的债务承担无限责任。

（3）一人公司可依法设立董事会、监事会等组织机构，而私营独资企业一般仅有经营管理机构。

5. 股权，即股东权利的简称，是指股东基于股东身份在法律上对公司享有的权利总称。股权的法律特征可以从以下几方面分析：

（1）股权的主体。股权的主体是股东，义务主体是公司。凡具有股东身份者，皆对公司享有股权。股东出资构成公司的资本，换取对公司的股权。股权体现了股东与公司之间的权利义务关系，从股东的角度看是股东对公司享有的权利，从公司的角度看是公司对股东负有的义务。作为权利主体的股东可为单数，也可为复数，后者如股份共有的情形。

（2）股权的内容。《公司法》第 4 条规定："公司股东依法享有资产收益、参与重大决策和选择管理者等权利。"据此，股权的内容是法定的，不允许股东自我设定权利。从股权的内容看，股权主要包括资产收益权与参与公司经营管理权：前者直接体现为财产利益，包括股利分配请求权、剩余财产分配请求权等；后者不直接体现为财产利益，包括表决权、股东会召集和支持权等。这说明股权的内容具有综合性，并非一种单一性民事权利。

（3）股权的客体。股权的客体是指股权的作用对象，在有限公司是出资，在股份公司是股份。

（4）股权反映出股东之间的法律关系。除了一人公司、国有独资公司外，公司的股东均为复数。股东按投入公司的资本额享有股权，这就是股份平等或者资本平等原则，由此决定了各个股东享有股权的多少存在差异。股东彼此尽管在利益方面总体上是一致的，但也存在冲突，股权虽为股东对公司的权利，但实质上反映出股东之间的法律关系。

案例分析题

1.（1）不合法。公司一旦设立，就成为独立的法人，甲与乙的出资所有权也就从个人转移到了公司，成为公司的独立财产。乙不能再对出资主张所有权，只能根据出资形成的股东权依法享有资产收益、参与重大决策和选择管理者等权利。乙的做法严重侵犯了志远商贸有限责任公司的法人财产权，也同时侵犯了甲的合法权益。

（2）不能以甲的出资是从乙处借来的而否认甲的股东权。就借贷关系而言，甲对 100 万元借款享有所有权，有权依此出资成为公司的股东。而乙享有的是债权，根据债权的相对性，乙只能根据合同关系向甲主张债权。就公司而言，甲、乙履行了对公司的出资，不问其出资是借贷的还是固有的（只要享有处分权即可），公司成立后，甲、乙就成为公司的股东，享有法定的股东权。

2. 甲无权要求张某偿还所欠的债务。公司设立后，张某、李某、赵某成为公司的股东，公司以其全部财产对公司的债务承担责任，有限责任公司的股东以其认缴的出资额为限对公司承担责任。公司欠甲 100 万元，甲只可以要求公司清偿，公司财产不足以清偿的，甲无权要求其股东偿还。

论述题与深度思考题

1. 有限责任是指股东对其公司或公司的债权人没有支付超出其出资的价值的义务。"有限"的含义在很大程度上并不是针对公司而言的，而是针对股东而言的，它不是意味着清偿债务的财产的有限性、特定性，而意味着责任的不可转换性、股东责任的受限制性。公司首先应以其全部资产承担清偿债务的责任，债权人也有权就公司的全部财产要求清偿债务，在公司的资产不足以清偿全部债务时，尽管会出现责任范围小于债务范围的情况，但公司的债权人仍不得请求公司的股东承担超过其出资义务的责任，公司也不得将其债务转移到其股东身上。

公司应以其全部财产对其债务负责，是由民事责任的一般原则和公司的独立人格所决定的。一方面，在民法上任何债务人均应以自己的全部资产承担清偿债务的责任，因此，在公司作为债务人时，亦应和自然人一样以自己的全部财产负责。另一方面，公司作为相对于自然人而言的独立民事主体，与自然人一样，具有自己在法律上的独立人格，作为一个独立主体，它具有自己的独立财产，此种财产与公司成员及创立人的财产是分开的，所以，公司只能以自己的独立财产承

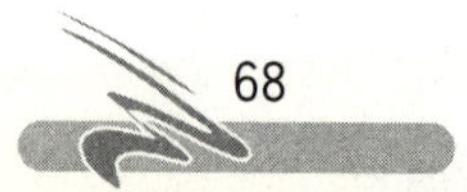

担清偿债务的责任，公司股东对公司债务，不承担超出其出资义务的责任。所以，按照许多学者的观点，公司的人格与其成员的人格分离，乃是有限责任产生的条件。不能理解公司的独立人格，也就不能理解公司股东的有限责任。

有限责任制度自产生以来，就逐渐形成为促进经济发展的有力的法律工具。美国前哥伦比亚大学校长巴特勒（N. N. Butler）在 1911 年曾指出："有限责任公司是当代最伟大的发明，其产生的意义甚至超过了蒸汽机和电的发明。"有限责任具有以下几个方面的价值：①减少和移转风险；②鼓励投资；③促使所有权和经营权的分离；④增进市场交易。

然而，公司有限责任在具体运作中，出现了股东滥用公司的法人独立人格和有限责任规避法律、攫取不正当利益的现象，凸显了有限责任制度的缺陷：①对债权人不公正。有限责任制度注重了对股东的保护，却忽略了对债权人的保护。②为股东特别是董事滥用公司的法律人格提供了机会。③对侵权责任的规避。④在公司内部，若公司的雇员因公司的行为受到损害时，有限责任的存在使得雇员难以对股东提出请求，尤其是在公司因经营不善而宣告破产的情况下，雇员因不能对股东提出请求，其利益很难得到保障。

公司有限责任的修正：公司社会责任的强调和公司法人人格否认制度的适用。

[本题具体论述请参见王利明．公司有限责任制度的若干问题（上）．政法论坛，1994（2）。]

2. 一人公司是指仅有一个股东持有公司全部出资的有限责任公司，或仅有一个股东持有公司全部股份的股份有限公司。一人公司是公司的一种特殊形态，具有以下突出的特征：①一人公司只有一个股东，一人公司的全部出资或全部股份，为该公司唯一股东所有。②一人公司必须享有有限责任。一人公司之所以会产生，最大的原因就在于个人投资者对于有限责任的追求。③一人公司特别是自然人一人公司的"所有"和"经营"大多是不分的。

传统的公司法理论中，有限责任的确立是以分离原则的贯彻实行为前提的，但是在一人公司里面，这种分离原则能否真正地贯彻是值得怀疑的。实践中，无法监督一人公司实行分离原则的现实问题可以说也是普遍存在的。在一人公司中，一人股东通常都身兼数职——董事、经理，它以公司的名义从事活动，谋求公司的利益，由此产生的权利、义务由公司承担；作为公司的唯一股东，它又拥有股东大会的所有权力，可以作出符合个人利益最大化的决议，甚至在一定程度上是自己监督自己。这是对公司有限责任制度的极大挑战，正是因为如此，世界各国都毫无例外地对这种特殊公司作出特别规定，防止公司人格与股东人格的混淆损害交易相对人的利益。

出于上述考虑，各国的立法或是司法实践大都加强了对一人公司的法律规制力度：①导入最低资本金制度。②强化资本充实义务，严格资本维持制度。③坚持登记、公示及必要的书面记载制度。④公司法人人格否认的适用。

[最后介绍我国现行《公司法》的有关规定（《公司法》第二章第三节"一人有限责任公司的特别规定"专节对一人公司的有关制度作出了规定，请参照其规定）。]

3. 公司法人人格否认制度（disregardofcorporation）源于英美法，英美法系国家又称其为"揭开公司面纱"（piercingthecorporationveil，PCV）原则。公司法人人格独立和股东有限责任始终被作为公司法人制度的两大基石，发挥着积极作用。然而，公司法人人格在具体运作中，出现了股东滥用公司法人资格和股东有限责任的现象，使公司法人制度的公平、正义的价值目标受到挑战。为了对此加以规制，公司法人人格否认制度应运而生，一般是指在特定情况下，当股东利用公司法人独立和有限责任规避法律、攫取利益而导致不公正时，法律将否认公司的独立人格及股东的有限责任，责令公司股东直接承担责任和义务，对债权人和公共利益负责。

我国现行公司法亦引进了这种制度。《公司法》第 20 条规定：公司股东应当遵守法律、行政法规和公司章程，依法行使股东权利，不得滥用股东权利损害公司或者其他股东的利益；不得滥用公司法人独立地位和股东有限责任损害公司债权人的利益。公司股东滥用股东权利给公司或者其他股东造成损失的，应当依法承担赔偿责任。公司股东滥用公司法人独立地位和股东有限责任，逃避债务，严重损害公司债权人利益的，应当对公司债务承担连带责任。据此规定，公司法人人格否认制度的特点如下：第一，适用情形是公司股东滥用公司法人独立地位和股东有限责任，逃避债务，严重损害公司债权人的利益；第二，适用的后果是股东应当对公司债务承担连带责任。

公司法人人格否认的适用情形主要包括：（1）资本不充分或者只有名义资本；（2）没有满足公司法上的程式要求；（3）对单一营业实体的虚假分割；（4）母公司对子公司债务的责任；（5）在某些破产案件中可以适用。（详细论述可参见施天涛．商法学．4版．133～136页．北京：法律出版社，2010。）

4. 公司能力是指公司作为权利、义务主体享有权利、承担义务的能力。法定的公司能力由权利能力和行为能力以及派生的侵权责任能力三部分组成。

公司的权利能力是指公司具有能够享有权利、承担义务的资格。这种资格是由法律赋予的，从公司成立时产生（公司营业执照签发之日），到公司终止时消灭（公司注销登记被核准之日）。（1）公司权利能力的主要内容：①民事权利能力。公司对其资产享有所有权，及由此派生出的经营权。公司享有名称权、荣誉权、名誉权等。②行政、经济权利能力。这是指在国家经济行政管理机关对公司经济活动进行管理过程中，公司依法享有权利和承担义务的资格，如公司享有商标注册申请权等。③诉讼权利能力。公司具有诉讼权利能力，主要为：公司能充当民事、商事诉讼原告、被告；公司能充当行政诉讼原告；公司可为刑事诉讼被告。（2）公司权利能力的限制。公司同自然人虽然都具有权利能力，但其内容有所区别，公司的权利能力要受到限制，主要是：①性质上的限制：指自然人基于生命、身体所享有的权利和承担的义务，公司基本上不能享有或承担。②法律上的限制：法律上对公司权利能力的限制，主要由有关公司方面的法律作出规定。我国《公司法》从经营范围和投资数额两个方面对公司的权利能力予以限制。

公司行为能力，是指公司以自己的意思表示取得权利、承担义务的能力。公司的行为能力与它的权利能力同时产生，同时终止。公司行为能力的范围和内容与公司权利能力的范围及内容是同一的。公司作为组织体，其行为能力的实现方式具有以下特点：①公司的意思能力是社团意思能力。自然人的意思表示是由其自身作出的，而公司的意思表示要由依照法律规定产生的权力机构作出。有限责任公司和股份有限公司的权力机构分别为股东会和股东大会。②公司的行为能力是由法定代表人来实现。自然人通过自己的行为取得权利或为自己设定义务，而公司作为法人，其行为能力则要通过其法定代表人，按照公司的意思，以公司的名义对外为法律行为，使公司取得权利和承担义务。《公司法》规定：公司法定代表人依照公司章程规定，由董事长、执行董事或经理担任，并依法登记。公司法定代表人变更，应当办理变更登记。

公司的侵权行为能力是指公司承担因侵权行为所致的损害赔偿责任能力。公司侵权行为的构成要件包括：①须公司的工作人员实施的行为；②须公司工作人员所实施的行为与公司职务有密切关系；③须具备一般侵权行为的要件。公司侵权行为的法律责任包括公司的责任和行为人（工作人员）的责任两个方面。（本题的答案可参见赵旭东．公司法学．3版．第五章“公司的能力”．北京：高等教育出版社，2012。）

第八章　公司设立

知识逻辑图

- 公司设立
  - 基本制度及概念
    - 公司资本制度
      - 法定资本制
      - 授权资本制
      - 折中资本制
    - 公司发起人
    - 公司章程、住所、名称
    - 公司登记
  - 有限责任公司
    - 股东法定人数（50 人以下）
    - 按照法律和章程规定出资
    - 共同制定章程
      - 公司名称、住所
      - 经营范围
      - 注册资本
      - 股东姓名、名称、出资方式、出资额、出资时间
      - 公司机构及其产生办法、职权、议事规则
      - 公司法定代表人
      - 股东会认为须规定的其他事项
    - 公司名称、组织机构
    - 公司住所
    - 设立程序
      - ①发起人签订发起协议
      - ②名称预先核准登记
      - ③出资、评估
      - ④制定公司章程、选举公司机构人员
      - ⑤申请登记
      - ⑥领取营业执照，公司成立
  - 股份有限公司（不同于有限责任公司的规定）
    - 设立条件
      - 股东法定人数（2 人～200 人）：半数以上在中国拥有住所
      - 按照法律和公司章程规定出资
        - 发起设立
        - 募集设立
      - 公司章程
      - 公司名称、组织机构
    - 设立程序
      - 募集设立
        - ①发起协议、名称预核准
        - ②发起人认购股份
        - ③制作招股说明书
        - ④签订承销协议、代收股款
        - ⑤申请核准
        - ⑥公开募股
        - ⑦召开创立大会
        - ⑧申请设立登记
      - 发起设立
        - ①发起人发起、签订发起协议
        - ②制定公司章程
        - ③发起人认购股份、缴纳股款
        - ④验资
        - ⑤选举公司机构
        - ⑥申请设立登记

公司设立——一人有限责任公司（不同于有限责任公司的特殊规定）：
- 公司登记：注明自然人或法人独资，并在营业执照上注明
- 章程：由股东制定

名词解释与概念比较

1. 注册资本（考研）
2. 授权资本制（考研）
3. 法定资本制（考研）
4. 折中资本制
5. 公司的住所
6. 公司章程
7. 发起设立
8. 募集设立

选择题

（一）单项选择题

1. 甲、乙、丙分别出资5万元、10万元和35万元，成立一家有限责任公司。其中，甲、乙的出资为现金，丙的出资为房产。公司成立后，又吸收丁出资现金10万元入股。半年后，该公司因经营不善，拖欠巨额债务。法院在执行中查明，丙作为出资的房产仅值15万元。又查明，现有可执行的个人财产10万元。依照《公司法》的规定，对此应如何处理？（　　）（司考）

A. 丙以现有财产补交差额，不足部分待丙有财产时再行补足

B. 丙以现有财产补交差额，不足部分由甲、乙补足

C. 丙以现有财产补交差额，不足部分由甲、乙、丁补足

D. 丙无须补交差额，其他股东也不负补足的责任

2. 甲、乙、丙三人出资成立一家有限责任公司。现丙与丁达成协议，将其在该公司拥有的股份全部转让给丁。对此，甲和乙均不同意。有关此事的下列解决方案中，哪一个不符合《公司法》的规定？（　　）（司考）

A. 由甲或乙购买丙欲转让给丁的股份

B. 由甲和乙购买丙欲转让给丁的股份

C. 如果甲和乙都不愿购买，丙应当取消与丁的股份转让协议

D. 如果甲和乙都不愿购买，丙有权履行与丁的股份转让协议

3. 张某与潘某欲共同设立一家有限责任公司。关于公司的设立，下列哪一说法是错误的？（　　）（司考）

A. 张某、潘某签订公司设立书面协议可代替制定公司章程

B. 公司的注册资本可约定为50元人民币

C. 公司可以张某姓名作为公司名称

D. 张某、潘某二人可约定以潘某住所作为公司住所

4. 汪某与李某拟设立一注册资本为50万元的有限责任公司，其中汪某出资60%，李某出资40%。在他们拟订的公司章程中，下列哪项条款是不合法的？（　　）（司考）

A. 公司不设董事会，公司的法人代表由公司经理担任

B. 公司不设监事会，公司的执行监事由股东汪某担任

C. 公司利润在弥补上一年度亏损并提取公积金后，由股东平均分配

D. 公司经营期限届满前，股东不得要求解散公司

5. 股份有限公司募集成立的程序，按时间先后作出的以下四种排列，哪一个是正确的？（　　）（司考）

A. ①制作招股说明书；②发起人认购股份；③召开创立大会；④签订承销协议和代收股款协议；⑤申请批准募股；⑥公开募股；⑦申请设立登记

B. ①制作招股说明书；②签订承销协议和代收股款协议；③申请批准募股；④发起人认购股份；⑤公开募股；⑥召开创立大会；⑦申请设立登记

C. ①发起人认购股份；②签订承销协议和代

收股款协议；③申请批准募股；④制作招股说明书；⑤公开募股；⑥召开创立大会；⑦申请设立登记

D. ①发起人认购股份；②制作招股说明书；③签订承销协议和代收股款协议；④申请批准募股；⑤公开募股；⑥召开创立大会；⑦申请设立登记

6. 根据《公司法》规定，设立股份有限公司的，应于创立大会结束后 30 日内由(　　)向公司登记机关申请设立登记。

A. 全体股东指定的代表

B. 董事会

C. 发起人

D. 发起人指定代表

7. 以募集方式设立股份有限公司的，认股人从(　　)不能抽回其出资。

A. 缴付出资之后

B. 法定验资机构对出资进行验资并出具验资报告之后

C. 公司创立大会召开之后

D. 公司登记主管机关登记之后

8. 甲、乙、丙要组建一有限责任公司，其公司章程中的下列哪项内容，不符合法律规定？(　　)

A. 注册资本额为 80 万元

B. 甲货币出资 30 万元，乙实物出资 30 万元，丙货币出资 10 万元、专利权出资 10 万元

C. 甲可以不经乙的同意将一部分股权转让给丙

D. 经全体股东同意，股东才可抽回投资

9. 某国有企业拟改制为公司。除 5 个法人股东作为发起人外，拟将企业的 190 名员工都作为改制后公司的股东，上述法人股东和自然人股东作为公司设立后的全部股东。根据我国《公司法》的规定，该企业的公司制改革应当选择下列哪种方式？(　　)(司考)

A. 可将企业改制为有限责任公司，由上述法人股东和自然人股东出资并拥有股份

B. 可将企业改制为股份有限公司，由上述法人股东和自然人股东以发起方式设立

C. 企业员工不能持有公司股份，该企业如果进行公司制改革，应当通过向社会公开募集股份的方式进行

D. 经批准可以突破有限责任公司对股东人数的限制，公司形式仍然可为有限责任公司

10. 某外国公司在向我国政府申请设立外资企业时，存在以下情况，请问其中哪一项违反了我国法律的规定？(　　)

A. 该外资企业由申请人独家出资设立

B. 申请人要求将该外资企业登记为有限责任公司

C. 申请人声明该外资企业将采用先进技术和设备，但其产品仅有 40%出口

D. 申请人声明该外资企业的各项保险将向中国境外的保险公司投保

11. 公司减少注册资本时，应自作出减资决定之日起(　　)日内通知债权人，并于 30 日内在报纸上至少公布 3 次。(司考)

A. 5　　　　B. 30

C. 10　　　　D. 15

12. 甲、乙两人拟设立一有限责任公司，董事会由甲、乙、丙三人组成，丙为董事长。应向工商行政管理机关提交的申请文件是(　　)。

A. 全体出资人就公司设立作出的决议

B. 由丙签发的出资证明书

C. 甲、乙、丙的身份证明

D. 甲、乙个人财产清单

13. 根据《公司法》的规定，公司成立时间是(　　)。

A. 工商行政管理机关作出予以核准登记的决定之日

B. 工商行政管理机关签发“企业法人营业执照”之日

C. 申请人收到“企业法人营业执照”之日

D. 公司成立公告发布之日

14. 张某为避免合作矛盾与问题，不想与人合伙或合股办企业，欲自己单干。朋友对此提出以下建议，其中哪一建议是错误的？(　　)

A. “可选择开办独资企业，也可选择开办一人有限公司”

B. “如选择开办一人公司，那么该一人公司不能投资设立新的一人公司”

C. “如选择开办独资企业，则必须自己进行经营管理”

D. “可同时设立一家一人公司和一家独资企业”

15. 除法定情形外，公司不得收购本公司的股票。这是(　　)。

A. 资本确定原则的要求

B. 资本维持原则的要求

C. 资本不变原则的要求

D. 资本独立原则的要求

16. 张某打算自己投资设立一企业从事商贸业务。下列哪一选项是错误的？(　　)(司考)

A. 张某可以设立一个一人有限责任公司从事商贸业务

B. 张某可以设立一个个人独资企业从事商贸业务

C. 如果张某设立个人独资企业，则该企业不能再入伙普通合伙企业

D. 如果张某设立一人有限责任公司，则该公司可以再入伙普通合伙企业

17. 严某为鑫佳有限责任公司股东。关于公司对严某签发出资证明书，下列哪一选项是正确的？(　　)(司考)

A. 在严某认缴公司章程所规定的出资后，公司即须签发出资证明书

B. 若严某遗失出资证明书，其股东资格并不因此丧失

C. 出资证明书须载明严某以及其他股东的姓名、各自所缴纳的出资额

D. 出资证明书在法律性质上属于有价证券

18. 我国《公司法》规定，有限责任公司股东最高人数为(　　)。

A. 21 人　　B. 30 人

C. 40 人　　D. 50 人

19. 我国公司法上的公司资本制度采取(　　)。

A. 法定资本制

B. 授权资本制

C. 折中资本制

D. 混合资本制

20. 下列可作为实物出资的选项是：(　　)。

A. 保管物

B. 租赁物

C. 担保物

D. 股东可以依法处置的机器设备

21. 下列是股份有限公司发起设立的程序，正确的一组是：(　　)。

①发起人发起；②发起人认购股份；③法定验资机构验资；④制定公司章程；⑤发起人缴纳股款；⑥选举董事会和监事会成员；⑦申请设立登记

A. ①②③④⑤⑥⑦

B. ①④②③⑦⑥⑤

C. ①②③⑥⑤④⑦

D. ①④②⑤③⑥⑦

22. 募集方式设立的股份有限公司，由发起人制订的公司章程，必须经出席创立大会的认股人所持表决权(　　)以上通过，才能对公司、股东、董事、监事、经理具有约束力。

A. 1/3　　B. 1/2

C. 2/3　　D. 3/4

23. 下列不属于创立大会法定职权的是：(　　)。

A. 对公司的设立费用进行审核

B. 通过公司章程

C. 选举董事会成员

D. 对发起人的资格进行审查

24. 依照我国《公司法》募集设立股份有限公司，发起人认购股份总数不得少于公司股份总数的(　　)。

A. 25%　　B. 30%

C. 35%　　D. 50%

25. 根据我国《公司法》的规定，有效举行创立大会，出席会议股东所代表的股份数不得少于股份总数的(　　)。

A. 1/4　　B. 1/3

C. 1/2　　D. 60%

26. 资本维持原则的意图是：(　　)。

A. 保证公司的偿债能力，防止股东过度分配盈余造成公司资本的实质性减少

B. 防止公司随意变更公司注册资本，损害股东利益

C. 维持和扩大公司资产规模，增加生产能力

D. 便于公司设立，降低公司设立成本

27. 股东以土地使用权作为出资(　　)。

A. 必须以划拨价作价

B. 必须进行评估作价

C. 估价经股东会一致同意的，无须另作评估

D. 由股东共同评估作价，并经国家工商行政管理部门予以确认

28. 在实行授权资本制的国家，注册资本常被称作名义资本或核准资本。如果注册资本没有发行完毕，公司的实缴（收）资本(　　)。

A. 小于注册资本　　B. 大于注册资本

C. 等于注册资本　　D. 等于催缴资本

29. 我国《公司法》对股份有限公司发起人住所地的规定是：(　　)。

A. 发起人在中国境内有住所

B. 发起人在公司住所地有住所

C. 2/3 以上发起人在中国境内有住所

D. 半数以上发起人在中国境内有住所

30. 工商行政管理机关对公司设立登记申请作出予以核准登记和不予登记的决定应当自(　　)作出。

A. 申请人提交申请文件之日起 30 日内

B. 申请人收到“公司登记受理通知书”之日起 30 日内

C. 工商行政管理机关收到申请人提交的申请文件之日起 30 日内

D. 工商行政管理机关发出“公司登记受理通知书”之日起 30 日内

31. 股份有限公司不能成立时，因设立行为而产生的费用和债务应当(　　)。

A. 由发起人承担连带责任

B. 由发起人承担按份责任

C. 由发起人在认购的股份金额范围内承担责任

D. 由全体认股人承担责任

32. 甲、乙、丙、丁四个投资者对资本确定原则有以下不同看法。其中，最能体现资本确定原则的是(　　)。

A. 由公司章程规定的资本总额必须由发起人一次或一定时间内全部认足、募足

B. 发起人对货币之外的出资价值负保证责任

C. 除特殊情况外公司不得收购本公司的股票

D. 增加或者减少资本须经股东会（股东大会）决议通过

33. 我国《公司法》规定，采取发起设立方式设立的股份有限公司发起人应不少于(　　)。

A. 2 人　　B. 5 人

C. 7 人　　D. 10 人

34. 甲股份公司成立后，董事会对公司设立期间发生的各种费用如何承担发生了分歧。下列哪一项费用应当由发起人承担？(　　)（司考）

A. 发起人蒋某因公司设立事务而发生的宴请费用

B. 发起人李某就自己出资部分所产生的验资费用

C. 发起人钟某为论证公司要开发的项目而产生的调研费用

D. 发起人缪某值班时乱扔烟头将公司筹备组租用的房屋烧毁，筹备组为此向房主支付的 5 万元赔偿金

35. 某国有企业准备改制为股份有限公司，公司以募集方式设立，注册资本为 8 000 万元，其股份金额为每股 1 元，股份总数为 8 000 万股。该公司发起人认购股份的最低限额为(　　)。

A. 2 800 万股　　B. 3 200 万股

C. 4 000 万股　　D. 5 600 万股

36. 凡依我国《公司法》设立的公司，其注册资本(　　)。

A. 大于发行资本　　B. 等于发行资本

C. 小于发行资本　　D. 大于实缴资本

37. 募集设立股份有限公司，其公司章程应当由(　　)。

A. 控股股东制定，股东大会批准

B. 发起人制定，省级人民政府批准

C. 主要发起人制定，创立大会通过

D. 发起人制定，创立大会通过

38. (　　)是公司设立登记的管理机关。

A. 财政机关

B. 工商行政管理机关

C. 税务机关

D. 政府部门

39. 公司设立的最后程序是(　　)。

A. 设立登记　　B. 制定公司章程

C. 缴纳出资　　D. 制定发起人协议

40. 公司设立的主体是(　　)。

A. 股东　　B. 董事

C. 发起人　　D. 监事

41. 甲公司章程规定：董事长未经股东会授

权，不得处置公司资产，也不得以公司名义签订非经营性合同。一日，董事长任某见王某开一辆新款宝马车，遂决定以自己乘坐的公司旧奔驰车与王某的车调换，并办理了车辆过户手续。对任某的换车行为，下列哪一种说法是正确的？（　　）

A. 违反公司章程处置公司资产，其行为无效

B. 违反公司章程从事非经营性交易，其行为无效

C. 并未违反公司章程，其行为有效

D. 无论是否违反公司章程，只要王某无恶意，该行为就有效

42. 玮平公司是一家从事家具贸易的有限责任公司，注册地在北京，股东为张某、刘某、姜某、方某四人。公司成立两年后，拟设立分公司或子公司以开拓市场。对此，下列哪一表述是正确的？（　　）（司考）

A. 在北京市设立分公司，不必申领分公司营业执照

B. 在北京市以外设立分公司，须经登记并领取营业执照，且须独立承担民事责任

C. 在北京市以外设立分公司，其负责人只能由张某、刘某、姜某、方某中的一人担任

D. 在北京市以外设立子公司，即使是全资子公司，亦须独立承担民事责任

43. 2014 年 5 月，甲、乙、丙三人共同出资设立一家有限责任公司。甲的下列哪一行为不属于抽逃出资行为？（　　）（司考）

A. 将出资款项转入公司账户验资后又转出去

B. 虚构债权债务关系将其出资转出去

C. 利用关联交易将其出资转出去

D. 制作虚假财务会计报表虚增利润进行分配

（二）多项选择题

1. 有限责任公司成立时，股东以土地使用权出资的，应当办理哪些手续？（　　）（司考）

A. 评估作价

B. 产权过户

C. 验资

D. 第一次股东大会确认

2. 以下各项，哪些是任何公司在设立时都必须具备的基本条件？（　　）（司考）

A. 必须有发起人

B. 必须有资本

C. 必须制定公司章程

D. 必须在登记前报经审批

3. 甲、乙两公司与刘某、谢某欲共同设立一注册资本为 200 万元的有限责任公司，他们在拟订公司章程时约定各自以如下方式出资。下列哪些出资是不合法的？（　　）（司考）

A. 甲公司以其企业商誉评估作价 80 万元出资

B. 乙公司以其获得的某知名品牌特许经营权评估作价 60 万元出资

C. 刘某以保险金额为 20 万元的保险单出资

D. 谢某以其设定了抵押担保的房屋评估作价 40 万元出资

4. 甲、乙两公司拟募集设立一股份有限公司。他们在获准向社会募股后实施的下列哪些行为是违法的？（　　）（司考）

A. 其认股书上记载：认股人一旦认购股份就不得撤回

B. 与某银行签订承销股份和代收股款协议，由该银行代售股份和代收股款

C. 在招股说明书上告知：公司章程由认股人在创立大会上共同制定

D. 在招股说明书上告知：股款募足后将在 60 日内召开创立大会

5. 张律师在向客户介绍股份有限公司募集设立的程序时，有以下一些说法。其中哪些是正确的？（　　）（司考）

A. “募集设立的股份有限公司，必须经国务院证券管理部门核准向社会公开募集股份”

B. “向社会公开募集前，必须签订两个协议，一是同证券经营机构签订承销协议，二是同银行签订代收股款协议”

C. “发行股份完成后，应当持验资证明和其他文件办理公司设立登记，登记完成，取得营业执照后，应当召开公司创立大会”

D. “公司创立大会召开时，如果出席人员所代表的股份不足公司股份总数的 1/2，则会议不得举行”

6. 股东名册应当记载的事项有：（　　）。

A. 公司注册资本

B. 股东的出资额

C. 公司登记日期

D. 出资证明书编号

E. 股东的姓名或名称及住所

7. 依照我国《公司法》规定，股份有限公司设立可以采取的方式有(　　)。

A. 国家授权投资的机构单独投资设立

B. 募集设立

C. 定向募集设立

D. 发起设立

E. 国家授权的部门单独投资设立

8. 甲、乙、丙等拟以募集方式设立厚亿股份公司。经过较长时间的筹备，公司设立的各项事务逐渐完成，现大股东甲准备组织召开公司创立大会。下列哪些表述是正确的？(　　)(司考)

A. 厚亿公司的章程应在创立大会上通过

B. 甲、乙、丙等出资的验资证明应由创立大会审核

C. 厚亿公司的经营方针应在创立大会上决定

D. 设立厚亿公司的各种费用应由创立大会审核

9. 我国《公司法》规定，下列属于有限责任公司章程应当记载的事项有：(　　)。

A. 股东的姓名或者名称

B. 公司经营范围

C. 公司的机构及其产生办法、职权、议事规则

D. 股东会会议认为需要规定的其他事项

10. 下列符合我国关于设立一人公司规定的是：(　　)。

A. 一个自然人可以设立

B. 一个法人可以设立

C. 国家授权投资的机构或国家授权部门可以设立

D. 都不允许设立

11. 2014 年 5 月，甲乙丙丁四人拟设立一家有限责任公司。关于该公司的注册资本与出资，下列哪些表述是正确的？(　　)(司考)

A. 公司注册资本可以登记为 1 元人民币

B. 公司章程应载明其注册资本

C. 公司营业执照不必载明其注册资本

D. 公司章程可以要求股东出资须经验资机构验资

12. 各国公司法所采用的公司设立原则因国情不同而有所差别，从历史上看，公司设立原则有：(　　)。

A. 自由设立主义　　B. 特许主义

C. 核准主义　　D. 准则主义

13. 顺昌有限公司等五家公司作为发起人，拟以募集方式设立一家股份有限公司。关于公开募集程序，下列哪些表述是正确的？(　　)(司考)

A. 发起人应与依法设立的证券公司签订承销协议，由其承销公开募集的股份

B. 证券公司应与银行签订协议，由该银行代收所发行股份的股款

C. 发行股份的股款缴足后，须经依法设立的验资机构验资并出具证明

D. 由发起人主持召开公司创立大会，选举董事会成员、监事会成员与公司总经理

14. 甲、乙、丙、丁拟设立一家商贸公司，就设立事宜分工负责，其中丙负责租赁公司运营所需仓库。因公司尚未成立，丙为方便签订合同，遂以自己名义与戊签订仓库租赁合同。关于该租金债务及其责任，下列哪些表述是正确的？(　　)(司考)

A. 无论商贸公司是否成立，戊均可请求丙承担清偿责任

B. 商贸公司成立后，如其使用该仓库，戊可请求其承担清偿责任

C. 商贸公司成立后，戊即可请求商贸公司承担清偿责任

D. 商贸公司成立后，戊即可请求丙和商贸公司承担连带清偿责任

15. 甲、乙、丙三人共同组建一有限责任公司。公司成立后，甲将其 20%股权中的 5%转让给第三人丁，丁通过受让股权成为公司股东。甲、乙均按期足额缴纳出资，但发现由丙出资的机器设备的实际价值明显低于公司章程所确定的数额。对此，下列哪些表述是错误的？(　　)

A. 由丙补交其差额，甲、乙和丁对其承担连带责任

B. 丙应当向甲、乙和丁承担违约责任

C. 由丙补交其差额，甲、乙对其承担连带责任

D. 丙应当向甲、乙承担违约责任

16. 关于股份有限公司的设立，下列哪些表述符合《公司法》规定？（　）

A. 股份有限公司的发起人最多为 200 人
B. 发起人之间的关系性质属于合伙关系
C. 采取募集方式设立时，发起人不能分期缴纳出资
D. 发起人之间如发生纠纷，该纠纷的解决应当同时适用《合同法》和《公司法》

17. 关于有限责任公司股东名册制度，下列哪些表述是正确的？（　）（司考）

A. 公司负有置备股东名册的法定义务
B. 股东名册须提交于公司登记机关
C. 股东可依据股东名册的记载，向公司主张行使股东权利
D. 就股东事项，股东名册记载与公司登记之间不一致时，以公司登记为准

18. 甲、乙、丙设立一有限公司，制定了公司章程。下列哪些约定是合法的？（　）（司考）

A. 甲、乙、丙不按照出资比例分配红利
B. 由董事会直接决定公司的对外投资事宜
C. 甲、乙、丙不按照出资比例行使表决权
D. 由董事会直接决定其他人经投资而成为公司股东

19. 科鼎有限公司设立时，股东们围绕公司章程的制订进行讨论，并按公司的实际需求拟定条款规则。关于该章程条款，下列哪些说法是正确的？（　）（司考）

A. 股东会会议召开 7 日前通知全体股东
B. 公司解散需全体股东同意
C. 董事表决权按所代表股东的出资比例行使
D. 全体监事均由不担任董事的股东出任

（三）不定项选择题

光辉公司是一家由国家授权投资的机构单独投资设立的国有独资公司，关于公司的定位以及经营管理的一些问题，公司内部的看法不太一致，因此该公司特向律师进行咨询。请根据上述情况和下列各问中设定的条件回答问题：

1. 关于光辉公司的性质问题，哪项说法是正确的？（　）

A. 光辉公司是有限责任公司
B. 光辉公司不是有限责任公司
C. 光辉公司是股份有限公司
D. 光辉公司是上市公司

2. 关于国有独资公司的投资主体问题，哪项说法是正确的？（　）

A. 可以是国家授权投资的机构
B. 可以是国家授权的部门
C. 可以是国有企业
D. 可以是多元投资主体，但是国有投资主体要控股

3. 光辉公司的公司章程是由（　）制定和批准的。

A. 国家授权投资的机构或者国家授权的部门
B. 公司的董事会
C. 公司的股东会
D. 公司的监事会

4. 公司章程对（　）具有约束力。

A. 公司
B. 董事及高级管理人员
C. 股东
D. 监事
E. 债权人

5. 下列哪些情形，募集设立股份有限公司的发起人可以抽回其股本？（　）

A. 未按期募足股份
B. 未按期召开创立大会
C. 创立大会决议不设立公司
D. 公司设立后

简答题

1. 试比较设立中的公司与清算中的公司的法律地位和权利能力。

2. 试比较设立中的股份有限公司、正常经营中的股份有限公司和处于普通清算状态下的股份有限公司的代表人（代表机关）及其权限。（考研）

3. 简述公司设立与成立的区别。

4. 简述我国《公司法》对公司注册资本的有关规定。

5. 简述股份有限公司发起人的责任。（考研）

案例分析题

1. 案情：甲、乙、丙、丁、戊拟共同组建一有限责任性质的饮料公司，注册资本200万元，其中甲、乙各以货币60万元出资；丙以实物出资，经评估机构评估为20万元；丁以其专利技术出资，作价50万元；戊以劳务出资，经全体出资人同意作价10万元。公司拟不设董事会，由甲任执行董事；不设监事会，由丙担任公司的监事。饮料公司成立后经营一直不景气，已欠A银行贷款100万元未还。经股东会决议，决定把饮料公司唯一盈利的保健品车间分出去，另成立有独立法人资格的保健品厂。后饮料公司增资扩股，乙将其股份转让给大北公司。1年后，保健品厂也出现严重亏损，资不抵债，其中欠B公司货款达400万元。（司考）

问题：(1) 饮料公司组建过程中，各股东的出资是否存在不符合公司法的规定之处？为什么？

(2) 饮料公司的组织机构设置是否符合公司法的规定？为什么？

(3) 饮料公司设立保健品厂的行为在公司法上属于什么性质的行为？设立后，饮料公司原有的债权、债务应如何承担？

(4) 乙转让股份时应遵循股份转让的何种规则？

(5) A银行如起诉追讨饮料公司所欠的100万元贷款，应以谁为被告？为什么？

(6) B公司除采取起诉或仲裁的方式追讨保健品厂的欠债外，还可以采取什么法律手段以实现自己的债权？

2. 案情：A、B、C三人经协商，准备成立一家有限责任公司甲，主要从事家具的生产。其中A为公司提供厂房和设备，经评估作价25万元；B从银行借款5万元现金作为出资，C原为一家国有企业的家具厂厂长，具有丰富的管理经验，提出以管理能力出资，作价15万元。A、B、C签订协议后，向工商局申请注册。

问题：本案包括哪几种出资形式？并分析A、B、C的出资效力。

3. 案情：美森公司成立于2009年，主要经营煤炭。股东是大雅公司以及庄某、石某。章程规定公司的注册资本是1 000万元，三个股东的持股比例是5 ∶ 3 ∶ 2；各股东应当在公司成立时一次性缴清全部出资。大雅公司将之前归其所有的某公司的净资产经会计师事务所评估后作价500万元用于出资，这部分资产实际交付给美森公司使用；庄某和石某以货币出资，公司成立时庄某实际支付了100万元，石某实际支付了50万元。

大雅公司委派白某担任美森公司的董事长兼法定代表人。2010年，赵某欲入股美森公司，白某、庄某和石某一致表示同意，于是赵某以现金出资50万元，公司出具了收款收据，但未办理股东变更登记。赵某还领取了2010年和2011年的红利共10万元，也参加了公司的股东会。

2012年开始，公司经营逐渐陷入困境。庄某将其在美森公司中的股权转让给了其妻弟杜某。此时，赵某提出美森公司未将其登记为股东，所以自己的50万元当时是借款给美森公司的。白某称美森公司无钱可还，还告诉赵某，为维持公司的经营，公司已经向甲、乙公司分别借款60万元和40万元；向大雅公司借款500万元。

2013年11月，大雅公司指示白某将原出资的资产中价值较大的部分逐渐转入另一子公司美阳公司。对此，杜某、石某和赵某均不知情。

此时，甲公司和乙公司起诉了美森公司，要求其返还借款及相应利息。大雅公司也主张自己曾借款500万元给美森公司，要求其偿还。赵某、杜某及石某闻讯后也认为利益受损，要求美森公司返还出资或借款。（司考）

问题：

(1) 应如何评价美森公司成立时三个股东的出资行为及其法律效果？

(2) 赵某与美森公司是什么法律关系？为什么？

(3) 庄某是否可将其在美森公司中的股权进行转让？为什么？这种转让的法律后果是什么？

(4) 大雅公司让白某将原来用作出资的资产转移给美阳公司的行为是否合法？为什么？

(5) 甲公司和乙公司对美森公司的债权，以及大雅公司对美森公司的债权，应否得到受偿？其受偿顺序如何？

(6) 赵某、杜某和石某的请求及理由是否成立？他们应当如何主张自己的权利？

4. 案情：鸿捷有限公司成立于2008年3月，从事生物医药研发。公司注册资本为5 000万元，股东为甲、乙、丙、丁，持股比例分别为37%、30%、19%、14%；甲为董事长，乙为总经理。公司成立后，经营状况一直不错。

2013年8月初，为进一步拓展市场、加强经营管理，公司拟引进战略投资者骐黄公司，并通过股东大会形成如下决议（简称：《1号股东会决议》）：第一，公司增资1 000万元；第二，其中860万元，由骐黄公司认购；第三，余下的140万元，由丁认购，从而使丁在公司增资后的持股比例仍保持不变，而其他各股东均放弃对新股的优先认缴权；第四，缴纳新股出资的最后期限，为2013年8月31日。各股东均在决议文件上签字。

之后，丁因无充足资金，无法在规定期限内完成所认缴出资的缴纳；骐黄公司虽然与鸿捷公司签订了新股出资认缴协议，但之后就鸿捷公司的经营理念问题，与甲、乙、丙等人发生分歧，也一直未实际缴纳出资。因此，公司增资计划的实施，一直没有进展。但这对公司经营并未造成很大影响，至2013年年底，公司账上已累积4 000万元的未分配利润。

2014年年初，丁自他人处获得一笔资金，遂要求继续实施公司的增资计划，并自行将140万元打入公司账户，同时还主张对骐黄公司未实际缴资的860万元新股的优先认购权，但这一主张遭到其他股东的一致反对。

鉴于丁继续实施增资的强烈要求，并考虑到难以成功引进外部战略投资者，公司在2014年1月8日再次召开股东大会，讨论如下议案：第一，公司仍增资1 000万元；第二，不再引进外部战略投资人，由公司各股东按照原有持股比例认缴新股；第三，各股东新增出资的缴纳期限为20年；第四，丁已转入公司账户的140万元资金，由公司退还给丁。就此议案所形成的股东会决议（简称：《2号股东会决议》），甲、乙、丙均同意并签字，丁虽签字，但就第二、第三与第四项内容，均注明反对意见。

之后在甲、乙的主导下，鸿捷公司经股东大会修订了公司章程、股东名册等，并于2014年1月20日办理完毕相应的公司注册资本的工商变更登记。

2014年年底，受经济下行形势影响，加之新产品研发失败，鸿捷公司经营陷入困境。至2015年5月，公司已拖欠嵩悠公司设备款债务1 000万元，公司账户中的资金已不足以偿付。（司考）

问题：

（1）《1号股东会决议》的法律效力如何？为什么？

（2）就骐黄公司未实际缴纳出资的行为，鸿捷公司可否向其主张违约责任？为什么？

（3）丁可否主张860万元新股的优先认购权？为什么？

（4）《2号股东会决议》的法律效力如何？其与《1号股东会决议》的关系如何？为什么？

（5）鸿捷公司增加注册资本的程序中，何时产生注册资本增加的法律效力？为什么？

（6）就鸿捷公司不能清偿的1 000万元设备款债务，嵩悠公司能否向其各个股东主张补充赔偿责任？为什么？

论述题与深度思考题

1. 论公司的资本制度。

2. 论公司越权行为原则。

3. 董事、监事、高级管理人员的忠实义务，及违反该义务的行为样态的民事责任。（考研）

参考答案

名词解释与概念比较

1. 公司的注册资本是公司在登记机关登记注册的资本额，也叫法定资本。注册资本是国家授予企业法人经营管理的财产或者企业法人自有财产的数额体现，反映了公司法人财产权。所有的股东投入的资本一律不得抽回，由公司行使财产权。注册资本非经法定程序，不得随意增减。

2. 授权资本制是指在公司设立时，资本总额虽记载于章程，但并不要求发起人全部认足，只认缴资本总额中的一部分，公司即可成立，未认定部分，授权董事会根据需要，随时发行新股募

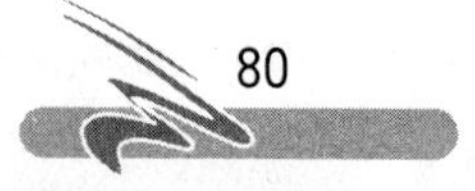

集。因未认定部分已在章程中记载的资本总额之内，故再行募集时，无须变更章程。英美公司法所创立的授权资本制，适应了市场经济对公司决策迅速、高效的客观要求。为实现分离原则，美国公司法理论又吸收了法定资本制下的资本充实等原则。

3. 法定资本制，又称确定资本制，是指公司设立时，必须在公司章程中载明公司的资本总额，并在公司成立时由发起人或股东一次全部认足或募足的公司资本制度。法定资本制的核心是资本三原则。法定资本制具有如下特征：(1) 公司资本额应记载于公司章程之中。这一方面是为了约束股东的出资行为，另一方面是向社会公示公司财务基础。(2) 公司章程所规定的资本总额必须在公司设立过程中，由发起人或股东认足或募足。(3) 公司成立后需增加或减少公司资本，必须经过股东会决议决定，非经法定程序，不得任意变动，特别是不能任意减少。

4. 折中资本制，是指公司于设立之时，仅需将资本总额记明于章程，不必认足或募足，但公司第一次发行的资本不得低于资本总额的一定比例。未认足或募足的股份，授权董事会视实际情况，在一定期限内发行新股，以募集资本的一种制度安排。

5. 公司的住所通常是公司核准登记时的一项必需内容。它是公司进行经济活动、参与诉讼以及消灭时进行清理（或称清算）的地点，具有重要的法律意义。关于公司住所的确定，各国不尽一致，第三世界国家多以法人组织所在地（业务中心）作为住所；发达国家多以法人主要机关所在地（首脑中心）作为住所。我国法律规定公司以其主要办事机构所在地为住所。

6. 公司章程，是指公司依法制定的，规定公司名称、住所、经营范围、经营管理制度等重大事项的基本文件。公司章程是以书面形式固定下来的股东共同一致的意思表示，是公司组织和活动的基本准则，是公司的宪章。公司章程的制定人因公司类型的不同而有所差别：无限公司、两合公司和有限责任公司的章程是在公司设立阶段，由公司最初的全体股东共同制定的。股份有限公司的章程是在公司的设立阶段由全体发起人共同制定，并经创立大会以出席会议的认股人所持表决权的半数以上通过。

7. 发起设立，是指由发起人认购公司发行的全部股份而设立公司的方式。此种设立方式下公司发行的全部股份由发起人认足，社会公众不参加股份认购，因此设立程序简单。我国《公司法》规定，有限责任公司必须采用发起设立方式；股份有限公司可在发起设立与募集设立之间自行决定。发起设立一般有以下步骤：确定发起人，签订发起人协议；向工商行政管理部门提出企业名称预先核准的申请；发起人出资或办理财产权转移手续；验资；创立、通过公司章程；登记。

8. 募集设立是指发起人认购公司应发行股份的一部分，其余部分按法律规定程序向社会公众募集而设立公司的方式。募集设立的主要特征一是向社会公开募集股份，所以也称招股设立；二是募股的顺序是先由发起人认购部分股份，然后余额部分由社会公众认购，所以又称渐次设立；三是与发起设立相比，募集设立直接影响社会公众利益，法律对此规定的程序严格且复杂。募集设立一般有以下步骤：①发起人认购股份；②制作招股说明书；③签订承销协议和代收股款协议；④申请批准募股；⑤公开募股；⑥召开创立大会；⑦申请设立登记。

选择题

（一）单项选择题

1. B。本题考查点在于“股东的资本充实责任”。有限责任公司成立后，发现作为设立公司出资的非货币财产的实际价额显著低于公司章程所定价额的，应当由交付该出资的股东补足其差额；公司设立时的其他股东承担连带责任。本题中丁不是设立时的发起人，不承担连带责任。

2. C。本题考查有限责任公司的出资转让。股东向股东以外的人转让股权，应当经其他股东过半数同意。股东应就其股权转让事项书面通知其他股东征求同意，其他股东自接到书面通知之日起满30日未答复的，视为同意转让。其他股东半数以上不同意转让的，不同意的股东应当购买该转让的股权；不购买的，视为同意转让。经股东同意转让的股权，在同等条件下，其他股东有优先购买权。两个以上股东主张行使优先购买权的，协商确定各自的购买比例；协商不成的，按照转

让时各自的出资比例行使优先购买权。A项说法是正确的；B项中由不同意转让的股东共同行使先买权也是正确的；C项错误，甲、乙不同意购买则视为同意转让；D项说法正确。故正确答案为C项。

3. A。《公司法》第23条规定："设立有限责任公司，应当具备下列条件：……（三）股东共同制定公司章程。"第29条规定："股东认足公司章程规定的出资后，由全体股东指定的代表或者共同委托的代理人向公司登记机关报送公司登记申请书、公司章程等文件，申请设立登记。"因此，公司章程是公司设立的必备条件，非公司股东投资协议所能替代，故A项错误。

4. D。A、B、C三项均符合《公司法》的规定。《公司法》第182条规定："公司经营管理发生严重困难，继续存续会使股东利益受到重大损失，通过其他途径不能解决的，持有公司全部股东表决权百分之十以上的股东，可以请求人民法院解散公司。"因此，D项表述不合法。

5. D。本题考查股份有限公司募集成立的程序。要注意的是，发起人认购股份是在公开招股募股之前的。

6. B。董事会应于创立大会结束后30日内，向公司登记机关申请设立登记。

7. D。《公司法》第91条规定，发起人、认股人缴纳股款或者交付抵作股款的出资后，除未按期募足股份、发起人未按期召开创立大会或者创立大会决议不设立公司的情形外，不得抽回其股本。因此，A、B、C项都有可能。

8. D。《公司法》第35条规定，公司成立后，股东不得抽逃出资，所以D项表述错误。2013年修改后的《公司法》将原先采用的注册资本实缴制改为注册资本认缴登记制，取消了首次缴纳数额及分期缴纳期限的限制，发起人或股东可以自主约定出资额、出资方式、出资期限等事项，并记载于公司章程（《注册资本登记制度改革方案》，国发〔2014〕7号），所以A、B两项正确。《公司法》第71条规定，有限责任公司的股东之间可以相互转让其全部或者部分股权，无须经过其他股东同意，所以C项正确。

9. B。有限责任公司由50个以下股东出资设立，因此，A、D两项表述错误。C项中"企业员工不能持有公司股份……"的表述不对，B项符合《公司法》有关规定。

10. D。我国《保险法》第7条规定，在中华人民共和国境内的法人和其他组织需要办理境内保险的，应当向中华人民共和国境内的保险公司投保。

11. C。公司减少注册资本时，应当自作出减资决定之日起10日内通知债权人，并于30日内在报纸上至少公布3次。

12. C。《公司法》第32条规定，公司应当将股东的姓名或者名称及出资额向公司登记机关登记。

13. B。公司营业执照签发日期为公司成立日期。

14. C。个人独资企业与一人有限责任公司之间不冲突，可以选择其一开办，也可以同时设立上述两种企业。《公司法》第58条规定："一个自然人只能投资设立一个一人有限责任公司。该一人有限责任公司不能投资设立新的一人有限责任公司。"《个人独资企业法》第19条第1款规定，个人独资企业投资人可以自行管理企业事务，也可以委托或者聘用其他具有民事行为能力的人负责企业的事务管理。故选项C错误。

15. B。本题考查资本维持原则的含义。

16. C。《公司法》第57条第2款规定，本法所称一人有限责任公司，是指只有一个自然人股东或者一个法人股东的有限责任公司。所以张某可以设立一个一人有限责任公司，也可以设立个人独资企业，A、B项的说法是正确的。《合伙企业法》第3条规定：国有独资公司、国有企业、上市公司以及公益性的事业单位、社会团体不得成为普通合伙人。言外之意，其他企业都可以成为普通合伙企业的合伙人，所以C项是错误的，D项是正确的。本题正确答案是C项。

17. B。《公司法》第29条规定，公司在成立之后才能向股东签发出资证明书，故A项错误。第32条第2款规定，记载于股东名册的股东，可以依股东名册主张行使股东权利。因此，股东名册才是股东资格的法定证明文件，出资证明书并非认定股东资格的法定证明文件，故B项正确。第31条第2款规定："出资证明书应当载明下列事项：（一）公司名称；（二）公司成立日期；

（三）公司注册资本；（四）股东的姓名或者名称、缴纳的出资额和出资日期；（五）出资证明书的编号和核发日期。”因此，严某的出资证明书上只需记载自己的姓名及出资额，无须记载其他股东的姓名及出资额。故C项错误。股东的出资证明书并无有价证券表彰权利、交易流通的功能，因而并非有价证券，故D项错误。

18. D。有限责任公司由50个以下股东出资设立。

19. A。我国现行《公司法》仍旧实行法定资本制度，即公司成立之际，在公司登记机构登记注册的资本必须全部发行完毕，而且被全体股东认购完毕，只是在股东缴纳出资的时间上不再做强制要求。

20. D。保管物、租赁物、担保物都不得作为实物出资的形式。

21. D。请与单选第5题比较，股份有限公司采用募集设立公开发行股票的，需要经国务院证券监督管理机构的核准，而发起设立不需要。

22. B。创立大会应有代表股份总数过半数的认股人出席，方可举行。创立大会对通过公司章程等事项都必须经出席会议的认股人所持表决权过半数通过。

23. D。创立大会的法定职权有：（1）审议发起人关于公司筹办情况的报告；（2）通过公司章程；（3）选举董事会成员；（4）选举监事会成员；（5）对公司的设立费用进行审核；（6）对发起人用于抵作股款的财产的作价进行审核。

24. C。除法律、行政法规另有规定的外，以募集设立方式设立股份有限公司的，发起人认购的股份不得少于公司股份总数的35%。

25. C。创立大会应有代表股份总数过半数的认股人出席，方可举行。

26. A。资本维持原则主要是为了保持公司的偿债能力，维护交易安全。

27. B。对作为出资的非货币财产应当评估作价，核实财产，不得高估或者低估作价。法律、行政法规对评估作价有规定的，从其规定。

28. A。本题考查授权资本制的含义。在实行授权资本制的国家，如果注册资本没有发行完毕，公司的实缴资本将小于注册资本。

29. D。《公司法》第78条规定：“设立股份有限公司，应当有二人以上二百人以下为发起人，其中须有半数以上的发起人在中国境内有住所。”

30. D。工商行政管理机关对公司设立登记申请作出予以核准登记和不予登记的决定应当自其发出“公司登记受理通知书”之日起30日内作出。

31. A。股份有限公司不能成立时，因设立行为而产生的费用和债务应当由发起人承担连带责任。

32. A。本题考查资本确定原则的含义。

33. A。《公司法》第78条规定，设立股份有限公司应当有2人以上、200人以下为发起人。

34. D。《公司法》规定，在公司设立过程中，由于发起人的过失致使公司利益受到损害的，应当对公司承担赔偿责任。D项中缪某个人过错行为造成的损失，由缪某自己承担。A、B、C项均是为处理公司设立事务而产生的费用，由公司承担。

35. A。除法律、行政法规另有规定的外，以募集设立方式设立股份有限公司的，发起人认购的股份不少于股份总数的35%。

36. B。本题考查资本确定原则。

37. D。募集设立股份有限公司，其公司章程应当由发起人制定，创立大会通过。

38. B。我国工商行政管理机关是公司设立登记的管理机关。

39. A。设立登记、领取营业执照是公司设立的最后一步。

40. C。毫无疑问，公司成立前的主体是发起人，而设立中的公司不具有独立的法人资格。

41. D。除非明知或有恶意，公司章程约定对第三人无约束力。

42. D。《公司法》第14条规定：“公司可以设立分公司。设立分公司，应当向公司登记机关申请登记，领取营业执照。分公司不具有法人资格，其民事责任由公司承担。公司可以设立子公司，子公司具有法人资格，依法独立承担民事责任。”故A、B两项错误，D项正确。关于分公司的负责人，现行法律并无特别规定。故C项错误。

43. A。《公司法司法解释（三）》第12条规定：“公司成立后，公司、股东或者公司债权人以相关股东的行为符合下列情形之一且损害公司权

益为由，请求认定该股东抽逃出资的，人民法院应予支持：（一）制作虚假财务会计报表虚增利润进行分配；（二）通过虚构债权债务关系将其出资转出；（三）利用关联交易将出资转出；（四）其他未经法定程序将出资抽回的行为。”故 B、C、D 三项属于抽逃出资的行为，不当选。

（二）多项选择题

1. ABC。本题考查非货币出资的实际缴付，注意有限责任公司在此处不同于股份有限公司，后者要经创立大会确认，而前者不需要。

2. ABC。公司设立的基本条件是人、财、物、机构、章程。至于审批问题，只有股份有限公司才采取严格的核准制，有限责任公司采用核准制与注册制相结合，审批不是必备条件。

3. ABCD。《公司法》第 27 条规定：“股东可以用货币出资，也可以用实物、知识产权、土地使用权等可以用货币估价并可以依法转让的非货币财产作价出资；但是，法律、行政法规规定不得作为出资的财产除外。”企业商誉、品牌特许经营权、保险单、设定了抵押权的房屋，均属于不能或限制作为出资的方式。

4. ABCD。A 项违法，因为发起人、认股人缴纳股款或者交付抵作股款的出资后，在三种情况下可以抽回其股本：（1）未按期募足股份；（2）发起人未按期召开创立大会；（3）创立大会决议不设立公司。B 项违法，因为发起人向社会公开募集股份，应当由依法设立的证券公司承销，签订承销协议，并由银行代收股款，签订代收股款协议。C 项违法，因为《公司法》明确规定：“发起人制定公司章程，采用募集方式设立的经创立大会通过。”D 项违法，因为发行股份的股款缴足后，必须经依法设立的验资机构验资并出具证明。发起人应当在 30 日内主持召开公司创立大会。

5. ABD。选项 C 错误，因股份有限公司募集设立程序为：（1）发起人认购股份；（2）制作招股说明书；（3）签订承销协议和代收股款协议；（4）申请批准募股；（5）公开募股；（6）召开创立大会；（7）申请设立登记。

6. BDE。《公司法》第 32 条规定，有限责任公司应当置备股东名册，记载下列事项：（1）股东的姓名或者名称及住所；（2）股东的出资额；（3）出资证明书编号。

7. BD。根据我国《公司法》，股份有限公司可采取发起设立和募集设立两种方式。

8. AD。《公司法》第 90 条第 2 款规定：“创立大会行使下列职权：（一）审议发起人关于公司筹办情况的报告；（二）通过公司章程；（三）选举董事会成员；（四）选举监事会成员；（五）对公司的设立费用进行审核；（六）对发起人用于抵作股款的财产的作价进行审核；（七）发生不可抗力或者经营条件发生重大变化直接影响公司设立的，可以作出不设立公司的决议。”故 AD 项正确。第 89 条第 1 款规定，发行股份的股款缴足后，必须经依法设立的验资机构验资并出具证明。创立大会的职权不包括审核出资的验资证明，故 B 项错误。决定公司的经营方针应当是股东大会的职权，创立大会无权决定，所以 C 项错误。

9. ABCD。《公司法》第 25 条规定，有限责任公司章程应当载明下列事项：（1）公司名称和住所；（2）公司经营范围；（3）公司注册资本；（4）股东的姓名或者名称；（5）股东的出资方式、出资额和出资时间；（6）公司的机构及其产生办法、职权、议事规则；（7）公司法定代表人；（8）股东会会议认为需要规定的其他事项。股东应当在公司章程上签名、盖章。

10. ABC。一人有限责任公司，是指只有一个自然人股东或者一个法人股东的有限责任公司，所以 A、B 项该选；国有独资公司实际也是一人公司，故 C 项也应选。

11. ABD。2013 年《公司法》修改后，取消了最低注册资本的限制，公司的注册资本可以是 1 元，故 A 项正确。公司注册资本属于公司章程的绝对记载事项，故 B 项正确。《公司法》第 7 条第 2 款规定：“公司营业执照应当载明公司的名称、住所、注册资本、经营范围、法定代表人姓名等事项。”故 C 项错误。2013 年《公司法》取消了对有限责任公司股东出资时的验资要求，但公司章程可以规定股东出资必须经过验资，故 D 项正确。

12. ABCD。从历史上看，公司设立原则有自由设立主义、特许主义、核准主义、准则主义。

13. AC。《公司法》第 87 条规定：“发起人向社会公开募集股份，应当由依法设立的证券公司

承销，签订承销协议。”故A项正确。第88条第1款规定：“发起人向社会公开募集股份，应当同银行签订代收股款协议。”因此，应当由发起人而不是证券公司与银行签订股款代收协议。故B项错误。第89条第1款规定：“发行股份的股款缴足后，必须经依法设立的验资机构验资并出具证明。发起人应当自股款缴足之日起三十日内主持召开公司创立大会。创立大会由发起人、认股人组成。”故C项正确。根据《公司法》第90条第2款的规定，公司创立大会可以选举董事会成员与监事会成员，但公司总经理并非由选举产生。《公司法》第113条第1款规定：“股份有限公司设经理，由董事会决定聘任或者解聘。”故D项错误。

14. AB。本题考查发起人责任与公司责任的区分。选项A正确：《最高人民法院关于适用〈中华人民共和国〉公司法若干问题的规定（三）》第2条第1款规定，发起人为设立公司以自己名义对外签订合同，合同相对人请求该发起人承担合同责任的，人民法院应予支持。第2条第2款规定，公司成立后对前款规定的合同予以确认，或者已经实际享有合同权利或者履行合同义务，合同相对人请求公司承担合同责任的，人民法院应予支持。选项D错误：丙和商贸公司之间不是连带关系，戊不能请求丙与商贸公司承担连带清偿责任。

15. ABD。《公司法》第30条规定：有限责任公司成立后，发现作为设立公司出资的非货币财产的实际价额显著低于公司章程所定价额的，应当由交付该出资的股东补足其差额。公司设立时的其他股东承担连带责任。

16. ABCD。《公司法》第94条第1项规定：公司不能成立时，股份有限公司的发起人对设立行为所产生的债务和费用负连带责任。《公司法》第80条第2款规定：股份有限公司采取募集方式设立的，注册资本为在公司登记机关登记的实收股本总额。据此可知股份有限公司采取募集方式设立的，发起人不能分期缴纳出资。《公司法》第83条第2款规定：发起人不依照发起人协议约定缴纳出资的，应当按照发起人协议承担违约责任。

17. AC。《公司法》第32条第1款规定，有限责任公司应当置备股东名册，故A项正确。《公司法》第32条第2款规定：“记载于股东名册的股东，可以依股东名册主张行使股东权利。”故C项正确。《公司法》第32条第3款规定：“公司应当将股东的姓名或者名称向公司登记机关登记；登记事项发生变更的，应当办理变更登记。未经登记或者变更登记的，不得对抗第三人。”《公司法》仅规定股东的姓名或名称是登记事项，未规定将股东名册提交于登记机关的义务，故B项错误。股东名册是确定股东资格的依据，股东名册与公司登记不一致的，以股东名册为准，故D项错误。

18. ABC。《公司法》第34条规定：“股东按照实缴的出资比例分取红利；公司新增资本时，股东有权优先按照实缴的出资比例认缴出资。但是，全体股东约定不按照出资比例分取红利或者不按照出资比例优先认缴出资的除外。”可见，公司章程可以约定不按出资比例分配红利，故A项正确。第37条第1款规定，股东会决定公司的经营方针和投资计划。第16条第1款规定：“公司向其他企业投资或者为他人提供担保，依照公司章程的规定，由董事会或者股东会、股东大会决议；公司章程对投资或者担保的总额及单项投资或者担保的数额有限额规定的，不得超过规定的限额。”根据该条款，公司章程对于对外投资事宜可以由董事会决定，也可以由股东会决定，公司章程可以赋予董事会对外投资的决定权。故B项正确。第42条规定：“股东会会议由股东按照出资比例行使表决权；但是，公司章程另有规定的除外。”公司章程可以规定表决权行使的规则，如无规定的，则按照出资比例行使，故C项应选。第43条第2款规定：“股东会会议作出修改公司章程、增加或者减少注册资本的决议，以及公司合并、分立、解散或者变更公司形式的决议，必须经代表三分之二以上表决权的股东通过。”有限责任公司与股份有限公司相比较，人合性较强，是否允许其他人经投资而成为新的股东，需要经过股东会予以决定，董事会不享有此项权力，故D项不选。

19. AB。《公司法》第41条第1款规定：“召开股东会会议，应当于会议召开十五日前通知全体股东；但是，公司章程另有规定或者全体股东另有约定的除外。”故A项正确。第43条第2款规定：“股东会会议作出修改公司章程、增加或者减少注册资本的决议，以及公司合并、分立、解散或者变更公司形式的决议，必须经代表三分之

二以上表决权的股东通过。”公司章程可以作出严于3/2的表决要求，所以B项正确。《公司法》第48条第3款规定：“董事会决议的表决，实行一人一票。”故C项错误。根据《公司法》第51条的规定，监事当中应当包含股东代表和职工代表，所以D项错误。

（三）不定项选择题

1. A。我国《公司法》规定，国有独资公司，是指国家单独出资，由国务院或者地方人民政府授权本级人民政府国有资产监督管理机构履行出资人职责的有限责任公司。

2. AB。国家授权投资的机构或者国家授权的部门是国有独资公司的投资主体。

3. AB。国有独资公司章程由国有资产监督管理机构制定，或者由董事会制定后报国有资产监督管理机构批准。

4. ABCD。公司章程对公司、股东、董事、监事、高级管理人员具有约束力。

5. ABC。《公司法》第91条规定，发起人、认股人缴纳股款或者交付抵作股款的出资后，除未按期募足股份、发起人未按期召开创立大会或者创立大会决议不设立公司的情形外，不得抽回其股本。

简答题

1. (1) 设立中的公司尚未取得法人资格；清算中公司仍是企业法人，没有丧失法人资格。(2) 设立中的公司没有权利能力，不能独立承担民事责任；清算中的公司其权利能力受到限制，不得开展新的经营活动。

2. (1) 设立中的股份有限公司是无权利能力的经济组织，发起人全体是设立中的公司的执行机关，对外代表设立中的公司执行设立事务。(2) 正常经营状态下的股份有限公司董事长是公司的法定代表人，依法行使下列职权：签署公司股票、公司债券；代表公司起诉、应诉，处理经营上的对外事务。(3) 普通清算状态下的公司，由清算组在清算范围内代表被解散的公司执行和处理清算事务，即：了结公司业务；收取债权；清偿公司债务；发现公司财产不足以清偿公司到期债务时，向法院申请破产。

3. 公司设立与公司成立主要有以下几个方面的区别：(1) 行为性质不同。公司设立属于民事行为，公司成立主要是由发起人的设立行为引发政府主管机关核准的行政行为，公司成立是设立行为追求的目标和结果。(2) 行为效力不同。公司设立是公司成立的前提，但公司设立并不必然导致公司成立。(3) 行为主体不同。公司设立的行为主体是发起人，公司成立的行为主体包括政府主管机关和发起人。

4. (1) 关于有限责任公司：①有限责任公司的注册资本为在公司登记机关登记的全体股东认缴的出资额。法律、行政法规以及国务院决定对有限责任公司注册资本实缴、注册资本最低限额另有规定的，从其规定。②股东可以用货币出资，也可以用实物、知识产权、土地使用权等可以用货币估价并可以依法转让的非货币财产作价出资；但是，法律、行政法规规定不得作为出资的财产除外。对作为出资的非货币财产应当评估作价，核实财产，不得高估或者低估作价。法律、行政法规对评估作价有规定的，从其规定。③股东应当按期足额缴纳公司章程中规定的各自所认缴的出资额。股东以货币出资的，应当将货币出资足额存入有限责任公司在银行开设的账户；以非货币财产出资的，应当依法办理其财产权的转移手续。股东不按照前述规定缴纳出资的，除应当向公司足额缴纳外，还应当向已按期足额缴纳出资的股东承担违约责任。④有限责任公司成立后，发现作为设立公司出资的非货币财产的实际价额显著低于公司章程所定价额的，应当由交付该出资的股东补足其差额；公司设立时的其他股东承担连带责任。

(2) 关于股份有限公司：①以发起设立方式设立股份有限公司的，发起人应当书面认足公司章程规定其认购的股份，并按照公司章程规定缴纳出资。以非货币财产出资的，应当依法办理其财产权的转移手续。发起人不按照前述规定缴纳出资的，应当按照发起人协议的约定承担违约责任。②以募集设立方式设立股份有限公司的，发起人认购的股份不得少于公司股份总数的35%；但是，法律、行政法规另有规定的，从其规定。

5. 发起人承担的责任有：第一，公司不能成立时，设立行为所产生的债务和费用，由发起人

负连带责任；第二，公司不能成立时，对认股人已经缴纳的股款，发起人负返还本金并加算银行同期存款利息的连带责任；第三，在公司设立过程中，由于发起人的过失导致公司利益受到损失的，发起人应当对公司承担赔偿责任；第四，不得虚假出资或者在公司成立后抽逃出资，不得在申请公司登记时使用虚假证明文件或采取其他欺诈手段虚报注册资本，否则将承担相应的法律责任，严重者依据《中华人民共和国刑法》承担刑事责任；第五，全体发起人应当保证招股说明书内容真实、准确、完整，并承担连带责任；第六，发起人持有的本公司股份，自公司成立之日起 1 年内不得转让。

案例分析题

1.（1）戊不能以劳务出资。《公司法》规定，股东可以用货币出资，也可以用实物、知识产权、土地使用权等可以用货币估价并可以依法转让的非货币财产作价出资；但是，法律、行政法规规定不得作为出资的财产除外。

（2）符合。股东人数较少、规模较小的有限责任公司可以不设董事会和监事会。

（3）属公司（或法人）分立，分立前饮料公司的债权、债务应当由饮料公司和保健品厂承担连带责任。

（4）应经过其他股东过半数同意；其他股东在同等条件下有优先受让权（或购买权）。

（5）A 银行可以饮料公司和保健品厂为共同被告，也可以饮料公司或保健品厂为被告，因为饮料公司和保健品厂对分立前的债务承担连带责任。

（6）B 公司可以债权人的身份向法院申请保健品厂破产，以清偿其债权。

2. 本案中的出资包括货币出资、实物出资、劳务出资。根据我国法律规定，股东可以用货币出资，也可以用实物、知识产权、土地使用权等可以用货币估价并可以依法转让的非货币财产作价出资，因此 A、B 的出资是有效的，C 的出资无效。

3.（1）大雅公司以先前归其所有的某公司的净资产出资，净资产尽管没有在我国公司法中规定为出资形式，但实践中运用较多，并且案情中显示，一方面，这些净资产本来归大雅公司，且经过了会计师事务所的评估作价，在出资程序方面与实物等非货币形式的出资相似；另一方面，这些净资产已经由美林公司实际占有和使用，即完成了交付。《公司法司法解释（三）》第 9 条也有“非货币财产出资，未依法评估作价”的规定。所以，应当认为大雅公司履行了自己的出资义务。庄某按章程应当以现金 300 万元出资，仅出资 100 万元；石某按章程应当出资 200 万元，仅出资 50 万元，所以两位自然人股东没有完全履行自己的出资义务，应当承担继续履行出资的义务及违约责任。

（2）投资与借贷是不同的法律关系。赵某自己主张是借贷关系中的债权人，但依据《公司法司法解释（三）》第 23 条的规定，赵某虽然没有被登记为股东，但是他在 2010 年时出于自己的真实意思表示，愿意出资成为股东，其他股东及股东代表均同意，并且赵某实际交付了 50 万元出资，参与了分红及公司的经营，这些行为均非债权人可为，所以赵某具备实际出资人的地位，在公司内部也享有实际出资人的权利。此外从民商法的诚信原则考虑也应认可赵某作为实际出资人或实际股东而非债权人。

（3）尽管庄某没有全面履行自己的出资义务，但其股权也是可以转让的。受让人是其妻弟，按生活经验应当推定杜某是知情的。我国《公司法司法解释（三）》第 18 条已经认可了瑕疵出资股权的可转让性；这种转让的法律后果就是如果受让人知道，转让人和受让人对公司以及债权人要承担连带责任，受让人再向转让人进行追偿。

（4）公司具有独立人格，公司财产是其人格的基础。出资后的资产属于公司而非股东所有，故大雅公司无权将公司资产转移，该行为损害了公司的责任财产，侵害了美林公司、美林公司股东（杜某和石某）的利益，也侵害了甲、乙这些债权人的利益。

（5）甲公司和乙公司是普通债权人，应当得到受偿。大雅公司是美林公司的大股东，我国公司法并未禁止公司与其股东之间的交易，只是规定关联交易不得损害公司和债权人的利益，因此借款本身是可以的，只要是真实的借款，也是有效的。所以大雅公司的债权也应当得到清偿。

在受偿顺序方面，答案一：大雅公司作为股东（母公司）损害了美林公司的独立人格，也损害了债权人的利益，其债权应当在顺序上劣后于正常交易中的债权人甲和乙，这是深石原则的运用。答案二：根据民法的公平原则，让大雅公司的债权在顺序方面劣后于甲、乙公司。答案三：按债权的平等性，它们的债权平等受偿。

(6) 赵某和杜某、石某的请求不成立。赵某是实际出资人或实际股东，杜某和石某是股东。基于公司资本维持原则，股东不得要求退股，故其不得要求返还出资。

但是大雅公司作为大股东转移资产的行为损害了公司的利益，也就损害了股东的利益，因此他们可以向大雅公司提出赔偿请求。同时，白某作为公司的高级管理人员，其行为也损害了股东利益，他们也可以起诉白某请求其承担赔偿责任。

4. (1)《1号股东会决议》为合法有效的股东会决议。内容不违反现行法律、行政法规；程序上符合股东会决议的程序。

(2) 首先应确定骐黄公司与鸿捷公司间签订的新股出资认缴协议，自本案所交代的案情来看，属于合法有效的协议或合同，这是讨论违约责任的前提。其次，依《合同法》第107条，违约责任的承担方式有继续履行、采取补救措施与赔偿损失三种，但在本案中，如果强制要求骐黄公司继续履行也就是强制其履行缴纳出资的义务，则在结果上会导致强制骐黄公司加入公司组织，从而有违参与或加入公司组织之自由原则，故而鸿捷公司不能主张继续履行的违约责任。至于能否主张骐黄公司的赔偿损失责任，则视骐黄公司主观上是否存在过错，而在本案中，骐黄公司并不存在明显的过错，因此鸿捷公司也很难主张该请求权。

(3) 不可以。丁主张新股优先认购权的依据，为《公司法》第34条，即“公司新增资本时，股东有权优先按照实缴的出资比例认缴出资”；不过该条所规定的原股东之优先认购权，主要针对的是增资之股东大会决议就新股分配未另行规定的情形；而且行使优先认购权还须遵守另一个限制，即原股东只能按其持股比例或实缴出资比例，主张对新增资本的相应部分行使优先认购权。该增资计划并未侵害或妨害丁在公司中的股东地位，也未妨害其股权内容即未影响其表决权重，因此就余下的860万元的新股，丁无任何主张优先认购权的依据。

(4)《2号股东会决议》是合法有效的决议。内容不违法，也未损害异议股东丁的合法利益，程序上，丁的持股比例仅为14%，达不到否决增资决议的1/3的比例要求。这两个决议均在解决与实施公司增资1 000万元的计划，由于《1号股东会决议》难以继续实施，因而《2号股东会决议》是对《1号股东会决议》的替代或者废除，后者随之失效。

(5) 只有在公司登记机关办理完毕新的注册资本的变更登记后，才能产生新的注册资本亦即新增注册资本的法律效力。公司的注册资本也只有经过工商登记，才能产生注册资本的法定效力；进而在公司通过修改章程而增加注册资本时，也同样只有在登记完毕后，才能产生注册资本增加的法定效力。

(6) 为保护公司债权人的合法利益，可准用《公司法司法解释（三）》第13条第2款的规定，认可公司债权人的这项请求权，即在公司财产不能清偿公司债务时，各股东所认缴的尚未到期的出资义务，应按照提前到期的方法来处理，进而对公司债权人承担补充赔偿责任。

论述题与深度思考题

1. 公司资本，是指公司成立时由公司章程规定的，在公司登记机关登记的，公司全体股东认缴的出资或股本总额，既包括货币出资，也包括非货币出资。我国现行《公司法》取消了2005年《公司法》第26条的分期缴纳制度，进而取消了对实缴的要求。不过，由于公司资本总额不仅需要记载于公司章程，而且要在公司成立时由全体股东认缴完毕，因而，现行《公司法》采用的依然是较宽松的法定资本制。

依照我国《公司法》的有关规定：(1) 公司资本即为注册资本，是全体股东认缴的全部股本总额，因此，公司资本也可以称为公司股本。(2) 公司资本等于发行资本或者认缴资本，是指公司实际上已向股东发行的股本总额，或者说股东同意以现金或实物等方式认购的股本。(3) 在认缴和实缴区分的前提下，产生了实收资本和催

缴资本的概念，且实收资本可能小于公司资本。当股东未按约定足额并且按时缴纳出资时，未缴纳部分应为催缴资本。

公司资本制度有狭义和广义两种理解：狭义上的公司资本制度是指公司资本的形成、维持、退出等方面的制度安排；广义上的公司资本制度是指围绕股东的股权投资而形成的，关于公司资本运作的一系列概念网、规则群与制度链的配套体系。一般公司资本制度是其狭义的理解，世界各国的公司立法实践确立了三种各具特色的公司资本制度：法定资本制、授权资本制和折中资本制。

（一）法定资本制

法定资本制，又称确定资本制，是指公司设立时，必须在公司章程中载明公司的资本总额，并在公司成立时由发起人或股东一次全部认足或募足的公司资本制度。

法定资本制具有如下特征：（1）公司资本额应记载于公司章程之中，其意旨在于一方面对股东的出资行为产生约束力，另一方面对外公示公司的财务基础。（2）就股份发行而言，公司章程所规定的股份总额必须在公司设立过程中全部发行完毕，即必须全部由发起人或股东认足或募足。（3）就股款缴纳而言，认股人在认购股份以后，应负有缴纳股款的义务。（4）由于公司章程中所载资本总额在公司成立时即已发行完毕，若公司成立后需增加公司资本，必须经过股东会决议变更并遵循发行新股的法定程序。

随着股份经济的成熟和发展，法定资本制也暴露出了其自身的缺陷：（1）因为该制度要求公司在设立时即募足全部资本，势必给公司设立造成困难，从而降低设立效率。（2）在公司成立初期，往往营业规模较小，需要投入运营的资本量有限，故可能形成筹集的资本闲置和浪费的局面。（3）若公司在设立时筹集的资本数额较少，以后在其经营中需要增加资本、扩张规模时，又必须履行烦琐的法律程序。所以，德国、日本及我国台湾地区公司法已不再严守法定资本制。

我国现行《公司法》仍旧实行法定资本制度，即公司成立之际，在公司登记机构登记注册的资本必须全部发行完毕，而且被全体股东认购完毕，只是在股东缴纳出资的时间上不再做强制要求。这种剥离了分期缴纳要求的法定资本制，或多或少会带来公司资本是否真实到位的问题。

（二）授权资本制

授权资本制是指公司设立时，资本总额虽应记载于公司章程，但并不要求公司全部发行完毕，亦不要求发起人或股东在公司设立时全部认足，未予发行或者认购的部分，授权董事会根据公司实际需要随时决定增发新股的公司资本制度。

其特征有：（1）公司资本呈现多种具体形态，即注册资本、发行资本、实缴资本、授权资本，同时并存。（2）公司章程应载明两个资本额，即公司的注册资本总额和第一次发行的资本总额。（3）公司设立时，股东只需认购并全额缴纳章程所规定的第一次发行的股份数，公司即可成立开业。（4）公司成立后，若因业务需要或其他法定原因而增加资本时，在授权范围内，由董事会直接决议发行新股即可，而无须经股东大会决议变更章程和履行增资程序。

授权资本制与法定资本制相比，其优势在于：（1）股东在公司成立前不必一次认足公司的全部资本，有利于公司设立的速度。（2）募集新股程序简便，便于公司适应市场经济对决策迅速、高效的要求。（3）可防止公司资金闲置。但缺陷也很明显：最大弊端就是易于造成公司滥设和公司资本虚空，不利于维护交易安全和保护债权人利益。

（三）折中资本制

折中资本制，又称许可资本制，是指公司资本总额在公司设立时仍为章程明确规定，但股东只需认足一定比例的资本数额，公司即可成立，其余部分则授权董事会在一定时期内发行，并且发行总额不得超出法律限制的资本制度。

其特点包括：（1）对公司资本的含义加以特别限定，即将公司资本限定为发行资本；（2）对授权发行资本的期限予以限制；（3）对授权发行资本的数额予以限定。

折中授权资本制是现代股份有限公司资本制度的发展趋势，因为它既减少了公司设立的难度，避免了法定资本制造成的公司资本闲置的浪费，提高了公司资本的运作效率；又通过对公司首期发行股份的数额和公司资本总额的最后筹集期限作了明确限制，从而使公司资本相对确定，有利于避免公司虚设，保护债权人的利益和稳定社会经济秩序。

我国《公司法》没有采用授权资本制或者折中授权资本制，因为根据《公司法》第26、80条的规定，公司在设立之初必须将全部资本发行完毕且必须为全体股东（出资人）认购完毕，否则公司不能成立；而且董事会没有被授权在公司成立后有发行资本的权力。所以，我国《公司法》依然采用了法定资本制。

2. 公司越权行为原则（UltraVires）是指公司仅为有限的目的而设立，它们所能做的仅仅是其被授权的范围以内的，公司从事章程规定的目的范围以外的交易无效，交易相对方不得请求法院强制执行，公司的股东大会也不得事后追认。从历史背景来看，越权行为原则是早期公司特许论的产物，即公司章程所载明的目的范围也就是政府许可的范围，公司只享有在此范围内从事经营活动的自由，超越经营范围是法律所不允许的，而法律本身所不允许的事项不得经股东大会批准而变成合法的。

随着公司从特许设立时期进入自由设立时期，依据公司法进行注册登记公司即告成立，公司的经营范围也已不限于特定行业或产业，设立公司从事商事交易行为已经不再被视为特权，此时再坚持严格的越权行为原则就很难适应商事交易的确定性和便捷性要求，而且会导致不公正的后果，破坏了交易安全，其弊端十分明显：第一，损害了交易相对方的正当利益。公司越权交易的不利后果强加于善意相对方，显然会严重损害相对方的正当利益。第二，破坏交易安全。越权原则酿造了不公平的交易秩序，为公司逃避法律责任提供了最好的借口。一旦公司的经营行为因越权而被宣告无效，已经履行的交易双方的权利义务关系被强制恢复到交易前的状态，未履行时双方合理的期待利益就会落空，这会使整个社会经济关系处于极不稳定状态，交易安全更无从谈起。第三，越权行为原则也不利于公司及其股东。交易本身风险与利润并存，每一次交易机会对公司来说都是一次拓展自己业务和壮大自己实力的机遇。同样，公司越权经营，可能是其最佳的商业判断，因此，严格坚持越权行为原则只会使股东丧失许多获利的机会。

各国对公司越权行为原则纷纷加以限制、修正甚至废弃，立法者的立法取向随着社会的进步已发生了变化：从保护静态的“享有的安全”到保护动态的“交易的安全”，从片面的公平走向公平与效率的协调、统一。由于修改法律对各国来说均非一日之功，往往要经过复杂的程序，而现实生活又是不断变化的，所以，许多国家在通过修改公司法废弃越权行为原则的同时，也通过使用一种弹性十足的目的性条款对越权行为原则加以限制：第一，一般性条款（generalclauses）。一般性条款仅仅宣布公司的宗旨是“从事一切合法商事行为”，对公司的权力并不具体列明而只作概括性、一般性的陈述。第二，多目的性条款（multiplepurposesclauses）。多目的性条款是指公司在其组织章程中列入两个以上公司正在从事或将要从事的经营活动项目，作为公司进行活动的依据。这种条款一方面给予公司交易以很大的自由，避免目的性条款过于单一而陷入越权行为无效问题之中；另一方面又为公司开展新的交易提供方便，克服了公司在情势有异时不得不修改章程带来的麻烦。第三，“混合性”条款（mingling-clauses）。“混合性”条款是指在涉及公司越权纠纷时，律师可以援用经常出现在公司组建大纲中的一项“混合”条款。这一条款允许公司从事那些对公司来说似乎与特定的宗旨有关，而且能很方便地从事的业务。

公司越权行为原则的衰落并不意味着对公司行为不加任何限制，各国公司法在限制、废弃越权行为原则的同时，还通过赋予公司股东一定的权力来防止公司董事及其他高级管理人员越权行为的发生：(1) 公司股东的阻却请求权。(2) 公司股东的代位诉讼制。(3) 董事对第三人的责任。(4) 完善股东对董事的诉讼制。（详细论述请参见马涛．论公司越权行为原则．中国民商法律网。）

3. 忠实义务，是指董事、监事、高级管理人员在履行职责时，必须以公司的最大利益为出发点，不得使自己的利益与所承担的对公司和公司股东的义务发生冲突，不得作出有损于公司利益的行为。忠实义务体现了民法中的诚实信用原则，它的本质属性是董事、监事、高级管理人员与公司之间因信义义务而产生的诚信法律关系。忠实义务对公司董事、监事、高级管理人员提出了两

点要求，第一，应尽力实现公司利益最大化；第二，任何时候都应将公司利益放在首位。

具体而言，根据《公司法》第148条第1款和相关法条的规定，公司董事、监事、高级管理人员的忠实义务表现为以下几个方面：(1)不得因自己的身份而获益：1)公司不得直接或者通过子公司向董事、监事、高级管理人员提供借款；2)公司应当定期向股东披露董事、监事、高级管理人员从公司获得报酬的情况。(2)不得利用职权收受贿赂、获取某种秘密利益或所允诺的其他好处：1)董事、监事、高级管理人员不得利用职权收受贿赂或其他非法收入，不得侵占公司的财产；2)禁止董事、监事和高级管理人员接受他人与公司交易的佣金归为已有。(3)不得侵占和擅自处置公司的财产：董事、监事和高级管理人员不得挪用公司资金；不得将公司资金以其个人名义或以其他个人名义开立账户存储；不得违反公司章程的规定，未经股东会、股东大会或董事会同意，将公司资金借贷给他人或以公司财产为他人提供担保。(4)不得擅自泄露公司秘密：既不可利用内幕信息从事各种内幕交易从而获取私利，也不得将内幕信息泄露给他人以谋取私利。

公司基于董事、监事、高级管理人员的品德、才能而委托他为公司管理事务，因此，忠实义务主要存在于契约关系中，董事、监事、高级管理人员违反忠实义务的责任是一种契约责任。根据合同法原理，董事、监事、高级管理人员违反忠实义务的责任就应当适用严格责任的归责原则。

董事、监事、高级管理人员违反义务，应对公司承担相应的法律责任。董事、监事、高级管理人员承担法律责任的方式包括停止侵害、没收违法所得、返还公司财产、宣告违法合同无效、取消违法担保以及赔偿损失等。(1)停止侵害。当董事、监事、高级管理人员实施的侵害行为具有持续性特征时，公司可以依据《民法通则》第134条中关于“停止侵害”的规定，要求董事、监事、高级管理人员承担停止侵害的法律责任。(2)没收违法所得。没收违法所得主要适用于董事、监事、高级管理人员违反对公司的忠实义务，从事与公司相竞争的业务、与公司进行抵触利益交易、将公司资金借贷与他人、违法担保以及不当利用公司机会的场合。董事、监事、高级管理人员因此所获得的利润或其他形式的收入应归于公司，这就是所谓公司的“归入权”。《公司法》第148条第2款规定：“董事、高级管理人员违反前款规定所得的收入应当归公司所有。”(3)返还公司财产。当董事、监事、高级管理人员因侵占、挪用公司财产或将公司资金以其个人名义或者以其他个人名义开立账户存储等行为非法占有公司财产时，公司可以依据《民法通则》第134条的规定，要求董事、监事、高级管理人员承担向公司返还财产的法律责任。(4)赔偿损失。赔偿损失是一种适用范围极广的责任形式。在董事、监事、高级管理人员对公司承担责任时，其他任何一种或数种责任的执行，若不能完全弥补公司的损失，则董事即须就公司未得到弥补的损失向公司承担赔偿责任。赔偿损失是此责任中最重要的一种责任方式。赔偿损失须以公司遭受损失为前提，若公司未受损失，则董事、监事、高级管理人员不必承担此责任。《公司法》第149条规定：“董事、监事、高级管理人员执行公司职务时违反法律、行政法规或者公司章程的规定，给公司造成损失的，应当承担赔偿责任。”

第九章　公司治理

知识逻辑图

- 公司治理
  - 有限责任公司
    - 股东会（权力机构）
      - 组成：由公司全体股东组成
      - 召集主持方式
        - 首次会议：出资最多的股东召集和主持
        - 定期会议：由董事会召集、董事长主持，不设董事会的由执行董事召集和主持
        - 临时会议：代表 1/10 以上表决权的股东，1/3 以上的董事，监事会或者不设监事会的公司的监事提议召开
      - 股东会职权（参见《公司法》第 37 条）
      - 议事方式及表决程序
        - 法定：股东会会议作出修改公司章程、增加或减少注册资本的决议，以及公司合并、分立、解散或变更公司形式的决议，必须经代表 2/3 以上表决权的股东通过
        - 股东会的议事方式和表决程序除法定外，由公司章程规定
    - 董事会（执行机构），对股东会负责
      - 组成：董事会成员由股东会选举和更换，但公司职工代表通过职工代表大会、职工大会或其他形式民主选举产生。设董事长一人，可以设副董事长
      - 任期：董事任期由公司章程规定，但每届不超过 3 年，可以连选连任
      - 职权（参见《公司法》第 46 条）
      - 召集与主持：由董事长召集与主持；董事长不能履行职务或不履行职务的，由副董事长召集与主持；副董事长不能或不履行职务的，由半数以上董事共同推举一名董事召集和主持
      - 议事方式与表决程序：除《公司法》有规定的外，由公司章程规定，董事会决议的表决实行一人一票
    - 经理
      - 聘任：由董事会决定聘任或解聘
      - 职权（参见《公司法》第 49 条）
      - 对董事会负责，列席董事会会议
    - 监事会
      - 组成：成员不少于 3 人，应包括股东代表和适当比例职工代表，股东代表由股东会选举产生，职工代表通过职工代表大会、职工大会或其他形式民主选举产生，设主席一人（由全体监事过半数选举产生）
      - 召集与主持：监事会主席召集与主持；主席不能或不履行职务的，由半数以上监事共同推举一名监事召集和主持
      - 任职要求及任期
        - 董事、高级管理人员不得兼任监事
        - 监事任期 3 年，可连选连任
      - 职权（参见《公司法》第 53 条）
      - 议事方式与表决程序：除《公司法》有规定的外，由公司章程规定，监事会决议应经半数以上监事通过
  - 一人有限责任公司
    - 不设股东会
    - 应在每一会计年度终了时编制财务会计报告，并经会计事务所审计
    - 股东不能证明个人财产独立于公司财产的，对公司债务承担连带责任

- 公司治理
  - 国有独资公司
    - 股东会:不设股东会,由国有资产监督管理机构行使股东会职权,可以授权董事会代行股东会部分职权
    - 董事会:董事会成员由国有资产监督管理机构委派,但应当有职工代表。董事长、副董事长由国有资产监督管理机构从董事会成员中指定
    - 经理:由董事会聘任或者解聘。经国有资产监督管理机构同意,董事会成员可以兼任经理
    - 监事会:不少于 5 人,职工代表比例不低于 1/3;主席由国有资产监督管理机构从监事会成员中指定
  - 股份有限公司(与有限责任公司不同的规定内容)
    - 股东大会
      - 年会:应每年召开一次年会
      - 临时股东大会召开情形
        - 董事人数不足法定人数或公司章程所定人数的 2/3 时
        - 公司未弥补的亏损达实收股本总额的 1/3 时
        - 单独或合计持有公司 10% 以上股份的股东请求时
        - 董事会认为必要时
        - 监事会提议召开时
        - 公司章程规定的其他情形
      - 召集、主持的特殊情形:董事会不能或不履行召集股东大会会议职责的,监事会应当履行,监事会不召集、主持的,连续 90 日以上单独或合计持有公司 10% 以上股份的股东可以自行召集和主持
    - 董事会
      - 组成:成员为 5 人 ~ 19 人;董事长与副董事长由董事会全体董事过半数选举产生
      - 董事会会议
        - 年会:每年度至少召开两次会议,每次会议召开 10 日前通知全体董事和监事
        - 临时会议:代表 1/10 以上表决权的股东、1/3 以上董事或监事会可以提议召开
      - 议事规则及表决
        - ① 过半数董事出席方可举行;决议须全体董事的过半数通过
        - ② 表决:一人一票
        - ③ 董事本人应出席
        - ④ 董事会对所议事项的决定应作成会议记录,出席会议的董事应该在记录上签名,并对决议承担责任,除非证明其在表决时曾表明异议并记载于记录
    - 经理:公司董事会可以决定由董事会成员兼任经理
    - 监事会
      - 组成:成员不少于 3 人
      - 监事会会议
        - 每 6 个月至少召开一次会议
        - 监事可以提议召开临时监事会会议
        - 监事会的议事方式及表决程序除《公司法》的规定外,由公司章程规定
    - 上市公司的特别规定
      - 独立董事(具体办法由国务院规定)
      - 特殊股东大会决议事项
        - 上市公司一年内购买、出售重大资产或者担保金额超过公司资产总额 30% 的,应由股东大会作出决议,并经出席会议的股东所持表决权的 2/3 以上通过
      - 当董事与董事会会议决议事项有关联时
        - 该董事不得对该项决议行使或代理行使表决权
        - 由过半数无关联关系董事出席且过半数通过

名词解释与概念比较

1. 股东会
2. 董事会
3. 监事会（考研）
4. 国有独资公司监事会（考研）
5. 独立董事
6. 控股股东
7. “用脚投票”
8. 累积投票制
9. 实际控制人

选择题

（一）单项选择题

1. 两家国有企业设立了一有限责任公司，该公司董事会中的职工代表应由（　　）。

A. 股东会选举产生

B. 公司职工民主选举产生

C. 监事会指定

D. 工会指定

2. 某有限责任公司股东会表决的事项中属于法定特别决议事项的是：（　　）。

A. 选举和更换董事

B. 股东向股东以外的人转让出资

C. 发行公司债券

D. 修改公司章程

3. 某股份有限公司设立时共发行股份 1 亿股。出席创立大会的认股人持有公司股份（　　）。

A. 5 000 万股以上，大会方可举行

B. 4 000 万股以上，大会方可举行

C. 3 000 万股以上，大会方可举行

D. 2 500 万股以上，大会方可举行

4. 根据《公司法》，股份有限公司董事持有的本公司股份（　　）。

A. 在公司成立后 3 年内不得转让

B. 自公司股票在证券交易所上市交易之日起 1 年内不得转让

C. 在其任职后 3 年内不得转让

D. 在其任职期间不得转让

5. 某股份有限公司的董事因出国不能出席董事会会议，但又希望表达自己对董事会决议事项的意见，他可以书面委托（　　）。

A. 其他董事代为出席

B. 其他人代为出席

C. 本公司股东代为出席

D. 本公司监事代为出席

6. 某有限责任公司中的董事甲有轿车一辆，打算卖给本公司。该公司章程未对董事、经理与本公司进行交易加以规定。甲将轿车卖给公司的行为（　　）。

A. 经董事会同意即可进行

B. 经股东会同意方可进行

C. 只要价格合理即可进行

D. 应当绝对禁止

7. 王某依公司法设立了以其一人为股东的有限责任公司。公司存续期间，王某实施的下列哪一行为违反公司法的规定？（　　）（司考）

A. 决定由其本人担任公司执行董事兼公司经理

B. 决定公司不设立监事会，仅由其亲戚张某担任公司监事

C. 决定用公司资本的一部分投资另一公司，但未作书面记载

D. 未召开任何会议，自作主张制订公司经营计划

8. 某有限责任公司在其章程中规定，公司董事的任期为 4 年，并规定可以连任。该规定（　　）。

A. 任期违反了我国《公司法》关于董事任期的规定，应予修改，但连选可以连任

B. 符合我国《公司法》关于董事任期的规定

C. 都违反了我国《公司法》的规定，应予修改

D. 任期符合我国《公司法》的规定，但连选不可以连任

9. 某公司董事会作出了一项违反公司章程的决议，致使公司遭受 3 亿元的重大损失。经查明，该公司董事会共有 5 名成员。在董事会作出决议时，张、王、李三位董事表示赞成，赵、陈二位董事表示反对，意见均记载于会议记录。公司的损失应由（　　）。

A. 公司承担

B. 董事与公司连带承担

C. 张、王、李三位董事负责赔偿

D. 全体董事共同赔偿

10. 杨某持有甲有限责任公司 10%的股权，该公司未设立董事会和监事会。杨某发现公司执行董事何某（持有该公司 90%股权）将公司产品低价出售给其妻开办的公司，遂书面向公司监事姜某反映。姜某出于私情未予过问。杨某应当如何保护公司和自己的合法利益？（ ）（司考）

A. 提请召开临时股东会，解除何某的执行董事职务

B. 请求公司以合理的价格收回自己的股份

C. 以公司的名义对何某提起民事诉讼要求赔偿损失

D. 以自己的名义对何某提起民事诉讼要求赔偿损失

11. 根据我国《公司法》，下述工作中属于公司董事会职权的是：（ ）。

A. 拟订公司内部管理机构设置方案

B. 组织实施公司年度经营计划和投资方案

C. 制定公司的基本管理制度

D. 主持公司的生产经营管理工作

12. 甲、乙、丙三人共同出资 10 万元设立"蓝星科技开发有限责任公司"，其中甲、乙各出资 3 万元，丙出资 4 万元。公司成立后召开了第一次股东会。有关这次股东会的情况，符合我国《公司法》规定的是：（ ）。

A. 会议由甲召集和主持

B. 会议决定公司不设董事会，由甲担任执行董事，任期 3 年

C. 会议决定公司设监事一名，由丙担任，任期 6 年

D. 会议决定投资 7 万元与他人共同设立一合伙企业

13. 甲上市公司在成立 6 个月时召开股东大会，该次股东大会通过的下列决议中哪项符合法律规定？（ ）（司考）

A. 公司董事、监事、高级管理人员持有的本公司股份可以随时转让

B. 公司发起人持有的本公司股份自即日起可以对外转让

C. 公司收回本公司已发行股份的 4%用于未来 1 年内奖励本公司职工

D. 决定与乙公司联合开发房地产，并要求乙公司以其持有的甲公司股份作为履行合同的质押担保

14. 甲公司董事会作出一项决议，部分股东认为该决议违反公司章程，欲通过诉讼请求法院撤销董事会的决议。这些股东应当如何提起诉讼？（ ）（司考）

A. 以股东会名义起诉公司

B. 以公司名义起诉董事会

C. 以股东名义起诉董事会

D. 以股东名义起诉公司

15. 某有限责任公司董事会由 3 名董事组成。董事甲因车祸死亡，董事人数低于法律规定的要求。根据我国《公司法》，有权提议召开临时股东会议的人是：（ ）。

A. 1/4 以上董事

B. 总经理

C. 1/4 以上股东

D. 监事会或监事

16. 甲为一股份有限公司的发起人，其持有的本公司股份（ ）。

A. 自公司成立之日起 6 个月后才可转让

B. 自公司成立之日起 1 年后才可转让

C. 自公司成立之日起 3 年后才可转让

D. 在公司存续期间不得转让

17. 某有限责任公司于 2009 年 6 月 15 日召开股东会，选举公司的监事。下列人员中可以担任公司监事的是：（ ）。

A. 在某国家机关任处长的王某

B. 曾因挪用公款罪被判处有期徒刑，2008 年 4 月 10 日刑满释放的李某

C. 该公司工会主席张某

D. 曾担任某公司的法定代表人，该公司于 2007 年 9 月被宣告破产，对公司破产负有个人责任的赵某

18. 甲、乙、丙是某有限公司的股东，各占 52%、22%和 26%的股份。乙欲对外转让其所拥有的股份，丙表示同意，甲表示反对，但又不愿意购买该股份。乙便与丁签订了一份股份转让协议，约定丁一次性将股权转让款支付给乙。此时甲表示愿以同等价格购买，只是要求分期付款。

对此各方发生了争议。下列哪一选项是错误的？（　　）（司考）

A. 甲最初表示不愿意购买即应视为同意转让

B. 甲后来表示愿意购买，则乙只能将股份转让给甲，因为甲享有优先购买权

C. 乙与丁之间的股份转让协议有效

D. 如果甲、丙都行使优先购买权，就购买比例而言，如双方协商不成，则双方应按照2∶1的比例行使优先购买权

19. 下列不属于有限责任公司股东会职权的是：（　　）。

A. 决定公司的经营方针和投资计划

B. 审议批准监事会或监事的报告

C. 聘任或解聘公司的总经理

D. 修改公司章程

20. 公司在经营活动中可以以自己的财产为他人提供担保。关于担保的表述中，下列哪一选项是正确的？（　　）（司考）

A. 公司经理可以决定为本公司的客户提供担保

B. 公司董事长可以决定为本公司的客户提供担保

C. 公司董事会可以决定为本公司的股东提供担保

D. 公司股东会可以决定为本公司的股东提供担保

21. 关于有限责任公司股东向股东以外的人转让出资的说法，不正确的是：（　　）。

A. 必须经代表2/3以上表决权的股东通过

B. 不同意转让的股东应购买该转让的出资

C. 不同意转让的股东不购买该转让的出资，视为同意转让

D. 经股东同意转让的出资，在同等条件下，其他股东对该出资有优先受让权

22. 某市机械局下属三家企业和轻工局下属一家企业出资成立一股份有限公司。机械局局长吴某不满董事李某抵制其安插子女进公司的要求，在吴某授意下，机械局下属三家企业的股东代表在股东大会上以“上级主管部门和局领导意见”为由，通过了解除李某董事职务的决议。李某以任期未满无故解除职务为由向法院提起诉讼。问：此案法院应如何认定和处理？（　　）（司考）

A. 股东大会有更换董事长的权力，该决议不违反公司法规定，应驳回起诉

B. 李某的起诉应予受理，但如查明该决议符合程序规定，应判决李某败诉

C. 对该案法院应予调解，调解不成应劝李某撤诉

D. 股东大会解除董事职务须有正当理由，该决议违反公司法规定，应判决其无效

23. 甲公司出资20万元、乙公司出资10万元共同设立丙有限责任公司。丁公司系甲公司的子公司。在丙公司经营过程中，甲公司多次利用其股东地位通过公司决议让丙公司以高于市场同等水平的价格从丁公司进货，致使丙公司产品因成本过高而严重滞销，造成公司亏损。下列哪一选项是正确的？（　　）（司考）

A. 丁公司应当对丙公司承担赔偿责任

B. 甲公司应当对乙公司承担赔偿责任

C. 甲公司应当对丙公司承担赔偿责任

D. 丁公司、甲公司共同对丙公司承担赔偿责任

24. 甲、乙、丙三人共同设立某有限责任公司，出资比例分别为70%、25%、5%。自2005年开始，公司的生产经营状况严重恶化，股东之间互不配合，不能作出任何有效决议，甲提议通过股权转让摆脱困境被其他股东拒绝。下列哪一选项是正确的？（　　）（司考）

A. 只有控股股东甲可以向法院请求解散公司

B. 只有甲、乙可以向法院请求解散公司

C. 甲、乙、丙中任何一人都可向法院请求解散公司

D. 不应解散公司，而应通过收购股权等方式解决问题

25. 王某是甲有限责任公司的董事，该公司主要经营汽车销售业务。任职期间，王某代理乙公司从外地采购5辆汽车并将其销售给丙公司。甲公司得知这一情况后提出异议。本案应如何处理？（　　）

A. 王某的行为是自己工作时间以外的行为，与甲公司无关

B. 王某违反竞业禁止义务，其代理乙公司与丙公司签订的销售合同无效，采购的汽车甲公司有优先购买权

C. 王某违反竞业禁止义务，但这并不影响其代理乙公司与丙公司签订的销售合同的效力，但该销售行为所获得的收益应当归甲公司所有

D. 王某违反竞业禁止义务，但这并不影响其代理乙公司与丙公司签订的销售合同的效力。甲虽然可以获得因该销售行为所获得的收益，却存在被甲公司解聘的可能性

26. 股份有限公司董事会会议就所议事项作出决议时，必须经超过全体董事的(　　)通过。(司考)

A. 1/2　　B. 2/3

C. 3/4　　D. 1/3

27. 根据我国《公司法》的规定，下列人员中，可以担任股份有限公司监事的是：(　　)。

A. 公司职工代表　　B. 公司董事

C. 公司经理　　D. 公司财务负责人

28. 董事会、监事会都不履行职责，都不召集股东会的，以下股东可以召集和主持的是：(　　)。

A. 持股 20%的股东

B. 持股 10%的股东

C. 持股一半以上的股东

D. 连续 90 日以上单独或者合计持股 10%以上的股东

29. 郑贺为甲有限公司的经理，利用职务之便为其妻吴悠经营的乙公司谋取本来属于甲公司的商业机会，致甲公司损失 50 万元。甲公司小股东付冰欲通过诉讼维护公司利益。关于付冰的做法，下列哪一选项是正确的？(　　)(司考)

A. 必须先书面请求甲公司董事会对郑贺提起诉讼

B. 必须先书面请求甲公司监事会对郑贺提起诉讼

C. 只有在董事会拒绝起诉情况下，才能请求监事会对郑贺提起诉讼

D. 只有在其股权达到 1%时，才能请求甲公司有关部门对郑贺提起诉讼

30. 甲、乙、丙为某有限责任公司股东。现甲欲对外转让其股份，下列哪一判断是正确的？(　　)(司考)

A. 甲必须就此事书面通知乙、丙并征求其意见

B. 在任何情况下，乙、丙均享有优先购买权

C. 在符合对外转让条件的情况下，受让人应当将股权转让款支付给公司

D. 未经工商变更登记，受让人不能取得公司股东资格

31. 张某是红叶有限公司的小股东，持股 5%；同时，张某还在枫林有限公司任董事，而红叶公司与枫林公司均从事保险经纪业务。红叶公司多年没有给张某分红，张某一直对其会计账簿存有疑惑。关于本案，下列哪一选项是正确的？(　　)(司考)

A. 张某可以用口头或书面形式提出查账请求

B. 张某可以提议召开临时股东会表决查账事宜

C. 红叶公司有权要求张某先向监事会提出查账请求

D. 红叶公司有权以张某的查账目的不具正当性为由拒绝其查账请求

32. 零盛公司的两个股东是甲公司和乙公司。甲公司持股 70%并派员担任董事长，乙公司持股 30%。后甲公司将零盛公司的资产全部用于甲公司的一个大型投资项目，待债权人丙公司要求零盛公司偿还货款时，发现零盛公司的资产不足以清偿。关于本案，下列哪一选项是正确的？(　　)(司考)

A. 甲公司对丙公司应承担清偿责任

B. 甲公司和乙公司按出资比例对丙公司承担清偿责任

C. 甲公司和乙公司对丙公司承担连带清偿责任

D. 丙公司只能通过零盛公司的破产程序来受偿

33. 烽源有限公司的章程规定，金额超过 10 万元的合同由董事会批准。蔡某是烽源公司的总经理。因公司业务需要车辆，蔡某便将自己的轿车租给烽源公司，并约定年租金 15 万元。后蔡某要求公司支付租金，股东们获知此事，一致认为租金太高，不同意支付。关于本案，下列哪一选项是正确的？(　　)(司考)

A. 该租赁合同无效

B. 股东会可以解聘蔡某

C. 该章程规定对蔡某没有约束力

D. 烽源公司有权拒绝支付租金

34. 荣吉有限公司是一家商贸公司，刘壮任董事长，马姝任公司总经理。关于马姝所担任的总经理职位，下列哪一选项是正确的？（　　）（司考）

A. 担任公司总经理须经刘壮的聘任

B. 享有以公司名义对外签订合同的法定代理权

C. 有权制定公司的劳动纪律制度

D. 有权聘任公司的财务经理

35. 李桃是某股份公司发起人之一，持有14%的股份。在公司成立后的两年多时间里，各董事之间矛盾不断，不仅使公司原定上市计划难以实现，更导致公司经营管理出现严重困难。关于李桃可采取的法律措施，下列哪一说法是正确的？（　　）（司考）

A. 可起诉各董事履行对公司的忠实义务和勤勉义务

B. 可同时提起解散公司的诉讼和对公司进行清算的诉讼

C. 在提起解散公司诉讼时，可直接要求法院采取财产保全措施

D. 在提起解散公司诉讼时，应以公司为被告

36. 甲公司是一家上市公司。关于该公司的独立董事制度，下列哪一表述是正确的？（　　）（司考）

A. 甲公司董事会成员中应当至少包括 1/3 的独立董事

B. 任职独立董事的，至少包括一名会计专业人士和一名法律专业人士

C. 除在甲公司外，各独立董事在其他上市公司同时兼任独立董事的，不得超过 5 家

D. 各独立董事不得直接或间接持有甲公司已发行的股份

37. 甲与乙为一有限责任公司股东，甲为董事长。2014 年 4 月，一次出差途中遭遇车祸，甲与乙同时遇难。关于甲、乙股东资格的继承，下列哪一表述是错误的？（　　）（司考）

A. 在公司章程未特别规定时，甲、乙的继承人均可主张股东资格继承

B. 在公司章程未特别规定时，甲的继承人可以主张继承股东资格与董事长职位

C. 公司章程可以规定甲、乙的继承人继承股东资格的条件

D. 公司章程可以规定甲、乙的继承人不得继承股东资格

38. 新余有限公司共有股东 4 人，股东刘某为公司执行董事。在公司章程无特别规定的情形下，刘某可以行使下列哪一职权？（　　）（司考）

A. 决定公司的投资计划

B. 否决其他股东对外转让股权行为的效力

C. 决定聘任公司经理

D. 决定公司的利润分配方案

39. 泰昌有限公司共有 6 个股东，公司成立两年后，决定增加注册资本 500 万元。下列哪一表述是正确的？（　　）（司考）

A. 股东会关于新增注册资本的决议，须经 2/3以上股东同意

B. 股东认缴的新增出资额可分期缴纳

C. 股东有权要求按照认缴出资比例来认缴新增注册资本的出资

D. 一股东未履行其新增注册资本出资义务时，公司董事长须承担连带责任

40. 关于股东或合伙人知情权的表述，下列哪一选项是正确的？（　　）（司考）

A. 有限公司股东有权查阅并复制公司会计账簿

B. 股份公司股东有权查阅并复制董事会会议记录

C. 有限公司股东可以知情权受到侵害为由提起解散公司之诉

D. 普通合伙人有权查阅合伙企业会计账簿等财务资料

41. 香根餐饮有限公司有股东甲、乙、丙三人，分别持股 51%、14%与 35%。经营数年后，公司又开设一家分店，由丙任其负责人。后因公司业绩不佳，甲召集股东会，决议将公司的分店转让。对该决议，丙不同意。下列哪一表述是正确的？（　　）（司考）

A. 丙可以该决议程序违法为由，主张撤销

B. 丙可以该决议损害其利益为由，提起解散公司之诉

C. 丙可以要求公司按照合理的价格收购其股权

D. 公司可以丙不履行股东义务为由，以股东会决议解除其股东资格

（二）多项选择题

1. 金某是甲公司的小股东并担任公司董事，因其股权份额仅占 10%，在 5 人的董事会中也仅占 1 席，其意见和建议常被股东会和董事会否决。金某为此十分郁闷，遂向律师请教维权事宜。在金某讲述的下列事项中，金某可以就哪些事项以股东身份对公司提起诉讼？（　　）（司考）

A. 股东会决定：为确保公司的经营秘密，股东不得查阅公司会计账簿

B. 董事会任期届满，但董事长为了继续控制公司，拒绝召开股东会改选董事

C. 董事会不顾金某反对制订了甲公司与另一公司合并的方案

D. 股东会决定：公司监事调查公司经营情况时，若无法证明公司经营违法的，其调查费用自行承担

2. 某有限责任公司经营塑料产品，总资产 1 200万元，总负债 200 万元。现公司股东会作出了以下决定，请判断其哪些决定是不符合法律规定的？（　　）（司考）

A. 投资 300 万元，与乙公司组成合伙企业

B. 向丙电脑有限责任公司投资 350 万元

C. 发行 100 万元公司债券

D. 减少注册资本 50 万元

3. 李某花 1.5 万元购买了某股份公司发行的股票 2 000 股，但该公司股票尚未上市。现李某欲退还已购股票。在下列哪些情况下李某可以要求发起人退股？（　　）（司考）

A. 发起人未按期召开创立大会

B. 公司股东大会同意

C. 公司董事会同意

D. 公司未按期募足股份

4. 依据《公司法》规定，公司董事应当履行的义务有：（　　）。

A. 不得利用职权侵占公司财产

B. 不得泄露公司秘密

C. 不得担任任何其他企业的负责人

D. 不得将公司资产以其个人名义开立账户存储

E. 必须出席股东大会

5. 股份有限公司董事长的职权包括（　　）。

A. 召集、主持董事会会议

B. 检查董事会决议的实施情况

C. 主持股东大会

D. 聘任或者解聘公司经理

E. 签署公司股票、公司债券

6. 张三、李四、王五成立天问投资咨询有限公司，张三、李四各以现金 50 万元出资，王五以价值 20 万元的办公设备出资。张三任公司董事长，李四任公司总经理。公司成立后，股东的下列哪些行为可构成股东抽逃出资的行为？（　　）（司考）

A. 张三与自己所代表的公司签订一份虚假购货合同，以支付货款的名义，由天问公司支付给自己 50 万元

B. 李四以公司总经理身份，与自己所控制的另一公司签订设备购置合同，将 15 万元的设备款虚报成 65 万元，并已由天问公司实际转账支付

C. 王五擅自将天问公司若干贵重设备拿回家

D. 3 人决议制作虚假财务会计报表虚增利润，并进行分配

7. 湘东船运有限公司共 8 个股东，除股东甲外，其余股东都已足额出资。某次股东会上，7 个股东一致表决同意甲因未实际缴付出资而不能参与当年公司利润分配。3 个月后该公司船只燃油泄漏，造成沿海养殖户巨大损失，公司的全部资产不足以赔偿。甲向其他 7 个股东声明：自己未出资，也未参与分配，实际上不是股东，公司的债权债务与己无关。下列哪些选项是正确的？（　　）（司考）

A. 甲虽然没有实际缴付出资，但不影响其股东地位

B. 其他股东决议不给甲分配当年公司利润是符合公司法的

C. 就公司财产不足清偿的债务部分，只应由甲承担相应的责任，其他 7 个股东不承担责任

D. 甲的声明对内具有效力，但不能对抗善意第三人

8. 刘某是甲有限责任公司的董事长兼总经理，

任职期间，多次利用职务之便，指示公司会计将资金借贷给一家主要由刘某的儿子投资设立的乙公司。对此，持有公司股权0.5%的股东王某认为甲公司应该起诉乙公司还款，但公司不可能起诉，王某便自行直接向法院对乙公司提起股东代表诉讼。下列哪些选项是正确的？（　　）（司考）

A. 王某持有公司股权不足1%，不具有提起股东代表诉讼的资格

B. 王某不能直接提起诉讼，必须先向董事会或监事会提出请求

C. 王某应以甲公司的名义起诉，但无须甲公司盖章或刘某签字

D. 王某应以自己的名义起诉，但诉讼请求应是将借款返还给甲公司

9. 有限责任公司的股东向股东以外的人转让出资，必须按照《公司法》的规定，（　　）。

A. 经出席股东会会议的股东所持表决权的半数以上通过

B. 经全体股东所持表决权的2/3以上通过

C. 经其他股东过半数同意

D. 同等条件下，其他股东有优先购买权

10. 甲、乙等6位股东各出资30万元于2004年2月设立一有限责任公司，5年来公司效益一直不错，但为了扩大再生产一直未向股东分配利润。2009年股东会上，乙提议进行利润分配，但股东会仍然作出不分配利润的决议。对此，下列哪些表述是错误的？（　　）

A. 该股东会决议无效

B. 乙可请求法院撤销该股东会决议

C. 乙有权请求公司以合理价格收购其股权

D. 乙可不经其他股东同意而将其股份转让给第三人

11. 某股份有限公司董事会讨论经理的人选和职权问题，正确的意见是：（　　）。

A. 依章程规定经理可以是公司的法定代表人

B. 经理负责公司日常事务

C. 经公司董事会决定，经理可由董事会成员兼任

D. 总经理只受董事会的领导，不受其他机构的监督

E. 经理可以成为公司监事会成员

12. 甲公司于2008年7月依法成立，现有数名推荐的董事人选，依照《公司法》规定，下列哪些人员不能担任公司董事？（　　）（司考）

A. 王某，因担任企业负责人犯重大责任事故罪于2001年6月被判处3年有期徒刑，2004年刑满释放

B. 张某，与他人共同投资设立一家有限责任公司，持股70%，该公司长期经营不善，负债累累，于2006年被宣告破产

C. 徐某，2003年向他人借款100万元，为期2年，但因资金被股市套住至今未清偿

D. 赵某，曾任某音像公司董事长，该公司因未经著作权人许可大量复制音像制品于2006年5月被工商部门吊销营业执照，赵某负有个人责任

13. 有限责任公司股东会必须以特别决议通过的事项包括（　　）。

A. 公司增加或减少注册资本

B. 公司分立、合并或变更公司形式

C. 公司解散

D. 股东向公司以外的人转让出资

E. 修改公司章程

14. 依据《公司法》第66条的规定，国有资产监督管理机构可以授权公司董事会行使股东会的部分职权，决定公司的重大事项，但下列事项中哪些必须由国有资产监督管理机构决定？（　　）

A. 公司的合并、分立和解散

B. 发行公司债券

C. 审议批准监事会或监事的报告

D. 审议批准公司的年度财务预算方案、决算方案

E. 增减公司注册资本

15. 我国《公司法》第100条规定，公司有下列哪些情形的，应当在2个月内召开临时股东大会？（　　）

A. 董事人数不足《公司法》规定人数或公司章程所定人数的1/3时

B. 公司未弥补的亏损达股本总额2/3时

C. 持有公司股份10%以上的股东请求时

D. 董事会认为必要时

E. 监事会提议召开时

16. 华胜股份有限公司于2006年召开董事会

临时会议，董事长甲及乙、丙、丁、戊等共5位董事出席，董事会中其余4名成员未出席。董事会表决之前，丁因意见与众人不合，中途退席，但董事会经与会董事一致通过，最后仍作出决议。下列哪些选项是错误的？（　　）（司考）

A. 该决议有效，因其已由出席会议董事的过半数通过

B. 该决议无效，因丁退席使董事的同意票不足全体董事表决票的1/2

C. 该决议是否有效取决于公司股东会的最终意见

D. 该决议是否有效取决于公司监事会的审查意见

17. 某股份有限公司董事会有董事9名。该董事会某次会议的下列情况中，哪些违反了公司法的规定？（　　）

A. 会议记录记载的出席董事为5人，实际到会4人（其中一人提交了另一名因故不能到会的董事出示的代为行使表决权的委托书）

B. 会议通过了公司适当减少注册资本的决议

C. 会议通过了解聘公司现任经理的决议，并由副董事长和记录员在记录上签名

D. 会议的所有议决事项均载入会议记录，由董事长和记录员在记录上签名

18. 根据我国《公司法》的规定，下列各项中哪些属于有限责任公司董事会的职权？（　　）（司考）

A. 负责召开股东会

B. 决定公司增加或者减少注册资本

C. 决定公司的经营计划和投资方案

D. 审批公司弥补亏损方案

19. 根据有关法律、法规的规定，公司发生下列哪种情形时，应当向公司登记机关办理变更登记手续？（　　）

A. 经营范围发生变化

B. 经理发生变动

C. 住所从甲地移往乙地

D. 减少注册资本

20. 根据国家有关法律、法规的规定，下列各项中，应当设立职工代表大会的有：（　　）。（司考）

A. 两个以上的国有投资主体投资设立的有限责任公司

B. 国有独资公司

C. 中外合资经营企业

D. 股份有限公司

21. 国有独资公司股东权由（　　）行使。

A. 由国有独资公司股东会行使

B. 由国家授权投资的机构或国家授权的部门亲自行使

C. 国有独资公司董事会经过授权也可以行使部分股东的职权

D. 国有资产监督管理机构行使

22. 公司法对国有独资公司的组织机构，有哪些特殊规定？（　　）（司考）

A. 不设股东会

B. 董事会成员中必须有公司职工代表

C. 董事会和经理只能由国有资产监督管理机构任命

D. 所有重要事项都有国有资产监督管理机构决定

23. 关于公司为公司股东或者实际控制人提供担保的，以下说法正确的是：（　　）。

A. 须经董事会或股东会决议

B. 以章程约定决议

C. 拟被提供担保的公司股东或者实际控制人，不得参加表决

D. 必须经股东会或者股东大会决议

24. 紫云有限公司设有股东会、董事会和监事会。近期公司的几次投标均失败，董事会对此的解释是市场竞争激烈，对手强大。但监事会认为是因为董事狄某将紫云公司的标底暗中透露给其好友的公司。对此，监事会有权采取下列哪些处理措施？（　　）（司考）

A. 提议召开董事会

B. 提议召开股东会

C. 提议罢免狄某

D. 聘请律师协助调查

25. 星煌公司是一家上市公司。现董事长吴某就星煌公司向坤诚公司的投资之事准备召开董事会。因公司资金比较紧张，且其中一名董事梁某的妻子又在坤诚公司任副董事长，有部分董事对此投资事宜表示异议。关于本案，下列哪些选项

是正确的？（　）（司考）

A. 梁某不应参加董事会表决

B. 吴某可代梁某在董事会上表决

C. 若参加董事会人数不足，则应提交股东大会审议

D. 星煌公司不能投资于坤诚公司

26. 关于公司的财务行为，下列哪些选项是正确的？（　）（司考）

A. 在会计年度终了时，公司须编制财务会计报告，并自行审计

B. 公司的法定公积金不足以弥补以前年度亏损时，则在提取本年度法定公积金之前，应先用当年利润弥补亏损

C. 公司可用其资本公积金来弥补公司的亏损

D. 公司可将法定公积金转为公司资本，但所留存的该项公积金不得少于转增前公司注册资本的 25%

27. 钱某为益扬有限公司的董事，赵某为公司的职工代表监事。公司为钱某、赵某支出的下列哪些费用须经公司股东会批准？（　）（司考）

A. 钱某的年薪

B. 钱某的董事责任保险费

C. 赵某的差旅费

D. 赵某的社会保险费

28. 李方为平昌公司董事长。债务人姜呈向平昌公司偿还 40 万元时，李方要其将该款打到自己指定的个人账户。随即李方又将该款借给刘黎，借期一年，年息 12%。下列哪些表述是正确的？（　）

A. 该 40 万元的所有权，应归属于平昌公司

B. 李方因其行为已不再具有担任董事长的资格

C. 在姜呈为善意时，其履行行为有效

D. 平昌公司可要求李方返还利息

（三）不定项选择题

甲股份有限公司经董事会决议，变更公司章程，在其营业范围中增加"制售成衣"一项，但尚未向工商行政部门办理变更登记手续。董事长刘某未经授权与乙纺织厂签订一项订购布料的合同，并代表公司签发以某银行为付款人、乙为收款人的汇票一张给乙，作为定金。乙因欠丙货款，将该票据背书转让给丙，丙又背书转让给丁。票据到期后，丁涂销了乙的背书。请回答以下 1～3 题。（司考）

1. 对甲公司变更公司章程的行为，下列判断中正确的是：（　）。

A. 因其是董事会作出的决议，故不能发生变更效力

B. 董事会可以对此作出决议，但其未向工商机关办理变更登记而不发生变更效力

C. 应由股东会作出决议，自决议生效时发生变更效力

D. 应由董事会作出决议，并自办理变更登记时发生变更效力

2. 对甲公司与乙纺织厂之间的购货合同，下列判断中正确的是：（　）。

A. 因甲公司尚未办理营业范围的变更登记手续，故无效

B. 因董事长刘某未经授权，故无效

C. 尽管甲公司的行为违反了登记管理方面的规定，但购货合同有效

D. 购货合同如获得甲公司的追认即有效

3. 对甲公司董事长刘某代表公司签发的票据的效力，下列判断中正确的是：（　）。

A. 因甲公司尚未办理营业范围的变更登记，故签发票据的行为无效

B. 因刘某未经授权，故签发票据的行为无效

C. 因该汇票以支付定金为目的，故该票据无效

D. 该票据有效

新月公司是一家由国家授权投资的机构单独投资设立的国有独资公司，关于新月公司的定位以及经营管理的一些问题，公司内部的看法不太一致，因此，该公司特向律师进行咨询。

请根据上述情况和下列各问中设定的条件回答 4～6 题：

4. 新月公司的董事会的职权主要有：（　）。

A. 行使股东会的部分职权，决定公司的一些重大事项

B. 决定公司的合并、分立

C. 决定公司的经营计划和投资方案

D. 决定公司内部管理机构的设置

5. 新月公司董事会成员的有关规定，哪些是

正确的？（　　）

A. 董事会成员中应当有公司职工民主选举的职工代表

B. 董事长由国有资产监督管理机构从董事会成员中指定

C. 副董事长由国有资产监督管理机构从董事会成员中指定

D. 国有独资公司的董事，经过国有资产监督管理机构同意，可以兼任其他有限责任公司、股份有限公司或者其他经济组织的负责人

6. 关于国有独资公司的国有资产的管理问题，以下说法中哪些是正确的？（　　）

A. 国有资产监督管理机构依法对国有独资公司的国有资产实施监督管理

B. 公司增减注册资本，必须由国有资产监督管理机构决定

C. 大型的国有独资公司，可以由国务院授权行使资产所有者的权利

D. 国有独资公司，可以行使资产所有者的权利

甲公司出资 70%、乙公司出资 30%，共同设立有限责任公司丙（注册资本 2 000 万元），双方的投资协议约定：丙公司董事会成员为 3 人，第一任董事长由乙公司推荐、财务总监由甲公司推荐；股东拒绝参加股东会会议的，不影响股东会决议的效力。请回答第 7～9 题。（司考）

7. 若丙公司章程对投资协议的内容予以确认，则丙公司董事会的下列何种行为符合法律规定？（　　）

A. 选举乙公司董事长帅某为丙公司董事长

B. 任命公司监事、甲公司代表马某为财务总监

C. 任命帅某为公司总经理

D. 决定斥资 500 万元参股某广告公司

8. 丙公司成立后签订了收购乙公司资产的合同并已支付部分价款。甲公司为获得丙公司的经营控制权，于某日提请召开临时董事会，该次临时董事会作出的下列何种决议违反公司法的规定？（　　）

A. 收购乙公司资产的未付价款暂停支付

B. 同意甲公司代表秦某辞去丙公司监事职务，改任丙公司董事

C. 任命秦某担任丙公司总经理

D. 解除帅某的公司总经理职务

9. 为控制丙公司，秦某以甲公司的名义和丙公司董事的名义提请召开临时股东会，并于合法时间内通知了乙公司，乙公司和帅某未到会。秦某与代表甲公司的另一董事决定由秦某主持会议，并作出了更换公司董事和董事长的临时股东会决议。下列关于该股东会决议效力的何种说法是正确的？（　　）

A. 该股东会提议程序违法，故决议无效

B. 该股东会召集和主持程序违法，故决议无效

C. 该股东会无乙公司参加，故决议无效

D. 该股东会程序合法，且乙公司是自动弃权，故决议有效

源圣公司有甲、乙、丙三位股东。2015 年 10 月，源圣公司考察发现某环保项目发展前景可观，为解决资金不足问题，经人推荐，霓美公司出资 1 亿元现金入股源圣公司，并办理了股权登记。增资后，霓美公司持股 60%，甲持股 25%，乙持股 8%，丙持股 7%，霓美公司总经理陈某兼任源圣公司董事长。2015 年 12 月，霓美公司在陈某授意下将当时出资的 1 亿元现金全部转入霓美旗下的天富公司账户用于投资房地产。后因源圣公司现金不足，最终未能获得该环保项目，前期投入的 500 万元也无法收回。陈某忙于天富公司的房地产投资事宜，对此事并不关心。（司考）

请回答第 10—12 题。

10. 针对公司现状，甲、乙、丙认为应当召开源圣公司股东会，但陈某拒绝召开，而公司监事会对此事保持沉默。下列说法正确的是：（　　）

A. 甲可召集和主持股东会

B. 乙可召集和主持股东会

C. 丙可召集和主持股东会

D. 甲、乙、丙可共同召集和主持股东会

11. 若源圣公司的股东会得以召开，该次股东会就霓美公司将资金转入天富公司之事进行决议。关于该次股东会决议的内容，根据有关规定，下列选项正确的是：（　　）

A. 陈某连带承担返还 1 亿元的出资义务

B. 霓美公司承担 1 亿元的利息损失

C. 限制霓美公司的利润分配请求权

D. 解除霓美公司的股东资格

12. 就源圣公司前期投入到环保项目 500 万元的损失问题，甲、乙、丙认为应当向霓美公司索赔，多次书面请求监事会无果。下列说法正确的是：（　　）

A. 甲可以起诉霓美公司

B. 乙、丙不能起诉霓美公司

C. 若甲起诉并胜诉获赔，则赔偿款归甲

D. 若甲起诉并胜诉获赔，则赔偿款归源圣公司

13. 某有限责任公司的董事有私房一幢，因家庭经济紧张急需出售，但近期内买主难寻，即决定将该房屋卖给本公司，此销售行为是否可以进行？（　　）（司考）

A. 须经董事会同意方可

B. 须经股东会同意方可

C. 公司章程必须有允许的规定方可

D. 应绝对禁止

14. 根据履历，什么人不具备在公司中担任董事长的资格？（　　）

A. 乙原系国家机关干部，现已下岗分流

B. 丙原为某厂厂长兼党委书记，两年前因对该厂破产负有个人责任被免职，现赋闲在家

C. 丁为商学博士，因其父生意失败负债 15 万元

D. 戊原为个体户，曾因偷税被判刑，1 年前已刑满释放

15. 根据《公司法》的规定，规模较小、不设董事会的有限责任公司，其法定代表人可以为（　　）。

A. 总经理

B. 执行董事

C. 监事

D. 财务负责人

16. 某股份有限公司拟成立监事会。根据《公司法》规定，下列人员中不能担任监事的是：（　　）。（司考）

A. 公司董事长王某

B. 公司聘任的临时工李某

C. 公司所在市的总工会副主席刘某

D. 股东甲的副总经理陈某

17. 下列事项中，必须经有限责任公司股东大会决议并经代表 2/3 以上表决权的股东通过的是：（　　）。（司考）

A. 公司利润分配方案

B. 增加公司注册资本

C. 向股东以外的人转让出资

D. 修改公司章程

18. 下列关于国有独资公司监事会的表述中，符合《公司法》规定的是：（　　）。

A. 国有独资公司必须设监事会

B. 监事会成员都由国有资产监督管理机构委派

C. 国有独资公司监事会主席由董事会任命

D. 国有独资公司监事不得少于 5 人

简答题

1. 简述股东大会的资本多数决定原则。（考研）

2. 简述国有独资公司的组织机构。（考研）

3. 简述董事会的职权。

4. 我国《公司法》赋予监事哪些职权？

5. 试谈股东大会的性质、基本特征及对董事会的监督。

6. 简述公司合并的特征及法律后果。

7. 简述股份有限公司的临时股东大会。

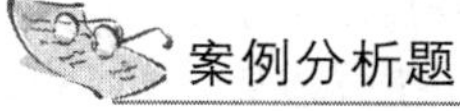

案例分析题

1. 案情：甲公司签发金额为 1 000 万元、到期日为 2006 年 5 月 30 日、付款人为大满公司的汇票一张，向乙公司购买 A 楼房。甲、乙双方同时约定：汇票承兑前，A 楼房不过户。

其后，甲公司以 A 楼房作价 1 000 万元、丙公司以现金 1 000 万元，出资共同设立丁有限公司。某会计师事务所将未过户的 A 楼房作为甲公司对丁公司的出资予以验资。丁公司成立后占有、使用 A 楼房。

2005 年 9 月，丙公司欲退出丁公司。经甲公司、丙公司协商达成协议：丙公司从丁公司取得退款 1 000 万元后退出丁公司；但顾及公司的稳定

性，丙公司仍为丁公司名义上的股东，其原持有丁公司 50%的股份，名义上仍由丙公司持有 40%，其余 10%由丁公司总经理贾某持有，贾某暂付 200 万元给丙公司以获得上述 10%的股权。丙公司依此协议获款后退出。据此，丁公司变更登记为：甲公司、丙公司、贾某分别持有 50%、40%和 10%的股权；注册资本仍为 2 000 万元。

丙公司退出后，甲公司要求丁公司为其贷款提供担保，在丙公司代表未到会、贾某反对的情况下，丁公司股东会通过了该担保议案。丁公司遂为甲公司从 B 银行借款 500 万元提供了连带责任保证担保。同时，乙公司将其持有的上述 1 000 万元汇票背书转让给陈某。陈某要求丁公司提供担保，丁公司在汇票上签注："同意担保，但 A 楼房应过户到本公司。"陈某向大满公司提示承兑该汇票时，大满公司在汇票上批注："承兑，到期丁公司不垮则付款。"

2006 年 6 月 5 日，丁公司向法院申请破产获受理并被宣告破产。债权申报期间，陈某以汇票未获兑付为由，贾某以替丁公司代垫了 200 万元退股款为由向清算组申报债权，B 银行也以丁公司应负担保责任为由申报债权并要求对 A 楼房行使优先受偿权。同时，乙公司就 A 楼房向清算组申请行使取回权。（司考）

问题：(1) 丁公司的设立是否有效？为什么？

(2) 丙退出丁公司的做法是否合法？为什么？

(3) 丁公司股东会关于为甲公司提供担保的决议是否有效？为什么？

(4) 陈某和贾某所申报的债权是否构成破产债权？为什么？

(5) B 银行和乙公司的请求是否应当支持？为什么？

(6) 各债权人若在破产程序中得不到完全清偿，还可以向谁追索？他们各自应承担什么责任？

2. 案情：国有企业川南商业大楼于 1998 年拟定改制计划：将资产评估后作价 150 万元出售，其中 105 万元出售给管理层人员（共 4 人），45 万元出售给其余 45 名职工，将企业改制为川南百货有限公司，注册资本 150 万元。该改制计划于同年 12 月经有关部门批准实施。原管理层人员宋某认购 45 万元，李某、王某、周某各认购 20 万元，其余职工各认购 1 万元。公司成立后，分别向各认购人签发了出资证明书。公司设立股东会、董事会、监事会，宋某任公司董事长兼总经理，李某、王某为公司董事，周某任监事会主席兼财务负责人。

2001 年，公司召开董事会，决定将注册资本增加为 300 万元，周某列席了董事会，并表示同意。会后，董事会下发文件称：本次增资计划经具有公司 2/3 以上表决权的股东表决通过，可以实施。同年 4 月，公司注册资本增加为 300 万元。增加部分的注册资本除少数职工认购了 30 万元外，其余 120 万元由宋某、周某、李某、王某平均认购，此次增资进行了工商登记。同年 10 月，王某与其妻蓝某协议离婚，蓝某要求王某补偿 25 万元。王某遂将其所持股权的 50%根据协议抵偿给蓝某，董事会批准了该协议。

2003 年 5 月，川南公司因涉嫌偷税被立案侦查。侦查发现：除王某外，宋某、周某、李某在 1998 年改制时所获得的股权均是挪用原川南商业大楼的资金购买，且 2001 年公司增资时，宋某、周某、李某、王某 4 人均未实际出资，而是以公司新建办公楼评估后的资产作为增资资本，并分别记于个人名下。同时查明，偷税事项未经过股东会讨论，而是董事会为了公司利益在征得周某同意后决定实施的。后法院判决该公司偷税罪成立，判处公司罚金 140 万元，宋某等亦分别被判处相应的刑罚。（司考）

问题：(1) 宋某、周某、李某、王某在 1998 年改制时所取得的股权是否有效？为什么？

(2) 川南公司的管理机构设置及人事安排是否合法？为什么？

(3) 川南公司董事会的增资决议和公司的增资行为是否有效？为什么？

(4) 蓝某可否根据补偿协议获得王某所持股权的 50%？为什么？

(5) 川南公司因被判处罚金所造成的 140 万元损失，应由谁承担赔偿责任？为什么？

3. 案情：A 股份有限公司拟召开 2009 年度股东大会年会，审议批准董事会报告，审议批准监事会报告，审议批准年度财务预算方案、决算方案，审议批准公司的利润分配方案。公司在国务院证券监督管理部门指定的报纸上登载了召开股东大会年会的通知。通知内容如下：

A股份有限公司关于召开2009年度股东大会年会的通知

兹定于2009年5月15日在公司本部办公楼二层会议室内召开2009年度股东大会年会，特通知如下：

一、凡持有本公司股份50万股以上的股东可向本公司索要本通知，并持通知出席股东大会会议。

二、持有本公司股份不足50万股的股东，可自行组合，每50万股选出一名代表，向本公司索要本通知，并持通知出席股东大会会议。

三、持有本公司股份不足50万股的股东，5月10日前不自行组合产生代表的，本公司将向其寄送“通信表决票”，由其通信表决。

A股份有限公司董事长　×××

2009年5月5日

问题：（1）请阅读上述资料，并回答：上述通知有哪些违法之处？根据是什么？

（2）请改写一份符合《公司法》要求的通知。

4. 案情：2008年1月，5家集体所有制企业依据我国《公司法》共同投资设立了一家食品加工有限责任公司（以下简称“食品公司”），注册资本1 000万元。为了进一步扩大食品公司的生产规模，食品公司董事会制订了增资方案，即由现有股东按照目前出资比例继续出资，把公司注册资本增加到1600万元。股东会对该方案表决时，3个股东赞成，2个股东反对，股东会作出增资决议。赞成增资的股东原出资总额为640万元，占食品公司注册资本的64%；反对增资的股东原出资总额为360万元，占食品公司注册资本的36%。股东会结束后，董事会通知所有股东按照股东会决议缴纳增资方案中确定的出资数额。2个反对增资的股东拒不缴纳出资。董事会决定暂停这2个股东2008年度的股利分配，用以抵作出资。这2个股东不服董事会决定，以食品公司为被告，向人民法院提起诉讼，要求确认股东会的增资决议无效。

问题：（1）食品公司是否应当被列为被告？为什么？

（2）人民法院应否支持作为原告的2个股东的诉讼请求？为什么？

5. 案情：至诚科技开发股份有限公司的董事会，共有9名成员。一次，董事长召集董事会会议，讨论将公司闲置资金1亿元投资于期货问题。该次董事会议共有6名董事出席。3名董事因故未能出席，其中董事张某虽未出席，但书面委托其助理王某（非董事）代理出席并表决。会上董事长介绍了期货投资的巨大盈利性，并表示赞成此项投资。而董事李某对此项投资表示疑虑，认为此项投资不属于本公司章程规定的公司的经营范围。董事赵某坚决反对。经记名式书面表决，结果为：4位董事赞成，1名董事和董事张某的代理人王某反对，董事李某弃权。董事长认为本议案已经多数通过，决议有效。后来该公司因投资期货亏损1 000万元。公司股东以公司董事会决议违法并造成损失为由，向人民法院提起诉讼，请求全体董事承担损害赔偿责任。

问题：试析本案存在哪些违法事实，你认为法院应当如何判决本案。请说明理由。

6. 案情：甲与乙分别出资60万元和240万元共同设立新雨开发有限公司（以下简称“新雨公司”），由乙任执行董事并负责公司经营管理，甲任监事。乙同时为其个人投资的东风有限责任公司（以下简称“东风公司”）的总经理，该公司欠白云公司货款50万元未还。乙与白云公司达成协议约定：若3个月后仍不能还款，乙将其在新雨公司的股权转让20%给白云公司，并表示愿就此设质。届期，东风公司未还款，白云公司请求乙履行协议，乙以“此事尚未与股东甲商量”为由搪塞，白云公司遂拟通过诉讼来解决问题。

东风公司需要租用仓库，乙擅自决定将新雨公司的一处房屋以低廉的价格出租给东风公司。

乙的好友丙因向某银行借款需要担保，找到乙。乙以新雨公司的名义向该银行出具了一份保函，允诺若到期丙不能还款则由新雨公司负责清偿，该银行接受了保函且未提出异议。

甲知悉上述情况后，向乙提议召开一次股东会以解决问题，乙以业务太忙为由迟迟未答应开会。

公司成立3年，一次红利也未分过，目前亏损严重。甲向乙提出解散公司，但乙不同意。甲决定转让股权，退出公司，但一时未找到受让人。（司考）

问题：（1）白云公司如想通过诉讼解决与东

风公司之间的纠纷，应如何提出诉讼请求？

(2) 白云公司如想实现股权质权，需要证明哪些事实？

(3) 针对乙将新雨公司的房屋低价出租给东风公司的行为，甲可以采取什么法律措施？

(4) 乙以新雨公司的名义单方向某银行出具的保函的性质和效力如何？为什么？

(5) 针对乙不同意解散公司和甲退出公司又找不到受让人的情况，甲可采取什么法律对策？

7. 案情：张某是某矿泉水股份有限公司的董事。2008 年 5 月 1 日，张某又与其岳父李某合伙开办了一家合伙企业，专门生产矿泉水。其产品与矿泉水股份有限公司的产品相同，但商标不同。2009 年 4 月，矿泉水股份有限公司发现了张某的这一行为。同年 5 月，矿泉水股份有限公司股东大会通过决议，责令张某将其从合伙企业从事矿泉水生产取得的 20 万元所得交给矿泉水股份有限公司，并罢免了张某的董事职务。但该决议遭到张某的抵制。于是，矿泉水股份有限公司诉诸人民法院，请求法院责令张某将其 20 万元所得交给公司。

问题：你认为，人民法院应否责令张某将其 20 万元所得交给公司？为什么？矿泉水股份有限公司股东大会通过决议，罢免张某的董事职务是否合法？理由何在？

论述题与深度思考题

1. 论股份有限公司组织机构的分权与制衡。(考研)

2. 论关联交易的性质和效力。(考研)

3. 试论股东的权利和义务。

4. 试述经理人法律制度。

参考答案

名词解释与概念比较

1. 股东会是公司的最高权力机构，它是公司的意思机关，股东会依法就职权范围内的事项作出决议，形成公司意思，决定公司的一切重大事务。股东会是公司的法定必设机关，根据我国《公司法》的规定，除一人有限责任公司和国有独资公司以外，无论是有限责任公司还是股份有限公司，均须依法设立股东会。股东会不是公司的常设机构，股东因故不能参加股东会时，可书面委托他人代为行使权利。

2. 董事会是公司的常设业务执行机关，依照《公司法》的规定由股东会选举产生，代表公司，执行公司业务，负责公司经营决策及管理活动。有限责任公司设董事会的，其成员为 3 人至 13 人。有限责任公司股东人数较少或者规模较小的，可以设 1 名执行董事，而不设立董事会。股份有限公司董事会成员为 5 人至 19 人。

3. 监事会是由股东会选举产生，对公司的财务状况和业务执行情况实施监督、检查的机构。监事会独立于董事会并对股东会负责。《公司法》规定：有限责任公司设立监事会，其成员不得少于 3 人。股东人数较少或者规模较小的有限责任公司，可以设 1 名至 2 名监事，不设立监事会。董事、高级管理人员不得兼任监事。股份有限公司设立监事会，其成员不得少于 3 人。董事、高级管理人员不得兼任监事。

4. 国有独资公司监事会是对公司的财务状况和业务执行情况实施监督检查的机构，其成员不得少于 5 人，其中职工代表的比例不得低于 1/3，具体比例由公司章程规定。监事会成员由国有资产监督管理机构委派，但是，监事会成员中的职工代表由公司职工代表大会选举产生。监事会主席由国有资产监督管理机构从监事会成员中指定。

5. 独立董事是指不在公司担任除董事外的其他职务，并与其所受聘的上市公司及其主要股东不存在可能妨碍其进行独立、客观判断的关系的董事。独立董事具有专家性、独立性、兼职性的特点。我国《公司法》规定上市公司必须设立独立董事，具体办法由国务院规定。独立董事应当按照相关法律、法规及公司章程的要求，认真履行职责，维护公司整体利益，尤其要关注中小股东的合法权益不受损害。独立董事应当独立履行职责，不受上市公司主要股东、实际控制人或者其他与上市公司存在利害关系的单位或个人的影响。

6. 控股股东是指其出资额占有限责任公司资本总额50%以上，或者其持有的股份占股份有限公司股本总额50%以上的股东；出资额或者持有股份的比例虽然不足50%，但依其出资额或者持有的股份所享有的表决权，已足以对股东会、股东大会的决议产生重大影响的股东。

7. 在股份公司中，产权是明晰的，投资者依其投入资本的比重，参与公司的利润分配，享有所有者权益；依其股权比重，通过公司股东大会、董事会，参与公司的重要决策，其中包括选择经理层。这就是所谓的“用手投票”。同时，投资者还拥有另一种选择权，即“用脚投票”——卖掉其持有的公司股票。“用脚投票”一般发生于股东感到投资无利可图，或对公司的决策持反对态度，但又无力改变时。

8. 累积投票制是指股东大会选举董事或者监事时，每一股份拥有与应选董事或者监事人数相同的表决权，股东拥有的表决权可以集中使用。股东大会选举董事、监事，可以根据公司章程的规定或者股东大会的决议，实行累积投票制。这是为在选举公司董事、监事时，更好地体现小股东的意志而设计的制度。

9. 实际控制人是指虽不是公司的股东，但通过投资关系、协议或者其他安排，能够实际支配公司行为的人。为了保护股东尤其是中小股东的权益和公司利益，我国《公司法》禁止实际控制人利用其关联关系损害公司利益，公司为实际控制人提供担保的，必须经股东会或者股东大会决议，且实际控制人支配的股东应回避表决，经出席会议的其他股东所持表决权的过半数通过。

选择题

（一）单项选择题

1. B。国有独资公司董事会成员中的职工代表由公司职工代表大会选举产生。

2. D。股东会会议作出修改公司章程、增加或者减少注册资本的决议，以及公司合并、分立、解散或者变更公司形式的决议，必须经代表2/3以上表决权的股东通过。

3. A。创立大会应有代表股份总数过半数的发起人、认股人出席，方可举行。

4. B。发起人持有的本公司股份，自公司成立之日起1年内不得转让。公司公开发行股份前已发行的股份，自公司股票在证券交易所上市交易之日起1年内不得转让。公司董事、监事、高级管理人员应当向公司申报所持有的本公司的股份及其变动情况，在任职期间每年转让的股份不得超过其所持有本公司股份总数的25%；所持本公司股份自公司股票上市交易之日起1年内不得转让。

5. A。《公司法》第112条第1款规定，董事会会议，应由董事本人出席；董事因故不能出席，可以书面委托其他董事代为出席，委托书中应载明授权范围。

6. B。《公司法》第148条第1款第4项规定，公司董事、高级管理人员不得违反公司章程的规定，未经股东会、股东大会同意，与本公司订立合同或者进行交易。

7. C。A、B、D项符合《公司法》的规定。C项错误，因为一人有限责任公司是有限责任公司的特殊形式，除要遵守《公司法》关于一人有限责任公司的特殊规定外，还需符合关于有限责任公司的一般规定。一人有限责任公司用公司资本的一部分投资另一公司的，应当采用书面形式，并由股东签字后置备于公司。

8. A。董事任期由公司章程规定，但每届任期不得超过3年。董事任期届满，连选可以连任。

9. C。《公司法》第112条第3款规定：董事应当对董事会的决议承担责任。董事会的决议违反法律、行政法规或者公司章程、股东大会决议，致使公司遭受严重损失的，参与决议的董事对公司负赔偿责任。但经证明在表决时曾表明异议并记载于会议记录的，该董事可以免除责任。

10. D。董事、高级管理人员执行公司职务时违反法律、行政法规或者公司章程的规定，给公司造成损失的，应当承担赔偿责任。有限责任公司的股东、股份有限公司连续180日以上单独或者合计持有公司1%以上股份的股东，可以书面请求监事会或者不设监事会的有限责任公司的监事向人民法院提起诉讼，监事会、不设监事会的有限责任公司的监事，或者董事会、执行董事，收到前述规定的股东书面请求后拒绝提起诉讼，或者自收到请求之日起30日内未提起诉讼，或者情

况紧急，不立即提起诉讼将会使公司利益受到难以弥补的损害的，上述规定的股东有权为了公司的利益以自己的名义直接向人民法院提起诉讼。

11. C。参见《公司法》第 46 条、第 49 条之规定，A、B、D 三项都是经理的职权。

12. B。有限责任公司首次股东会会议由出资最多的股东召集和主持，因此应由丙召集和主持，因此，A 项错；监事的任期每届为 3 年，因此，C 项错；除法律有特殊规定外，有限责任公司不可以投资设立承担无限责任的企业，因此 D 项错。

13. C。A、B 项错误，因为发起人持有的本公司股份，自公司成立之日起 1 年内不得转让；公司董事、监事、高级管理人员所持本公司股份自公司股票上市交易之日起 1 年内不得转让。C 项正确，因为公司将股份奖励给本公司职工，可以收购本公司股份，应当经股东大会决议。D 项错误，因为《公司法》明确规定，公司不得接受本公司的股票作为质押权的标的。

14. D。《公司法》第 152 条规定："董事、高级管理人员违反法律、行政法规或者公司章程的规定，损害股东利益的，股东可以向人民法院提起诉讼。"

15. D。代表 1/10 以上表决权的股东、1/3 以上的董事、监事会或者不设监事会的公司的监事有权提议召开临时会议。

16. B。发起人持有的本公司股份，自公司成立之日起 1 年内不得转让。

17. C。《公司法》第 146 条第 1 款规定，有下列情形之一的，不得担任公司的董事、监事、高级管理人员：(1) 无民事行为能力或者限制民事行为能力；(2) 因贪污、贿赂、侵占财产、挪用财产或者破坏社会主义市场经济秩序，被判处刑罚，执行期满未逾 5 年，或者因犯罪被剥夺政治权利，执行期满未逾 5 年；(3) 担任破产清算的公司、企业的董事或者厂长、经理，对该公司、企业的破产负有个人责任的，自该公司、企业破产清算完结之日起未逾 3 年；(4) 担任因违法被吊销营业执照、责令关闭的公司、企业的法定代表人，并负有个人责任的，自该公司、企业被吊销营业执照之日起未逾 3 年；(5) 个人所负数额较大的债务到期未清偿。

18. B。《公司法》第 71 条第 2 款、第 3 款规定：股东向股东以外的人转让股权，应当经其他股东过半数同意。股东应就其股权转让事项书面通知其他股东征求同意，其他股东自接到书面通知之日起满 30 日未答复的，视为同意转让。其他股东半数以上不同意转让的，不同意的股东应当购买该转让的股权；不购买的，视为同意转让。经股东同意转让的股权，在同等条件下，其他股东有优先购买权。两个以上股东主张行使优先购买权的，协商确定各自的购买比例；协商不成的，按照转让时各自的出资比例行使优先购买权。故 A、C、D 项正确，B 项错误，为应选项。

19. C。参见我国《公司法》第 37 条第 1 款第 1 项、第 4 项、第 10 项之规定。C 项是董事会的职权。

20. D。《公司法》第 16 条第 1 款、第 2 款规定：公司向其他企业投资或者为他人提供担保，按照公司章程的规定，由董事会或者股东会、股东大会决议；公司章程对投资或者担保的总额及单项投资或者担保的数额有限额规定的，不得超过规定的限额。公司为公司股东或者实际控制人提供担保的，必须经股东会或者股东大会决议。

21. A。有限责任公司股东向股东以外的人转让股权，应当经其他股东过半数同意。

22. D。股东会有解任董事的权力，但须有正当的理由。因此，答案为 D 项。

23. C。公司股东滥用股东权利给公司或者其他股东造成损失的，应当依法承担赔偿责任。本题中甲公司利用其股东地位致使丙公司亏损，应承担赔偿责任。

24. B。本题考查公司陷入僵局，股东请求强制解散的知识点。《公司法》第 182 条规定：公司经营管理发生严重困难，继续存续会使股东利益受到重大损失，通过其他途径不能解决的，持有公司全部股东表决权 10%以上的股东，可以请求人民法院解散公司。故甲、乙均有权向法院请求解散公司，B 项正确。

25. C。董事、高级管理人员未经股东会或者股东大会同意，利用职务便利为自己或者他人谋取属于公司的商业机会，自营或者为他人经营与所任职公司同类的业务，所得的收入应当归公司所有。

26. A。《公司法》第 111 条规定，董事会作出决议，必须经全体董事的过半数通过。

27. A。董事、高级管理人员不得兼任监事。

28. D。《公司法》第 101 条规定：股东大会会议由董事会召集，董事长主持；董事长不能履行职务或者不履行职务的，由副董事长主持；副董事长不能履行职务或者不履行职务的，由半数以上董事共同推举一名董事主持。董事会不能履行或者不履行召集股东大会会议职责的，监事会应当及时召集和主持；监事会不召集和主持的，连续 90 日以上单独或者合计持有公司 10%以上股份的股东可以自行召集和主持。

29. B。《公司法》第 149 条规定，董事……高级管理人员执行公司职务时违反法律、行政法规或者公司章程的规定，给公司造成损失的，应当承担赔偿责任。第 151 条第 1 款、第 2 款规定：董事、高级管理人员有本法第 149 条规定的情形的，有限责任公司的股东、股份有限公司连续 180 日以上单独或者合计持有公司 1%以上股份的股东，可以书面请求监事会或者不设监事会的有限责任公司的监事向人民法院提起诉讼……监事会、不设监事会的有限责任公司的监事……收到前款规定的股东书面请求后拒绝提起诉讼，或者自收到请求之日起 30 日内未提起诉讼，或者情况紧急、不立即提起诉讼将会使公司利益受到难以弥补的损害的，前款规定的股东有权为了公司的利益以自己的名义直接向人民法院提起诉讼。

30. A。根据《公司法》第 71 条第 3 款，乙、丙在同等条件下享有优先购买权，而非在任何情况下都享有优先购买权。因此，B 项错误。有限责任公司的股东对外转让股权时主体是股东，受让人应该将股权转让款支付给出让的股东，而非公司。取得公司股东资格并不是以工商变更登记为生效要件。

31. D。根据《公司法》第 33 条的规定，股东要求查阅公司会计账簿的，应当向公司提出书面请求，说明目的。因此，张某只能以书面形式提出查账请求，故 A 项错误。根据第 39 条第 2 款规定，代表 1/10 以上表决权的股东提议召开临时会议的，应当召开临时会议，而张某持股 5%，无权提议召开临时股东会。故 B 项错误。根据《公司法》第 33 条规定，公司有合理根据认为股东查阅会计账簿有不正当目的，可能损害公司合法利益的，可以拒绝提供查阅，并应当自股东提出书面请求之日起 15 日内书面答复股东并说明理由。红叶公司与枫林公司均从事保险经纪业务，红叶公司据此有合理根据认为张某查阅会计账簿有不正当目的，可以拒绝，但红叶公司无权要求张某先向监事会提出查账要求。故 D 项正确，C 项错误。

32. A。甲公司利用其在零盛公司的控股地位，将零盛公司的资产全部用于甲公司的一个大型投资项目，造成甲公司与零盛公司的财产混同，应当适用《公司法》第 20 条第 3 款“揭开公司面纱”，否认零盛公司的独立人格，直接追索公司背后滥用股东权利的甲公司的责任，使甲公司对丙公司承担连带清偿责任。故 A 项正确。

33. D。公司业务需要车辆，蔡某与公司签订的合同是在双方真实意思表示的情况下成立生效的，且不存在《合同法》第 52 条规定的合同无效的情形，所以租赁合同是有效的，A 项错误。《公司法》第 49 条第 1 款规定，有限责任公司可以设经理，由董事会决定聘任或者解聘。故 B 项错误。第 11 条规定：“设立公司必须依法制定公司章程。公司章程对公司、股东、董事、监事、高级管理人员具有约束力。”蔡某作为公司的总经理，应当受到公司章程约束，所以 C 项错误。第 148 条规定，董事、高级管理人员不得违反公司章程的规定或者未经股东会、股东大会同意，与本公司订立合同或者进行交易。董事、高级管理人员违反该规定所得的收入应当归公司所有。本题中蔡某作为烽源公司的高级管理人员，违反公司章程规定，与本公司订立合同或者进行交易，其收入应当归公司所有，而公司也有拒绝其支付租金请求的权利，所以 D 项正确。

34. C。《公司法》第 49 条第 1 款规定：“有限责任公司可以设经理，由董事会决定聘任或者解聘。”因此，是董事会而非董事长有权聘任公司总经理，故 A 项错误。对于公司而言，享有以公司名义对外签订合同的法定代理权的主体只能是公司的法定代表人，根据《公司法》第 13 条，公司法定代表人依照公司章程的规定，由董事长、执行董事或者经理担任，而不一定就是经理。故 B 项错误。《公司法》第 49 条第 1 款规定：“经理对董事会负责，行使下列职权：……（四）拟订公司的基本管理制度；（五）制定公司的具体规章”。

故C项正确。根据《公司法》第46条和第49条第1款规定，聘任公司财务负责人是董事会的权限，总经理只是有权提请董事会聘任而已。故D项错误。

35.D。根据《公司法》第182条的规定，李桃只能提起司法解散之诉，不能起诉各董事履行对公司的忠实义务和勤勉义务。故A项错误。根据《公司法司法解释（二）》第2条规定，发起人李桃提起解散公司诉讼时不可同时提出清算申请，否则人民法院不予受理。故B项错误。根据《公司法司法解释（二）》第3条规定，股东提起解散公司诉讼时可以向法院申请财产保全，但必须提供担保且不影响公司正常运营。故C项错误。根据《公司法司法解释（二）》第4条规定："股东提起解散公司诉讼应当以公司为被告。"故D项正确。

36.A。根据证监会《独立董事指导意见》规定，上市公司董事会成员中应当至少包括1/3的独立董事。故A项正确。在独立董事中，至少包括一名会计专业人士，对是否包括法律专业人士未作要求。故B项错误。独立董事原则上最多在5家上市公司兼任独立董事。故C项错误。《独立董事指导意见》第3条规定，"直接或间接持有上市公司已发行股份1%以上或者是上市公司前十名股东中的自然人股东及其直系亲属"不得担任独立董事，但并未绝对禁止独立董事持有本公司股份，只是进行了数额限制。故D项错误。

37.B。《公司法》第75条规定："自然人股东死亡后，其合法继承人可以继承股东资格；但是，公司章程另有规定的除外。"故A、C、D三项正确。《公司法》第44条第3款规定，董事长、副董事长的产生办法由公司章程规定。故B项错误。

38.C。《公司法》第50条第2款规定："执行董事的职权由公司章程规定。"第37条第1款规定："股东会行使下列职权：（一）决定公司的经营方针和投资计划；……（六）审议批准公司的利润分配方案和弥补亏损方案……"由此可知，对外投资、利润分配方案的决定权是由股东会行使的。本题中，公司章程并没有特别规定执行董事的职权，刘某无权决定投资计划与利润分配方案，故A、D项错误。

《公司法》第71条第2款规定："股东向股东以外的人转让股权，应当经其他股东过半数同意。股东应就其股权转让事项书面通知其他股东征求同意，其他股东自接到书面通知之日起满三十日未答复的，视为同意转让。其他股东半数以上不同意转让的，不同意的股东应当购买该转让的股权；不购买的，视为同意转让。"可见，公司股权的转让是否有效，源于法律的规定，不是由执行董事决定，故B项错误。

《公司法》第49条第1款规定，有限责任公司可以设经理，由董事会决定聘任或者解聘。因此，执行董事对经理的聘用与解聘具有决定权，刘某可以聘任公司经理，故C项正确。

39.B。《公司法》第43条规定："股东会的议事方式和表决程序，除本法有规定的外，由公司章程规定。股东会会议作出修改公司章程、增加或者减少注册资本的决议，以及公司合并、分立、解散或者变更公司形式的决议，必须经代表三分之二以上表决权的股东通过。"新增注册资本的决议不需要2/3以上的股东人数同意，而是需代表2/3以上表决权的股东同意。故A项错误。《公司法》第178条第1款规定："有限责任公司增加注册资本时，股东认缴新增资本的出资，依照本法设立有限责任公司缴纳出资的有关规定执行。"第26条第1款规定："有限责任公司的注册资本为在公司登记机关登记的全体股东认缴的出资额。"因此，股东认缴的新增出资额可分期缴纳，故B项正确。《公司法》第34条规定："股东按照实缴的出资比例分取红利；公司新增资本时，股东有权优先按照实缴的出资比例认缴出资。但是，全体股东约定不按照出资比例分取红利或者不按照出资比例优先认缴出资的除外。"故C项错误。《公司法司法解释（三）》第13条第4款规定："股东在公司增资时未履行或者未全面履行出资义务，依照本条第一款或者第二款提起诉讼的原告，请求未尽公司法第一百四十七条第一款规定的义务而使出资未缴足的董事、高级管理人员承担相应责任的，人民法院应予支持；董事、高级管理人员承担责任后，可以向被告股东追偿。"《公司法》第147条第1款规定："董事、监事、高级管理人员应当遵守法律、行政法规和公司章程，对公司负有忠实义务和勤勉义务。"由此可知，董事长承担责任的前提是对公司未尽到忠实义务或勤勉义

务，是一种过错责任，而不是连带责任，故D项错误。

40. D。《公司法》第33条第2款规定：“股东可以要求查阅公司会计账簿。股东要求查阅公司会计账簿的，应当向公司提出书面请求，说明目的。公司有合理根据认为股东查阅会计账簿有不正当目的，可能损害公司合法利益的，可以拒绝提供查阅，并应当自股东提出书面请求之日起十五日内书面答复股东并说明理由。公司拒绝提供查阅的，股东可以请求人民法院要求公司提供查阅。”股东对公司账簿是可以申请查阅，而不能复制，且查阅必须经过书面申请，故A项错误。《公司法》第97条规定：“股东有权查阅公司章程、股东名册、公司债券存根、股东大会会议记录、董事会会议决议、监事会会议决议、财务会计报告，对公司的经营提出建议或者质询。”可见，股份公司股东仅有权查阅董事会会议记录，但无权复制，故B项错误。《公司法》第182条规定：“公司经营管理发生严重困难，继续存续会使股东利益受到重大损失，通过其他途径不能解决的，持有公司全部股东表决权百分之十以上的股东，可以请求人民法院解散公司。”《公司法司法解释（二）》第1条第2款规定：“股东以知情权、利润分配请求权等权益受到损害，或者公司亏损、财产不足以偿还全部债务，以及公司被吊销企业法人营业执照未进行清算等为由，提起解散公司诉讼的，人民法院不予受理。”由此可知，股东不能以知情权受到侵害为由而提起公司解散之诉，故C项错误。《合伙企业法》第28条第2款规定：“合伙人为了解合伙企业的经营状况和财务状况，有权查阅合伙企业会计账簿等财务资料。”故D项正确。

41. C。《公司法》第22条第1、2款规定：“公司股东会或者股东大会、董事会的决议内容违反法律、行政法规的无效。股东会或者股东大会、董事会的会议召集程序、表决方式违反法律、行政法规或者公司章程，或者决议内容违反公司章程的，股东可以自决议作出之日起六十日内，请求人民法院撤销。”转让公司分店的决议程序、表决方式没有违反法律、行政法规的规定，决议的内容也没有违反公司章程的规定，丙不能要求法院撤销该决议，故A项错误。《公司法》第182条规定：“公司经营管理发生严重困难，继续存续会使股东利益受到重大损失，通过其他途径不能解决的，持有公司全部股东表决权百分之十以上的股东，可以请求人民法院解散公司。”《公司法司法解释（二）》第1条第2款规定：“股东以知情权、利润分配请求权等权益受到损害，或者公司亏损、财产不足以偿还全部债务，以及公司被吊销企业法人营业执照未进行清算等为由，提起解散公司诉讼的，人民法院不予受理。”因此，丙不能以其权利受到侵害为由，提起公司解散之诉，故B项错误。《公司法》第74条第1款规定：公司合并、分立、转让主要财产的，对股东会该项决议投反对票的股东可以请求公司按照合理的价格收购其股权。由该条可知，丙对股东会的决议有异议，可以要求公司按照合理的价格收购其股权，故C项正确。《公司法司法解释（三）》第17条第1款规定：“有限责任公司的股东未履行出资义务或者抽逃全部出资，经公司催告缴纳或者返还，其在合理期间内仍未缴纳或者返还出资，公司以股东会决议解除该股东的股东资格，该股东请求确认该解除行为无效的，人民法院不予支持。”可见，撤销公司股东资格必须因为股东未履行出资义务或者抽逃出资，经公司催告仍没有在合理期间内缴纳或者返还出资，股东会方可决议解除该股东的股东资格，故D项错误。

（二）多项选择题

1. AD。A、D项违反《公司法》的规定：损害股东利益的，股东可以向人民法院提起诉讼。B项中，董事会或者执行董事不能履行或者不履行召集股东会会议职责的，由监事会或者不设监事会的公司的监事召集和主持；监事会或者监事不召集和主持的，代表1/10以上表决权的股东可以自行召集和主持。C项中制订合并方案是董事会的权限，金某不同意可以投反对票，并在会议记录上签名。

2. AC。公司可以向其他企业投资，但是，除法律另有规定外，不得成为对所投资企业的债务承担连带责任的出资人。因此，A项不符合。C项也不符合公司债券发行的条件。

3. AD。我国《公司法》第91条规定，发起人、认股人缴纳股款或者交付抵作股款的出资后，除未按期募足股份、发起人未按期召开创立大会或者创立大会决议不设立公司的情形外，不得抽

回其股本。

4. ABD。公司董事对公司具有忠实、竞业禁止、保密等多项义务，A、B、D项均是其应履行的义务。C项中竞业禁止的范围是禁止自营或者为他人经营与所任职公司同类的业务。

5. ABCE。D项中聘任或者解聘公司经理属于公司董事会的职权，其他各项均是董事长的职权。

6. ABD。《公司法司法解释（三）》第12条规定：公司成立后，公司、股东或者公司债权人以相关股东的行为符合下列情形之一且损害公司权益为由，请求认定该股东抽逃出资的，人民法院应予支持：（1）将出资款项转入公司账户验资后又转出；（2）通过虚构债权债务关系将其出资转出；（3）制作虚假财务会计报表虚增利润进行分配；（4）利用关联交易将出资转出；（5）其他未经法定程序将出资抽回的行为。

7. AB。《公司法》第28条第2款规定：股东不按照前款规定缴纳出资的，除应当向公司足额缴纳外，还应当向已按期足额缴纳出资的股东承担违约责任。第30条规定：有限责任公司成立后，发现作为设立公司出资的非货币财产的实际价额显著低于公司章程所定价额的，应当由交付该出资的股东补足其差额；公司设立时的其他股东承担连带责任。因此，C项中公司财产不足清偿的债务部分，由甲在出资限额内承担责任，其他7个股东承担连带责任。D项中甲的声明对内、对外都没有效力。对内，甲对公司其他股东承担违约责任；对外，以出资为限承担责任。故A、B两项正确。

8. BD。本题考查的是股东代表诉讼，即在符合一定条件下，股东以个人名义向法院提起诉讼，以维护公司的合法权益。《公司法》第149条规定："董事、监事、高级管理人员执行公司职务时违反法律、行政法规或者公司章程的规定，给公司造成损失的，应当承担赔偿责任。"第151条规定："董事、高级管理人员有本法第149条规定的情形的，有限责任公司的股东、股份有限公司连续一百八十日以上单独或者合计持有公司百分之一以上股份的股东，可以书面请求监事会或者不设监事会的有限责任公司的监事向人民法院提起诉讼；监事有本法第149条规定的情形的，前述股东可以书面请求董事会或者不设董事会的有限责任公司的执行董事向人民法院提起诉讼。监事会、不设监事会的有限责任公司的监事，或者董事会、执行董事收到前款规定的股东书面请求后拒绝提起诉讼，或者自收到请求之日起三十日内未提起诉讼，或者情况紧急、不立即提起诉讼将会使公司利益受到难以弥补的损害的，前款规定的股东有权为了公司的利益以自己的名义直接向人民法院提起诉讼。他人侵犯公司合法权益，给公司造成损失的，本条第一款规定的股东可以依照前两款的规定向人民法院提起诉讼。"对照上述规定，B、D项正确。本题需注意区分有限责任公司和股份有限公司股东代表诉讼的主体的不同：有限责任公司的股东均具有代表诉讼的主体资格，股份有限公司要求连续180日以上单独或者合计持有公司1%以上股份的股东才有代表诉讼的主体资格。

9. CD。《公司法》第71条第2款、第3款规定：有限责任公司股东向股东以外的人转让股权，应当经其他股东过半数同意。股东应就其股权转让事项书面通知其他股东征求同意，其他股东自接到书面通知之日起满30日未答复的，视为同意转让。其他股东半数以上不同意转让的，不同意的股东应当购买该转让的股权；不购买的，视为同意转让。经股东同意转让的股权，在同等条件下，其他股东有优先购买权。

10. ABD。《公司法》第74条第1款第1项规定：公司连续5年不向股东分配利润，而公司该5年连续盈利并且符合本法规定的分配利润条件的，对股东会该项决议投反对票的股东可以请求公司按照合理的价格收购其股权。本题中，公司连续5年盈利，但是连续5年不对股东分配利润，乙为异议股东，有权请求公司以合理价格收购其股权。《公司法》第71条第2款规定，股东向股东以外的人转让股权，应当经其他股东过半数同意。故D项错误。

11. ABC。公司法定代表人依照公司章程的规定，由董事长、执行董事或者经理担任；经理还需对股东会负责。公司董事会可以决定由董事会成员兼任经理。董事、高级管理人员不得兼任监事。

12. CD。《公司法》第146条第1款规定："有下列情形之一的，不得担任公司的董事、监事、高级管理人员：(一）无民事行为能力或者限制民事行为能力；（二）因贪污、贿赂、侵占财产、挪用财产或者破坏社会主义市场经济秩序，被判处刑罚，执行期满未逾五年，或者因犯罪被剥夺政治权利，执行期满未逾五年；（三）担任破产清算的公司、企业的董事或者厂长、经理，对该公司、企业的破产负有个人责任的，自该公司、企业破产清算完结之日起未逾三年；（四）担任因违法被吊销营业执照、责令关闭的公司、企业的法定代表人，并负有个人责任的，自该公司、企业被吊销营业执照之日起未逾三年；（五）个人所负数额较大的债务到期未清偿。”

13. ABCE。A、B、C、E 项为有限责任公司必须经代表 2/3 以上表决权的股东通过的特殊事项。D 项中股东向公司以外的人转让出资的，应当经其他股东过半数同意。

14. ABE。国有独资公司的合并、分立、解散与增减注册资本、发行公司债券，必须由国有资产监督管理机构决定。

15. CDE。《公司法》第 39 条第 2 款规定，代表 1/10 以上表决权的股东、1/3 以上的董事、监事会或者不设监事会的公司的监事提议召开临时会议的，应当召开临时会议。第 100 条规定：股东大会应当每年召开一次年会。有下列情形之一的，应当在两个月内召开临时股东大会：（1）董事人数不足法定人数或者公司章程所定人数的 2/3 时；（2）公司未弥补的亏损达实收股本总额 1/3 时；（3）单独或者合计持有公司 10%以上股份的股东请求时；（4）董事会认为必要时；（5）监事会提议召开时；（6）公司章程规定的其他情形。

16. ACD。董事会会议应有过半数的董事出席方可举行。董事会作出决议，必须经全体董事的过半数通过。故 B 项正确，A、C、D 项错误。

17. BCD。A 项说法正确，考查的是董事会的法定人数及表决委托；B 项须股东会决定；C、D 项说法错误：解聘总经理和记载所有决议事项是没错的，但应由全部出席会议的董事与记录员签名。

18. AC。根据《公司法》规定，负责召开股东会和决定公司的经营计划与投资方案是有限责任公司的董事会的职权。决定公司增加或者减少注册资本的方案，审查批准公司弥补亏损方案属于公司股东会的职权。

19. ACD。公司营业执照应当载明公司的名称、住所、注册资本、实收资本、经营范围、法定代表人姓名等事项。公司营业执照记载的事项发生变更的，公司应当依法办理变更登记，由公司登记机关换发营业执照。

20. AB。我国《公司法》规定，国有独资公司以及两个以上国有投资主体投资设立的有限责任公司，应当设立职工代表大会。

21. CD。国有独资公司不设股东会，由国有资产监督管理机构行使股东会职权，国有资产监督管理机构可以授权公司董事会行使股东会的部分职权。

22. AB。《公司法》对国有独资公司有以下特殊规定：（1）不设股东会，由国有资产监督管理机构行使股东会职权，可以授权董事会行使股东会部分职权。（2）董事会成员由国有资产监督管理机构委派，其中应当有职工代表。董事长、副董事长由国有资产监督管理机构从董事会成员中指定。（3）经理由董事会选任、解聘。经国有资产监督管理机构同意，董事会成员可以兼任经理。（4）监事会不得少于 5 人，职工代表比例不得低于 1/3，监事会主席由国有资产监督管理机构从监事会成员中指定。

23. CD。公司为公司股东或者实际控制人提供担保的，必须经股东会或者股东大会决议。拟被担保的股东或者实际控制人支配的股东，不得参加表决。该项表决由出席会议的其他股东所持表决权的过半数通过。

24. BCD。根据《公司法》第 53 条规定，监事会可以提议召开临时股东会会议，但无权提议召开董事会。故 A 项错误、B 项正确。监事会有权对董事、高级管理人员执行公司职务的行为进行监督，对违反法律、行政法规、公司章程或者股东会决议的董事、高级管理人员提出罢免的建议。故 C 项正确。监事会可以聘请律师协助调查，所以 D 项正确。

25. AC。《公司法》第 124 条规定：“上市公司董事与董事会会议决议事项所涉及的企业有关联关系的，不得对该项决议行使表决权，也不得代理其他董事行使表决权。该董事会会议由过半数的无关联关系董事出席即可举行，董事会会议所

作决议须经无关联关系董事过半数通过。出席董事会的无关联关系董事人数不足三人的，应将该事项提交上市公司股东大会审议。”星煌公司董事梁某作为准备投资的坤诚公司副董事长的丈夫，就投资坤诚公司与该事项有关联关系，不得行使表决权，也不能由别人代理行使，所以A项正确，B项错误。若参加董事会人数不足，则应提交股东大会审议，故C项正确。《公司法》第16条第1款规定：“公司向其他企业投资或者为他人提供担保，依照公司章程的规定，由董事会或者股东会、股东大会决议；公司章程对投资或者担保的总额及单项投资或者担保的数额有限额规定的，不得超过规定的限额。”星煌公司最终能否投资于坤诚公司，应当按照公司章程由董事会或者股东大会决议，题目中并未提到决议的结果，所以D项错误。

26. BD。根据《公司法》第164条第1款规定，公司应当在每一会计年度终了时编制财务会计报告，并依法经会计师事务所审计，而不能自行审计。故A项错误。《公司法》第166条第2款规定：“公司的法定公积金不足以弥补以前年度亏损的，在依照前款规定提取法定公积金之前，应当先用当年利润弥补亏损。”故B项正确。《公司法》第168条第1款规定：“公司的公积金用于弥补公司的亏损、扩大公司生产经营或者转为增加公司资本。但是，资本公积金不得用于弥补公司的亏损。”故C项错误。第168条第2款规定：“法定公积金转为资本时，所留存的该项公积金不得少于转增前公司注册资本的百分之二十五。”故D项正确。

27. AB。按照《公司法》第37条的规定，股东会决定有关董事、监事的报酬事项，因此，A项正确，C项错误。《上市公司治理准则》第39条规定，经股东大会批准，上市公司可以为董事购买责任保险，因此，B项正确。社会保险属于强制险，无须公司股东会批准，故D项错误。

28. CD。平昌公司作为独立的法人，有独立的银行账户。本题中，债务人姜某将40万元打入李方的个人账户，而非平昌公司的指定账户，由于货币的特殊属性，谁占有即归谁，因而，40万元的所有权不属于平昌公司，故A项错误。本题中，李方并无《公司法》第146条规定的情形，因此具备担任董事长资格，故B项错误。《公司法》第13条规定：“公司法定代表人依照公司章程的规定，由董事长、执行董事或者经理担任，并依法登记。公司法定代表人变更，应当办理变更登记。”李方是公司的董事长，作为公司的法定代表人，姜某有理由相信李方代表平昌公司，且姜某善意无过错，因此姜某的清偿行为有效，故C项正确。《公司法》第148条规定，董事、高级管理人员不得将公司资金以其个人名义或者以其他个人名义开立账户存储。董事、高级管理人员违反该规定所得的收入应当归公司所有。因此，姜某打入李方账户的40万元以及借款所得利息均应归平昌公司所有，故D项正确。

（三）不定项选择题

1. C。公司章程变更，应由股东会作出决议，自决议生效时发生变更效力，但应办理变更登记手续。

2. C。尽管甲公司的行为违反了登记管理方面的规定，但购货合同有效，因为刘某是甲公司董事长，其职务行为代表公司。

3. D。汇票为设权、无因票据，符合法定形式即生效力。

4. ACD。国有资产监督管理机构可以授权公司董事会行使股东会的部分职权，决定公司的重大事项，但公司的合并、分立、解散、增减注册资本和发行公司债券，必须由国有资产监督管理机构决定。

5. ABCD。国有独资公司董事会成员由国有资产监督管理机构委派，应当有职工代表。董事长、副董事长由国有资产监督管理机构从董事会成员中指定。经国有资产监督管理机构同意，董事会成员可以兼任经理，也可以兼任其他有限责任公司、股份有限责任公司或其他经营组织的负责人。

6. AB。国有资产监督管理机构依法对国有独资公司的国有资产实施监督管理。国有资产监督机构可以授权公司董事会行使股东会的部分职权，决定公司的重大事项，但公司的合并、分立、解散、增减注册资本和发行公司债券，必须由国有资产监督管理机构决定。国有独资公司出资人职责由国务院或地方人民政府委托本级人民政府国有资产监督管理机构履行。

7. AC。A、C两项内容属于董事会的权限范围；董事、高级管理人员不得兼任监事，财务总监属于高级管理人员的范畴，因此B项违法；公司的投资计划应由股东会决定，D项不符。

8. B。选举和更换非由职工代表担任的董事、监事属于股东会的权限，董事会无权行使。A、C、D项内容属于董事会的权限范围。

9. B。《公司法》规定：代表1/10以上表决权的股东、1/3以上的董事、监事会或者不设监事会的公司的监事提议召开临时会议的，应当召开临时会议。召开股东会会议，应当于会议召开15日以前通知全体股东。题中股东会召集和主持程序违法，故决议无效。

10. AD。《公司法》第40条规定："有限责任公司设立董事会的，股东会会议由董事会召集，董事长主持；董事长不能履行职务或者不履行职务的，由副董事长主持；副董事长不能履行职务或者不履行职务的，由半数以上董事共同推举一名董事主持。有限责任公司不设董事会的，股东会会议由执行董事召集和主持。董事会或者执行董事不能履行或者不履行召集股东会会议职责的，由监事会或者不设监事会的公司的监事召集和主持；监事会或者监事不召集和主持的，代表十分之一以上表决权的股东可以自行召集和主持。"本题中公司董事长不履行召集股东会会议职责，且监事会保持沉默，代表1/10以上表决权的股东可以自行召集和主持，甲持有25%股份，甲、乙、丙三人共同持有40%股份，可以由甲单独或者甲乙丙三人一同召集和主持股东会。所以AD正确。乙只持有公司8%股份，丙只持有公司7%的股份，不符合单独召集和主持股东会的要求，所以BC错误。

11. ABC。《公司法司法解释（三）》第14规定："股东抽逃出资，公司或者其他股东请求其向公司返还出资本息、协助抽逃出资的其他股东、董事、高级管理人员或者实际控制人对此承担连带责任的，人民法院应予支持。公司债权人请求抽逃出资的股东在抽逃出资本息范围内对公司债务不能清偿的部分承担补充赔偿责任、协助抽逃出资的其他股东、董事、高级管理人员或者实际控制人对此承担连带责任的，人民法院应予支持；抽逃出资的股东已经承担上述责任，其他债权人提出相同请求的，人民法院不予支持。"源圣公司董事长陈某协助霓美公司抽逃出资，要在抽逃出资本息范围内对公司债务不能清偿的部门承担连带补充赔偿责任，承担连带返还1亿元的出资义务，A项正确。抽逃出资的股东霓美公司要在抽逃出资本息范围内对公司债务不能清偿的部分承担补充赔偿责任，承担1亿元的利息损失的决议是正确的，所以B项正确。《公司法司法解释（三）》第16条规定："股东未履行或者未全面履行出资义务或者抽逃出资，公司根据公司章程或者股东会决议对其利润分配请求权、新股优先认购权、剩余财产分配请求权等股东权利作出相应的合理限制，该股东请求认定该限制无效的，人民法院不予支持。"霓美公司抽逃出资，股东会决议可以限制其利润分配请求权，故C项正确。《公司法司法解释（三）》第17条第1款规定："有限责任公司的股东未履行出资义务或者抽逃全部出资，经公司催告缴纳或者返还，其在合理期间内仍未缴纳或者返还出资，公司以股东会决议解除该股东的股东资格，该股东请求确认该解除行为无效的，人民法院不予支持。"霓美公司抽逃全部出资，先要经过合理期限催告，经过催告后仍不返还出资的，股东会才可以决议解除霓美公司的股东资格，故D项错误。

12. AD。根据《公司法》第150条、第151条的规定，本题中股东认为董事的失职造成源圣公司的500万元损失，多次书面请求监事会无果，而甲、乙、丙三人分别持股25%、8%、7%，都满足提起股东代表诉讼的条件，所以A项正确、B项错误。股东代表诉讼是股东行使代位权维护公司利益的手段，是为了公司的利益，其诉讼结果应当归公司承担，而不是由股东个人承担，所以C项错误、D项正确。

13. BC。一般禁止公司高级管理人员与本公司订立合同或者进行交易，但公司章程有规定或者经股东会、股东大会同意，可以与本公司订立合同或者进行交易。

14. BCD。参见《公司法》第146条第1款之规定。

15. AB。公司章程可以规定董事长、执行董事、总经理为法定代表人。因此，规模较小、不设董事会的有限责任公司，其法定代表人可以为总经理、执行董事。

16. ACD。董事、高级管理人员不得兼任监事。其中高级管理人员，是指公司的经理、副经理、财务负责人，上市公司董事会秘书和公司章程规定的其他人员。

17. BD。股东会会议作出修改公司章程、增加或者减少注册资本的决议，以及公司合并、分立、解散或者变更公司形式的决议，必须经代表 2/3 以上表决权的股东通过。

18. AD。国有独资公司监事会成员不得少于 5 人，其中职工代表的比例不得低于 1/3，具体比例由公司章程规定。监事会成员由国有资产监督管理机构委派，但是，监事会成员中的职工代表由公司职工代表大会选举产生。监事会主席由国有资产监督管理机构从监事会成员中指定。

简答题

1. 股东大会是公司的权力机构，依照《公司法》行使职权。股东出席股东大会会议，所持每一股份有一表决权。但是，公司持有的本公司股份没有表决权。股东大会作出决议，必须经出席会议的股东所持表决权过半数通过。但是，股东大会作出修改公司章程、增加或者减少注册资本的决议，以及公司合并、分立、解散或者变更公司形式的决议，必须经出席会议的股东所持表决权的 2/3 以上通过。

法律和公司章程规定公司转让、受让重大资产或者对外提供担保等事项必须经股东大会作出决议的，董事会应当及时召集股东大会会议，由股东大会就上述事项进行表决。股东大会选举董事、监事，可以根据公司章程的规定或者股东大会的决议，实行累积投票制。累积投票制，是指股东大会选举董事或者监事时，每一股份拥有与应选董事或者监事人数相同的表决权，股东拥有的表决权可以集中使用。

股东可以委托代理人出席股东大会会议，代理人应当向公司提交股东授权委托书，并在授权范围内行使表决权。

2. 国有独资公司，是指国家单独出资，由国务院或者地方人民政府授权本级人民政府国有资产监督管理机构履行出资人职责的有限责任公司。

国有独资公司不设股东会，由国有资产监督管理机构行使股东会职权。国有资产监督管理机构可以授权公司董事会行使股东会的部分职权，决定公司的重大事项，但公司的合并、分立、解散、增减注册资本和发行公司债券，必须由国有资产监督管理机构决定；其中，重要的国有独资公司合并、分立、解散、申请破产的，应当由国有资产监督管理机构审核后，报本级人民政府批准。

国有独资公司设立董事会，董事每届任期不得超过 3 年。董事会成员中应当有公司职工代表。董事会成员由国有资产监督管理机构委派，但是，董事会成员中的职工代表由公司职工代表大会选举产生。董事会设董事长一人，可以设副董事长，董事长、副董事长由国有资产监督管理机构从董事会成员中指定。

国有独资公司设经理，由董事会聘任或者解聘。经国有资产监督管理机构同意，董事会成员可以兼任经理。

国有独资公司的董事长、副董事长、董事、高级管理人员，未经国有资产监督管理机构同意，不得在其他有限责任公司、股份有限公司或者其他经济组织兼职。

国有独资公司监事会成员不得少于 5 人，其中职工代表的比例不得低于 1/3，具体比例由公司章程规定。监事会成员由国有资产监督管理机构委派；但是，监事会成员中的职工代表由公司职工代表大会选举产生。监事会主席由国有资产监督管理机构从监事会成员中指定。

3. 董事会是股份有限公司必设而又常设的业务执行和经营意思决定机构。有限责任公司股东人数较少和规模较小的，可以设 1 名执行董事，而不设立董事会。董事会由全体董事组成。依《公司法》的规定，有限责任公司董事会成员为 3 人至 13 人，股份有限公司董事会成员为 5 人至 19 人。

董事会行使下列职权：(1) 召集股东会会议，并向股东会报告工作；(2) 执行股东会的决议；(3) 决定公司的经营计划和投资方案；(4) 制订公司的年度财务预算方案、决算方案；(5) 制订公司的利润分配方案和弥补亏损方案；(6) 制订公司增加或者减少注册资本以及发行公司债券的方案；(7) 制订公司合并、分立、解散或者变更

公司形式的方案；（8）决定公司内部管理机构的设置；（9）决定聘任或者解聘公司经理及其报酬事项，并根据经理的提名决定聘任或者解聘公司副经理、财务负责人及其报酬事项；（10）制定公司的基本管理制度；（11）公司章程规定的其他职权。

4. 监事会、不设监事会的公司的监事行使下列职权：（1）检查公司财务；（2）对董事、高级管理人员执行公司职务的行为进行监督，对违反法律、行政法规、公司章程或者股东会决议的董事、高级管理人员提出罢免的建议；（3）当董事、高级管理人员的行为损害公司的利益时，要求董事、高级管理人员予以纠正；（4）提议召开临时股东会会议，在董事会不履行《公司法》规定的召集和主持股东会会议职责时召集和主持股东会会议；（5）向股东会会议提出提案；（6）依照《公司法》第151条的规定，对董事、高级管理人员提起诉讼；（7）公司章程规定的其他职权。监事可以列席董事会会议，并对董事会会议决议事项提出质询或者建议。

监事会、不设监事会的公司的监事发现公司经营情况异常，可以进行调查；必要时，可以聘请会计师事务所等协助其工作，费用由公司承担。

5. 股份有限公司股东大会是公司的权力机关，行使决策权。其基本特征是：由全体股东组成，是非常设机构，是集中反映股东意志的机构。

董事会由股东大会选举产生，并接受它的监督：（1）董事会向股东大会报告工作，由股东大会审议批准；（2）董事会向股东大会负责；（3）董事会的成员不称职时，股东大会决定更换；（4）股东会或者股东大会要求董事、监事、高级管理人员列席会议的，董事、监事、高级管理人员应当列席并接受股东的质询。

6. 公司合并具有以下几方面特征：（1）除吸收合并中吸收公司存续外，其他参与合并的公司和法人资格均归于消失；（2）因合并而消失了的公司的权利、义务（包括但不限于公司的债权、债务），均为存续公司或新设公司概括承受；（3）消失公司的股份全部转换为存续公司或新设公司的股份、债券或现金。在消失公司的股份转换为存续公司或新设公司的股份的情况下，消失公司的股东当然成为存续公司或新设公司的股东；但当消失公司的股份转换为公司的债券或现金时，消失公司的股东即成为存续公司或新设公司的债权人而丧失股东资格。

公司合并的法律效果是：（1）公司的消灭、变更和新设。在新设合并时，参与合并的公司均消灭，在此基础上产生一个新的公司。新设公司应重新制定公司章程，召开创立大会，并办理设立登记。在吸收合并时，只有一个公司继续存在，其余公司消灭，但存续公司的资本、股东等发生了变化，存续公司应修改公司章程，并办理变更登记。（2）权利、义务的概括移转。因合并而消灭的公司，其权利、义务一并移转给合并后存续的公司或新设的公司承受。存续的公司或新设的公司承受的权利、义务不仅包括实体法上的权利、义务，而且包括程序法上的权利、义务。（3）股东资格的当然承继。合并前公司的股东继续成为合并后存续公司或新设公司的股东。原来股东的股份按照合并协议的规定转换为合并后公司的股份。

7. 临时股东大会，是指在两次年会之间因出现法定事由时召开的股东大会。按照我国《公司法》第100条的规定，公司遇有下列情形之一时，应当在2个月内召开临时股东大会：（1）董事人数不足法定人数或者公司章程所定人数的2/3时；（2）公司未弥补的亏损达实收股本总额的1/3时；（3）单独或者合计持有公司10%以上股份的股东请求时；（4）董事会认为必要时；（5）监事会提议召开时；（6）公司章程规定的其他情形。

案例分析题

1.（1）有效。甲公司以未取得所有权之楼房出资仅导致甲公司承担出资不实的法律责任，不影响公司设立的效力。

（2）不合法。丙公司的行为实为抽逃公司资金。

（3）无效。该担保事项应由无关联关系的股东表决决定。

（4）陈某的申报构成破产债权。丁公司对汇票的保证有效；大满公司实为拒绝承兑，陈某对丁公司享有票据追索权。贾某的申报不构成破产债权。贾某的200万元是对丁公司的出资，公司股东不得以出资款向公司主张债权。

(5) B银行申报破产债权的申请应当支持，但无权优先受偿。丁公司与B银行签订的担保合同有效，故B银行的破产债权成立；但该担保是保证担保：B银行不享有担保物权，无权优先受偿。乙公司的请求应当支持。乙公司仍是A楼房的产权人，故其可依法收回该楼房。

(6) 债权人可以向甲公司、丙公司和某会计师事务所追索。甲公司虚假出资，丙公司非法抽逃资金，应对债权人承担连带责任；某会计师事务所明知丁公司设立时甲公司出资不实，仍予验资，应在其虚假验资的范围内承担责任。

2. (1) 有效。理由：股东出资即取得股权，其出资的资金来源不影响股权的取得。

(2) 公司管理机构设置合法；公司管理人员安排不合法。公司财务负责人不能担任监事，也不能担任监事会主席。

(3) 无效。公司注册资本的增加应由股东会作出决议，该决议应在股东会上经代表2/3以上表决权的股东通过方为有效。川南公司董事会成员及监事会主席虽代表公司2/3以上的表决权，但不能就增资事项作决议，故该决议无效。基于无效决议而实施的增资行为也应归于无效。

(4) 不能。离婚协议约定的是由王某补偿其25万元现金，王某将股权抵偿给蓝某的实质是股权的对外转让，而按照《公司法》的规定，有限公司股东对外出让股权应经过公司全体股东过半数同意，董事会无权批准股东对外转让股权。

(5) 应由宋某、李某、王某、周某4人承担。公司的损失源于公司犯罪被判处的罚金，宋某等人担任执行董事、监事、经理职务时违法，是导致这一损失的直接原因，故公司在交纳罚金后，应向宋某等4人追偿。

3. (1) 有下列违法之处：

①通知发出时间违反《公司法》。根据《公司法》的规定，召开股东大会会议，应当于会议召开20日前通知各股东；临时股东大会应当于会议召开15日前通知各股东；发行无记名股票的，应当于会议召开30日前公告。

②通知中未将审议的4个事项列出。根据《公司法》的规定，召开股东大会，应将审议事项通知各股东。

③通知中前两项均违反《公司法》，剥夺了部分股东的表决权。根据是，违反股东平等原则，即《公司法》关于“股东出席大会，所持每一股份有一表决权”的规定。

④通知的第三项强行要求股东选择通信表决形式，剥夺了股东的质询权。

⑤通知由董事长署名，而不是署名公司董事会，违反了股东大会应由有召集权的人召集的规定。根据《公司法》的规定，股东大会由董事会依《公司法》的规定负责召集。

(2) 符合《公司法》要求的召开股东大会年会的通知：

A股份有限公司关于召开2009年度股东大会年会的通知

兹定于2009年5月15日在公司本部办公楼二层会议室召开2009年度股东大会年会，特通知如下：

一、审议事项：

(1) 审议批准董事会报告；

(2) 审议批准监事会报告；

(3) 审议批准年度财务预算方案、决算方案；

(4) 审议批准公司的利润分配方案。

二、请各股东向本公司索要本通知，并持本通知参加股东大会会议，或者，委托代理人持委托书出席股东大会会议。

三、股东也可以向本公司索要“通信表决票”，于2009年5月14日前将作出表示的通信表决票寄送本公司董事会。

A股份有限公司董事会

2009年4月10日

4. (1) 食品公司应当被列为被告。因为股东会是公司的权力机关，股东会作出的决议是公司法人的意思。根据我国《公司法》第22条第2款规定，股东会或者股东大会、董事会的会议召集程序、表决方式违反法律、行政法规或者公司章程，或者决议内容违反公司章程的，股东可以自决议作出之日起60日内，请求人民法院撤销。

(2) 本案中的人民法院应当支持作为原告的2个股东的诉讼请求。因为：根据《公司法》的规定，董事会对股东会负责，有权制订公司增加注册资本的方案；股东会有权对公司增加或者减少注册资本作出决议；股东会会议由股东按照出资比例行使表决权；股东会对公司增加注册资本作出决议，必须经代表2/3以上表决权的股东通过。本案中的股东会在表决增资方案时，只有代表64%的表决权的3个股东赞成，低于《公司法》规定的2/3以上表决权的要求。

5.（1）本案违法事实包括：王某代理出席董事会议；期货投资违反公司章程；议案未得到董事会成员法定多数（即5名以上）通过。因为：公司董事应当遵守法律、行政法规和公司章程，对公司负有忠实义务和勤勉义务。董事会会议，应由董事本人出席；董事因故不能出席，可以书面委托其他董事代为出席，委托书中应载明授权范围。董事会会议应有过半数的董事出席方可举行。董事会作出决议，必须经全体董事的过半数通过。

（2）本案中董事违反公司章程法定义务，给公司造成损失，依据《公司法》的规定，董事应当对董事会的决议承担责任。董事会的决议违反法律、行政法规或者公司章程、股东大会决议，致使公司遭受严重损失的，参与决议的董事对公司负赔偿责任，但经证明在表决时曾表明异议并记载于会议记录的，该董事可以免除责任。本案中承担共同连带赔偿责任的具体责任人包括对议案投赞成票和弃权票的董事。

6.（1）①请求东风公司清偿货款本金与利息；②请求东风公司承担违约责任；③请求行使股权质权（或权利质权）。

（2）①证明其与乙签订了股权质押合同；②证明股权质押已经到工商行政管理部门办理了登记。

（3）甲可以为公司利益直接向法院提起股东派生（代表）诉讼。

（4）该保函具有保证合同的性质，保证合同有效。乙虽然未经股东会同意为银行担保，侵犯了公司利益，但其行为构成表见代理。

（5）甲持有公司20%的股权，可以请求法院解散公司。

7.（1）法院应当责令张某将其20万元所得交给公司。因为，《公司法》规定，公司董事、监事、经理应当遵守公司章程，忠实履行职务，维护公司利益，不得利用在公司的地位和职权为自己谋取私利。董事、监事不得自营或者为他人经营与其所任职公司同类的营业，或者从事损害本公司利益的活动。从事上述营业或活动的，所得收入应当归公司所有。故张某应当将其20万元所得归矿泉水公司所有。

（2）矿泉水股份有限公司股东大会通过决议，罢免张某的董事职务合法。

论述题与深度思考题

1. 公司是基于个人意思自治而组成的契约和进行营利的工具，其本身是一个自律的团体。法律对公司内部关系基本不予干涉，而交由股东自治。公司内部借助股东自治由股东自行决定公司事务，自我管理，自我监督。公司组织机构是公司法律制度的核心，是公司私法自治得以实施的载体。分权、制衡原则不仅在历史上对公司组织机构模式的形成产生过决定性影响，而且至今仍然是判断公司组织机构是否健全和规范的重要依据。

分权、制衡原则是近现代国家组织形式的理论基础，是民主政治、民主管理在公司领域的延伸。该原则要求：第一，权力应是彼此分立的。若权力掌握在同一个或一批人手里，权力能够带来利益的属性就会对人性的弱点造成极大的诱惑，使他们动辄就攫取权力以谋取私利。第二，权力之间是不平等的，并具有相互牵制性。第三，各种权力都是有限的。按照分权、制衡的要求，公司权力分解为决策权、执行权和监督权，并分别由股东会、董事会和监事会行使，三者相互制约，以确保公司不背离股东目标并进行有效运转。

股份有限公司组织机构的分权与制衡原则体现为股东会、董事会（包括经理和监事）的权利、义务及相互关系。（具体论述请参见赵旭东主编．公司法学．3版．322～332页．北京：高等教育出版社，2012，以及《公司法》的相关规定。）

2. 关联交易是关联企业或关联人之间形成的交易行为。明确关联企业、关联人的内涵和外延是从理论上与法律上认定关联交易行为的基础。关联企业是两个或两个以上具有独立法律人格的企业，基于关联关系而结成的企业团体。关联企业可分为两大类：一是控股股东与控制权人，又可分为控股股东、实际控制人和其他控制权人；二是控制权人的其他关联方，又可分为控制权人一定范围的家属、通过协议、信托或其他法律安

排的受控制关联人、控制权人及其关联人所拥有或控制的其他附属公司。

关联交易作为一种有别于一般市场交易的特殊行为，主要具有以下特征：第一，关联交易是在控制权人的意志控制或许可下进行的某种“基本自我交易”。克拉克教授认为，关联交易的“根本含义是：交易表面上发生在两个或两个以上当事方之间，实际上却只由一方决定”。基于此，他将关联交易称为“基本自我交易”。第二，关联交易是在市场行为形式掩盖下的某种特殊交易，其行为内容具有隐蔽性，其交易过程避开了市场交易中必不可免的真实意思表示一致的过程。第三，关联交易是一种其公平性需要由法律控制规则进行保障的交易，也即关联交易本身是一个中性概念，它仅指明了其交易双方主体，并不具有道德判断含义。第四，关联交易的不可避免性。正如关联企业的出现与发展具有客观的、不可避免的性质一样，关联企业最重要的行为即关联交易的存在也是客观的和不可避免的。尽管关联行为具有客观的不可避免性和一定程度上的中性，但这并不妨碍关联企业利用现有法制的漏洞从事有损于公司及其少数股东、债权人的非公平行为。关联交易对公司法、合同法、税法、反垄断法等传统法律产生了挑战，对关联企业与关联交易的控制规则需要进一步建立与完善。

关联交易一方面本身存在客观的、不可避免的性质，对其加以简单的一概禁止是不合理的，也是不可能的；另一方面，为了保障交易公平与交易秩序，法律对于关联交易应当在传统法律原则的基础上创造出有效的控制规则。可见，对于不可避免、合法、合理的关联交易行为，法律应对其效力加以认可；而对于违法的交易行为，法律应对其监督和规制。对不同交易行为应该根据其性质，并依照法律规定结合社会价值判断来评定其效力。（具体内容请参见董安生．关联企业与关联交易的法律控制．中国民商法律网：http：//www.civillaw.com.cn。）

3.（1）股东的权利

股东基于向公司出资而享有的对公司的各种权利，即为股东的权利，通常称为股权或者股东权。股权从具体权能来看以财产权为基本内容，还包含公司内部事务管理权等非财产权内容。

股权可分为自益权与共益权：凡股东以自己的利益为目的而行使的权利是自益权，主要包括发给出资证明的请求权、分配股息红利的请求权、分配公司剩余财产的请求权等；凡股东以自己的利益并兼以公司的利益为目的而行使的权利是共益权，主要包括出席股东会的表决权、查阅公司章程及会计报告的请求权等。

根据我国《公司法》的规定，股东享有下列主要权利：①红利分配请求权。股东有权根据其出资额通过公司盈余获得红利。②剩余财产分配请求权。股东有权在公司解散时对公司在进行法定清偿后的剩余财产请求分配。③增资优先认购权。股东有权在公司增加注册资本时优先认缴出资。④出资转让权。股东有权通过法定方式转让其全部出资或者部分出资。⑤召集或召开股东会会议的请求权。一般情况下，股东会会议由公司董事会根据《公司法》和公司章程的规定召集，但单独或者合计持有公司10%以上股份的股东可以提议召开股东会的临时会议。⑥出席股东会会议权和表决权。股东是股东会的组成人员，有权出席股东会的定期会议和临时会议。⑦选举权和被选举权。股东有权选举或者被选举为公司的董事或监事，也可以被选举为公司的董事长。⑧公司业务执行情况监督检查权。股东有权审议有关公司经营的计划、方案、报告，有权查阅股东会会议记录和公司财务会计报告，有权随时检查公司业务状况和监督公司业务活动。⑨质询权和异议股东股份回购请求权。股东会或者股东大会要求董事、监事、高级管理人员列席会议的，董事、监事、高级管理人员应当列席并接受股东的质询；股东对于股东会或者股东大会作出的公司合并、分立决议等持异议的，可以要求公司以公平、合理的价格收购其持有的公司股份。⑩诉讼救济的权利。特定情况下，股东有权为了公司的利益以自己的名义直接向人民法院提起诉讼；董事、监事、高级管理人员违反法律、行政法规或者公司章程的规定，损害股东利益的，股东可以向人民法院提起诉讼。

（2）股东的义务

一般而言，公司股东须承担如下义务：①向公司缴纳出资的义务。该义务又称出资义务，即股东应按其所承诺的出资额，向公司缴纳出资。

②对公司所负债务的义务。股东对公司所负债务的义务，因公司类型不同而异。有限责任公司与股份有限公司的股东，对公司的债务仅以其出资额或所持股份为限。③其他义务，如遵守公司章程的义务、不得抽回出资的义务等。

4.（1）经理人概述

经理人是商法中的一种特殊行为主体，他以其所享有的特殊权能——经理权为其产生和存在的基础。西方发达国家的商法都不同程度地对经理人及经理权有专门立法。在西方国家，商法中关于经理人或经理权的规定是公司法和相关企业法中关于经理制度规定的基础，它确定了公司等相关企业制度中经理职位的法律性质和权限范围，是其他法律、法规中关于经理制度的立法依据。而在我国，尚无这方面的专门立法，只是《公司法》等才有涉及。

（2）经理人及其经理权的特点

经理人所享有的经理权，从法律性质上说，是一种特殊的代理权。经理人及其所享有的经理权具有以下特点：

①经理人是被商人通过特殊方式授予经理权的人，是典型的直接代理人，他以被代理商人的名义为法律行为。

②经理人在行使权利时，最重要的法律形式是其必须将自己的签名附加在商号上，并且在这个签名上附有标明经理权权限的标记，以使经理人的代理行为与其个人行为相区别。

③经理人的主要权限在于为商主体管理事务，并为商号签名。

④只有完全商人才可以授予代理人经理权；小商人不可以授予他人经理权，即不可以任用经理人。

⑤在商事登记部门履行登记并不是经理人被授予经理权这一法律行为生效的唯一前提条件，必须由商人通过“明确意思表示”方式授予经理权与登记相结合，经理权授予才能生效。因此，不存在隐示经理权或容忍经理权。

⑥经理人所享有的经理权受到权限范围的限制，不少经理权在被授予时其权限范围不同程度地受到限制，如规定经理权只有在一定业务中、一定种类业务中或一定情况下才被行使。不过，根据法律的规定，这种限制只是商主体内部的管理行为，对第三人无效，除非第三人已明知经理权已经受到限制。

⑦经理人所享有的经理权不具有单一性和排他性，一位商人可以同时聘用几位经理人。

（3）经理权的扩张

一般而言，经理由董事会决定聘任或者解聘，对董事会负责。但现代社会中公司内、外部的信息交流日渐繁忙，而决策层和执行层之间存在信息传递阻滞和沟通障碍，影响了经理层对公司重大决策的快速反应和执行能力，因此，传统公司中董事会既充当业务决策机关，又充当执行机关，而经理仅为董事会辅助人的公司治理机制已难以满足公司管理专业化、快速决策的需要。当前世界各国公司决策权有从董事会向经理过渡的趋势，CEO 制度逐渐普及、完善，已成为国际上通行的一种公司治理方式。我国《公司法》规定“公司法定代表人依照公司章程的规定，由董事长、执行董事或者经理担任”，是对旧的公司治理体制的一个突破，为我国未来 CEO 制度创设了空间。

第十章　公司变更、终止

知识逻辑图

- 公司变更、终止
  - 公司变更
    - 章程修改
      - 有权机构：股东（大）会
      - 程序：经代表 2/3 以上表决权的股东表决通过，并应及时办理变更登记
    - 公司形式变更
      - 变更内容：有限责任公司与股份有限公司相互转换
      - 程序：经代表 2/3 以上表决权的股东表决通过，并应办理变更登记
      - 法律后果：变更前的债权、债务由变更后的公司承继
    - 公司合并与分立
      - 公司合并
        - 吸收合并
        - 新设合并
        - 程序
          - ① 董事会制订合并方案
          - ② 经代表 2/3 以上表决权的股东表决通过
          - ③ 编制资产负债表及财产清单
          - ④ 通知、公告债权人
          - ⑤ 变更登记及公告
      - 公司分立
        - 派生分立
        - 新设分立
        - 程序（同公司合并程序）
      - 法律后果
        - 公司合并的，合并各方的债权、债务，应当由合并后存续的公司或新设的公司承继
        - 公司分立的，除债权人、债务人另有约定外，由分立后的公司对分立前公司的债权、债务承担责任
    - 公司资本变更
      - 增加注册资本
      - 减少注册资本（程序与公司合并程序一致）
      - 公司收购本公司股份的例外情形
        - ① 减少公司注册资本
        - ② 与持有本公司股份的其他公司合并
        - ③ 将股份奖励给本公司职工
        - ④ 股东因对股东大会作出的公司合并、分立决议持异议，要求公司收购其股份的
  - 公司终止
    - 公司解散事由
      - 自愿解散事由
        - 公司章程规定的解散事由出现
        - 股东大会决议解散
        - 公司合并、分立导致的解散
      - 强制解散事由
        - 行政命令解散
          - 吊销营业执照
          - 责令关闭
          - 被撤销
        - 法院裁判解散
    - 清算
      - 清算组的组成
        - ① 有限责任公司：由股东组成
        - ② 股份有限公司：由董事或股东大会确定的人员组成
        - ③ 逾期不成立的，由债权人申请法院指定组成清算组
      - 清算组的职权
        - ① 清理公司财产，编制资产负债表及财产清单；② 通知、公告债权人；③ 处理与清算有关的公司未了结的业务；④ 清缴税款；⑤ 处理债权、债务；⑥ 处理剩余财产；⑦ 代表公司诉讼
      - 清算程序
        - ① 通知、公告债权人及债权人申报债权
        - ② 编制资产负债表和财产清单，制订清算方案
        - ③ 清算方案经股东会或股东大会或者人民法院确认，不足以清偿的，向法院申请破产
        - ④ 清算结束的，制作清算报告
        - ⑤ 注销登记、公告

名词解释与概念比较

1. 公司变更
2. 公司合并（考研）
3. 公司分立
4. 公司形式变更
5. 公司解散
6. 公司清算

选择题

（一）单项选择题

1. 某市国有资产管理部门决定将甲、乙两个国有独资公司撤销，合并成立甲股份有限公司，合并后的甲股份有限公司仍使用原甲公司的字号，该合并事项已经有关部门批准，现欲办理商业登记。甲股份有限公司的商业登记属于下列哪一类型的登记？（　　）（司考）

A. 兼并登记　　B. 设立登记
C. 变更登记　　D. 注销登记

2. 某有限责任公司打算与另一公司合并，该合并方案必须经(　　)。

A. 代表 1/2 以上表决权的股东通过
B. 代表 2/3 以上表决权的股东通过
C. 全体股东通过
D. 出席股东会的全体股东通过

3. 下列公司合并方式中，使得合并各方的主体资格均归于消灭的是：(　　)。

A. 吸收合并　　B. 存续合并
C. 创设合并　　D. 并吞合并

4. 我国《公司法》规定，公司减少注册资本(　　)。

A. 自作出减少注册资本决议之日起 1 周内通知债权人
B. 自作出减少注册资本决议之日起 10 日内通知债权人
C. 自编制资产负债表及财产清单后 10 日内通知债权人
D. 自编制资产负债表及财产清单后 1 周内通知债权人

5. 依我国《公司法》的规定，如果有限责任公司向股东以外的人转让出资，必须经(　　)。

A. 其他股东过半数同意
B. 股东过半数通过
C. 全体股东同意
D. 代表 2/3 以上表决权的股东通过

6. 燎原石油有限公司由甲、乙股东投资设立，远大石油有限公司由丙、丁投资设立。之后，燎原石油有限公司被远大石油有限公司合并，股东为甲、乙、丙、丁。合并前，燎原石油有限公司尚有 500 万元债务未偿还。合并完成后，该债务的偿还者应是(　　)。

A. 燎原石油有限公司的股东甲、乙
B. 由两公司协议规定
C. 合并后的远大石油有限公司
D. 合并后的远大石油有限公司股东甲、乙、丙、丁

7. 有限责任公司依法变更为股份有限公司后，原有限责任公司的(　　)。

A. 债权由变更后的股份有限公司承继，债务由原公司承担
B. 债权、债务仍由原公司承担
C. 债权、债务均由变更后的股份有限公司承继
D. 债权、债务经公司登记机关依法确认后，由变更后的股份有限公司承继

8. 有限责任公司自股东会作出减资决议之日起，必须于(　　)。

A. 10 日内通知债权人，并于 30 日内在报纸上公告
B. 15 日内通知债权人，并于 30 日内在公开媒体上至少公告 2 次
C. 30 日内通知债权人，并于 90 日内清偿所有债权
D. 10 日内通知债权人，并于 30 日内清偿所有债权

9. 公司为减少公司注册资本而收购的本公司股份，应当自收购之日起(　　)内注销。

A. 15 日　　B. 30 日
C. 60 日　　D. 10 日

10. 股份有限公司的分立或合并不仅要由股东大会作出决议，并且此项决议须经出席会议的股

东所持表决权的(　　)以上通过。

A. 2/3　　B. 1/2

C. 3/4　　D. 1/3

11. 公司解散可分为自愿解散和强制解散。以下各项中属于公司强制解散的事由是(　　)。

A. 公司营业期限届满

B. 公司合并、分立

C. 公司被依法宣告破产

D. 股东会（股东大会）作出解散公司的决议

12. 2009年，甲、乙、丙、丁共同设立A有限责任公司。丙以下列哪一理由提起解散公司的诉讼，法院应予受理？(　　)

A. 以公司董事长甲严重侵害其股东知情权，其无法与甲合作为由

B. 以公司管理层严重侵害其利润分配请求权，其股东利益受重大损失为由

C. 以公司被吊销企业法人营业执照而未进行清算为由

D. 以公司经营管理发生严重困难，继续存续会使股东利益受到重大损失为由

13. 下面列举的事项中属于破产债权的是(　　)。

A. 破产宣告前成立的设定了抵押权的债权

B. 有财产担保，其数额超过担保物的价款而受清偿的部分债权

C. 罚款

D. 破产宣告时未到期，亦未设定财产担保的债权

14. 某公司因债权人的申请进入破产程序，人民法院召集债权人会议时，应通知(　　)。

A. 全体债权人参加

B. 有财产担保的债权人参加

C. 无财产担保的债权人参加

D. 债权人推选的代表参加

15. 破产财产是由(　　)。

A. 人民法院负责管理

B. 清算组负责管理

C. 由破产企业的职工代表负责管理

D. 由破产企业的上级主管机构负责管理

16. 伟仁乳品有限公司与文生牛奶有限公司合并，为此，两公司组建了由双方指定的人员组成的筹备组。该合并的当事人是(　　)。

A. 参加合并的公司

B. 参加合并的公司的股东

C. 参加合并的公司的董事会

D. 为公司合并组建的筹备组

17. 大华纺织有限公司于2005年5月向某银行借款500万元，在借款未还的情况下，该公司于2008年变更为大华纺织股份有限公司。依《公司法》的规定，该借款应由大华纺织股份有限公司偿还，理由是(　　)。

A. 有限公司财产已全部转入了股份有限公司

B. 公司法人资格延续

C. 两种公司的股东都仅负有限责任

D. 公司的股东未变化

18. 公司解散须进行清算，清算中的公司(　　)。

A. 是有限法人

B. 法人资格尚存

C. 已不具有法人资格

D. 法人资格冻结

19. 在特别清算中，法院(　　)。

A. 指导清算组进行清算

B. 和股东共同指定清算组成员，由清算组清算

C. 直接加入清算并监督特别清算程序

D. 与债权人共同进行清算

20. 当侵害破产债权人利益的不法民事行为发生时，追回权的行使人是(　　)。

A. 破产债权人

B. 人民法院

C. 清算组

D. 清算中的公司

21. 2012年5月，东湖有限公司股东申请法院对公司进行司法清算，法院为其指定相关人员组成清算组。关于该清算组成员，下列哪一选项是错误的？(　　)（司考）

A. 公司债权人唐某

B. 公司董事长程某

C. 公司财务总监钱某

D. 公司聘请的某律师事务所

22. 某公司被人民法院宣告破产，其破产财产的分配方案应当(　　)。

A. 由清算组提出，经债权人会议讨论通过，

报请人民法院裁定后执行

B. 由清算组提出，经债权人会议讨论通过后执行

C. 由债权人会议提出，报请人民法院裁定后执行

D. 由清算组和债权人会议共同制订，报请人民法院裁定后执行

23. 依照我国《公司法》关于清算制度的规定，（　　）。

A. 所有公司解散，均须经清算才能办理注销登记

B. 公司宣告破产时，无须清算

C. 只有公司章程规定或股东（大）会批准，公司解散才适用清算程序

D. 公司除因合并、分立而解散的，均须清算

24. 破产财产优先拨付破产费用后，处于第一清偿顺序的是（　　）。

A. 抵押债权

B. 破产企业所欠税款

C. 所欠职工工资和劳动保险费用

D. 破产债权

25. 唐宁是沃运股份有限公司的发起人和董事之一，持有公司15%的股份。因公司未能上市，唐宁对沃运公司的发展前景担忧，欲将所持股份转让。关于此事，下列哪一说法是正确的？（　　）（司考）

A. 唐宁可要求沃运公司收购其股权

B. 唐宁可以不经其他股东同意对外转让其股份

C. 若章程禁止发起人转让股份，则唐宁的股份不得转让

D. 若唐宁出让其股份，其他发起人可依法主张优先购买权

26. 某经营高档餐饮的有限责任公司，成立于2004年。最近四年来，因受市场影响，公司业绩逐年下滑，各董事间又长期不和，公司经营管理几近瘫痪。股东张某提起解散公司诉讼。对此，下列哪一表述是正确的？（　　）（司考）

A. 可同时提起清算公司的诉讼

B. 可向法院申请财产保全

C. 可将其他股东列为共同被告

D. 如法院就解散公司诉讼作出判决，仅对公司具有法律拘束力

（二）多项选择题

1. 公司因下列情形之一而解散，应进行清算：（　　）。

A. 公司章程规定的营业期限届满或者公司章程规定的其他解散事由出现

B. 股东会（或股东大会）决议解散

C. 因公司分立解散

D. 因公司合并解散

E. 公司违法被责令关闭而解散

2. 有限责任公司变更为股份有限公司时，应注意（　　）。

A. 净资产折股问题

B. 国有资产折股问题

C. 增资募股问题

D. 保护股东权利问题

E. 债权、债务的继受问题

3. 甲是某有限责任公司股东，在一次洽谈业务途中，不幸遇车祸死亡。乙是甲的继承人。下列说法正确的是：（　　）。

A. 股东资格可以继承

B. 除非公司章程有规定，否则乙不可以继承甲的股东资格

C. 除非公司章程另有规定，乙可以继承甲的股东资格

D. 股东资格不可以继承

4. 庐阳公司系某集团公司的全资子公司。因业务需要，集团公司决定庐阳公司分立为两个公司。鉴于庐阳公司已有的债权、债务全部发生在集团公司内部，下列哪些选项是正确的？（　　）（司考）

A. 庐阳公司的分立应当由庐阳公司的董事会作出决议

B. 庐阳公司的分立应当由集团公司作出决议

C. 庐阳公司的分立只需进行财产分割，无须进行清算

D. 因庐阳公司的债权、债务均发生于集团公司内部，故其分立无须通知债权人

5. 甲股份有限公司为将股份奖励给公司职工而收购本公司股份，以下说法正确的是：（　　）。

A. 收购本公司股份不得超过本公司已发行股

份总额的5%

B. 所收购的股份应当在1年内转让给职工

C. 用于收购的资金应当从公司的税后利润中支出

D. 应当经股东大会决议

6. 公司合并可以采取(　　)形式。

A. 股权合并　　B. 吸收合并

C. 债务合并　　D. 新设合并

7. 周某向钱某转让其持有的某有限责任公司的全部股权，并签署了股权转让协议。关于该股权转让和股东的认定问题，下列哪些选项是正确的？(　　)(司考)

A. 在公司登记机关办理股权变更登记前股东仍然是周某

B. 在出资证明书移交给钱某后，钱某即成为公司股东

C. 在公司变更股东名册后，钱某即成为公司股东

D. 在公司登记机关办理股权登记后该股权转让取得对抗效力

8. 甲公司欠乙公司货款100万元、丙公司货款50万元。2009年9月，甲公司与丁公司达成意向，拟由丁公司兼并甲公司。乙公司原欠丁公司租金80万元。下列哪些表述是正确的？(　　)(司考)

A. 甲公司与丁公司合并后，两个公司的法人主体资格同时归于消灭

B. 甲公司与丁公司合并后，丁公司可以向乙公司主张债务抵销

C. 甲公司与丁公司合并时，丙公司可以要求甲公司或丁公司提供履行债务的担保

D. 甲公司与丁公司合并时，应当分别由甲公司和丁公司的董事会作出合并决议

9. 甲为某有限公司股东，持有该公司15%的表决权股。甲与公司的另外两个股东长期意见不合，已两年未开成公司股东会，公司经营管理出现困难，甲与其他股东多次协商未果。在此情况下，甲可以采取下列哪些措施解决问题？(　　)(司考)

A. 请求法院解散公司

B. 请求公司以合理的价格收购其股权

C. 将股权转让给另外两个股东退出公司

D. 经另外两个股东同意撤回出资以退出公司

10. 张某、李某为甲公司的股东，分别持股65%与35%，张某为公司董事长。为谋求更大的市场空间，张某提出吸收合并乙公司的发展战略。关于甲公司的合并行为，下列哪些表述是正确的？(　　)(司考)

A. 只有取得李某的同意，甲公司内部的合并决议才能有效

B. 在合并决议作出之日起15日内，甲公司须通知其债权人

C. 债权人自接到通知之日起30日内，有权对甲公司的合并行为提出异议

D. 合并乙公司后，甲公司须对原乙公司的债权人负责

11. 甲持有硕昌有限公司69%的股权，任该公司董事长；乙、丙为公司另外两个股东。因打算移居海外，甲拟出让其全部股权。对此，下列哪些说法是错误的？(　　)(司考)

A. 因甲的持股比例已超过2/3，故不必征得乙、丙的同意，甲即可对外转让自己的股权

B. 若公司章程限制甲转让其股权，则甲可直接修改章程中的限制性规定，以使其股权转让行为合法

C. 甲可将其股权分割为两部分，分别转让给乙、丙

D. 甲对外转让其全部股权时，乙或丙均可就甲所转让股权的一部分主张优先购买权

12. 因公司章程所规定的营业期限届满，蒙玛有限公司进入清算程序。关于该公司的清算，下列哪些选项是错误的？(　　)(司考)

A. 在公司逾期不成立清算组时，公司股东可直接申请法院指定组成清算组

B. 公司在清算期间，由清算组代表公司参加诉讼

C. 债权人未在规定期限内申报债权的，则不得补充申报

D. 法院组织清算的，清算方案报法院备案后，清算组即可执行

(三) 不定项选择题

1. 东方股份有限公司经批准公开发行股票并

已上市，依据我国《公司法》的规定，该公司在下列哪些情况下方可回购本公司的股票？（　　）

A. 平抑股市，扭转本公司股票下跌趋势

B. 减少本公司注册资本

C. 与持有本公司股票的其他公司合并

D. 用于奖励本公司优秀员工和推行职工持股计划

2. 清算组的职权是：（　　）。

A. 清理公司财产，编制资产负债表和财产清单

B. 了结公司业务

C. 收取债权

D. 清偿公司债务

E. 分配剩余财产

3. 下面有关有限责任公司股东转让出资的说法中不正确的有：（　　）。

A. 股东之间可以相互转让其全部或部分出资

B. 股东向股东以外的人转让其出资时，必须经全体股东过半数同意

C. 股东之间相互转让出资须经全体股东一致同意

D. 经股东同意转让的出资，在同等条件下，其他股东对该出资有优先购买权

4. 下列不得作为破产财产的是：（　　）。

A. 破产公司的债权

B. 破产宣告后至破产程序终结前破产企业所取得的财产

C. 破产企业财产中不得扣押的财产

D. 破产企业工会的财产

5. 下列属于公司破产的特征的有：（　　）。

A. 公司清偿不能

B. 存在两个以上的债权人

C. 程序法定

D. 公司意思自治

简答题

1. 试比较公司合并与兼并、收购、联营之间的关系。

2. 试述有限责任公司股东转让股权和股份有限公司股东转让股份的差异。

3. 简述公司减资的法定程序。

4. 简述公司解散的原因。

5. 简述我国《公司法》关于清算的规定。

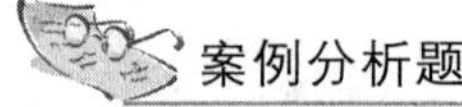

案例分析题

1. 案情：A有限责任公司是一家经营化妆品的公司，由于市场不景气，加上经营无方，公司负债严重。在一次董事会会议上，董事甲提议将公司分立为B、C两个公司，由B公司承担A公司的债务，C公司利用A公司的净资产。该提议被董事会一致通过，A公司分立为B、C两家公司，约定B公司承担老公司所有债务。然后分立各方办理了相应的登记注销手续。不久，A公司的债权人D公司找上门来，发觉B公司资不抵债，遂要求C公司承担连带债务。C公司拿出分立协议书，拒不偿还。

问题：(1) 按照《公司法》的规定，A公司的分立程序合法吗？应承担什么责任？

(2) 如何看待本案中分立协议书的效力？

2. 案情：2004年4月，甲有限责任公司由于市场黯淡，欲解散。4月15日，该公司召开了股东会会议，以出席会议的股东所持表决权的半数通过决议解散公司。4月20日，股东会选任公司5名董事组成清算组。清算组成立后于6月5日起正式启动清算工作，将公司解散及清算事项分别通知了公司债权人，并于6月25日分别在报纸上进行了公告。在申报债权期间，由于债权人乙公司的法人代表丙与清算组的丁董事私交甚密，在丁董事的安排下，甲公司用其一栋厂房的产权偿还了对乙公司的200万元债务。

问题：(1) 该公司关于解散的决议是否合法？说明理由。

(2) 甲公司能否由股东会委托董事组成清算组？

(3) 该公司在清算中有关保护债权人的程序是否合法？

(4) 如丁的行为给其他债权人造成了损失，丁应承担什么样的责任？

3. 案情：2012年5月，兴平家装有限公司（下称兴平公司）与甲、乙、丙、丁四个自然人，

共同出资设立大昌建材加工有限公司（下称大昌公司）。在大昌公司筹建阶段，兴平公司董事长马玮被指定为设立负责人，全面负责设立事务，马玮又委托甲协助处理公司设立事务。

2012年5月25日，甲以设立中公司的名义与戊签订房屋租赁合同，以戊的房屋作为大昌公司将来的登记住所。

2012年6月5日，大昌公司登记成立，马玮为公司董事长，甲任公司总经理。公司注册资本1 000万元，其中，兴平公司以一栋厂房出资；甲的出资是一套设备（未经评估验资，甲申报其价值为150万元）与现金100万元。

2013年2月，在马玮知情的情况下，甲伪造丙、丁的签名，将丙、丁的全部股权转让至乙的名下，并办理了登记变更手续。乙随后于2013年5月，在马玮、甲均无异议的情况下，将登记在其名下的全部股权作价300万元，转让给不知情的吴耕，也办理了登记变更等手续。

现查明：第一，兴平公司所出资的厂房，其所有权原属于马玮父亲；2011年5月，马玮在其父去世后，以伪造遗嘱的方式取得所有权，并于同年8月，以该厂房投资设立兴平公司，马玮占股80%。而马父遗产的真正继承人，是马玮的弟弟马祎。第二，甲的100万元现金出资，系由其朋友满钺代垫，且在2012年6月10日，甲将该100万元自公司账户转到自己账户，随即按约还给满钺。第三，甲出资的设备，在2012年6月初，时值130万元；在2013年1月，时值80万元。（司考）

问题：

（1）甲以设立中公司的名义与戊签订的房屋租赁合同，其效力如何？为什么？

（2）在2013年1月，丙、丁能否主张甲设备出资的实际出资额仅为80万元，进而要求甲承担相应的补足出资责任？为什么？

（3）在甲不能补足其100万元现金出资时，满钺是否要承担相应的责任？为什么？

（4）马祎能否要求大昌公司返还厂房？为什么？

（5）乙能否取得丙、丁的股权？为什么？

（6）吴耕能否取得乙转让的全部股权？为什么？

论述题与深度思考题

1. 论公司的资本变动。
2. 论公司变更中的异议股东评估权。
3. 论公司强制解散。
4. 试论述公司僵局及其救济。

参考答案

名词解释与概念比较

1. 公司变更是指公司在设立后的运营过程中，公司组织机能或者基本形态可能变化和更改，包括在组织上的改变以及目的、范围或隶属关系的变化。这种变更可以分为以下几类：一是公司章程的修改，二是公司注册资本的增减，三是公司组织形态的变更，四是公司的合并和分立。公司的变更程序一般和设立程序相一致，必须依法进行并登记，合乎公司章程的规定，由公司的权力机关来决定。

2. 公司合并是指两个或两个以上的公司，订立合并协议，依照《公司法》的规定，不经过清算程序，直接结合为一个公司的法律行为。公司合并有两种形式：一是吸收合并，是指一个公司吸收其他公司后存续，被吸收的公司解散。二是新设合并，是指两个或两个以上的公司合并设立一个新的公司，合并各方解放。

3. 公司分立是指一个公司通过依法签订分立协议，不经过清算程序，分为两个或两个以上公司的法律行为。公司分立有两种形式：一是派生分立，是指公司以其部分资产另设一个或数个新的公司，原公司存续。二是新设分立，是指公司全部资产分别划归两个或两个以上的新公司，原公司解散。公司分立后，除债权人和债务人另有约定的以外，由分立的公司对分立前公司的权利和义务享有连带债权，承担连带债务。

4. 我国《公司法》规定的公司形式只有两种：有限责任公司和股份有限公司。因此，公司形式变更是指由有限责任公司变更为股份有限公司，或者由股份有限公司变更为有限责任公司。有限

责任公司变更为股份有限公司，应当符合《公司法》规定的股份有限公司的条件；股份有限公司变更为有限责任公司，应当符合《公司法》规定的有限责任公司的条件。有限责任公司欲变更为股份有限公司的，或者股份有限公司欲变更为有限责任公司的，该决议必须经代表2/3以上表决权的股东通过。公司变更前的债权、债务由变更后的公司承继，并需要及时办理变更登记。

5. 公司解散，是指已经成立的公司，因为发生法律或者公司章程规定的解散事由而停止其积极的业务活动，并开始处理未了结的事务的法律行为。公司的解散是公司最主要的市场退出方式。解散的原因是各式各样的，依解散是否出于公司法人的自愿，总体上可将其分为自愿解散和强制解散两大类。

6. 公司清算是指在公司面临终止的情况下，负有公司清算义务的主体按照法律规定的方式、程序，对公司的资产、负债、股东权益等公司的状况作全面的清理和处置，使得公司与其他社会主体之间产生的权利和义务归于消灭，以最终消灭公司人格的行为和程序。根据我国《公司法》的规定，清算分为自行清算、指定清算、破产清算。

选择题

（一）单项选择题

1. B。注意本题不是公司的变更（尽管仍使用原甲公司的字号），因为是将甲、乙撤销后又组建成立股份有限公司，该登记属于设立登记。

2. B。《公司法》第43条第2款规定，股东会会议作出修改公司章程、增加或者减少注册资本，以及公司合并、分立、解散或者变更公司形式的决议，必须经代表2/3以上表决权的股东通过。

3. C。创设合并是由两个或两个以上的公司合并设立一个新的公司，而合并各方解散。

4. B。《公司法》第177条第2款规定，公司应当自作出减少注册资本决议之日起10日内通知债权人，并于30日内在报纸上公告。

5. A。《公司法》第71条第2款规定，有限责任公司股东向股东以外的人转让出资，必须经其他股东过半数通过。

6. C。《公司法》第174条规定，公司合并时，合并各方的债权、债务，应当由合并后存续的公司或者新设的公司承继。

7. C。《公司法》第9条第2款规定，公司形式发生变更的，变更前的债权、债务由变更后的公司承继。

8. A。《公司法》第177条第2款规定，有限责任公司自股东会作出减资决议之日起，应10日内通知债权人，并于30日内在报纸上公告。

9. D。根据《公司法》第142条第2款的规定，公司为减少注册资本而收购本公司股份的，应当自收购之日起10日内注销。

10. A。《公司法》第103条第2款规定，公司的分立与合并属于股份有限公司的特殊决议事项，须经出席会议的股东所持表决权的2/3以上通过。

11. C。根据解散是否出于公司法人的自愿，可将公司解散分为自愿解散和强制解散。强制解散的主要原因有：(1) 公司依法被吊销营业执照、责令关闭或者被撤销；(2) 法院裁决解散。

12. D。《公司法》第182条规定，公司经营管理发生严重困难，继续存续会使股东利益受到重大损失，通过其他途径不能解决的，持有公司全部股东表决权10%以上的股东，可以请求人民法院解散公司。《公司法司法解释（二）》第1条第2款规定，股东以知情权、利润分配请求权等权益受到损害，或者公司亏损、财产不足以偿还全部债务，以及公司被吊销企业法人营业执照未进行清算等为由，提起解散公司诉讼的，人民法院不予受理。

13. D。破产债权是指在公司破产宣告前成立，并通过破产程序从破产财产中获得公平受偿的债权。D项符合破产债权的要求。

14. A。公司破产召集债权人会议时，应通知全体债权人。

15. B。清算组在清算期间负责保管公司财产，处理公司债权、债务。

16. A。合并是指公司合并，合并的主体应该是公司。

17. B。有限责任公司变更为股份有限公司的，或者股份有限公司变更为有限责任公司的，公司变更前的债权、债务由变更后的公司承继。

18. B。公司清算中其法人资格仍然存在。

19. C。虽然特别清算最主要的特征是法院的

监督，但从清算人的选任直到清算结束，法院一直参与其中，并起主导作用。

20. C。清算组是公司清算事务的执行人，此时公司内外事务的执行权由清算组行使。

21. A。《公司法司法解释（二）》第 8 条规定：人民法院受理公司清算案件，应当及时指定清算组成员。根据公司的具体情形，清算组成员可以由公司的股东、董事、监事、高级管理人员，或者依法设立的律师事务所、会计师事务所、破产清算事务所等社会中介机构，或者前述社会中介机构中具备相关专业知识并取得执业资格的人员组成。据此，本题应选 A 项。

22. A。该题考查企业破产程序。公司被法院宣告破产的，应由清算组及时提出破产财产的分配方案，经债权人会议讨论通过，报请法院裁定后执行。

23. D。清算是公司解散的必经程序。

24. C。《公司法》第 186 条第 2 款规定，破产财产的清偿顺序为：支付清算费用，支付职工的工资、社会保险费用和法定补偿金，缴纳所欠税款，清偿公司债务。

25. B。《公司法》第 142 条第 1 款规定："公司不得收购本公司股份。但是，有下列情形之一的除外：（一）减少公司注册资本；（二）与持有本公司股份的其他公司合并；（三）将股份奖励给本公司职工；（四）股东因对股东大会作出的公司合并、分立决议持异议，要求公司收购其股份的。"本题中，股东唐某只是对公司的前景担忧，但是并没有出现可以要求公司收购其股份的情况，所以 A 项错误。沃运公司是一家股份有限公司，其股东唐宁转让股份不需要征得其他股东的同意，所以 B 选项正确。《公司法》第 141 条第 2 款规定，公司章程可以对公司董事、监事、高级管理人员转让其所持有的本公司股份作出其他限制性规定，但不能对发起人的股份转让作出限制。故 C 项错误。沃运公司作为一家股份有限公司，其股东转让股权时其他股东并不享有优先购买权，所以 D 项错误。

26. B。《公司法司法解释（二）》第 2 条规定，股东提起解散公司诉讼，同时又申请人民法院对公司进行清算的，人民法院对其提出的清算申请不予受理。故 A 项错误。第 3 条规定："股东提起解散公司诉讼时，向人民法院申请财产保全或者证据保全的，在股东提供担保且不影响公司正常经营的情形下，人民法院可予以保全。"故 B 项正确。第 4 条第 1、2 款规定："股东提起解散公司诉讼应当以公司为被告。原告以其他股东为被告一并提起诉讼的，人民法院应当告知原告将其他股东变更为第三人；原告坚持不予变更的，人民法院应当驳回原告对其他股东的起诉。"故 C 项错误。第 6 条第 1 款规定："人民法院关于解散公司诉讼作出的判决，对公司全体股东具有法律约束力。"故 D 项错误。

（二）多项选择题

1. ABE。公司由于合并、分立而解散，不需要进行清算。

2. ABCDE。题中各项当然为公司形式变更过程中应予以考虑的问题。

3. AC。我国《公司法》第 75 条规定，自然人股东死亡后，其合法继承人可以继承股东资格；但是，公司章程另有规定的除外。

4. BC。《公司法》第 37 条第 1 款第 9 项和第 175 条规定，公司的分立应由股东会决定，其财产作相应的分割，应当编制资产负债表及财产清单。公司应当自作出分立决议之日起 10 日内通知债权人，并于 30 日内在报纸上公告。故 A、D 两项错误。

5. ABCD。根据《公司法》第 142 条的规定，股份有限公司为将股份奖励给公司职工而收购本公司股份的，应当经股东大会决议，份额不得超过本公司已发行股份总额的 5%；用于收购的资金应当从公司的税后利润中支出；所收购的股份应当在 1 年内转让给职工。

6. BD。公司合并分为吸收合并与新设合并两种。

7. CD。股权转让必须要按照《公司法》规定的方式进行，并及时进行登记。

8. BC。"丁公司兼并甲公司"采用的吸收合并方式，吸收者即丁公司依然存在，故 A 项说法错误。《公司法》第 174 条规定，公司合并时，合并各方的债权、债务，应当由合并后存续的公司或者新设的公司承继。原甲公司的债务由丁公司继承，乙公司可以向丁公司主张原来对甲公司的债权 100 万元，因乙公司欠丁公司租金 80 万元，丁公司可以向乙公司主张债务抵销，故 B 项正确。

公司合并时，公司应当通知债权人。《公司法》第173条规定，债权人自接到通知书之日起30日内，未接到通知书的自公告之日起45日内，可以要求公司清偿债务或者提供相应的担保，故C项正确。公司的合并、分立决议是股东会的职权，董事会无权作出，故D项错误。

9. AC。《公司法》第182条规定，公司经营管理发生严重困难，继续存续会使股东利益受到重大损失，通过其他途径不能解决的，持有公司全部股东表决权10%以上的股东，可以请求人民法院解散公司。故A项正确。根据《公司法》第74条、第142条，本题中情况不满足法定的可以请求公司以合理的价格收购其股权的条件。故B项错误。

10. AD。根据《公司法》第43条第2款的规定，股东会会议作出公司合并的决议，必须经代表2/3以上表决权的股东通过。张某持股比例未达到2/3，必须有李某的同意方可。故A项正确。根据《公司法》第173条的规定，公司应当自作出合并决议之日起10日内通知债权人。故B项错误。根据《公司法》第173条的规定，债权人自接到通知书之日起30日内，仅有权要求甲公司清偿债务或者提供担保，无权对甲公司的合并行为提出异议。故C项错误。《公司法》第174条规定："公司合并时，合并各方的债权、债务，应当由合并后存续的公司或者新设的公司承继。"故D项正确。

11. ABD。《公司法》第71条规定，有限责任公司的股东之间可以相互转让其全部或者部分股权。股东向股东以外的人转让股权，应当经其他股东过半数同意。故A项错误，C项正确。修改公司章程应当召开股东会按持股比例进行表决。故B项错误。《公司法》第71条规定，经股东同意转让的股权，在同等条件下，其他股东有优先购买权。因此，只有在同等条件下，乙或丙才有优先购买权。故D项错误。

12. ABCD。《公司法》第183条规定，逾期不成立清算组进行清算的，债权人可以申请人民法院指定有关人员组成清算组进行清算，公司股东无此权利，故A项错误。《公司法司法解释（二）》第10条第2款规定："公司成立清算组的，由清算组负责人代表公司参加诉讼；尚未成立清算组的，由原法定代表人代表公司参加诉讼。"故B项错误。《公司法司法解释（二）》第13条第1款规定："债权人在规定的期限内未申报债权，在公司清算程序终结前补充申报的，清算组应予登记。"故C项错误。《公司法司法解释（二）》第15条第1款规定："公司自行清算的，清算方案应当报股东会或者股东大会决议确认；人民法院组织清算的，清算方案应当报人民法院确认。未经确认的清算方案，清算组不得执行。"因此，法院组织清算时，清算方案应当报法院确认而不是备案，且不能直接执行，故D项错误。

（三）不定项选择题

1. BC。《公司法》第142条规定：公司不得收购本公司股份。但是，有下列情形之一的除外：(1) 减少公司注册资本；(2) 与持有本公司股份的其他公司合并；(3) 将股份奖励给本公司职工；(4) 股东因对股东大会作出的公司合并、分立决议持异议，要求公司收购其股份的。公司因前述第一项至第三项的原因收购本公司股份的，应当经股东大会决议。公司依照前述规定收购本公司股份后，属于第一项情形的，应当自收购之日起10日内注销；属于第二项、第四项情形的，应当在6个月内转让或者注销。公司依照第三项规定收购的本公司股份，不得超过本公司已发行股份总额的5%；用于收购的资金应当从公司的税后利润中支出；所收购的股份应当在1年内转让给职工。

2. ABCDE。根据《公司法》第184条的规定，清算组在清算期间行使下列职权：(1) 清理公司财产，分别编制资产负债表和财产清单；(2) 通知、公告债权人；(3) 处理与清算有关的公司未了结的业务；(4) 清缴所欠税款以及清算过程中产生的税款；(5) 清理债权、债务；(6) 处理公司清偿债务后的剩余财产；(7) 代表公司参与民事诉讼活动。

3. BC。B项中，股东向股东以外的人转让其出资，须经其他股东过半数同意；C项中股东之间相互转让出资没有特殊规定，除公司章程另有规定外，原则上为自由转让。

4. CD。公司的破产财产是指属破产人所有，由破产清算人接管，并依照破产法分配给债权人的财产集合体。简言之，是指在公司破产过程中，所有的可扣押的破产人财产的总称。C项中不得扣押的财产自然不在破产财产之列。根据我国相

关法规，企业工会的财产属于工人集体，受法律特殊保护，也不在破产财产之列。

5. ABC。公司破产是指公司作为债务人不能清偿到期债务，为保护多数债权人的利益，使之能得到公平满足而设置的一种诉讼程序。公司破产具有下列法律特征：(1) 公司作为债务人不能清偿到期债务。(2) 存在两个以上的债权人。(3) 债权债务关系消灭，使债权人的债权得到公平但部分满足。(4) 按诉讼程序处理。

简答题

1. 公司合并与兼并、收购、联营几个概念之间既有联系，又有区别：

(1) 公司合并与兼并。吸收合并通常被理解为兼并。但实际上两者是有差别的。兼并这一概念在我国立法中并没有严格的法律界定，依一般理解，兼并有两种方式：一种是收购一家公司，并将该公司并入本公司，被收购公司解散；另一种是收购一家公司，以达到控制该公司的目的，但被收购公司的法人资格仍然存在，只是控股股东易位。前一种方式为公司法上的公司合并，而后一种方式只是一种股份收购行为。从我国《公司法》的规定来看，合并并不包括控制某一公司的兼并行为。

(2) 公司合并与收购。一般理解，收购有两个目的：一是与被收购公司合并，二是控制被收购公司。所以，收购只是公司合并的手段之一，公司合并是收购的目的之一，并且收购更侧重于手段。收购的方式有两种：一是收购资产，二是收购股权。在收购资产的方式下，购买被收购公司（目标公司）的全部或大部分资产，一般同时接收目标公司的全部或大部分负债，但是否接受负债以及接受多少，则非法律所强制，而是一个商业谈判问题，因为收购资产的法律性质是买卖行为，形成买卖关系。但如果目标公司是一家上市公司，则须遵从信息披露的有关规定；如果收购公司是以本公司的股份来换取目标公司的资产，则实为发行新股，须遵从有关发行股份的规定。在收购股权的方式下，收购公司从目标公司的股东直接购买股份，以取得控股权。如果目标公司是一家上市公司，则除协议收购外，若通过证券交易所以交易方式购得，须依《证券法》的规定，按要约收购程序购买。

(3) 公司合并与联营。联营与公司合并不同：尽管两个经济实体之间的联营（紧密型）组成一个新的实体，但联营各方的法律地位不变；而公司合并除存续公司或新设公司外，其他合并各方在法律上一律归于消灭。

2. 有限责任公司具有人合和资合的特征，股东之间可以相互转让其全部或者部分股权。受有限责任公司封闭性质的限制，如果股东向股东以外的人转让股权，必须经其他股东过半数同意。其他股东半数以上不同意转让的，不同意的股东应当购买该转让的股权；不购买的，视为同意转让。经股东同意转让的股权，在同等条件下，其他股东有优先购买权。两个以上股东主张行使优先购买权的，协商确定各自的购买比例；协商不成的，按照转让时各自的出资比例行使优先购买权。公司章程对股权转让另有规定的，从其规定。

股份有限公司股东转让股份，没有股东内外之别，也不必经其他股东同意，但强调必须依法转让，必须在依法设立的证券交易场所进行或者按照国务院规定的其他方式进行。此外，有如下限制：(1) 发起人持有的本公司股份，自公司成立之日起 1 年内不得转让。公司公开发行股份前已发行的股份，自公司股票在证券交易所上市交易之日起 1 年内不得转让。(2) 公司董事、监事、高级管理人员持有的本公司股份，在任职期间每年转让的股份不得超过其所持有本公司股份总数的 25%；所持本公司股份自公司股票上市交易之日起 1 年内不得转让。上述人员离职后半年内，不得转让其所持有的本公司股份。公司章程可以对公司董事、监事、高级管理人员转让其所持有的本公司股份作出其他限制性规定。(3) 除法定情形外（参见《公司法》第 142 条），公司不得为本公司股份的受让人。

3. 公司减资的法定程序是：(1) 董事会制订公司减资方案。(2) 股东会对公司减少注册资本作出决议，必须经代表 2/3 以上表决权的股东通过才有效力。(3) 必须编制资产负债表及财产清单。(4) 通知或公告债权人。公司应当自作出减少注册资本决议之日起 10 日内通知债权人，并于 30 日内在报纸上公告。债权人自接到通知书之日

起30日内，未接到通知书的债权人自公告之日起45日内，有权要求公司清偿债务或者提供相应的担保。（5）办理变更登记并公告。（注：公司减资、合并程序完全一致，记住一个即可。）

4. 公司解散的原因各式各样，依解散是否出于公司法人的自愿，总体上可将其分为自愿解散和强制解散两大类。（1）自愿解散的原因是：①公司章程规定的营业期限届满，或者公司章程规定的其他解散事由出现。（此种情况下公司可以通过修改公司章程而存续。修改公司章程，于有限责任公司必须经持有2/3以上表决权的股东通过，于股份有限公司必须经出席股东大会会议的股东所持表决权的2/3以上通过。）②股东会或者股东大会决议解散。③因公司合并或者分立需要解散。（2）强制解散的原因是：①公司依法被吊销营业执照、责令关闭或者被撤销。②法院裁决解散，即公司经营管理发生严重困难，继续存续会使股东利益受到重大损失，通过其他途径不能解决的，持有公司全部股东表决权10%以上的股东，可以请求人民法院解散公司。

5.（1）清算组的组成：公司除因合并、分立而解散外，应当在其他解散事由出现之日起15日内成立清算组，开始清算。有限责任公司的清算组由股东组成，股份有限公司的清算组由董事或者股东大会确定的人员组成。逾期不成立清算组进行清算的，债权人可以申请人民法院指定有关人员组成清算组进行清算。

（2）清算组的职权：①清理公司财产，分别编制资产负债表和财产清单；②通知、公告债权人；③处理与清算有关的公司未了结的业务；④清缴所欠税款以及清算过程中产生的税款；⑤清理债权、债务；⑥处理公司清偿债务后的剩余财产；⑦代表公司参加民事诉讼活动。

（3）清算的程序：①通知、公告债权人，债权人申报债权。②清算组在清理公司财产、编制资产负债表和财产清单后，应当制订清算方案，并报股东会、股东大会或者人民法院确认。如果发现公司财产不足清偿债务的，应当依法向人民法院申请宣告破产。③清理债权、清偿债务以及公司剩余财产的分配。④公司清算结束后，清算组应当制作清算报告，报股东会、股东大会或者人民法院确认，并报送公司登记机关，申请注销公司登记，公告公司终止。

（4）清算组的责任：清算组成员应当忠于职守，依法履行清算义务。清算组成员不得利用职权收受贿赂或者其他非法收入，不得侵占公司财产。清算组成员因故意或者重大过失给公司或者债权人造成损失的，应当承担赔偿责任。清算组不依照《公司法》的规定向公司登记机关报送清算报告，或者报送的清算报告隐瞒重要事实或者有重大遗漏的，由公司登记机关责令改正。清算组成员利用职权徇私舞弊、谋取非法收入或者侵占公司财产的，由公司登记机关责令退还公司财产，没收违法所得，并可以处以违法所得1倍以上、5倍以下的罚款。

案例分析题

1.（1）分立程序不合法。对公司分立作出决议属于股东会的职权，A公司董事会无权通过该决议。公司分立，应当编制资产负债表及财产清单，对其财产作相应的分割。公司分立方案在股东会上经代表2/3以上表决权的股东通过后，应当自作出分立决议之日起10日内通知债权人，并于30日内在报纸上公告。A公司没有履行通知和公告的义务。不依照《公司法》的规定通知或者公告债权人的，由公司登记机关责令改正，对公司处以1万元以上、10万元以下的罚款。

（2）该分立协议书无效。我国《公司法》第176条规定，公司分立前的债务由分立后的公司承担连带责任，但是，公司在分立前与债权人就债务清偿达成的书面协议另有约定的除外。而该协议既不符公司分立的法定程序的要求，也未与债权人达成协议，因此不具有法律效力，更不能以此对抗债权人。B、C两个公司应对A公司的债权人承担连带清偿责任。

2.（1）不合法。股东会会议作出公司解散的决议，必须经代表2/3以上表决权的股东通过，而本案中仅以出席会议的股东所持表决权的半数通过决议解散公司。

（2）不能由股东会委托董事组成清算组。我国《公司法》明确规定，有限责任公司的清算组由股东组成。

（3）不合法。首先，未按法定期间通知债权

人和公告。其次，在申报债权期间，违法对乙公司进行了清偿。清算组应当自成立之日起 10 日内通知债权人，并于 60 日内在报纸上公告。因此，甲公司应在 4 月 30 日以前通知债权人，并于 6 月 19 日以前在报纸上公告。在申报债权期间，清算组不得对债权人进行清偿。

（4）清算组成员应当忠于职守，依法履行清算义务。清算组成员因故意或者重大过失给公司或者债权人造成损失的，应当承担赔偿责任。因此，丁应对其他债权人的损失承担赔偿责任。

3.（1）有效，设立中的公司可以实施法律行为。

（2）不可以。确定甲是否已履行出资义务，应以设备交付并移转所有权至公司时为准，故应以 2012 年 6 月初之 130 万元，作为确定甲承担相应的补足出资责任的标准，对此可以参照《公司法司法解释（三）》第 9 条、第 16 条。

（3）满钺应承担相应的连带责任，依据为《公司法司法解释（三）》第 15 条。

（4）可以。首先，因继承无效，马玮不能因继承取得厂房所有权，从而将厂房投资设立兴平公司，因马玮是兴平公司的董事长，其主观恶意视为所代表公司的恶意，因此也不能使兴平公司取得厂房所有权；其次，兴平公司将该厂房再投资于大昌公司时，马玮又是大昌公司的设立负责人与成立后的公司董事长，同样不能使大昌公司取得所有权。因此，厂房所有权仍应归属于马祎，他可以向大昌公司请求返还。

（5）不能。乙与丙、丁间根本就不存在股权转让行为，丙、丁的签字系由甲伪造，且乙在主观上不可能是善意，故不存在善意取得的构成。

（6）可以。乙自己原持有的股权，为合法有效，故可以有效地转让给吴耕。至于乙所受让的丙、丁的股权，虽然无效，但乙已载于公司登记之中，且吴耕为善意，并已载入公司登记中，因此参照《公司法司法解释（三）》第 26、28 条的原理，吴耕可以主张股权的善意取得。

论述题与深度思考题

1. 根据资本维持的原则，公司成立后须对公司资本予以维持并保持资本不变。但这并不意味着公司的资本就一成不变，只是非依法定程序，公司资本不得变动。市场千变万化，商机转瞬即逝，公司资本也应随公司经营的发展而随时调整。

公司资本变动有两种情况：增加和减少。所谓增加资本（以下简称“增资”），即指公司根据自身需要，依照法定的条件和程序增加公司的资本总额。增加资本的方法有三种：①增加股份数额，即在原定股份总数之外发行新的股份。②增加股份金额，即在不改变原定股份总数的情况下增加每个股份的金额。③既增加股份的数额，又增加每股的金额。资本的增加意味着股东利益和公司本身财产的变化，法律对此有一定的规定，公司必须按法定的限制条件和程序办事。因为，股份有限公司仅以股东出资构成的公司资本对公司债务负责，从而必须在公司资本上审慎处理。实行授权资本制和认可资本制的公司，股份分期发行，因此，公司在公司章程所定股份总数发行完毕之前，一般不得再增加资本。增加资本的程序主要是变更公司章程，从而要召开股东大会进行特别决议，并办理相应的变更登记手续。

如果公司资本过剩或亏损严重，则须减少公司的资本总额。此种情况称为减少资本（以下简称“减资”）。减少资本，是为了防止过剩资本在公司中的停滞，造成资源浪费，或者是避免严重亏损给股东利益造成损失。减少资本也必须依照法定程序进行。一般要召开股东会特别会议，通知和公告债权人，并指定允许债权人提出异议的期限。有些国家（如英国）还要求在某些情况下向法院申请公司资本的减少。因公司资本减少直接涉及股东的股权利益，而且减少公司的实有资产，缩小公司的责任范围，影响公司债权人的利益，故法律规定的条件比增加资本更为严格。减少资本的方法也有 3 种，即减少股份数额、减少股份金额和两者并用。但对于无面额股票，只能采用减少股份数额的方法。

资本变动的程序是：公司减资的法定程序（请参见简答题第 3 题）；有限责任公司增资时，首先由董事会制订公司增资方案，然后由股东会作出决议，必须经代表 2/3 以上表决权的股东通过才有效力。股东认缴新增资本的出资，依照《公司法》设立有限责任公司缴纳出资的有关规定执行。股份有限公司为增加注册资本发行新股时，股东认购新股，依照《公司法》设立股份有限公司缴纳股款的有关规定执行。公司增加或者减少注册资本，应当依法向公司登记机关办理变更登记。

2.（1）异议股东评估权的概念。异议股东评估权，是指在特定形态的交易中，法律赋予异议股东请求公司以公平价格回购其股份的权利。它是公司法对特定交易中的异议股东所提供的一种保护性措施，实际上是对在特定交易中大股东滥用权利欺压少数股东的一种救济方式。如果某一股东或者某些、某类股东对公司的特定交易表示反对，但又无力阻止该种交易的发生，则其可以要求公司以公平价格回购其股份，从而退出公司。所以异议股东评估权又叫异议股东的股份回购请求权。该权利为股东的自益权，其行使不以参与公司治理为目的，而是异议股东收回投资并退出公司之权利。股份回购请求权的行使将会影响到股东资格的存续，并与股东地位密切相连，因此为股东的固有权，不得由公司章程予以剥夺或限制；股份回购请求权具有形成权之性质，异议股东在符合条件的情况下对公司主张股份回购请求权，无须公司的承诺即可在公司与异议股东之间形成买卖异议股东所持股份的合同关系。

（2）异议股东评估权的意义。此项制度的重大意义主要表现在：第一，股份回购请求权能够实现公司和股东之间的利益平衡。公司拟采取的重大行动可能会偏离或者威胁少数股东的利益追求。在此情况下，持异议的少数股东在获得补偿的基础上退出公司，不仅保障了异议股东的权益，而且有利于公司重大行动的顺利推行。第二，股份回购请求权能够部分矫正“资本多数决原则”所带来的公司大股东戕害小股东合法权益的弊端。赋予公司以公平价格购买异议股东股份的法定义务，不仅能够形成对大股东恣意行为的牵制和制约，而且能够有效补偿少数股东可能受到的侵害。第三，股份回购请求权较之于股东大会决议撤销之诉、股东大会决议无效之诉及股东派生诉讼等诉讼救济措施，有较为明显的效率优势：少数股东无须负担高昂的诉讼成本，无须经历复杂的诉讼过程，就能够在获得补偿的基础上较为轻松地摆脱潜在的威胁。第四，股份回购请求权为自益权，异议股东行使此权利不会产生其他股东“搭便车”之情形，从而有利于激励股东主动行使此权利。

（3）异议股东评估权适用的范围。异议股东评估权制度可适用于有限责任公司和股份有限公司，一般适用于股东对拟决议之公司重大事项持有异议之情形。因为公司重大事项一般涉及公司结构性变化，诸如公司合并、分立；缔结、变更或者终止关于全部营业出租、委托经营或与他人共同经营之契约；出让公司全部或主要资产；对公司经营有重大影响的资产受让；公司章程的重大修改；公司形态变更，等等，而这些结构性变化往往会影响到异议股东的利益。无疑公司变更应该是其适用的主要方面。

（4）异议股东评估权行使之程序：①公司通告：为使股东知悉其具有的股份回购请求权，公司有义务在股东会会议通知或者公告中具明异议股东股份回购请求权的内容及行使方法；②书面反对：异议股东应当在股东大会决议之前以书面形式向公司明确表示异议，在股东大会上不得投票赞成被提议的公司行动。③购买请求：异议股东应当在股东大会决议之后的法定期限内以书面形式请求公司以公平价格购买其持有的股份，同时还应向公司或者有关机关提交其持有的股份及其凭证，此期限一般为 30 天。回购价格的确定，一般须经过两个阶段：第一阶段按公司章程的约定确定，或在公司章程没有约定时由异议股东与公司进行协商。如果失败，则通过司法程序解决。无论是协商还是通过司法程序，均应根据公司决议作出之前的整体价值以及异议股东的持股比例来确定公平价格。

（5）我国现行《公司法》之规定。《公司法》第 74 条规定，有下列情形之一的，对股东会该项决议投反对票的股东可以请求公司按照合理的价格收购其股权：①公司连续 5 年不向股东分配利润，而且公司该 5 年连续盈利，并且符合本法规定的分配利润条件的；②公司合并、分立、转让主要财产的；③公司章程规定的营业期限届满或者章程规定的其他解散事由出现，股东会会议通过决议修改章程使公司存续的。自股东会会议决议通过之日起 60 日内，股东与公司不能达成股权收购协议的，股东可以自股东会会议决议通过之日起 90 日内向人民法院提起诉讼。《公司法》第 142 条规定，公司不得收购本公司股份，但是，有

下列情形之一的除外：①减少公司注册资本；②与持有本公司股份的其他公司合并；③将股份奖励给本公司职工；④股东因对股东大会作出的公司合并、分立决议持异议，要求公司收购其股份的。（参见施天涛．商法学．2版．245～247页．北京：法律出版社，2004；董安生，郑小敏．异议股东的股份收买请求权．中国普法网。）

3. 强制解散是当公司出现了法定事由时，由行政机关决定或法院裁决公司解散，而非以公司的意志为转移。公司强制解散具有法定性、强制性、监管性等特点，根据决定解散的机关分为行政命令解散和裁判解散两大类。

（1）强制解散的事由。公司的强制解散关乎公司的“生死存亡”，关系到股东、债权人以至于整个社会的利益。强制解散作为最严厉的惩罚措施，必须在公司存在最严重的违法事由且其他监管手段不起作用时，才予以适用。强制解散事由应包括以下两种情形：①公司违反了法律、行政法规的强制性规定或侵害了公共利益，情节严重的；②公司内部出现僵局或严重纠纷，无法存续，利害关系人申请强制解散的。对存在上述情形的公司，可以采取行政命令（包括吊销营业执照、责令关闭或者撤销）或法院的判决、裁定的形式强制公司解散。

（2）强制解散的程序——特别清算制度的引入。公司不论何种原因解散，即进入清算。但公司强制解散无论从解散原因还是从解散程序而言，都有其特殊之处。如果公司被裁决解散后直接进入清算程序，会遇到较一般清算更大的困难与阻力。因此，我们应考虑能否借鉴破产清算程序来设计一种与强制解散相适应的特别清算制度，使清算责任人在法院监督下对公司进行清算，以期实现公正清算、公平清偿，尽力避免由于强制解散而给债权人、股东、社会带来损失。如果公司可以如期、正常地确定清算人，此时法院要做的主要就是对清算过程的审查、监督；如果公司不能确定清算责任人或清算责任人怠于清算，或者清算人缺员，法院应依申请或职权选任之，选任的清算人不限于公司的股东，其他利害关系人、有关机关、专业机构和人员均在选任范围之内，同时对整个清算过程进行监督。［参见张璎．我国公司解散与清算法律制度的不足及完善．华东政法学院学报，2001（2）。］

（3）我国现行法律之规定。我国《公司法》关于“依法被吊销营业执照、责令关闭或者被撤销”的规定是关于公司行政命令强制解散的规定；关于“公司经营管理发生严重困难，继续存续会使股东利益受到重大损失，通过其他途径不能解决的，持有公司全部股东表决权百分之十以上的股东，可以请求人民法院解散公司”的规定，则是关于法院裁判强制解散的规定。我国《公司法》对强制解散未采用特别清算程序，而是适用一般清算程序。

4.（1）公司僵局的概念。公司僵局是指因公司股东间或公司管理人员之间的利益冲突和矛盾，在公司内部决策和经营管理机制运行过程当中出现一种瘫痪的状态，即股东大会或董事会因股东或董事之间的相互对抗而无法有效召集，或在会议上无法对公司的任何事项通过任何有效决议，公司的运行陷入僵局。公司僵局的形成原因在于公司的决策和管理所实行的多数表决制度。

（2）公司僵局的危害。公司僵局无论对公司的利益还是对股东的利益，甚至对社会公众的利益，都构成严重的损害。公司作为市场主体，陷入半死不活的僵局状态，其自身经营行为能力和偿债责任能力持续减弱，势必对市场活力和市场交易安全与效率造成冲击。公司僵局不仅危害公司本身和股东利益，并且导致公司外部诸多债权人债权实现的受阻、公司债务的大量堆积，极易引发关联企业的连锁反应，甚至引发公司员工的群体性矛盾，从而对市场乃至社会稳定产生震荡。

（3）公司僵局的救济。公司僵局的打破和救济主要有以下几种方式：①建立强制股东相互转让或异议股东回购请求权制度。在发生公司僵局时，允许股东之间就解决公司僵局达成协议；无法达成协议的，股东可以向法院提起诉讼，法院可以通过判决强令一方股东将其所持有的股份转让给对方，或者异议股东有权要求向对方行使股份回购请求权，从而让一方股东退出公司，以达到解决公司僵局的目的。②建立股东代表诉讼制度。当公司内部发生纠纷而公司管理层行事不力时，可以提起股东代表诉讼。③股东向法院申请强制公司解散。公司一经判决解散，待清算后公司终止，再无僵局的可能。强制解散事关公司

"生死"，在行使该项权利时，应当防止公司僵局条款被滥用，规定"用尽救济原则"，并规定只有持股达到一定时间和一定比例的股东，才可申请公司强制解散。

（4）我国《公司法》的规定。我国《公司法》第182条是关于公司强制解散的规定："公司经营管理发生严重困难，继续存续会使股东利益受到重大损失，通过其他途径不能解决的，持有公司全部股东表决权百分之十以上的股东，可以请求人民法院解散公司。"

第三编　证券法

第十一章 证券与证券法

知识逻辑图

- 证券
  - 凭证证券
  - 金额证券
  - 有价证券
    - 货币证券
    - 资本证券
      - 股票
        - 依是否有优先权
          - 普通股股票:享有股东的基本权利而无特别权益的股票
          - 优先股股票:在分配股利、公司清算时剩余财产等方面享有特别权益并优先于普通股实现的股票
        - 依股票是否记载股东姓名
          - 记名股票:记载股东姓名或名称的股票,其转让必须办理过户登记才能对抗公司
          - 不记名股票:不记载股东姓名或名称的股票,其转让无须办理登记
        - 依是否有表决权
          - 表决权股股票:持有人对公司的经营管理享有表决权的股票
          - 无表决权股股票:持有人对公司的经营管理不享有表决权的股票
      - 公司债券:分类较多,要特别关注可转换公司债券
      - 投资基金凭证
        - 封闭式投资基金:经核准的基金份额在基金合同期限内固定不变,基金份额可以在依法设立的证券交易所交易,但基金份额持有人不得申请赎回的基金
        - 开放式投资基金:基金份额总额不固定,基金份额可以在基金合同约定的时间和场所申购或赎回的基金
      - 国债:在我国主要是国库券
      - 金融衍生品种:金融期货和金融期权,特别要注意股指期货(权)和认股权证
    - 商品证券

↓ 发行、流通、组织管理的场所

- 证券市场
  - 场内市场(证券交易所):发行市场和交易市场
  - 场外市场:柜台交易、第三市场、第四市场

名词解释与概念比较

1. 证券
2. 有价证券(考研)
3. 投资基金
4. 封闭式基金与开放式基金(考研)
5. 证券市场
6. 分业经营与混业经营
7. 证券法与公司法
8. 证券法的基本原则

、选择题

(一)单项选择题

1. 有价证券包括(　　)、货币证券和资本证券。

A. 商品证券　　B. 凭证证券

C. 权益证券　　D. 债务证券

2. 有价证券具有如下的经济和法律特征:(　　)。

A. 产权性、收益性、变通性、流动性、风险性

B. 产权性、收益性、变通性、非返还性、风险性

C. 产权性、期限性、收益性、流动性、风险性

D. 产权性、期限性、收益性、非返还性、风险性

3. 资本证券是指与（　　）直接有关的活动而产生的证券。

A. 金融投资　　B. 资金周转

C. 货币投资　　D. 项目融资

4. 股票和债券是我国《证券法》规定的主要证券类型。关于股票与债券的比较，下列哪一表述是正确的？（　　）（司考）

A. 有限责任公司和股份有限公司都可以成为股票和债券的发行主体

B. 股票和债券具有相同的风险性

C. 债券的流通性强于股票的流通性

D. 股票代表股权，债券代表债权

5. 债券与股票的相同点在于：（　　）。

A. 收益率一致　　B. 都是筹资手段

C. 风险一样　　D. 具有同样权利

6. 有限责任公司给股东出具的出资证明书，其法律性质属于（　　）。（司考）

A. 设权证书　　B. 设权证券

C. 证权证书　　D. 证权证券

7. 安全性最高的有价证券是（　　）。

A. 国债　　B. 股票

C. 公司债券　　D. 金融债券

8. 证券投资基金通过发行基金单位集中的资金，交由（　　）管理和运用。

A. 商业银行　　B. 基金承销公司

C. 基金管理公司　　D. 基金投资顾问

9. 我国《证券投资基金法》规定，基金管理公司的最低实缴货币资本为人民币（　　）元。

A. 5 000 万　　B. 1 亿

C. 2 亿　　D. 3 亿

10. 证券市场虽主要属于资本市场，但与（　　）市场关系密切。

A. 货币　　B. 外汇

C. 期货　　D. 商品

11. 证券市场按组织形式的不同，可以分为（　　）。

A. 股票市场和债券市场

B. 发行市场和流通市场

C. 集中市场和场外市场

D. 证券发行市场和证券交易市场

12. 下列哪一项不属于证券市场的基本职能？（　　）

A. 证券市场是筹措资金的重要渠道

B. 证券市场有利于证券价格定价的合理

C. 证券市场是资源合理配置的有效场所

D. 证券市场有利于国有企业转变机制

13. 赢鑫投资公司业绩骄人。公司拟开展非公开募集基金业务，首期募集 1 000 万元。李某等老客户知悉后纷纷表示支持，愿意将自己的资金继续交其运作。关于此事，下列哪一选项是正确的？（　　）（司考）

A. 李某等合格投资者的人数可以超过 200 人

B. 赢鑫公司可在全国性报纸上推介其业绩及拟募集的基金

C. 赢鑫公司可用所募集的基金购买其他的基金份额

D. 赢鑫公司就其非公开募集基金业务应向中国证监会备案

（二）多项选择题

1. 商品证券是证明持有人享有商品所有权或使用权的凭证，取得了这种证券就等于取得这种商品的所有权。下面属于商品证券的有：（　　）。

A. 提货单　　B. 运货单

C. 仓库栈单　　D. 支票

2. 根据《证券法》的规定和证券法原理，下列哪些选项是正确的？（　　）（司考）

A. 证券法上的证券均具有流通性

B. 证券代表的权利可以是债权

C. 所有证券投资均具有风险性

D. 所有证券发行均应公开进行

3. 可转换证券的特点是：（　　）。

A. 可转换性　　B. 债券性

C. 股权性　　D. 低利率性

4. 按股东享有的权利不同，股票可分为（　　）。

A. 普通股股票　　B. 优先股股票

C. 表决权股股票　　D. 无表决权股股票

5. 债券与股票的区别表现在(　　)。

A. 权利　　B. 目的

C. 期限　　D. 收益和风险

6. 下列关于股票和债券的表述中，哪些是正确的？(　　)(司考)

A. 股票和债券都属于投资证券

B. 法律对股票的发行条件与债券的发行条件有不同的要求

C. 有限责任公司和股份有限公司都可以发行股票和债券

D. 股份和债券都属于有价证券

7. 作为一种成效卓著的现代化投资工具，基金所具备的明显特点是：(　　)。

A. 集合投资　　B. 较高收益

C. 分散风险　　D. 专家操作管理

8. 证券投资基金与股票、债券的区别在于(　　)。

A. 权利关系不同

B. 投资者的经营管理权不同

C. 收益和风险不同

D. 存续时间不一致

9. 根据我国现行的有关法规和金融机构的业务特点，不得直接进入股票市场的金融机构是：(　　)。

A. 商业银行　　B. 保险公司

C. 基金管理公司　　D. 信托投资公司

10. 证券市场的横向结构关系是由(　　)等构成的。

A. 债券市场　　B. 股票市场

C. 发行市场　　D. 基金市场

11. 下列属于我国广义证券法范围的有：(　　)。

A.《中华人民共和国证券法》

B.《关于股份有限公司境外募集股份及上市的特别规定》

C.《可转换公司债券管理暂行办法》

D.《中华人民共和国证券投资基金法》

12. 张某手头有一笔闲钱欲炒股，因对炒股不熟便购买了某证券投资基金。关于张某作为基金份额持有人所享有的权利，下列哪些表述是正确的？(　　)(司考)

A. 按份额享有基金财产收益

B. 参与分配清算后的剩余基金财产

C. 可回赎但不能转让所持有的基金份额

D. 可通过基金份额持有人大会来更换基金管理人

(三) 不定项选择题

1. 证券必须同时具备的最基本特征是：(　　)。

A. 法律特征与经济特征

B. 法律特征与书面特征

C. 经济特征与书面特征

D. 经济特征与权益特征

2. 证券投资基金的当事人主要有：(　　)。

A. 基金持有人　　B. 基金管理人

C. 基金托管人　　D. 基金发起人

3. 兼有债权和股权的双重性质的公司债是：(　　)。

A. 优先股　　B. 可转换公司债

C. 收益公司债　　D. 信用公司债

4. 证券市场的纵向结构关系是由(　　)构成的。

A. 一级市场　　B. 股票市场

C. 二级市场　　D. 基金市场

5. 证券市场是社会化大生产和商品经济发展到一定阶段的产物。近年来证券市场有着全新的特征，包括：(　　)。

A. 证券市场自由化　　B. 证券投资法人化

C. 证券交易多样化　　D. 证券市场国际化

6. 证券法的基本原则包括：(　　)。

A. 公平、公正、公开原则

B. 诚实信用原则

C. 效率与公平原则

D. 证券业与银行业、信托业、保险业分业经营、分业管理原则

简答题

1. 简述有价证券及其法律特征。(考研)

2. 简要分析我国《证券法》中对“证券业和银行业、信托业、保险业实行分业经营、分业管理，证券公司与银行、信托、保险业务机构分别设立”的规定。(考研)

论述题与深度思考题

论述我国证券法的基本原则。（考研）

参考答案

名词解释与概念比较

1. 证券是指在专用纸单或其他载体上，借助文字或图形，表彰民事权利的凭证。证券首先体现的是一种财产权利，包括对物质载体——证券单据的所有权和单据上所记载民事权利的证券权利。其次，证券必须以一定的物质媒介表现出来，证券表彰民事权利的基本形式是有纸化书据。当然，随着现代社会的发展，证券出现了无纸化的趋势。依据功能的不同，证券可以分为金额证券、有价证券和凭证证券（资格证券）。金额证券如邮票，有价证券如股票和债券，凭证证券如车船票和银行存折等。

2. 有价证券是证券的一种，是指具有一定票面金额，权利人享有票面上所规定权益并可自由流通的权利证书，具有产权性、偿还性、流动性、收益性和风险性等特点。依据标准的不同，有价证券有多种分类，包括：记名证券与不记名证券，设权证券与证权证券，货币证券、资本证券与商品证券，政府证券、金融证券与公司证券等。我国《证券法》上所指的证券是资本证券，包括股票、公司债券和投资基金凭证，以及国债等国务院规定的其他种类。

3. 投资基金是一种利益共享、风险共担的集合投资方式，它通过发行基金单位，集中投资者的基金，由基金托管人托管，基金管理人为投资基金份额持有人的利益管理和运用资金从事证券投资活动。依据基金份额是否可以赎回，投资基金可以分为契约型基金与公司型基金、封闭式基金和开放式基金等。我国《证券投资基金法》规定的基金是公司型基金，包括封闭式基金和开放式基金。

4. 封闭式基金，是指经核准的基金份额在基金合同期限内固定不变，基金份额可以在依法设立的证券交易所交易，但基金份额持有人不得申请赎回的基金。开放式基金，是指基金份额总额不固定，基金份额可以在基金合同约定的时间和场所申购或赎回的基金。二者的区别如下表：

封闭式基金	开放式基金
主体是基金管理公司、基金托管人、基金份额持有人	相同
基金份额在基金合同期内不变	基金份额不固定
基金份额可以在证交所交易	只能在投资者与基金管理公司间进行交易
基金份额不得赎回	可以随时赎回和申购
基金交易价格由市场供求关系决定	以基金净值为基准

5. 证券市场是有价证券发行与流通以及与此相适应的组织与管理方式的总称。它是资本市场的基础和主体，是金融市场的重要组成部分，包括证券发行市场和证券流通市场。在市场经济中，证券市场是完整的市场体系的重要组成部分，不仅反映和调节货币资金的运动，而且对整个经济的运行具有重要影响。证券市场的风险很大，具有波动性和不可预期性。

6. 分业经营是指证券业与银行业、信托业、保险业业务分开经营、分开管理，证券公司与银行、信托和保险业务机构分别设立，不得从事本业务外的其他业务。混业经营是指证券业、银行业、信托业和保险业可以从事证券、银行、保险业务在内的全方位金融业务。我国现行的《证券法》规定了分业经营原则，这是基于我国国情作出的考虑。而德国、法国、瑞士等大陆法系国家和现在的美国则是混业经营的忠实维护者和实施者。混业经营和分业经营是个非常前沿的问题，争议也颇大，但一般认为，在现代市场经济条件下，混业经营是趋势。

7. 证券法是调整股票、债券等证券发行、交易、管理等法律规范的总称。公司法是规定各种公司设立、活动、解散以及其他对内、对外关系的法律规范的总称，它对股份发行、转让以及公司债券也作出规定。在二者之间的关系如何界定问题上，有“关系法学说”或“特别法学说”两

种学说。通说认为，证券法和公司法虽然有很多相同之处，但在立法宗旨、调整对象、调整手段和法律渊源等方面不完全一致，故“关系法学说”更具有合理性。

8. 证券法的基本原则是贯穿于证券发行、交易、监管等过程中的基本行为准则，体现了证券法律制度的价值取向。我国《证券法》规定的基本原则主要包括公平、公正、公开原则，诚实信用原则，效率与公平原则以及分业经营、分业管理原则等。

选择题

（一）单项选择题

1. A。有价证券包括商品证券、货币证券和资本证券。

2. C。有价证券具有作为金融工具的共有特征：产权性、期限性、收益性、流动性和风险性。产权性是指有价证券都具有一定的归属，为其所有者所有；期限性是指有价证券一般都有偿还期；流动性是指迅速变为货币而免受损失的性能；收益性是指有价证券转让资金使用权的回报；风险性是指本金遭受损失的可能性。除此之外都不属于有价证券的经济和法律特征。

3. C。资本证券是指把货币投入企业或把资本贷给企业和国家的一种证书，它是随着货币投资而产生的，能给所有者带来盈利。

4. D。股票只有股份有限公司才可以发行，故选项A错误。股票的风险性大于债券的风险性。股票交易、转让的周转率高，市场价格变动幅度大，安全性低，风险大，故选项B错误。股票的流通性大于债券的流通性，故选项C错误。

5. B。股票和债券都是融资工具，但在性质、风险和主体享有的权利等方面是不同的。

6. C。设权证券是指具有创设证券权利的功能的证券，其一经签发，证券权利即告产生。而证权证券是指证明证券权利的证券，即使证券遗失或毁损，只要有其他证据证明权利人享有证券权利，权利人仍然可以行使证券权利。出资证明书是表彰有限责任公司股东股权的证书，是有限责任公司股东出资的凭证，不能用于商业交易和流通，不属于证券，而是证权证书。

7. A。国债是由中央政府发行的，它以该国完全的征税能力或国库作保证，因此在一切债券之中具有最高的信用地位，风险最小。当然，随着风险的降低，利率一般也较低。

8. C。参见《中华人民共和国证券投资基金法》第2条。

9. B。参见《中华人民共和国证券投资基金法》第13条第2项。

10. A。证券市场和货币市场是金融市场的重要组成部分。长期信贷的资金来源于证券市场，任何金融机构的业务都直接或间接与证券市场相关，而且证券金融机构与非证券金融机构在业务上有很多交叉。因此，证券市场与货币市场关系密切。

11. C。证券市场按照证券性质的不同，分为股票市场和债券市场；按照组织形式的不同，分为场内市场和场外市场；按照证券运行过程和证券市场的具体任务的不同，分为证券发行市场和证券交易市场。

12. D。D项是我国证券市场特有的功能，不是证券市场的基本功能。

13. C。《证券投资基金法》第87条第1款规定：“非公开募集基金应当向合格投资者募集，合格投资者累计不得超过二百人。”本题中赢鑫公司开展非公开募集基金业务，投资者人数不能超过200人，所以A项错误。《证券投资基金法》第91条规定：“非公开募集基金，不得向合格投资者之外的单位和个人募集资金，不得通过报刊、电台、电视台、互联网等公众传播媒体或者讲座、报告会、分析会等方式向不特定对象宣传推介。”本题中赢鑫公司开展非公开募集基金业务，不可以在全国性报纸上推介其业绩及拟募集的基金，所以B项错误。《证券投资基金法》第94条第2款规定：“非公开募集基金财产的证券投资，包括买卖公开发行的股份有限公司股票、债券、基金份额，以及国务院证券监督管理机构规定的其他证券及其衍生品种。”本题中赢鑫公司开展非公开募集基金业务，可以用其募集的基金再购买其他的基金份额来投资，所以C项是正确的。《证券投资基金法》第94条第1款规定：“非公开募集基金募集完毕，基金管理人应当向基金行业协会备案。对募集的资金总额或者基金份额持有人的人数达到规定标准的基金，基金行业协会应当向国务院证

券监督管理机构报告。”本题中赢鑫公司开展非公开募集基金业务，应当向基金行业协会备案，不是向中国证监会备案，所以D项错误。

（二）多项选择题

1. ABC。支票属于货币证券。

2. ABC。证券的流通性又称变现性，是指证券持有人可按自己的需要灵活地转让证券以换取现金。流通性是证券的生命力所在。流通性不但可以使证券持有人随时把证券转变为现金，还使持有人根据自己的偏好选择持有证券的种类。证券的流通是通过承兑、贴现、交易实现的。证券是各类财产所有权或债权凭证的通称，是用来证明证券持有人有权依据券面所载内容取得相应权益的凭证。按其性质不同可将证券分为凭证证券和有价证券。人们通常所说的证券即有价证券。有价证券是一种具有一定票面金额，证明持券人有权按期取得一定收入，并可自由转让和买卖的所有权或债权证书。证券投资风险是指证券未来收益状况的不确定性，即发生盈利和亏损的可能性。这是所有证券投资必然具备的风险。我国《证券法》第10条规定，证券发行包括公开发行和非公开发行。

3. ABCD。可转换债券具有债券性、股权性和可转换性的特点。为了反映可转换债券转换期权的价值，其票面利率通常要低于同等条件下的普通债券。

4. AB。表决权股股票与无表决权股股票是按照股东对股份有限公司的经营管理是否享有表决权而划分的。按照所代表的股东权利的不同，股票分为普通股股票和优先股股票，后者是股份有限公司发行的具有收益分配优先权和剩余财产分配优先权的股票。

5. ABCD。债券和股票的区别表现在其体现的权利、目的、期限和收益风险上。债券是债权，有一定期限，收益固定，风险小；股票是股权，期限不确定，收益不确定，风险大。

6. ABD。股份有限公司才能发行股票，有限责任公司不能发行股票，所以C项错误。

7. ABCD。基金的基本功能是汇集众多投资者的资金，交由专门的投资机构管理，由证券分析家和投资家具体操作运用，将资金分散投资于特定的资产组合，投资收益归原所有者所有。其显著的特点就是：集合投资、分散风险、专家操作管理。同时，该三个特点又保证基金较其他投资证券具有更高、更稳定的收益。

8. ABCD。基金份额持有人与发起人之间的关系依据基金设立形式的不同，可分为契约关系和信托关系；股票持有人与公司之间是股权关系；债券持有人与公司之间是债权债务关系。股票持有人可以参与公司的经营管理，债券持有人不参加公司的管理，基金份额持有人是委托管理人参加公司的管理。基金投资的风险小于股票投资而大于债券投资。投资基金都有存续期限，期满即终止，这与债券相似；股票期限则不定。

9. ABD。银行、保险与证券分业经营、分业管理。

10. ABD。发行市场为一级市场，为证券市场的纵向关系范畴。

11. ABCD。凡是调整证券发行、交易以及服务、监管等法律关系的法律规范，都可称为广义的证券法。

12. ABD。《证券投资基金法》第46条规定：“基金份额持有人享有下列权利：（一）分享基金财产收益；（二）参与分配清算后的剩余基金财产；（三）依法转让或者申请赎回其持有的基金份额；（四）按照规定要求召开基金份额持有人大会或者召集基金份额持有人大会；（五）对基金份额持有人大会审议事项行使表决权；（六）对基金管理人、基金托管人、基金服务机构损害其合法权益的行为依法提起诉讼；（七）基金合同约定的其他权利。”因此，A、B两项正确，C项错误。《证券投资基金法》第47条规定，基金份额持有人大会有权决定更换基金管理人、基金托管人。故D项正确。

（三）不定项选择题

1. B。证券必须具备的最基本特征就是法律特征和书面特征，其他都是非基本特征。

2. ABC。参见《中华人民共和国证券投资基金法》。

3. B。可转换公司债具有债权和股权的双重性质。优先股、收益公司债和信用公司债要么具有债权性，要么具有股权性，而不同时兼备债权和股权性质。

4. AC。证券市场的纵向关系是由一级市场和二级市场构成。

5. ABCD。证券市场是社会化大生产发展到一

定阶段的产物。近年来，证券市场呈现出多种新的特征，包括：证券市场自由化、证券市场国际化、证券投资法人化、证券交易多种化、证券品种多样化、证券交易网络化等。

6. ABCD。A、B、C、D4 项均为证券法的基本原则。

简答题

1. 有价证券是证券的一种，是指具有一定票面金额，权利人享有票面上所规定权益，并可自由流通的权利证书。有价证券有多种分类，包括记名证券与不记名证券，设权证券与证权证券，货币证券、资本证券与商品证券，政府证券、金融证券与公司证券等。有价证券的法律特征有：（1）产权性：有价证券具有一定的经济价值并且为持有人所有和享受其上记载权益的权利；（2）偿还性：一般规定有偿还期，股票的偿还期可以视为无限长；（3）流动性：指迅速变为货币而免受损失的性能；（4）收益性：是指转让有价证券得到的回报；（5）风险性：有价证券具有很大的风险，可能导致本金损失。

2. 我国《证券法》的这条规定说明我国现在实行的是证券业、银行业、信托业和保险业分业经营的制度，即银行业、信托业和保险业不得经营证券业务。与此对应的是混业经营。但是究竟实行分业经营还是混业经营，要考虑各国的政治、经济发展水平、监管能力等因素。我国实行分业经营制度，具有深刻的现实根源。

（1）混业经营造成的监管不力、宏观调控失灵、金融秩序混乱，是事实依据。

（2）允许混业经营在我国条件不成熟。由于我国资本市场发育不成熟，内部存在很大的风险性，一旦实施混业经营，很容易影响银行业等行业的稳健经营，影响国民经济的健康发展。

（3）分业经营有利于国有企业改革，建立现代企业制度。

（4）混业经营是建立在完善的监管体系的基础上的，我国还没有建立起完善的监管体系，法律规定过于原则，不具有操作性和实用性。

（5）由于我国的银行与政府关系密切，在我国现阶段实行混业经营容易产生垄断现象，损害公平竞争的市场环境。

论述题与深度思考题

证券法的基本原则是贯穿于证券发行、交易、监管等过程中的基本行为准则，体现了证券法律制度的价值取向，是证券立法的基础和出发点，是证券投资者、融资机构、证券中介机构和监管机构的一切活动必须遵守的行为规范，并贯穿在证券司法和解释研究的过程中。具体说来，我国证券法主要有以下基本原则：

（1）公开原则，是指任何证券的发行和交易都必须公开进行，依法及时、真实、准确和完整地披露证券发行和交易的重要信息，以保护证券投资者的合法权益。具体内容如下：①证券发行活动及发行后相关信息公开。②证券交易活动公开。③上市公司收购活动公开。

为了实现公开原则，证券法建立了相关具体制度，包括信息披露制度、证券违法行为的法律责任等。

（2）公平原则。证券法律主体应公平地从事证券募集、发行、上市、交易、收购、服务等活动，平等地享有权利、承担义务。具体内容如下：①证券市场准入平等。②证券交易机会公平。③交易规则公平。④交易信息公平。

（3）公正原则。证券市场监管者应综合考虑证券市场的实际情况，制定出兼顾各方证券主体利益的法律、法规，并在处理证券违法行为过程中及时、准确地保护投资者的利益。具体内容如下：①证券法律、法规公正。②管理者的管理行为公正。③追究证券违法行为时公正。④违法救济方式上公正。

（4）诚实信用原则。证券市场的主体应该以最大的善意从事证券活动，善意履行义务，不得滥用证券权利而损害他人的合法利益。具体内容如下：①证券发行中进行信息披露。②证券交易中不得用非正常手段获取商业机会。③持续的信息披露。④证券中介公司及其从业人员的诚实信用。

（5）效率与安全原则。证券的发行、交易等活动要体现效率并保证证券活动的安全。

（6）分业经营、分业管理。（具体内容参见简答题 2。）

第十二章　证券主体制度①

知识逻辑图

证券公司
- 分类
  - 按照组织形式：有限责任公司和股份有限公司
  - 按照业务范围：经纪类、自营类、承销类、咨询类、财务顾问类、资产管理类等
- 功能：资金媒介、培育和发展证券市场、优化资源配置
- 营业规则
  - 偿债能力保障制度：国务院证券监督管理机构对证券公司的净资本、净资本与负债比例、净资本与净资产的比例，净资本与自营、承销、资产管理等业务规模的比例，负债与净资产的比例，以及流动资产与流动负债的比例等风险控制指标作出规定
  - 交易风险准备金制度：证券公司从每年的税后利润中提取交易风险准备金，用于弥补证券交易的损失，其提取的具体比例由国务院证券监督管理机构规定
  - 从业人员准入制度：相关人员必须具备相应的资格和限制性条件才能从事证券业业务
  - 实名制度：证券公司的自营业务必须以自己的名义进行，不得假借他人名义或者以个人名义进行

证券登记结算机构
- 性质：为证券交易提供集中登记、存管与结算服务，不以营利为目的的法人
- 职能：证券账户、结算账户的设立，证券的存管和过户，证券持有人名册登记，证券交易所上市证券交易的清算和交收，受发行人的委托派发证券权益，办理与上述业务有关的查询等
- 职责：法定保管义务、资料善管义务、业务保障义务、设立证券结算风险基金义务等

证券服务机构
- 分类：投资咨询机构，财务顾问机构，资信评级机构，资产评估机构，会计师事务所
- 特点：① 是依法设立的专门从事证券服务的机构；② 是一种从事证券服务业高度专业化的机构
- 投资咨询机构及其从业人员的禁止性行为：《证券法》第 171 条第 1 款
- 赔偿责任：《证券法》第 173 条

名词解释与概念比较

1. 证券公司（考研）
2. 证券自营商（考研）
3. 证券登记结算制度
4. 交易风险准备金

选择题

（一）单项选择题

1. 证券公司的设立，无须（　　）。

A. 以有限公司的形式设立

B. 具有相应的公司章程

① 证券主体制度与公司法以及证券监管制度部分相重合，为简便起见，相关内容见公司法相关部分和本章节的证券监管制度（证交所等）部分。

C. 有符合法定的注册资本

D. 有完善的风险管理与内部控制制度

2. 关于证券公司的注册资本，下列符合法律规定的有：(　　)。

A. 设立证券自营类证券公司的最低注册资本为人民币1亿元

B. 国务院证券监督管理机构根据审慎监管原则和各项业务的风险程度，可以调整注册资本最低限额

C. 证券公司的注册资本无须是实缴资本，可以在两年内缴足

D. 设立综合类证券公司的最低注册资本为人民币2亿元

3. 根据我国《证券法》的规定，证券公司能否从事证券自营业务？(　　)(司考)

A. 证券公司均可以从事证券自营业务

B. 证券公司均不得从事证券自营业务

C. 证券公司只能从事由包销产生的证券自营业务

D. 一部分证券公司可以从事证券自营业务

4. 某证券公司的设立申请获得批准后，首先应(　　)。

A. 可以立即经营证券业务

B. 在规定的期限内向公司登记机关申请设立登记，领取营业执照

C. 向国务院证券监督管理机构申请经营证券业务许可证

D. 应先上报公司章程

5. 某证券公司的下列行为符合法律规定的有：(　　)。

A. 为其股东甲的妻子乙所开的公司提供担保

B. 向其控股股东提供融资

C. 依法为其客户融资融券

D. 直接向美国当局申请设立经营机构

6. 下列人员可以为证券公司从业人员的有：(　　)。

A. 被开除的国家机关工作人员

B. 因违纪行为被解除职务的证券登记结算机构的负责人，自被解除职务之日起未逾5年

C. 因过失犯罪被开除的证券交易所的从业人员

D. 某证券公司的法律顾问

7. W证券公司对其客户证券交易结算资金所为的下列行为，不符合法律规定的是：(　　)。

A. 将其客户的交易结算资金存放在商业银行并以每个客户的名义单独立户管理

B. 将客户的交易结算资金和证券与其自有财产分开

C. 为客户的利益，动用该交易结算资金买卖证券

D. 在破产时将客户的交易结算资金和证券与其自有财产分开，不归入破产财产以清偿债务

8. 证券公司应当妥善保存客户开户资料、委托记录、交易记录和与内部管理、业务经营有关的各项资料，任何人不得隐匿、伪造、篡改或者毁损。上述资料的保存期限不得少于(　　)。

A. 10年　　B. 15年

C. 20年　　D. 30年

9. 证券公司的股东有虚假出资、抽逃出资行为的，国务院证券监督管理机构应当采取的行动不包括：(　　)。

A. 责令其改正

B. 冻结其股份

C. 责令其转让所持证券公司的股权

D. 限制其股东权利

10. 设立证券登记结算机构，应当(　　)。

A. 由省级人民政府批准

B. 具有不少于人民币2亿元的自有资金

C. 是有限责任公司形式

D. 盈利

11. 证券登记结算采取(　　)的运营方式。

A. 开始分处

B. 分散经营

C. 全国集中统一

D. 证券监管机构批准

12. 证券登记结算机构应当设立结算风险基金，用于下列哪项损失以外的用途？(　　)

A. 弥补因违约交收造成的证券登记结算机构的损失

B. 垫付因违约交收造成的证券登记结算机构的损失

C. 弥补因技术故障造成的证券登记结算机构

的损失

D. 弥补因技术故障造成的客户的损失

13. 证券服务机构为证券的发行、上市、交易等证券业务活动制作、出具审计报告、资产评估报告、财务顾问报告、资信评级报告或者法律意见书等文件，有虚假记载、误导性陈述或者重大遗漏，给他人造成损失的，应当(　　)。

A. 承担赔偿责任

B. 承担连带赔偿责任

C. 承担过错推定的赔偿责任

D. 承担有限责任

14. 关于证券交易所，下列哪一表述是正确的？(　　)（司考）

A. 会员制证券交易所从事业务的盈余和积累的财产可按比例分配给会员

B. 证券交易所总经理由理事会选举产生并报国务院证券监督管理机构批准

C. 证券交易所制定和修改章程应报国务院证券监督管理机构备案

D. 证券交易所的设立和解散必须由国务院决定

（二）多项选择题

1. 下列种类的证券公司中，注册资本最低限额为人民币1亿元的有：(　　)。

A. 保荐类证券公司

B. 自营类证券公司

C. 资产管理类证券公司

D. 财务顾问公司

2. 下列各类公司中，属于非银行金融机构的是：(　　)。（司考）

A. 信托投资公司

B. 财务公司

C. 融资租赁公司

D. 证券公司

3. 证券公司的(　　)，必须经国务院证券监督管理机构批准。

A. 设立

B. 变更董事长

C. 变更业务范围

D. 变更经理

4. 证券公司办理经纪业务，不得接受客户的全权委托而决定(　　)。

A. 证券买卖　　B. 证券种类

C. 买卖数量　　D. 买卖价格

5. 证券公司应当按照规定向国务院证券监督管理机构报送业务、财务等经营管理信息和资料。国务院证券监督管理机构有权要求(　　)在指定的期限内提供有关信息、资料。

A. 证券公司

B. 证券公司的股东

C. 证券公司的实际控制人

D. 证券公司的经理

6. 证券公司违法经营或者出现重大风险，严重危害证券市场秩序、损害投资者利益的，国务院证券监督管理机构可以对该证券公司采取(　　)等监管措施。

A. 责令停业整顿

B. 指定其他机构托管、接管

C. 撤销

D. 罚款

7. 在证券公司被责令停业整顿、被依法指定托管、接管或者清算期间，或者出现重大风险时，经国务院证券监督管理机构批准，可以对该证券公司直接负责的董事、监事、高级管理人员和其他直接责任人员采取以下措施：(　　)。

A. 通知出境管理机关依法阻止其出境

B. 申请司法机关禁止其转移、转让或者以其他方式处分财产

C. 扣押其财产作为担保

D. 限制其人身自由

8. 证券登记结算机构应当采取下列措施保证业务的正常进行：(　　)。

A. 具有必备的服务设备和完善的数据安全保护措施

B. 建立完善的业务、财务和安全防范等管理制度

C. 建立完善的风险管理系统

D. 设立结算风险基金

9. 证券投资咨询机构的业务人员与委托人的下列约定，哪些为《证券法》所禁止？(　　)（司考）

A. 受托人随时提供对指定股票的分析预测，并按委托人指示买进或卖出

B. 受托人优先获取委托人将要公开的经营信息，并用于对其他客户的咨询服务

C. 受托人从委托人依据咨询意见进行投资交易所得利润中提取10%作为奖金

D. 受托人对于委托人根据咨询意见进行投资交易所受的损失不承担赔偿责任

10. 证券发行中因虚假陈述致使投资者在证券投资中遭受损失的，发行人、承销商应承担赔偿责任，下列哪些人应负连带赔偿责任？（ ）（司考）

A. 发行人的董事、监事、经理

B. 承销商的董事、监事、经理

C. 出具证券投资咨询意见的咨询机构

D. 出具法律意见书的律师事务所

11. 根据《证券法》的规定，下列哪些机构对客户开立的账户负有保密的义务？（ ）（司考）

A. 资产评估机构 B. 证券公司

C. 证券交易所 D. 律师事务所

简答题

简述证券公司的营业规则。

参考答案

名词解释与概念比较

1. 证券公司，是指依据《公司法》和《证券法》规定的设立条件，经证券监督管理机构批准设立并从事经营证券业务的有限责任公司或股份有限公司。按照业务范围证券公司可分为经纪类证券公司、自营类证券公司、承销类证券公司、咨询类证券公司、财务顾问类证券公司和资产管理类证券公司等。证券公司是证券市场的重要组成部分，承担着非常重要的职能。

2. 证券自营商是指以自己的名义和合法资金从事买卖证券业务的证券公司。根据法律规定，自营商对其自营中出现的损失承担独立的责任。

3. 证券登记结算制度是一项旨在促进证券发行与流通的合理制度，其运作基础系由专门的证券登记结算机构保管流通证券，为各投资者设立账户，运用账户划拨方式，处理证券买卖手续，以减少实物证券的移转数量与规模，提高结算和交割效率的制度。依据我国法律的规定，证券登记结算机构是为证券交易提供集中登记、存管与结算服务，不以营利为目的的法人。

4. 交易风险准备金也称营业保证金，是按照正常营业的风险程度和概率标准，由证券公司依法定标准或比例提取交纳的，以备其承担责任的准备金。我国《证券法》规定，证券公司从每年的税后利润中提取交易风险准备金，用于弥补证券交易的损失，其提取的具体比例由国务院证券监督管理机构规定。

选择题

（一）单项选择题

1. A。参见《证券法》第124条。B、C、D项为证券公司设立的必备条件。根据《证券法》第123条，证券公司的设立既可以是有限责任公司形式，也可以是股份有限公司形式。

2. A。参见《证券法》第127条。国务院的调整不得低于《证券法》规定的最低限额，证券公司的注册资本必须为实缴的资本，经营证券业务中两项以上的，注册资本最低限额为人民币5亿元。

3. D。参见《证券法》第125条。注册为自营的证券公司或注册为包括自营在内两项以上业务的证券公司可以从事自营业务。

4. B。参见《证券法》第128条。证券公司的设立申请获得批准后，申请人应在规定的期限内向公司登记机关申请设立登记，领取营业执照。证券公司应当自领取营业执照之日起15日内，向国务院证券监督管理机构申请经营证券业务许可证。未取得经营证券业务许可证，证券公司不得经营证券业务。

5. C。参见《证券法》第129条第2款、第130条第2款。证券公司在境外设立、收购或者参股证券经营机构，必须经国务院证券监督管理机构批准。证券公司不得为其股东或者股东的关联人提供融资或者担保。A项中是为股东关联人提供融资，也不选。

6. D。参见《证券法》第131、132条。因违法行为或者违纪行为被开除的证券交易所、证券登记结算机构、证券服务机构、证券公司的从业人员和被开除的国家机关工作人员，不得招聘为证券公司的从业人员。故只有D项符合题意。

7. C。参见《证券法》第139条。证券公司不得为客户的利益动用该交易结算资金买卖证券，其他选项都符合《证券法》的规定。

8. C。参见《证券法》第147条。证券公司应当妥善保存客户开户资料、委托记录等各项资料，保存期限不得少于20年。

9. B。参见《证券法》第151条。证券公司的股东有虚假出资、抽逃出资行为的，国务院证券监督管理机构应当责令其限期改正，并可责令其转让所持证券公司的股权，还可以限制其股东权利，但不能冻结。

10. B。参见《证券法》第156条第1款。设立证券登记结算机构，必须经国务院证券监督管理机构批准，不一定是有限责任公司形式，不一定要盈利。

11. C。参见《证券法》第158条第1款。证券登记结算采取全国集中统一的运营方式。

12. D。参见《证券法》第163条第1款。证券登记结算机构应当设立证券结算风险基金，用于垫付或者弥补因违约交收、技术故障、操作失误、不可抗力造成的证券登记结算机构的损失。

13. C。参见《证券法》第173条。证券服务机构为证券的发行、上市、交易等证券业务活动制作、出具审计报告、资产评估报告、财务顾问报告、资信评级报告或者法律意见书等文件，应当勤勉尽责，对所依据的文件资料内容的真实性、准确性、完整性进行核查和验证。其制作、出具的文件有虚假记载、误导性陈述或者重大遗漏，给他人造成损失的，应当与发行人、上市公司承担连带赔偿责任，但是能够证明自己没有过错的除外。

14. D。《证券法》第105条第2款规定，实行会员制的证券交易所的财产积累归会员所有，其权益由会员共同享有，在其存续期间，不得将其财产积累分配给会员。故A项错误。《证券法》第107条规定，证券交易所设总经理一人，由国务院证券监督管理机构任免。故B项错误。《证券法》第103条第2款规定，证券交易所章程的制定和修改，必须经国务院证券监督管理机构批准。故C项错误。《证券法》第102条第2款规定，证券交易所的设立和解散，由国务院决定。故D项正确。

（二）多项选择题

1. ABC。参见《证券法》第125条、第127条第1款。从事证券承销与保荐、证券自营、证券资产管理等业务的证券公司，其注册资本最低限额为人民币1亿元。

2. ABCD。识记性题。

3. AC。参见《证券法》第129条第1款。证券公司设立、收购或者撤销分支机构，变更业务范围或者注册资本，变更持有5%以上股权的股东、实际控制人，变更公司章程中的重要条款，合并、分立、变更公司形式，停业、解散、破产，必须经国务院证券监督管理机构批准。变更董事长和经理由股东大会或董事会决定。

4. ABCD。参见《证券法》第143条。证券公司办理经纪业务，不得接受客户的全权委托而决定证券买卖、选择证券种类、决定买卖数量或者买卖价格。

5. ABC。参见《证券法》第148条第1款。证券公司应当按照规定向国务院证券监督管理机构报送业务、财务等经营管理信息和资料。国务院证券监督管理机构有权要求证券公司及其股东、实际控制人在指定的期限内提供有关信息、资料。

6. ABC。参见《证券法》第153条。证券公司违法经营或者出现重大风险，严重危害证券市场秩序、损害投资者利益的，国务院证券监督管理机构可以对该证券公司采取责令停业整顿、指定其他机构托管、接管或者撤销等监管措施。

7. AB。参见《证券法》第154条。在证券公司被责令停业整顿，被依法指定托管、接管或者清算期间，或者出现重大风险时，经国务院证券监督管理机构批准，可以对该证券公司直接负责的董事、监事、高级管理人员和其他直接责任人员采取相应措施，包括阻止出境和禁止处分财产。

8. ABC。参见《证券法》第161条。其他都符合《证券法》的规定，D项不属于为保证业务正常进行而采取的措施。

9. ABC。参见《证券法》第171条第1款。A项违反了证券投资咨询机构及其从业人员不得代

理委托人从事证券投资的义务；B项违反了受托人为其客户保密的义务；C项违反了不得与委托人约定分享证券投资收益的义务；D项符合法律规定。

10. ABD。参见《证券法》第69条。发行人、上市公司公告的文件有虚假陈述，致使投资者在证券交易中遭受损失的，发行人、上市公司应当承担赔偿责任，发行人、上市公司的董事、监事、高级管理人员和其他直接责任人员，以及保荐人、承销的证券公司，应当承担连带责任。

11. BCD。《证券法》第44条规定：证券交易所、证券公司、证券登记结算机构必须依法为客户开立的账户保密。律师事务所在处理有关事务时会接触到相关客户的账户，当然具有保密义务。而资产评估机构很少会接触到客户账户，同时法律也没有对此作出限制。

简答题

证券公司在设立和运营上应遵循下列规则：

（1）特许审批制。证券公司的设立必须经过国务院证券监督管理机构的审查批准。

（2）显名规则。证券公司名称中必须标明证券有限责任公司或股份有限公司字样。

（3）最低注册资本限额制度。因经营的业务范围不同而需要不同的资本限额，从5 000万元到5亿元不等。

（4）国务院证券监督管理机构应当对证券公司的净资本，净资本与负债的比例，净资本与净资产的比例，净资本与自营、承销、资产管理等业务规模的比例，负债与净资产的比例，以及流动资产与流动负债的比例等风险控制指标作出规定。

（5）交易风险准备金制度。证券公司从每年的税后利润中提取交易风险准备金，用于弥补证券交易的损失，其提取的具体比例由国务院证券监督管理机构规定。

（6）从业人员资格规则。证券公司的董事、监事、高级管理人员有一定的任职条件，既有积极条件，也有消极条件。

（7）实名制规则。证券公司的自营业务必须以自己的名义进行，不得假借他人名义或者以个人名义进行。

（8）资金来源合法性规则。证券公司的自营业务必须使用自有资金和依法筹集的资金。（参见叶林．证券法．249～256页．北京：中国人民大学出版社，2000。）

第十三章　证券发行制度

知识逻辑图

- 证券发行
  - 分类
    - 公开发行（公募）：发行人通过证券经营机构向发行人以外的社会公众，就发行股票作出的要约邀请、要约或销售的行为
    - 非公开发行（私募）：发行人向少数特定投资者发行证券的行为
  - 公开发行条件⇒保荐人制度
    - 股票发行条件：股份有限公司，具备健全且运行良好的组织机构；具有持续盈利能力，财务状况良好；最近3年财务会计文件无虚假记载，无其他重大违法行为；经国务院批准的国务院证券监督管理机构规定的其他条件
    - 债券发行条件：股份有限公司的净资产不低于人民币3 000万元，有限责任公司的净资产不低于人民币6 000万元；累计债券余额不超过公司净资产的40%；最近3年平均可分配利润足以支付公司债券1年的利息；筹集的资金投向符合国家产业政策；债券的利率不超过国务院限定的利率水平；国务院规定的其他条件
    - 可转换公司债券发行条件：具有上述两项条件
- 公开发行审核程序
  - 核准制：区别于注册制和审批制
  - 审核机构（依据发行证券种类不同而不同）：国务院证券监督管理机构发行审核委员会（股票和可转换公司债券）和国务院授权的部门（债券）
  - 报送的文件：注意区分因待发行证券种类的不同而需报送的不同文件（股票、债券和可转换公司债券）
- 承销制度
  - 承销方式
    - 代销：证券公司代发行人发售证券，在承销期结束时，将未售出的证券全部退还给发行人的承销方式
    - 包销：证券公司将发行人的证券按照协议全部购入，或者在承销期结束时将售后剩余证券全部自行购入的承销方式
  - 承销协议
    - 代销协议
    - 包销协议
  - 承销义务
    - 禁止违法招揽业务
    - 发行文件核查义务
    - 禁止事先预留义务

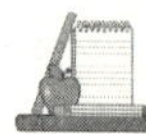

名词解释与概念比较

1. 证券发行与证券募集
2. 公募与私募
3. 证券发行人（考研）
4. 面值发行、溢价发行与折扣发行
5. 直接发行与间接发行
6. 保荐人
7. 证券发行审核中的申报制和核准制（考研）
8. 预披露制度
9. 证券代销与证券包销（考研）
10. 证券承销协议（考研）

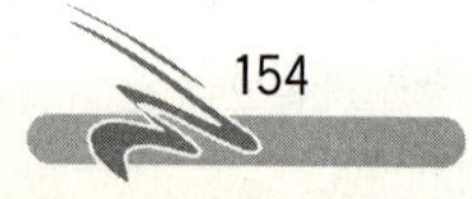

选择题

(一) 单项选择题

1. 下列公司的行为依据我国《证券法》的规定不属于证券发行的是：(　　)。

A. 甲公司在香港证券交易所公开发行 H 股股票

B. 乙公司由 30 名大学教师发起设立而向各教师交付股票

C. 丙公司把本公司未发行在外的股票 20 万股送给其经理作为报酬

D. 丁公司向 H 国的境外合格投资者发行股票

2. 依据我国《证券法》，W 公司的下列哪项行为不属于公开发行？(　　)

A. 为了弥补亏损向特定的 800 人发行公司债券

B. 为了造新的办公大楼向特定的1 000人发行股票

C. 为了扩大公司规模向社会公众发行债券

D. 为了投资其他公司向国外机构投资者募集资金而发行股票

3. S 为上市公司，注册资本为 1 000 万元，其在发行新股过程中的下列行为，恰当的是：(　　)。

A. 没有向证券监管机构申请核准而直接向特定的 199 人发行股票

B. 向证券监管机构申请被核准后经股东大会决定不再发行股票

C. 在招股说明书中没有披露公司发起人持股情况

D. 让其主承销商担任其保荐人

4. 下列公司发行证券，无须聘请保荐人的有：(　　)。

A. 甲公司首次公开发行 A 股

B. 乙公司发行可转换公司债券

C. 丙公司向其内部职工 178 人募集资金而发行债券

D. 丁公司公开发行 B 股

5. 上市公司 G 发行新股，在向证券监管机构申请核准时无须递交的文件是：(　　)。

A. 招股说明书

B. 发起人协议

C. 发行保荐书

D. 公司重大担保情况说明书

6. 依据《证券法》的规定，上市公司 K 在发行新股中所为的下列行为符合法律规定的有：(　　)。

A. 向超过 200 人的特定对象发行新股

B. 向不超过 200 人的特定对象发行新股

C. 募集的资金没有用于招股说明书规定的用途

D. 改变募集的资金用途，须经过董事会认可

7. 有限公司 J 为了弥补亏损，希望发行债券，请教了一位著名律师，在律师为其作出的下列意见中，正确的是：(　　)。

A. J 公司为了弥补亏损不能发行债券

B. J 公司只有在变更为股份有限公司的情况下才能发行债券

C. 鉴于 J 为一人公司，要发行债券，公司净资产必须达到 6 000 万元

D. 鉴于 J 公司今年严重负债，不能发行债券

8. M 股份有限公司准备发行可转换公司债券，下列哪项不符合法律规定的条件？(　　)

A. M 公司的净资产达 3 500 万元

B. M 公司是发起设立的

C. 本次发行的可转换公司债券为第二次发行，前次发行债券总额占其净资产的 30%，本次发行总额占其净资产的 20%

D. M 公司去年亏损，但最近三年的平均可分配利润足以支付公司债券一年的利息

9. P 公司的注册资本为 5 000 万元，公司股东实缴资本 3 000 万元，最近 5 年连续盈利，在申请公开发行公司债券时递交了包括保荐书在内的必需文件，该申请被核准。请问该公司的性质一定是：(　　)。

A. 股份有限公司　　B. 有限责任公司

C. 一人公司　　D. 上市公司

10. 有限公司 T 拟再次公开发行公司债券而向证监会申请，经审查后不予发行。请问可能是由于下列何种原因？(　　)

A. T 公司已经发行了公司债券，与本次发行时间上相隔不到 1 年

B. T 公司前一次公开发行的公司债券，在 1

年后才募足

C. T公司欠S公司债务达到1 000万元，S公司同意T公司1年内还清

D. T公司因前一次公开发行的债券迟延支付本息正在受到债券权利人的起诉

11. 证券发行人申请下列哪种证券发行时，在提交申请文件后，应当按照国务院证券监督管理机构的规定预先披露有关申请文件？（　　）

A. 再次发行股票

B. 发行公司债券

C. 发行可转换公司债券

D. 首次公开发行股票

12. 为扩大生产规模，筹集公司发展所需资金，鄂神股份有限公司拟发行总值为1亿元的股票。下列哪一说法符合《证券法》的规定？（　　）（司考）

A. 根据需要可向特定对象公开发行股票

B. 董事会决定后即可径自发行

C. 可采取溢价发行方式

D. 不必将股票发行情况上报证券监管机构备案

13. 证券监督管理机构负责审核股票发行的组织，下列人员中不可以任职的有：（　　）。

A. 证监会市场监管部专业人员

B. 某知名大学证券法专家

C. 某证券公司总裁，与拟发行股票的公司存在委托关系

D. 某大学金融专业知名教授

14. 有权部门在审核某公司公司债券发行申请时，下列行为中哪项是不妥的？（　　）

A. 要求该公司补交相关申请文件

B. 自受理证券发行申请文件之日起经过2个月作出了准予核准的决定

C. 经审查后作出不予核准的决定，但没有说明理由

D. 没有就债券的发行情况举行听证会

15. S公司在申请股票发行被核准后，所为的下列行为中不合法的有：（　　）。

A. 在该股票公开发行前，依据法律、行政法规的规定公告公开发行募集文件

B. 在公告公开发行募集文件的同时，在指定的场所备置上述文件供公众查阅

C. 在该股票公开发行前，与证券公司签订股票承销协议

D. 在公告公开发行募集文件前，与一些客户签订了购股协议书约定购股的数量

16. 因撤销发行核准决定的，保荐人承担的是何责任？（　　）

A. 连带责任，不管其是否存在过错

B. 连带责任，只要其存在过错

C. 连带责任，只要其被推定存在过错

D. 连带责任，只要其举证推翻存在过错

17. 在证券发行因存在不合法行为而被撤销核准决定后，下列有关人员一定承担责任的是：（　　）。

A. 公司发行人

B. 公司的保荐人

C. 发行人的控股股东

D. 发行人的实际控制人

18. 在证券承销过程中，下列行为合法的有：（　　）。

A. 承销商发现公司公开募集文件中关于公司财务状况的描述存在误导性陈述而停止销售证券

B. 承销商发现公司公开募集文件中存在虚假记载情况而没有向证监会报告

C. 承销商在发现公司公开募集文件中存在重大遗漏后立即停止证券的销售而没有向公司报告

D. 承销商核查了公司公开募集文件的真实性、准确性和完整性情况然后决定承销

19. 下列诸种情况为G公司股票发行失败的是：（　　）。

A. 承销商M以代销的方式为G公司承销，在约定的承销期间内向投资者出售的股票数量只有拟公开发行股票数量的65%

B. 承销商M以包销的方式为G公司承销，承销期届满后出售的股票数量占公司股本总数的60%

C. 承销商M以代销的方式为G公司承销，在约定的承销期间届满时向投资者出售的股票数量只有拟发行股票数量的65%

D. 承销商M以包销的方式为G公司承销，承销期届满后出售的股票数量占公司拟公

开发行股票数量的 60%

20. 对于证券承销，承销商不应该承担下列哪项义务？(　　)

A. 禁止违法招揽业务

B. 禁止事先预留包销的证券

C. 证券募集文件的审查义务

D. 将证券发行情况与发行人一起报告证监会的义务

21. 依据我国《证券法》的相关规定，关于证券发行的表述，下列哪一选项是正确的？(　　)(司考)

A. 所有证券必须公开发行，而不得采用非公开发行的方式

B. 发行人可通过证券承销方式发行，也可由发行人直接向投资者发行

C. 只有依法正式成立的股份公司才可发行股票

D. 国有独资公司均可申请发行公司债券

(二) 多项选择题

1. 下列公司的行为为公开发行的有：(　　)。

A. F 有限责任公司为了筹集资金向社会公众发行公司债券

B. M 股份有限公司为了扩大公司规模向累计 300 个特定的人发行股票

C. 一人公司 N 为了研发某高科技产品而发行 B 股

D. 股份公司 J 设立发起人认购所有的股份

2. 下列证券的发行，依法应当聘请有保荐资格的机构作为保荐人的有：(　　)。

A. 甲公司公开发行股票

B. 乙公司发行公司债券

C. 丙公司发行可转换公司债券

D. 丁公司采取发起设立形式设立而发行的股票

3. 某公司在申请股票公开发行时，必须递交的文件有：(　　)。

A. 发起人协议　　B. 公司章程

C. 招股说明书　　D. 发行保荐书

4. H 公司打算公开发行新股，下列哪些情况会阻止其目的的实现？(　　)

A. H 公司是刚设立不到一年的股份有限公司

B. H 公司正遭受标的达 1 000 万元的股东代表诉讼

C. H 公司刚从有限责任公司变更为股份有限公司，成立不到三年

D. H 公司今年亏损

5. 上市公司 W 公开发行股票，在其招股说明书中确定招股资金的用途是研发有市场价值的高科技技术。在募集资金的过程中，由于相关措施不配套，预计资金用途不能按计划实现，现 W 公司的下列行为中可行的有：(　　)。

A. 公司的董事会通过决议决定改变招股说明书所列资金用途

B. 董事会临时召开股东大会，作出更改招股说明书所列资金用途的提案

C. 公司预计股东大会会通过决议改变招股说明书用途而公开发行股票，后股东大会果然通过了改变招股说明书的决议

D. 公司决定将发行股票的范围锁定国外投资机构者

6. K 公司拟公开发行公司债券，下列情况是其目的实现的必备条件的有：(　　)。

A. K 公司为国有独资公司，净资产为人民币 5 000 万元

B. K 公司变更为股份有限公司后，净资产为人民币 5 000 万元

C. K 公司拟发行公司债券占公司资产的 30%

D. K 公司去年亏损，但最近三年平均可分配利润足以支付公司债券一年的利息

7. 依据我国《证券法》的规定，公司在申请公开发行股票和公司债券时必须都要递交的文件为：(　　)。

A. 招股说明书或公司债券募集办法

B. 公司章程

C. 保荐书

D. 财务会计报告

8. 公司再次公开发行公司债券，必须满足以下哪些条件？(　　)

A. 本次发行与上次发行相隔时间达 1 年且上次的债券已经募足

B. 上次公开发行的公司债券已经募足

C. 公司改变债券所募资金用途没有得到纠正或得到股东大会决议通过的

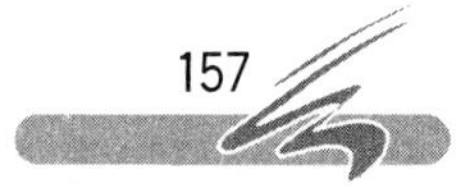

D. 上次所募资金占本公司净资产的20%，本次所募资金也占公司净资产的20%

9. 关于证监会的发行审核委员会，下列叙述正确的有：（　　）。

A. 发行审核委员会的工作只负责审核股票发行申请和可转换公司债券发行的申请

B. 发行审核委员会由专业人员和专家组成

C. 发行审核委员会的表决方式可以是投票，也可以是证监会决定的其他方式

D. 发行审核委员会有权决定核准的程序

10. 下列人员不得成为发行审核委员会成员的有：（　　）。

A. 某大学证券法专家，与发行申请人的董事长是大学同学

B. 证监会某部处长，曾在发行申请人上市的证交所工作

C. 证监会某部副处长，单独持有某申请发行人的股票

D. 某外国金融业专家，曾在某公益活动中与发行申请人一起吃过饭

11. 关于核准公开发行股票的申请，发行审核委员会的下列行为正确的有：（　　）。

A. 发现递交的申请文件存在瑕疵而要求修改，修改后重新计算核准期间

B. 在没有特殊情况的条件下，在受理申请文件之日起3个月内依法作出决定

C. 因递交的申请文件不足要求补充，自补充之日后继续审核

D. 对申请不予准许的，作出不予核准决定并说明理由

12. 在某公司申请公开发行股票被核准后，核准机关发现该公司的财务会计报告存在作假情况而不符合发行条件。核准机关视情况可以采取下列哪些行为？（　　）

A. 撤销核准决定

B. 责令发行申请人停止发行

C. 责令发行申请人按照发行价并加算银行同期存款利息返还证券持有人

D. 责令发行申请人在限定的期限内更正财务会计报表

13. M公司股票发行因其财务会计报告作假而被撤销之后，应按照发行价并加算银行同期存款利息返还证券持有人，对该义务承担连带责任的人员有：（　　）。

A. M公司的证券分销公司N没有认真审核该财务会计报告

B. M公司的主承销公司T没有认真审查该财务会计报告

C. 持有M公司51%股份的发起人G唆使会计人员做假账

D. M公司的董事S明知该财务会计报表做假而没有提出异议的

14. 证券承销中，L承销公司的下列哪些行为是法律所禁止的？（　　）

A. 为了招揽生意而诋毁其他证券公司

B. 为了尽快地销售证券而没有认真核查相关募集文件是否存在虚假陈述

C. 为了招揽生意给予发行公司以优惠的条件

D. 在承销的股票中预留一部分归本公司所有

15. 下列行为中相关人员有义务按照发行价并加算银行同期存款利息发还权利人的有：（　　）。

A. 申请股票发行的核准决定依法被撤销的

B. 公司擅自更改公司债券资金募集的用途的

C. 股票公开发行失败的

D. 公司债券有40%没有全部募集的

（三）不定项选择题

1. 下列行为属于证券包销的有：（　　）。

A. 证券公司将发行人的证券按照协议全部购入

B. 证券公司将发行人的证券按照协议在承销期结束后将售后剩余证券全部自行购入

C. 证券公司在承销期结束后将售后剩余证券全部退还发行人

D. 证券公司在证券销售时自行购买了一部分证券

2. 下列证券的发行应由承销团承销的有：（　　）。

A. 向社会公众发行证券面值总额为6 000万元的

B. 向2 000名特定人员发行证券面值总额为1亿元的

C. 股份公司以发起设立的方式成立而发行股票

D. 发行人决定以承销团方式承销的

3. 证券的承销协议中对证券承销约定的期限可以为(　　)。

A. 30 天　　B. 45 天

C. 60 天　　D. 90 天

4. 公司公开发行股票和可转换公司债券，共同的地方在于：(　　)。

A. 主体必须都是股份有限公司

B. 核准的机关相同

C. 都要有保荐人

D. 都要由承销机构承销

5. 下列证券公开发行申请的文件中，无须递交资产评估报告的有：(　　)。

A. 公开发行股票

B. 公开发行公司债券

C. 公开发行可转换公司债券

D. 发行国债

简答题

1. 简述证券发行的基本原则。(考研)
2. 简述公司债券发行的条件。
3. 简述证券承销商的义务。
4. 证券上市和证券交易的关系。(考研)

案例分析题

案情：天幕科技股份有限公司（以下简称“天幕科技”）为天蓝有限公司、黎明股份有限公司和自然人王某及李某发起设立的：天蓝有限公司为该公司第一大股东，持股为 53%；黎明股份有限公司持股 37%，其余的股份由王某和李某持有。天幕科技的董事会成员大部分是天蓝有限公司选举的董事。2004 年 5 月，天幕科技股东大会通过决议发行新股 8 000 万并准备上市。2005 年 6 月 7 日，天幕科技按照规定向国务院证券监督管理机构递交了募股申请及相关文件。国务院证券监督管理机构的发行审核委员会于同日收到上述文件，并于次日组成由机构外的专家组成的专家组对申请文件进行审查。就在国务院证券监督管理机构发行审核委员会对其申请文件进行审核期间，天幕科技在报纸上刊登公告称其已经向有权机关申请发行新股，有希望被批准并希望投资者关注此次新股发行等云云；与此同时，天幕科技开始着手与证券承销商 W 有限公司商谈并签订承销协议。2005 年 9 月 1 日，承销商在签订承销协议后立即在媒体广告上宣传其已经成为天幕科技的承销商，并开始着手与投资者签订购股协议。2005 年 10 月 10 日，专家组以无记名投票的方式对股票发行申请进行了表决，一致同意予以核准。天幕科技在接到核准决定后立即开始公开发行股票。在约定的承销期限届满时，承销商销售的股票仅达总计公开发行股票的 50%。就在股票的销售期间，有匿名信向国务院证券监督管理机构举报说，天幕科技的财务会计报告存在粉饰的情况，不符合新股公开发行的条件。国务院证券监督管理机构经查明发现，该财务会计报告由天蓝有限公司一手操纵所致，于是立即决定撤销对天幕科技公开发行股票申请的核准决定，责令天幕科技补交真实的财务会计报告。

问题：(1) 从 2004 年 5 月天幕科技股东大会通过决议发行新股，到 2005 年 6 月 7 日天幕科技才按照规定向国务院证券监督管理机构递交募股申请及相关文件。请问：在此期间天幕科技依据法律法规的规定应该采取何种必备行为?

(2) 国务院证券监督管理机构的发行审核委员会的组成和审核程序是否合法?

(3) 天幕科技和 W 有限公司在发行股票申请文件被审核期间的行为是否合法? 承销行为是否合法?

(4) 假如国务院证券监督管理机构的发行审核委员会的核准是符合法律规定的，那么，在约定的承销期限届满时，承销商销售的股票仅达总计公开发行股票的 50%，是否构成发行失败?

(5) 对于已经作出核准的决定被撤销的，何人应该承担责任? 责任形式为何?

(6) 国务院证券监督管理机构撤销对天幕科技的核准决议是否合法? 要求其补交真实的财务会计报告是否合法?

论述题与深度思考题

1. 试述证券发行中虚假陈述的归责原则。

（考研）

2. 结合核准制，试述新股发行注册制的特点。（考研）

参考答案

名词解释与概念比较

1. 证券发行是指符合条件的证券发行人，以筹集资金为目的，依法定程序向特定或不特定的人要约邀请、要约或销售证券的行为。证券募集是证券投资者在发行人的要约下向发行人认购证券并交纳投资款的行为。因此，证券发行是个比较广义的概念，它从发行人的角度阐述了资本的形成过程，包括作为其基础行为的募集行为；募集行为是发行人和投资者之间的一种合同行为。

2. 公募，相当于我国的公开发行，具体指证券发行人依法通过证券经营机构向发行人以外的社会公众就发行的证券作出的要约邀请、要约或销售的行为。私募，也叫不公开发行，基本上相当于我们所熟悉的定向发行，它与公募相对，具体指发行人或证券承销商通过自行安排，将股票、债券等证券产品销售给其所熟悉的或联系较多的合格投资者，从而避免经过证券监管部门审批或备案的一种证券发行方式。二者之间的区别如下：

公募（公开发行）	私募（不公开发行）
发行对象一般不特定，面向社会公众	发行对象特定，面向机构投资者和特定的个人投资者，如果特定投资者超过一定人数，可能为公开发行
发行条件不是很严格	发行条件受到严格的限制
可以采用广告、公开劝诱和其他的公开方式	不可以
需要向当局备案登记	可豁免登记
证券可以在市场上流通	不可以

3. 证券发行人是指以筹集资金为目的而向特定或不特定人要约邀请、要约或销售证券的合格组织和政府组织。它可以分为公司法人和政府组织。我国现行《证券法》规定，可以发行证券的主体有有限责任公司、股份有限公司和政府组织。

4. 面值发行是指按照证券券面记载金额发行证券，也称为平价发行。溢价发行是指以超过证券券面记载金额的价格发行证券，它广泛地适用于股票和基金发行；溢价发行证券的溢价金额应该列为公司资本公积金用来弥补亏损和转增资本，不得用来分配给股东。折扣发行是指按照低于证券券面记载金额的价格发行证券，我国《公司法》禁止股份有限公司以折扣形式发行股票。

5. 以证券的发行是否通过承销商为标准，可以将证券的发行分为直接发行和间接发行。前者是指由证券发行人直接向投资者要约出售证券的行为，而不需要经过承销商的包销或代销；后者是指证券发行人委托证券承销商承销所发行证券的行为。直接发行主要发生在私募的情况下，而间接发行主要发生在公募的情况下。

6. 保荐人是指具有股票主承销商资格，对股票发行人负有保荐义务的证券公司或中国证券监督管理委员会认定的其他机构。保荐人从事保荐活动应当遵循勤勉尽责、诚实守信、责任自负的原则。保荐期限从保荐人开始对企业进行辅导时起，至股票上市后的两个完整会计年度结束时止。

7. 证券发行审核中的申报制也称为注册制或登记制，是许多国家证券发行的监管方式。依据该制度，证券法律无须规定证券发行的实质条件，证券发行人只要依照法律的规定向主管机关提交并全面公开与证券发行有关的资料和信息，在规定时间内主管机关没有提出异议就可以发行证券。依据核准制，在证券发行人遵守信息披露义务的同时，主管机关还对证券发行进行形式审查，而且在必要时进行实质审查，即看证券的发行是否符合证券法律规定的发行条件，政府有权对证券发行人的资格以及发行的证券作出审查和决定。

8. 预披露制度是指首次公开发行股票的发行人在向证券主管机关递交材料申请发行核准时，依据证券主管机关的规定预先披露有关申请文件的一种制度。这种制度增加了股票发行的透明度，有利于投资者对发行人的监督和对自己利益的维护，也有利于维护证券市场的秩序。

9. 按照证券发行人与证券公司之间约定的风险负担规则的不同，证券承销可以划分为证券代销和证券包销。证券代销是指证券公司代发行人发售证券，在承销期结束时，将没有售出的证券

全部退还给发行人的承销方式。在这种承销模式下，由发行人自已承担发行失败的风险。证券包销是指证券公司将所发行的证券全部购入，或者在承销期结束时将售后剩余的证券全部自行购入的承销方式，它分为全额包销和余额包销。在包销模式下，发行人发行证券的风险转移给了证券公司。证券的代销、包销期限最长不得超过90日。

10. 证券承销协议是证券承销制度的核心，是证券发行人与证券公司之间签署的，旨在规范和调整证券承销关系以及承销行为的合同文件。具体来说，它是证券公司等证券经营机构担任主承销商或联合主承销商承销证券时，与证券发行人签订的包销或者代销协议。

选择题

（一）单项选择题

1. C。其他都符合证券发行的特征。注意：证券发行可为公开发行，也可为定向发行或非公开发行。

2. A。参见《证券法》第10条、第16条第2款。公司不能发行弥补亏损的公司债券，因而A项不是发行。

3. D。无论是不是公开发行，上市公司发行股票，都要经过证券监管机构核准，招股说明书中必须披露发起人的持股情况。

4. C。C项行为不属于公开发行。

5. D。参见《证券法》第12条第1款、第2款，第13条。前3项都为《证券法》所规定的必需的文件。

6. A。参见《证券法》第10条第2款第2项、第15条。新股发行的特定对象累计超过200人的，必须为公开发行，因此发行对象必须在200人以上。招股说明书必须规定募集资金的用途，擅自改变募集资金的用途，须经过股东大会认可。

7. A。参见《证券法》第16条第1款、第2款。发行债券的主体既可以是有限责任公司，也可以是股份有限公司，1年的严重亏损不是不能发行证券的决定性条件。

8. C。参见《证券法》第16条。累计发行的可转换公司债券不得超过公司净资产的40%。

9. A。参见可转换公司债券的发行条件。只有股份有限公司才有资格发行可转换公司债券。

10. D。参见《证券法》第18条。前3项都是《证券法》所允许的。

11. D。参见《证券法》第21条。识记性题。

12. C。本题考查股票的公开发行。选项A错误：公开发行股票应向不特定对象进行发行，而不能向特定对象进行发行。选项B错误：《证券法》第15条规定：公司对公开发行股票所募集资金，必须按照招股说明书所列资金用途使用。改变招股说明书所列资金用途，必须经股东大会作出决议。擅自改变用途而未作纠正的，或者未经股东大会认可的，不得公开发行新股。据此可知，发行股票应经股东大会决议，而非经董事会决定即可。选项C正确：《证券法》第34条规定：股票发行采取溢价发行的，其发行价格由发行人与承销的证券公司协商确定。据此可知，鄂神股份有限公司可以采取溢价发行方式发行股票。选项D错误：《证券法》第36条规定：公开发行股票，代销、包销期限届满，发行人应当在规定的期限内将股票发行情况报国务院证券监督管理机构备案。

13. C。参见《证券法》第22条第2款。其他3项都符合《证券法》对发审委组成人员的规定，C项中公司总裁与发行的证券存在利害关系。

14. C。参见《证券法》第24条。经审查作出不予核准决定的，发审委应当说明理由。

15. D。参见《证券法》第25条。发行人不得在公告公开发行募集文件前发行证券。

16. B。参见《证券法》第26条。保荐人对发行撤销的行为承担的是过错责任。

17. A。参见《证券法》第26条。国务院证券监督管理机构或者国务院授权的部门对已作出的核准证券发行的决定，发现不符合法定条件或者法定程序，尚未发行证券的，应当予以撤销，停止发行。已经发行尚未上市的，撤销发行核准决定，发行人应当按照发行价并加算银行同期存款利息返还证券持有人，这是无条件的；保荐人在被推定有过错的情况下与承担连带责任；发行人的控股股东、实际控制人有过错的，承担连带责任。

18. D。参见《证券法》第31条。证券公司承销证券，应当对公开发行募集文件的真实性、准确性、完整性进行核查；发现有虚假记载、误导性陈述或者重大遗漏的，不得进行销售活动；已经销售的，必须立即停止销售活动，并采取纠正措施，但没有报告的义务。D项中虽然是审查了，但是如果有不真实、不准确、不完整等情况，就不应该承销，情况究竟如何，不确定，所以不选。

19. A。参见《证券法》第35条。股票发行采用代销方式，代销期限届满，向投资者出售的股票数量未达到拟公开发行股票数量70%的，为发行失败。发行包括公开发行和非公开发行。

20. D。只有发行人有报告备案的义务。

21. D。根据《证券法》第10条，证券的发行可以采取公开形式，也可以采取非公开形式，故A项错误。《证券法》第32条规定："向不特定对象发行的证券票面总值超过人民币五千万元的，应当由承销团承销。承销团应当由主承销和参与承销的证券公司组成。"如果对外发行证券票面总值超过人民币5 000万元的，必须由承销团承销，而不能直接向投资者发行，故B项错误。经批准拟成立的股份有限公司也可发行股票，故C项错误。国有企业只要符合法律规定均可申请发行公司债券。故D项正确。

（二）多项选择题

1. ABC。D项为发起设立，不属于公开发行。

2. AC。股票发行和可转换公司债券的发行依法应有保荐人。

3. BCD。A项中为设立股份有限公司公开发行股票应该递交的文件，并不是一般发行新股所必需的。

4. AC。参见《证券法》第13条第1款。公司公开发行新股，要求公司设立至少有3年财务会计的记录。

5. BD。参见《证券法》第15条。公司对公开发行股票所募集资金，必须按照招股说明书所列资金用途使用。改变招股说明书所列资金用途，必须经股东大会作出决议。擅自改变用途而未作纠正的，或者未经股东大会认可的，不得公开发行新股，上市公司也不得非公开发行新股。

6. BD。参见《证券法》第16条。国有独资公司公开发行债券时净资产不低于人民币6 000万元。C项不确定。

7. AB。A项和B项都是公开发行股票和公司债券时必须递交的文件，C、D项均为公开发行新股时所必需的文件。

8. BD。依据《证券法》第18条规定，再次公开发行公司债券的条件是：前一次公开发行的公司债券已经募足，公司对已发行的公司债券或其他债务无违约责任或无延迟支付本息的事实，以及公司没有改变公开发行公司债券所募资金的用途。A项不需要1年以上的时间限制，C项违反再次发行公司债券的条件，D项符合关于发行债券不超过公司净资产40%的规定。

9. BC。参见《证券法》第22条。发行审核委员会的具体组成办法、组成人员任期、工作程序，由国务院证券监督管理机构规定。

10. AC。参见《证券法》第22条第2款、第23条第2款。A项、C项都是利害关系人。

11. BCD。参见《证券法》第24条。国务院证券监督管理机构或者国务院授权的部门，应当自受理证券发行申请文件之日起3个月内，依照法定条件和法定程序作出予以核准或者不予核准的决定，发行人根据要求补充、修改发行申请文件的时间不计算在内；不予核准的，应当说明理由。

12. ABC。参见《证券法》第26条。D项法律没有规定。

13. ABCD。依据《证券法》第26条，股票发行被撤销的，承销商、保荐人和控股股东存在过错的，应承担连带责任，有过错的董事也应承担连带责任。

14. ABD。参见《证券法》第29条、第31条、第33条。承销的证券公司负有不得为招揽生意而诋毁其他证券公司，认真审核发行资料和不得预留股票的义务。C项为法律所不禁止。

15. AC。A、C两项符合《证券法》的规定；B项没有法律规定，D项也没有法律规定。

（三）不定项选择题

1. AB。参见《证券法》第28条第3款。证券包销是指证券公司将发行人的证券按照协议全部购入，或者在承销期结束时将售后剩余证券全部自行购入的承销方式。

2. AD。参见《证券法》第32条。向不特定对象公开发行的证券票面总值超过人民币5000万元的，应当由承销团承销。承销团应当由主承销

和参与承销的证券公司组成。

3. ABCD。参见《证券法》第 33 条第 1 款。证券的代销、包销期限最长不得超过 90 日。

4. ABCD。核准机关相同，参见知识逻辑图。

5. A。参见《证券法》第 14、17 条。识记性题。

简答题

1. (1) 合法原则。发行证券，必须符合法律、行政法规规定的条件，并依法报经国务院证券监督管理机构或者国务院授权的部门核准；未经依法核准，任何单位和个人不得公开发行证券。

(2) 公平原则。证券的发行，核准机关必须对证券发行主体、发行条件公平对待，不得加以不正当的限制和歧视；对证券投资者认购证券的条件和手续要一视同仁，不得加以区别。

(3) 公正原则。对证券发行行为的监管和处罚要体现公正，不得有歧视和差别对待。

(4) 公开原则。对法律、法规规定要公开发行的证券，必须公开发行。

(5) 信息披露。公开发行的证券，必须向发行对象全面、真实和完整地披露信息，不得隐瞒与发行有关的重要信息，披露的文件应该放在法律规定的地方供认购者查阅。

2. 公开发行公司债券，应当符合下列条件：

(1) 股份有限公司的净资产不低于人民币 3 000万元，有限责任公司的净资产不低于人民币 6 000万元；(2) 累计债券余额不超过公司净资产的 40%；(3) 最近 3 年平均可分配利润足以支付公司债券 1 年的利息；(4) 筹集的资金投向符合国家产业政策；(5) 债券的利率不超过国务院限定的利率水平；(6) 国务院规定的其他条件。

公开发行公司债券筹集的资金，必须用于核准的用途，不得用于弥补亏损和非生产性支出。

上市公司发行可转换为股票的公司债券，除应当符合上述条件外，还应当符合法律关于公开发行股票的条件，并报国务院证券监督管理机构核准。

3. (1) 禁止违法招揽行为。在我国，潜力巨大的发行市场的发展规模始终受到监管部门的控制，证券公司之间往往要经过激烈竞争才能获得承销业务。为了防止证券公司招揽生意而破坏公平的证券承销秩序，必须对证券公司违法通过不正当手段招揽承销业务予以禁止。

(2) 发行文件核查义务。证券公司承销证券，应当对公开发行募集文件的真实性、准确性、完整性进行核查，发现有虚假记载、误导性陈述或者重大遗漏的，不得进行销售活动；已经销售的，必须立即停止销售活动，并采取纠正措施。

(3) 禁止事先预留义务。证券公司在代销、包销期内，对所代销、包销的证券应当保证先行出售给认购人，证券公司不得为本公司预留所代销的证券和预先购入并留存所包销的证券。

4. 证券上市是指发行人的股票、债券等按照法定条件和程序，经过证券交易所审查并经主管机关批准，在证券交易所公开挂牌交易，集中竞价买卖的行为。证券上市是连接证券发行与证券场内交易的桥梁。证券交易，是指证券持有人依照交易规则，将证券转让给其他投资者的行为。证券交易除应遵循《证券法》规定的证券交易规则，还应同时遵守《公司法》及《合同法》规定的规则。

(1) 证券上市与证券交易有密切的联系。证券上市是证券交易的前提，没有证券的上市，就没有可交易的证券；同时，证券交易是证券上市的目的，证券上市就是为实现证券的流通。

(2) 证券上市又不同于证券交易。证券上市是发行在外的证券进入证券交易所交易的前提。它反映了证券发行人和证券交易所之间的法律关系。而证券交易是证券持有人将其持有的证券转让给受让人并由受让人支付价款，反映了证券投资者之间的关系。证券交易包括证券买卖、质押、赠与、继承、收购、回购、合并等。

案例分析题

(1) 由主承销商负担对天幕科技 1 年的发行辅导。

(2) 组成人员不合法，应由该机构的专业人员和所聘请的该机构外的有关专家共同组成；审核程序不符合法律规定的时间限制（3 个月）。

(3) 天幕科技和 W 有限公司的行为不合法：发行信息在没有公开公告之前任何人不得公开或

泄露。发行人不得在公告公开发行募集文件前发行证券。承销行为不合法，该发行应由作为发行辅导的证券公司担任，且应该组成承销团承销。

（4）如果是包销，则不存在发行失败问题；如果是代销，构成发行失败。

（5）天幕科技、天蓝有限公司和保荐人。已经作出核准的决定被撤销的，应由发行人承担责任，发行人的控股股东有过错的，应与发行人承担连带责任；保荐人与发行人承担连带责任，能证明其没有过错的除外。

（6）撤销行为合法，要求天幕科技补交财务会计报告的行为不合法。

论述题与深度思考题

1.《证券法》第 69 条规定："发行人、上市公司公告的招股说明书、公司债券募集办法、财务会计报告、上市报告文件、年度报告、中期报告、临时报告以及其他信息披露资料，有虚假记载、误导性陈述或者重大遗漏，致使投资者在证券交易中遭受损失的，发行人、上市公司应当承担赔偿责任；发行人、上市公司的董事、监事、高级管理人员和其他直接责任人员以及保荐人、承销的证券公司，应当与发行人、上市公司承担连带赔偿责任，但是能够证明自己没有过错的除外；发行人、上市公司的控股股东、实际控制人有过错的，应当与发行人、上市公司承担连带赔偿责任。"第 173 条规定："证券服务机构为证券的发行、上市、交易等证券业务活动制作、出具审计报告、资产评估报告、财务顾问报告、资信评级报告或者法律意见书等文件，应当勤勉尽责，对所依据的文件资料内容的真实性、准确性、完整性进行核查和验证。其制作、出具的文件有虚假记载、误导性陈述或者重大遗漏，给他人造成损失的，应当与发行人、上市公司承担连带赔偿责任，但是能够证明自己没有过错的除外。"从这些规定可以看出，不同责任主体承担责任的归责原则不同：

（1）发行人、上市公司须承担绝对责任。投资者无须证明责任人存在过错，责任人亦不能通过证明自己没有过错来免除责任，法律也没有规定责任人可以免责的抗辩事由。对此尽管有学者认为过重，应实行过错推定原则。但多数学者仍认为鉴于发行人对信息的控制优势地位、投资者的弱势举证能力、合理的利益风险对等原则等，要求发行人、上市公司承担加重责任应属合理。

（2）发行人、上市公司的董事、监事、高级管理人员和其他直接责任人员以及保荐人、承销的证券公司、证券服务机构，须承担过错推定责任。以上机构或个人，或者作为专业性机构，在证券发行、上市、交易过程中承担特殊的调查、核查、审查义务，或者居于特殊性地位，在信息披露过程中拥有了解、知悉甚至控制的优势，要求其承担过错推定责任亦属合理。

（3）发行人、上市公司的控股股东、实际控制人须承担过错责任。尽管有学者认为，实际控制人操纵发行人或上市公司，以发行人或上市公司的名义进行虚假陈述而致人损害时，应实行过错推定责任。但是，控股股东、实际控制人是否利用其在发行人、上市公司中的优势地位控制信息披露过程，从事虚假陈述行为，仍属不确定，似不宜直接推定，其仅应承担过错责任。

2. 注册制，也称申报制或申报生效制，是指法律并不限定证券发行的实质条件，证券发行人只需根据法律规定申报及公开有关证券发行的信息，证券监管机构未在法定期限内表示异议，发行人即可发行有价证券。证券发行注册制的精神在于信息的完全公开，而不是对发行人的实质条件予以限制。

与核准制相比，注册制具有以下特点：

（1）证券发行注册制注重形式审查，证券监管机构对发行申报材料不作实质审查，以信息公开为其必要前提与实现基础。凡是拟发行证券的证券发行人，必须依法将应当公开的、与所发行证券有关的一切信息和资料，合理制成法律文件并公之于众，且内容不得含有虚假陈述、重大遗漏或信息误导，只要信息披露的内容和范围符合要求，即允许登记生效。证券监管机构有权审查证券发行申请人对信息披露义务的履行状况，但无权决定所发行证券的品质条件，即不对披露的事项进行实质审查。而核准制规定了证券发行的实质条件，证券监管机构对发行申报材料进行实质审查，证券发行必须接受证券监管机构的监管。

（2）注册制强调事后的惩罚与补救，如果发行人注册文件虚假并导致投资者损失，责任人将

对此承担责任。而核准制强调事前审查与事后责任追究并举。

（3）注册制减少了证券发行的法定手续，降低了证券发行的发行成本与管理成本，限制了由于证券监管机构证券发行审查权力过大导致的经济寻租等腐败现象的发生。而核准制由于增加了证券发行的实质条件、证券发行人证明自己满足法定发行条件、证券监管机构审查证券发行人是否满足法定条件等程序，提高了证券发行的立法成本、管理成本及发行成本。

（4）注册制贯彻投资者自己责任原则，要求投资者具有较高的理性判断能力，赋予投资者根据所获得的证券发行信息自行判断证券投资价值的权利，尊重了证券市场配置资源的市场功能。而核准制可以确保证券具有基本的投资价值，排斥劣质证券的发行，有利于降低投资者的投资风险，适合于投资者投资水平低、风险意识差的证券市场。

第十四章　证券交易制度

- 证券交易
  - 分类
    - 场内交易与场外交易
    - 现货交易、信用交易（融资融券交易）、期货交易
    - 股票交易、债券交易、基金交易和衍生证券交易
  - 交易规则
    - 场内交易（证券交易所内），也可以场外交易（协议交易等）
    - 集中竞价交易：场外交易无须集中竞价
    - 现货交易：允许融资融券的信用交易并可以进行其他金融衍生品种交易（如认股权证等）
    - 禁止相关人员非法持券与买卖证券：注意短线交易与归入权
  - 证券上市
    - 上市条件
      - 股票上市条件、报送文件、公告内容保荐人上市辅导
      - 债券上市条件、报送文件、公告内容
      - 可转换债券上市条件、报送文件、公告内容保荐人上市辅导
    - 暂停上市条件
      - 股票暂停上市条件
      - 债券暂停上市条件
    - 终止上市条件
      - 股票终止上市条件
      - 债券终止上市条件
  - 信息披露制度
    - 信息披露的分类
      - 证券发行信息披露
      - 证券交易持续信息披露
        - 财务会计报告
        - 中期报告
        - 年度报告
        - 临时报告：重大事件所包含的内容
    - 真实、准确、完整原则，及时原则
- 禁止交易的行为
  - 利用内幕信息进行证券交易的行为
    - 内幕信息知情人范围
    - 内幕信息：证券交易活动中，涉及公司的经营、财务或者对该公司证券的市场价格有重大影响的尚未公开的信息
  - 操纵市场：利用资金或信息优势或者滥用职权，影响证券价格，扰乱证券市场秩序的行为
    - 连续买卖：单独或者通过合谋，集中资金优势、持股优势或者利用信息优势联合或者连续买卖，操纵证券交易价格或者证券交易量
    - 互相委托：与他人串通，以事先约定的时间、价格和方式相互进行证券交易，影响证券交易价格或者证券交易量
    - 冲洗买卖：在自己实际控制的账户之间进行证券交易，影响证券交易价格或者证券交易量
    - 其他行为
  - 虚假陈述：信息披露义务人违反披露义务，在披露文件中作出违背事实真相、误导投资者的虚假记载、误导性陈述
  - 重大遗漏等行为
    - 主体范围：证券发行人、证券公司、专业机构及其他人员
    - 特别要注意上述人员承担责任的归责原则，包括：过错原则（包括过错推定）和无过错原则等
  - 欺诈客户：证券公司及其从业人员违背客户真实意思，损害客户利益的行为

名词解释与概念比较

1. 内幕交易（考研）
2. 内幕交易和操纵市场（考研）
3. 收益归入权（考研）
4. 二板市场（考研）
5. 证券期货交易与证券期权交易（考研）

选择题

（一）单项选择题

1. S股份有限公司的股票在上海证券交易所挂牌交易，这种交易方式为(　　)。

A. 集中交易

B. 非集中交易

C. 大宗交易

D. 场内交易

2. 下列证券不属于现货交易的是(　　)。

A. 在证券交易所买卖股票

B. 买卖可转换公司债券

C. 买卖股指期货

D. 买卖国债

3. W股份有限公司公开发行股票，依据法律规定，下列人员在股票承销期内和期满后6个月内可以买卖公司证券的有(　　)。

A. W公司的经理

B. 为W公司的股票发行出具审计报告的某审计机构

C. 为W公司的股票发行出具资产评估报告的机构

D. 在W公司发行股票过程中提供法律意见的某律师事务所

4. G为上市公司，下列人员都持有G的股票，哪种人在6个月内买卖所得的收益可以不归公司所有？(　　)

A. 该上市公司的董事长

B. G公司的经理

C. G公司的控股股东

D. 因包销原因而持有G公司10%股份的某证券公司

5. 某股份有限公司申请公司股票上市，如果你是法律专家，下列意见哪项你认为是妥当的？(　　)

A. 该公司已经按照有权机关的核准要求公开发行了股票

B. 公司的股份总额为1 000万元人民币

C. 公开发行的股份达到公司股份总额的20%

D. 公司最近两年无重大违法行为

6. 股票上市的审核由下列哪个机构进行？(　　)

A. 国务院证券监督管理委员会

B. 证券交易所

C. 财政部

D. 中国人民银行

7. H上市公司由于下列何种原因可能被暂停股票上市交易？(　　)

A. H上市公司是由3位股东组成，一位股东突然死亡而没有继承人的

B. H公司在上一个季度因财务人员的过失在财务会计报告中遗漏了一个不重要的数据，对消费者没有产生误导的作用

C. H公司拖欠职工大量的工资

D. H公司去年亏损100万元

8. K公司因不符合法律规定的条件被证券交易所决定终止其股票上市交易，在证交所发出的决定书中，下列原因最有可能的是(　　)。

A. K公司减少注册资本为5 000万元

B. K公司回购本公司发行在外的股票，使得发行在外的股票占其股本总额的比例减少为25%

C. K公司在进入宣告破产程序时申请公司重整被法院批准

D. K公司最近3年连续亏损，且在第四年仍然没有盈利

9. 某有限责任公司申请其首次发行的公司债券上市交易，下列选项中哪一项不符合公司债券上市的法定条件？(　　)(司考)

A. 该债券的期限为1年

B. 该债券的实际发行额为人民币6 000万元

C. 该公司的净资产额为人民币1.5亿元

D. 该公司最近3年平均可分配利润足以支付公司债券10个月的利息

10. 某上市公司定期在每个会计年度的上半年结束后 1 个月内，向证券监督管理机构和证券交易所报送符合法律规定的相关文件，但该文件中没有对公司概况的描述，那么该报告最可能的是：（　　）。

A. 财务会计报告

B. 中期报告

C. 年度报告

D. 临时报告

11. 对于上市公司的定期报告，下列组织或人员承担审核义务的是：（　　）。

A. 上市公司的董事

B. 上市公司的董事会

C. 证券交易所

D. 上市公司的监事会

12. 上市公司 K 的招股说明书中出现了虚假记载情况，导致投资者在证券交易中遭受损失，则下列人员不一定承担责任的有：（　　）。

A. 股票发行人

B. 上市公司 K

C. 有过错的公司经理

D. 上市公司的控股股东

13. 下列不属于内幕信息的有：（　　）。

A. 公司的董事长生病

B. 公司拟公开发行 5 000 万元的股票

C. 公司将投资一项重大的项目

D. 公司一董事的个人债务数额巨大且没有偿还

14. 某公司少数股东在一项股东代表诉讼中起诉有关人员进行内幕交易，对于相关内幕信息知情人的认定，下列说法正确的是：（　　）。

A. 知情人就是指公司的董事、监事和高级管理人员

B. 持有公司股份 5%以上的股东一定是内幕信息的知情人

C. 内幕信息的知情人一定包括发行人的董事

D. 证券监督管理机构工作人员可以成为内幕信息的知情人

15. 证券交易中的下列行为，符合法律规定的是：（　　）。

A. 某证券分析师认为某公司的股票一定会涨，建议股民购买

B. 某报纸刊登了某上市公司董事长可能涉嫌犯罪的文章

C. 某上市公司为了抬高本公司的股票市价而买卖本公司股票

D. 某上市公司为了股票期权计划而回购本公司股票

16. 证券公司 Z 为客户进行的下列哪项行为是《证券法》所不禁止的？（　　）

A. 在客户王某不知情的情况下，为王某出卖了一部分证券，获利 100 万元

B. 为了购买看涨的股票而使用客户李某账户上的资金

C. 为谋取佣金而向李某融资购买看涨的股票

D. 将客户 W 公司账户上的资金用作建设办公大楼

17. 下列人员中哪种在发现证券交易中存在禁止的交易行为时不负有向证券监督管理机构报告的义务？（　　）

A. 证券交易所

B. 证券公司

C. 证券服务机构

D. 传媒从业人员

18. 某上市公司因披露虚假年度财务报告，导致投资者在证券交易中蒙受重大损失。关于对此承担民事赔偿责任的主体，下列哪一选项是错误的？（　　）（司考）

A. 该上市公司的监事

B. 该上市公司的实际控制人

C. 该上市公司财务报告的刊登媒体

D. 该上市公司的证券承销商

（二）多项选择题

1. 对于下列有关证券交易的问题，哪一个应该给予否定的回答？（　　）（司考）

A. 股票交易是不是只能在证券交易所进行

B. 证券交易能不能以期货方式进行

C. 证券公司向客户融资进行证券交易是否为法律所禁止

D. 证券交易所自主调整的交易收费标准是否违法

2. 根据《证券法》关于上市公司及时向社会披露信息的规定，下列哪些表述是正确的？

（　　）（司考）

A. 公司应在当年 8 月底以前向证监会和交易所报送中期报告，并予以公告

B. 公司应在 4 月底以前向证监会和交易所报送上一年的年度报告，并予以公告

C. 公司的中期报告和年度报告都必须记载公司财务会计报告和经营状况

D. 公司的中期报告和年度报告都必须记载持有公司股份最多的前 10 名股东的名单和持股数额

3. 下列人员持有某上市公司的股份，如果在买入该股份后的 6 个月内卖出的，其所得的收益应该归公司所有的有：（　　）。

A. 公司的董事

B. 公司的经理

C. 公司的财务负责人

D. 持有公司股份 10%的股东

4. 股份有限公司 H 为了上市，向证交所递交了申请文件，该文件必须详细记载下列哪些情况才可能被批准上市？（　　）。

A. 公司经国务院证券监督管理机构的核准公开发行了股份

B. 公司的股本不少于人民币 3 000 万元

C. 公司最近两年无重大违法行为

D. 公司公开发行的股份为公司股份总额的 30%

5. 下列关于上市公司股票暂停上市的意见，哪些不符合我国法律的规定？（　　）（司考）

A. 上市公司财务报告作虚假记载，构成股票暂停上市的原因

B. 上市公司最近两年连续亏损的，应当暂停其股票上市

C. 决定公司股票暂停上市的机构只能是国务院证券监督管理机构

D. 证券交易所经国务院证券监督管理机构授权，可以决定公司股票暂停上市

6. 某有限责任公司向证券交易所申请证券上市，证券交易所在审查到该公司存在下列何种情况时作出不予上市的决定？（　　）

A. 该公司的净资产达到人民币 5 000 万元

B. 该公司发行的是短期债券，期限为 10 个月

C. 该公司发行的债券总额为公司净资产的 20%

D. 公司债券的实际发行总额累计人民币5 000 万元

7. 甲股份有限公司债券上市交易后因出现法定情形被暂停上市。下列哪些表述符合暂停上市的规定？（　　）（司考）

A. 甲公司最近 2 年连续亏损

B. 甲公司的法定代表人发生变更

C. 甲公司发生重大违法行为

D. 甲公司未按照公司债券募集办法的规定履行义务

8. 根据《证券法》和《公司法》的规定，下列关于证券交易限制情形的表述哪些是正确的？（　　）（司考）

A. 发起人所持股票，在公司成立之日起 1 年内不得转让

B. 公司董事、经理、监事在任职期间不得全部转让本公司股票

C. 持有一个公司已发行股份 5%的股东，其股票在买入后 6 个月内不得卖出

D. 公司绝对控股的股东，其股票于购入之日起 3 年内不得转让

9. 下列哪些属于法律禁止的证券交易行为？（　　）（司考）

A. 发起人自公司成立之日起 1 年内转让其所持股票

B. 公司董事、经理、监事在任职期间全部转让本公司股票

C. 为股票发行出具审计报告的专业人员在该股票承销期内买卖该种股票

D. 为上市公司出具法律意见书的律师在该文件公开后 5 日内买卖该公司股票

10. 甲公司的股票上市文件公告以后，一些投资者提出质疑。下列哪些质疑有法律根据？（　　）（司考）

A. 公告文件披露了最大的 10 名股东的名单，但没有说明他们的持股数额

B. 公告文件披露了董事、监事和高级管理人员的简历，但没有说明他们持有本公司股票、债券的情况

C. 公告文件披露了最近 3 年的盈利情况，但没有报告公司未来 3 年的盈利预测

D. 公告文件提供了股东大会的申请上市决议，但没有提供主要债权人的同意书

11. 证券交易所设立复核机构，该复核机构的权限涵盖下列哪些事项？（　　）

A. 甲公司股票因公司3年连续亏损而被暂停上市

B. 乙公司因股本结构不符合规定而被证券交易所作出不予上市的决定

C. 丙公司因公司破产进入破产还债程序而被终止上市

D. 丁公司因证券交易所发生技术停牌而无法上市

12. 某上市公司在其依法披露的相关信息中，不符合法律规定的信息有：（　　）。

A. 虚报公司的年盈利达到1 000万元

B. 公司吹嘘本公司的生意一直很好

C. 没有报告公司正在应诉标的达1 000万元的担保诉讼

D. 公司根据现有的信息预计未来的3年内将继续盈利

13. 某上市公司在下列哪些情况下，必须向国务院证券监督管理机构和证券交易所报送临时报告，并予以公告？（　　）

A. 公司股东大会作出改变公司经营范围的决定

B. 公司拖欠职工工资数额较大

C. 公司在从事某项交易时因市场的变化出现较大亏损

D. 持有公司10%股份的董事长病故

14. T上市公司公告的招股说明书因虚假陈述致使投资者遭受损失，下列人员应该承担相应责任的有：（　　）。

A. T上市公司

B. T上市公司的董事长，但没有在招股说明书上签字

C. T上市公司的经理，他在招股说明书上签字

D. T公司的控股股东K公司

15. 所谓内幕信息，就是在证券交易活动中，涉及公司经营、财务或者对该公司证券的市场价格有重大影响的尚未公开的信息。那么下列哪种信息属于内幕信息的范围？（　　）

A. 公司内部决定向他公司提供价值人民币1 000万元的担保

B. 公司正在与其他公司商谈并购的事宜

C. 公司的董事3人提出辞职

D. 经理被解聘

16. 下列人员属于证券交易活动中禁止虚假陈述的主体的有：（　　）。

A. 为交易提供便利的证券交易所

B. 为上市公司的财务会计报告出具意见的会计师事务所

C. 从事自营业务的证券公司

D. 监管证券市场的证监局

（三）不定项选择题

1. 依据我国证券法，下列关于证券交易的行为叙述正确的有：（　　）。

A. 证券交易实行场内交易，在场外从事的交易无效

B. 禁止利用他人的账户从事证券交易

C. 证券公司不得为交易主体融资融券

D. 各种传播媒介传播证券市场信息必须真实、客观

2. 某证券公司从事的下列行为中属于损害客户利益的欺诈行为的是：（　　）。

A. 张某委托该证券公司在10月10日买进1 000支某公司的股票，证券公司看到该公司的股票有看涨的趋势，未经张某的同意而买进2 000支

B. 证券公司某工作人员，看到某公司的股票有利可图，于是就利用某客户的账户买进一批股票，然后在适当的时机卖出，赚了一笔，客户浑然不知

C. 向客户强烈推荐某公司的股票，该客户在考虑之后便买了该公司大量的股票

D. 为客户李某借出某公司的1 000只股票，帮助李某获利

3. 某证券公司伙同上市公司粉饰财务会计报告，制造虚假信息，利用这种信息不对称，欺骗投资者，使得该上市公司的证券交易价格在一定时间内暴涨，事发后被证监会调查。那么证监会可能将该证券公司和上市公司的行为认定为（　　）。

A. 虚假陈述行为

B. 操纵市场行为

C. 欺诈客户行为

D. 内幕交易行为

4. 有些专家在讨论归入权的问题时有各种观点，请问下列观点中妥当的有：（ ）。

A. 为什么要规定上市公司董事、监事等人员证券交易的归入权问题，主要是考虑到上述人员可能会利用其特殊地位赚取不正当利益，损害公司和投资者利益

B. 如果归入权的主体没有利用相关特定信息或特殊地位，而是根据自己对市场的判断作出的证券买卖，就不应该行使归入权

C. 但是，这些情况都是有争议的，为了防止损害公司和投资者利益，必须无一例外地行使归入权，这是主流观点

D. 当然，如果证券公司因包销购入售后剩余证券持有5%以上份额而买卖证券的，不得行使归入权

5. 关于证券上市，下列说法中正确的有：（ ）。

A. 股票上市必须聘请保荐人

B. 证券上市的条件由证券交易所规定

C. 股票上市可能在有些情况下被退市

D. 上市的证券品种可能不是可转换公司债券和股票

6. 某上市公司股本总额 6 000 万元，股票面值 10 元。以下情况中，哪一个构成该公司股票暂停上市的原因？（ ）

A. 公司决定将股本总额减少 1 000 万元

B. 为实现 A 项决定，公司收购本公司股票 100 万股

C. 由于上述收购，持有 100 股以上的本公司股东人数变为 950 人

D. 由于上述收购，向社会公开发行的股份总数变为 100 万股

7. 某证券公司在业务活动中实施了下列行为，其中哪些违反《证券法》规定？（ ）（司考）

A. 经股东会决议为公司股东提供担保

B. 为其客户买卖证券提供融资服务

C. 对其客户证券买卖的收益作出不低于一定比例的承诺

D. 接受客户的全权委托，代理客户决定证券买卖的种类与数量

简答题

简述我国股票上市的条件。（考研）

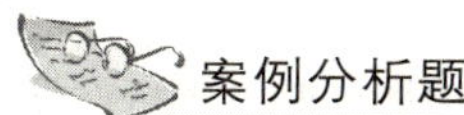

案例分析题

案情：海连天股份有限公司成立于 2005 年 6 月，由金花投资有限公司、木天科技有限责任公司及自然人王某、张某募集设立。公司股本为 3 000万元，金花投资有限公司持有公司股份的 40%，木天科技有限责任公司持有公司股份的 20%，王某和张某分别持有公司股份的 10%。在经过 1 年的上市辅导之后，海连天股份有限公司及其上市保荐人 W 证券公司置备相关材料申请上市。主管机构在审查相关材料时认为，依据本机构的上市规则，公司上市的股本最低为5 000万元，故而不准予上市。海连天股份有限公司不服，以该机构的上市规则违反《证券法》的规定为由向有关部门申请复核，后被驳回。后来海连天股份有限公司通过注资扩大股本，终于获准上市并且按照有关规定公开公告了有关上市文件。在上市期间，海连天股份有限公司与 W 证券公司发布虚假财务会计报告，虚增利润，诱导投资者，同时借用他人的账户买卖其股票，致使其股票价格几天之内从票面价格每股 3.5 元上升到每股 30 元。W 证券公司也提供虚假情况，诱使其部分客户买卖海连天股份有限公司的股票，并向该部分客户提供资金和其所持有的海连天股份有限公司的股票。海连天股份有限公司的董事贾某明知道公司造假，但还是利用自己知道的相关真实信息把自己持有的公司股票卖出，赚取了不菲的利润。事发前，海连天股份有限公司在必须公告的相关文件中经常不披露公司的重大关联交易和公司发生的重大亏损以及担保情况。事发后，在证监会的严查下，发现公司的上述造假均是由金花投资有限公司操作，并欺骗相关董事和股东所致。

问题：(1) 海连天股份有限公司应该向哪个机构申请股票上市？该机构是否有权根据自己制订的上述规则不准予海连天股份有限公司的股票

上市？海连天股份有限公司在被不准予上市后提起的复核应由哪个机构受理？

（2）海连天股份有限公司与W证券公司在上市期间发布虚假财务会计报告，虚增利润，诱导投资者的行为应如何定性？为什么？

（3）W证券公司对其客户的行为是否合法？为什么？

（4）海连天股份有限公司隐瞒相关情况而没有披露的法律后果可能是什么？如何补救？

（5）海连天股份有限公司违法行为的责任主体应如何承担该责任？

（6）该公司的董事贾某明知道公司造假而利用真实信息出售其持有的公司股票，应定性为何种行为？为什么？

论述题与深度思考题

1. 试述我国证券市场信息披露制度。（考研）

2. 简述证券法律制度中禁止的交易行为。（考研）

参考答案

名词解释与概念比较

1. 内幕交易是指公开发行证券公司的董事、监事、高级管理人员或主要股东等内幕知情人员，利用其地位、职务或业务关系，获取发行人尚未公开的影响证券价格的重要信息，进行证券交易，以获取利益或减少经济损失的行为。从本质上来讲，内幕交易是一种不公平竞争，是知情人员对普通投资者的一种证券欺诈，是对证券市场健康发展的一种破坏。内幕交易行为给投资者造成损失的，行为人应当依法承担赔偿责任；情节严重的，可以处以行政处罚甚至追究刑事责任。

2. 关于内幕交易的解释见上题参考答案。操纵市场行为又称操纵市场交易价格，是指任何单位或者个人以获取不正当利益或转嫁风险为目的，利用其资金、信息等优势或滥用职权，制造虚假繁荣、虚假价格，诱导或致使投资者在不理解事实真相的情况下作出错误的证券投资判断，扰乱证券市场秩序的行为。操纵市场行为给投资者造成损失的，行为人应当依法承担赔偿责任；情节严重的，可以处以行政处罚甚至追究刑事责任。两者是不同的禁止证券交易的行为，在行为主体、表现形式、构成要件上都有重大区别。

3. 收益归入权，是指上市公司董事、监事、高级管理人员或持有上市公司股份5%以上的股东，将其持有的该公司的股票在买入后6个月内卖出，或者在卖出后6个月内又买入，由此所得收益归该公司所有，公司董事会应当收回其所得收益。但是，证券公司因包销购入售后剩余股票而持有5%以上股份的，卖出该股票不受6个月时间限制。

公司董事会不按上述规定执行的，股东有权要求董事会在30日内执行。公司董事会未在上述期限内执行的，股东有权为了公司的利益以自己的名义直接向人民法院提起诉讼。

公司董事会不按照上述规定执行的，负有责任的董事依法承担连带责任。

4. 二板市场，又称创业板市场，是相对于主板市场而言的，在公司发行股票和上市公司方面比《公司法》和《证券法》所规定的一般条件更加宽松的证券市场，主要适合于高成长性的中小型公司。创业板市场作为一个全新的独立市场，在股票发行、上市、交易、监管以及股权设置等方面有别于主板市场。其运行模式可以分为两种：一是“从属型”，二是“分立型”。

5. 证券期货交易，是指以证券期货为标的的交易行为。而证券期货又称期货合约，是指买卖双方在有组织的交易所内以公开竞价的方式达成的，在将来某一特定时间内交收标准数量特定金融工具的协议。证券期权交易是以期权为标的的交易行为，而证券期权是指在未来特定的期限内，按照特定的协议价格买卖某种金融商品的选择权。两者之间的区别如下：

证券期货交易	证券期权交易
标的是金融商品或期货合约	标的是金融商品或期货合约选择权的买卖权利
证券期货交易	证券期权交易

续前表

证券期货交易	证券期权交易
双向合约，双方都有到期交割的义务	单向合约，买方无须承担义务
双方需交纳一定金额的履约保证金	卖方缴纳保证金
需做两笔交易才能收到套期保值的效果	只做一笔交易就可以达到套期保值的效果
买卖双方的收益和亏损都是无限的	买方收益不固定，亏损有限；卖方收益有限，亏损不定

选择题

（一）单项选择题

1. D。场内交易可以是集中交易，也可以是非集中交易。参见《证券法》第 40 条。

2. C。股指期货交易属于期货交易，不属于现货交易。

3. A。参见《证券法》第 45 条第 1 款。其他项中的人员购买公司证券均为《证券法》所禁止。

4. D。参见《证券法》第 47 条第 1 款。上市公司董事、监事、高级管理人员、持有上市公司股份 5%以上的股东，将其持有的该公司的股票在买入后 6 个月内卖出，或者在卖出后 6 个月内又买入，由此所得收益归该公司所有，公司董事会应当收回其所得收益。但是，证券公司因包销购入售后剩余股票而持有 5%以上股份的，卖出该股票不受 6 个月时间限制。

5. A。参见《证券法》第 50 条。股票上市，公司股本总额不少于人民币 3000 万元；公开发行的股份达到公司股份总数的 25%以上；公司股本总额超过人民币 4 亿元的，公开发行股份的比例为 10%以上；公司最近 3 年无重大违法行为，财务会计报告无虚假记载。

6. B。股票上市的审核由证券交易所进行。

7. C。参见《证券法》第 55 条。C 项为公司重大违法行为，符合《证券法》的规定。

8. D。参见《证券法》第 56 条。上市公司最近 3 年连续亏损，在其后 1 个年度内未能恢复盈利的，由证券交易所决定终止其股票上市交易。

9. D。参见《证券法》第 16 条、第 57 条。公司债券上市必须达到公司最近 3 年平均可分配利润足以支付公司债券 1 年的利息。

10. B。参见《证券法》第 65、66、67 条。上市公司和公司债券上市交易的公司，应当在每一会计年度的上半年结束之日起两个月内，向国务院证券监督管理机构和证券交易所报送记载中期报告，并予公告，而且中期报告不要求发布公司概况。

11. D。参见《证券法》第 68 条第 2 款。上市公司监事会应当对董事会编制的公司定期报告进行审核并提出书面审核意见。

12. D。参见《证券法》第 69 条。发行人、上市公司公告的招股说明书、公司债券募集办法、财务会计报告、上市报告文件、年度报告、中期报告、临时报告以及其他信息披露资料，有虚假记载、误导性陈述或者重大遗漏，致使投资者在证券交易中遭受损失的，发行人、上市公司应当承担赔偿责任；发行人、上市公司的董事、监事、高级管理人员和其他直接责任人员以及保荐人、承销的证券公司，应当与发行人、上市公司承担连带赔偿责任，但是能够证明自己没有过错的除外；发行人、上市公司的控股股东、实际控制人有过错的，应当与发行人、上市公司承担连带赔偿责任。

13. A。参见《证券法》第 75 条。董事长生病一般不属于内幕信息，对公司的股价一般不产生影响。

14. D。参见《证券法》第 74 条。禁止证券交易内幕信息的知情人和非法获取内幕信息的人利用内幕信息从事证券交易活动，A、B、C 三项中的人员不一定就是当然的知情人。

15. D。其他选项都是《证券法》明确禁止的行为。

16. C。融资融券为《证券法》所不禁止。

17. D。参见《证券法》第 84 条。证券交易所、证券公司、证券登记结算机构、证券服务机构及其从业人员，对于在证券交易中发现的禁止的交易行为，应当及时向证券监督管理机构报告。

18. C。参见《证券法》第 69 条。上市公司披露虚假信息的责任主体包括：发行人、上市公司；发行人、上市公司的董事、监事、高级管理人员和其他直接责任人员；保荐人、承销的证券公司；上市公司的控股股东、实际控制人。上市公司财

务报告的刊登媒体并不包括在内。

（二）多项选择题

1. ACD。这道题是 2005 年司法考试的单选题，出题似乎有误，给出的答案为 B。我国《证券法》第 39 条规定："依法公开发行的股票、公司债券及其他证券，应当在依法设立的证券交易所上市交易或者在国务院批准的其他证券交易场所转让。"因此，股票交易不是只能在证券交易所进行，如代办股份转让系统。我国《证券法》第 42 条规定："证券交易以现货和国务院规定的其他方式进行交易。"说明证券交易可以以期货方式进行。当然，目前的证券期货交易还没有推出，但在法律上不存在障碍。我国 1998 年《证券法》明确禁止证券公司向客户融资进行证券交易，2005 年《证券法》修改后废除了这一条规定，因此，证券公司向客户融资进行证券交易不为法律所禁止。我国《证券法》并没有禁止证券交易所自主调整交易的收费标准。

2. ABC。我国《证券法》第 65 条规定："上市公司和公司债券上市交易的公司，应当在每一会计年度的上半年结束之日起二个月内，向国务院证券监督管理机构和证券交易所报送记载以下内容的中期报告，并予公告：(一) 公司财务会计报告和经营情况；（二）涉及公司的重大诉讼事项；（三）已发行的股票、公司债券变动情况；(四) 提交股东大会审议的重要事项；（五）国务院证券监督管理机构规定的其他事项。"因此，A 项正确。我国《证券法》第 66 条规定："上市公司和公司债券上市交易的公司，应当在每一会计年度结束之日起四个月内，向国务院证券监督管理机构和证券交易所报送记载以下内容的年度报告，并予公告：(一) 公司概况；(二) 公司财务会计报告和经营情况；(三) 董事、监事、高级管理人员简介及其持股情况；（四）已发行的股票、公司债券情况，包括持有公司股份最多的前十名股东的名单和持股数额；（五）公司的实际控制人；(六) 国务院证券监督管理机构规定的其他事项。"因此，B 项正确。此外，中期报告和年度报告都必须记载公司财务会计报告和经营状况，故 C 项正确。中期报告中并没有要求必须记载持有公司股份最多的前 10 名股东的名单和持股数额，因而 D 项不正确。

3. ABCD。参见《证券法》第 47 条。上市公司董事、监事、高级管理人员、持有上市公司股份 5%以上的股东，将其持有的该公司的股票在买入后 6 个月内卖出，或者在卖出后 6 个月内又买入，由此所得的收益归该公司所有，公司董事会应当收回其所得收益。但是，证券公司因包销购入售后剩余股票而持有 5%以上股份的，卖出该股票不受 6 个月时间限制。公司财务会计、经理属于公司高级管理人员。

4. ABD。参见《证券法》第 50 条。公司最近 3 年无重大违法行为，财务会计报告无虚假记载，而不是两年。

5. BC。参见《证券法》第 55 条。上市公司财务报告虚假陈述的，可能误导消费者的，才能被暂停上市，而且作出暂停上市决定的主体是证券交易所。

6. AB。参见《证券法》第 16 条第 1 款、第 57 条。有限责任公司发行公司债券其净资产必须达到人民币 6 000 万元，且发行债券的期限在 1 年以上。

7. ACD。参见《证券法》第 60 条。公司法定代表人变更不属于债券被暂停上市的情形。

8. AB。参见《证券法》第 47 条第 1 款，《公司法》第 141 条第 1 款。发起人持有的本公司股份，自公司成立之日起 1 年内不得转让；持有上市公司股份 5%以上的股东，其股票在买入后 6 个月内不得卖出，但证券公司因包销购入售后剩余股票而持有 5%以上股份的，卖出该股票不受 6 个月时间限制。D 项无法律依据。

9. ABCD。参见《证券法》第 45 条，《公司法》第 141 条。解释同上一题。

10. AB。参见《证券法》第 52、54 条。公告文件披露了最大的 10 名股东的名单，必须说明他们的持股数额；公告文件披露了董事、监事和高级管理人员的简历，但必须说明他们持有本公司股票、债券的情况。

11. ABC。参见《证券法》第 62 条。对证券交易所作出的不予上市、暂停上市、终止上市决定不服的，可以向证券交易所设立的复核机构申请复核。

12. ABC。参见《证券法》第 63 条。发行人、上市公司依法披露的信息，必须真实、准确、完

整，不得有虚假记载、误导性陈述或者重大遗漏。A、B项为虚假陈述，C项为重大遗漏。

13. AD。参见《证券法》第67条。B、C项不属于临时报告的范围。

14. AC。参见《证券法》第68、69条。B项董事长没有过错，D项必须证明K公司存在过错。

15. ABCD。参见《证券法》第67、75条。

16. ABCD。参见《证券法》第78条。国家工作人员、传播媒介从业人员和有关人员不得编造、传播虚假信息，扰乱证券市场。证券交易所、证券公司、证券登记结算机构、证券服务机构及其从业人员，证券业协会、证券监督管理机构及其工作人员，在证券交易活动中不得作出虚假陈述或者信息误导。各种传播媒介传播证券市场信息必须真实、客观，禁止误导。

（三）不定项选择题

1. D。《证券法》2005年修订后使场外交易变为可能；证券交易主体不得非法利用他人账户从事证券交易；证券公司可以融资融券。

2. AB。参见《证券法》第79条。

3. B。参见各相关概念。虚假陈述是手段，目的是操纵市场，应定性为操纵市场行为。

4. ACD。B项是有争议的观点，不选。

5. ACD。上市的最低条件由《证券法》规定，证交所可以规定高于《证券法》规定的条件。

6. D。参见《证券法》第50、55条。股票上市向社会公开发行的股份必须达到公司总股份的25%以上，D项不符合。

7. ACD。《证券法》第130条第2款规定，证券公司不得为其股东或者股东的关联人提供融资或者担保。《证券法》第144条规定，证券公司不得以任何方式对客户证券买卖的收益或者赔偿证券买卖的损失作出承诺。《证券法》第143条规定，证券公司办理经纪业务，不得接受客户的全权委托而决定证券买卖、选择证券种类、决定买卖数量或者买卖价格。

简答题

股份有限公司申请股票上市，应当符合下列条件：（1）股票经国务院证券监督管理机构核准已公开发行；（2）公司股本总额不少于人民币3 000万元；（3）公开发行的股份达到公司股份总数的25%以上；公司股本总额超过人民币4亿元的，公开发行股份的比例为10%以上；（4）公司最近3年无重大违法行为，财务会计报告无虚假记载。

证券交易所可以规定高于前述规定的上市条件，并报国务院证券监督管理机构批准。

案例分析题

（1）证券交易所。证券交易所有权在法律规定的上市条件基础上制订高于该条件的上市规则，故可以拒绝海连天股份有限公司的上市申请。对证券交易所作出的不予上市、暂停上市、终止上市决定不服的，可以向证券交易所设立的复核机构申请复核。

（2）操作市场行为。海连天股份有限公司与W证券公司进行虚假陈述就是为了操纵市场，并进行了不移转所有权的股票买卖。

（3）不合法。W证券公司从事的是欺诈客户的行为。

（4）可能会被暂停上市。《证券法》规定，公司不按照规定公开其财务状况，或者对财务会计报告作虚假记载，可能误导投资者的，证券交易所可以决定暂停其股票上市交易。海连天股份有限公司可以及时更正。

（5）海连天股份有限公司与W证券公司对操纵市场的行为，都存在故意，应承担连带责任。海连天股份有限公司的实际控制人金花投资有限公司也有过错，也应承担连带责任。

（6）内幕交易。因为该董事利用了公司没有公开的信息从事了股票交易行为，符合内幕交易的构成特征。

论述题与深度思考题

1. 信息披露制度，又称强制性信息披露制度，是指证券发行人和上市公司依法将其经营信息、财务信息以及其他必要的信息充分、完整、准确、及时地披露，以供投资者作出其投资价值判断的强制性制度。

（1）信息披露的必要性（要点）

①经济效率的要求；②证券市场正义的要求；

③保护投资者利益的需要；④维护证券市场稳定与健康发展的要求。

（2）信息披露的基本原则（要点）

①真实、准确、完整原则；②及时原则；③风险揭示原则；④保护商业秘密原则。

（3）分类（要点）

①证券发行信息披露；②证券交易的持续信息披露原则。

（具体的内容参见张宇润等．中国证券法．74～103页．北京：中国经济出版社，2002。）

2. 证券法律制度中禁止的交易行为，是指《证券法》所禁止的，在证券交易活动中发生的，各证券市场主体以欺诈的方式损害他人利益、破坏证券市场秩序的行为。这些禁止性行为违背了证券市场运行的公开、公正、公平的基本准则，损害了广大投资者的利益并破坏了证券市场正常的运作秩序，为各国证券立法所禁止。

（1）内幕交易

内幕交易是指公开发行证券的公司董事、监事、高级管理人员或主要股东等内幕知情人员，利用其地位、职务或业务关系，获取发行人尚未公开的影响证券价格的重要信息，进行证券交易，以获取利益或减少经济损失的行为。

证券交易内幕信息的知情人包括：①发行人的董事、监事、高级管理人员；②持有公司5%以上股份的股东及其董事、监事、高级管理人员，公司的实际控制人及其董事、监事、高级管理人员；③发行人控股的公司及其董事、监事、高级管理人员；④由于所任公司职务可以获取公司有关内幕信息的人员；⑤证券监督管理机构工作人员以及由于法定职责对证券的发行、交易进行管理的其他人员；⑥保荐人、承销的证券公司、证券交易所、证券登记结算机构、证券服务机构的有关人员；⑦国务院证券监督管理机构规定的其他人。

证券交易活动中，涉及公司的经营、财务或者对该公司证券的市场价格有重大影响的，尚未公开的信息，为内幕信息。

下列信息皆属内幕信息：①《证券法》第67条第2款所列重大事件；②公司分配股利或者增资的计划；③公司股权结构的重大变化；④公司债务担保的重大变更；⑤公司营业用主要资产的抵押、出售或者报废一次超过该资产的30%；⑥公司的董事、监事、高级管理人员的行为可能依法承担重大损害赔偿责任；⑦上市公司收购的有关方案；⑧国务院证券监督管理机构认定的，对证券交易价格有显著影响的其他重要信息。

证券交易内幕信息的知情人和非法获取内幕信息的人，在内幕信息公开前，不得买卖该公司的证券，或者泄露该信息，或者建议他人买卖该证券。

持有或者通过协议、其他安排与他人共同持有公司5%以上股份的自然人、法人、其他组织收购上市公司的股份，《证券法》另有规定的，适用其规定。

内幕交易行为给投资者造成损失的，行为人应当依法承担赔偿责任。

（2）操纵市场

操纵市场行为又称操纵市场交易价格，是指任何单位或者个人以获取不正当利益或转嫁风险为目的，利用其资金、信息等优势或滥用职权，制造虚假繁荣、虚假价格，诱导或致使投资者在不理解事实真相的情况下作出错误的证券投资判断，扰乱证券市场秩序的行为。

禁止任何人以下列手段操纵证券市场：①单独或者通过合谋，集中资金优势、持股优势或者利用信息优势联合或者连续买卖，操纵证券交易价格或者证券交易量；②与他人串通，以事先约定的时间、价格和方式相互进行证券交易，影响证券交易价格或者证券交易量；③在自己实际控制的账户之间进行证券交易，影响证券交易价格或者证券交易量；④以其他手段操纵证券市场。

操纵证券市场行为给投资者造成损失的，行为人应当依法承担赔偿责任。

（3）虚假陈述

虚假陈述是指信息披露义务人违反信息披露义务，在提交或公布的信息披露文件中作出违背事实真相的陈述或记载。（详细参见叶林．证券法．4版．202～214页．北京：中国人民大学出版社，2013。）

（4）欺诈客户

欺诈客户是指在证券交易中，证券公司及其从业人员进行的违背客户真实意思表示，损害客户利益的违法行为。禁止证券公司及其从业人员

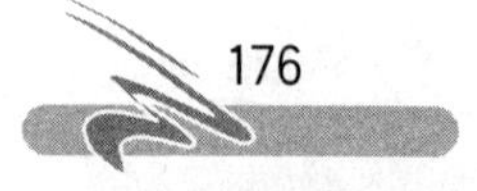

从事下列损害客户利益的欺诈行为：

①违背客户的委托为其买卖证券；②不在规定时间内向客户提供交易的书面确认文件；③挪用客户所委托买卖的证券或者客户账户上的资金；④未经客户的委托，擅自为客户买卖证券，或者假借客户的名义买卖证券；⑤为牟取佣金收入，诱使客户进行不必要的证券买卖；⑥利用传播媒介或者通过其他方式提供、传播虚假或者误导投资者的信息；⑦其他违背客户真实意思表示，损害客户利益的行为。

欺诈客户行为给客户造成损失的，行为人应当依法承担赔偿责任。

(5) 信息误导、账外交易

禁止国家工作人员、传播媒介从业人员和有关人员编造、传播虚假信息，扰乱证券市场。

禁止证券交易所、证券公司、证券登记结算机构、证券服务机构及其从业人员，证券业协会、证券监督管理机构及其工作人员，在证券交易活动中作出虚假陈述或者信息误导。

各种传播媒介传播证券市场信息必须真实、客观，禁止误导。

第十五章　上市公司收购

知识逻辑图

上市公司收购
- 分类
  - 友好收购：目标公司管理层提供合作条件下的收购行为
  - 敌意收购：目标公司管理层不知情甚至反对的情况下进行的收购
  - 要约收购：通过证券交易所交易系统收购股票的行为
  - 协议收购：收购人依据与目标公司持股人的协议取得股票的行为
- 收购规则
  - 公平对待规则：收购的条件、股东的权利和义务对目标公司一视同仁
  - 权益公开规则：任何人直接或间接持有目标公司一定比例的股票或增减一定比例的股票时依法公开其持股权益的制度
  - “慢走”规则：持有目标公司特定比例股票的人在法定期间内不得买卖该种股票的制度
- 继续收购
  - 实际上是要约收购的继续，也是收购规则的一种（注意收购要约）
  - 法律后果：继续上市、终止上市、强制受让、变更公司形式、注销公司企业形式和注销公司

名词解释与概念比较

1. 友好收购与敌意收购
2. “慢走”规则
3. 继续收购
4. 收购失败
5. 反收购

选择题

（一）单项选择题

1. 大楷有限公司想收购 SN 上市公司，请问其可以采取的收购方式不包括(　　)。

A. 要约收购

B. 协议收购

C. 敌意收购

D. 强制收购

2. 某公司 K 在一次证券交易所集中竞价后，获得上市公司 G5%的股份，则 K 公司应该(　　)。

A. 在获得该股份之后的 5 日内应当将该事实向国务院证券监督管理机构作出报告

B. 在获得该股份之后的 3 日内通知 G 公司，并予以公告

C. 在获得该股份之后的 5 日内不得再行买卖 G 公司的股票

D. 在获得该股份之后的 3 日内向证券交易所作出口头通知

3. 接第 2 题，如果 K 公司在以后的法定时间内又通过证券交易获得了 G 公司 5%的股份，则下列判断何者正确？(　　)

A. K 公司应当向社会履行报告义务

B. K 公司在履行报告后 3 日内不得再行买卖 G 公司的股票

C. K 公司在报告期间不得再行买卖 G 公司的股票

D. K 公司有权在 2 日内再行买卖 G 公司的股票

4. 接第 2 题，K 公司在履行报告义务时，报告中有下列哪种情况时是可能受到质疑的？(　　)

A. 报告列举了持股人的名称和住所

B. 报告列举了持股人持有股票的名称和金额

C. 报告描述了相关持股人持有股票的比例，但没有提及将来是否继续持股

D. 报告描述了相关持股人持有股票的比例，但没有提及持股达到法定比例的日期

5. 接第2题，如果K公司通过证券交易所，持有了G公司30%的股份，此时它可以采取下列哪项行动？（　　）

A. 不进行继续收购

B. 决定继续收购，但仅向其大股东要约收购

C. 决定继续收购，但仅向其特定股东要约收购

D. 决定继续收购，但继续在证券交易所进行集中竞价收购

6. 接上题，如果K公司决定要约收购，但是准备再收购G公司股票的10%，现在分别有承诺销售其股票的股东甲、乙、丙、丁4人，但是该4人股票总和已经超过了G公司股票总数的10%，则下列行为中妥当的是（　　）。

A. K公司决定收购甲的股票，因为K有自由选择权

B. K公司决定收购甲、乙、丙的股票，因为3人股票总和正好为G公司股票总数的10%

C. K公司决定哪一个的股票都不收购

D. K公司决定按照比例收购该4人的股票

7. 在继续收购的要约中，下列记载没有必要的是（　　）。

A. “本收购是为掌握M公司的控制权而进行的”

B. “收购人为L公司，被收购人为M公司”

C. “本公司将以每股10元的价格进行收购”

D. “本公司将在收购M公司后进行公司形式的变更”

8. 关于收购要约的收购期限，下列说法正确的是（　　）。

A. 收购要约的期限可以少于30日

B. 收购要约的期限可以超过60日

C. 收购要约的期限不得更改

D. 收购要约的期限可以更改

9. N公司在其进行要约收购过程中从事的下列行为符合《证券法》规定的是（　　）。

A. 在其收购要约中规定，本要约收购仅面向持有目标公司证交所发行股票的股东

B. 在收购要约确定的期限内，以其股东大会作出不准收购为由撤回其收购要约

C. 在收购要约规定的期限内，通过证交所继续收购目标公司的股份

D. 在收购要约规定的期限内，向有关机关申请变更收购要约

10. T公司在协议收购S公司过程中作出的下列行为中可以得到肯定的是（　　）。

A. 达成收购协议后向有关机关作出书面报告

B. 达成收购协议后立即进行股份转让

C. 直接让被协议方将股票交付给T公司

D. T公司在某些情况下可以继续要约收购

11. 下列同学关于协议收购的说法正确的是（　　）。

A. 甲同学认为，协议收购可以发生在任何情况下，当事人自由约定协议内容

B. 乙同学认为，协议收购和要约收购的对象是不同的，前者为目标公司所有股东，后者为目标公司的部分股东

C. 丙同学认为，协议收购和要约收购中的继续收购是一样的，都需要发出收购要约

D. 丁同学认为，协议收购的同时不可以在证交所继续通过集中竞价方式获得目标公司的股份

12. S上市公司的股票在被收购后不符合上市条件而被终止上市，则仍持有其股票的老股东（收购人除外）有权（　　）。

A. 要求S公司回购其股份

B. 要求收购人以高于其收购要约的价格收购其股份

C. 要求收购人以收购要约的同等条件收购其股票

D. 对S公司提起诉讼，要求S公司返还其股票价格

13. 上市公司被收购的股票，在收购行为完成后的（　　）内不得转让。

A. 6个月　　B. 12个月

C. 3个月　　D. 9个月

（二）多项选择题

1. 关于上市公司的收购，下列收购人采取的

行为中恰当的有（　　）。

A. 持有目标公司30%股份的收购人以协议收购的方式收购目标公司其他股票

B. 收购人以要约的形式向目标公司所有股东发出收购要约并规定了要约期限

C. 收购人在持有目标公司30%的股票后，决定继续以要约形式收购目标公司股票

D. 持有目标公司股份5%的收购人决定以协议收购的形式向公司特定的股东收购目标公司股票

2. SW上市公司已发行股份100万股。以下是证券交易所发生的4起买卖SW股票的事件，其中哪些违反了《证券法》的规定？（　　）（司考）

A. 甲于6月8日10时，在持有该股票3万股的情况下，购进1万股。同日15时，再次购进5 000股

B. 乙于6月8日11时，在持有该股票3.5万股的情况下，购进1.5万股。次日9时，卖出1万股

C. 丙于6月8日14时，在持有该股票4万股的情况下，购进1万股。6月10日16时，购进5 000股

D. 丁于6月8日15时，在持有该股票2.5万股的情况下，购进1.5万股。次日14时，卖出1万股

3. 某上市公司股本总额1.2亿元，一向业绩良好。该公司某月因一次期货投资失败，造成4 500万元亏损。这一情况构成以下哪些事件的法定原因？（　　）

A. 公司在两个月内召开临时股东大会

B. 国务院证券监督管理机构决定暂停其股票上市

C. 公司动用公积金弥补亏损

D. 其已获批准但尚未发行的公司债券，立即停止发行

4. 甲公司持有乙上市公司30%的股份，现欲继续收购乙公司的股份，遂发出收购要约。甲公司发出的收购要约中，下列哪些内容是合法的？（　　）（司考）

A. 甲公司收购乙公司的股份至51%时即不再收购

B. 甲公司将在45日内完成对乙公司股份的收购

C. 本收购要约所公布的收购条件适用于乙公司的所有股东

D. 在收购要约的有效期限内，甲公司视具体情况可以撤回收购要约

5. 在P公司完成对某上市公司的收购后，视情况可以采取下列哪种行为？（　　）

A. 被收购公司不符合上市条件的，证券交易所终止被收购公司的股票上市交易

B. 如果被收购公司不再具备股份有限公司条件，应当变更其企业形式

C. 如果P公司与被收购人合并，并将被收购人解散的，则被解散公司的原有股票由P公司依法更换

D. P公司应当在15日内将收购情况报告国务院证券监督管理机构和证券交易所，并予公告

6. 吉达公司是一家上市公司，公告称其已获得某地块的国有土地使用权。嘉豪公司资本雄厚，看中了该地块的潜在市场价值，经过细致财务分析后，拟在证券市场上对吉达公司进行收购。下列哪些说法是正确的？（　　）（司考）

A. 若收购成功，吉达公司即丧失上市资格

B. 若收购失败，嘉豪公司仍有权继续购买吉达公司的股份

C. 嘉豪公司若采用要约收购则不得再与吉达公司的大股东协议购买其股份

D. 待嘉豪公司持有吉达公司已发行股份30%时，应向其全体股东发出不得变更的收购要约

简答题

1. 试述公司兼并与公司收购。

2. 试述上市公司的收购与股份转让的区别。（考研）

3. 试述上市公司收购的一般规则。（考研）

4. 简述协议收购的概念和特征。（考研）

论述题与深度思考题

论我国上市公司收购立法对目标公司小股东

利益的保护。（考研）

参考答案

名词解释与概念比较

1. 以目标公司管理层对待收购的态度为准，上市公司的收购分为友好收购和敌意收购。友好收购是指收购人在发出收购要约前首先征得了目标公司管理层的同意，管理层与收购者合作，积极配合，劝导本公司的股东向收购者出售股份的上市公司收购。友好收购由于目标公司管理层的积极配合，成功率极高，而且收购成本大大降低。敌意收购是指收购没有得到目标公司管理层的同意，或者目标公司管理层拒绝与收购人合作并采取一定措施予以阻止，收购人跨过目标公司管理层，直接向广大股东发出收购要约而进行的上市公司收购。此种收购中目标公司管理层经常会采取反收购措施来阻碍收购者完成收购，往往会引起股市价格的剧烈变动，因此常常会导致收购失败。

2. “慢走”规则是指投资者在其所持股票超过公司总股本的5%后，于法定期限内不得再行买卖该种股票。我国《证券法》第86条规定：通过证券交易所的证券交易，投资者持有或者通过协议、其他安排与他人共同持有一个上市公司已发行的股份达到5%时，应当在该事实发生之日起3日内，向国务院证券监督管理机构、证券交易所作出书面报告，通知该上市公司，并予公告；在上述期限内，不得再行买卖该上市公司的股票。投资者持有或者通过协议、其他安排与他人共同持有一个上市公司已发行的股份达到5%后，其所持该上市公司已发行的股份比例每增加或者减少5%，应当依照前款规定进行报告和公告。在报告期限内和作出报告、公告后2日内，不得再行买卖该上市公司的股票。

“慢走”规则的核心，就是要控制大股东买卖上市公司股票的节奏，或使大股东买卖上市公司股票依法发生停顿，有助于防止大股东滥用特殊优势与地位操纵证券市场，保护其他社会公众投资者的利益。

3. 继续收购是指已经持有上市公司30%以上股份的投资者，继续以要约的形式向股东收购目标公司的上市股票或非上市股票的行为。继续收购是特定投资者所实施的行为，是收购人与上市公司之间一种特殊的交易行为，具有自愿性。

4. 在收购要约期满后，收购要约人持有的普通股没有达到公司发行在外普通股总数的50%，即为收购失败。收购失败的，收购人可以开始新一轮的收购程序。如果收购人没有发出新的收购要约的，其以后每年购买的该公司发行在外的普通股不得超过该公司发行在外普通股总数的5%。

5. 在敌意收购的情况下，管理层出于某种利益的考虑，采取种种措施反对或挫败收购人收购本公司的行为，包括“毒药丸计划”“焦土战术”“摘去皇冠”或“寻找白色骑士”等。在反收购情况下，收购人的收购目的很难得到实现。

选择题

（一）单项选择题

1. D。参见知识逻辑图和《证券法》第85条。

2. B。参见《证券法》第86条第1款。通过证券交易所的证券交易，投资者持有或者通过协议、其他安排与他人共同持有一个上市公司已发行的股份达到5%时，应当在该事实发生之日起3日内，向国务院证券监督管理机构、证券交易所作出书面报告，通知该上市公司，并予公告；在上述期限内，不得再行买卖该上市公司的股票。

3. C。参见《证券法》第86条。理由同上。

4. D。参见《证券法》第87条。报告描述了相关持股人持有股票的比例，但必须提及持股达到法定比例的日期。

5. A。参见《证券法》第88条第1款。对于是否继续收购，收购方有自由决定权。

6. D。参见《证券法》第88条第2款。收购上市公司部分股份的收购要约应当约定，被收购公司股东承诺出售的股份数额超过预定收购的股份数额的，收购人按比例进行收购。

7. D。参见《证券法》第89条。在继续收购中，公司无须记载收购后目标公司形式处理问题。

8. D。《证券法》第90条规定：“收购要约约定的收购期限不得少于三十日，并不得超过六十日。”第91条规定：“在收购要约确定的承诺期限

内，收购人不得撤销其收购要约。收购人需要变更收购要约的，必须及时公告，载明具体变更事项。”

9. D。参见《证券法》第 91、92 条。在收购要约确定的承诺期限内，收购人不得撤销其收购要约。收购人需要变更收购要约的，必须及时公告，载明具体变更事项。收购要约提出的各项收购条件，适用于被收购公司的所有股东。

10. D。参见《证券法》第 94 条第 1 款、第 2 款，第 96 条第 1 款。采取协议收购方式的，收购人可以依照法律、行政法规的规定同被收购公司的股东以协议方式进行股份转让。以协议方式收购上市公司时，达成协议后，收购人必须在 3 日内将该收购协议向国务院证券监督管理机构及证券交易所作出书面报告，并予公告。采取协议收购方式的，收购人收购或者通过协议、其他安排与他人共同收购一个上市公司已发行的股份达到 30%时，继续进行收购的，应当向该上市公司所有股东发出收购上市公司全部或者部分股份的要约，但是，经国务院证券监督管理机构免除发出要约的除外。

11. B。参见《证券法》第 96、97 条。协议收购是有条件的，强制收购时就不适用协议收购；且协议收购是个别性合同，无须发出要约；协议收购的同时还可以在证交所继续通过集中竞价方式获得目标公司的股份。

12. C。参见《证券法》第 97 条第 1 款。收购期限届满，被收购公司股权分布不符合上市条件的，该上市公司的股票应当由证券交易所依法终止上市交易；其余仍持有被收购公司股票的股东，有权向收购人以收购要约的同等条件出售其股票，收购人应当收购。

13. B。参见《证券法》第 98 条。在上市公司收购中，收购人持有的被收购的上市公司的股票，在收购行为完成后的 12 个月内不得转让。

（二）多项选择题

1. BCD。A 项不选：依据《证券法》第 96 条第 1 款，持有目标公司 30%股份的收购人，若想继续进行收购的，应向目标公司的所有股东发出收购目标公司全部或部分股份的要约。而《证券法》对其他持有一定比例股份的股东进行的收购，不限制收购形式。将 A 项与 C 项比较。

2. BC。《证券法》第 86 条规定，持有上市公司股份达 5%的，应当在该事实发生时起 3 日内公告，在该期限内不得再行买卖该上市公司的股票。其所持有上述股份比例每增加或减少 5%的，应同样进行公告，并在公告期限内和公告后的 2 日内，不得再行买卖该上市公司的股票。B 项中股份达到了 5%，但没有公告，且在第二天就买卖股票，违反了 3 日期限的规定。C 项中股份买卖同样违反了 3 日期限的规定。A 项和 D 项符合法律规定。

3. ACD。公司巨额亏损，依据《公司法》第 100 条关于临时股东大会的规定，应选 A 项，C 项符合公积金的弥补亏损的用途，D 项符合债券不得发行的条件。B 项的表述本身就有误，决定暂停上市的，应该是证交所而不是国务院证券监督管理机构。

4. ABC。在收购要约的有效期限内，甲公司依法不可以撤回收购要约。

5. ABCD。收购行为完成后，收购人与被收购公司合并，并将该公司解散的，被解散公司的原有股票由收购人依法更换。收购行为完成后，收购人应当在 15 日内将收购情况报告国务院证券监督管理机构和证券交易所，并予公告。收购行为完成后，被收购公司不再具备股份有限公司条件的，应当依法变更企业形式。收购期限届满，被收购公司股权分布不符合上市条件的，该上市公司的股票应当由证券交易所依法终止上市交易。

6. BC。《证券法》第 97 条规定：“收购期限届满，被收购公司股权分布不符合上市条件的，该上市公司的股票应当由证券交易所依法终止上市交易；其余仍持有被收购公司股票的股东，有权向收购人以收购要约的同等条件出售其股票，收购人应当收购。收购行为完成后，被收购公司不再具备股份有限公司条件的，应当依法变更企业形式。”收购成功，吉达公司不再具备股份有限公司条件的应当依法变更企业形式，但并不一定丧失上市资格，所以 A 项错误。收购期限届满，被收购公司股权分布不符合上市条件的，该上市公司的股票应当由证券交易所依法终止上市交易，吉达公司本身是一家上市公司，不适用依法终止上市交易的情形，嘉豪公司仍有权继续购买吉达公司的股份，故 B 项正确。《证券法》第 93 条规定：“采取要约收购方式的，收购人在收购期限内，不得卖出被收购公司的股票，也不得采取要

约规定以外的形式和超出要约的条件买入被收购公司的股票。”嘉豪公司若采用要约收购则不能采取规定以外的形式买入股票，所以C项正确。《证券法》第88条第1款：“通过证券交易所的证券交易，投资者持有或者通过协议、其他安排与他人共同持有一个上市公司已发行的股份达到30%时，继续进行收购的，应当依法向该上市公司所有股东发出收购上市公司全部或者部分股份的要约。”《证券法》第91条规定：“在收购要约确定的承诺期限内，收购人不得撤销其收购要约。收购人需要变更收购要约的，必须及时公告，载明具体变更事项。”故D项错误。

简答题

1. 公司兼并是指一个公司兼并其他公司，被兼并的公司解散并依法办理注销登记手续，被兼并公司的债权、债务由兼并公司承继，兼并公司依法变更登记的行为。公司兼并相当于我国《公司法》上的吸收合并，兼并公司继续存在，被兼并的公司主体消灭。公司收购是指一个公司通过收买股票、股份或资产等形式，取得另一家公司的控制权或管理权，另一公司仍然存续而不必消灭。

（1）相同之处

公司兼并与公司收购都是通过公司产权交易来实现公司间资源的重新配置；兼并与收购都可以不经《公司法》规定的清算程序而实现公司财产关系和股权关系的移转，两者都是通过公司控制权或管理权的移转而实现公司对外扩张和对市场的占有。

（2）不同之处

公司兼并	公司收购
兼并公司与被兼并公司间协议的结果	收购人与目标公司股东间股权交易的结果
平等协商、自愿合作	有时可能会带有敌意或强制，遭到目标公司抵抗，采取反收购措施
权利、义务以合同方式进行	通过购买股票而获得相应的权利、义务
兼并包括资产和负债	不一定兼并公司全部资产和负债，因为收购还有一种是部分收购
被兼并公司主体消灭	被收购公司主体不一定消灭，如部分收购

2. 上市公司的收购，是指投资者通过证券交易所单独或共同购买某上市公司的股份，以取得该上市公司的管理权或控制权，进而实现对该上市公司的兼并或实现其他产权性交易的行为。而股份转让是指公司的股东将其持有的公司股份依据法律规定出让给受让方的交易行为。一般认为，股份转让是个含义较广泛的概念，它在一定情况下包括了上市公司收购行为。但是二者之间的差别也是非常明显的：

（1）目标公司的性质不尽相同：上市公司收购的目标公司就是上市公司，而股份转让的目标公司可能为股份有限公司或上市公司。

（2）客体不同：上市公司收购的客体是上市公司发行在外的股份，不包括上市公司的库存股和公司以自己的名义直接持有的本公司发行在外的股票；而股份转让的客体是股东所持有的公司股份，包括发行或没有发行的股份。

（3）市场条件不同：上市公司收购通过证券交易所完成，在集中竞价或其他方式条件下完成证券的过户登记；而股份转让不一定在证券交易所进行，它可以通过出让方和受让方的协议来转让，并完成过户登记。

（4）目的不同：上市公司收购的目的就是获得被收购公司的控制权或管理权，达到控制或兼并上市公司的目的；而股份转让的目的有多种，不一定要达到控制公司的目的。

（5）适用的法律不尽相同：上市公司的收购适用《公司法》和《证券法》；而在股份转让没有构成上市公司收购的情况下，只适用《公司法》和《合同法》。

3. 在上市公司收购中，最重要的就是要保护目标公司的广大股东的利益。因此，《证券法》关于收购行为规定了如下规则：

（1）公平对待规则

该规则又称目标公司公平待遇规则，是指对于各股东股权的行使、义务的履行、其他利益或不同利益的给予，应予以平等的待遇。这一规则主要体现在：收购上市公司部分股份的收购要约应当约定，被收购公司股东承诺出售的股份数额超过预定收购的股份数额的，收购人按比例进行收购；在价格上对所有的股东一视同仁，如果对一人变更价格，对其他股东也作出相应变更；部分股东在其权利受到侵害时还有提起诉讼的权利。

（2）充分披露规则

信息的充分披露是《证券法》的一大基石，在上市公司收购中也不例外，主要是指在要约收购时有关重要信息必须披露，以便目标公司的股东作出审慎考量。必须披露的信息包括：收购人的收购意图、收购要约的内容及变更情况。目标公司的管理层应对收购发表意见并向要约人披露。

（3）权益公开规则

任何人在其直接或间接持有目标公司股份达到一定比例时，或者在其达到该比例后发生一定比例的增减变化时，均必须按照法定程序公开披露其持股利益的制度。我国《证券法》第 86 条规定，通过证券交易所的证券交易，投资者持有或者通过协议、其他安排与他人共同持有一个上市公司已发行的股份达到 5%时，应当在该事实发生之日起 3 日内，向国务院证券监督管理机构、证券交易所作出书面报告，通知该上市公司，并予公告；投资者持有或者通过协议、其他安排与他人共同持有一个上市公司已发行的股份达到 5%后，其所持该上市公司已发行的股份比例每增加或者减少 5%，应当依照前述规定进行报告和公告。

（4）"慢走"规则

投资者在其所持股份超过公司股份总额的 5%后，于法定期限内不得再行买卖该种股票。我国《证券法》第 86 条规定：通过证券交易所的证券交易，投资者持有或者通过协议、其他安排与他人共同持有一个上市公司已发行的股份达到 5%时，应当在该事实发生之日起 3 日内，向国务院证券监督管理机构、证券交易所作出书面报告，通知该上市公司，并予公告；在上述期限内，不得再行买卖该上市公司的股票。投资者持有或者通过协议、其他安排与他人共同持有一个上市公司已发行的股份达到 5%后，其所持该上市公司已发行的股份比例每增加或者减少 5%，应当依照前款规定进行报告和公告。在报告期限内和作出报告、公告后 2 日内，不得再行买卖该上市公司的股票。

"慢走"规则的核心，就是要控制大股东买卖上市公司股票的节奏，或使大股东买卖上市公司股票依法发生停顿，有助于防止大股东滥用特殊优势与地位操纵证券市场，保护其他社会公众投资者的利益。

（5）继续收购规则

持有上市公司已发行的股份达到 30%的投资者如果想继续收购上市公司股票的，应向上市公司所有的股东要约收购上市公司的股票。收购上市公司部分股份的收购要约应当约定，被收购公司股东承诺出售的股份数额超过预定收购的股份数额的，收购人按比例进行收购。在收购要约确定的承诺期限内，收购人不得撤销其收购要约。收购人需要变更收购要约的，必须及时公告，载明具体变更事项。

4. 协议收购就是指收购者在证券交易所之外与目标公司的股东在价格、数量等方面私下协商，购买目标公司股东所持有的股份，从而获得目标公司的管理权或控制权的行为。其特征如下：

（1）在对象上。协议收购仅面向目标公司少数特定股东，在支付价格上不一定相同。这与要约收购不同。

（2）在方式上。协议收购是收购者通过与目标公司个别股东协商的方式确定收购数量、价格及其他交易条件。

（3）在适用情形上。协议收购多发生在目标公司股权较为集中的情况下，尤其是目标公司存在控股股东时，收购人往往与目标公司控股股东协商通过购买控股股东股权来获得该公司的控制权。

（4）在收购标的上。协议收购的标的既可以是流通股，也可以是非流通股。

（5）在信息公开上。协议收购并不像要约收购那样必须事先充分披露有关信息。

论述题与深度思考题

目标公司股东特别是小股东在上市公司收购中处于弱势地位，表现为：与收购者之间在信息、经济实力上不平等；与目标公司大股东地位上存在不平等；目标公司的管理层的滥用职权行为也可能侵犯小股东利益。有鉴于此，立法必须注重对目标公司小股东利益的保护。从我国《证券法》的规定来看，这种保护主要体现在如下几个方面：

（1）股东有获得平等待遇的权利。一是全体持有规则。《证券法》第 88 条第 1 款规定，通过

证券交易所的证券交易，投资者持有或者通过协议、其他安排与他人共同持有一个上市公司已发行的股份达到30%时，继续进行收购的，应当依法向该上市公司所有股东发出收购上市公司全部或者部分股份的要约。二是比例接纳规则。《证券法》第88条第2款规定，收购上市公司部分股份的收购要约应当约定，被收购公司股东承诺出售的股份数额超过预定收购的股份数额的，收购人按比例进行收购。三是最好价格规则。根据《证券法》第97条第1款的规定，收购期限届满，被收购公司股权分布不符合上市条件的，其余仍持有被收购公司股票的股东，有权向收购人以收购要约的同等条件出售其股票，收购人应当收购。

（2）承诺权。目标公司的股东对收购人的购买要约作出是否出售股份的承诺。《证券法》第90条规定，收购要约约定的收购期限不得少于30日，并不得超过60日。

（3）撤回承诺权。此即目标公司的股东对收购人在收购要约失效前撤回出售股份的承诺的权利。《证券法》第91条规定：在收购要约确定的承诺期限内，收购人不得撤销其收购要约。收购人需要变更收购要约的，必须及时公告，载明具体变更事项。

（4）知情权。目标公司的股东有权要求购股信息的公开：一个是收购人的持续信息公开，一个是目标公司须定时会履行的通知、公告等义务。

（5）强制出售权。《证券法》第97条第1款规定：收购期限届满，被收购公司股权分布不符合上市条件的，该上市公司的股票应当由证券交易所依法终止上市交易；其余仍持有被收购公司股票的股东，有权向收购人以收购要约的同等条件出售其股票，收购人应当收购。

第十六章　证券监管制度

知识逻辑图

证券交易所
- 性质：为证券集中交易提供场所和设施，组织和监督证券交易，实行自律管理的法人
- 组织形式
  - 公司制：依法设立，为证券集中交易提供场所和条件的营利性法人
  - 会员制：证券公司依法自愿设立，旨在提供证券交易服务的非营利法人
- 证交所的组织
  - 会员大会：最高权力机构，由证券公司组成
  - 理事会：决策机构（注意理事会的职权及其内部机构）
  - 经理人员和高管人员（注意其任职资格）
- 证交所的监管职能
  - 对证券交易的监管：制订相关交易和管理规则、实时监控、公开交易信息、技术性停牌和临时停市
  - 对证券公司的监管：主要制订市场准入相关规则
  - 对上市公司的监管：市场准入、暂停上市、恢复上市和终止上市
- 证交所的法定义务：不得分配共有积累、设立风险基金、交易保证金制度、从业人员回避制度、依法报告和报批制度

证券业协会
- 性质：证券业的自律性组织，是社会团体法人，由证券公司等组成

  其权力机构是全体会员组成的会员大会（注意理事会）
- 职责：教育和组织会员遵守证券法律、行政法规；依法维护会员的合法权益，向证券监督管理机构反映会员的建议和要求；收集整理证券信息，为会员提供服务；制定会员应遵守的规则，组织会员单位的从业人员的业务培训，开展会员间的业务交流；对会员之间、会员与客户之间发生的证券业务纠纷进行调解；组织会员就证券业的发展、运作及有关内容进行研究；监督、检查会员行为，对违反法律、行政法规或者协会章程的，按照规定给予纪律处分；证券业协会章程规定的其他职责

证券监督管理机构
- 性质：事业单位，享有部分准司法权
- 职责：规章制定权，核准权，对证券交易、交易主体、信息公开、证券从业人员、自律机构的监管权以及对违法行为的查处权
- 执法措施：现场检查权、调查取证权、询问权、查询复制权、冻结查封权、证券买卖限制权
- 义务：忠于职守、依法行事、证件出示、保守商业秘密、行为公开、利益共享等

名词解释与概念比较

1. 公司制证券交易所
2. 技术性停牌和临时停市
3. 证券业协会
4. 证券监管体制

选择题

（一）单项选择题

1. 下列各机构中，谁是全国证券市场的主管机构？（　　）（司考）

A. 中国证券监督管理委员会

B. 国务院证券管理委员会

C. 中国人民银行

D. 财政部

2. 因突发性事件而影响证券交易的正常进行时，证券交易所可以采取下列哪种措施？（　　）（司考）

A. 政策性停牌

B. 技术性停牌

C. 临时停市

D. 休市

3. 证券交易所的设立和解散应由下列哪一个机构决定？（　　）

A. 国务院

B. 证券交易所拟设立的所在地省级人民政府

C. 中国人民银行

D. 银行业监督管理委员会

4. 证券交易所设总经理一名，由（　　）任免。

A. 国务院

B. 国务院证券监督管理机构

C. 财政部

D. 银行业监督管理委员会

5. 关于证券交易所决定临时停市，下列说法正确的有：（　　）。

A. 因突发性事件的出现，证券交易所可以决定临时停市

B. 证券交易所采取临时停市的，可以后报告国务院证券监督管理机构

C. 在采取临时停市前，必须要经过技术性停牌措施

D. 为维护证券交易的正常秩序，证券交易所可以决定临时停市

6. 关于证券交易所的职责，下列叙述中有偏差的有（　　）。

A. 证券交易所应当对上市公司及相关信息披露义务人披露信息进行监督，督促其依法及时、准确地披露信息

B. 证券交易所对证券交易实行实时监控，并按照国务院证券监督管理机构的要求，对异常的交易情况提出报告

C. 证券交易所根据需要，可以对出现重大异常交易情况的证券账户限制交易，并报国务院证券监督管理机构备案

D. 证券交易所应当从其收取的交易费用和会员费两项收入中提取一定比例的金额设立风险基金

7. 证券业协会的会员大会制定协会章程，报国务院证券监督管理机构（　　）。

A. 审批　　B. 核准

C. 备案　　D. 审查

8. 国务院证券监督管理机构在调查操纵证券市场、内幕交易等重大证券违法行为时，可以限制被调查事件当事人的证券买卖，限制买卖证券的期限最长不得超过（　　）个交易日。

A. 10　　B. 15

C. 20　　D. 30

9. 国务院证券监督管理机构可以和其他国家或者地区的证券监督管理机构建立监督管理合作机制，实施（　　）。

A. 跨境监督管理

B. 信息共享机制

C. 司法协助

D. 人员互动

10. 申和股份公司是一家上市公司，现该公司董事会秘书依法律规定，准备向证监会与证券交易所报送公司年度报告。关于年度报告所应记载的内容，下列哪一选项是错误的？（　　）（司考）

A. 公司财务会计报告和经营情况

B. 董事、监事、高级管理人员简介及其持股情况

C. 已发行股票情况，含持有股份最多的前二十名股东的名单和持股数额

D. 公司的实际控制人

（二）多项选择题

1. 关于证券交易所的设立，下列专家的意见中可采取的有（　　）。

A. 甲专家认为，我国证券交易所可以设立公司制证券交易所

B. 乙专家认为，证券交易所的设立，必须由国务院决定

C. 丙专家认为，证券交易所的设立必须要制定章程并报国务院证券监督管理机构批准

D. 丁专家认为，证券交易所的设立必须把维护证券市场的健康发展作为前提

2. 依据我国《证券法》的规定，上海证券交易所负有下列义务：（　　）。

A. 保证其证券交易场所和设施的正常运行并逐步改善

B. 不得将其财产积累分配给会员

C. 应当为组织公平的集中交易提供保障，公布证券交易即时行情，并按交易日制作证券市场行情表，予以公布

D. 应当将收存的风险基金存入开户银行专门账户，不得擅自使用

3. 证券业协会履行的职责有：（　　）。

A. 教育和组织会员遵守证券法律、行政法规

B. 对会员之间、会员与客户之间发生的证券业务纠纷进行调解

C. 依法维护会员的合法权益，向证券交易所反映会员的建议和要求

D. 监督、检查会员的行为，对违反法律、行政法规或者协会章程的，按照规定给予纪律处分

4. 关于国务院证券监督管理机构的职责的说法，下列正确的有（　　）。

A. 国务院证券监督管理机构依法制定有关证券市场监督管理的规章、规则，并依法行使审批或者核准权

B. 国务院证券监督管理机构依法对证券的发行、上市、交易、登记、存管、结算，进行监督管理

C. 国务院证券监督管理机构依法对证券发行人、上市公司、证券交易所、证券公司、证券登记结算机构、证券投资基金管理公司、证券服务机构的证券业务活动，进行监督管理

D. 国务院证券监督管理机构依法对证券业协会的活动进行指导和监督

5. 国务院证券监督管理机构依法履行职责，有权采取下列措施：（　　）。

A. 对证券发行人、上市公司、证券公司、证券投资基金管理公司、证券服务机构、证券交易所、证券登记结算机构进行现场检查

B. 查阅、复制当事人和与被调查事件有关的单位和个人的证券交易记录、登记过户记录、财务会计资料及其他相关文件和资料；对可能被转移、隐匿或者毁损的文件和资料，可以予以封存

C. 查询当事人和与被调查事件有关的单位和个人的资金账户、证券账户和银行账户；对有证据证明已经或者可能转移或者隐匿违法资金、证券等涉案财产或者隐匿、伪造、毁损重要证据的，可以请求人民法院冻结或者查封

D. 询问当事人和与被调查事件有关的单位和个人，要求其对与被调查事件有关的事项作出说明

简答题

1. 简要评述我国的证券监管体制。（考研）
2. 简述证券监督管理的基本原则。

参考答案

名词解释与概念比较

1. 按照证券交易所的组织形式，可以将证券交易所分为公司制和会员制两种。公司制证券交易所是依法设立的，为证券集中交易提供交易场所和条件的营利性企业法人。它的设立不仅要依据公司法的一般规定，而且要遵守证券交易法的规定；它不仅追求自身利益的最大化，而且承担着稳定证券交易市场秩序的特殊职责。这是区别于会员制证券交易所的地方。

2. 技术性停牌是指某种即时出现的突发性事件影响证券交易的正常进行，由证券交易所采取的临时停止某种证券交易的手段。它发生的原因主要有两种：一是传播媒介中出现与上市公司有关的信息，可能对上市证券的交易产生较大影响；二是证券价格发生异常变动。临时停市是指因不可抗力的突发性事件或为维护证券交易的正常秩序，证券交易所决定临时停止交易所内全部交易活动的行为。采取临时停市措施，是为了维护证券交易所正常的交易秩序，但也会对整个证券市

场乃至金融市场产生巨大影响。

3. 证券业协会是指由证券商特别是证券公司组成的，对证券业实行自律性管理的社会团体法人。证券公司应当加入证券业协会。证券业协会的权力机构为全体会员组成的会员大会。证券业协会设理事会，理事会成员依章程的规定由选举产生。它履行如下职责：教育和组织会员遵守证券法律、行政法规，依法维护会员的合法权益，向证券监督管理机构反映会员的建议和要求，收集整理证券信息，为会员提供服务，制定会员应遵守的规则，组织会员单位的从业人员的业务培训，开展会员间的业务交流，对会员之间、会员与客户之间发生的证券业务纠纷进行调解，组织会员就证券业的发展、运作及有关内容进行研究，监督、检查会员行为，对违反法律、行政法规或者协会章程的，按照规定给予纪律处分，以及证券业协会章程规定的其他职责。

4. 证券监管体制是指对证券市场实施监管的一整套机构、方法、方式和制度的总和。它可以分为政府型监管体制、自律型监管体制和混合型监管体制。政府型监管体制是指政府通过立法以及设立全国性的证券监管机构对整个证券市场实施监督、管理的制度。自律型监管体制是指政府除了少量的、必要的立法之外，较少干预证券市场，对证券市场的管理主要由证券交易所及证券业协会等组织进行。混合型监管体制就是结合政府型监管体制和自律型监管体制的优点一起来进行证券监管的体制。

选择题

（一）单项选择题

1. A。参见《证券法》第 178 条。国务院证券监督管理机构依法对证券市场实行监督管理，维护证券市场秩序，保障其合法运行。

2. B。参见《证券法》第 114 条第 1 款。因突发性事件而影响证券交易的正常进行时，证券交易所可以采取技术性停牌的措施。

3. A。参见《证券法》第 102 条第 2 款。证券交易所的设立和解散，由国务院决定。

4. B。参见《证券法》第 107 条。证券交易所设总经理一人，由国务院证券监督管理机构任免。

5. D。参见《证券法》第 114 条。虽发生突发性事件但不影响证券交易的正常进行时，证券交易所可以不采取技术性停牌的措施；因不可抗力的突发性事件或者为维护证券交易的正常秩序，证券交易所可以决定临时停市。技术性停牌措施不是临时停市的前提条件。证券交易所采取技术性停牌或者决定临时停市，必须及时报告国务院证券监督管理机构。

6. D。参见《证券法》第 115、116 条。证券交易所应当从其收取的交易费用和会员费、席位费中提取一定比例的金额设立风险基金。

7. C。参见《证券法》第 175 条。证券业协会章程由会员大会制定，并报国务院证券监督管理机构备案。

8. D。参见《证券法》第 180 条第 7 项。国务院证券监督管理机构在调查操纵证券市场、内幕交易等重大证券违法行为时，经国务院证券监督管理机构主要负责人批准，可以限制被调查事件当事人的证券买卖，但限制的期限不得超过 15 个交易日；案情复杂的，可以延长 15 个交易日。

9. A。参见《证券法》第 179 条第 2 款。国务院证券监督管理机构可以和其他国家或者地区的证券监督管理机构建立监督管理合作机制，实施跨境监督管理。

10. C。《证券法》第 66 条规定："上市公司和公司债券上市交易的公司，应当在每一会计年度结束之日起四个月内，向国务院证券监督管理机构和证券交易所报送记载以下内容的年度报告，并予公告：（一）公司概况；（二）公司财务会计报告和经营情况；（三）董事、监事、高级管理人员简介及其持股情况；（四）已发行的股票、公司债券情况，包括持有公司股份最多的前十名股东的名单和持股数额；（五）公司的实际控制人；（六）国务院证券监督管理机构规定的其他事项。"据此，A、B、D 三项正确，C 项错误。

（二）多项选择题

1. ABCD。参见《证券法》第 102、103 条。A、B、C、D4 项都符合修订后《证券法》的要求，至少是不禁止的。

2. ABCD。参见《证券法》第 105 条、第 113 条第 1 款、第 115 条、第 117 条。识记性题。

3. ABD。参见《证券法》第 176 条。证券业协会依法维护会员的合法权益，向证券监督管理机构反映会员的建议和要求。

4. ABCD。参见《证券法》第 179 条第 1 款。识记性题。

5. ABD。参见《证券法》第 180 条。国务院证券监督管理机构可以查询当事人和与被调查事件有关的单位和个人的资金账户、证券账户和银行账户；对有证据证明已经或者可能转移或者隐匿违法资金、证券等涉案财产或者隐匿、伪造、毁损重要证据的，经国务院证券监督管理机构主要负责人批准，可以冻结或者查封，无须请求人民法院作出。

简答题

1. 我国《证券法》规定：国务院证券监督管理机构依法对全国证券市场实行集中、统一监督、管理。国务院证券监督管理机构根据需要可以设立派出机构，按照授权履行监督管理职责。在国家对证券发行、交易活动实行集中、统一监督、管理的前提下，依法设立证券业协会，实行自律性管理。因此，我国设立的是政府主导、自律为辅助的证券监管体制。这一监管体制主要有如下几个特点：重视政府监管，强调实质监管和强调集中管理。但是我国的证券监管体制还存在一些缺点：证券监管职能处于分割状态，部门之间的协调工作既影响了监管效率，又破坏了政策的连贯性和严肃性；地方证券监管部门受地方政府部门和地方利益的影响大，影响了证券监管的统一性和中央监管部门的权威性；自律管理薄弱。

2. (1) 依法监管。证券监管行为必须以法律为依据，不得与法律相抵触。

(2) 适当监管。该原则是指证券监管机构的监管行为必须以保证证券市场的功能得以充分发挥为前提，不得借助证券监管而压抑证券机构的竞争和证券市场发展活力。

(3) 高效监管。高效监管是指证券监管机构应以最小的成本实现证券监管的目标。

(4) 合理监管。证券监管机构自由裁量权的行使必须符合证券监管的目的。由于证券监管法律制度不可能对各种可能产生的情况加以规范，为防止法律调整出现空白，法律通常赋予证券监管机构一定的自由裁量权，以实现监管的目的，但是该权力必须以合理为限。

(5) 监管公开。公开是现代证券法的基石，证券监管也不例外。证券监管机构监管的权限、规则、程序、方式和理由及结果都必须公开，以维护公正。

(6) 政府监管与自律监管相结合。我国《证券法》规定，国务院证券监督管理机构依法对全国证券市场实行集中、统一监督、管理。国务院证券监督管理机构根据需要可以设立派出机构，按照授权履行监督、管理职责。在国家对证券发行、交易活动实行集中、统一监督、管理的前提下，依法设立证券业协会，实行自律性管理。因此，我国设立的是政府主导、自律为辅助的证券监管体制。

第四编　票据法

第十七章　票据法概述

知识逻辑图

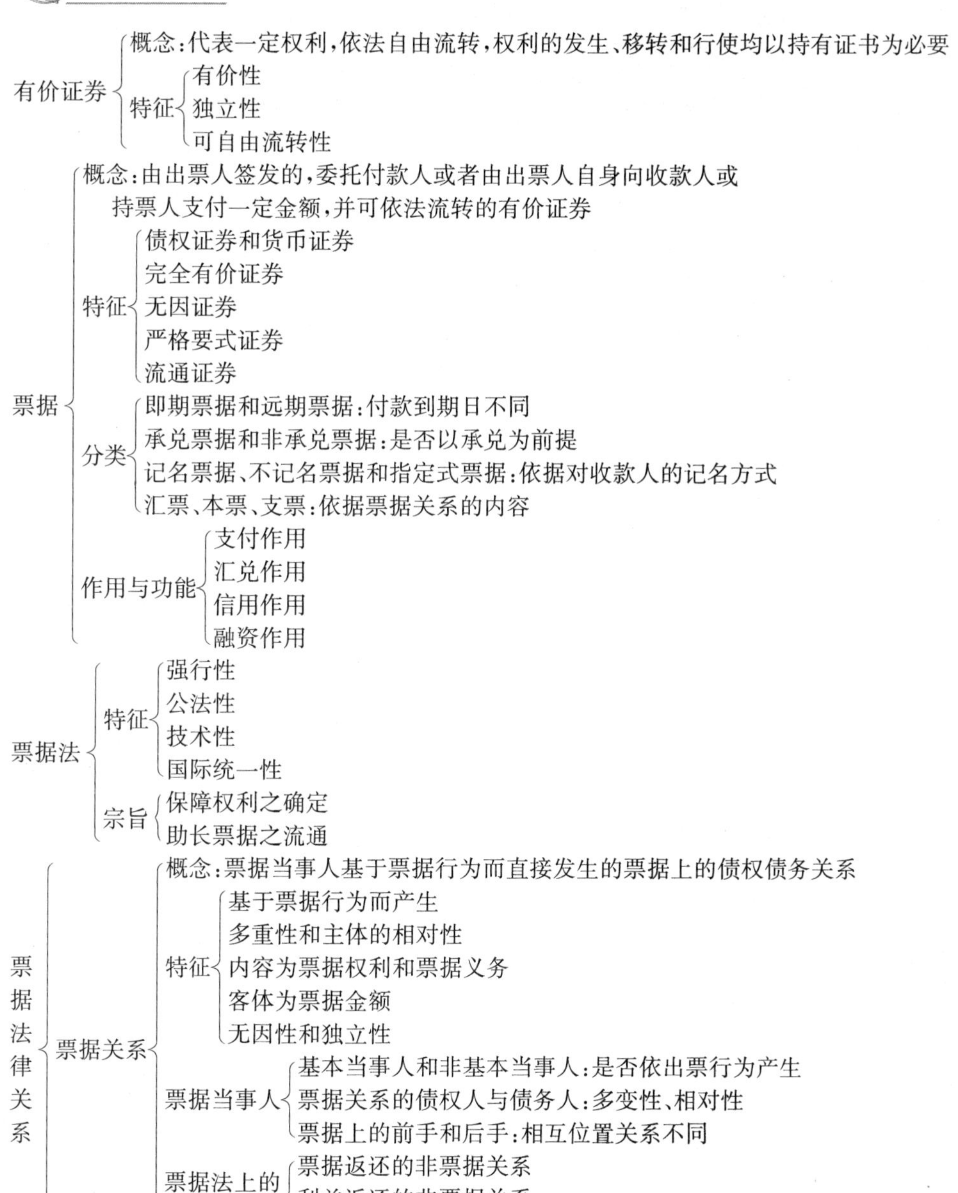

- 票据法律关系
  - 票据的基础关系
    - 概念：从事票据行为的原因或前提；实质法律关系
    - 种类
      - 票据原因关系：作为票据接受原因发生的关系
      - 票据资金关系
        - 汇票发票人与付款人
        - 支票发票人与银行
      - 票据的预约关系：当事人间就接受票据达成契约而形成的关系
  - 票据关系无因性原理
    - 票据关系与票据基础关系相分离原则
      - 票据关系与票据原因关系的分离
      - 票据关系与票据资金关系的分离
      - 票据关系与票据预约关系的分离
    - 票据关系与票据基础关系的牵连
      - 票据关系与票据原因关系的牵连
      - 票据关系与票据资金关系的牵连
      - 票据关系与票据预约关系的牵连
  - 正当持票人
    - 概念：已付对价，没有欺诈、胁迫、恶意、重大过失，对曾发生的抗辩事由不知情的持票人
    - 要件
      - 取得的票据票面完备、合格
      - 在票据逾期前成为持票人
      - 持票人对票据曾有的拒付并不知情
      - 取得票据出于善意
      - 支付对价
      - 转让票据时对票据让与人在票据所有权上的任何瑕疵概不知情
  - 票据上权利
    - 概念：持票人向票据债务人请求支付票据金额的权利
    - 内容
      - 第一次请求权 —— 付款请求权
      - 第二次请求权 —— 追索权
      - 辅助性票据权利
    - 取得
      - 原始取得
        - 从发票人处
        - 善意取得
      - 继受取得
        - 票据法上的继受取得
        - 民法上的继受取得
    - 行使和保全：按期提示，做成拒绝证书，起诉，中断时效
    - 权利的消灭
      - 付款：付款人或担当付款人向持票人支付票面金额的全部或一部分的行为
      - 时效：票据权利如经过一定期间不行使，便因时效期间届满而消灭
  - 利益偿还请求权
    - 概念：票据上的权利因时效届满或手续欠缺而消灭时，持票人请求出票人或承兑人在其所受利益限度内予以偿还的权利
    - 构成要件
      - 因时效届满、手续欠缺使权利消灭
      - 行使人为持票人
      - 行使对象为出票人或承兑人
      - 出票人或承兑人受有利益

- 票据行为
  - 概念:能产生票据债权债务关系的要式法律行为
  - 特征
    - 要式性:书面行为、格式行为、签章
    - 文义性:以票据上的文字记载为准
    - 无因性:原因关系有效与否不会影响票据行为的效力
    - 独立性:多个票据行为各自独立发生效力
  - 要件
    - 实质要件
      - 票据能力
        - 票据行为人的票据能力
        - 票据行为人的意思表示
      - 票据行为人的票据能力
        - 自然人
        - 法人
      - 意思表示:不严格要求行为人的意思表示符合真意,外观主义
    - 形式要件
      - 票据记载
        - 必要记载事项:必须在票据上记载的事项
        - 得记载事项:可依行为人意志选择记载
        - 不得记载事项:在票据上不应记载的事项
      - 票据签章(《票据法》第 7 条:签名盖章或签名加盖章)
      - 票据交付:票据行为人将记载完毕的票据交给持票人持有的行为
  - 票据行为的代理
    - 概念:票据代理人根据本人的授权,在票据上载明本人名义,并表明代理的意思,在票据上签章的行为
    - 规则
      - 形式要件
        - 本人的名义(明示)
        - 表明代理的意思
        - 有代理人签名或签章
      - 实质要件
    - 效力
      - 票据代理成立效力:本人承担该票据行为产生的责任
      - 票据代理形式要件有缺陷时的责任效力
        - ① 共同签章但未表明代理意见:不能成立有效票据代理
        - ② 有代理人签章,表明代理意思,无被代理人名称:代理人承担票据责任
        - ③ 代理人以本人名义签章,没有代理人签章:经本人授权,构成票据代理;没有代理人签章,未经授权,构成票据伪造
  - 票据的伪造
    - 概念:无权限人假冒他人或虚构他人名义签章的行为
    - 构成要件
      - 票据伪造者假为票据行为
      - 票据伪造者是假冒他人名义而为票据行为
      - 以享有票据权利为目的
    - 伪造的效果
      - 对伪造人
        - 民法上的侵权责任
        - 刑法上的刑事责任
        - 行政法上的行政责任
      - 对被伪造人:未签章则不负任何责任
      - 对真正签章人:负责
  - 票据的变造
    - 概念:无变更权限人在有效票据上变更票据签名以外的记载事项的行为
    - 要件
      - 无变更权的人所为
      - 变更票据上除签章以外的其他记载事项
      - 以行使票据权利为目的
    - 效果(我国法律上未作明文规定)
  - 票据的涂销
    - 概念:行为人采用某些方法,涂抹或消除票据上的签名或其他记载事项的行为
    - 要件
      - 有涂销权人故意所为的行为
      - 仅限于票据上记载的内容
      - 目的是消除被涂销部分的票据权利
      - 是一种合法行为

- 票据行为
  - 票据的涂销
    - 涂销与变造的区别
      - 对象
        - 涂销：票据上的签名及其他事项
        - 变造：不包括签名
      - 内容
        - 涂销：仅限于消除
        - 变造：消除和增加
      - 行为人
        - 涂销：有权利
        - 变造：无权限
      - 合法性
        - 涂销：合法
        - 变造：非法
  - 票据的更改
    - 概念：有变更权人变更票据上的记载事项的行为
    - 要件
      - 由原记载人进行
      - 记载完毕后、票据交付前
      - 票据法规定不得更改的事项，不得更改
- 票据的丧失
  - 概念和要件
    - 概念：持票人并非出于自己本意丧失对票据的占有
    - 要件
      - 存在票据丧失的事实
      - 票据权利人意志以外的原因造成票据丧失
      - 未获付款的有效票据
  - 补救
    - 公示催告
      - 概念：票据丧失后，由失票人向法院提出申请，请求法院以公告的方式通知不确定利害关系人限期申报权利，逾期未申报者，权利失效
      - 具体程序（参见《民事诉讼法》第十八章）
    - 挂失止付
      - 概念：票据丧失时，失票人将票据丧失的情况通知付款人，并指示其停止付款的意思表示
      - 程序（参见《票据法》第 15 条、《票据管理实施办法》第 20 条、《支付结算办法》第 50 条）
    - 票据诉讼（参见《票据法》第 15 条第 3 款）
- 票据的抗辩
  - 概念和特点
    - 概念：票据债务人根据法律规定对票据债权人拒绝履行义务的行为
    - 特点
      - 票据抗辩的法定事由
      - 票据抗辩的限制
  - 种类
    - 物的抗辩：基于票据本身的内容发生的事由而进行的抗辩
      - 可以由一切债务人对抗一切债权人的抗辩
        - 欠缺绝对必要记载事项导致无效的抗辩
        - 对不依票据文义而提出请求的抗辩
        - 票据债权已消灭或票据已失效的抗辩
      - 只可由特定的债务人对抗一切债权人的抗辩
        - 否定某一票据行为有效成立
        - 依票据上的记载事项提出的抗辩
        - 因保全手续欠缺而提出的抗辩
        - 票据权利因时效消灭的抗辩
    - 人的抗辩：票据债务人仅可以此对抗特定票据债权人的抗辩
      - 一切票据债务人均可以行使之抗辩
        - 持票人欠缺实质上的受领票据金额资格之抗辩
        - 持票人欠缺形式上的受领票据金额资格之抗辩
      - 仅由特定票据债务人对特定票据债权人行使之抗辩
        - 原因关系非法之抗辩
        - 原因关系无效或欠缺的抗辩
        - 基于当事人之间的特别约定之抗辩
  - 限制
    - 票据债务人不得以自己与出票人之间所存在的抗辩事由对抗持票人
    - 票据债务人不得以自己与持票人的前手之间所存在的抗辩事由对抗持票人

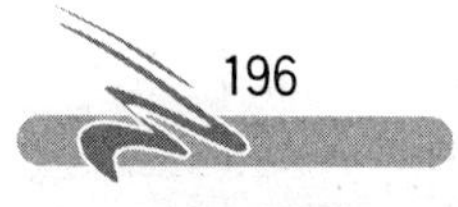

空白票据
- 概念：票据行为人依据法律规定仅在票据上签章，无须记载某些法定必要记载事项，而容许票据行为人授权由持票人补充记载该事项的票据
- 要件
  - 票据行为人签章
  - 票据必要记载事项欠缺
  - 票据行为人将空白补记权授予他人
  - 票据行为人将空白票据交付
- 效力：在补记完成前，属于未完成的票据，票据持有人不得行使票据上权利

名词解释与概念比较

1. 有价证券（考研）
2. 票据
3. 即期票据与远期票据
4. 票据上的原因关系
5. 票据行为
6. 票据的伪造
7. 公示催告
8. 票据的变造
9. 提示承兑
10. 票据的文义性（考研）

、选择题

（一）单项选择题

1. 以票据出票时的(　　)是否记载完全为标准，票据可以分为完全票据、不完全票据和空白票据。

A. 出票人

B. 收款人

C. 绝对必要事项

D. 相对必要事项

2. 一般来说，狭义票据行为包括出票、背书、承兑、保证及参加等五种。其中，(　　)是附属票据行为。

A. 出票、承兑

B. 出票、背书

C. 出票、背书、承兑及保证

D. 背书、承兑、保证、参加承兑

3. 在我国，票据金额以中文大写和数字同时记载，二者不一致的，(　　)。

A. 票据行为无效

B. 票据无效

C. 以中文大写为准

D. 以数码记载为准

4. 票据的背书，适用行为地法，票据的追索权的行使期限，适用(　　)法。

A. 出票地

B. 付款地

C. 追索权行使地

D. 被追索人所在地

5. 无偿取得票据的持票人(　　)。

A. 不得享有票据权利

B. 不享有付款请求权

C. 不享有追索权

D. 不享有优于前手的权利

6. 见票属于(　　)。

A. 广义的票据行为

B. 狭义的票据行为

C. 普通民事行为

D. 创设票据权利的行为

7. 我国票据法所称的票据责任，实际是指债务人向持票人(　　)。

A. 支付票据金额的义务

B. 支付票据金额及利息的义务

C. 承担的赔偿责任

D. 承担的票据法上的责任

8. 若原背书人在汇票上记载有“不得转让”字样，下列表述中哪一说法是正确的？(　　)

A. 若持票人将此票据再行背书转让，该背书行为无效

B. 在特定条件下，持票人可以将此票据再行背书转让

C. 若持票人再行背书转让，原背书人对现持票人不承担保证责任

D. 此票据只能背书记载“委托收款”字样，不能背书记载“质押”字样

9. 北京某公司经理王某携带以新加坡某银行为付款银行的汇票一张，赴东南亚办理业务，途中在香港不慎将该汇票丢失。失票人王某请求保全票据权利适用何地法律？（ ）（司考）

A. 中国

B. 新加坡

C. 中国或者新加坡

D. 香港特别行政区

10. 一张票据上的票据行为（ ），该票据为涉外票据。

A. 主体为外国人时

B. 主体一方为外国人，另一方为国内当事人时

C. 既有发生在国内，又有发生在国外的

D. 全部都发生在国外的

11. 王某拾得支票一张，把它背书给李某，李某取得票据属于（ ）。

A. 原始取得　　B. 善意取得

C. 继受取得　　D. 恶意取得

12. 有关持票人行使追索权的叙述，依照我国《票据法》的有关规定，下列哪些选项是不正确的？（ ）

A. 持票人行使追索权时，应当提供被拒绝承兑或者被拒绝付款的证明。如果承兑人或付款人死亡或者逃匿的应当出具与之相关的证明

B. 持票人应当自收到拒绝承兑或者被拒绝付款有关证明后 3 日之内，将被拒绝的事由通知其前手，否则，其追索权丧失

C. 持票人没有在法定的期限（收到拒付证明之后 3 日的期限）内通知其前手的，他的票据权利并不当然丧失，但他应当承担因迟延通知给其前手造成的其他损失

D. 如果持票人在法定的通知期限内将拒付事由按照其前手的法定地址或约定地址投邮的，则视持票人的行为为已通知

13. 依票据法原理，票据被称为无因证券，其含义是指什么？（ ）（司考）

A. 取得票据无须合法原因

B. 转让票据须以向受让方交付票据为先决条件

C. 占有票据即能行使票据权利，不问占有原因和资金关系

D. 当事人发行、转让、背书等票据行为须依法定形式进行

14. 一张汇票的出票人是甲，乙、丙、丁、戊分别是背书人，己是持票人。现查出这张汇票的金额被变造，且确定丁、戊是在变造之后签章，乙是在变造之前签章，但不能确定丙是在变造之前还是之后签章。则下列说法中正确的是哪项？（ ）

A. 汇票中的金额被变造导致这张汇票无效

B. 甲、乙就变造之前的票据金额对己负责，丙、丁、戊就变造后的金额对己负责

C. 甲、乙、丙就变造之前的票据金额对己负责，丁戊就变造之后的金额对己负责

D. 甲、乙、丙、丁、戊均只对变造前的票据金额对己负责

15. 下列票据中没有保证关系的票据是（ ）。

A. 商业承兑汇票　　B. 银行本票

C. 转账支票　　D. 银行承兑汇票

16. 持票人对票据的出票人和承兑人的票据权利，自票据到期日起 2 年。见票即付的汇票、本票，票据时效的起算日是（ ）。

A. 出票日　　B. 到期日

C. 承兑日　　D. 付款日

17. 根据我国票据法的规定，背书时附有条件的，所附条件（ ）。

A. 在条件成就时有票据上的效力

B. 不具有票据上的效力

C. 不管条件是否成就，均具有法律上的效力

D. 在承兑前有法律效力，在承兑后无法律效力

18. 票据保证的保证人为二人以上的，保证人之间承担的责任是（ ）。

A. 连带责任　　B. 按份责任

C. 补充责任　　D. 共有责任

19. 朱某持一张载明金额为人民币 50 万元的承兑汇票，向票据所载明的付款人某银行提示付款。但该银行以持票人朱某拖欠银行贷款 60 万元尚未清偿为由拒绝付款，并以该汇票票面金额冲抵了部分届期贷款金额。对付款人（即某银行）行为的定性，下列哪一选项是正确的？（ ）（司考）

A. 违反票据无因性原则的行为

B. 违反票据独立性原则的行为

C. 行使票据抗辩之对人抗辩的行为

D. 行使票据抗辩之对物抗辩的行为

20. 关于票据丧失时的法律救济方式，下列哪一说法是错误的？（　　）（司考）

A. 通知票据付款人挂失止付

B. 申请法院公示催告

C. 向法院提起诉讼

D. 不经挂失止付不能申请公示催告或者提起诉讼

（二）多项选择题

1. 当汇票到期被拒绝付款时，持票人可以对下列哪些人行使追索权？（　　）

A. 前手背书人　　B. 付款人

C. 保证人　　D. 出票人

2. 依《票据法》的规定，票据上未记载票据付款地时，下列哪些说法正确？（　　）

A. 汇票上未记载付款地的，付款人的营业场所、住所或者经常居住地为付款地

B. 本票上未记载付款地的，出票人的营业场所为付款地

C. 支票上未记载付款地的，付款人的营业场所、住所或者经常居住地为付款地

D. 支票上未记载付款地的，出票人的营业场所、住所或经常居住地，为付款地

3. 同一张汇票可能同时具有下列哪些属性？（　　）

A. 商业汇票　　B. 远期汇票

C. 银行承兑汇票　　D. 变式汇票

4. 持票人行使追索权，可以请求被追索人支付的金额和费用包括（　　）。

A. 票据金额

B. 自到期日或者提示付款之日起计算的利息

C. 取得有关拒绝证明或发出通知书的费用

D. 律师费

5. 票据的主债务人包括（　　）。

A. 无承兑汇票的出票人

B. 承兑汇票的承兑人

C. 本票的出票人

D. 支票的出票人

6. 汇票和支票均必须具备的票据关系有：（　　）。

A. 出票关系　　B. 付款关系

C. 背书关系　　D. 承兑关系

7. 下列选项中，有关票据背书的正确说法有哪些？（　　）

A. 出票人在票据上记载不得转让的，票据不得转让

B. 背书人在票据上记载不得转让的，票据可以转让

C. 背书有转让背书和质押及委托收款背书

D. 背书是无条件的

8. 甲向乙开具金额为100万元的汇票以支付货款。乙取得该汇票后背书转让给丙，丙又背书转让给丁，丁再背书转让给戊。现查明，甲、乙之间并无真实交易关系，丙为未成年人，票据金额被丁变造。下列哪些选项是正确的？（　　）（司考）

A. 尽管甲、乙之间没有真实交易，但该汇票仍然有效

B. 尽管丙为未成年人，但其在票据上的签章仍然有效

C. 尽管票据金额已被丁变造，但该汇票仍然有效

D. 戊不能向甲、乙行使票据上的追索权

9. 票据丢失以后，失票人可以采取的补救措施有哪些？（　　）

A. 挂失止付

B. 公示催告

C. 向人民法院起诉

D. 和债务人协商

10. 潇湘公司为支付货款向楚天公司开具一张金额为20万元的银行承兑汇票，付款银行为甲银行。潇湘公司收到楚天公司货物后发现有质量问题，立即通知甲银行停止付款。另外，楚天公司尚欠甲银行贷款30万元未清偿。下列哪些说法是错误的？（　　）（司考）

A. 该汇票须经甲银行承兑后才发生付款效力

B. 根据票据的无因性原理，甲银行不得以楚天公司尚欠其贷款未还为由拒绝付款

C. 如甲银行在接到潇湘公司通知后仍向楚天公司付款，由此造成的损失甲银行应承担责任

D. 潇湘公司有权以货物质量瑕疵为由请求甲银行停止付款

11. 依票据法原理，票据具有无因性、设权性、流通性、文义性、要式性等特征。关于票据特征的表述，下列哪一选项是错误的？（　　）（司考）

A. 没有票据，就没有票据权利

B. 任何类型的票据都必须能够进行转让

C. 票据的效力不受票据赖以发生的原因行为的影响

D. 票据行为的方式若存在瑕疵，不影响票据的效力

（三）不定项选择题

1. 票据的特征有：（　　）。

A. 文义性　　B. 要式性

C. 文字性　　D. 证权性

E. 无因性

2. 票据权利包括（　　）。

A. 支付请求权　　B. 抗辩权

C. 追索权　　D. 背书权

E. 答辩权

3. 票据伪造人应承担的法律责任包括（　　）。

A. 票据责任

B. 侵权的民事责任

C. 不当得利的民事责任

D. 相应的刑事责任

E. 违约责任

4. 一般承兑的效力主要有：（　　）。

A. 一经完成承兑行为，承兑人即应承担到期付款责任

B. 承兑人的票据责任不受持票人是否依法提示付款的影响

C. 承兑人必须承担最终的追索义务

D. 一经完成承兑行为，出票人无须再对票据负责任

E. 一经完成承兑行为，背书人无须再对票据负责任

5. 甲公司在中国签发一张以德国乙公司为受益人，以德国丙银行为付款人的汇票。乙公司在德国将该汇票背书转让给西班牙丁公司，丁公司向丙银行提示承兑时被拒绝。依照我国《票据法》，关于此案的法律适用，下列哪一表述是正确的？（　　）（司考）

A. 甲公司是否有签发该票据的能力应依德国法

B. 该汇票的背书争议应适用西班牙法

C. 该汇票出票时的记载事项适用中国法

D. 丙银行拒绝承兑后，该汇票追索权的行使期限适用德国法

简答题

1. 票据的特征。

2. 票据行为的独立性。

案例分析题

1. 案情：2005 年 1 月，甲公司与乙公司签订了名为联营、实质上是借贷的联营合同，约定乙公司向甲公司借款人民币 300 万元，交通银行某分行（以下简称交行）对该借款作担保，并给甲公司出具了担保书。之后，甲公司签发了以丙服装厂为收款人、到期日为 2005 年 8 月底的 300 万元商业汇票一张，还同该厂签订了虚假的购销合同，将该汇票与合同一并提交给中国农业银行某县支行（以下简称农行），请求承兑，双方签订了“委托承兑商业汇票协议”。甲公司告知农行拟使用贴现的方式取得资金，并承诺把该汇票的贴现款项大部分汇回该行，由该行控制使用。其后，农行承兑了此汇票。而后收款人丙服装厂持票到中国建设银行某分行贴现，并将贴现所得现款以退货款形式退回给甲公司，后者则按联营合同的约定，将此款项全部借给乙公司。汇票到期后农行以受甲公司等诈骗为理由拒绝付款给贴现行，而当甲公司要求乙公司及交行归还借款时，交行以出借方签发汇票套取资金用于借贷不合法为由，拒绝承担保证人责任。

问题：（1）此案中有哪几种非票据关系？

（2）此案中哪些属于票据关系？

（3）农行和交行的理由能否成立？为什么？

2. 案情：2003 年 8 月 10 日，某市甲电器集团公司与某县对外贸易公司化工建材分公司签订

一份价值203 765元的冰柜、空调购销合同。合同签订后，化工建材分公司预付货款10万元，甲电器集团公司供给化工建材分公司价值209 792元的冰柜和空调。在甲电器集团公司催要货款过程中，双方于2003年8月19日又签订一份价值492 900元的空调、冰柜购销合同。为付款，化工建材分公司向刘某借款，并从某县支行申领到一张以刘某为户名的20万元现金汇票交付给甲电器集团公司（此款包括8月10日的合同款122 797元，余款作为8月19日合同的预付款）。甲电器集团公司持该汇票到某市分行要求兑现。因汇票密押错误，某市分行拒付。甲电器集团公司遂将该银行诉诸法院。

法院在审理中查明：汇票密押错误，系某县支行工作失误所致。在甲电器集团公司要求兑付汇票过程中，某县支行先后发出4封电报催收。付款单位以有纠纷和汇票方汇款人刘某挪用公款为由，电告某市分行协助不要解付，要求汇票作废处理，退回某县支行。

此外，在甲电器集团公司要求兑付汇票过程中，某县人民检察院出具通知函，以刘某挪用公款为由，要求某县支行不得更改密押。其间，某市分行根据内部结算办法规定先后发出几封电报给某县支行，要求进行查询答复、更改密押，但某县支行始终未更改密押。

问题：（1）某市分行是否应承担付款义务？为什么？

（2）某县分行应否承担责任？

论述题与深度思考题

试述票据行为的无因性。（考研）

参考答案

名词解释与概念比较

1. 票据为有价证券之一种，现代票据制度与有价证券制度有着内在的本质的联系。有价证券又称为证券，概括地说，有价证券是指代表一定民事财产权利，依法可以自由流转的权利证书，证券上权利的发生、移转和行使均以持有该证书为必要。有价证券具有以下特征：（1）有价性。有价证券仅指代表一定民事财产权利的证书，其权利内容具有一定的财产价值，而不具有单纯的人身关系内容。（2）证券上权利具有独立性。大陆法系的民商法认为，有价证券不同于其他民事财产权利证书，它的基本特征在于证券上权利与证券持有人的身份无关，而仅与对有价证券的占有有关，即证券上权利与有价证券不可分。因此，凡持有有价证券者或提示有价证券者，即可依法被推定为证券上权利的享有人，这以无记名证券体现得最为明显。（3）具有可自由流转性。有价证券是仅依交易行为人双方意志即可合法自由流转的权利证书，证券上权利的移转具有法律所允许的物权转让性质（即所谓权利财产），因而其转让无须得到证券上义务人或第三人的同意，也不适用合同法上的权利转让或主体变更规则。

2. 按照票据法理论，票据是指由出票人签发的，委托付款人或者由出票人自身向收款人或持票人支付一定金额，并可依法流通转让的有价证券。其中，出票人委托商业第三人付款的票据为汇票，由出票人自身付款的票据为本票，而出票人委托银行付款的票据为支票。

3. 依据票据上所记载的付款到期日之不同，可将票据分为即期票据与远期票据两类。所谓即期票据是指出票人依法签发的，以出票日为付款到期日，由付款人见票即付款的票据。即期票据的作用是为交易提供支付工具。远期票据又称为"期票"，它是指出票人依法签发的，以出票日后的某个日期为付款到期日，付款人在到期后方付款的票据。远期票据的主要作用为对出票日至付款到期日之期间提供期间信用。远期票据依据其到期日之记载方式，又可分为出票后定日付款的期票、出票后定期付款的期票和见票后定期付款的期票三种。

4. 票据上的原因关系为当事人之间之所以接受票据的原因。例如，发票人之所以将票据交给收款人，背书人之所以将票据转让给被背书人，是因为他们之间原来有一种经济关系，最普通的是买卖关系。原因关系又称为对价关系，是授受票据的原因，亦即一方授受票据的代价，故又是一种报酬关系。

原因关系是民法上的关系，票据法不规定原因关系。因为票据为无因证券，原因关系不影响票据关系。票据债权人行使票据权利时，不必说明其原因关系；票据债权人也不得借口原因欠缺或原因行为有缺陷而对善意持票人拒绝履行义务（原因欠缺或原因行为的缺陷只能作为直接当事人之间或对抗恶意第三人的事由）。

5. 票据行为是以发生票据上的权利义务关系为目的的一种要式行为。票据行为是一种法律行为，不过这种法律行为中的意思表示以发生票据上的权利义务关系为目的。属于票据行为的，在汇票有发票、背书、保证、参加承兑，在本票有发票、背书、保证，在支票有发票与背书。这些票据行为分为两类：发票为基本的票据行为，其为创造票据的行为，其他各类票据行为都是在发票的基础上成立的。另一类为附属的票据行为，即背书等。这是在已成立的票据上所为的。

6. 票据的伪造指假冒他人名义（假借、假造）而为票据行为，包括假冒他人名义为发票行为而发出票据，以及假冒他人名义为发票以外的行为（如背书、承兑、保证等）。此时假冒他人名义签名的人因并未在票据上签自己的姓名，故不负责任；而被假冒姓名的人，因自己并未在票据上签名，亦可不负责任。但如在此伪造之票据（假冒他人名义发出的票据）或有伪造签名之票据上真正签名的人，仍应负票据上的责任（票据行为独立的原则）。

7. 公示催告为丧失票据人在丧失票据后依法申请法院宣告票据无效而使票据上权利与票据相分离的一种制度。关于公示催告与除权判决的程序一般规定在民事诉讼法中。除业经付款人付款的票据与已因时效经过或手续欠缺而消灭的票据外，票据权利人丧失票据时，均可向法院申请为公示催告。法院准许后，即应以公示方式通知持有该票据者，于一定期限内向法院申报权利。持有票据的人如直到除权判决作出时尚未申报，即“失权”，即不能再主张其对于票据的权利。如有申报权利的人，申报权利的持票人与申请公示催告的人应另以诉讼确定其权利。

8. 票据的变造指无权限变更票据上记载事项的内容的人对于有效票据上所记载的内容加以变更的行为，如变更金额、变更到期日等。如为变更签名，则属票据上签名的伪造。

票据变造有三个要件：（1）票据合法成立。（2）将票据上内容变更。（3）无权限的人所变更。票据经变造时，票据仍有效。在票据上签名的人如签名在变造前，即依变造前的文义负责。

9. 提示承兑是指持票人向付款人出示汇票，并要求付款人承诺付款的行为。所谓提示即持票人向付款人现实地出示汇票，以行使或保全其票据权利的行为。提示承兑是汇票中特有的票据行为。持票人向付款人提示承兑时，必须向付款人出示汇票，否则，付款人可以予以拒绝，并且这种拒绝不具有拒绝承兑的效力，持票人不得以此为理由，向其前手行使追索权。

10. 票据的文义性是指一切票据权利、义务的内容，应当严格按照票据上记载的文义并根据票据法的规定予以解释或者确定，此外的任何理由和事项都不得作为根据。据此，即使当事人在票据上记载的文义有误，也不能以票据以外的其他证明结束进行变更或补充。票据的这一特征有利于保护善意持票人，维护票据的流通性，确保交易安全。

票据文义性的效力表现为：（1）凡在票据上签名的人，根据票据上的文义承担票据法上的义务；（2）票据债权人不得以未记载事项主张票据权利；（3）除直接当事人外，票据债务人不得以票据未记载事项抗辩票据权利人；（4）票据解释时，不能以票据文义之外的事实或证据探求当事人的真实意思，也不得任意变更或补充当事人的意思。

选择题

（一）单项选择题

1. C。本题考查的是票据的分类问题。关于票据的分类，根据票据出票时的绝对必要记载事项是否记载完全为标准，票据可以分为完全票据、不完全票据和空白票据。记载完全的是完全票据，记载不完全的是不完全票据。

2. D。票据法将票据行为分为主票据行为和附属的票据行为。主票据行为主要是指出票行为，它是附属票据行为的基点。

3. B。《票据法》第 8 条规定，票据金额以中文大写和数字同时记载，二者必须一致，二者不一致的，票据无效。

4. A。票据的背书，适用行为地法；票据的追索权的行使期限，适用出票地法。

5. D。本题考查的是票据取得中继受取得的内容。继受取得，是指受让人从票据权利人手中以法定方式取得票据，从而取得票据权利。《票据法》第 10 条规定：票据的签发、取得和转让，应当遵循诚实信用的原则，具有真实的交易关系和债权债务关系。票据的取得，必须给付对价，即应当给付票据双方当事人认可的相对应的代价。第 11 条第 1 款规定：因税收、继承、赠与可以依法无偿取得票据的，不受给付对价的限制。但是，所享有的票据权利不得优于其前手的权利。

6. A。票据行为有广、狭两义。狭义之票据行为是指出票、背书、承兑、参加承兑、保证等五种。广义票据行为除了上述五种以外，还包括付款、参加付款、见票、保付等行为。

7. A。《票据法》第 4 条规定，票据出票人制作票据，应当按照法定条件在票据上签章，并按照所记载的事项承担票据责任。

持票人行使票据权利，应当按照法定程序在票据上签章，并出示票据。

其他票据债务人在票据上签章的，按照票据所记载的事项承担票据责任。

本法所称票据权利，是指持票人向票据债务人请求支付票据金额的权利，包括付款请求权和追索权。

本法所称票据责任，是指票据债务人向持票人支付票据金额的义务。

8. C。本题考查汇票背书的限制。背书是票据转让的方式之一，原背书人在汇票上记载有“不得转让”的，其实是对票据权利转让的限制。但是，票据权利是依基本的票据行为即发票行为创设的，而背书只是附属的票据行为，不能从根本上变更票据权利，因此，原背书人在汇票上记载“不得转让”的，票据权利并不会因此而不得转让(只有发票人拥有这样的权利)，其效果是，除其后手之外，原背书人对后手的被背书人不承担票据责任。《票据法》第 34 条规定，背书人在汇票上记载“不得转让”字样，其后手再背书转让的，原背书人对后手的被背书人不承担保证责任。据此，本题应选 C。背书记载“委托收款”或者“质押”时，属非转让背书。背书记明“委托收款”的，是将行使票据权利的权限授予他人；背书记明“质押”的，是背书人以票据权利为被背书人设定质权。《票据法》第 35 条规定：背书记载“委托收款”字样的，被背书人有权代背书人行使被委托的汇票权利。但是，被背书人不得再以背书转让汇票权利。汇票可以设定质押；质押时应当以背书记载“质押”字样。被背书人依法实现其质权时，可以行使汇票权利。据此，原背书人在汇票上记载“不得转让”后，被背书人依然可以进行“委托背书”与“设质背书”，故 D 项不正确。

9. B。本题考查的是涉外票据保全票据权利的法律适用。《票据法》第 94 条第 2 款规定：“前款所称涉外票据，是指出票、背书、承兑、保证、付款等行为中，既有发生在中华人民共和国境内又有发生在中华人民共和国境外的票据。”本题中，付款银行为新加坡某银行，而《票据法》第 23 条第 3 款规定：“汇票上未记载付款地的，付款人的营业场所、住所或者经常居住地为付款地。”本题中的票据付款行为在新加坡，应属于涉外票据。《票据法》第 101 条规定：“票据丧失时，失票人请求保全票据权利的程序，适用付款地法律。”因此，失票人请求保全票据权利适用付款地新加坡法，选择 B 项。

10. C。本题考查涉外票据的法律适用。参见《票据法》第 95 条“涉外票据的法律适用”：涉外票据，是指出票、背书、承兑、保证、付款等行为中，既有发生在中华人民共和国境内又有发生在中华人民共和国境外的票据。因此本题选择 C 项。

11. C。继受取得是指受让人按照票据法规定的方式取得票据，从而获得票据权利。本题中当事人的行为属于继受取得的情况。

12. B。本题考查票据的追索权。票据法规定，持票人行使追索权时，应当提供被拒绝承兑或者被拒绝付款的有关证明。并且，持票人应当自收到被拒绝承兑或者被拒绝付款的有关证明之日起 3 日内，将被拒绝事由书面通知其前手；其前手应当自收到通知之日起 3 日内书面通知其再前手。

持票人也可以同时向各汇票债务人发出书面通知。未按照前述规定期限通知的，持票人仍可以行使追索权。因延期通知给其前手或者出票人造成损失的，由没有按照规定期限通知的汇票当事人，承担对该损失的赔偿责任，但是所赔偿的金额以汇票金额为限。因此本题中C项正确，B项错误。持票人提示承兑或者提示付款被拒绝的，承兑人或者付款人必须出具拒绝证明，或者出具退票理由书，未出具拒绝证明或者退票理由书的，应当承担由此产生的民事责任。持票人因承兑人或者付款人死亡、逃匿或者其他原因，不能取得拒绝证明的，可以依法取得其他有关证明。因此，A、D项正确。

13. C。所谓无因证券，是指证券的效力与做成证券的原因完全分离，证券权利的存在和行使不以做成证券的原因为要件的一类证券。因此选C项。

14. C。参见《票据法》第14条。票据上有伪造、变造的签章的，不影响票据上其他真实签章的效力，因此A项错。票据上其他记载事项被变造的，在变造之前签章的人，对原记载事项负责；在变造之后签章的人，对变造之后的记载事项负责；不能辨别是在票据被变造之前或者之后签章的，视同在变造之前签章，因此选择C项。

15. C。商业承兑汇票、银行本票、银行承兑汇票均为有保证的票据，其中，承兑汇票由承兑人作保证。而转账支票只是起到转账的功能。

16. A。根据《票据法》第17条第1款，票据权利在下列期限内不行使而消灭：持票人对票据的出票人和承兑人的权利，自票据到期日起2年；见票即付的汇票、本票，自出票日起2年。因此选A项。

17. B。《票据法》第33条规定：背书不得附有条件。背书时附有条件的，所附条件不具有汇票上的效力。因此，本题选B项。

18. A。《票据法》第51条规定：保证人为二人以上的，保证人之间承担连带责任。因此，本题选A项。

19. C。票据无因性原则是指权利人享有票据权利只以持有符合票据法规定的有效票据为必要，至于票据赖以发生的原因，则在所不问。即使原因关系无效或存在瑕疵，均不影响票据的效力。票据独立性原则是指同一票据所为的若干票据行为互不牵连，分别依各行为人在票据上记载的内容，独立地发生效力。在先票据行为无效，不影响后续票据行为的效力；某一票据行为无效，不影响其他票据行为的效力。票据抗辩是指票据债务人根据票据法的规定对票据债权人拒绝履行义务的行为。根据抗辩事由和抗辩效力的不同分为对物的抗辩和对人的抗辩。前者是基于票据本身所存在的事由发生的抗辩，后者是因为票据义务人与特定票据权利人之间存在一定关系而发生的抗辩。《票据法》第13条规定："票据债务人不得以自己与出票人或者与持票人的前手之间的抗辩事由，对抗持票人。但是，持票人明知存在抗辩事由而取得票据的除外。票据债务人可以对不履行约定义务的与自己有直接债权债务关系的持票人，进行抗辩。本法所称抗辩，是指票据债务人根据本法规定对票据债权人拒绝履行义务的行为。"结合本题交代信息，付款人某银行拒绝向票据权利人朱某付款，并抵销部分到期贷款，是因为朱某欠付款人某银行60万元。这是票据抗辩行为，且不是因票据本身存在抗辩事由，不是对物的抗辩，而是对人的抗辩，故选项C的说法正确，是本题正确答案。

20. D。《票据法》第15条规定：票据丧失，失票人可以及时通知票据的付款人挂失止付，但是，未记载付款人或者无法确定付款人及其代理付款人的票据除外。收到挂失止付通知的付款人，应当暂停支付。失票人应当在通知挂失止付后3日内，也可以在票据丧失后，依法向人民法院申请公示催告，或者向人民法院提起诉讼。

（二）多项选择题

1. ACD。追索权的偿还义务人包括出票人、背书人、保证人，而不包括付款人。

2. AB。汇票上未记载付款地的，付款人的营业场所、住所或者经常居住地为付款地。本票上未记载付款地的，出票人的营业场所为付款地。支票上未记载付款地的，可以付款人的营业场所为付款地。因此，本题选择A、B项。

3. ABCD。同一张汇票可能同时是商业汇票、远期汇票、银行承兑汇票、变式汇票，因此全选。

4. ABC。持票人行使追索权，可以请求被追索人支付的金额和费用包括票据金额、自到期日

或者提示付款之日起计算的利息、取得有关拒绝证明或发出通知书的费用。

5. ABC。如果汇票无承兑人，即并没有得到承兑，那么汇票的出票人就是汇票的主债务人，因此选 A 项。如果汇票得到了承兑，那么承兑汇票的承兑人就是汇票的主债务人，因此选 B 项。本票是自己出票、自己付款的票据，因此本票的出票人就是票据的主债务人，故选 C 项。支票的出票人承担付款保证责任，并非支票的主债务人，因此 D 项不当选。

6. AB。支票和汇票均不必须具备背书关系，但是支票和汇票作为票据，其票据关系的产生必然需要经过出票，产生出票关系。而其票据债务的清偿必然要求产生付款关系。但是支票并不需要进行承兑，而汇票需要承兑。因此选择 A、B 项。

7. ABCD。本题考查《票据法》有关背书的规定。《票据法》第 27 条规定：持票人可以将汇票权利转让给他人，或者将一定的汇票权利授予他人行使。出票人在汇票上记载“不得转让”字样的，汇票不得转让。因此 A 项正确。《票据法》第 33 条规定，背书不得附有条件，背书时附有条件的，所附条件不具有汇票上的效力。因此 D 项正确。第 34 条规定，背书人在汇票上记载“不得转让”字样，其后手再背书转让的，原背书人对后手的被背书人不承担保证责任，因此 B 项正确。汇票可以设定质押，质押时应当以背书记载“质押”字样，被背书人依法实现其质权时，可以行使汇票权利，因此 C 项正确。

8. AD。本题考查的是票据的特征（无因性、独立性）、票据的变造。

票据的无因性是指在非基本法律关系当事人的票据当事人之间，其权利义务关系不受基本法律关系的影响，基本法律关系的履行情况不影响票据的权利义务关系，票据关系完全以票据上的文字记载为准。因此选择 A 项。

《票据法》第 14 条中规定了票据的变造效力。票据上其他记载事项被变造的，在变造之前签章的人，对原记载事项负责；在变造之后签章的人，对变造之后的记载事项负责；不能辨别是在票据被变造之前或者之后签章的，视同在变造之前签章。因此 D 项入选。

9. ABC。参见最高人民法院《关于审理票据纠纷案件若干问题的规定》第 47～51 条。

10. BCD。本题考点为票据的无因性、票据行为。选项 A 说法正确。《票据法》第 38 条规定，承兑是指汇票付款人承诺在汇票到期日支付汇票金额的票据行为。第 44 条规定，付款人承兑汇票后，应当承担到期付款的责任。本题中，潇湘公司签发的是银行承兑汇票，该汇票只有经甲银行承兑后才发生付款的效力。

选项 B 说法错误。《票据法》第 13 条第 2 款规定，票据债务人可以对不履行约定义务的与自己有直接债权债务关系的持票人，进行抗辩。本题中，甲银行与楚天公司有直接债权债务关系，楚天公司尚欠甲银行贷款 30 万元未清偿，甲银行可以以此为由进行抗辩。

选项 C 说法错误。根据票据的无因性，即使票据原因关系无效或有瑕疵，均不影响票据的效力。另外，付款人在进行付款时，只需对所提示的票据进行形式审查，并无实质审查义务。付款人在履行法定审查义务后进行的付款是有效付款，即使发生错付，亦可善意免责。

选项 D 说法错误。票据是无因证券，票据上的法律关系是一种单纯的金钱支付关系，权利人享有票据权利仅以持有符合票据法规定的有效票据为必要。至于票据赖以发生的原因，则在所不问。即使原因关系无效或有瑕疵，均不影响票据的效力。因此，在本题中，即便楚天公司交付的货物存在质量问题，潇湘公司也无权以此为由请求甲银行停止付款。

11. D。票据属于设权证券，必须先做成证券，方能产生票据权利。没有票据，就没有票据权利。故 A 项正确。票据具有流通性，通常能够转让，故 B 项正确。但根据《票据法》第 27 条第 2 款的规定，出票人在汇票上记载“不得转让”字样的，汇票不得转让。从这个角度讲，B 项表述过于绝对，有欠妥当。票据是无因证券，不受基础关系是否存在及其效力的影响。即使票据行为的原因行为不成立、无效或者被撤销，票据效力也不受影响。故 C 项正确。票据是要式证券，各种票据行为必须严格按照《票据法》规定的程序与方式进行，否则会导致票据行为无效，甚至导致票据无效。故 D 项错误。

（三）不定项选择题

1. ABE。本题考查票据的性质和特点。票据是设权证券，票据签发前，当事人之间虽可有债权、债务，但是出票人签发票据，为持票人设定了一个请求票据上载明的债务人“无条件支付一定金额”的权利。因此，此种权利，与签发票据前的债权、债务彻底独立，是新生之权。

票据是文义证券，票据上的权利和义务、票据债权人与债务人、票据权利有效期等，均由票据上依法记载的文字含义来确定，任何人不能以票据文义之外的因素认定或改变票据权利和义务及票据债权人、债务人。

票据是无因证券。所谓无因证券是指证券的效力与做成证券的原因完全分离，证券权利的存在和行使不以做成证券的原因为要件的证券。因此，A、B、E 三项当选。

2. AC。票据权利，是指持票人享有的能够请求票据金额的权利，包括付款请求权和追索权，因此选择 A、C 项。

3. BCD。本题考查票据法上的责任种类。票据责任包括民事责任和刑事责任，其中民事责任包括侵权的民事责任、不当得利的民事责任。

4. ABC。《票据法》第 44 条规定，付款人承兑汇票后，应当承担到期付款的责任。

5. C。本题考查涉外票据的法律适用。《票据法》第 96 条第 1 款规定：“票据债务人的民事行为能力，适用其本国法律。”由于甲公司的本国法无法确定，故 A 项错误。《票据法》第 98 条规定：“票据的背书、承兑、付款和保证行为，适用行为地法律。”因此，该汇票的背书争议应适用德国（行为地）法，故 B 项错误。《票据法》第 97 条第 1 款规定：“汇票、本票出票时的记载事项，适用出票地法律。”因此，该汇票出票时的记载事项适用中国（出票地）法，故 C 项正确。《票据法》第 99 条规定：“票据追索权的行使期限，适用出票地法律。”因此，该汇票的追索权的行使期限适用中国（出票地）法，故 D 项错误。

简答题

1. （1）票据为债权证券和货币证券。票据作为货币证券代表着确定数额的金钱，它以届期支付确定的金额为标的。票据上的兑付请求权和追索权本质上皆为债权。这与物权证券、社员权证券和以劳务为标的的债权证券均有不同。有学者依此认为票据为“金钱债权证券”。

（2）票据为完全的有价证券。票据上权利的发生、转让和行使均与占有票据有不可分离之关系，故理论上又将票据称为“提示证券”。

（3）票据为无因证券。根据票据法原理，票据是一单纯的金钱支付凭证，票据关系具有独立性和无因性，其效力原则上不受原因关系和资金关系效力的影响；票据上各个票据行为也具有相对的独立性，在形式合法的票据上，后手票据行为的效力不受前手票据行为效力的影响。这一原理对于保障形式合法票据效力的确定性，对于保障票据流转的安全性是十分必要的。

（4）票据为严格要式证券。票据是依票据法签发的有价证券，其成立、转让、保证和承兑均适用严格的形式主义规则。票据上的权利、义务内容以票面记载为准，适用严格文义主义。票据法之所以对票据采取严格要式主义和文义主义规则，与票据关系的无因性和票据的可流转性有着内在的联系。原则上，判断一种票据有效与否仅应当以票据形式是否合法为依据，这对于保障票据效力的确定性，维护社会交易安全至关重要。

（5）票据为流通证券。票据作为有价证券的一种，应当具有可流转性，即可通过背书或交付方式转让。（参见赵旭东主编．商法学教程．447～449 页．北京：中国政法大学出版社，2004。）

2. 票据行为的独立性亦即票据行为的独立原则。

在有效票据上签名为票据行为时，即使在同一票据上他人所为票据行为无效或被撤销，该行为的效力不受影响，仍应依该行为独立负票据上的债务。换言之，在有效票据上的各个票据行为各自独立发生效力，互不影响。

此原则，有三点内容：

（1）票据上无行为能力人或限制行为能力人的签名，不影响其他人的票据行为的效力。

（2）票据之伪造或票据上签名之伪造，不影响真正签名之效力。

（3）被保证之债务无效，保证人仍负担保证义务。

案例分析题

1.（1）在本案中存在以下几种非票据关系：①票据原因关系。将套取的资金用于非法借贷是本案中出票、承兑等一系列票据行为的真正原因，它们在本案中是以各种合同关系体现出来的。②票据资金关系。该关系以甲公司同农行签订的"委托承兑商业汇票协议"体现出来。

（2）甲公司的出票、农行的承兑、丙服装厂向建行某分行的贴现，构成了本案中的汇票的出票人、收款人、承兑人、背书人及被背书人之间的一系列的票据债权债务关系，即本案的票据关系。

（3）农行和交行的理由均不能成立。本案中，甲公司与乙公司的借贷关系显然是无效的，交行应依法就其过错承担赔偿责任。因为付款人一旦承兑，其即成为确定的付款人，承担保证到期支付票款的责任，不得以资金关系抗辩善意的持票人。交行是票据基础关系的当事人，同样不得以他人的票据关系非法来作为借贷担保关系的抗辩理由。

2.（1）某市分行应该承担付款义务。本题考查票据无因性原则。依票据的无因性原则，某市分行应否解付的依据在于持票人所持汇票是否有效，如果银行汇票的形式符合法定要求，则银行应无条件付款。在本案中，由汇票的形式看：发票人是某县支行，付款人是某市分行，收款人为甲电器集团公司，其形式合法；从汇票记载的内容看，也符合法律的规定；从其取得方式看，甲电器集团公司从某县支行申领，取得途径亦是正常的。而根据票据的无因性，付款方某市分行所负的审查义务也仅限于以上各项内容，而不必审查收付双方的原因关系，以及双方是否存在纠纷等实质性的内容。因此，该汇票是有效的，某市分行应该承担付款义务。

（2）因密押错误系某县支行的工作失误造成，根据我国有关法律的规定，应由其承担过错责任，在本案中，某县支行应承担不解付的连带责任。

论述题与深度思考题

票据关系一经成立，就与其基础关系相分离，两种关系各自独立存在，分别由不同的法律制度规范。基础关系是否存在、是否有效、是否履行，对票据关系都没有影响。特别是票据关系与原因关系存在于不同的当事人之间时更是如此。这就是票据关系与票据基础关系相分离原则，它是票据关系与票据基础关系之间相互关系的基本原则，票据关系无因性即产生于此。

票据关系与票据基础关系相分离原则，在三种不同的票据基础关系中都有体现。

（1）票据关系与票据原因关系的分离

就票据原因关系而言，分离原则主要体现在以下三个方面：

1）票据发行、背书转让等票据行为只要具备法定的要件，就能产生有效的票据关系，而不问作为票据行为背景的票据原因关系是否存在及是否有效。即使票据原因关系无效或被撤销，票据关系仍然有效。

2）票据权利人行使票据权利时，一般只以持有票据为必要条件，不需证明取得票据的原因。

3）票据债务人不得以原因关系有缺陷或有错误或无效等事由，对抗与其无直接原因关系的持票人。

（2）票据关系与票据资金关系的分离

票据关系与基础关系分离的原则，同样适用于票据关系与票据资金关系。就票据资金关系而言，分离原则主要表现在：

1）持票人享有的票据权利，不受资金关系有无的影响。只要票据关系合法、有效成立，持票人就可向付款人行使付款请求权。如果付款人因无资金关系而对票据拒绝付款，票据关系也仍然存在，持票人仍享有票据权利，可行使票据权利中的追索权。

2）付款人对票据是否予以承兑、付款，由付款人自行选择。即使有资金关系存在，付款人仍然可以不承兑、付款；付款人若已承兑，必须承担付款责任，不受资金关系有无的影响；即使无资金关系，也必须付款。

3）发票人虽然与付款人有资金关系，并以资金关系为基础发出票据，但票据不获付款时，发票人不能以已有资金关系作为抗辩理由，对抗持票人或其他后手的追索权。支票没有资金关系而签发时，银行应予退票，但对发票人而言，所签发的支票仍然有效，发票人仍应对持票人或其后手的追索权承担责任。

(3) 票据关系与票据预约关系的分离

票据关系和票据预约关系的分离主要表现在：

1) 票据预约关系是否遵守，对票据本身不发生影响，发票人、背书人等票据行为人，即使违反预约而为发票、背书等票据行为，只要该票据行为具备法定要件，仍能有效成立票据关系。作为预约关系的当事人，只能依民法规则解决预约的违约。

2) 票据预约关系的消灭对票据关系不发生影响，票据预约关系消灭后，已发行的票据仍然有效。(参见赵旭东主编．商法学教程．456～461页．北京：中国政法大学出版社，2004；董安生主编．票据法．3版．23～28页．北京：中国人民大学出版社，2009。)

第十八章　汇票

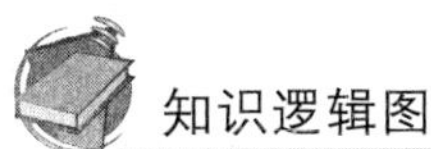

知识逻辑图

- 汇票
  - 概述
    - 概念：由出票人签发的，委托付款人在见票时或指定日期无条件支付确定金额给出收款人或者持票人的票据
    - 特征
      - 出票人委托付票人无条件支付票款
      - 见票即付或者于未来指定日期经承兑后方可支付
    - 分类
      - 记名汇票、指示汇票与无记名汇票
      - 即期汇票和远期汇票
      - 一般汇票与变式汇票
      - 我国的银行汇票与商业汇票
      - 光票与跟单汇票
  - 出票
    - 概念：出票人以创设票据关系为目的，依法在汇票上记载、签章并将其交付于收款人的基本票据行为
    - 格式
      - 绝对必要记载事项
        - 表明汇票的字样
        - 无条件支付的委托
        - 确定的金额
        - 付款人名称
        - 收款人名称
        - 出票日期
        - 出票人签章
      - 相对必要记载事项
        - 到期日
        - 付款地
        - 出票地
      - 得记载事项
        - 禁止背书文句
        - 担当付款人条款
      - 无效记载事项
    - 效力
      - 对出票人→承担保证该汇票承兑和付款的责任
      - 对收款人→取得兑付请求权和追索权
      - 对付款人（我国无明文规定）
  - 背书
    - 概念：持票人以转让票据上权利、质押票据上权利或授权行使票据上权利为目的，在记名杜撰上从事的附票据行为
    - 类型
      - 转让背书与非转让背书
      - 一般转让背书与特殊转让背书
    - 特征
      - 附属票据行为
      - 旨在转让或处分票据上权利
      - 单方法律行为

- 汇票
  - 背书
    - 效力
      - 转让背书目的效力
        - 权利移转
        - 权利担保
        - 权利证明
      - 委任背书的效力
        - 代理授权
        - 不切断抗辩
        - 权利证明
      - 设质背书的效力
        - 质权设定
        - 再背书限制
        - 权利担保
        - 权利证明
  - 承兑
    - 概念：远期汇票付款人承诺于付款到期日时，将无条件支付票据金额，并将该意思表示记载于汇票上的一种附属票据行为
    - 特征
      - 附属票据行为
      - 由付款人从事的单方票据行为
      - 以付款人承诺负担票据金额支付义务为基本内容
      - 对远期汇票上的付款请求权加以确认和保全的必备要件
    - 承兑提示规则（参见《票据法》第 39 ～ 41 条）
  - 保证
    - 概念：票据债务人以外的人为担保特定票据债务人债务的履行，以负担与其同一内容的票据债务为目的的一种附属票据行为
    - 特征
      - 单方票据行为
      - 附属票据行为
      - 为担保特定票据债务履行的行为
      - 由票据债务人以外的人所为
    - 分类
      - 全部保证与一部保证
      - 单独保证与共同保证
      - 正式保证与略式保证
  - 付款
    - 概念：付款人或担当付款人根据持票人的提示，依法向其支付票据金额，以消灭票据关系的行为
    - 特征
      - 由付款人或担当付款人所为
      - 债务人支付票据金额的债务履行行为
      - 消灭票据上权利义务关系的行为
    - 付款规则（参见《票据法》第 57 条）
    - 效力：全体汇票债务人的责任解除
  - 追索权
    - 概念：持票人因法定原因无法行使票据兑付请求权时，依法向其前手请求偿还相关利益的权利
    - 特征
      - 票据上的权利
      - 票据权利人向其前手请求偿还票据金额、利息及费用的请求权
      - 在票据到期不获付款、期前不承兑或者发生其他法定事由时方可行使
      - 可选择性和可代位性
    - 行使条件
      - 在提示期间经合法提示
      - 兑付请求权被拒绝或不能实现
      - 票据权利人依法取得拒绝证明
      - 未超过时效期间
    - 追索权的丧失
      - 因权利的实现而消灭
      - 未经合法提示、保全而丧失
      - 时效期间届满

名词解释与概念比较

1. 汇票
2. 出票
3. 空白背书
4. 承兑
5. 提示承兑
6. 汇票的保证
7. 追索权
8. 汇票上的绝对必要记载事项
9. 汇票上的相对必要记载事项
10. 汇票的参加承兑

选择题

（一）单项选择题

1. 汇票付款人承兑汇票时附有条件的，(　　)。

A. 所附条件成就时，视为同意承兑

B. 所附条件不成就时，视为拒绝承兑

C. 不管所附条件是否成就，一律视为拒绝承兑

D. 不管所附条件是否成就，一律视为同意承兑

2. 汇票出票行为的相对应记载事项包括(　　)。

A. 出票日期　　B. 收款人名称

C. 付款人名称　　D. 到期日

3. 以出票人等票据债务人为被背书人的背书称为(　　)。

A. 一部背书　　B. 无效背书

C. 空白背书　　D. 回头背书

4. 无须提示承兑的汇票是(　　)。

A. 见票后定期付款的汇票

B. 出票后定期付款的汇票

C. 见票即付的汇票

D. 定日付款的汇票

5. 依票据法原理，票据被称为无因证券，其含义是指什么？(　　)

A. 取得票据无须合法原因

B. 转让票据须以受让方交付票据为先决条件

C. 占有票据即能行使票据权利，不问占有原因和资金关系

D. 当事人发票、转让、背书等票据行为须以法定形式进行

6. 依《票据法》的规定，下列有关汇票记载事项的哪一项表述是正确的？(　　)

A. 汇票上未记载付款日期的，为出票后1个月内付款

B. 汇票上未记载付款地的，出票人的营业场所、住所或经常居住地为付款地

C. 汇票上未记载收款人名称的可予以补记

D. 汇票上未记载出票日期的，汇票无效

7. 下列关于汇票的说法哪一项是正确的？(　　)

A. 收款人可以写全称，也可以写简称或者代码

B. 票据金额记载的中文大写与数码不一致的，以中文大写为准

C. 出票人为二人以上签章的，所有签章者对于票据记载事项负连带责任

D. 票据上记载“交付货物后付款”等付款条件的，条件无效，但票据有效

8. 张某向李某背书转让面额为10万元的汇票作为购买房屋的价金，李某接受汇票后背书转让给第三人。如果张某与李某之间的房屋买卖合同被合意解除，则张某可以行使下列哪一权利？(　　)

A. 请求李某返还汇票

B. 请求李某返还10万元现金

C. 请求从李某处受让汇票的第三人返还汇票

D. 请求付款人停止支付票据上的款项

9. 乙公司在与甲公司交易中获金额为300万元的汇票一张，付款人为丙公司。乙公司请求承兑时，丙公司在汇票上签注：“承兑。甲公司款到后支付。”下列关于丙公司付款责任的表述哪个是正确的？(　　)(司考)

A. 丙公司已经承兑，应承担付款责任

B. 应视为丙公司拒绝承兑，丙公司不承担付款责任

C. 甲公司给丙公司付款后，丙公司才承担付款责任

D. 按甲公司给丙公司付款的多少确定丙公司

应承担的付款责任

10. 甲公司于2004年4月6日签发一张汇票给乙公司，到期日为2004年7月6日。乙公司于2004年5月6日向付款人提示承兑，被拒绝。乙公司遂将该汇票背书转让给丙公司。乙公司在此汇票上的背书属于什么性质？（　　）（司考）

A. 回头背书　　B. 限制背书

C. 期后背书　　D. 附条件背书

11. 甲公司在交易中取得汇票一张，金额10万元，汇票签发人为乙公司，甲公司在提示承兑时被拒绝。其后，甲公司在一次交易中需支付丙公司10万元货款，于是甲公司将该汇票背书转让给丙公司，丙公司承兑时亦被拒绝。下列哪一选项是正确的？（　　）（司考）

A. 丙公司有权要求甲公司给付汇票上的金额

B. 丙公司有权要求甲公司返还交易中的对价

C. 丙公司有权向乙公司行使追索权，要求其给付汇票上的金额

D. 丙公司应当请求甲公司承担侵权赔偿责任

12. 在我国，汇票的自由承兑原则是指（　　）。

A. 付款人可以自由决定承兑汇票金额的一部分还是全部

B. 付款人可以依自己的意思，决定是否进行承兑

C. 付款人可以自由记载承兑条件

D. 付款人可以自由决定对持票人的付款时间

13. 乙公司与丙公司交易时以汇票支付。丙公司见汇票出票人为甲公司，遂要求乙公司提供担保，乙公司请丁公司为该汇票作保证，丁公司在汇票背书栏签注“若甲公司出票真实，本公司愿意保证”。后经了解甲公司实际并不存在。丁公司对该汇票承担什么责任？（　　）（司考）

A. 应承担一定赔偿责任

B. 只承担一般保证责任，不承担票据保证责任

C. 应当承担票据保证责任

D. 不承担任何责任

14. 汇票欠缺下列哪项记载事项会使得汇票无效？（　　）

A. 付款日期　　B. 付款地

C. 付款人名称　　D. 出票地

15. 下列选项中，哪一个是付款人在持票人向其提示汇票时应立即付款的汇票？（　　）（司考）

A. 远期汇票

B. 银行承兑的远期汇票

C. 即期汇票

D. 承兑汇票

16. 有关汇票付款人的付款行为，下列说法中错误的是哪项？（　　）

A. 持票人在提示付款期限内向付款人提示付款的，付款人应当当日足额付款

B. 汇票金额为外币的，按照付款日的市场汇价，以人民币支付，汇票当事人不得约定以人民币以外的其他货币偿付汇票金额

C. 付款人依法足额付款后，全体汇票债务人的责任解除

D. 付款人及其代理人付款时，应当审查汇票背书的连续，并审查提示付款人的合法身份证明或有效证件。因恶意或重大过失付款的，应当自行承担责任

17. 甲的汇票遗失，向法院申请公示催告。公告期满后无人申报权利，甲申请法院作出了除权判决。后乙主张对该票据享有票据权利，只是因为客观原因而没能在判决前向法院申报权利。乙可以采取哪种法律对策？（　　）（司考）

A. 申请法院撤销该除权判决

B. 在知道或者应当知道判决公告之日起1年内，向作出除权判决的法院起诉

C. 依照审判监督程序的规定，申请法院对该案件进行再审

D. 在2年的诉讼时效期间之内，向作出除权判决的法院起诉

18. 甲公司购买乙公司电脑20台，向乙公司签发金额为10万元的商业承兑汇票一张，丁公司在汇票上签章承诺：“本汇票已经本单位承兑，到期日无条件付款。”当该汇票的持票人行使付款请求权时，下列哪一说法是正确的？（　　）（司考）

A. 如该汇票已背书转让给丙公司，丙公司恰好欠汇票付款人某银行10万元到期贷款，则银行可以提出抗辩而拒绝付款

B. 如该汇票已背书转让给丙公司，则甲公司可以乙公司交付的电脑质量存在瑕疵为抗辩理由拒绝向丙公司付款

C. 因该汇票已经丁公司无条件承兑，故丁公

司不可能再以任何理由对持票人提出抗辩

D. 甲公司在签发汇票时可以签注“以收到货物为付款条件”

19. 甲公司向乙公司签发了一张付款人为丙银行的承兑汇票。丁向乙公司出具了一份担保函，承诺甲公司不履行债务时其承担连带保证责任。乙公司持票向丙银行请求付款，银行以出票人甲公司严重丧失商业信誉为由拒绝付款。对此，下列哪一表述是正确的？(　　)(司考)

A. 乙公司只能要求丁承担保证责任

B. 丙银行拒绝付款不符法律规定

C. 乙公司应先向甲公司行使追索权，不能得到清偿时方能向丁追偿

D. 丁属于票据法律关系的非基本当事人

20. 甲公司开具一张金额50万元的汇票，收款人为乙公司，付款人为丙银行。乙公司收到后将该汇票背书转让给丁公司。下列哪一说法是正确的？(　　)(司考)

A. 乙公司将票据背书转让给丁公司后即退出票据关系

B. 丁公司的票据债务人包括乙公司和丙银行，但不包括甲公司

C. 乙公司背书转让时不得附加任何条件

D. 如甲公司在出票时于汇票上记载有“不得转让”字样，则乙公司的背书转让行为依然有效，但持票人不得向甲行使追索权

21. 甲公司为履行与乙公司的箱包买卖合同，签发一张以乙公司为收款人、某银行为付款人的汇票，银行也予以了承兑。后乙公司将该汇票背书赠与给丙。此时，甲公司发现乙公司的箱包为假冒伪劣产品。关于本案，下列哪一选项是正确的？(　　)(司考)

A. 该票据无效

B. 甲公司不能拒绝乙公司的票据权利请求

C. 丙应享有票据权利

D. 银行应承担票据责任

22. 甲从乙处购置一批家具，给乙签发一张金额为40万元的汇票。乙将该汇票背书转让给丙。丙请丁在该汇票上为“保证”记载并签章，随后又将其背书转让给戊。戊请求银行承兑时，被银行拒绝。对此，下列哪一选项是正确的？(　　)(司考)

A. 丁可以采取附条件保证方式

B. 若丁在其保证中未记载保证日期，则以出票日期为保证日期

C. 戊只有在向丙行使追索权遭拒绝后，才能向丁请求付款

D. 在丁对戊付款后，丁只能向丙行使追索权

23. 甲未经乙同意而以乙的名义签发一张商业汇票，汇票上记载的付款人为丙银行。丁取得该汇票后将其背书转让给戊。下列哪一说法是正确的？(　　)(司考)

A. 乙可以无权代理为由拒绝承担该汇票上的责任

B. 丙银行可以该汇票是无权代理为由而拒绝付款

C. 丁对甲的无权代理行为不知情时，丁对戊不承担责任

D. 甲未在该汇票上签章，故甲不承担责任

(二) 多项选择题

1. 汇票出票行为的绝对应记载事项包括(　　)。

A. 出票日期

B. 付款人名称

C. 收款人名称

D. 无条件支付的委托

E. 出票人签章

2. 我国票据法所规范的商业汇票可分为：(　　)。

A. 商业承兑汇票

B. 银行汇票

C. 银行承兑汇票

D. 跟单汇票

E. 即期汇票

3. 汇票的哪些人应对持票人承担连带责任？(　　)

A. 出票人　　B. 背书人

C. 承兑人　　D. 保证人

4. 甲公司在与乙公司交易中获面额为100万元的汇票一张，出票人为乙公司，付款人为丙公司，汇票上有丁、戊两公司的担保签章，其中丁公司担保80万元，戊公司担保20万元。后丙公司拒绝承兑该汇票。以下判断哪些是正确的？

（　　）（司考）

A. 甲公司在被拒绝承兑时可以向乙公司追索100万元

B. 甲公司在被拒绝承兑时只能依据与乙公司的交易合同要求乙公司付款

C. 甲公司只能分别向丁公司追索80万元和向戊公司追索20万元

D. 丁公司和戊公司应当向甲公司承担连带责任

5. 依《票据法》规定，票据上未记载票据付款地时，下列哪些说法正确？（　　）（司考）

A. 汇票上未记载付款地的，付款人的营业场所、住所或者经常居住地为付款地

B. 本票上未记载付款地的，出票人的营业场所为付款地

C. 支票上未记载付款地的，付款人的营业场所、住所或者经常居住地为付款地

D. 支票上未记载付款地的，出票人的营业场所、住所或经常居住地为付款地

6. 票据付款被冒领的，在哪些情况下，付款人仍应对票据权利人承担付款责任？（　　）（司考）

A. 付款人收到挂失止付通知的次日起3日内，没有收到失票人向人民法院申请公示催告或者提起诉讼的证明，而于3日期满后向持票人付款

B. 付款人在收到挂失止付通知后，误以挂失人为真正权利人，而向挂失人付款

C. 在挂失止付前，即期汇票被提示付款，该汇票背书无背书人的签名盖章，付款人立即向持票人付款

D. 在挂失止付前，未到期的远期汇票被提示付款，付款人立即向持票人付款

7. 以下哪些情况下，票据的持票人可以行使追索权？（　　）（司考）

A. 汇票被拒绝承兑

B. 支票被拒绝付款

C. 汇票付款人死亡

D. 本票付款人被宣告破产

8. 付款请求权是票据持票人最基本的权利。下列有关付款请求权的表述中哪些是正确的？（　　）

A. 付款请求权的行使与票据当事人之间交付票据的原因行为无关

B. 付款请求权是向票据上载明的付款人或持票人的前手行使的权利

C. 持票人不能请求付款人支付多于票据上确定的金额，但可以请求付款人支付少于票据上确定的金额

D. 持票人只有在向付款人提供票据原件时才能请求付款

9. 甲签发汇票一张，汇票上记载收款人为乙，保证人为丙，金额为20万元，汇票到期日为1997年11月1日。乙持票后将其背书转让给丁，丁再背书转让给戊，戊要求付款银行付款时被以背书不具连续性为由拒绝付款。该事件中票据债务人包括：（　　）。

A. 甲　　B. 乙

C. 丙　　D. 丁

10. 票据行为都不得附有条件，下列关于票据行为附条件的法律后果的表述，哪些是正确的？（　　）

A. 出票行为如果附有条件的，则出票行为无效

B. 承兑行为如果附有条件的，则视为拒绝承兑

C. 背书行为如果附有条件的，背书行为有效，所附条件无效

D. 保证行为如果附有条件的，保证行为有效，所附条件无效

11. 甲公司在与乙公司交易中获得由乙公司签发的面额50万元的汇票一张，付款人为丙银行。甲公司向丁某购买了一批货物，将汇票背书转让给丁某以支付货款，并记载“不得转让”字样。后丁某又将此汇票背书给戊某。如戊某在向丙银行提示承兑时遭拒绝，戊某可向谁行使追索权？（　　）（司考）

A. 丁某　　B. 乙公司

C. 甲公司　　D. 丙银行

12. 甲公司为清偿对乙公司的欠款，开出一张收款人是乙公司财务部长李某的汇票。李某不慎将汇票丢失，王某拾得后在汇票上伪造了李某的签章，并将汇票背书转让给外地的丙公司，用来支付购买丙公司电缆的货款，王某收到电缆后转

卖得款，之后不知所踪。关于本案，下列哪些说法是正确的？（　　）（司考）

A. 甲公司应当承担票据责任

B. 李某不承担票据责任

C. 王某应当承担票据责任

D. 丙公司应当享有票据权利

13. 甲向乙购买原材料，为支付货款，甲向乙出具金额为50万元的商业汇票一张，丙银行对该汇票进行了承兑。后乙不慎将该汇票丢失，被丁拾到。乙立即向付款人丙银行办理了挂失止付手续。下列哪些选项是正确的？（　　）（司考）

A. 乙因丢失票据而确定性地丧失了票据权利

B. 乙在遗失汇票后，可直接提起诉讼要求丙银行付款

C. 如果丙银行向丁支付了票据上的款项，则丙应向乙承担赔偿责任

D. 乙在通知挂失止付后15日内，应向法院申请公示催告

14. 关于汇票的表述，下列哪些选项是正确的？（　　）（司考）

A. 汇票可以质押，当持票人将汇票交付给债权人时质押生效

B. 如汇票上记载的付款人在承兑之前即已破产，出票人仍须承担付款责任

C. 汇票的出票人既可以是银行、公司，也可以是自然人

D. 如汇票上未记载出票日期，该汇票无效

（三）不定项选择题

1. 甲公司在与乙公司交易中获汇票一张，出票人为丙公司，承兑人为丁公司，付款人为戊公司，汇票到期日为2003年11月30日。当下列哪些情况发生时，甲公司可以在汇票到期日前行使追索权？（　　）（司考）

A. 乙公司申请注销法人资格

B. 丙公司被宣告破产

C. 丁公司被吊销营业执照

D. 戊公司因违法被责令终止业务活动

2. 当汇票到期被拒绝付款时，持票人可以对下列哪些人行使追索权？（　　）（司考）

A. 前手背书人　　B. 付款人

C. 保证人　　D. 出票人

3. 丙拾得一张甲为出票人，乙为从甲处直接取得票据的票据权利人的汇票。票面金额为3万元，见票后2个月内付款。丙拾得票据后，立即伪造乙签章，将汇票转让给自己，然后拿到A银行贴现。A银行审查了汇票背书的连续性后，给予贴现。这时乙发现汇票丢失，并立即向法院申请公示催告，并向付款人B银行提出挂失止付，B银行照办。则下列选项中正确的是哪些？（　　）

A. 丙除了承担票据责任之外，还应承担其他法律责任

B. 被伪造人乙可以追究丙的民事责任，但应承担票据责任

C. 付款人B银行不承担任何票据责任

D. A银行因为善意取得而成为真正的票据权利人，乙不得以丙的伪造背书行为而主张A银行的票据权利无效

4. 关于汇票付款人的地位，正确的表述是（　　）。

A. 汇票付款人是当然的票据债务人

B. 汇票付款人一经承兑，即成为票据债务人

C. 汇票付款人与汇票出票人负相同责任

D. 汇票付款人与背书人负相同责任

简答题

1. 汇票的种类有哪些？

2. 背书的种类有哪些？

3. 简答设质背书的效力。

4. 试比较汇票保证与民法上保证。

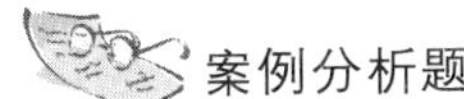

案例分析题

1. 案情：2012年1月16日，甲公司与乙公司签订了一份电视购销合同，双方约定：由乙公司向甲公司供应电视200台，价款为25万元，交货期为2012年1月25日，货款结算后即付3个月的商业承兑汇票。1月24日，甲公司向乙公司签发并承兑商业汇票一张，金额为25万元，到期日为2012年4月24日。2月10日，乙公司持该汇票向丙银行申请贴现，丙银行审核后同意贴现，向乙公司实付贴现金额23.6万元，乙公司将汇票

背书转让给丙银行。该商业汇票到期后，丙银行持甲公司承兑的汇票提示付款，因该公司银行存款不足而遭退票。丙银行遂直接向甲公司交涉票款。甲公司以乙公司未履行合同为由不予付款。2012 年 11 月 2 日，丙银行又向其前手乙公司追索票款，亦未果。为此，丙银行诉至法院，要求汇票的承兑人甲公司偿付票款 25 万元及利息；要求乙公司承担连带赔偿责任。甲公司辩称，论争的商业承兑汇票确系由其签发并经承兑，但乙公司未履行合同，有骗取票据之嫌，故拒绝支付票款。乙公司辩称，原合同约定的履行期太短，无法按期交货，可以延期交货，但汇票追索时效已过了 6 个月，丙银行不能要求其承担连带责任。

问题：(1) 甲公司是否应履行付款责任？为什么？

(2) 乙公司应否承担连带责任？为什么？

2. 案情：2013 年 1 月 23 日，一个自称名为李莉（下落不明）的人持某市农行东城区支行签发的 IV100162661 号银行汇票，到被告乙电视机厂处购买电视机，汇票载明的收款人是乙电视机厂，汇票金额为 7 万元。乙电视机厂的经办人员经审查该汇票无误后，将李莉所购价值 7 万元的电视机交李莉提走。同月 25 日，乙电视机厂在该汇票上加盖印章后，到原告丙农行处办理解付手续。丙农行的经办人员经审核汇票无误后，按票面金额将 7 万元款项转入乙电视机厂账户。同月 26 日，某农行在解讫通知书上加盖转讫章，随联附代付单寄给汇票签发行。同月 30 日，汇票签发行来电话告知乙电视机厂所在市的丙农行：你行解付的汇票金额 7 万元与原签发的汇票金额不符，原签发的汇票金额为 700 元。丙农行遂向公安机关报案，但因李莉下落不明，未能追回差额款。丙农行责成当时的经办人员如数退赔了损失款 69 300元以后，又向乙电视机厂要求返还损失 69 300元。被乙电视机厂拒绝后，丙农行以乙电视机厂对汇票审查不严，造成其经济损失为由，向人民法院提起诉讼，要求乙电视机厂返还其损失款 69 300 元。

被告乙电视机厂在答辩中称：审查汇票真伪是银行部门的职责。原告因其工作人员疏忽大意未审查出汇票是假的，且已将货款转入我厂账户，损失应由原告自负。

问题：(1) 法院应当如何裁判？为什么？

(2) 乙电视机厂和东城区支行应承担多少票据责任？为什么？

论述题与深度思考题

试述汇票追索权的行使条件。

参考答案

名词解释与概念比较

1. 汇票是出票人签发的，委托付款人在指定日期无条件支付一定金额给持票人的票据。

我国《票据法》第 19 条给汇票下的定义是：汇票是出票人签发的，委托付款人在见票时或者在指定日期无条件支付确定的金额给收款人或者持票人的票据。

2. 从形式上讲，汇票的出票是出票人制作票据，并将票据交付给收款人的票据行为。

从法律行为的内容方面讲，汇票出票是指出票人委托付款人向收款人支付一定金额的行为。票据权利因此而产生，因而出票是基本票据行为。

出票由“做成”票据与“交付”票据两部分构成。“做成”票据是指记载法定内容并签名；“交付”票据是指出票人以自己的意思使汇票脱离自己的占有而给予他人。

3. 空白背书，又称无记名背书、略式背书或不完全背书，是背书人不记载被背书人的姓名，仅签章于汇票背面或粘单上的背书。空白背书的绝对应记载事项只有背书人签章一项。其他如背书文句（即票面金额让与之意思）和背书日期等均为任意记载事项，记载与否，由背书人决定。

空白背书与完全背书的不同仅在于空白背书不记载被背书人姓名。除此，其他各种应记载和任意记载事项均与完全背书一致。

我国《票据法》则对空白背书不予承认。

4. 承兑是汇票付款人明确表示于到期日支付汇票金额的一种票据行为，也就是表示愿意承担票据义务的行为。具体地讲，它有以下含义：

(1) 承兑是付款人愿意于到期日支付票据金额的意思表示； (2) 承兑是单方法律行为；(3) 承兑是一种附属的票据行为，因为承兑与背书一样，以出票行为的存在为前提；(4) 承兑是要式行为，一般地说，承兑人愿意于到期日支付票据金额的意旨应在汇票上表明，并签章。

5. 提示承兑是汇票的持票人在承兑的期限内，以确定和保全其票据权利为目的，向付款人出示票据，请求予以承兑的行为。提示不是票据行为，而是承兑这一票据行为的前提。

在承兑提示中，提示人为持票人，无论其是真正的权利人或形式上实际占有票据的人，都可以为承兑提示。承兑提示，应向付款人为之，即使汇票上记载有担当付款人，仍必须向付款人提示。因为担当付款人不是票据关系人，他仅代付款人付款而不为承兑行为。

6. 汇票的保证是指票据债务人以外的人，为担保特定票据债务人票据债务的履行，以负担同一内容的票据债务为目的，所为的一种具有独立性的附属票据行为。保证制度并非汇票所特有，本票与支票也有保证制度，因而保证又称票据保证。

7. 追索权是指汇票到期不获付款或期前不获承兑或者有其他法定原因时，持票人在履行了保全手续后，向其前手请求偿还汇票金额、利息及费用的一种票据上的权利。

8. 汇票上的绝对必要记载事项是指必须在票据上完整记载，凡记载欠缺者将不产生票据效力的记载事项。汇票的绝对必要记载事项主要包括如下事项：表明汇票的字样、无条件支付的委托、确定的金额、付款人名称等。

9. 汇票上的相对必要记载事项是指应当在汇票上记载的事项，但未予记载时，票据法另设有补充规定，汇票不因该事项无记载而无效。此类事项主要包括到期日、付款地、出票地等。

10. 汇票不获承兑，或因其他原因（付款人死亡、逃亡、破产）持票人不能为承兑之提示时，第三人加入票据关系自愿承兑，是为参加承兑。参加承兑为一种票据行为，其目的在于阻止持票人行使追索权以维持票据的信用。汇票上记载有预备付款人时，持票人得请求其参加承兑。第三人如经持票人同意亦可参加承兑。

选择题

（一）单项选择题

1. C。本题考查票据的承兑。《票据法》第43条规定，付款人承兑汇票，不得附有条件；承兑附有条件的，视为拒绝承兑。

2. D。本题考查相对应记载事项的规定。《票据法》第23条规定：记载付款日期、付款地、出票地等事项的，应当清楚、明确。因此，本题选择D项。

3. D。回头背书，又称为还原背书或逆背书，系以汇票上已有的债务人为被背书人所为的背书。我国《票据法》未明文规定回头背书，但回头背书也是被认可的。回头背书具有一般背书的所有效力，包括权利移转效力、权利证明效力及权利担保效力。但由于被背书人系汇票上的债务人，故其再背书的时间及追索权的行使均受到限制。

4. C。承兑是汇票上特有的制度。汇票发票人发出汇票，是一种单方行为，尚未得到付款人的承兑。收款人必须持汇票请求付款人表示是否到期付款。付款人见票后，如允诺到期付款，即应于票据上写明允诺付款并签字，是为承兑。承兑是汇票付款人承诺付款，负担付款义务的一种票据行为。汇票持票人可在到期日前，向付款人提示汇票，请求承兑。付款人承兑后即成为承兑人，即负必须付款之责，成为汇票的主债务人，即使发票人成为持票人，亦有请求付款之权。我国票据法规定，只有见票即付的汇票无须承兑。

5. C。本题考查对无因性的理解。票据作为无因证券是指票据上的法律关系只是单纯的金钱支付关系，权利人只以持有票据为必要，持有票据的人行使票据权利时无须证明其取得票据的原因。

6. D。本题考查票据上的记载事项。依据《票据法》第22条的规定，汇票出票时必须记载七大事项，其中之一就是汇票的出票日期和收款人名称。依据《票据法》第22条的规定，汇票出票时欠缺记载的七大事项中任意一个的，汇票无效。因此C项错误、D项正确。汇票上未记载付款日期的，为见票即付，故A项错误。汇票上未记载付款地的，付款人而不是出票人的营业场所、住所或经常居住地为付款地，因此B项错误。

7. C。本题考查汇票的记载事项。“无条件支付的委托”是汇票的七大绝对应记载事项之一，

对付款附加条件的汇票都是无效的，因此，D选项是错误的。票据是文义证券，票据权利的内容以及与票据有关的一切事项都以记载的文字为准，不受票据上文字以外事项的影响；票据又是要式证券，其格式由法律严格规定，不遵守格式对票据的效力有一定的影响。票据上的记载事项分为应记载事项、得记载事项与不得记载事项。《票据法》第22条规定："汇票必须记载下列事项：(一）表明'汇票'的字样；（二）无条件支付的委托；（三）确定的金额；（四）付款人名称；(五）收款人名称；(六）出票日期；(七）出票人签章。汇票上未记载前款规定事项之一的，汇票无效。"因此，D项的记载违反了法律关于"无条件支付的委托"的规定，该票据无效。A项称收款人可以写简称或者代码，不符合法律关于记载"收款人名称"的要求，故也不正确。《票据法》第8条规定："票据金额以中文大写和数码同时记载，二者必须一致，二者不一致的，票据无效。"因此，B项不正确。《票据法》第26条规定："出票人签发汇票后，即承担保证该汇票承兑和付款的责任。出票人在汇票得不到承兑或者付款时，应当向持票人清偿本法第七十条、第七十一条规定的金额和费用。"因此，出票人签章后，应对票据记载事项承担责任。但是，当出票人为二人以上的签章时，构成民法上的"多数人之债"，按民法的基本原理，当债务人为多数人时，除非法律有特别规定或当事人之间约定为连带债务，否则即为不连带债务。那么，票据法是否遵循民法的基本原理呢？由于票据是文义证券，票据权利的内容都表现于票据上，为了保证票据的流通安全，应不同于民法的基本原理，同一票据行为有多数人签名时，多数人应负连带责任。据此，C项正确。

8. B。票据为无因证券。根据票据法原理，票据是单纯的金钱支付凭证，票据关系具有独立性和无因性，其效力原则上不受原因关系和资金关系效力的影响；票据上各个票据行为也具有相对的独立性，在形式合法的票据上，后手票据行为的效力不受前手票据行为效力的影响。这一原理对于保障形式合法票据效力的确定性，对于保障票据流转的安全性是十分必要的。根据票据的无因性，本题中张某只有权请求李某返还10万元现金，故选B项。

9. B。《票据法》第43条规定：付款人承兑汇票，不得附有条件；承兑附有条件的，视为拒绝承兑。故选B项。

10. C。期后背书是指在票据被拒绝承兑、被拒绝付款或者超过付款提示期限时所为的背书。根据《票据法》第36条的规定，期后背书应当属于无效背书，不能发生一般背书的效力，而只具有通常的债权转让的效力。但期后背书的背书人仍须承担票据责任。

11. A。本题考查的是汇票在被拒绝承兑后转让的法律责任。《票据法》第36条规定：汇票被拒绝承兑、被拒绝付款或者超过付款提示期限的，不得背书转让；背书转让的，背书人应当承担汇票责任。

最高人民法院《关于审理票据纠纷案件若干问题的规定》第3条规定：依照《票据法》第36条的规定，票据被拒绝承兑、被拒绝付款或者汇票、支票超过提示付款期限后，票据持有人背书转让的，被背书人以背书人为被告行使追索权而提起诉讼的，人民法院应当依法受理。

12. B。我国汇票的自由承兑是指付款人可以依自己的意思决定是否进行承兑，但对于承兑的数额和条件以及付款时间均无权决定，应依法律规定和约定进行。

13. C。本题考查票据的保证。《票据法》第48条规定：保证不得附有条件；附有条件的，不影响对汇票的保证责任。因此，本题中丁仍然应当负有保证责任。

14. C。参见《票据法》第22条和第23条。《票据法》规定：汇票上未记载付款日期的，为见票即付；汇票上未记载付款地的，付款人的营业场所、住所或者经常居住地为付款地；汇票上未记载出票地的，出票人的营业场所、住所或者经常居住地为出票地。只有付款人名称不可欠缺。

15. C。本题考查无须承兑的汇票。持票人向付款人提示汇票时，一为请求承兑，二为请求付款。本题是关于一经持票人提示汇票，付款人就须付款的票据，即为无须承兑的汇票。

《票据法》第40条第3款规定，见票即付的汇票无须提示承兑。据此，应选C项。

16. B。本题考查票据的付款。《票据法》第54

条规定，持票人依照前条规定提示付款的，付款人必须在当日足额付款，因此A项正确。

《票据法》第57条规定：付款人及其代理付款人付款时，应当审查汇票背书的连续，并审查提示付款人的合法身份证明或者有效证件。付款人及其代理付款人以恶意或者有重大过失付款的，应当自行承担责任，因此D项正确。

《票据法》第59条规定，汇票金额为外币的，按照付款日的市场汇价，以人民币支付。汇票当事人对汇票支付的货币种类另有约定的，从其约定，因此B项错误。

《票据法》第60条规定，付款人依法足额付款后，全体汇票债务人的责任解除，因此C项正确。

17. B。本题考查公示催告程序中对利害关系人的保护，直接依据《民事诉讼法》第223条即可作答。该条规定，利害关系人因正当理由不能在判决前向人民法院申报的，自知道或者应当知道判决公告之日起1年内，可以向作出判决的人民法院起诉。有的考生，可能会选C项，认为判决生效了，只能通过审判监督程序予以纠正。但是，他们忽略了公示催告程序属于非诉讼程序，不适用审判监督程序。

18. A。本题考查票据的抗辩和票据的必要记载事项。

《票据法》第13条第2款规定，票据债务人可以对不履行约定义务的与自己有直接债权债务关系的持票人，进行抗辩。如果丙与付款银行有直接的债权债务关系的话，银行可以以此提出抗辩，拒绝付款。因此，A项正确。

《票据法》第13条第1款规定：票据债务人不得以自己与出票人或者与持票人的前手之间的抗辩事由，对抗持票人。但是，持票人明知存在抗辩事由而取得票据的除外。据此可知，甲公司不能以自己与持票人丙公司的前手乙公司的抗辩事由对抗持票人丙公司。因此，B项错误。

《票据法》第44条规定，付款人承兑汇票后，应当承担到期付款的责任。本题中丁公司已经对汇票进行了承兑，那么它就成为了第一付款人，要承担到期付款的票据责任。但是并非任何情况下都不能对抗持票人，根据《票据法》第13条第2款的规定可知，丁公司与持票人之间有直接的债权债务关系时，如果持票人没有履行相应的债务，那么丁公司可以以此为由对抗持票人的付款请求。因此，C项错误。

《票据法》第19条规定第1款规定，汇票是出票人签发的，委托付款人在见票时或者在指定日期无条件支付确定的金额给收款人或者持票人的票据。另外《票据法》第22条第2项规定，无条件支付的委托是汇票的必要记载事项。据此可知，汇票出票时不能记载附条件的付款，如果在付款上附有条件的话，就会导致该汇票无效。因此，D项错误。

19. B。考点是票据行为。选项A错误：《票据法》第61条第1款规定，汇票到期被拒绝付款的，持票人可以对背书人、出票人以及汇票的其他债务人行使追索权。据此可知，乙在遭到丙拒绝付款时，可以行使追索权，请求出票人、保证人等承担票据责任，而不是只能要求丁承担保证责任。

选项B正确：票据上的法律关系具有无因性，即是一种单纯的金钱支付关系，权利人享有票据权利只以持有符合票据法规的有效票据为必要。至于票据赖以发生的原因，则在所不问。即使原因关系无效或有瑕疵，均不影响票据的效力。因此，本题中丙银行不能以出票人甲公司严重丧失商业信誉为由拒绝付款，该拒绝付款的理由不符合法律规定。

选项C错误：丁承担的是连带保证责任，乙公司可以直接要求丁承担责任。

选项D错误：《票据法》第46条第1项规定，保证人必须在汇票或者粘单上记载表明“保证”的字样。本题中，丁的行为不是在票据上签章的票据行为，不属于票据保证，根本就不是票据法律关系的（非基本）当事人，丁只承担民法上的保证责任。

20. C。考点是票据上的法律关系、票据行为。选项A错误：票据关系是指票据当事人基于票据行为而发生的债权债务关系。其中，票据的持有人（持票人）享有票据权利，对在票据上签章的人可以主张行使票据法规定的一切权利；在票据上签章的票据债务人承担票据义务，即依自己在票据上的签章按照票据上记载的文义，承担相应的义务。本题中，乙公司将汇票背书转让给了丁公司，乙公司在背书转让时要在票据上签章，之后乙公司要依自己在票据上的签章按照票据上记载的文义，承担相应的票据义务。因此，乙公司并没有退出票据关系。

选项B错误：《票据法》第4条第3款规定，其他票据债务人在票据上签章的，按照票据所记载的事项承担票据责任。据此可知，持票人以外的、在票据上签章的人都属于票据债务人，按照票据所记载的事项承担票据责任。本题中，丁公司的票据债务人不仅包括乙公司和丙公司，也包括出票人甲公司。

选项C正确：《票据法》第33条第1款规定：背书不得附有条件。背书时附有条件的，所附条件不具有汇票上的效力。据此可知，乙公司在背书转让时不得附有条件，即便是实际上附有了条件，所附条件也不具有汇票上的效力。

选项D错误：《票据法》第27条第2款规定，出票人在汇票上记载"不得转让"字样的，汇票不得转让。据此可知，若出票人甲公司出票时在汇票上记载了"不得转让"字样，则乙公司不能再背书转让，若乙公司背书转让了，该转让无效。

21. D。票据是无因证券，不受基础关系是否存在及其效力的影响。即使票据行为的原因行为不成立、无效或者被撤销，票据效力也不受影响。故A项错误。《票据法》第13条第2款规定："票据债务人可以对不履行约定义务的与自己有直接债权债务关系的持票人，进行抗辩。"本题中乙公司的箱包为假冒伪劣产品，甲公司作为合同的相对人可以对不履行约定义务的乙公司进行抗辩，可以拒绝乙公司的票据权利请求，故B项错误。根据《票据法》第10条、第11条规定，持票人取得票据未给付对价或未给付相当对价的，票据债务人可以以与持票人前手之间的抗辩事由，对抗持票人。本题中甲公司可以以其对乙公司的抗辩事由对抗丙，丙享有不优于前手的票据权利，丙不享有对甲公司的追索权，因为其所享有的票据权利是有瑕疵的，所以C项错误。《票据法》第4条第5款规定："本法所称票据责任，是指票据债务人向持票人支付票据金额的义务。"《票据法》第44条规定："付款人承兑汇票后，应当承担到期付款的责任。"本题中银行对汇票予以了承兑，要承担到期付款的票据责任，故D项正确。

22. B。《票据法》第48条规定："保证不得附有条件；附有条件的，不影响对汇票的保证责任。"故A项错误。第47条第2款规定，保证人在汇票或者粘单上未记载保证日期的，出票日期为保证日期。故B项正确。第50条规定："被保证的汇票，保证人应当与被保证人对持票人承担连带责任。汇票到期后得不到付款的，持票人有权向保证人请求付款，保证人应当足额付款。"故C项错误。第52条规定："保证人清偿汇票债务后，可以行使持票人对被保证人及其前手的追索权。"故D项错误。

23. A。《票据法》第5条第2款规定："没有代理权而以代理人名义在票据上签章的，应当由签章人承担票据责任；代理人超越代理权限的，应当就其超越权限的部分承担票据责任。"甲为无权代理人，应承担票据责任，乙可以拒绝承担票据责任，故A项正确、D项错误。《最高人民法院关于审理票据纠纷案件若干问题的规定》第66条规定："具有下列情形之一的票据，未经背书转让的，票据债务人不承担票据责任；已经背书转让的，票据无效不影响其他真实签章的效力：（一）出票人签章不真实的；（二）出票人为无民事行为能力人的；（三）出票人为限制民事行为能力人的。"即使出票人乙的签章不真实，但丁的背书的签章真实，在这种情况下，丙银行作为付款人，有见票无条件支付之义务，不能以该票据是无权代理为由拒绝支付，故B项错误。《票据法》第37条规定："背书人以背书转让汇票后，即承担保证其后手所持汇票承兑和付款的责任。背书人在汇票得不到承兑或者付款时，应当向持票人清偿本法第七十条、第七十一条规定的金额和费用。"无论票据背书人丁对于甲的无权代理行为是否知情，都不影响对于被背书人戊承担保证汇票承兑和付款的责任，故C项错误。

（二）多项选择题

1. ABCDE。根据《票据法》第22条的规定，汇票的必须记载事项包括：表明"汇票"的字样、无条件支付的委托、确定的金额、付款人名称、收款人名称、出票日期、出票人签章。汇票上未记载前述规定事项之一的，汇票无效。

2. AC。按照付款时间不同汇票分为即期汇票和远期汇票。按照是否记载权利人汇票分为记名

汇票和无记名汇票。按照汇票流通区域不同汇票分为国内汇票和国际汇票。按照出票人的不同汇票分为商业汇票和银行汇票（银行签发的汇票为银行汇票，非银行签发的汇票为商业汇票）。以是否跟随单据汇票分为跟单汇票和光票。商业汇票是出票人签发的，委托付款人在付款日期无条件支付确定金额给收款人或持票人的一种票据。商业汇票按其承兑人的不同分为商业承兑汇票和银行承兑汇票。银行承兑汇票是指银行承诺在商业汇票到期日支付汇票金额的一种票据行为。我国票据法所规范的商业汇票可分为商业承兑汇票、银行承兑汇票。由此，答案为 A、C 项。

3. ABCD。《票据法》第 68 条规定，汇票的出票人、背书人、承兑人和保证人对持票人承担连带责任。

4. AD。《票据法》第 61 条规定：汇票到期被拒绝付款的，持票人可以对背书人、出票人以及汇票的其他债务人行使追索权。汇票到期日前，有下列情形之一的，持票人也可以行使追索权：（1）汇票被拒绝承兑的；（2）承兑人或者付款人死亡、逃匿的；（3）承兑人或者付款人被依法宣告破产的或者因违法被责令终止业务活动的。本题中乙公司为出票人，甲公司在被拒绝承兑时可以向乙公司追索。故 A 项正确。《票据法》第 51 条规定，保证人为 2 人以上的，保证人之间承担连带责任。故 D 项正确。

5. AB。本题考查票据未记载付款地时付款地的确定。根据《票据法》第 23 条，汇票上未记载付款地的，付款人的营业场所、住所或者经常居住地为付款地。根据《票据法》第 76 条，本票上未记载付款地的，出票人的营业场所为付款地。因此 A、B 项正确。根据《票据法》第 87 条，支票上未记载付款地的，付款人的营业场所为付款地。因此 C、D 项错误。

6. BCD。从票据法的规定看，挂失止付仅为票据丧失后暂时防止票据金额被人领取的权利保护方法，因此，如付款人收到挂失止付通知的次日起 3 日内，没有收到失票人向人民法院申请公示催告或提起诉讼的证明，3 日期满后，付款人仍有义务向持票人承担付款责任，而付款后，付款义务履行完毕，因此，付款人不应再承担付款责任。故选项 A 不入选。

付款人收到挂失止付通知后 3 日内，应当暂停支付。并且由于确权的权力在法院，付款人不得擅自确认谁是权利人，在 B 选项情况下付款人仍应负有付款义务。因此 B 项入选。

《票据法》第 57 条规定，付款人对提示付款的汇票有审查的义务，当背书不连续时，付款人在持票人证明其票据权利前可以拒付票款，否则仍应当承担责任。因此 C 项入选。

根据我国《票据法》第 58 条和《支付结算办法》第 216 条之规定，付款人可以在到期日前付款，但应"由付款人自行承担所产生的责任"。因此 D 项入选。

7. ABCD。此题考查票据持票人行使追索权的情形。《票据法》第 61 条规定，汇票到期被拒绝付款的，持票人可以对背书人、出票人以及汇票的其他债务人行使追索权。汇票到期日前，有下列情形之一的，持票人也可以行使追索权：（1）汇票被拒绝承兑的；（2）承兑人或者付款人死亡、逃匿的；（3）承兑人或者付款人被依法宣告破产的或者因违法被责令终止业务活动的。因此，A、C 项应选。根据《票据法》第 80 条、第 93 条的规定，本票和支票的背书、付款行为和追索权的行使，适用汇票的有关规定。因此，B、D 项应选。

8. AD。此题考查付款请求权行使条件。持票人只能请求付款人支付票据上确定的金额，付款人须一次性将债务履行完毕，C 项不符合付款请求权必须满足的条件。B 项指的是追索权，而不是付款请求权。D 项符合票据付款请求权应满足的条件，当选。A 项符合票据的无因性，当选。

9. ABCD。本题考查票据的责任承担问题。《票据法》第 45 条规定，汇票的债务可以由保证人承担保证责任。保证人由汇票债务人以外的他人担当。《票据法》第 50 条规定：被保证的汇票，保证人应当与被保证人对持票人承担连带责任。汇票到期后得不到付款的，持票人有权向保证人请求付款，保证人应当足额付款。《票据法》第 61 条第 1 款规定，汇票到期被拒绝付款的，持票人可以对背书人、出票人以及汇票的其他债务人行使追索权。《票据法》第 4 条规定，所有在票据上签章的人均对持票人负有票据责任。本题中甲作为出票人，乙、丁作为背书人，丙作为保证人均在票据上签章，因此均有责任承担债务。据此，

本题各项全部入选。

10. ABCD。本题考查各种票据行为附条件的情况。《票据法》第 48 条规定，保证不得附有条件；附有条件的，不影响对汇票的保证责任。这一规定表明，保证是无条件的，因此 D 项正确。《票据法》第 33 条第 1 款规定，背书不得附条件，附有条件的，所附条件不产生票据效力，因此 C 项正确。出票人在签发汇票时不得附加任何条件，否则构成行为无效，因此 A 项正确。《票据法》第 43 条规定，付款人承兑汇票，不得附有条件；承兑附有条件的，视为拒绝承兑，因此 B 项正确。

11. AB。本题考核背书时记载了“不得转让”字样票据追索权的行使。《票据法》第 61 条第 1 款规定，汇票到期被拒绝付款的，持票人可以对背书人、出票人以及汇票的其他债务人行使追索权。本案中，乙公司是出票人，丁是背书人，戊在被拒绝付款后，可以向乙公司与丁某行使追索权。因此，A、B 项正确。《票据法》第 34 条规定，背书人在汇票上记载“不得转让”字样，其后手再背书转让的，原背书人对后手的被背书人不承担保证责任。本题中，甲公司是在背书时记载了“不得转让”字样的背书人，根据法律的规定，甲对其后手丁的被背书人戊不承担保证责任。因此，戊不能向甲公司行使追索权。因此，C 项错误。另外，丙银行是付款人，在戊提示付款时丙银行已经拒绝了戊的付款请求，不是票据债务人，不属于被追索人员的范围。因此，D 项错误。

12. ABD。《票据法》第 4 条规定，票据出票人制作票据，应当按照法定条件在票据上签章，并按照所记载的事项承担票据责任。其他票据债务人在票据上签章的，按照票据所记载的事项承担票据责任。甲公司是票据的出票人，按照所记载的事项承担票据责任，故 A 项正确。第 14 条第 1、2 款规定：“票据上的记载事项应当真实，不得伪造、变造。伪造、变造票据上的签章和其他记载事项的，应当承担法律责任。票据上有伪造、变造的签章的，不影响票据上其他真实签章的效力。”李某的签章被王某伪造，不是其真实签章，李某不承担票据责任，故 B 项正确。王某伪造签章应当承担法律责任而非票据责任，所以 C 项错误。第 12 条规定：“以欺诈、偷盗或者胁迫等手段取得票据的，或者明知有前列情形，出于恶意取得票据的，不得享有票据权利。持票人因重大过失取得不符合本法规定的票据的，也不得享有票据权利。”本题中王某将背书转让给外地的丙公司用于支付货款，丙公司出于善意取得票据且不具有重大过失，享有票据权利，所以 D 项正确。

13. BC。票据丧失并不必然导致票据权利的丧失，失票人还可以依据法律规定的挂失止付、公示催告和诉讼程序对自己的票据权利进行救济，故 A 项错误。《票据法》第 15 条第 3 款规定：“失票人应当在通知挂失止付后三日内，也可以在票据丧失后，依法向人民法院申请公示催告，或者向人民法院提起诉讼。”《最高人民法院关于审理票据纠纷案件若干问题的规定》第 24 条规定：“票据丧失后，失票人直接向人民法院申请公示催告或者提起诉讼的，人民法院应当依法受理。”故 B 项正确。《票据法》第 15 条第 2 款规定：“收到挂失止付通知的付款人，应当暂停支付。”《最高人民法院关于审理票据纠纷案件若干问题的规定》第 31 条规定：“付款人或者代理付款人收到人民法院发出的止付通知，应当立即停止支付，直至公示催告程序终结。非经发出止付通知的人民法院许可擅自解付的，不得免除票据责任。”故 C 项正确。根据《票据法》第 15 条第 3 款的规定，乙应当在挂失止付之后 3 日内向人民法院申请公示催告，而不是 15 日内。故 D 项错误。

14. BCD。《票据法》第 35 条第 2 款规定：“汇票可以设定质押；质押时应当以背书记载‘质押’字样。被背书人依法实现其质权时，可以行使汇票权利。”汇票质押必须在票据上背书记载“质押”字样，否则质押不生效，故 A 项错误。第 61 条规定：“汇票到期被拒绝付款的，持票人可以对背书人、出票人以及汇票的其他债务人行使追索权。汇票到期日前，有下列情形之一的，持票人也可以行使追索权：（一）汇票被拒绝承兑的；（二）承兑人或者付款人死亡、逃匿的；（三）承兑人或者付款人被依法宣告破产的或者因违法被责令终止业务活动的。”如果汇票到期被拒绝付款，或者在到期日前发生特定情形的，也可以直接向出票人、背书人及其他债务人进行追索，故 B 项正确。第 21 条规定：“汇票的出票人必须与付款人具有真实的委托付款关系，并且具有支付汇票金额的可靠资金来源。不得签发无对价的汇票

用以骗取银行或者其他票据当事人的资金。”汇票对于出票人和付款人没有特别的限制，既可以是银行，也可以是公司、企业或者个人，故C项正确。第22条规定：“汇票必须记载下列事项：(一) 表明‘汇票’的字样；(二) 无条件支付的委托；(三) 确定的金额；(四) 付款人名称；(五) 收款人名称；(六) 出票日期；(七) 出票人签章。汇票上未记载前款规定事项之一的，汇票无效。”汇票未记载出票日期的，汇票无效，故D项正确。

(三) 不定项选择题

1. CD。《票据法》第61条第2款规定，汇票到期日前，有下列情形之一的，持票人也可以行使追索权：(1) 汇票被拒绝承兑的；(2) 承兑人或者付款人死亡、逃匿的；(3) 承兑人或者付款人被依法宣告破产的，或者因违法被责令终止业务活动的。

2. ACD。本题考查追索权的追索对象。

票据上所体现的金钱债权比较复杂，包括两次请求权。第一次请求权是付款请求权，即持票人向票据主债务人请求按票据上所记载的金额付款的权利。在第一次请求权得不到满足时，权利人即得行使第二次请求权，即追索权。票据权利之所以有双重请求权，在于保证票据的流通。《票据法》第61条第1款规定，汇票到期被拒绝付款的，持票人可以对背书人、出票人以及汇票的其他债务人行使追索权。票据债务人是指因实施一定的票据行为而在票据上签名的人。我国《票据法》规定了汇票的背书和保证制度，因此，票据追索权的对象包括背书人、保证人。由于汇票的主债务人是承兑人，而根据《票据法》第26条的规定，出票人签发汇票后，即承担保证该汇票承兑和付款的责任，出票人在汇票得不到承兑或者付款时，应当向持票人清偿该法第70条、第71条规定的金额和费用。可见汇票的出票人承担的是担保付款人承兑和付款的责任，故其也是追索权的追索对象。

3. ACD。参见《票据法》第14条、第15条。第14条规定：票据上的记载事项应当真实，不得伪造、变造。伪造、变造票据上的签章和其他记载事项的，应当承担法律责任。票据上有伪造、变造的签章的，不影响票据上其他真实签章的效力。票据上其他记载事项被变造的，在变造之前签章的人，对原记载事项负责；在变造之后签章的人，对变造之后的记载事项负责；不能辨别是在票据被变造之前或者之后签章的，视同在变造之前签章。第15条规定：票据丧失，失票人可以及时通知票据的付款人挂失止付，但是，未记载付款人或者无法确定付款人及其代理付款人的票据除外。收到挂失止付通知的付款人，应当暂停支付。失票人应当在通知挂失止付后3日内，也可以在票据丧失后，依法向人民法院申请公示催告，或者向人民法院提起诉讼。因此，C、D项正确。

伪造人未在票据上签章，因此不承担票据法上的责任。但根据我国《票据法》第14条第1款第二句的规定，伪造人应当承担（其他）法律责任。至于被伪造人，由于他并未在票据上签章，也不承担票据法上的责任，因此A项正确，B项错误。

4. B。本题考查票据的承兑与付款。《票据法》第44条规定：付款人承兑汇票后，应当承担到期付款的责任。只有承兑后才成为第一债务人，因此A项错、B项对。付款人承兑后，为第一债务人，与其他人所负责任不同，因此C、D项不选。

简答题

1. 汇票的种类：

(1) 以汇票的到期日为标准，汇票分为即期汇票与远期汇票。

(2) 以汇票发行与流通的地域不同，可将汇票分为国内汇票与国外汇票。

(3) 以汇票当事人是否由一人担任双重身份为标准，将汇票分为一般汇票与变式汇票。

(4) 以票据上对权利人的记载方式为标准，可将汇票分为记名汇票、指示汇票及无记名汇票。

(5) 除以上四种分类以外，我国《票据法》第19条还将汇票分为银行汇票与商业汇票。

2. 背书可依不同的标准作出分类。

(1) 依据背书的目的分类

依据背书的目的，背书可分为转让背书和非转让背书。非转让背书又可分为设质背书和委托背书。转让背书是以转让票据权利为目的的背书。通常的背书均为此种。非转让背书是指以转让权利以外的目的而为的背书。非转让背书依背书的具体目的，又可进一步分为：设质背书（以设定质权担保债权为目的的背书）和委任背书［以委任他人（被背书人）代为取款为目的的背书］。

(2) 依据背书的效力不同分类

依据背书的效力不同，可将转让背书分为一般转让背书与特殊转让背书。

一般转让背书是指具有完全的“转让力”（权利移转的效力）与“担保力”（权利担保的效力）的背书。特殊转让背书是这两种效力受到不同程度限制的背书。一般转让背书依其记载事项完全与否分为完全背书和空白背书。特殊转让背书又可进一步分为：无担保背书、禁止背书的背书、回头背书和期后背书。

3. 设质背书具有如下效力：

(1) 设定质权的效力。设定质权是设质背书的主要效力，它是基于背书人的单方行为而生。被背书人因此而取得质权，作为债权的担保，被背书人（质权人）在其债权不获正常清偿时，可以用票据金额优先偿付自己的被担保债权。此时，被背书人可以以自己的名义，为自己的利益，从事行使票据权利的一切行为。

(2) 被背书人有再背书的权利，但他只能为委任背书，既不得为转让背书，也不得再为设质背书。

(3) 被背书人行使票据权利时，受让人的抗辩切断的保护。只要被背书人在取得票据时无有害于背书人的故意，票据债务人即不得以对抗背书人的事由对抗被背书人。

(4) 剩余款项返还的效力。被背书人所受领的票款多于被担保债权时，应将剩余部分退还背书人。

(5) 权利证明的效力。被背书人只需以背书的连续和持有票据证明其质权，不需另行提出实质上的证据。债务人对之付款后，其责任即免除。

4. 票据保证与民事保证同为人的担保，二者之间虽有共性，但差别颇大，总的说来，票据保证较民事保证的效力为强。

(1) 票据行为为单方法律行为，而民事保证为合同行为。

(2) 票据保证为要式行为，即票据保证必须记载于票据上或其粘单上，且有法定记载事项；而民事保证则为不要式行为，可依当事人的约定，采取书面或口头形式均可。

(3) 票据保证有较强的独立性，即其不因被保证债务无效而失去效力，即使被保证债务因实质原因而无效，保证人也应负票据责任；民事保证无独立性，被保证债务消灭，保证自然失效。

(4) 票据保证的保证人无先诉抗辩权，即票据债权人向保证人行使权利时，并不以先向被保证人请求履行为必要，票据债权人可直接向保证人请求履行；而民事保证的保证人有先诉抗辩权，即债权人应当先向被保证人（即主债务人）请求履行，未果时才能向保证人请求，否则，保证人可拒绝履行。

(5) 票据保证人为 2 人以上时，所有保证人对债权人负法定连带责任；而民事保证人为 2 人以上时，各保证人就所负责任可以约定，并非一定是连带责任。

(6) 票据保证的保证人在代被保证人清偿债务后即可代被保证人行使追索权；民事保证的保证人在清偿后只能对被保证人行使求偿权或代位权。显然，对保证人来讲，追索权较求偿权更为有利。

案例分析题

1. (1) 甲公司应当履行付款责任。因为在本案中，甲公司作为承兑人（其同时也是出票人）以乙公司未履行合同为由拒付票款，该抗辩事由只是对乙公司的抗辩事由，不得对抗善意持票人。丙银行通过贴现，支付了相应的对价，经原持票人背书后成为新的善意持票人，享有票据权利。丙银行在付款期间提示付款，甲公司不能以与持票人的前手即乙公司的抗辩事由来对抗丙银行，甲公司应履行其付款责任。

(2) 乙公司不负担连带责任。因为丙银行的追索权时效已届满。我国票据法规定背书人以背书转让票据后，即承担保证其后手所持汇票承兑和付款的责任。但是，背书人在汇票得不到承兑或付款时，应当及时向持票人清偿依法被追索的金额和费用。被背书人需在拒付之日起的规定期间即 6 个月内行使追索权，否则，将丧失对于前手的追索权。所以，在本案中，讼争的商业承兑汇票在 2012 年 4 月 24 日被拒付后，丙银行有权在

法定期间内向前手即背书人乙公司行使追索权。但丙银行并未及时行使这一权利，直到2012年11月2日才对前手进行追索，已超过了法律规定的6个月的追索时效。因此，乙公司不需承担连带责任。

2.（1）法院应当驳回丙农行对乙电视机厂的诉讼请求。持票人出于恶意或重大过失取得票据的，不得享有票据权利；如已取得票据权利，则可以侵权或不当得利为由追回其所得的票据利益。但是，付款人以恶意或重大过失付款的，应自行承担损失。本案中乙电视机厂取得案涉票据，是信其票据金额为7万元的记载内容的，并付出了与7万元票据金额相等价值的货物，符合票据取得应具有真实的交易关系和给付相应对价的要求。同时，该厂并未参与票据的变造，也不明知该票据为变造的票据，故其取得票据不存在恶意取得的问题；而且该厂在受理案涉汇票时，经办人经审核汇票未发现票据金额被变造的问题，按有关规定，其审查只需要进行形式审查，故不构成重大过失。而付款人丙农行作为专业办理银行结算业务者，办理业务时的注意义务要大大高于普通人的注意义务，即其应负有善良管理人的注意义务。在本案中，票据的变造问题连负有善良管理人注意义务的付款人丙农行都不能发现，就更不能要求负有普通注意义务的持票人乙电视机厂去发现了。因此，本案中乙电视机厂因不存在持票人的重大过失，享有所取得的票据权利，其所取得的票据利益也不属于不当得利，应为合法取得的利益，不存在返还的问题。故丙农行对乙电视机厂的诉讼请求不能成立，法院应当驳回其对乙电视机厂的诉讼请求。丙农行所受的损失只能依侵权关系要求票据变造人予以赔偿。

（2）本案涉及的汇票签发时票据金额为700元，乙电视机厂取得时票据金额为7万元，显然发生了票据的变造。根据我国《票据法》的规定，票据被变造并不影响票据本身的效力，只是变造前后的签章人的票据责任不同，在变造之前签章的人对变造前原记载的事项负责。在本案中，汇票签发行东城区支行在700元的金额内负票据责任。而在变造之后签章的人应对变造后记载的事项负责，故本案中乙电视机厂应在7万元金额内负票据责任。

论述题与深度思考题

票据追索权制度实质上是票据上第二债务人的担保责任制度，其作用在于保障票据兑付请求权的实现，增强票据的信用力。但是，根据各国的票据法制度，票据追索权的发生须具备特定的法定条件，票据追索权实际上须在完全具备了此类法定条件的基础上行使。这就是票据追索权的行使条件。我国票据法对于汇票追索权的行使规定了较为严格的条件，其中某些条件规则与各国票据法的规定不尽统一。简要地说，我国法律中对于汇票追索权规定了以下实质条件和形式条件。

（1）汇票在提示期间经合法提示

根据我国《票据法》和《支付结算办法》的规定，持票人为保全其汇票追索权的效力，必须在汇票的承兑提示期内和付款提示期内向付款人依法进行了承兑提示和付款提示。汇票未按照规定期限提示承兑的，持票人丧失对其前手的追索权。商业汇票的持票人超过规定期限提示付款的，丧失对其前手的追索权。银行汇票的持票人超过规定期限提示付款的，丧失对出票人以外的前手的追索权，持票人在作出说明后，仍可向出票人请求付款。应当说，我国现行法对于汇票追索权行使条件的规定是十分严苛的，这与多数国家的票据法的规定并不相同。依上述规定，我国远期汇票的持票人如在提示期内未提示承兑的，不仅将使其付款请求权的效力处于不确定状况，而且将使其丧失对其前手的任何追索权；我国承兑汇票的持票人如在提示期内未提示付款的，其付款请求权虽可经说明程序仍保持有效，但也将丧失对其前手的任何追索权；我国即期汇票的持票人如在付款提示期内未提示付款的，不仅将丧失对出票人以外的其他前手的追索权，而且将丧失对“代理付款人”的付款请求权。实际上我国票据法规中所说的即期汇票的“代理付款人”也就是票据法上的付款人，而我国票据法规中所说的即期汇票持票人对出票人的追索权实际上是一申请退款程序。我国现行票据法规对于汇票上权利的限制是有损于票据制度基本功能的，在我国目前采取短期提示规则的法制条件下，在我国目前汇票上兑付请求权并不具有确定性效力的条件下，对汇票追索权附加过于严格的限制显然不利于有效发挥汇票的作用和功能，显然不利于保护汇票权利人的正当权益，显然不利于助长汇票流通与交易之安全，并且此种旨在削弱第二债务人责任的做法并无实际意义。

（2）汇票上兑付请求权被拒绝或不能实现

从票据法理论上说，追索权作为票据上第二请求权仅是一附条件的权利，票据上第二债务人所负担的担保责任也仅为一附条件的债务：只有在汇票持票人经合法汇票提示而被第一债务人拒绝兑付，或者因法定事由发生致使持票人无法行使兑付请求权时，第二债务人的担保责任方可实现其效力，持票人的追索权方可依法行使。依此，汇票上兑付请求权被拒绝或者因法定事由而不能实现，是追索权行使的实质条件。根据我国《票据法》第 61 条和第 68 条的规定，汇票权利人在遇到下列情况之一时，可依法“对背书人、出票人以及汇票的其他债务人行使追索权”。

1）汇票在到期日时经合法付款提示而被付款人拒绝付款的，票据权利人可行使追索权。此为期后追索权，其权利人可为初次追索权人，也可为再追索权人。

2）汇票在付款到期日前经合法承兑提示而被拒绝承兑的，票据权利人可依法行使追索权。此为期前追索，它仅适用于远期汇票。在此种情况下，由于汇票上的付款请求权实际上无法发生，追索权已变得至关重要。

3）在汇票兑付提示期届满前，承兑人或者付款人死亡或逃匿的，票据权利人可以依法行使追索权。此可以为期前追索，也可以为期后追索。它包括在汇票承兑前发生的承兑人或付款人死亡或逃匿，也包括在汇票承兑后发生的承兑人或付款人死亡或逃匿。

4）在汇票兑付提示期届满前，承兑人或付款人依法被宣告破产，或者因违法被责令终止业务活动的，票据权利人也可依法行使追索权。此可为期前追索，也可为期后追索，其情况与前项大体相同。

5）在初次追索权人依据上述任一条件实现了其追索权后，清偿了追索债务的被追索人可以依法对其前手的背书人、出票人及汇票的其他债务人进行再追索。此为再追索权的行使条件，它不仅须符合前述任一条件，而且须符合再追索权人履行完毕其被追索债务之条件。

（3）票据权利人依法取得拒绝证明

根据我国票据法的规定，取得并出示拒绝证书或拒绝证明文件是证明汇票权利人的兑付请求权被拒绝或不能实现的形式要件，也是汇票权利人行使追索权的必要条件。因此，如果“持票人不能出示拒绝证明、退票理由书或者未按照规定期限提供其他合法证明的，丧失对前手的追索权”。

我国票据法规将持票人取得拒绝兑付证书或拒绝证明文件作为其行使追索权的必要前提和基本条件，并且实际上将持票人被拒绝承兑和被拒绝付款作为追索权发生的起点和时效起算点，这就使得拒绝证书或拒绝证明的做成规则具有至关重要的意义。根据《票据法》第 62 条、第 63 条和第 106 条的规定，持票人提示承兑或者提示付款被拒绝的，承兑人或者付款人必须出具拒绝证明，或者出具退票理由书；未出具拒绝证明或者退票理由书的，应当承担由此产生的民事责任。在承兑人或付款人死亡、逃匿、被宣告破产或者因违法被责令终止业务活动时，持票人也应当“依法取得其他有关证明”。持票人在“未按规定期限”取得和提供拒绝证明、退票理由书或其他合法证明时，将丧失对其前手的追索权；但在此情况下，“承兑人或付款人仍应当对持票人承担责任”。

（4）追索权的行使未超过时效期间

追索权的行使除须具备前述三项条件外，还必须符合法律规定的关于追索权的消灭时效期间规则。根据《票据法》第 17 条的规定，汇票权利人应当在下述时效期间内对其前手行使追索权，超越该期间未行使权利的，将导致其追索权消灭。

1）汇票持票人对其一般前手的追索权应当自被拒绝承兑或被拒绝付款之日起的 6 个月内行使；该拒绝兑付的日期应当在拒绝证明文件中载明。

2）持票人对远期汇票出票人的追索权，应当自汇票付款到期日起的 2 年内行使；对即期汇票出票人的追索权，应当自汇票出票日起的 2 年内行使。这一规定实际上使汇票出票人负担了较之其他第二债务人更重的担保责任。

3）再追索人对其前手的再追索权，应当自其履行清偿日或者被提起诉讼之日起的 3 个月内行

使。根据这一规定，履行了被追索债务的再追索权人如果因诉讼程序期间拖延而超过了 3 个月期限，也将丧失再追索权而无法得到票据法的保护。

值得说明的是，我国目前的民事基本法原则上仅承认诉讼时效制度和与之相关的时效中止与时效中断制度，此类旨在保障权利人诉讼时效利益的制度是否也应适用于票据实体权利之消灭时效，显然须通过法律解释手段来解决。（参见赵旭东．商法学教程．523～526 页．北京：中国政法大学出版社，2004；董安生主编．票据法．3 版．196～208 页．北京：中国人民大学出版社，2000；王小能编著．票据法教程．2 版．270～292 页．北京：北京大学出版社，2001。）

第十九章　支票和本票

知识逻辑图

- 支票
  - 概述
    - 概念：由出票人签发的，委托银行等金融机构在见票时无条件支付一定金额给收款人或持票人的票据
    - 特点
      - 付款人限于银行及其他法定金融机构
      - 见票即付的即期票据
      - 可以为空白授权票据
      - 适用较短的提示期间
    - 分类
      - 记名支票与无记名支票
      - 一般支票与变式支票
      - 现金支票、转账支票与普通支票
      - 即期支票与远期支票
      - 保付支票与划线支票
  - 出票
    - 定义：出票人以创设票据关系为目的，依法在支票上记载、签章，并将其交付给收款人的行为
    - 记载事项规则
      - 绝对必要记载事项
        - “支票”字样
        - 无条件支付的委托或命令
        - 确定的金额
        - 付款人名称
        - 出票日期
        - 出票人签章
      - 相对必要记载事项
        - 付款地
        - 出票地
      - 可记载事项
        - 收款人名称
        - 担当付款人事项
      - 无效记载事项（我国无明确规定）
      - 记载无效事项（参见《票据法》第 97 条、第 24 条）
  - 转让
    - 记名支票（同汇票）
    - 不记名支票——→适用交付规则
  - 付款：见票即付
  - 追索（与汇票基本相同）

- 本票
  - 概述
    - 概念：出票人签发的承诺自己在见票时无条件支付确定金额给收款人或者持票人的票据
    - 特征
      - 出票人自己支付
      - 我国本票不适用承兑
      - 我国本票限于见票即付
      - 我国本票限于银行本票
    - 种类
      - 记名式本票、指示式本票、无记名本票
      - 即期本票与远期本票
      - 国内本票与外国本票、涉外本票
      - 银行本票与商业本票
      - 转账银行本票与现金银行本票
  - 出票
    - 概念：出票人签发本票并将其交付收款人的票据行为
    - 记载事项
      - 绝对必要记载事项
        - 表明“本票”字样
        - 无条件支付的承诺
        - 确定的金额
        - 收款人名称
        - 出票日期
        - 出票人签章
      - 相对必要记载事项
        - 付款地
        - 出票地
      - 得记载事项：出票人可以在票据上记载“不得转让”字样
      - 不得记载事项（参见《票据法》第 80 条第 2 款）
    - 效力
      - 对出票人的效力：在持票人提示见票时，必须承担付款的责任
      - 对收款人的效力：收款人或持票人将依法取得本票上的付款请求权和追索权
  - 《票据法》第 80 条关于本票准用汇票的规定

名词解释与概念比较

1. 本票
2. 背书（考研）
3. 付款
4. 保证
5. 支票
6. 涉外票据

选择题

（一）单项选择题

1. 下列关于本票说法不正确的是（　　）。

A. 我国《票据法》上的本票包括银行本票和商业本票

B. 本票的基本当事人只有出票人和收款人

C. 本票无须承兑

D. 本票是由出票人本人对持票人付款的票据

2. 下列关于本票和支票的说法中，符合我国票据法的是？（　　）

A. 本票包括银行本票和商业本票，而支票只有银行支票

B. 本票和支票都仅限于见票即付

C. 本票和支票的基本当事人都只包括银行和收款人

D. 普通支票只能用于支取现金，不能用于转账

3. 根据我国《票据法》的规定，下列选项中哪个是票据行为方式的准据法？（　　）（司考）

A. 行为实施地法

B. 出票地法

C. 票据债务人的属人法

D. 付款地法

4. 依票据法原理，票据被称为无因证券，其

含义是指什么？（　　）（司考）

A. 取得票据无须合法原因

B. 转让票据须以向受让方交付票据为先决条件

C. 占有票据即能行使票据权利，不问占有原因和资金关系

D. 当事人发行、转让、背书等票据行为须依法定形式进行

5. 下列有关票据权利的表述，哪一种是不正确的？（　　）

A. 持票人行使票据权利，应当按照法定程序在票据上签章并出示票据

B. 票据权利是专指持票人向票据债务人请求支付票据金额的权利，包括付款请求权和追索权

C. 票据权利在持票人自票据到期日起 2 年内不行使而消灭

D. 持票人对出票人的票据权利，自出票日起 6 个月内不行使而消灭

6. 根据我国票据法的规定，现金支票与转账支票的关系是：（　　）。

A. 现金支票可以转账，转账支票不能支取现金

B. 现金支票只能支取现金，转账支票只用于转账

C. 现金支票在特殊情况下可能转账

D. 转账支票可以支取现金，现金支票不能转账

7. 本票出票人绝对必要记载的事项不包括(　　)。

A. 无条件支付的承诺

B. 确定的金额

C. 付款人名称

D. 收款人名称

8. 出票人在本票上未记载出票地的，应当(　　)。

A. 以出票人的住所地为出票地

B. 以付款人的住所地为出票地

C. 以出票人的营业场所为出票地

D. 以本票签发地为出票地

9. 我国《票据法》规定的票据不包括(　　)。

A. 支票　　　　B. 本票

C. 股票　　　　D. 汇票

10. 根据我国《票据法》对支票付款的规定，下列表述中错误的是(　　)。

A. 支票的付款日期仅限于见票即付

B. 超过法定付款提示期限的，付款人可以拒绝付款

C. 付款人依法支付支票金额的，一般情况下，对出票人不再承担受委托付款的责任

D. 支票的付款人是第一债务人

11. 下列支票中属于空白支票的是(　　)。

A. 出票人欠缺票据金额的支票

B. 出票人欠缺签章的支票

C. 背书人欠缺背书日期的支票

D. 出票人欠缺出票地的支票

12. 根据中国人民银行《支付结算办法》的规定，划线支票的效力为(　　)。

A. 与普通支票相同

B. 只能用于转账

C. 只能用于支取现金

D. 无效票据

（二）多项选择题

1. 下列关于本票的表述哪个是错误的？（　　）

A. 我国票据法上的本票包括银行本票和商业本票

B. 本票的基本当事人有出票人、收款人和承兑人

C. 本票无须承兑

D. 本票是由出票人本人对持票人付款的票据

2. 下面有关票据背书问题的叙述，哪些是符合我国票据法的规定的？（　　）

A. 出票人在汇票上记载“不得转让”字样的，汇票转让无效

B. 票据凭证不能满足背书人记载事项的需要的，可以加附粘单，粘附于票据凭证上。粘单上的第一记载人应当在汇票和粘单的粘连处签章

C. 非经背书转让而取得的票据无效

D. 汇票以背书转让或者以背书将一定的汇票权利授予他人行使时，必须记载被背书人的名称

3. 熊某因出差借款。财务部门按规定给熊某

开具了一张载明金额1万元的现金支票。熊某持支票到银行取款，银行实习生马某向熊某提出了下列问题：你真的是熊某吗？为什么要借1万元？熊某拒绝回答，马某遂拒绝付款。根据票据法原理，关于马某的行为，下列哪些选项是正确的？（ ）（司考）

A. 侵犯熊某人格尊严

B. 违反票据无因性原理

C. 侵犯持票人利益

D. 违反现金支票见票即付规则

4. 关于支票的付款方式，错误的表述是：（ ）。

A. 普通支票不可支取现金，只可转账

B. 现金支票只能支取现金，不可转账

C. 平行线支票既可支取现金，也可以转账

D. 普通支票既可以支取现金，也可以转账

5. 在我国，本票最多可能同时具备的属性有：（ ）。

A. 委付证券　　B. 自付证券

C. 信用证券　　D. 记名证券

6. 在英美法系中，票据应包括以下哪几种？（ ）（司考）

A. 汇票、本票、支票

B. 汇票、本票、不包括支票

C. 汇票、支票、不包括本票

D. 国际汇票、国际本票

7. 依据我国法律规定，下列有关汇票与支票相互区别的表述中正确的是：（ ）。

A. 汇票可以背书转让，支票不能背书转让

B. 汇票有即期汇票与远期汇票，支票则均为见票即付

C. 汇票的票据权利时效为2年，支票则为6个月

D. 汇票上的收款人名称可以经出票人授权予以补记，支票上的收款人名称则不能补记

8. 依照我国法律规定，任何票据都必须记载的事项包括哪些？（ ）

A. 付款人名称

B. 收款人名称

C. 无条件支付的委托或承诺

D. 出票日期

9. 依据我国《票据法》，下列有关本票与支票的表述中哪些是正确的？（ ）（司考）

A. 本票包括银行本票和商业本票

B. 本票的基本当事人为出票人、付款人和收款人

C. 支票限于见票即付，不得另行记载付款日期

D. 支票可以背书转让

10. 2005年10月5日，甲、乙签订房屋买卖合同，约定年底前办理房屋过户登记。乙签发一张面额80万元的转账支票给甲以支付房款。一星期后，甲提示银行付款。2006年1月中旬，甲到银行要求支付支票金额，但此时甲尚未将房屋登记过户给乙。对此，下列哪些说法是正确的？（ ）（司考）

A. 尽管甲尚未履行房屋过户登记义务，但银行无权拒绝支付票据金额

B. 如甲向乙主张票据权利，因甲尚未办理房屋的过户登记，乙可拒付票据金额

C. 如被银行拒付，甲可根据房屋买卖合同要求乙支付房款

D. 如该支票遗失，甲即丧失票据权利

11. 关于支票的表述，下列哪些选项是正确的？（ ）（司考）

A. 现金支票在其正面注明后，可用于转账

B. 支票出票人所签发的支票金额不得超过其付款时在付款人处实有的存款金额

C. 支票上不得另行记载付款日期，否则该记载无效

D. 支票上未记载收款人名称的，该支票无效

（三）不定项选择题

1. 支票付款人的票据义务是：（ ）。

A. 无条件支付支票金额

B. 审查背书的连续性

C. 审查持票人的真实身份

D. 担保支票能够得到付款

E. 在出票人存款不足时予以垫支

2. 票据权利消灭的情形主要有：（ ）。

A. 正确付款

B. 清偿追索

C. 票据的时效届满

D. 保全手续欠缺

E. 除权判决

3. 我国票据法规定，本票的出票人为：(　　)。

A. 公司　　B. 法人

C. 个人　　D. 银行

4. 王某以并不存在的“博达有限公司”的名称签章签发票据，其出票行为(　　)。

A. 属于虚拟名称的票据伪造

B. 不属于票据伪造

C. 行为人不承担法律责任

D. 行为人应承担票据责任

简答题

1. 试述本票与汇票之间的区别。

2. 简述支票必要记载事项。

3. 支票的票据行为规范有哪些特殊规定？

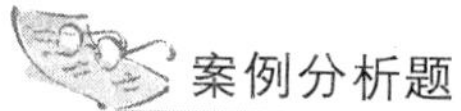

案例分析题

1. 案情：2011年4月5日，某银行根据A公司的申请和其提供的“联营合同书”，与A公司签订了“银行承兑协议”并签发了一张150万元的本票。该本票没有列明出票日期和收款人名称，并且在本票“交易合同号码”栏中也未填写。A公司收到本票后，在“出票日期”栏中填写“2011年5月7日”，并将之交付给联营合同的对方当事人B公司，B公司将自己的名称填写于“收款人”栏中。B公司持本票向银行提请付款，银行以该本票无效为由予以拒付。为此B公司将银行诉至法院。

问题：(1) 该本票是否有效？为什么？

(2) 如果本票有效，最后付款期限是多少天？

(3) 若B公司将该本票转让于C公司，C公司可否持本票要求银行付款？

2. 案情：甲公司遗失空白转账支票一张。2012年5月1日，丁持该空白转账支票到乙商厦购买物品，价值合人民币12400元。乙商厦售货员根据丁的提示填写了支票，包括开户银行名称、签发人账户、用途及大小写金额等事项，其中大写金额中的“百”字错写。5月2日，乙商厦财务持该支票到银行转账，银行以账户不符退回支票。乙商厦凭支票上的印鉴要求甲公司偿付货款。甲公司以该支票已作废为由拒绝支付，乙商厦遂起诉。

问题：试评析本案。

论述题与深度思考题

试述我国票据法上本票的特征。

参考答案

名词解释与概念比较

1. 本票为发票人允诺到期日由自己向收款人或持票人支付一定金额的票据。本票上的当事人只有发票人与收款人。本票为自付证券。

2. 背书是指在票据背面或者粘单上记载有关事项并签章的票据行为。在票据背面签章的转让票据权利的人为背书人，接受被背书的票据的人为被背书人。持票人通过背书可以将票据权利转让给他人，或者将一定的票据权利授予他人行使。因背书行为，背书人产生对票据债务人的担保责任和连带责任，被背书人代替持票人成为新的持票人，取得票据债权。票据出票后的转让、流通主要是通过背书进行的，汇票、本票、支票都可以有背书行为。

3. 付款是指票据付款人在持票人提示付款时，按票据上的记载事项向持票人支付票据金额的行为。付款是支付票据金额的行为，并且只以支付票据上记载的金额为限，如果是给付实物或者其他有价证券，都不构成票据的付款；付款是消灭票据关系的行为，票据一经付款，票据关系得以消灭，票据上的一切债务人均被解除票据责任。提示付款是票据的持票人在票据的付款期限内向票据付款人提示票据，要求票据付款人偿付票据金额的行为。持票人按照规定提示付款的，付款人必须在当日足额付款。

4. 保证是由债务人以外的第三人作为保证人，来担保特定的债务人履行其债务的一种制度，是债的担保方式。票据保证属于要式法律行为，必须依照票据法的规定将相关事项记载于票据上，

才生效力；保证行为具有独立性，即使被保证人的债务因实质上的原因而无效，保证人也要承担票据责任；票据保证的保证人与被保证人的责任承担没有先后顺序之分。

5. 支票是出票人签发的，委托办理支票存款业务的银行或者其他金融机构在见票时无条件支付确定的金额给收款人或者持票人的票据。

我国《支付结算办法》规定支票有三类：(1) 现金支票，指票据正面印有“现金”字样，只能用来支取现金的支票；(2) 转账支票，指票据正面印有“转账”字样，只能用来转账的支票；(3) 普通支票，指票据上未印有“现金”或“转账”字样，既可用来支取现金也可用来转账的支票。但是，普通支票左上角划两条平行线的，则为划线支票。划线支票只能用来转账，不得支取现金。

6. 涉外票据，简而言之，是指具有涉外因素的票据。按照我国《票据法》的规定，所谓涉外票据，是指出票、背书、承兑、保证、付款等行为中，既有发生在中华人民共和国境内又有发生在中华人民共和国境外的票据。

涉外票据具有涉外因素，涉及国家间票据法律适用的问题。因此，它与一般票据的法律适用有所不同。《票据法》基于这种不同性质，对涉外票据的法律适用问题，包括适用原则、票据当事人的行为能力、票据记载事项、票据丧失等行为的法律适用，在第五章作了专章规定，以解决票据法的国际冲突。

选择题

（一）单项选择题

1. A。本票是无条件的支付承诺，因此无须承兑；本票只有两方基本当事人，分别是出票人和收款人；本票在任何情况下都是由出票人承担付款责任，由出票人付款给收款人或持票人。因此B、C、D项的表述都是正确的。票据理论将本票分为银行本票与商业本票，但我国的《票据法》基于中国的国情，将商业本票的签发、使用排除在外。《票据法》第73条第2款规定，“本法所称本票，是指银行本票”。因此选项A当选。

2. B。参见《票据法》第73、75、81、83、84条。本票是出票人签发的，承诺自己在见票时无条件支付确定的金额给收款人或者持票人的票据，我国本票只限于银行本票，因此A项错误。本票和支票都是见票即付，无须承兑，因此B项正确。

支票是出票人签发的，委托办理支票存款业务的银行或者其他金融机构在见票时无条件支付确定的金额给收款人或者持票人的票据。由此可见，支票的当事人还有可能是其他金融机构，因此C项错误。

支票可以支取现金，也可以转账，用于转账时，应当在支票正面注明。支票中专门用于支取现金的，可以另行制作现金支票，现金支票只能用于支取现金。支票中专门用于转账的，可以另行制作转账支票，转账支票只能用于转账，不得支取现金，因此D项错误。

3. A。本题考查票据行为方式的准据法。《票据法》第98条规定，票据的背书、承兑、付款和保证行为，适用行为地法律。据此，本题应选A项。

4. C。本题考查票据无因性的含义。票据法上的法律关系只是单纯的金钱支付关系，至于这种支付关系的原因，权利人无说明的义务，义务人也无审查的权利。即使这种原因关系无效，对票据关系也不发生影响。换句话说，票据上权利义务关系的成立，并不以原因关系的成立和有效为前提，票据关系与其原因关系各自独立。这就是票据的无因性。票据的基础关系有三种：原因关系、资金关系、票据预约。票据关系一经形成即与基础关系相分离，基础关系是否存在、是否有效，对票据关系都不产生影响。因此，本题选C项。

5. D。依据票据法的规定，持票人行使票据权利，应当按照法定程序在票据上签章并出示票据，因此A项正确。《票据法》第17条第1款规定，票据权利在下列期限内不行使而消灭：持票人对票据的出票人和承兑人的权利，自票据到期日起2年；见票即付的汇票、本票，自出票日起2年。因此C项正确、D项错误。票据权利是专指持票人向票据债务人请求支付票据金额的权利，包括付款请求权和追索权。因此B项正确。

6. B。《票据法》第83条规定：支票可以支取现金，也可以转账；用于转账时，应当在支票正面注明。支票中专门用于支取现金的，可以另行制作现金支票，现金支票只能用于支取现金。支票中专门用于转账的，可以另行制作转账支票，转账支票只能用于转账，不得支取现金。

7. C。本题考查本票的必要记载事项。根据《票据法》第 75 条的规定，本票的必须记载事项有：表明“本票”的字样、无条件支付的承诺、确定的金额、收款人名称、出票日期、出票人签章。因此本题选择 C 项。

8. C。本题考查票据记载事项不清楚时的处理办法。依据《票据法》第 76 条第 2、3 款的规定，本票上未记载付款地的，出票人的营业场所为付款地；本票上未记载出票地的，出票人的营业场所为出票地。因此本题选择 C 项。

9. C。考查票据的分类。《票据法》第 2 条规定：在中华人民共和国境内的票据活动，适用本法。本法所称票据，是指汇票、本票和支票。因此本题选择 C 项。

10. D。考查支票的票据责任（参见《票据法》第 81、87、91、92 条的相关规定）。支票是出票人签发的，委托办理支票存款业务的银行或者其他金融机构在见票时无条件支付确定的金额给收款人或者持票人的票据，因此 A 项表述正确。超过提示付款期限的，付款人可以不予付款，因此 B 项表述正确。付款人不予付款的，出票人仍应当对持票人承担票据责任。付款人依法支付支票金额的，对出票人不再承担受委托付款的责任，对持票人不再承担付款的责任，但是，付款人以恶意或者有重大过失付款的除外。因此 C 项表述正确。

11. A。我国只承认空白支票（参见《票据法》第 85 条、第 86 条第 1 款），而不承认空白汇票和本票。且空白票据仅存在于出票行为中，在附属票据行为如背书、保证、承兑中不允许空白票据存在，即不承认空白背书、空白保证、空白承兑等附属票据行为。《票据法》第 85 条规定，支票上的金额可以由出票人授权补记，未补记前的支票，不得使用。支票上未记载收款人名称的，经出票人授权，可以补记。我国票据法允许签发两类空白支票：一是支票金额记载空白的支票，二是支票收款人名称记载空白的支票。

12. B。《支付结算办法》第 115 条规定，在普通支票左上角划两条平行线的，为划线支票，划线支票只能用于转账，不得支取现金。因此选择 B 项。

（二）多项选择题

1. AB。参见本票的概念。《票据法》第 73 条规定，本票是出票人签发的，承诺自己在见票时无条件支付确定的金额给收款人或者持票人的票据；本法所称本票，是指银行本票。我国只承认银行本票，因此 A 项错。本票无须承兑，因此 B 项错、C 项对。由法条可知本票是由出票人本人对持票人付款的票据，因此 D 项对。

2. BD。参见《票据法》第 27 条第 2 款、第 4 款，第 28 条、第 30 条。第 27 条规定：持票人可以将汇票权利转让给他人，或者将一定的汇票权利授予他人行使。出票人在汇票上记载“不得转让”字样的，汇票不得转让。背书是指在票据背面或者粘单上记载有关事项并签章的票据行为。第 28 条规定，票据凭证不能满足背书人记载事项的需要，可以加附粘单，粘附于票据凭证上。粘单上的第一记载人，应当在汇票和粘单的粘接处签章。第 30 条规定，汇票以背书转让或者以背书将一定的汇票权利授予他人行使时，必须记载被背书人的名称。

3. BCD。《票据法》第 81 条规定：“支票是出票人签发的，委托办理支票存款业务的银行或者其他金融机构在见票时无条件支付确定的金额给收款人或者持票人的票据。”第 89 条规定：“出票人必须按照签发的支票金额承担保证向该持票人付款的责任。出票人在付款人处的存款足以支付支票金额时，付款人应当在当日足额付款。”票据无因性原则是指权利人享有票据权利只以持有符合票据法规定的有效票据为必要，至于票据赖以发生的原因，在所不问，即使原因关系无效或存在瑕疵，均不影响票据效力。本题中，熊某所持的支票是符合票据法规定的有效票据，该支票上既不存在对物的抗辩，也不存在对人的抗辩。作为付款人的银行应当当日足额付款。选项 B、C、D 的说法均可以成立，是本题的正确答案。至于选项 A 的说法，就本题所给信息并不构成对熊某人格尊严的侵犯。《票据法》第 92 条规定：“付款人依法支付支票金额的，对出票人不再承担受委托付款的责任，对持票人不再承担付款的责任。但是，付款人以恶意或者有重大过失付款的除

外。”依据该条规定，付款人付款应进行身份等事项的必要核实，否则，在以恶意或有重大过失付款的情况下，并不能免除其票据法上的付款责任。

4. AC。根据我国《票据法》及其相关规定，普通支票既可以用于支取现金，又可以转账。因此A项错误、D项正确。平行线支票，又叫划线支票，即票据行为人依法在支票正面划平行线两道，并依此取得票据法上特殊保障效力的支票，此类支票只能用于转账，不得支取现金，因此C项错误。

5. BCD。本票是出票人自己支付本票金额的自付证券，因此A项错、B项入选。以本票上记载收款人方式的不同将本票分为记名式本票、指示式本票和无记名式本票，因此D项可入选。本票有使出票人于未来取得资金的信用能力转变为当前支付能力的作用，为信用证券，故C项对。

6. AD。本题考查英美法系票据的种类。根据英美法的规定，英国规定汇票、本票和支票。1959年又制定支票法，对支票作了一些补充规定。1952年《美国统一商法典》公布，规定了汇票、本票、支票和存单四种证券。因此A项正确，B项和C项不正确。D项也当选。

7. BC。支票和汇票同属于票据的一种，因此，关于背书、追索权、付款等事项，支票与汇票相同。但是二者有着很多区别，主要表现在：(1) 支票的付款人资格有限制。支票的付款人，限于出票人开立存款账户的银行和其他金融机构。(2) 支票的出票人和付款人之间需要有资金关系，而汇票的出票人和付款人之间，不必先有资金关系。(3) 支票无担当付款人、预备付款人，无到期日（限于见票即付），无保证、承兑、参加承兑之制。支票不得分期付款。(4) 支票的主债务人是出票人。而汇票的主债务人是承兑人。(5) 支票为见票即付的票据。《票据法》第93条规定，支票的背书、付款行为和追索权的行使，除本章规定外，适用本法第二章有关汇票的规定。因此A项错误。《票据法》第86条规定，支票上未记载收款人名称的，经出票人授权，可以补记。因此D项错误。

8. CD。可根据《票据法》第22条、第75条、第84条规定的必须记载事项得出结论，选择C、D项。

9. CD。本题考查支票和本票的种类及基本当事人、支票的付款日期及转让。《票据法》第90条规定，支票限于见票即付，不得另行记载付款日期；另行记载付款日期的，该记载无效。因此，C项正确。《票据法》第93条第1款规定，支票的背书、付款行为和追索权的行使，除本章规定外，适用本法第二章有关汇票的规定。因此，D项正确。我国《票据法》只允许签发银行本票，而不允许签发商业本票。因此，A项不正确。《票据法》第73条规定，本票是出票人签发的，承诺自己在见票时无条件支付确定的金额给收款人或者持票人的票据。本票是承诺自己付款，所以，本票的基本当事人只有两人——出票人与收款人，而无付款人，故B项不正确。

10. BC。考查支票的付款日期、票据抗辩、票据丧失及其救济。选项A错误：《票据法》第90条规定，支票限于见票即付，不得另行记载付款日期。另行记载付款日期的，该记载无效。第91条规定：支票的持票人应当自出票日起10日内提示付款；异地使用的支票，其提示付款的期限由中国人民银行另行规定。超过提示付款期限的，付款人可以不予付款；付款人不予付款的，出票人仍应当对持票人承担票据责任。本题中，甲在乙签发支票一星期后，提示银行付款，但在2006年1月中旬，甲才到银行要求支付支票金额，违反了见票即付的规定，故银行有权拒绝支付票据金额。

选项B正确：《票据法》第13条第2款规定，票据债务人可以对不履行约定义务的与自己有直接债权债务关系的持票人，进行抗辩。本题中，甲、乙之间有直接的权利义务关系，甲是与乙有直接债权债务关系的持票人，因甲没有履行办理房屋的过户登记义务，乙可以拒绝支付票据金额。

选项C正确：《票据法》第18条规定，持票人因超过票据权利时效或者因票据记载事项欠缺而丧失票据权利的，仍享有民事权利，可以请求出票人或者承兑人返还其与未支付的票据金额相当的利益。本题中，甲因过期要求银行付款而遭到拒绝时，仍享有民事权利，可以根据房屋买卖合同要求乙支付房款。

选项D错误：根据《票据法》第15条的规定

可知，支票遗失后，甲可通过办理挂失止付等方式依法维护自己的权利，并不丧失票据权利。

11. BC。根据《票据法》第 83 条的规定，现金支票只能用于支取现金，故 A 项错误。第 87 条第 1款规定："支票的出票人所签发的支票金额不得超过其付款时在付款人处实有的存款金额。"故 B 项正确。第 90 条规定："支票限于见票即付，不得另行记载付款日期。另行记载付款日期的，该记载无效。"故 C 项正确。第 86 条第 1 款规定："支票上未记载收款人名称的，经出票人授权，可以补记。"故 D 项错误。

（三）不定项选择题

1. ABC。本题考查票据付款人的义务。《票据法》第 57 条规定，付款人及其代理付款人付款时，应当审查汇票背书的连续，并审查提示付款人的合法身份证明或者有效证件。付款人及其代理付款人以恶意或者有重大过失付款的，应当自行承担责任。因此，本题选 A、B、C 三项。

2. ABCDE。本题考查票据权利的消灭。《票据法》第 17 条和第 60 条规定，票据权利在期限内不行使而消灭；付款人依法足额付款后，全体汇票债务人的责任解除。清偿追索、保全手续欠缺和除权判决也可以使票据权利消灭。因此，本题所有选项全部入选。

3. D。本题考查的是本票种类。根据《票据法》第 73 条，本票是出票人签发的，承诺自己在见票时无条件支付确定的金额给收款人或者持票人的票据。我国票据法所规定的本票，是指银行本票。因此选择 D 项。

4. A。票据伪造是指无权限人假冒他人名义或以虚构的名义在票据上签章。本题中王某的行为是票据伪造行为，因此选 A 项，不选 B 项。伪造人不应承担票据责任，因为伪造人并未在票据上签上自己真实的签章，但是，应依法承担相应的民事责任、刑事责任或行政责任，因此 C 项错，D 项也错。

简答题

1. 本票是出票人签发的，承诺自己在见票时无条件支付确定的金额给收款人或者持票人的票据。我国的票据法所称本票，是指银行本票，不承认商业本票。汇票是出票人签发的，委托付款人在见票时或者在指定期日无条件支付确定的金额给收款人或者持票人的票据。

本票与汇票之间的区别有：

（1）证券性质不同

汇票为委付证券，本票为自付证券。本票是出票人自己付款的承诺，汇票是出票人要求他人付款的委托或指示。

（2）主债务人不同

汇票为委付证券，主债务人是承兑人；无承兑人时，则无主债务人。本票为自付证券，出票人为主债务人。

（3）有无承兑不同

本票无须承兑，汇票除见票即付的汇票外均可以或应当请求承兑；见票后定期付款的本票也无须承兑，而见票后定期付款的汇票必须请求承兑，以确定汇票的到期日。

（4）有无资金关系不同

在票据的基础关系中，由于汇票为委付证券，所以一般都必须有资金关系；本票为自付证券，一般都不需要有资金关系。

（5）出票人和背书人责任不同

汇票的出票人应负担保承兑和担保付款的责任，本票的出票人应负绝对付款责任；汇票的背书人也应负承兑和付款的担保责任，本票的背书人仅负付款的担保责任。

（6）付款人的责任不同

汇票的付款人不承兑时，可以不负任何票据责任，只有经承兑而成为承兑人后，才负付款责任；本票的出票人即为付款人，自出票之后即应负绝对付款责任。

（7）票据种类不同

在我国现行《票据法》中，本票仅指银行本票，而汇票包括银行汇票和商业汇票两种。

（8）付款期限不同

本票的付款期限，自出票日起不得超过 2 个月，而汇票的付款期限无此特别限制。

（9）付款方式不同

本票仅限于见票即付，而汇票可以见票即付、定日付款、出票后定期付款、见票后不定期付款。

2. 支票具有要式性，它必须具有《票据法》规定的要件才能有效。按《票据法》的规定，支

票必须记载下列事项：(1) 表明“支票”的字样；(2) 无条件支付的委托；　(3) 确定的金额；(4) 付款人名称；(5) 出票日期；(6) 持票人签章。支票上未记载上述事项之一的，无效。另外，《票据法》还规定，支票上的金额可以由出票人授权补记，未补记前的支票，不得使用；支票上未记载收款人名称的，经出票人授权可以补记；支票未记载付款地的，付款人的营业场所为付款地；支票上未记载出票地的，出票人的营业场所、住所或者经常居住地为出票地；出票人可以在支票上记载自己为收款人；支票的付款人为支票上记载的出票人开户银行。

3. 支票的票据行为包括出票、背书、付款以及追索权的行使。这些行为除应遵循《票据法》总则及准用对汇票相关行为的有关规定外，还必须遵守以下规定：

(1) 开立支票存款账户，申请人必须使用其本名，并提交证明其身份的合法证件。账户开立和支票领用，应当有可靠的资信，并存入一定的资金。开立支票存款账户，申请人应当预留其本名的签名式样和印鉴。

(2) 支票的出票人所签发的支票金额不得超过其付款时在付款人处实有的存款金额。出票人签发的支票金额超过其付款时在付款人处实有的存款金额的，为空头支票。禁止签发空头支票。支票的出票人不得签发与其预留本名的签名式样或者印鉴不符的支票。

(3) 出票人必须按照签发的支票金额承担保证向该持票人付款的责任。出票人在付款人处的存款足以支付支票金额时，付款人应当在当日足额付款。

(4) 支票限于见票即付，不得另行记载付款日期。另行记载付款日期的，该记载无效。支票的持票人应当自出票日起 10 日内提示付款；异地使用的支票，其提示付款的期限由中国人民银行另行规定。超过提示付款期限提示付款的，付款人可以不予付款；付款人不予付款的，出票人仍应对持票人承担票据责任。

(5) 付款人依法支付支票金额的，对出票人不再承担委托付款的责任，对持票人不再承担付款的责任。但是，付款人以恶意或者有重大过失付款的除外。

案例分析题

1. (1) 本案中的本票是无效本票，因为《票据法》对于本票出票规定了绝对必要记载事项，其中包括“收款人名称”和“出票日期”，如果缺少了绝对必要记载事项，则本票无效。本案中，某银行未严格按照法定的格式要求逐项填写，而是空缺了“收款人名称”和“出票日期”，根据《票据法》的规定，该本票无效。

(2) 根据《票据法》中关于本票的付款期限的规定，如果本票有效，应在本票签发之日起，付款期限最长不得超过 2 个月。本案中票据的签发日期是 2011 年 5 月 7 日，因此票据的付款期限截至 2011 年 7 月 7 日。

(3) C 公司可以持本票要求银行付款，银行不得拒付。依据《票据法》的规定，票据适用善意取得的原则，对方只要支付了对价，并且对于票据的瑕疵并无所知，取得票据出于善意，则可以取得票据权利。本案中，C 公司是善意的持票人，其不知道从 B 公司手中取得的本票是无效的。票据法律关系的无因性使进入流通领域内的票据不再受其基础法律关系的影响。即使票据本身无效，也不能成为银行拒付的理由。

2. 甲公司应对此负责。本案争议的焦点是谁应对空白转账支票被他人冒用负法律责任。

(1) 甲公司签发预留印鉴的空白转账支票系违法行为。《银行结算办法》明确规定支票应按规定填写，“未按规定填写，被涂改冒领的，由签发人负责”。中国人民银行《关于不得签发空白支票的补充规定》以及《转账支票使用须知》均强调“不得签发预留印鉴的空白支票”。甲公司却无视上述规定，违法签发预留印鉴的空白支票。

(2) 甲公司未妥善保管支票，支票遗失后，又未按法定公示催告程序宣告票据无效。票据丢失后，应当按照法定的救济方式对票据权利进行救济：一为公示催告，二为请求宣告票据无效。甲公司辩称支票已作废没有法律依据。2007 年《民事诉讼法》第 195 条（2012 年修订为第 218 条）规定，按照规定可以背书转让的票据持有人，因票据被盗、遗失或者灭失，可以向票据支付地的基层人民法院申请公示催告。第 199 条（2012 年修订为第 222 条）规定：没有人申报的，人民法院应当根据当事人的申请，作出判决，宣告票据无效。判决应当公告，并通知支付人。根据法律规定，宣告票据无效只能通过公示催告程序由法院作出，票据当事人单方面声明票据作废的做法是没有法律效力的。本案中甲公司在空白支票遗失后，没有采取法定补救措施，致使支票被他人冒领，对此，甲公司应承担责任。

论述题与深度思考题

同汇票、支票相比，本票有自己的特征。同其他国家的票据法相比，我国票据法对于本票的规定也有自己的特殊之处。我国的本票主要有以下特征：

（1）本票作为票据的一种，具有票据的基本性质，即本票为金钱证券、设权证券、要式证券、文义证券、无因证券等。

（2）本票是出票人自己支付本票金额，是一种自付证券。这是本票与汇票和支票最显著的区别。

（3）我国票据法规定本票限于见票即付，不承认远期本票。而多数国家的票据法规定本票的到期日可以为即期或者在将来的一定时期，视本票为一种信用工具；而在我国本票限于见票即付，仅仅被当作一种支付工具。

（4）我国本票限于银行本票，即由银行作为出票人的本票。外国法规定本票的出票人既可以是银行，又可以是一般的企业和个人。由此可见，本票本身的作用在我国票据法上被限制了，使本票成为一种同支票相类似的付款工具。

（5）本票的基本当事人有两方：一为出票人，二为付款人。而汇票和支票均具有三方当事人，是一种委付证券。

（6）我国的本票不适用承兑制度。根据我国票据法的规定，我国的本票仅为即期票据，持票人自出票之日起可以向银行出票人请求付款。

第五编　保险法

第二十章　保险法概述

知识逻辑图

- 保险
  - 保险制度的发展历史：海上保险陆上保险人身保险
  - 保险的分类
    - 根据保险的性质
      - 商业保险：根据商业习惯
      - 社会保险：根据国家政策
    - 根据保险的实施形式
      - 强制保险：根据法律强制规定
      - 自愿保险：出于自愿，协商一致
    - 根据保险的标的
      - 财产保险：以财产及其有关利益为保险标的
      - 人身保险：以人的寿命和身体为保险标的
    - 根据保险人所承担的责任次序
      - 原保险：直接承担原始的赔偿责任
      - 再保险：承担部分被转移的责任
    - 根据保险人的人数
      - 单保险：以一个保险利益和保险事故，向一个保险人单独订立一个合同的保险
      - 共同保险：两个或两个以上保险人对同一项保险业务各自承保一定的份额，或保险单要求被保险人分担同一个危险中的一定份额
      - 重复保险：投保人对同一保险标的、同一保险利益、同一保险事故，分别与两个以上保险人订立保险合同
- 保险法的基本原则
  - 最大诚信原则
    - 告知：保险活动的各方当事人应当就法定范围内的事项如实向对方当事人予以陈述
    - 保证：一般适用于投保人，具体表现为投保人向保险人作出的履行某种特定义务的承诺
    - 弃权与禁止反言：弃权是指保险合同的一方当事人以明示或者默示的意思表示，放弃其得以行使之权利的行为；禁止反言是指已经放弃了权利的合同一方当事人不得再向对方主张该项权利
  - 保险利益原则
    - 保险利益
      - 投保人对保险标的具有的法律上承认的利益
      - 分类
        - 财产保险的保险利益：须具有合法性、经济性和可确定性三个成立要件
        - 人身保险的保险利益：是指投保人对于被保险人的寿命和身体所具有的利害关系
    - 保险利益的转移和消灭
      - 转移：指在保险合同有效期限内，投保人将保险利益转移给受让人，包括继承、转让和破产
      - 消灭：在财产保险中表现为保险标的的灭失，在人身保险中表现为利益关系的丧失，但在人寿保险中存在例外情况
  - 损失补偿原则：保险人对于保险标的因保险事故造成的损失在保险金额范围内进行保险赔付，以补偿被保险人遭受的实际损失
  - 近因原则
    - 近因原则的含义：是指保险人对于承保范围内的保险事故作为直接的、最接近的原因所引起的损失，承担保险责任
    - 近因的认定
      - 单一原因导致的损失
      - 多种原因导致的损失
  - 防灾防损原则：一般包括：调查、分析，提出合理建议，监督检查，提供必要的技术力量，采取安全预防措施，配合协作等

名词解释与概念比较

1. 保险与保证
2. 保险标的（考研）
3. 社会保险和商业保险（考研）
4. 人身保险（考研）
5. 原保险和再保险（考研）

选择题

（一）单项选择题

1. 根据保险法的基本原则，下列情形中不能保险的是（　　）。

A. 遭遇洪水的袭击

B. 机动车驾驶员对第三人的责任

C. 道德上的风险

D. 手术失败

2. 下列法律中，不属于保险法调整范围的是（　　）。

A. 涉外保险法　　B. 保险公司法

C. 保险合同法　　D. 社会保险法

3. 保险最初起源于（　　）。

A. 人身保险　　B. 陆上保险

C. 海上保险　　D. 内河保险

4. 在保险法的基本原则中，一般认为只适用于财产保险的原则是（　　）。

A. 损失补偿原则　　B. 最大诚信原则

C. 保险利益原则　　D. 近因原则

5. 根据保险法的基本原则，保险的投保人必须：（　　）。

A. 是保险合同中的受益人

B. 是保险合同中的被保险人

C. 对保险标的具有保险利益

D. 是被保险人的亲属

6. 根据保险标的的不同进行分类，保险可分为（　　）。

A. 财产保险和非财产保险

B. 财产保险和人身保险

C. 寿险和非寿险

D. 陆上保险和海上保险

7. 从保险发展演进的历史来看，保险的发展顺序依次为（　　）。

A. 人身保险到商业保险到海上保险

B. 海上保险到商业保险到人身保险

C. 海上保险到人身保险到陆上财产保险

D. 海上保险到陆上财产保险到人身保险

8. 根据保险主体之间关系的差异，可以将保险分为（　　）。

A. 原保险和再保险

B. 足额保险和差额保险

C. 自愿保险和强制保险

D. 财产保险和人寿保险

9. 欧洲大陆最早的现代意义的保险法是（　　）。

A. 陆上保险条例　　B. 海事敕令

C. 海上保险法　　D. 巴塞罗那法规

10. 同一投保人就同一保险标的的同一保险利益分别与两个或两个以上的保险人订立保险合同，当发生保险事故时（　　）。

A. 由于保险合同无效，保险公司不必承担责任

B. 被保险人只能选择其中的一个保险人请求赔偿

C. 各保险人根据各自保险金额在保险金额总和中所占的比例，承担相应的责任

D. 被保险人可以分别从各保险人处得到赔付，且赔付金额互不影响

11. 保险合同成立后，除法律另有规定或者保险合同另有约定外，下列保险合同当事人中不得解除保险合同的是（　　）。

A. 保险人　　B. 被保险人

C. 投保人　　D. 受益人

12. 投保人因过失而未履行对保险人的如实告知义务，对保险事故的发生有严重影响的，将产生的法律后果是：（　　）。

A. 保险人有权解除保险合同，并且可以不退还保险费

B. 保险人有权解除保险合同，并且对于合同解除前发生的保险事故不承担赔偿责任或给付保险金的责任，但是可以退还保险费

C. 保险人有权解除保险合同，但是应当承担合同解除前的赔付义务或支付保险金的

责任

D. 保险人无权解除保险合同，但是可以要求投保人提高保险费

13. 保险法最大诚信原则中禁止抗辩适用的主体是(　　)。

A. 保险经纪人　　B. 投保人

C. 被保险人　　D. 保险人

14. 我国法学理论中所称的因果关系，在英美法系的保险法中被称为(　　)。

A. 最大诚信原则　　B. 近因原则

C. 保险利益原则　　D. 因果相对原则

15. 汪某欲投保财产保险，根据保险法的规定，他应履行如实告知的义务，则该义务要求汪某应当在(　　)将与保险标的相关的重要事项如实通告保险人。

A. 订立保险合同时　　B. 保险合同成立时

C. 保险合同生效时　　D. 保险事故发生后

16. 再保险合同的保险标的是(　　)。

A. 原保险人承担的保险责任

B. 原保险的保险费

C. 原保险的保险标的

D. 原投保人投保的不同于原保险标的的新保险标的

17. 丁某于2005年5月为其九周岁的儿子丁海购买一份人身保险。至2008年9月，丁某已支付了三年多的保险费。当年10月，丁海患病住院，因医院误诊误治致残。关于本案，下列哪一表述是正确的？(　　)(司考)

A. 丁某可以在向保险公司索赔的同时要求医院承担赔偿责任

B. 应当先由保险公司支付保险金，再由保险公司向医院追偿

C. 丁某应先向医院索赔，若医院拒绝赔偿或无法足额赔偿，再要求保险公司支付保险金

D. 丁某不能用诉讼方式要求保险公司支付保险金

18. 潘某向保险公司投保了一年期的家庭财产保险。保险期间内，潘某一家外出，嘱托保姆看家。某日，保姆外出忘记锁门，窃贼乘虚而入，潘某家被盗财物价值近5 000元。下列哪一表述是正确的？(　　)(司考)

A. 应由保险公司赔偿，保险公司赔偿后无权向保姆追偿

B. 损失系因保姆过错所致，保险公司不承担赔偿责任

C. 潘某应当向保险公司索赔，不能要求保姆承担赔偿责任

D. 潘某只能要求保姆赔偿，不能向保险公司索赔

19. 根据《保险法》规定，人身保险投保人对下列哪一类人员具有保险利益？(　　)(司考)

A. 与投保人关系密切的邻居

B. 与投保人已经离婚但仍一起生活的前妻

C. 与投保人有劳动关系的劳动者

D. 与投保人合伙经营的合伙人

20. 甲向某保险公司投保人寿保险，指定其秘书乙为受益人。保险期间内，甲、乙因交通事故意外身亡，且不能确定死亡时间的先后。该起交通事故由事故责任人丙承担全部责任。现甲的继承人和乙的继承人均要求保险公司支付保险金。下列哪一选项是正确的？(　　)

A. 保险金应全部交给甲的继承人

B. 保险金应全部交给乙的继承人

C. 保险金应由甲和乙的继承人平均分配

D. 某保险公司承担保险责任后有权向丙追偿

(二) 多项选择题

1. 根据保险法的基本理论，保险的性质包括(　　)。

A. 服务性　　B. 商品性

C. 经济性　　D. 社会保障性

2. 从广义上讲，保险法包括(　　)。

A. 保险业法　　B. 保险合同法

C. 社会保险法　　D. 保险特别法

3. 我国保险法的适用范围包括(　　)。

A. 在我国境内从事的保险活动

B. 在外国驻我国使领馆内从事的保险活动

C. 在我国驻外使馆内从事的保险活动

D. 中国公民在中国境外从事的保险活动

4. 下列关系中，属于我国保险法调整范围的有(　　)。

A. 保险业内，保险公司之间的竞争关系

B. 投保人与保险公司之间的关系

C. 工伤保险关系
D. 保险代理人与保险公司之间的关系

5. 关于保险的定义在学说上可以分为损失说和非损失说两大类，其中损失说又可分为(　　)。

A. 损失赔偿说　　B. 损失分担说
C. 危险转嫁说　　D. 经济确保说

6. 在最大诚信原则中，对被保险人的要求是(　　)。

A. 告知　　B. 保证
C. 禁止抗辩　　D. 弃权

7. 保险法中的保险利益原则是指投保人应当对保险标的具有法律上承认的利益，否则会导致保险合同无效。下列哪些选项符合保险利益原则？(　　)(司考)

A. 甲经同事乙同意，为其购买一份人寿险
B. 丙为自己刚出生一个月的孩子购买一份人身险
C. 丁公司为其经营管理的风景区内的一颗巨型钟乳石投保一份财产险
D. 戊公司为其一座已经投保的仓库再投保一份财产险

8. 下列危险事项中，属于保险人应承担责任范畴的有(　　)。

A. 投保人故意造成的损失
B. 不可抗力所造成的损失
C. 政府法令所造成的损失
D. 因履行道德上的义务而发生的损害

9. 将保险法列入商法典中的国家有(　　)。

A. 法国　　B. 英国
C. 德国　　D. 日本

10. 下列内容中，在《中华人民共和国保险法》中作出规定的有(　　)。

A. 财产保险
B. 人身保险
C. 对保险业的监督管理
D. 农业保险

11. 张某与保险公司订立了一份财产保险合同，在合同订立过程中，由于疏忽张某向保险公司陈述的事项中有一项有误。对于由此所可能产生的法律后果，下列表述中正确的是：(　　)。

A. 如果张某错误陈述的事实对保险事故的发生有重大影响，保险公司对已发生的保险事故不承担赔偿或给付保险金的责任
B. 如果张某错误陈述的事实对保险合同的订立会产生影响，保险公司就有权解除合同
C. 无论张某错误陈述的事实对保险合同的影响如何，保险公司只要决定解除合同，就可以不退还保险费
D. 如果张某错误陈述的事实对保险合同影响不大，他可以告知保险公司予以更正，保险公司不得解除合同

12. 甲为其妻乙投保意外伤害保险，指定其子丙为受益人。对此，下列哪些选项是正确的？(　　)(司考)

A. 甲指定受益人时须经乙同意
B. 如因第三人导致乙死亡，保险公司承担保险金赔付责任后有权向该第三人代位求偿
C. 如乙变更受益人无须甲同意
D. 如丙先于乙死亡，则出现保险事故时保险金作为乙的遗产由甲继承

13. 关于保险利益，下列哪些表述是错误的？(　　)(司考)

A. 保险利益本质上是一种经济上的利益，即可以用金钱衡量的利益
B. 人身保险的投保人在保险事故发生时，对保险标的应当具有保险利益
C. 财产保险的被保险人在保险合同订立时，对保险标的应当具有保险利益
D. 责任保险的投保人在保险合同订立时，对保险标的应当具有保险利益

(三) 不定项选择题

1. 构成保险必须包括的要素有(　　)。

A. 必须以特定的危险为对象
B. 必须以多数人的互助共济为基础
C. 必须以对危险事故所致损失进行补偿为目的
D. 必须以风险预定为预设前提

2. 下列叙述中，符合保险与救济之间的区别的是：(　　)。

A. 救济不需要筹备基金；保险则必须建立起保险基金
B. 救济是一种单方的法律行为；保险则是一种双方法律行为

C. 救济的数量和形式由救济者自由决定；保险则须严格受法律和合同的约束

D. 救济的对象不特定；保险保障的对象是特定的

3. 下列选项中，属于保险法的职能的是(　　)。

A. 集中危险　　B. 组织经济补偿
C. 预测危险　　D. 防灾防损

4. 保险法基本原则中的最大诚信原则来源于(　　)。

A. 海上保险　　B. 陆上保险
C. 人寿保险　　D. 意外伤害保险

5. 根据保险的实施形式，可以将保险分为(　　)。

A. 原保险　　B. 再保险
C. 强制保险　　D. 自愿保险

简答题

1. 简述近因原则的主要内容。
2. 简述损失补偿原则。

案例分析题

1. 案情：原告刘某于 2011 年 7 月以 35 万元的价格购入宝马轿车一辆，并以该轿车为标的，于当年 9 月与被告保险公司签订了一份机动车辆保险合同。原告投保的险种为车辆损失险、第三者责任险等，其中车辆损失险的保险金额为 100 万元，保险期为 1 年。2012 年 2 月 17 日，原告驾驶该宝马车发生交通事故，轿车因路滑冲出公路与路边树木相撞，造成车体因严重损坏而报废。原告在事故发生后，立即通知被告保险公司。被告保险公司随即派人对事故现场进行了勘查。原告在事故发生 15 日后向被告保险公司提出索赔请求，被告保险公司认为原告为价值 35 万元的轿车投保 100 万元的保险金，且未履行应有的如实告知义务，存在欺诈行为，遂拒绝赔付保险金。

问题：请结合保险法的有关基本原则对上述问题加以分析。

2. 案情：某厂女工王某于 2010 年 6 月 22 日为贺某投保（贺某与王某为婆媳关系）。经贺某同意后购买 10 年期简易人身保险 15 份，指定受益人为贺某之孙、王某之子 A，时年 12 岁。保险费按月从王某的工资中扣交。交费一年零八个月后，王某与被保险人之子 B 离婚，法院判决 A 随 B 共同生活。离婚后王某仍自愿按月从自己工资中扣交这笔保险费，从未间断。2013 年 2 月 20 日被保险人贺某病故，4 月王某向保险公司申请给付保险金。与此同时，B 提出被保险人是其母亲，指定受益人 A 又随自己共同生活，应由他作为监护人领取这笔保险金。王某认为投保人是她，交费人也是她，而且她是受益人 A 的母亲，也是 A 合法的监护人，这笔保险金应由她领取。保险公司则以王某因离婚而对贺某无保险利益为由拒绝给付保险金。

问题：（1）王某要求给付保险金的请求是否合理？为什么？

（2）B 要求给付保险金的请求是否合理？为什么？

（3）保险公司拒付理由是否成立？为什么？

（4）本案应当如何处理？为什么？

论述题与深度思考题

论保险利益。（考研）

参考答案

名词解释与概念比较

1. 保险是指投保人根据合同约定，向保险人支付保险费，保险人对于合同约定的可能发生的事故，因其发生所造成的财产损失承担赔偿保险金责任，或者当被保险人死亡、伤残、疾病或者达到合同约定的年龄、期限时，承担给付保险金责任的商业保险行为。保证，是指保证人和债权人约定，当债务人不履行债务时，保证人按照约定履行债务或者承担责任的行为。保险和保证都是一种合同关系，也都是对未来偶然事件所致损失的补救方法。但是，两者还是存在较大差异的。两者的区别主要表现在：

保险	保证
保险是保险人与被保险人之间一种独立存在的合同，只要保险关系存在，被保险人就须履行缴纳保险费的义务，保险人也须在发生保险事故时，履行赔偿或给付保险金的义务	保证是一种从属于主合同的从合同，它以主合同的存在为前提。保证人只有在债务人不履行义务或者无法履行义务时，才承担保证责任
在保险中存在强制保险的部分	保证往往建立在个人主观的信任和保证人自愿的基础上
保险人依约赔偿或给付保险金的行为，是履行其应尽的义务，一般情况下是不享有求偿权等权利的，除非财产保险中保险事故的发生是第三者的责任所致	保证人在履行保证义务时，是代他人履行义务，因此，保证人享有先诉抗辩权、代位权和求偿权等权利

2. 保险标的是指作为保险对象的财产及其有关利益或者人的寿命和身体。保险标的是保险保障的目标和实体，是保险合同双方当事人权利和义务所指向的对象。保险标的可以是财产、与财产有关的利益或责任，也可以是人的寿命或身体。

3. 社会保险是国家为保障劳动者的基本生活需要，而运用商业保险的一般原理，强制实施的一种社会保障制度。我们一般所说的保险是指商业保险。所谓商业保险，是指通过订立保险合同运营，以营利为目的的保险形式。社会保险和商业保险尤其在人身保险方面，其目的和功能都在于保障人们的生活安定，但两者的差异也是十分明显的，主要表现在：

社会保险	商业保险
社会保险是国家社会保障制度的一种，目的是为人民提供基本的生活保障，以国家财政支持为后盾，属于政府行为或行政行为	商业保险是一种以营利为目的的经营行为，保险业经营者以追求利润为目的，独立核算、自主经营、自负盈亏，是一种企业行为
社会保险具有强制性，凡是符合法定条件的公民或劳动者，其缴纳保险费用，接受保障，都是由国家立法直接规定的	商业保险依照平等、自愿的原则，是否建立保险关系完全由投保人自主决定
社会保险缴费方式，以政府、企业和劳动者三方共同承担为原则	商业保险尤其是人身保险中的保险费来源于投保人的个人缴纳

4. 人身保险是指以人的生命和身体为保险标的，以被保险人的生死、伤害、疾病或者达到合同约定的年龄、期限作为承担给付保险金条件的保险。人身保险可分为人寿保险（含年金保险）、健康保险和人身意外伤害保险。保险人通过与投保人签订合同，在向投保人收取一定的保险费后，在被保险人因疾病或遭遇意外事故而致伤残或死亡，或保险期满时给付医疗费用或保险金。由于人不能以价值来衡量，所以人身保险和财产保险的区别在于：人身保险不是一种补偿性质的保险，而是一种定额保险。通常情况下，人身保险的保险金额是根据被保险人的需要和缴纳保险费的多少来确定的。人身保险若按人的寿命来分，可分为生存保险、死亡保险和生死两全保险等人寿保险；若按人的身体来分，又可分为健康保险和伤害保险。

5.

原保险	再保险
发生在投保人和保险人之间的法律关系	发生在保险人和保险人之间的法律关系
保险人所接受的危险来自于保险业以外	是承保危险在保险人之间再次转移的法律形式
按危险转移方式又称为第一次保险法律关系	其建立以原保险法律关系为前提，又称为第二次保险法律关系

选择题

（一）单项选择题

1. C。根据保险法的基本原则，道德上的风险不属于保险所涵盖的范围。其他三项如自然风险、责任风险等均属于保险范围。

2. D。社会保险法属于社会立法或劳动立法的范畴，而保险法属于民商事立法范围，两者所处的法律部门不同，因此，社会保险法不属保险法调整范围。

3. C。根据保险法发展历史，保险法最初起源

于海上保险，航运业的发展对保险的产生和发展起到了非常重要的推动作用。

4. A。一般认为，损失补偿原则只适用于财产保险而不适用于人身保险。但是，也有学者指出，人身保险中的意外伤害保险等也具有一定程度上的损失补偿功能。

5. C。保险利益原则的根本目的在于防止道德风险的发生，如果不要求投保人具有保险利益，那么保险事故发生后，投保人不但毫无损失，反而可获得赔偿或保险金，这就会诱使投保人有意促成保险事故发生或故意制造保险事故或者放任保险事故的发生。这与保险的初衷不符。

6. B。保险标的是保险事故指向的对象。从这一角度对保险进行分类，保险可分为财产保险和人身保险。

7. D。通过对保险发展演进历史的研究可知，保险是从海上保险逐步扩展到陆上财产保险，再进一步发展到人身保险的。

8. A。原保险是发生在投保人和保险人之间的法律关系；再保险是发生在保险人和再保险人之间的法律关系。

9. B。从保险法发展的历史来看，法国路易十四的《海事敕令》是欧洲大陆最早的具有现代意义的保险法。

10. C。本题涉及的是重复保险的有关问题。我国保险法规定重复保险的保险金额总和超过保险价值的，各保险人的赔偿金额的总和不得超过保险价值。除合同另有约定外，各保险人按照其保险金额与保险金额总和的比例承担赔偿责任。

11. A。根据我国《保险法》的规定，除该法另有规定或者保险合同另有约定外，保险合同成立后，保险人不得解除保险合同。这一规定主要是出于对保险合同相对方的考虑。

12. B。我国保险法规定，投保人因过失未履行如实告知义务，对保险事故的发生有严重影响的，保险人对于保险合同解除前发生的保险事故，不承担赔偿或者给付保险金的责任，但可以退还保险费。

13. D。禁止抗辩，也称禁止反言，原属英美衡平法上的原则。保险合同是以双方当事人的善意为基础的，禁止抗辩是为了保护信赖保险人行为的善意投保人，而对保险人的权利作出的限制。

14. B。我国法学理论中所称的因果关系，在英美法系的保险法中即称为近因原则。

15. A。我国保险法相关条款规定，保险人在订立保险合同时可以就保险标的或者被保险人的有关情况提出询问，投保人应当如实告知。本题中汪某将与保险标的相关的重要事项进行如实告知的义务应发生在保险合同订立时。

16. A。再保险的标的是原保险人的风险和责任。

17. A。本题考查人身保险责任的承担问题。《保险法》第 46 条规定，被保险人因第三者的行为而发生死亡、伤残或者疾病等保险事故的，保险人向被保险人或者受益人给付保险金后，不享有向第三者追偿的权利，但被保险人或者受益人仍有权向第三者请求赔偿。因此，A 项正确，B、C 项说法错误。第 26 条规定，人寿保险以外的其他保险的被保险人或者受益人，向保险人请求赔偿或者给付保险金的诉讼时效期间为 2 年，自其知道或者应当知道保险事故发生之日起计算。人寿保险的被保险人或者受益人向保险人请求给付保险金的诉讼时效期间为 5 年，自其知道或者应当知道保险事故发生之日起计算。所以 D 项错误。

18. A。本题考查财产保险责任的承担。首先，潘某向保险公司投保了一年期的家庭财产保险，且在保险期内发生了保险事故，所以保险公司依然负有支付保险金的责任。因此，B、D 项错误。《保险法》第 60 条第 1 款规定，因第三者对保险标的的损害而造成保险事故的，保险人自向被保险人赔偿保险金之日起，在赔偿金额范围内代位行使被保险人对第三者请求赔偿的权利。《保险法》第 62 条规定，除被保险人的家庭成员或者其组成人员故意造成本法第 60 条第 1 款规定的保险事故外，保险人不得对被保险人的家庭成员或者其组成人员行使代位请求赔偿的权利。据此可知，本题中保姆属于潘某家庭的其他组成人员，且保姆对保险事故的发生仅存在过失，而非故意，因此，保险公司不得对保姆行使代位请求赔偿的权利。所以，A 项正确。另外，潘某一家外出，嘱托保姆看家。潘某与保姆之间形成了保管合同关系，标的物是家中的财产。因保姆的过错导致潘某家财产被盗，保姆应当承担民法中的违约责任，而不用承担保险法上的保险责任，所 C 项错误。

19. C。《保险法》第 31 条第 1 款规定，投保人对下列人员具有保险利益：（1）本人；（2）配偶、子女、父母；（3）前项以外与投保人有抚养、赡养或者扶养关系的家庭其他成员、近亲属；（4）与投保人有劳动关系的劳动者。

20. A。《保险法》第 42 条规定，被保险人死亡后，有下列情形之一的，保险金作为被保险人的遗产，由保险人依照《中华人民共和国继承法》的规定履行给付保险金的义务：（1）没有指定受益人，或者受益人指定不明无法确定的；（2）受益人先于被保险人死亡，没有其他受益人的；（3）受益人依法丧失受益权或者放弃受益权，没有其他受益人的。受益人与被保险人在同一事件中死亡，且不能确定死亡先后顺序的，推定受益人死亡在先。

（二）多项选择题

1. ABC。从保险法的性质来看，保险法是不具有社会保障的性质的，而服务性、商品性和经济性均属于保险法的性质。

2. ABCD。广义上的保险法是指以保险关系为调整对象的一切法律规范的总称，四个选项均被涵盖其中。狭义的保险法仅指商业保险法，不包括社会保险法。

3. AC。本题涉及保险法适用的地域效力问题。我国《保险法》规定，在中华人民共和国境内从事保险活动，适用本法。由于我国驻外使馆内视同在我国境内，所以保险法也适用于我国驻外使馆内。

4. ABD。在我国，工伤保险关系属于劳动法与社会保障法调整范畴，不属于保险法的调整范畴。

5. ABC。本题中的前 3 项均属于损失说中的不同观点，而经济确保说属于非损失说中的一种观点。

6. AB。在最大诚信原则中，告知和保证是对被保险人提出的要求，而禁止抗辩和弃权是对保险人提出的要求。

7. ABCD。本题考查的是保险利益原则。根据《保险法》第 31 条的规定，投保人对下列人员具有保险利益：（1）本人；（2）配偶、子女、父母；（3）前项以外与投保人有抚养、赡养或者扶养关系的家庭其他成员、近亲属。除前述规定外，被保险人同意投保人为其订立合同的，视为投保人对被保险人具有保险利益。

在这一规定中，将人身保险合同中投保人具有保险利益的情况分为两大类。其一是投保人本人和满足条件的投保人的家庭成员及近亲属；其二是被保险人同意投保人为其订立合同。在本题中，A 项的情况属于被保险人同意投保人为其订立合同的情况，B 项中被保险人为投保人的子女。因此这两项均符合保险利益原则。C 项中钟乳石属于丁公司经营管理的范畴，丁公司对其具有保险利益，因此也符合保险利益原则。

此外，根据《保险法》第 56 条的规定，重复保险的投保人应当将重复保险的有关情况通知各保险人。重复保险的保险金额总和超过保险价值的，各保险人的赔偿金额的总和不得超过保险价值。除合同另有约定外，各保险人按照其保险金额与保险金额总和的比例承担赔偿责任。由此可见，保险法允许投保人实施重复保险行为，因此 D 项也符合保险利益原则。

8. BD。保险人对于投保人故意造成的损失和由于政府法令所造成的损失不承担责任。

9. AD。英国属判例法国家，无商法典；德国商法典未将保险法列入其中。而法国和日本将保险法列入了其商法典中。

10. ABC。我国保险法中规定，国家支持发展为农业生产服务的保险事业，农业保险由法律、行政法规另行规定。因此，对于农业保险未在保险法中作出规定。

11. AD。投保人的错误陈述须对保险事故的发生有重大影响，保险人才可对于保险合同解除前发生的保险事故，不承担赔偿或者给付保险金的责任，但可以退还保险费。如错误陈述的影响不大，则投保人可以告知保险人予以变更，保险人不得解除合同。

12. ACD。《保险法》第 39 条第 2 款规定：投保人指定受益人时须经被保险人同意。投保人为与其有劳动关系的劳动者投保人身保险，不得指定被保险人及其近亲属以外的人为受益人。据此可知，本题中甲指定丙为受益人时须经乙同意。所以 A 项正确。《保险法》第 46 条规定，被保险人因第三者的行为而发生死亡、伤残或者疾病等保险事故的，保险人向被保险人或者受益人给付

保险金后，不享有向第三者追偿的权利，但被保险人或者受益人仍有权向第三者请求赔偿。所以选项B错误。《保险法》第41条规定：被保险人或者投保人可以变更受益人并书面通知保险人。保险人收到变更受益人的书面通知后，应当在保险单或者其他保险凭证上批注或者附贴批单。投保人变更受益人时须经被保险人同意。据此可知，投保人变更受益人的，须经被保险人同意，被保险人变更受益人的，不需要经过投保人同意。所以选项C正确。《保险法》第42条第1款第2项规定，受益人先于被保险人死亡，没有其他受益人的，保险金作为被保险人的遗产，由保险人依照《中华人民共和国继承法》的规定履行给付保险金的义务。据此可知，丙先于乙死亡，则出现保险事故时保险金作为乙的遗产由甲继承，所以选项D正确。

13. BCD。《保险法》第12条第6款规定，保险利益是指投保人或者被保险人对保险标的具有的法律上承认的利益。保险利益的成立需具备三个要件：(1) 必须是法律上承认的利益，即合法的利益；(2) 必须是经济上的利益，即可以用金钱估计的利益；(3) 必须是可以确定的利益。因此，A项正确。《保险法》第12条第1款规定，人身保险的投保人在保险合同订立时，对被保险人应当具有保险利益。所以，B项错误。《保险法》第12条第2款规定，财产保险的被保险人在保险事故发生时，对保险标的应当具有保险利益。因而，C项错误。责任保险的投保人对保险标的应在何时具有保险利益，《保险法》没有给出明确的规定。但是责任保险属于财产保险的一种，应该适用财产保险的相关规定，即适用在保险事故发生时具有保险利益的规定即可。所以，D项错误。

(三) 不定项选择题

1. ABC。保险具有射幸性，对于保险关系当事人来说，保险风险发生与否是不能确定的或者发生的时间不能确定，而不是预先设定的。因此，以风险预定为预设前提不是保险的要素。

2. ABCD。本题中的四个选项即为保险与救济之间的主要区别。

3. BD。保险法具有分散危险的职能而不是集中危险的职能；保险法也不具有预测危险的职能。

4. A。最大诚信原则在保险领域中的运用，最早可追溯到海上保险的初期。由于当时的通信等方面条件的限制，如果一方当事人以欺诈的手段订立合同，将使对方遭受重大损失，所以要求双方当事人必须有超出一般合同的诚实信用。

5. CD。强制保险以国家的法律法规为保证；而自愿保险以当事人的自由意志为基础。

简答题

1. 近因原则是英美法中经常使用的一个概念，在我国法律中习惯上称为因果关系。近因原则是指保险人按照约定的保险责任范围承担责任时，其所承保危险的发生与保险标的的损害之间必须存在因果关系。所谓“近因”指直接促成结果的原因，效果上有支配力或有效的原因，并非指时间上最接近损失的原因。在损失的原因有两个以上，且各个原因之间的因果关系尚未中断的场合，最先发生并造成一连串事故的原因为近因。因果关系的出现有两种情况：第一，单一原因造成的损失。如果这一危险事故属于保险责任范围，保险人应承担损失，反之拒赔。第二，数种原因造成的事故，可分为三种情况。其一，多种原因同时发生。如同时发生的原因都是保险事故，保险人应赔偿损失，反之拒赔。如果同时发生的原因既有保险事故，又有除外责任，保险人仅负责赔偿保险事故造成的损失。其二，多数原因连续发生。一般以最近的、最有效的原因为主因。如果后因是前因直接而自然的结果，或合理的连续，或属于前因自然延长的结果，则以前因为主因。保险人是否负赔偿责任取决于主因是否属于保险事故。其三，多种原因间断发生。造成损失的危险事故先后出现，但前因与后因之间不相关联，后发生的危险是完全独立的一个原因。在这种情况下，如属于保险事故造成的损失，保险人应负赔偿责任。

2. 损失补偿原则是指当保险事故发生，使被保险人遭受损失时，保险人在其责任范围内对被保险人所遭受的实际损失进行赔偿。损失补偿原则由保险的经济补偿性质所决定，它最直接地体现了保险的经济补偿职能。其主要含义有以下两方面：第一，被保险人只有遭受约定的保险危险所造成的损失时才能获得赔偿。如果有危险无损失，或者虽有损失，但并非合同约定的保险事故所引起，则保险人无须进行赔偿；第二，补偿的量应该等于实际损失的量，即保险人的补偿恰好能使保险标的恢复到保险事故发生前的状况。

损失补偿的范围包括：第一，保险事故发生时保险标的的实际损失；第二，合理费用；第三，其他费用。

此外，损失补偿原则虽然是保险的基本原则之一，但是在保险实践中仍存在一些例外情况，如人身保险的例外、定值保险的例外、重置保险的例外等。

案例分析题

1. 本案主要体现了保险法基本原则中最大诚信原则的要求。最大诚信原则是诚实信用原则在保险法中的具体体现。鉴于保险关系的特殊性，保险活动对于诚实信用程度的要求远远大于其他民事活动，要求投保人、保险人都必须做到最大限度的诚实与信用。因为保险合同是射幸合同，保险危险是不确定的，保险人主要依靠投保人对保险标的的告知和保证来决定是否承保和保险费率的高低。如果投保人存在欺诈或者隐瞒的行为，就有可能导致保险人判断上的失误，给保险人造成很大的风险。因此保险合同又被称为最大诚信合同。在保险实践中，投保人遵守最大诚信原则主要体现在如实告知和履行保证上，而保险人遵守最大诚信原则主要体现在弃权与禁止抗辩。

本案中，被告保险公司认为原告刘某为35万元的宝马轿车投保100万元的车辆损失险，且在投保时未履行如实告知的义务，存在欺诈行为。对于本案中原告的行为是否构成欺诈，有两种观点：一种观点认为：原告将仅价值35万元的轿车投保100万元车辆损失险，且在投保过程中没有将购车的实际价格告知保险人，违反了保险法最大诚信原则中关于如实告知义务的要求，确有欺诈之嫌，应当允许保险公司以此为由解除保险合同。另一种观点认为：原告虽然没有告知保险人其购车价格，存在隐瞒事实的行为，未履行如实告知义务，但是被告保险公司作为长期从事保险业务的专业保险公司，其应当具有相当的专业判断能力。在原告投保100万元的车辆损失险时，被告也应当遵守最大诚信原则的要求，对保险合同进行认真审查，否则，应视为其对保险合同撤销权的放弃。因此，保险公司不能以原告存在隐瞒行为为由解除合同。我们支持第二种观点。

2. (1) 王某要求给付保险金的请求不合理。因为在人身保险合同中，由被保险人与投保人指定的受益人享有保险金请求权。而在本案中，王某虽然是投保人，但她并非受益人，因此王某无权请求给付保险金。

(2) B要求给付保险金的请求是合理的。因为虽然B不是保险合同的受益人，但他是受益人A的抚养人和法定监护人，他有权代表A行使相应的权利。所以B虽然无保险金请求权，却有权要求保险公司给付保险金。

(3) 保险公司拒付理由不成立。因为人身保险不同于财产保险。只要投保人在订立保险合同时对被保险人具有保险利益，就应当认定保险有效，而不必追究保险事故发生时，投保人对被保险人是否仍然存在保险利益。本案中，王某在投保时征得了被保险人贺某的同意，则视为王某对贺某存在保险利益；而在保险事故发生之时，王某由于与贺某之子离婚而对贺某无保险利益已经不影响保险合同的效力了。

(4) 基于以上分析，本案中，保险公司应当按照保险合同的约定支付保险金。王某对保险金无请求权，保险金应当付给A。由于A是未成年人，B作为A的法定监护人和抚养人，可以代A领取这笔保险金。

论述题与深度思考题

保险利益是指投保人对保险标的具有的法律上承认的利益，即在保险事故发生时，可能遭受的损失或失去的利益。投保人对保险标的必须具有可保利益，把与自己没有利害关系的项目投保，企图在事故发生后取得赔偿是违背保险利益原则的，法律不予保护。保险利益作为合同生效的重要条件，主要包含两方面含义：第一，只有对保险标的具有保险利益的人才能成为投保人；第二，保险利益是保险合同生效的依据。

保险利益包括财产利益和人身利益。对于财产保险合同，一般来讲，凡因财产发生危险事故可能遭受损失的人，均对该财产具有一定的保险

利益，包括财产所有人或经营管理人以及对某项财产有直接利害关系的人。对于人身保险合同，保险法规定投保人对下列人员具有保险利益：（1）本人；（2）配偶、子女、父母；（3）前项以外与投保人有抚养、赡养或者扶养关系的家庭其他成员、近亲属；（4）与投保人有劳动关系的劳动者。除此以外，被保险人同意投保人为其订立合同的，视为投保人对被保险人具有保险利益。财产保险合同一般要求保险利益在订约时必须存在，并且保险事故发生时，保险利益必须存在，否则，不能取得保险赔偿；而人身保险合同一般要求投保人在保险合同成立之日对保险标的具有保险利益，以后投保人丧失保险利益的，并不影响保险合同的效力。

保险合同的成立必须以保险利益的存在为前提，其目的在于：第一，遏止赌博行为的发生；第二，防止道德危险发生；第三，保险利益是保险赔偿的最高限额。

保险利益可以转移和消灭。（1）保险利益的转移，是指在保险合同有效期内，投保人将保险利益转移给受让人。保险利益的转移分为继承、转让和破产三种情形。①在继承的情形下，在财产保险方面，被保险人死亡时，除保险合同另有约定外，保险利益原则上因继承而转移给继承人，即保险合同仍为继承人的保险利益继续存在。而人身保险在多数情况下不存在保险利益转移的问题，只有当投保人死亡，而投保人与被保险人不是同一人时，如果对被保险人的利益并非投保人所专有，则应该认为人身保险合同仍可为继承人的利益而继续存在。②在转让的情形下，在财产保险中，保险利益是否因保险标的转让而转移，各国法律规定并不一致。我国仅承认运输货物保险的保险标的转让后，保险利益才自动随之转移，且当保险合同有明确约定时，要依其约定。在人身保险中，除因存在债权债务关系而订立的人身保险合同可随债权一同转让外，其他人身保险合同的保险利益不得因转让而移转。③在破产的情形下，在财产保险中，投保人破产时，其保险利益转移给破产债权人，保险合同仍为破产债权人的利益而存在，但通常有一定的时间限制。在人身保险中，投保人破产对保险合同并无影响。（2）保险利益的灭失，是指在保险合同成立后，因为发生某种法律事实而引起投保人或被保险人丧失对保险标的所具有的利害关系。在财产保险中，保险标的灭失，保险利益即归消灭。在人身保险中，投保人和被保险人之间丧失构成保险利益的各种利害关系时，原则上保险利益也随之消灭，但在人寿保险方面中，存在例外情况。（具体论述可参见李玉泉．保险法．2版．75～86页．北京：法律出版社，1997。）

第二十一章　保险合同总论

知识逻辑图

- 保险合同总论
  - 保险合同
    - 概念：投保人与保险人约定保险权利义务关系的协议
    - 特征
      - 诺成合同
      - 非要式合同
      - 双务合同
    - 分类
      - 依保险标的
        - 财产保险合同
        - 人身保险合同
      - 依保险合同的订立是否出于当事人的自愿
        - 自愿保险
        - 强制保险
      - 依危险转移的方式
        - 原保险
        - 再保险
      - 依保险人承保危险的范围
        - 特定危险保险
        - 一切危险保险
      - 依保险人人数
        - 单保险
        - 复保险
  - 保险合同的订立
    - 保险的订立程序
      - 投保
      - 承保
    - 保险订立过程中的缔约义务
      - 保险人的义务
        - 对合同条款的说明义务
        - 提请对方注意的义务
      - 投保人的义务：如实告知的义务
  - 保险合同的内容与形式
    - 保险条款的分类
      - 基本条款和附加条款
      - 任意条款和法定条款
    - 保险条款的解释
      - 英美法上的解释原则
      - 我国保险法的解释原则
    - 保险的形式
      - 保险单
      - 暂保单
      - 保险凭证
      - 批单
  - 保险合同的效力
    - 保险合同生效要件
      - ①当事人应当具有法定的缔约资格
      - ②双方当事人的意思表示真实一致
      - ③订立保险合同不得违反法律和社会公共利益
      - ④订立保险合同所采取的形式应当符合法律的强制性规定和保险业规则

- 保险合同总论
  - 保险合同的效力
    - 保险合同效力的变更
      - 合同主体的变更
      - 合同内容的变更
    - 保险效力的解除
      - 保险效力解除的条件
        - ① 解除保险合同，必须在法律规定或当事人约定的范围内
        - ② 保险合同当事人必须依法行使解除权
        - ③ 解除保险合同应当存在着法定或合同约定的事由
        - ④ 行使保险合同解除权，应当遵守法定的时效期限
      - 保险效力解除的后果
    - 保险效力的中止和复效
      - 保险效力中止：投保人支付首期保险费后，投保人超过规定的期限 60 日未支付当期保险费的，合同效力中止
      - 保险复效：合同效力中止的，投保人补交保险费，并与保险人达成书面协议后，合同效力恢复

名词解释与概念比较

1. 保险价值
2. 暂保单
3. 自愿保险合同与强制保险合同
4. 一切危险保险合同

选择题

（一）单项选择题

1. 在一份保险合同履行过程中，当事人就合同所规定的“意外伤害”条款的含义产生了不同理解：投保人认为其所受伤害应属于赔付范围，保险公司则认为投保人所受伤害不属于赔付范围。两种理解各有其理。在此情形下，法官应当如何解释条款的含义？（　　）

A. 按照通常含义进行解释

B. 按照公平原则进行解释

C. 按照法理进行解释

D. 按照对保险公司不利的原则进行解释

2. 保险人对保险合同中的保险责任免除条款未向投保人明确说明的，产生下列哪一后果？（　　）

A. 保险合同无效

B. 该条款不产生效力

C. 对该条款作不利于保险人的解释

D. 可以减少投保人的保险费

3. 除人寿保险外，其他类型的保险请求赔偿或给付保险金的权利的时效为（　　）。

A. 1 年　　B. 2 年

C. 10 年　　D. 20 年

4. 在下列保险合同中，属于给付性保险合同的是（　　）。

A. 家庭财产保险合同

B. 货物运输保险合同

C. 意外伤害保险合同

D. 人寿保险合同

5. 在保险事故发生后，被保险人为减少保险标的的损失而支付的合理费用，应当由（　　）承担。

A. 被保险人　　B. 受益人

C. 投保人　　D. 保险人

6. 下列主体中，有权变更受益人的是（　　）。

A. 被保险人　　B. 保险人

C. 变更前的受益人　　D. 保险经纪人

7. 下列合同类型中，必然会存在给付保险责任的是（　　）。

A. 意外伤害保险合同

B. 责任保险合同

C. 定期死亡保险合同

D. 生死两全保险合同

8. （　　）是保险单的简化形式，其法律效力与保险单等同。

A. 投保单　　B. 保险合同

C. 要保书　　D. 暂保单

9. 根据我国保险法的有关规定，保险责任期限是从保险合同生效的(　　)开始。

A. 次日零时　　B. 当天零时

C. 当时　　D. 一日后

10. 由于保险事故的发生具有偶然性的特点，而使保险合同具有(　　)。

A. 双务性　　B. 要式性

C. 诺成性　　D. 射幸性

11. 根据保险法的有关原理，在发生保险事故时，再保险人应当对(　　)负责。

A. 原被保险人　　B. 受益人

C. 原保险人　　D. 原投保人

12. 王某为其经营的企业投保了企业财产保险，在保险期限内，王某为了周转资金，现将其企业转让给刘某，则下列做法中正确的是：(　　)。

A. 应当通知保险公司，原保险合同继续有效

B. 应当通知保险公司，经保险公司同意继续承保后，原保险合同继续有效

C. 无须通知保险公司，原保险合同继续有效

D. 应当通知保险公司，经保险公司同意继续承保后，依法变更合同

13. 下列哪种保险合同因保险标的转让而变更合同时不需要征得保险人的同意，只要通知保险人即可？(　　)

A. 人寿保险合同

B. 货物运输保险合同

C. 家庭财产保险合同

D. 责任保险合同

14. 郝某与保险公司订立了一份健康保险合同，并于签订合同当天交付了全部保险费。后保险公司一直未将保险单交付郝某。郝某于保险合同签订6日后因胃出血住院治疗，则依据保险法的有关规定，(　　)。

A. 保险合同因保险公司未签发保险单而无效

B. 保险合同因保险公司未签发保险单而自动解除

C. 保险合同因保险公司未签发保险单而撤销

D. 虽然保险公司未签发保险单，但保险合同仍然有效，保险公司应当按合同约定承担给付责任

15. 贾某于2011年7月9日填写了要保书，保险公司与贾某于2011年7月13日达成协议并于当日签字、盖章，表示同意承保。保险公司于2011年7月15日签发了保险单，贾某于2011年7月16日收到。那么，此保险合同成立的时间是(　　)。

A. 2011年7月9日　　B. 2011年7月13日

C. 2011年7月15日　　D. 2011年7月16日

16. 在财产保险合同中，如果保险金额超过了保险价值，则(　　)。

A. 该保险合同为无效合同

B. 保险人有权自行修改合同，使保险金额与保险价值相符

C. 超过保险价值的部分无效，但不影响其他部分的效力

D. 对该保险合同的效力不产生影响

17. M公司是一家中外合资企业，在选择企业投保的保险公司时，它(　　)。

A. 既可以向中国境内的保险公司投保，又可以向境外的保险公司投保

B. 仅向中国境内的保险公司投保

C. 同等条件下，优先向中国境内的保险公司投保

D. 由有关保险业管理部门批准，可以向境内或境外的保险公司投保

18. 下列义务中，哪一项是投保人所应履行的最基本的义务？(　　)

A. 支付保险费的义务

B. 如实告知的义务

C. 保险标的危险增加通知的义务

D. 保险事故发生后及时通知的义务

19. 甲公司将其财产向乙保险公司投保。因甲公司要向银行申请贷款，乙公司依甲公司指示将保险单直接交给银行。下列哪一表述是正确的？(　　)(司考)

A. 因保险单未送达甲公司，保险合同不成立

B. 如保险单与投保单内容不一致，则应以投保单为准

C. 乙公司同意承保时，保险合同成立

D. 如甲公司未缴纳保险费，则保险合同不成立

20. 甲公司代理人谢某代投保人何某签字，签订了保险合同，何某也依约交纳了保险费。在保险期间内发生保险事故，何某要求甲公司承担保

险责任。下列哪一表述是正确的？（　　）（司考）

A. 谢某代签字，应由谢某承担保险责任

B. 甲公司承保错误，无须承担保险责任

C. 何某已经交纳了保险费，应由甲公司承担保险责任

D. 何某默认谢某代签字有过错，应由何某和甲公司按过错比例承担责任

（二）多项选择题

1. 下列关于保险合同特征的表述中哪些是正确的？（　　）（司考）

A. 保险合同是射幸合同

B. 保险合同是格式合同

C. 保险合同是双务合同

D. 保险合同是诺成合同

2. 根据我国《保险法》的有关规定，下列哪些合同，在保险责任开始后，合同当事人就不得解除合同？（　　）

A. 运输工具航程保险合同

B. 货物运输保险合同

C. 家庭财产保险合同

D. 意外伤害保险合同

3. 下列关于保险合同原则的哪些表述是错误的？（　　）（司考）

A. 自愿原则是指保险当事人双方可以自由决定保险范围和保险费费率

B. 保险利益原则的根本目的是有效弥补投保人的损失

C. 近因原则中的近因是指造成保险标的损害的主要的、决定性的原因

D. 最大诚信原则对保险人的主要要求是及时、全面地赔付保险金

4. 下列选项中，属于人身保险合同主体的是（　　）。

A. 投保人　　B. 保险经纪人

C. 保险人　　D. 受益人

5. 下列选项中，不能成为投保人的是（　　）。

A. 对保险标的不具有保险利益的人

B. 限制民事行为能力人

C. 无民事行为能力人

D. 10岁女孩的监护人

6. 当被保险人未按照保险合同的约定履行其对保险标的应尽的安全责任时，保险人（　　）。

A. 可以要求被保险人增加保险费，但是不得解除合同

B. 可以解除合同，但是必须征得被保险人的同意

C. 可以要求增加保险费

D. 可以解除合同

7. 李某与保险公司订立了重大疾病保险合同，该合同属于（　　）。

A. 人身保险合同

B. 给付性保险合同

C. 补偿性保险合同

D. 责任保险合同

8. 在保险责任开始前，投保人要求解除保险合同的，（　　）。

A. 投保人无须支付任何费用，但只能要求退还保险单的现金价值

B. 投保人应当向保险人支付手续费

C. 保险人可以退还全部保险费

D. 保险人应当退还全部保险费

9. 下列选项中，投保人可以将其作为被保险人进行投保的有（　　）。

A. 子女

B. 配偶

C. 与其有抚养关系的近亲属

D. 相处很好的邻居

10. 赵某投保了疾病保险，后因突发脑溢血致半身瘫痪，则保险公司所给付的保险金应当补偿（　　）。

A. 赵某身体恢复阶段所需的营养费用

B. 赵某瘫痪前所欠债务

C. 赵某因瘫痪而减少的生活收入

D. 赵某的医疗费用

11. 下列选项中，可以导致保险合同终止的是（　　）。

A. 保险合同解除

B. 保险期限届满

C. 保险公司与另一家保险公司合并

D. 被保险标的灭失

12. 2010年7月，陈某为其母投保人身保险时，为不超过保险公司规定的承保年龄，在申报被保险人年龄时故意少报了二岁。2012年9月保

险公司发现了此情形。对此，下列哪些选项是正确的？（　　）（司考）

A. 保险公司有权解除保险合同，但需退还投保人已交的保险费

B. 保险公司无权解除保险合同

C. 如此时发生保险事故，保险公司不承担给付保险金的责任

D. 保险人有权要求投保人补交少交的保险费，但不能免除其保险责任

13. 依据《保险法》规定，保险合同成立后，保险人原则上不得解除合同。下列哪些情形下保险人可以解除合同？（　　）（司考）

A. 人身保险中投保人在交纳首期保险费后未按期交纳后续保险费

B. 投保人虚报被保险人年龄，保险合同成立已 1 年 6 个月

C. 投保人在投保时故意未告知投保汽车曾遇严重交通事故致发动机受损的事实

D. 投保人未履行对保险标的安全维护之责任

（三）不定项选择题

1. 下列合同中存在受益人的有：（　　）。

A. 海上保险合同　　B. 财产保险合同

C. 责任保险合同　　D. 人身保险合同

2. 当保险人与投保人、被保险人或者受益人对保险合同中的格式条款产生争议时，对合同条款有两种以上解释的，人民法院或者仲裁机关应当如何解释？（　　）

A. 作出有利于投保人的解释

B. 作出有利于保险人的解释

C. 作出有利于被保险人的解释

D. 作出有利于受益人的解释

3. 投保人的下列行为中，可以被认定为保险欺诈的是（　　）。

A. 虚构保险标的

B. 虚构保险事故

C. 因过失而错误陈述

D. 超额投保

4. 财产保险合同的保险标的在合同履行过程中发生保险事故，导致保险标的部分损失，则（　　）。

A. 保险人可以终止合同

B. 投保人可以终止合同

C. 保险人终止合同的，应将保险标的未受损部分的保险费，扣除自保险责任开始之日起至保险合同终止之日止期间的应收部分

D. 保险人终止合同的，应当提前 15 天通知投保人

5. 甲新买了一辆轿车，并与保险公司签订了一份车辆保险合同。在下述情形中，保险公司可以与甲解除保险合同的有：（　　）。

A. 甲在投保过程中因过失而致陈述有误，但该错误陈述不足以影响保险公司是否承保或提高保险费

B. 甲故意隐瞒事实，不履行如实告知义务

C. 甲虚构保险事故，向保险公司提出支付保险金的请求

D. 在合同有效期内，该保险合同标的的危险程度增加

6. 下述选项中，在保险事故发生后对保险人负有通知出险情况义务的人有（　　）。

A. 投保人　　B. 被保险人

C. 受益人　　D. 保险经纪人

7. 保险合同被认定为无效后，产生的法律效果有：（　　）。

A. 有过错的一方承担赔偿损失责任

B. 保险人承担返还保险费责任

C. 各方当事人维持无效时之状态

D. 投保人、被保险人、受益人等承担返还保险金责任

8. 构成意外伤害保险中的意外伤害所需具备的条件包括（　　）。

A. 必须是外来的或外界原因造成的事故

B. 必须是不可预料的事故

C. 必须是突然发生的事故

D. 必须是自然原因造成的事故

简答题

1. 简述保险合同条款的解释原则。（考研）

2. 简述保险合同的复效。

3. 简述保险合同的特征。（考研）

案例分析题

1. 案情：高女士为自己向保险公司投保了重大疾病险，保险公司予以承保，高女士交纳了保险费，保险公司签发了保险单，双方保险合同成立。高女士在保险期限内患病，经三家医院诊断，一致认为其患有急性心肌梗塞。高女士心想自己刚好有保险，算是不幸中的万幸，随即向保险公司提出理赔，要求保险公司给付保险金。保险公司明确答复：拒绝给付。保险公司认为高女士虽患心肌梗塞，但其病不符合其保险条款中关于“心肌梗塞应同时具备的 3 项医学指标”的要求，根据合同规定，如不能同时具备上述 3 项医学指标，保险公司应当免除赔付的责任。通过法医鉴定得出了不利于高女士的结论：她所患的心肌梗塞确有一项不符合保险条款规定的指标。高女士却认为，在订立合同时保险公司并未对“心肌梗塞应同时具备的 3 项医学指标”规定作出说明，自己并不知道这 3 项指标的医学含义，因此该项条款无效。特别是该份保险单在字面上没有对保险公司的免责条款作出着重说明，未作清楚的交代。保险公司辩解说，订立合同时，本公司已将免责条款对投保人进行了口头说明，该免责条款是有效的。(考研)

问题：本案保险合同是否有效？保险公司应否承担赔偿责任？

2. 案情：张某为其未成年的儿子向某保险公司投“儿童平安险”。双方在协商过程中，保险公司告知张某在人寿保险的格式合同上，载有“合同以被保险人身体检查合格为生效要件”的条款。张某在合同文本上签了字，并缴纳了合同约定的保险费。但是，在张某带其子去医院体检的路上发生了车祸，其子不幸身亡。张某向保险公司请求支付保险金，被保险公司拒绝。对于本案，有两种不同的意见：一种意见认为保险公司不应当支付保险金，因为保险合同尚未生效；另一种意见认为保险公司应当支付保险金，因被保险人的死亡与体检是否通过没有关系。(考研)

问题：你支持哪一种意见？请说明你的法律及法理依据。

3. 案情：2010 年 10 月 9 日，王某向甲保险公司投保了家庭财产保险及附加盗窃险，保险金额为5 000元，保险期限自 2010 年 10 月 10 日零时起至 2011 年 10 月 9 日 24 时止。甲保险公司向其出具了保险单。2010 年 10 月 20 日，王某所在单位用福利基金为每个员工在乙保险公司投保了家庭财产保险及附加盗窃险，每人的保险金额均为6 000元，保险期限自 2010 年 10 月 21 日零时起至 2011 年 10 月 20 日 24 时止。乙保险公司也为王某出具了保险单。2010 年 12 月 24 日，王某家中失窃。王某发现后立即向其家所在地的公安派出所报案，并同时通知了甲、乙两家保险公司。公安派出所经勘查认定：王某被盗物品价值共计4 500元。因一直未能破案，王某向两家保险公司提出赔偿要求。两家保险公司均以王某系重复保险为由，认为其签订的保险合同无效，拒不赔偿。王某无奈，向法院提起诉讼。

问题：本案应如何处理？

论述题与深度思考题

1. 论保险人的说明义务。(考研)
2. 论保险合同的解除。(考研)

参考答案

名词解释与概念比较

1. 保险价值是指保险当事人约定的保险标的的价值。确定保险价值的方式一般有两种：第一，根据合同订立时保险标的的实际价值确定，即由双方当事人在订立保险合同时，在合同中约定；第二，根据保险事故发生时保险标的的市场价值确定。保险合同约定保险价值的，称为定值保险；反之，则称为不定值保险。

2. 暂保单又称临时保单，是指保险人在向投保人签发正式保险单或保险凭证之前所出具的一种临时性单证。暂保单的内容较为简单，仅表明投保人已经办理了保险手续，并等待保险人出具正式保险单。暂保单具有和正式保险单同等的法律效力，但一般暂保单的有效期不长，通常不超过 30 天。当正式保险单出立后，暂保单就自动失效。保险人也可以提前终止暂保单的效力，但应事先通知投保人。

3.

自愿保险合同	强制保险合同
合同的订立是基于投保人与保险人自愿协商	合同的订立是基于国家法律的规定
合同订立过程体现了双方当事人的自由意志，双方当事人有订约的自由，也有不订约的自由	合同订立过程体现了国家法律的强制性，投保人有义务投保特定险种，保险人负有承保的责任
范围十分广泛，受到的限制相对较少	由于其某种程度上体现了国家对个人意志的干涉，所以其范围受到严格的限制

4. 一切危险保险合同是指保险人承保除了除外责任条款约定的危险以外的一切危险的保险合同。在一切危险保险合同中，除外责任条款中规定的危险是界定保险人保险责任的根据，凡未列入除外责任条款中的危险都是保险人承保的危险。

选择题

（一）单项选择题

1. D。根据保险法的规定，对于保险合同的条款，保险人与投保人、被保险人或者受益人有争议时，人民法院或者仲裁机关应当作有利于被保险人和受益人的解释。这体现了对投保人利益的保护和对保险人权利的限制。

2. B。根据我国保险法的规定，保险合同中规定有关于保险人责任免除条款的，保险人在订立保险合同时应当向投保人明确说明，未明确说明的，该条款不产生效力。这一规定是为了保护投保人的权益，防止保险人不当利用免责条款损害投保人的合法权益。

3. B。根据我国保险法的规定，人寿保险以外的其他保险的被保险人或者受益人，向保险人请求赔偿或者给付保险金的权利，自其知道保险事故发生之日起 2 年不行使而消灭。

4. D。由于作为人身保险合同标的的人的生命或身体无法用经济价值加以衡量，被保险人所遭受的人身伤害客观上是不能获得真正的“补偿”的，所以，一般情况下，人身保险合同属于给付性合同。人寿保险合同属于人身保险合同，也属于给付性保险合同。意外伤害保险合同是人身保险合同中少数的具有补偿性质的合同。A、B 两项均为财产保险合同，属于补偿性合同。

5. D。我国保险法规定，保险事故发生时，被保险人有责任尽力采取必要的措施，防止或者减少损失。保险事故发生后，被保险人为防止或者减少保险标的的损失所支付的必要的、合理的费用，由保险人承担。被保险人履行减损的义务，是出于减少保险标的的损失，进而减轻保险人的赔偿义务的目的，因此，由此产生的必要、合理的费用应当由保险人承担。这里须注意应为必要、合理的费用，如费用不必要、不合理，保险人可拒绝承担。

6. A。被保险人在指定受益人后，仍有权利加以变更，受益人不得反对。但这种情况只限于被保险人指定受益人而保留处分权的场合。如果被保险人已经声明放弃处分权，一般不允许变更其指定的受益人。

7. D。生死两全保险以被保险人在保险期限内死亡或期满生存为条件，都可获得保险金的一种保险。因此，无论被保险人生死，保险人都存在给付保险金责任。

8. D。暂保单是保险单或保险凭证签发之前，保险人发出的临时单证，是保险单的简化形式。在发生保险事故时，暂保单与保险单具有相同的法律效力。

9. B。保险责任期限是从保险合同生效的当天零时开始的，在确定保险责任时应当注意其保险责任开始的时间。

10. D。保险合同的射幸性来自于保险事故发生的偶然性。

11. C。再保险关系的双方当事人是原保险人和再保险人，因此，在发生保险事故时，再保险人是对原保险人负责，而不是直接对投保人或被保险人负责。

12. D。我国保险法规定，保险标的的转让应当通知保险人，经保险人同意继续承保后，依法变更合同，但是，货物运输保险合同和另有约定的合同除外。本题中王某投保的企业财产保险不属于除外条款范围。

13. B。保险法规定，保险标的的转让应当通

知保险人，经保险人同意继续承保后，依法变更合同，但是，货物运输保险合同和另有约定的合同除外。

14. D。除另有规定外，保险合同自成立之日起生效。郝某与保险公司订立了保险合同且交付了全部保险费，保险公司未能及时交付保险单不影响保险合同的效力。保险合同已经生效，保险公司应当按合同约定承担责任。因此，本题中保险公司怠于交付保险单的行为不影响保险合同的生效，其应当承担责任。

15. B。保险合同的成立以投保人提出保险要求，经保险人同意承保，并就保险合同的条款达成协议为标志。

16. C。根据我国保险法的有关规定，保险金额总和超过保险价值的，保险人的赔偿金额不得超过保险价值。可见，保险合同中保险价值以内部分是有效的，保险人应当予以赔偿；超额部分无效，无须赔偿。保险人无权自行修改合同。

17. B。我国保险法规定，在中华人民共和国境内的法人和其他组织需要办理境内保险的，应当向中华人民共和国境内的保险公司投保。

18. A。支付保险费是投保人所应履行的最基本的义务，只有履行了支付保险费的义务，保险关系才可能成立，后续的其他义务才可能产生。

19. C。《保险法》第13条第1款规定："投保人提出保险要求，经保险人同意承保，保险合同成立。保险人应当及时向投保人签发保险单或者其他保险凭证。"可见，保险合同的成立与保险单的交付无关，故A项错误。本题中，甲公司提出投保要求，乙公司同意承保，保险合同成立，故C项正确。《保险法司法解释（二）》第14条规定，投保单与保险单或者其他保险凭证不一致的，以投保单为准。但不一致的情形系经保险人说明并经投保人同意的，以投保人签收的保险单或者其他保险凭证载明的内容为准。故B项错误。《保险法》第14条规定："保险合同成立后，投保人按照约定交付保险费，保险人按照约定的时间开始承担保险责任。"一般而言，保险合同成立后，投保人按照约定交付保险费，投保人未缴纳保险费，并不影响保险合同的成立，故D项错误。

20. C。《保险法司法解释（二）》第3条第1款规定："投保人或者投保人的代理人订立保险合同时没有亲自签字或者盖章，而由保险人或者保险人的代理人代为签字或者盖章的，对投保人不生效。但投保人已经交纳保险费的，视为其对代签字或者盖章行为的追认。"因此，保险合同成立并且生效。《保险法》第14条规定："保险合同成立后，投保人按照约定交付保险费，保险人按照约定的时间开始承担保险责任。"因此，保险事故发生后，应当由甲公司承担责任，故C项正确。本题中，保险合同有效成立，谢某及甲公司都无缔约过失，不存在缔约过失责任问题，故A、B、D项均错误。

（二）多项选择题

1. ABCD。一般来说，保险合同的特征可分为以下几个方面：（1）保险合同是射幸合同；（2）保险合同是最大诚信合同；（3）保险合同是格式合同；（4）保险合同是双务、有偿合同；（5）保险合同是非要式合同；（6）保险合同是诺成性合同。

2. AB。我国保险法规定，货物运输保险合同和运输工具航程保险合同，保险责任开始后，合同当事人不得解除合同。

3. ABD。保险当事人不可以完全自由决定保险范围和保险费费率，而是在保险险种和保险条款等方面受到保险监督管理机构的约束，所以A选项错误。保险利益原则是指投保人或被保险人对保险标的具有的法律上认可的利益，遵循保险利益原则的主要目的在于限制损害补偿的程度，避免将保险变为赌博行为，防止诱发道德风险。因此，B选项错误。最大诚信原则是指保险合同当事人订立合同时及合同有效期内，应依法向对方提供足以影响对方作出订约与履约决定的全部实质性重要事实，同时绝对信守合同订立的约定与承诺。由此可见，D选项错误。

4. ACD。保险经纪人是保险合同的辅助人，不是保险合同的主体；其他3项均为人身保险合同的主体。

5. ABC。要成为投保人需具备以下三个条件：第一，须具备完全民事行为能力；第二，须对保险标的有保险利益；第三，承担交付保险费的义务。

6. CD。我国保险法规定，投保人、被保险人未按照约定履行其对保险标的安全应尽的责任的，保险人有权要求增加保险费或者解除合同。这一规定的目的在于督促被保险人履行合同义务，维护保险人的合同权益。

7. AC。重大疾病合同属于人身保险合同的范畴。大多数的人身保险合同都属于给付性合同，但重大疾病保险合同属例外情形，属于补偿性合同，主要是补偿医疗费用的实际损失。

8. BD。保险法规定，保险责任开始前，投保人要求解除合同的，应当向保险人支付手续费，保险人应当退还保险费。须注意，这一规定采用了“应当”的表述，为强制性规定。

9. ABC。投保人对前三项中的当事人均具有保险利益，而对于第四项中的当事人不具有保险利益。根据保险利益原则，D项不选。

10. CD。本题考查的是疾病保险保险金的给付范围问题。疾病保险从补偿的性质上来看，主要是补偿被保险人在接受治疗的过程中的直接医疗费用支出，责任范围也包括工资收入损失、业务利益损失等方面。

11. ABD。保险合同终止包括以下三种情形：第一，保险合同有效期届满；第二，给付义务全部履行；第三，财产保险的保险标的发生部分损失，保险人履行了赔偿义务。

12. BD。《保险法》第16条第3款规定，投保人因违反如实告知义务致保险人享有的合同解除权，自保险人知道有解除事由之日起，超过30日不行使而消灭。自合同成立之日起超过2年的，保险人不得解除合同；发生保险事故的，保险人应当承担赔偿或者给付保险金的责任。本题中，合同成立已超过2年，保险人不得解除合同，发生保险事故的，保险人应当承担赔偿或者给付保险金的责任。因此选项A、C错误，选项B正确。《保险法》第32条第2款规定，投保人申报的被保险人年龄不真实，致使投保人支付的保险费少于应付保险费的，保险人有权更正并要求投保人补交保险费，或者在给付保险金时按照实付保险费与应付保险费的比例支付。所以选项D正确。

13. BCD。本题考查保险合同的解除。《保险法》第36条规定，合同约定分期支付保险费，投保人支付首期保险费后，除合同另有约定外，投保人自保险人催告之日起超过30日未支付当期保险费，或者超过约定的期限60日未支付当期保险费的，合同效力中止，或者由保险人按照合同约定的条件减少保险金额。被保险人在前款规定期限内发生保险事故的，保险人应当按照合同约定给付保险金，但可以扣减欠交的保险费。第37条规定，合同效力依照本法第36条规定中止的，经保险人与投保人协商并达成协议，在投保人补交保险费后，合同效力恢复。但是，自合同效力中止之日起满2年双方未达成协议的，保险人有权解除合同。保险人依照前款规定解除合同的，应当按照合同约定退还保险单的现金价值。据此可知，人身保险中投保人在交纳首期保险费后未按期交纳后续保险费的，保险人不可以立即解除保险合同。故选项A错误。《保险法》第32条第1款规定，投保人申报的被保险人年龄不真实，并且其真实年龄不符合合同约定的年龄限制的，保险人可以解除合同，并按照合同约定退还保险单的现金价值。保险人行使合同解除权，适用本法第16条第3款、第6款的规定。第16条第3款规定：前款规定的合同解除权，自保险人知道有解除事由之日起，超过30日不行使而消灭。自合同成立之日起超过2年的，保险人不得解除合同；发生保险事故的，保险人应当承担赔偿或者给付保险金的责任。该条第6款规定，保险人在合同订立时已经知道投保人未如实告知的情况的，保险人不得解除合同；发生保险事故的，保险人应当承担赔偿或者给付保险金的责任。据此可知，投保人虚报被保险人年龄，保险人在订立合同时不知道且保险合同成立未超过2年的，保险人可以解除合同。故选项B正确。《保险法》第16条第2款规定，投保人故意或者因重大过失未履行前款规定的如实告知义务，足以影响保险人决定是否同意承保或者提高保险费率的，保险人有权解除合同。因此，选项C正确。《保险法》第51条第3款规定，投保人、被保险人未按照约定履行其对保险标的的安全应尽责任的，保险人有权要求增加保险费或者解除合同。所以D项正确。

（三）不定项选择题

1. D。我国保险法中将受益人定义为：人身保险合同中由被保险人或者投保人指定的享有保险金请求权的人，投保人、被保险人可以为受益人。可见，受益人只存在于人身保险中。

2. CD。我国保险法规定，对于保险合同的条

款，保险人与投保人、被保险人或者受益人有争议时，人民法院或者仲裁机关应当作有利于被保险人和受益人的解释。这一规定反映了保险合同解释原则中的不利解释原则，也有学者将其称为有利于被保险人原则。

3. AB。根据我国保险法的规定，保险欺诈行为包括以下几个方面：（1）投保人故意虚构保险标的；（2）未发生保险事故而谎称发生保险事故；（3）故意造成财产损失的保险事故；（4）故意造成被保险人死亡、伤残或者疾病等人身保险事故；（5）伪造、变造与保险事故有关的证明、资料和其他证据，或者指使、唆使、收买他人提供虚假证明、资料或者其他证据，编造虚假的事故原因或者夸大损失程度。

题中A、B两项的内容符合上述第一、二两项，而C、D两项中的内容不属于保险法规定的保险欺诈行为。

4. BCD。保险标的发生部分损失的，在保险人赔偿后30日内，投保人可以终止合同；除合同约定不得终止合同的以外，保险人也可以终止合同。保险人终止合同的，应当提前15日通知投保人，并将保险标的未受损失部分的保险费，扣除自保险责任开始之日起至终止合同之日止期间的应收部分后，退还投保人。

5. BCD。投保人故意隐瞒事实，不履行如实告知义务的，或者因过失未履行如实告知义务，足以影响保险人决定是否同意承保或者提高保险费率的，保险人有权解除保险合同；在合同有效期内，保险标的危险程度增加的，被保险人按照合同约定应当及时通知保险人，保险人有权要求增加保险费或者解除合同。A项中甲的行为不足以影响保险公司是否承保或提高保险费，因此，保险公司不得以此为由解除合同。B项中甲故意不履行如实告知的义务，C项中甲的行为属于保险欺诈行为，D项中的情况满足法定的解除条件，因此，上述三种情况下保险公司均有权解除合同。

6. ABC。我国保险法规定，投保人、被保险人或者受益人知道保险事故发生后，应当及时通知保险人。上述主体均为保险合同的利害关系人，且相对保险人而言更便于知晓保险事故的发生，因此，为了使保险人能够及时知悉保险事故，并对保险事故进行认定和处理，上述主体负有出险通知的义务。

7. ABD。根据合同法的有关原理，合同一旦被确认无效，尚未履行的，不再履行；已经履行的，应当返还财产、赔偿损失等，使当事人的财产关系恢复到合同订立前的状态。

8. ABC。意外伤害不仅包括自然原因造成的，还包括人为原因造成的，所以D项不正确。其他三项均为意外伤害所需具备的条件。

简答题

1. 我国保险合同条款的解释原则一般包括以下几个方面：

（1）文义解释原则，就是按照保险条款所用字词的通常含义进行解释。保险合同由语言文字组成，文字是当事人意思表示的载体。因此，在解释保险合同条款时，应当从文字的含义入手。当仅有一种含义时，此含义便为当事人真实意思。若有两种以上含义，应依据其他解释原则来合理判断。

（2）诚实信用解释原则。诚实信用原则是民商法的基本原则，素有“帝王条款”之称，在保险法领域内体现为保险法的基本原则——最大诚信原则。对保险条款的解释也必须依据诚实信用的精神进行。

（3）整体解释原则。应当把存在争议的合同条款与其他合同条款看作一个整体，分析各条款之间的相关关系，通过对合同整体意思的理解来解释争议条款。

（4）专业解释原则。对于保险合同中经常使用的一些专门术语，应当依据其所属行业通常理解的专业含义进行解释。

（5）合同目的解释原则。当事人订立保险合同是为了达到一定的目的，合同中的条款是当事人这种目的的体现。在解释合同条款时，应当依据合同的目的进行解释。

（6）有利于被保险人的解释原则。这一原则又称为“不利解释原则”，即在对合同条款发生争议时，人民法院或仲裁机关应当作有利于被保险人或受益人的解释。这一原则多用于上述原则难以适当解释之时。

2. 保险合同的复效是指保险合同的效力中止

以后重新开始生效。保险合同的效力中止是复效的前提，但并不是说合同效力中止后必然会复效。如果保险合同中止后，投保人在法律规定的时期内不申请复效的话，保险合同视为自合同效力中止时解除。我国《保险法》第 37 条规定，合同效力依照第 36 条规定中止的，经保险人与投保人协商并达成协议，在投保人补交保险费后，合同效力恢复。具体而言，保险合同的复效应具备以下几个条件：第一，须投保人向保险人提出复效请求；第二，投保人应当在法律规定的期限内申请复效；第三，被保险人在请求复效时应当仍然符合投保条件；第四，投保人应当补交保险费；第五，投保人应与保险人就复效条件达成书面协议。

3. 与一般经济合同相比较，保险合同的主要特征如下：

（1）保险合同是有名合同

保险合同由保险法等相关法律作出特别的规定，根据合同法的有关原理，保险合同属于有名合同。

（2）保险合同是射幸合同

射幸合同是指合同的效果在合同缔结时不能确定的合同。在保险有效期间，如果保险标的发生损失，被保险人或受益人从保险人那里得到的赔偿金或保险金可能远远超过保险费；反之，如果保险标的没有损失，则被保险人或受益人无任何赔偿金所得。保险人的情况则与此相反。保险合同的射幸性质是由危险发生的偶然性造成的。

（3）保险合同是双务、有偿合同

对于保险合同是单务合同还是双务合同，理论上存在一定的争议。我国多数学者认为保险合同中，被保险人要求得到保险人的保险金，而保险人收取保险费、承担在发生保险事故时支付赔偿金或保险金的义务。虽然合同当事人在履行义务的时间上存在先后的顺序问题，但是并不影响合同的双务性。保险合同的有偿性则体现在合同当事人为享有合同权利而支付的对价上，即投保人支付保险费，保险人相应承担保险责任。

（4）保险合同是最大诚信合同

这是诚实信用原则在保险法领域的体现，也是保险法中的最大诚信原则在保险合同中的体现。保险合同的有效和正常履行很大程度上要依赖于双方对最大诚信原则的遵守。保险合同中的最大诚信原则具体体现在三个方面：第一，如实告知义务；第二，危险增加的通知义务；第三，保险人不承担道德危险所引发的风险。

（5）保险合同是要式合同

我国《保险法》第 13 条规定：投保人提出保险要求，经保险人同意承保，并就合同的条款达成协议，保险合同成立。保险人应当及时向投保人签发保险单或者其他保险凭证，并在保险单或者其他保险凭证中载明当事人双方约定的合同内容。经投保人和保险人协商同意，也可以采取前述规定以外的其他书面协议形式订立保险合同。可见，保险合同应采用书面形式，为要式合同。

（6）保险合同是附合合同

附合合同又称格式合同，指保险合同的条款事先由保险人拟定，经有关主管部门审批或备案后即可。保险人根据自身承保能力，确定承保的基本条件，规定双方权利、义务。投保人只有依保险人设立的不同险种的条款进行投保与否的选择，而没有草拟合同文本或选择、变更、增减合同条款的自由。

案例分析题

1. 本案争议的焦点是保险人是否适当履行了其说明义务。保险人的说明义务是指法律规定保险人在订立保险合同时，应将保险合同条款的内容，向投保人陈述清楚的责任。基于最大诚实信用原则以及保险合同格式条款的性质，各国保险法都对保险人的说明义务进行了规定。我国《保险法》第 17 条规定，订立保险合同，保险人应当向投保人说明保险合同的条款内容。保险合同中规定有关于保险人责任免除条款的，保险人在订立保险合同时应当向投保人明确说明，未明确说明的，该条款不产生效力。可见，我国保险法也确立了保险人的说明义务。

本案涉及的是免责条款说明义务的履行问题。高女士认为保险公司没有履行说明义务，而保险公司则以已经作出口头说明为由，认为其已经履行了义务。根据题中的介绍，我们认为保险人没有适当履行其说明义务，应当承担保险责任。理由如下：

《保险法》第17条中的"明确说明"是指，保险人在与投保人签订保险合同时，对于保险合同中所约定的有关保险人责任免除条款，应当在保险单上或者其他保险凭证上对有关免责条款作出能够足以引起投保人注意的提示，并且应当对有关免责条款的内容以书面或口头形式向投保人作出解释。由于免责条款对于合同相对方的利益影响很大，保险人在制作保险合同或保险单时应当将合同的免责条款予以明确提示，使投保人注意到免责条款的内容。而本案中保险公司的保险单在字面上没有对保险公司的免责条款作出着重说明，未作清楚的交代。这一行为已经违反了说明义务的要求。

保险公司认为其已将免责条款对投保人进行了口头说明，该免责条款是有效的。最高人民法院的一个批复指出："明确说明"是指保险人对于免责条款，除了在保险单上提示投保人注意外，还应当对有关免责条款的概念、内容及法律后果等，以书面或者口头形式向投保人作出解释，以使投保人明了该条款的真实含义和法律后果。而题中高女士对免责条款中规定的"心肌梗塞应同时具备的3项医学指标"的要求显然并没有明确的认识和理解。可见，保险公司即使对免责条款进行了口头说明，也没有达到明确说明的要求。

2. 我们支持第一种观点。本案中也涉及说明义务的问题。因为在张某与保险公司协商订立保险合同的过程中，保险公司已经履行了说明义务，对合同中的免责条款进行了明确的提示和说明。且"合同以被保险人身体检查合格为生效要件"的免责条款并非专业术语，在保险人提示后张某是应当理解其含义的。而张某在合同上签字则代表着其对合同条款的认可，其中当然包括对合同中规定的"合同以被保险人身体检查合格为生效要件"的免责条款的接受和认可。此外，张某投保的"儿童平安险"属意外伤害保险与健康保险一并投保，保险公司要求先对被保险人进行体检，保险合同再生效，并不违反最大诚信原则等保险法基本原则。基于上述分析可见，被保险人即张某之子在去医院体检的路上因车祸丧生，而未能进行体检，因此，保险合同因生效要件没有达到而未能生效。保险公司也因此无须承担保险合同约定的义务，即不必给付保险金。

虽然可以认为被保险人的死亡与体检是否通过没有联系，但是由于保险合同是以被保险人实际通过了体检为生效要件的，而不是以理论上的被保险人是否能够通过为生效要件的。即使被保险人能够通过体检，但是他没有进行体检，保险合同也不会生效。而被保险人的死亡使保险合同的生效要件无法达成，因此保险合同不生效，第二种观点是不正确的。

3. 题中王某及其单位分别以其家庭财产为标的，向甲、乙两保险公司投保家庭财产保险及附加盗窃险，属于保险法上的重复保险。重复保险是否就意味着保险合同无效呢？显然不是。重复保险是否有效要看投保人或被保险人是否具有善意。我国保险法规定，重复保险的投保人应当将重复保险的有关情况通知各保险人。如果投保人或被保险人故意不履行通知义务或者意图获得不当利益，则保险合同无效。如果投保人或被保险人因过失而没有履行通知义务，可以推定其主观上没有恶意，保险合同仍然有效。通过对本案的分析可知，王某及其单位并无恶意，因此，保险合同有效，保险公司应当承担赔偿责任。

根据我国保险法的规定，重复保险的保险金额总和超过保险价值的，各保险人的赔偿金额的总和不得超过保险价值。除合同另有约定外，各保险人按照其保险金额与保险金额总和的比例承担赔偿责任。因此，本案中甲、乙保险公司应根据其保险金额与保险金额总和的比例来承担王某4 500元的损失。

论述题与深度思考题

1. 保险人的说明义务是指按照法律规定，保险人在订立保险合同时，应将保险合同条款的内容，向投保人陈述清楚的责任。保险合同是典型的格式合同，作为保险合同的提供方，保险人在设计合同条款时必然会先考虑自己的利益。此外，履行说明义务也是最大诚信原则的体现。为了平衡保险合同双方当事人的利益关系，保护投保人和被保险人的合法权益，各国保险法都对保险人的说明义务进行了规定。我国保险法也对保险人的说明义务作出了明文规定，我国《保险法》第

17 条规定：订立保险合同，采用保险人提供的格式条款的，保险人应当向投保人说明保险合同的条款内容。对保险合同中免除保险人责任的条款，保险人在订立保险合同时应当在投保单、保险单或者其他保险凭证上作出足以引起投保人注意的提示，并对该条款的内容以书面或者口头形式向投保人明确说明，未提示或明确说明的，该条款不产生效力。

保险人的说明义务主要是针对以下两个方面：第一，影响投保人决定投保与否的有关条款，主要是保险合同的基本条款；第二，影响投保人合法权益的其他条款，主要包括：合同生效的时间与条件、免责条款、保险人的合同解除权、保险索赔的先决条件和其他影响被保险人索赔权利的条款。对于那些由投保人与保险人协商，共同拟定的合同，保险人是不负有说明义务的，因为在合同的订立过程中，投保人应当通过自己的订立行为了解到合同的条款的内容。

有学者认为，我国保险法的规定，使保险人对保险合同的一般条款负有“说明”义务，对免责条款负有“明确说明”义务。“说明”是指保险人阐明合同条款的含义，同时将要说明的一般条款列明于保单即可。“明确说明”是指保险人阐明合同条款的含义，同时采取合理的方式提请投保人注意免责条款的存在，不能仅仅将免责条款列明于保单。需要注意的是，虽然在法律条款的表达上有所区别，但是两者均是强制性的要求。也不能简单地认为“明确说明”比“说明”更重要。

我国保险法明确规定保险人既可采用书面说明，也可采用口头说明。但是，从减少纠纷和便于举证的角度出发，书面形式应当是更优的选择。

关于保险人违反说明义务所产生的法律后果。根据我国《保险法》第 162 条，保险公司在保险业务活动中隐瞒与保险合同有关的重要情况，欺骗投保人、被保险人或者受益人，或者拒不依法履行保险合同约定的赔偿或者给付保险金义务的，由保险监督管理机构对保险公司责令改正，处以 5 万元以上、30 万元以下的罚款；情节严重的，限制保险公司业务范围或者责令停止接受新业务或者吊销业务许可证。

2. 对于保险合同的解除我们大致可以分以下几个方面进行讨论：

第一，保险合同的法定解除。保险合同的法定解除，是指当事人行使法律、法规所赋予的解除权而单方将保险合同解除的情形。它不必经过对方的同意，只要解除权人将解除合同的意思表示直接通知对方，或经过法院或仲裁机构向对方主张，即可发生解除的效果。我国《保险法》第 15 条规定，除本法另有规定或者保险合同另有约定外，保险合同成立后，投保人可以解除保险合同，而保险人不得解除合同。通过保险法的有关规定我们可以看出，投保人在一般情况下是享有任意解除权的，而保险人的解除权只是在特定的条件下才能行使。立法上的这一选择主要是基于平衡合同双方当事人的利益，保护处于相对弱势一方的投保人利益的考虑。投保人行使解除权具有很大的自由性，除法律或者合同另有规定外均可行使。而保险人行使法定解除权则需具备一定的条件，这些条件主要是投保人、被保险人或受益人违反了一定的法定义务，主要包括：如实告知义务的违反，保险标的危险程度的增加，违反防灾防损的义务，故意制造保险事故，谎称发生保险事故，误报年龄而超出了限制条件，保险合同中止后超过复效期而未复效等。我国保险法规定，投保人解除保险合同的，保险人在已经承担了保险责任的期间内，不负返还保险费的责任；保险人解除保险合同的，保险人对于保险合同解除前发生的保险事故，不承担赔偿或者给付保险金的责任。在保险费的处理上，在有的情况下可以返还保险费，有的情况下则不返还。关于行使保险合同法定解除权的时间问题，我国《保险法》第 16 条第 3 款规定：自保险人知道有解除事由之日起，超过 30 日不行使而消灭。

第二，保险合同的协议解除。保险合同的协议解除是指保险合同当事人双方通过协商的手段达成协议解除保险合同的行为。除强制保险外，保险合同是基于双方当事人意思自治而订立的，双方当事人当然应当有权利通过协商解除保险合同。但投保人所享有的广泛的法定解除权，使得协议解除难有存在的空间。但是，我们不应当因此而忽视这一保险合同的解除方式。

第三，保险合同的约定解除。保险合同的约定解除是指合同当事人在保险合同中约定合同解除条件，当合同约定的解除条件出现时，合同当事人有权解除合同。由于保险合同多为保险人所制定，而投保人又在很多情况下享有法定解除权，所以保险合同的约定解除权多为保险人所享有。保险人在行使这一权利时不得滥用，不得随意约定保险合同的解除条款，破坏保险合同的稳定性。

第二十二章　保险合同分论

知识逻辑图

- 财产保险合同
  - 主要内容
    - 标的的概念：财产保险合同的标的：投保人予以投保而寻求保险保障的对象
    - 标的的构成要件
      - 投保的财产或利益应当具有能够用货币来衡量的价值
      - 投保的财产或利益必须与被保险人之间存在保险利益
      - 投保的财产或利益必须是合法的
      - 投保的财产或利益必须经保险人同意承保才能成为财产保险合同的保险标的
    - 保险金额：投保人对保险标的实际投保的货币金额
    - 保险责任和责任免除
      - 保险责任：保险人对于保险事故造成保险标的的损失进行赔偿的义务
      - 责任免除：保险人不承担保险赔偿责任的风险损失
      - 特约责任：投保人和保险人协商，将基本责任以外的灾害事故附加一定条件予以承保的赔偿责任
    - 保险赔偿方法
      - 比例责任赔偿方法
      - 第一危险损失赔偿方法
      - 定值赔偿方法
      - 限额赔偿方法
  - 效力
    - 投保人、被保险人的义务
      - ① 交纳保险费
      - ② 维护保险标的的安全
      - ③ 危险程度增加的通知
      - ④ 保险事故发生的通知
      - ⑤ 防止或者减少保险标的的损失
      - ⑥ 提供有关证明、资料和单证
    - 保险人的责任
      - ① 承担损失赔偿责任
      - ② 其他责任
  - 保险代位求偿权
    - 概念：在财产保险合同中，保险人赔偿被保险人的损失后，所取得的被保险人享有的依法向负有民事赔偿责任的第三者请求赔偿的权利
    - 特征
      - ① 实质上是一种债权转移
      - ② 取得必须以保险人履行赔偿义务为前提
      - ③ 其范围不得超过保险人的赔付金额
  - 财产保险合同中的委付制度
    - 概念：是财产保险合同所独有的一项法律制度，它表现为在保险事故发生造成保险标的推定全损时，被保险人明确表示将该保险标的的一切权利转移给保险人，而有权请求保险人赔偿全部保险金额
    - 条件
      - ① 以保险标的推定全损为条件
      - ② 必须适用于保险标的的整体，具有不可分性
      - ③ 被保险人应当在法定时间内向保险人提出书面的委付申请
      - ④ 被保险人必须将保险标的的一切权利转移给保险人，并且不得附加条件
      - ⑤ 必须经保险人承诺接受才能生效

- 财产保险合同
  - 分类
    - 财产损失保险合同
    - 运输工具保险合同
    - 货物运输保险合同
    - 海上保险合同
    - 责任保险合同
    - 信用、保证保险合同
- 人身保险合同
  - 概念：以人的寿命和身体作为保险标的的保险合同
  - 特征
    - ① 是定额性保险合同
    - ② 属于给付性合同
    - ③ 是以长期合同为主的保险合同
    - ④ 具有储蓄性质
    - ⑤ 其适用是以生命作为承担基础的保险合同
    - ⑥ 其保险标的是被保险人的寿命和身体
  - 常见条款
    - 保险利益条款
    - 不可抗辩条款
    - 年龄误报条款
    - 不丧失价值条款
    - 宽限期条款
    - 复效条款
    - 受益人条款
    - 自杀条款
    - 战争条款
    - 保险单转让条款
  - 分类
    - 人寿保险合同
    - 意外伤害保险合同
    - 健康保险合同

名词解释与概念比较

1. 伤害保险与人寿保险（考研）
2. 保险受益人（考研）
3. 责任保险合同
4. 信用保险

、选择题

(一) 单项选择题

1. 甲以正常速度驾驶汽车（已投保）途中，突遇行人乙在非人行道处横穿公路，甲紧急刹车，但仍将其撞伤。保险公司在机动车第三者责任强制保险责任限额内对乙支付保险金后，乙尚有一部分损害未获赔偿。对于这部分损害赔偿费用的承担问题，下列哪一种说法是正确的？（　　）（司考）

A. 由保险公司承担赔偿责任

B. 由乙自行承担

C. 由甲承担部分赔偿责任

D. 由甲承担全部赔偿责任

2. 刘某向保险公司投保了家庭财产保险。刘某夫妇到外地学习，与刘某同住的姐姐替他们照看家中事务。某日，刘某的姐姐外出时忘记锁门，致刘家被窃，财物遭受损失。保险公司承担何种责任？（　　）

A. 由于刘某的姐姐存在过错，保险公司可以不承担赔偿责任

B. 由于刘某的姐姐存在过错，保险公司可以要求解除合同

C. 由于刘某的姐姐存在过错，保险公司对刘某履行赔偿义务后，享有向刘某的姐姐进行追偿的权利

D. 保险公司应当对刘某进行赔偿，且不得向刘某的姐姐追偿

3. 李某为其子投保了以死亡为给付保险金条件的人身保险，期限 5 年，保险费已一次缴清。两年后其子因抢劫罪被判处死刑并已执行。李某要求保险公司履行赔付义务。对此，保险公司应如何处理？（　　）（司考）

A. 依照合同规定给付保险金

B. 根据李某已付保险费，按照保单的现金价值予以退还

C. 可以不承担给付保险金的义务，也不返还保险费

D. 可以解除合同，但应全额返还保险费

4. 甲为自己投保一份人寿险，指定其妻为受益人。甲有一子 4 岁，甲母 50 岁且自己单独生活。某日，甲因交通事故身亡。该份保险的保险金依法应如何处理？（　　）（司考）

A. 应作为遗产由甲妻、甲子、甲母共同继承

B. 应作为遗产由甲妻一人继承

C. 应作为遗产由甲妻、甲子继承

D. 应全部支付给甲妻

5. 张某在乘坐飞机时，购买了飞机旅客意外伤害保险，但是没有指定受益人。后来，飞机在飞行途中因发生故障坠毁，张某不幸丧生。此时，张某家中有母亲、妻子和一个姐姐。请问：保险公司应如何处理？（　　）

A. 应当向张某的母亲和妻子履行给付义务

B. 因张某未指定受益人，无须再履行给付义务

C. 应当向张某的妻子履行给付义务

D. 应当向张某的母亲、妻子和姐姐履行给付义务

6. 某保险公司开设一种人寿险：投保人逐年缴纳一定保险费至 60 岁时可获得 20 万元保险金，保险费随起保年龄的增长而增加。41 岁的甲精心计算后发现，若从 46 岁起投保，可最大限度降低保险费，遂在向保险公司投保时谎称自己 46 岁。3 年后保险公司发现某甲申报年龄不实。对此，保险公司应如何处理？（　　）（司考）

A. 因甲谎报年龄，可以主张合同无效

B. 解除与甲的保险合同，所收保险费不予退还

C. 对甲按 41 岁起保计算，对多收部分保险费退还甲或冲抵其以后应缴纳的保险费

D. 解除与甲的保险合同，所收保险费扣除手续费后退还甲

7. 公民甲通过保险代理人乙为其 5 岁的儿子丙投保一份幼儿平安成长险，保险公司为丁。下列有关本事例的哪一表述是正确的？（　　）（司考）

A. 该份保险合同中不得含有以丙的死亡为给付保险金条件的条款

B. 受益人请求丁给付保险金的权利自其知道保险事故发生之日起 5 年内不行使而消灭

C. 当保险事故发生时，乙与丁对给付保险金承担连带赔偿责任

D. 保险代理人乙只能是依法成立的公司，不能是个人

8. 陈某将自己的轿车投保于保险公司。一日，其车被房东之子（未成年）损坏，花去修理费 1 500元。陈某遂与房东达成协议：房东免收陈某 2 个月房租 1 300 元，陈某不再要求房东赔偿修车费。后陈某将该次事故报保险公司要求索赔。在此情形下，以下哪一个判断是正确的？（　　）（司考）

A. 保险公司应赔偿 1 500 元

B. 保险公司应赔偿 200 元

C. 保险公司应赔偿 1 300 元

D. 保险公司不再承担赔偿责任

9. 在以死亡为给付保险金条件的人身保险中，被保险人死亡后，如受益人已先于被保险人死亡，又没有其他受益人，保险人应向谁履行给付保险金的义务？（　　）

A. 投保人指定的人

B. 被保险人的继承人

C. 投保人自己

D. 受益人的继承人

10. 甲公司就其全部财产向保险公司投保企业财产保险，交纳保险费 5 万元，约定保险金额 500 万元。当年夏天，因洪水灾害致甲公司财产损失 700 万元。有关该事件的下列表述哪个正

确？(　　)

A. 甲公司与保险公司的保险合同自甲公司交纳全部保险费时成立

B. 保险公司应向甲公司赔付保险金 500 万元

C. 保险公司应向甲公司赔付保险金 700 万元

D. 因洪水为不可抗力，保险公司不承担赔付责任

11. 下列财产中，不属于普通家庭财产保险承保范围的是(　　)。

A. 房屋及其附属设备

B. 衣服、卧具

C. 珠宝、首饰

D. 个体劳动者的营业用器具、工具等

12. 甲于 2010 年 7 月 21 日与某保险公司签订了一份人身保险合同，约定如甲在保险期内死亡，保险公司将依据合同向受益人甲的儿子支付约定数额的保险金。此后，甲按合同约定支付了保险费。2011 年 11 月 5 日，甲因精神压力过大，自杀身亡，则(　　)。

A. 保险公司可以不承担给付保险金的责任，并且不需退还任何费用

B. 保险公司可以以此为由解除保险合同，并且不需退还任何费用

C. 保险公司应当给付保险金

D. 保险公司不承担给付保险金的责任，但应当退还保险单的现金价值

13. 某商场向保险公司投保了企业财产保险。后来该商场发生火灾，造成了严重的经济损失。经当地的消防部门认定，火灾是由于商场工作人员违规接拉电线所致。当地的消防部门曾多次发布公告："禁止商业企业违规拉设电线。"以下说法正确的是：(　　)。

A. 商场对火灾事故的发生负有重要责任，因此保险公司可以酌情降低赔付保险金的数额

B. 火灾是企业财产保险承保范围内的危险，保险公司应当承担相应的赔偿责任

C. 由于商场没有遵守有关行政部门为防止火灾、保护财产安全而作出的规定，所以保险公司可以拒绝赔偿

D. 保险公司是否承担责任要看商场工作人员的主观情况而定。如果商场工作人员是故意为之，就可以不予赔偿；如果是过失为之，就应当赔偿

14. 个人责任保险属于下列哪种类型的保险？(　　)

A. 职业责任保险　　B. 产品责任保险

C. 资方责任保险　　D. 公众责任保险

15. 某公司将其所有的一栋办公楼投保了企业财产保险，保险金额为 500 万元。在保险期限内，因发生保险事故造成该办公楼全部毁损。如果该办公楼的重建价值为 350 万元，则该公司最多可以从保险公司获得(　　)的保险赔偿金。

A. 500 万元　　B. 350 万元

C. 850 万元　　D. 150 万元

16. 简易人身保险每个保险人可以投保一份或多份，但是总金额一般不得超过(　　)。

A. 3 000 元人民币　　B. 4 000 元人民币

C. 5 000 元人民币　　D. 6 000 元人民币

17. 甲向保险公司投保了责任保险，当甲因保险事故应当向乙承担责任时，保险公司(　　)。

A. 只能直接向甲支付保险金

B. 只能直接向乙支付保险金

C. 可以依照法律的规定或者合同的约定，直接向乙赔偿保险金

D. 不得直接向乙支付保险金

18. 海外投资保险合同所承保的风险是(　　)。

A. 自然风险　　B. 政治风险

C. 经济风险　　D. 道德风险

19. 张某为自己的车投保了第三者责任险。某日，张某开车带朋友丁某去外地，车上装有丁某的家具。途中与另一辆汽车相撞，丁某受伤，家具受损。本案中(　　)。

A. 丁某属于第三人，保险公司应对丁某的伤害进行赔偿

B. 丁某家具的损失，应由保险公司赔偿

C. 丁某因伤所受损失及家具损失应由张某和保险公司各承担一半

D. 对丁某及其家具的损失，保险人都不予赔付

20. 甲将自己的汽车向某保险公司投保财产损失险，附加盗抢险，保险金额按车辆价值确定为 20 万元。后该汽车被盗，在保险公司支付了全部

保险金额之后，该车辆被公安机关追回。关于保险金和车辆的处置方法，下列哪一选项是正确的？（　　）（司考）

A. 甲无须退还受领的保险金，但车辆归保险公司所有

B. 车辆归甲所有，但甲应退还受领的保险金

C. 甲无须退还保险金，车辆应归甲所有

D. 应由甲和保险公司协商处理保险金与车辆的归属

21. 张三向保险公司投保了汽车损失险。某日，张三的汽车被李四撞坏，花去修理费 5 000 元。张三向李四索赔，双方达成如下书面协议：张三免除李四修理费 1 000 元，李四将为张三提供 3 次免费咨询服务，剩余的 4 000 元由张三向保险公司索赔。后张三请求保险公司按保险合同支付保险金 5 000 元。下列哪一说法是正确的？（　　）（司考）

A. 保险公司应当按保险合同全额支付保险金 5 000 元，且不得向李四求偿

B. 保险公司仅应当承担 4 000 元保险金的赔付责任，且有权向李四求偿

C. 因张三免除了李四 1 000 元的债务，保险公司不再承担保险金给付责任

D. 保险公司应当全额支付 5 000 元保险金，再向李四求偿

22. 甲以自己为被保险人向某保险公司投保健康险，指定其子乙为受益人，保险公司承保并出具保单。两个月后，甲突发心脏病死亡。保险公司经调查发现，甲两年前曾做过心脏搭桥手术，但在填写投保单以及回答保险公司相关询问时，甲均未如实告知。对此，下列哪一表述是正确的？（　　）（司考）

A. 因甲违反如实告知义务，故保险公司对甲可主张违约责任

B. 保险公司有权解除保险合同

C. 保险公司即使不解除保险合同，仍有权拒绝乙的保险金请求

D. 保险公司虽可不必支付保险金，但须退还保险费

23. 杨某为其妻王某购买了某款人身保险，该保险除可获得分红外，还约定若王某意外死亡，则保险公司应当支付保险金 20 万元。关于该保险合同，下列哪一说法是正确的？（　　）（司考）

A. 若合同成立 2 年后王某自杀，则保险公司不支付保险金

B. 王某可让杨某代其在被保险人同意处签字

C. 经王某口头同意，杨某即可将该保险单质押

D. 若王某现为无民事行为能力人，则无须经其同意该保险合同即有效

（二）多项选择题

1. 刁某将自有轿车向保险公司投保，其保险合同中含有自燃险险种。一日，该车在行驶中起火，刁某情急之下将一农户晾在公路旁的棉被打湿灭火，但车辆仍有部分损失，棉被也被烧坏。保险公司对下列哪些费用应承担赔付责任？（　　）（司考）

A. 车辆修理费 500 元

B. 刁某误工费 400 元

C. 农户的棉被损失 200 元

D. 刁某乘其他车辆返回的交通费 30 元

2. 两年前，陈某以其 6 岁的儿子陈丹为被保险人投保了一份 5 年期的人寿保险，未指定受益人。今年 8 月，陈丹因病住院，由于医院的医疗事故致使陈丹残疾。按照保险法的规定，下列表述哪些是正确的？（　　）（司考）

A. 陈某既可以向医院索赔，也可以同时要求保险公司承担责任

B. 保险公司应向陈某支付保险金，并且不得向医院追偿

C. 陈某投保时无须陈丹的书面同意

D. 如陈丹不幸死亡，则推定陈某为受益人

3. 甲公司向某保险公司投保了企业财产保险，在保险期间内，甲公司的厂房因遭遇台风而遭受损失。价值 50 万元的设备及原料因受水浸而报废。甲公司为了获得更多的保险金，向保险公司申报损失时，将设备及原料价值申报为 75 万元，后被保险公司理赔人员发现。保险公司的下列措施中，正确的有：（　　）。

A. 仅赔偿甲公司的实际损失，对其虚报的部分不予赔偿

B. 对于调查甲公司实际损失情况及虚报部分的调查费用，由甲公司承担

C. 如果已将 75 万元的保险金支付，可以要求甲公司退还虚报部分

D. 由于甲公司存在虚报损失骗取保险金的行为，所以对甲公司的损失不予赔偿

4. 王某为其正在上大学的儿子王晓（20 岁）投保一份人身保险，与某保险公司签订了保险合同，合同中包含在保险期限内被保险人意外伤害及死亡的赔付条款，指定王某本人为受益人。根据以上条件，下列表述哪个是正确的？（　　）

A. 此保单属于父母替子女投保，所以该份保险合同无须经王晓的书面同意即可成立并生效

B. 设某年暑假王晓回家途中被一汽车撞伤，则保险公司在向王某支付保险金后，无权向该汽车车主行使追偿权

C. 设三年后王晓因失恋而自杀，保险公司可以给付保险金

D. 设王某应于 2010 年 10 月 9 日支付当年保险费，但直至 2012 年 10 月 9 日王某再未交保险费，此时保险公司有权解除合同

5. 李某给自己的越野车投保了 10 万元责任险。李某让其子小李（年 16 岁）学习开车。某日小李独自开车时不慎撞坏叶某的轿车，叶某为此花去修车费 2 万元。下列哪些选项是正确的？（　　）（司考）

A. 应当由李某对叶某承担侵权赔偿责任

B. 应当由小李对叶某承担侵权赔偿责任

C. 因李某疏于管理保险财产，保险公司有权单方通知李某解除保险合同

D. 保险公司支付保险赔款后不能对小李行使代位追偿权

6. 甲厂生产健身器，其产品向乙保险公司投保了产品质量责任险。消费者华某使用该厂健身器被损伤而状告甲厂。甲厂委托鉴定机构对产品质量进行鉴定，结论是该产品确有质量缺陷。后甲厂被法院判决败诉并承担诉讼费。在此情形下，乙保险公司应承担的保险赔偿责任应包括下列哪些范围？（　　）（司考）

A. 法院判决甲厂赔偿给华某的经济损失 3 万元

B. 甲厂因上述诉讼所造成的名誉损失 2 万元

C. 甲厂花去的鉴定费 8 000 元

D. 甲厂承担的诉讼费 1 500 元

7. 下列合同类型中，属于信用保险合同的是（　　）。

A. 出口信用保险合同

B. 再保险合同

C. 国内投资信用保险合同

D. 信托投资合同

8. 海洋货物运输保险合同所承保的险种包括（　　）。

A. 平安险　　　　B. 一切险

C. 基本险　　　　D. 水渍险

9. 史某为其母亲投保了意外伤害保险，在保险期限内，史母因交通事故死亡，则保险公司应当向谁给付保险金？（　　）

A. 如果史母指定史某为受益人，则保险公司应当向史某给付保险金

B. 如果史母指定第三人为受益人，则保险公司应当向该第三人给付保险金

C. 如果史母指定自己为受益人，则保险公司应当向其法定继承人给付保险金

D. 如果史母未指定受益人，则保险公司应当向史某给付保险金

10. 王某将自己居住的房屋向某保险公司投保家庭财产保险。保险合同有效期内，该房屋因邻居家的小孩玩火而被部分毁损，损失 10 万元。下列哪些选项是错误的？（　　）（司考）

A. 王某应当先向邻居索赔，在邻居无力赔偿的前提下才能向保险公司索赔

B. 王某可以放弃对邻居的赔偿请求权，单独向保险公司索赔

C. 若王某已从邻居处得到 10 万元的赔偿，其仍可向保险公司索赔

D. 若王某从保险公司得到的赔偿不足 10 万元，其仍可向邻居索赔

11. 下述几种情形中，保险人应当承担保险责任的有：（　　）。

A. 被保险人在途经部队靶场时被流弹击中致死

B. 被保险人执行追捕歹徒任务时，与歹徒搏斗而受伤

C. 投保人在投保时隐瞒了自己所患有的严重疾病，后因该疾病病发死亡

D. 被保险人在出行时不慎跌下山坡，导致身体多处骨折

12. 潘某请好友刘某观赏自己收藏的一件古玩，不料刘某一时大意致其落地摔毁。后得知，潘某已在甲保险公司就该古玩投保了不足额财产险。关于本案，下列哪些表述是正确的？（　　）（司考）

A. 潘某可请求甲公司赔偿全部损失

B. 若刘某已对潘某进行全部赔偿，则甲公司可拒绝向潘某支付保险赔偿金

C. 甲公司对潘某赔偿保险金后，在向刘某行使保险代位求偿权时，既可以自己的名义，也可以潘某的名义

D. 若甲公司支付的保险金不足以弥补潘某的全部损失，则就未取得赔偿的部分，潘某对刘某仍有赔偿请求权

13. 关于投保人在订立保险合同时的告知义务，下列哪些表述是正确的？（　　）（司考）

A. 投保人的告知义务，限于保险人询问的范围和内容

B. 当事人对询问范围及内容有争议的，投保人负举证责任

C. 投保人未如实告知投保单询问表中概括性条款时，则保险人可以此为由解除合同

D. 在保险合同成立后，保险人获悉投保人未履行如实告知义务，但仍然收取保险费，则保险人不得解除合同

14. 甲公司交纳保险费为其员工张某投保人身保险，投保单由保险公司业务员代为填写和签字。保险期间内，张某找到租用甲公司槽罐车的李某催要租金。李某与张某发生争执，张某打碎车窗玻璃，并挡在槽罐车前。李某怒将张某撞死。关于保险受益人针对保险公司的索赔理由的表述，下列哪些选项是正确的？（　　）（司考）

A. 投保单虽是保险公司业务员代为填写和签字，但甲公司交纳了保险费，因此保险合同成立

B. 张某的行为不构成犯罪，保险公司不得以此为由主张免责

C. 张某的行为属于合法的自助行为，保险公司应予理赔

D. 张某的死亡与张某的行为并无直接因果关系，保险公司应予理赔

15. 甲公司投保了财产损失险的厂房被烧毁，甲公司伪造证明，夸大此次火灾的损失，向保险公司索赔100万元，保险公司为查清此事，花费5万元。关于保险公司的权责，下列哪些选项是正确的？（　　）（司考）

A. 应当向甲公司给付约定的保险金

B. 有权向甲公司主张5万元花费损失

C. 有权拒绝向甲公司给付保险金

D. 有权解除与甲公司的保险合同

（三）不定项选择题

张某到保险公司商谈分别为其62岁的母亲甲和8岁的女儿张乙投保意外伤害险事宜。张某向保险公司详细询问了有关意外伤害保险的具体条件，也如实地回答了保险公司的询问。请回答以下1～4题。（司考）

1. 在张某为其母亲甲投保的意外伤害保险中，依法可以确定谁为受益人？（　　）

A. 以被保险人甲为受益人

B. 以被保险人甲指定的张乙为受益人

C. 以投保人张某为受益人，但须经甲同意

D. 以投保人张某和被保险人甲共同指定的第三人为受益人

2. 在张某为其女儿张乙投的意外伤害保险中，受益人如何产生？（　　）

A. 因张乙为无民事行为能力的人，故张某可以监护人身份指定受益人

B. 张乙虽无民事行为能力，但因她是保险合同的被保险人，故她可以指定受益人

C. 因张乙无民事行为能力，她可以委托张某指定受益人

D. 张某作为投保人可以指定受益人，但必须征得被保险人张乙的同意

3. 张某为甲和张乙投保的保险合同均约定为分期支付保险费。张某支付了首期保险费后，因长期外出，第二期超过60日未支付当期保险费，这有可能引起什么后果？（　　）

A. 合同效力中止

B. 合同终止

C. 保险人有权立即解除合同

D. 保险人按照约定条件减少保险金额

4. 张某续交保险费两年后，由于经济上陷入困境，无力继续支付保险费，遂要求解除保险合同并退还已交的保险费。对于张某的这一请求，应当如何认定？（ ）

A. 张某有权解除合同，但无权要求退还任何费用

B. 张某有权解除合同，保险公司应当退还已交的保险费

C. 张某有权解除合同，保险公司应当退还保险单的现金价值

D. 张某有权解除合同并要求按规定退还保险费，但保险公司有权收取违约金

5. 当投保责任保险的被保险人依法应当向第三人承担（ ）时，由保险人来承担相应责任。

A. 行政处分　　B. 行政处罚

C. 民事赔偿责任　　D. 刑事责任

6. 甲公司与保险公司订立了产品保证保险合同，则下列事项中保险公司不需要承担责任的有（ ）。

A. 由于用户未按照操作说明使用产品所造成的损失

B. 由于用户对产品保管不善所造成的损失

C. 由于用户擅自改造产品所造成的损失

D. 由于产品零配件的自然磨损所造成的损失

简答题

1. 财产保险制度中保险人的代位追偿权。（考研）

2. 简述保险合同中当事人的基本权利与义务。（考研）

3. 简述委付及其基本构成要件。

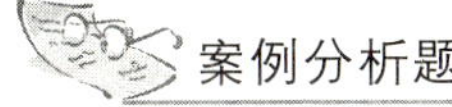

案例分析题

1. 案情：2010 年 6 月 22 日，甲为自己投保了生死两全险，其子乙为受益人。2012 年 7 月 15 日，甲在旅游途中发生意外事故不幸死亡。在悲痛之后，乙找到保险公司申领保险金。保险公司经调查，确认甲的死亡属保险责任范围。但当保险公司查验乙提供的有关证明材料时，发现甲投保时所填写的投保年龄 63 岁是虚假的，实际上，投保时甲已经超出了人身保险条款规定的最高投保年龄。保险公司遂以此为理由，拒付保险金，只同意扣除手续费后，向乙退还甲的保险费。乙则以甲并非故意虚报年龄、甲不存在过错为理由，要求保险公司按照合同支付保险金。双方争执不下，乙将保险公司告上法院。

问题：法院应如何处理本案？为什么？

2. 案情：2012 年 9 月，出租车司机赵某以其出租车向某保险公司投保了机动车辆险和第三者责任险，合同约定保险期限为 1 年。2012 年 12 月某日，赵某将乘客刘某送至某地后，刘某在打开车门下车时不慎将手机掉在地上。刘某走出几步后才发现手机已经掉落，正要回身去捡时发现赵某已经将车辆启动。刘某虽然喊赵某停车，但终因赵某未能及时停住，车轮将手机碾碎。刘某的手机价值 3000 元。刘某要求赵某赔偿，赵某向保险公司索赔。保险公司认为，赵某投保的第三者责任险是在被保险人使用保险车辆发生保险事故造成第三人遭受损失时，保险公司才承担责任，而刘某是赵某的乘客，不属于第三人的范畴，因此拒绝了赵某的请求。赵某遂将该保险公司告上法庭。

问题：（1）责任保险的概念、特征是什么？

（2）本案应如何处理？

论述题与深度思考题

试述人身保险中的特殊条款。

参考答案

名词解释与概念比较

1. 伤害保险和人寿保险都属于人身保险的范畴，但是两者在合同的保障范围等方面存在着差异，具体如下：

伤害保险	人寿保险
以被保险人的身体为保险标的	以被保险人的寿命为保险标的

续前表

伤害保险	人寿保险
以被保险人在保险期间内因遭受意外事故而伤残或死亡为给付条件	以被保险人在保险期间内死亡或者生存为给付条件
伤害保险可以为短期业务，无储蓄性质	人寿保险业务具有长期性，且具有储蓄性
保险责任是被保险人因意外伤害所致的死亡和残疾，对疾病所致的死亡和残疾不负责	对于疾病所致的死亡也承担保险责任

2.《保险法》第 18 条第 3 款规定：受益人是指人身保险合同中由被保险人或者投保人指定的享有保险金请求权的人，投保人、被保险人可以为受益人。受益人有广义和狭义之分。广义的受益人是指保险事故发生后享有保险金请求权的人；狭义的受益人是指被保险人死亡后享有死亡保险金请求权的人。保险法中采纳的是广义的理解。

3. 责任保险合同是指以被保险人依法应当向第三人承担的民事赔偿责任作为保险标的的一种财产保险合同。责任保险合同是投保人将其可能承担的民事赔偿责任通过保险的形式将风险进行转嫁的法律手段。责任保险合同中的责任仅限于民事赔偿责任，不包括行政责任和刑事责任。

4. 信用保险是以商品赊销和信用放贷中的债务人的信用作为保险标的，在债务人未能如约履行债务清偿而使债权人（被保险人）遭受损失时，由保险人向被保险人提供风险保障的一种保险。信用保险合同中的投保人只能是债权人，并且债权人同时为被保险人。保险事故发生后，保险人在向被保险人履行给付义务后，有权向债务人或负有责任的第三人追偿。

选择题

（一）单项选择题

1. C。保险公司在履行了其应有的给付责任后，对于超出第三者责任强制保险责任限额的赔偿部分无须承担责任，而应由甲自行承担。乙在非人行道横穿马路也存在过错，亦应承担部分责任，所以由甲承担部分赔偿责任。

2. D。我国保险法对保险人的代位求偿权进行了规定，因第三者对保险标的的损害而造成保险事故的，保险人自向被保险人赔偿保险金之日起，在赔偿金额范围内代位行使被保险人对第三者请求赔偿的权利。但是保险法对此也作出了相应的限制，即：被保险人的家庭成员除故意造成保险事故外，保险人不得对其行使代位求偿权。本题中刘某的姐姐属于刘某的家庭成员，且系过失造成保险事故，因此，保险公司不得向其追偿。

3. B。保险法规定，被保险人故意犯罪导致其自身伤残或者死亡的，保险人不承担给付保险金的责任。投保人已交足 2 年以上保险费的，保险人应当按照保险单退还其现金价值。题中李某之子因抢劫罪而被判处死刑，符合上述规定。

4. D。本题中甲已经指定其妻子为受益人，因此，保险公司应当直接向甲妻给付保险金。甲的其他继承人无保险金请求权。本题考查的是保险与继承之间的关系。在人身保险中，保险公司应当首先考虑向保险合同的受益人支付保险金，而不是向被保险人的法定继承人支付保险金。

5. A。本题可以与上题结合起来看，本题中张某未指定继承人，因此，保险公司应当向张某的法定继承人即张某的母亲和妻子支付保险金。而张某的姐姐无继承权，因此亦无保险金请求权。

6. C。本题考查的是投保人申报被保险人年龄不实问题的法律规定。我国《保险法》第 32 条规定：投保人申报的被保险人年龄不真实，并且其真实年龄不符合合同约定的年龄限制的，保险人可以解除合同，并按照合同约定退还保险单的现金价值，但是自合同成立之日起逾 2 年的除外。投保人申报的被保险人年龄不真实，致使投保人支付的保险费少于应付保险费的，保险人有权更正并要求投保人补交保险费，或者在给付保险金时按照实付保险费与应付保险费的比例支付。投保人申报的被保险人年龄不真实，致使投保人实付保险费多于应付保险费的，保险人应当将多收的保险费退还投保人。

本题中甲作为投保人和被保险人，谎称自己 46 岁，属申报年龄不实。但是，3 年后保险公司才发现甲存在年龄不实的问题。根据《保险法》第 32 条的有关规定，该保险合同有效，但是保险公司应当按照甲 41 岁投保计算保险费，对于多收部分保险费应当退还甲或冲抵其以后应缴纳的保险费。

7. B。保险法规定，人寿保险的被保险人或者受益人对保险人请求给付保险金的权利，自其知道保险事故发生之日起 5 年不行使而消灭。因此，B项正确。

8. D。本题涉及保险的代位追偿权问题，有关代位追偿权的论述见简答题第 1 题。由于陈某以修车费折抵房租，且放弃了剩余的 200 元赔偿要求，相当于放弃了对第三人请求赔偿的权利，在这种情况下，保险公司不再承担赔偿责任。

9. B。本题属于受益权转化为继承权的又一种情形，即受益人先于被保险人死亡，没有其他受益人的，保险人应当向被保险人的继承人履行给付保险金的义务。

10. B。保险公司在保险事故发生后，仅在约定保险金额限额内承担责任，对于超过保险金额的部分不承担赔偿责任。

11. C。下列财产一般不属于普通家庭财产保险承保财产：第一，金银、首饰、珠宝、货币、有价证券、文件、花、鸟等，包括其他无法鉴定价值的财产；第二，家庭及个人使用的烟、酒、食品、保健品、药品、化妆品；第三，正处于紧急危险状态的财产；第四，未在保单中列明的其他家庭财产、非法占用的财产。

12. D。以死亡为给付保险金条件的合同，被保险人自杀的，除非自成立之日起两年后被保险人自杀的，保险人不承担给付保险金的责任，但对于投保人已支付的保险费，保险人应按照保险单退还其现金价值。本题中甲于保险合同成立后两年内自杀，因此，保险公司应依据上述规定处理。

13. C。根据财产保险的有关规定，被保险人应当遵照国家有关部门制定的保护财产安全的各项规定，对安全检查中发现的各种灾害事故隐患，在接到安全主管部门或保险人提出的整改通知书后，必须认真付诸实施；被保险人如果不履行上述各项义务，保险人有权拒绝赔偿，或从解约通知书送达 15 日后终止保险合同。

14. D。公众责任保险主要是指被保险人在各种固定的场所进行生产、营业或其他活动时，由于意外事件的发生，造成第三者的人身伤害或财产损失的，依法或依约由保险人承担经济赔偿责任的保险。个人责任保险属于其中一个类型。

15. B。根据企业财产保险的相关原理，固定资产的保险价值通常依保险事故发生时的重置价值确定。题中的办公楼为企业的固定资产，其重建价值为 350 万元，基于上述原则，其保险赔偿金最高额也为 350 万元。

16. C。根据有关法规的规定，简易人身保险每个保险人可以投保一份或多份，但是总金额一般不得超过 5000 元人民币。

17. C。保险人对于责任保险的被保险人给第三者造成的损害，可以依照法律的规定或者合同的约定，直接向该第三者赔偿保险金。

18. B。海外投资保险的保险对象只限于政治风险，通常包括国有化征收险、禁止或限制本金、利润兑换汇出险等。

19. D。根据《机动车辆保险条款——基本险》中的有关规定，被保险车辆上的人员和财产的损失均不属于第三者责任险中保险人赔偿范围。

20. A。我国《保险法》第 59 条规定：保险事故发生后，保险人已支付了全部保险金额，并且保险金额相等于保险价值的，受损保险标的的全部权利归于保险人；保险金额低于保险价值的，保险人按照保险金额与保险价值的比例取得受损保险标的的部分权利。

本题中，保险公司在车辆被盗后，已经支付了全部保险金额。根据上述规定，被盗车辆的全部权利已归于保险人。因此，在公安机关追回车辆后，车辆应归保险公司所有，甲无须退还保险金。故本题正确答案应为 A 项。

21. B。《保险法》第 60 条第 1 款规定，因第三者对保险标的的损害而造成保险事故的，保险人自向被保险人赔偿保险金之日起，在赔偿金额范围内代位行使被保险人对第三者请求赔偿的权利。据此可知，若保险公司向张三支付了保险金，是可以向李四进行追偿的。所以，选项 A 错误。《保险法》第 61 条第 1 款规定，保险事故发生后，保险人未赔偿保险金之前，被保险人放弃对第三者请求赔偿的权利的，保险人不承担赔偿保险金的责任。故选项 B 正确，选项 C、D 错误。

22. B。《保险法》第 16 条第 1 款规定："订立保险合同，保险人就保险标的或者被保险人的有关情况提出询问的，投保人应当如实告知。"故 A 项错误。第 16 条第 2 款规定："投保人故意或者因重大过失未履行前款规定的如实告知义务，足以影响保险人决定是否同意承保或者提高保险费率的，保险人有权解除合同。”故B项正确。根据《保险法司法解释（二）》第8条规定，在投保人故意未履行如实告知义务的情况下，保险人未行使合同解除权的，不能直接以《保险法》第16条第4款、第5款规定的情形为由拒绝承担给付保险金的责任，故C项错误。根据《保险法》第16条第5款的规定，只有在投保人因为重大过失而未履行告知义务时，保险公司才需要退还保险费。故D项错误。

23. B。《保险法》第44条第1款规定：“以被保险人死亡为给付保险金条件的合同，自合同成立或者合同效力恢复之日起二年内，被保险人自杀的，保险人不承担给付保险金的责任，但被保险人自杀时为无民事行为能力人的除外。”本题中若合同成立2年之后王某自杀，保险公司要承担给付保险金的责任，所以A项错误。第34条第1款规定：“以死亡为给付保险金条件的合同，未经被保险人同意并认可保险金额的，合同无效。”本题中，经过王某本人同意并认可保险金额之后让杨某代签是可以的，所以B项正确。第34条第2款规定：“按照以死亡为给付保险金条件的合同所签发的保险单，未经被保险人书面同意，不得转让或者质押。”杨某为其妻子王某购买了以死亡为给付条件的保险，要将该保险单质押必须经过王某的书面同意，所以C项错误。第33条规定，除父母为其未成年子女投保的人身保险外，投保人不得为无民事行为能力人投保以死亡为给付保险金条件的人身保险，保险人也不得承保。王某如果是无民事行为能力人，杨某作为其丈夫不能为其投保以死亡为给付保险金条件的人身保险，所以D项错误。

（二）多项选择题

1. AC。A项属于车辆自燃险所承保的损失；C项是刁某为减少保险事故所造成的损失而支出的必要的、合理的费用。对于上述两种费用，保险公司均应承担赔付责任。

2. ABC。由于陈丹因医疗事故致残，且属于其所投保的人寿保险的范围，故A项所述正确。由于代位追偿权不适用于人身保险，故B项正确。保险法规定，以死亡为给付保险金条件的合同，未经被保险人书面同意并认可保险金额的，合同无效；但父母为其未成年子女投保的人身保险，不受该限制。所以C项正确。不应推定陈某为受益人，保险人应当向陈丹的继承人给付保险金。所以D项错。

3. ABC。保险事故发生后，投保人、被保险人或者受益人以伪造、变造的有关证明、资料或者其他证据，编造虚假的事故原因或者夸大损失程度的，保险人对其虚报的部分不承担赔偿或者给付保险金的责任。被保险人有上述行为，致使保险人支付保险金或者支出费用的，应当退回或者赔偿。题中A、B、C三项与上述规定相符。对于被保险人实际遭受的损失，保险公司应当予以赔偿，所以D项不选。

4. BC。题中王晓已经是20岁的成年人，具有完全民事行为能力，王某为其投保以死亡为支付保险金条件的保险时，应当征得王晓的书面同意，所以A项不选。王某超过规定的期限60日未支付当期保险费的，合同效力中止；合同中止之日起2年内未达成复效协议的，保险人方有权解除合同。2012年10月9日合同中止尚未达到2年，保险人无权解约，所以D项不选。

5. AD。根据我国《民法通则》的有关规定，无民事行为能力人、限制民事行为能力人造成他人损害的，由监护人承担民事责任；监护人尽了监护责任的，可以适当减轻他的民事责任。本题中小李年仅16岁，属于限制民事行为能力人，其给他人造成的损害应当由其监护人李某承担民事责任。因此，A选项正确，B选项错误。

C选项的内容涉及保险合同的解除权问题。我国《保险法》第51条第2款规定，投保人、被保险人未按照约定履行其对保险标的的安全应尽责任的，保险人有权要求增加保险费或者解除合同。而题干中的描述和C项中提出的“疏于管理保险财产”的提法均不足以证明李某未按照约定履行其对车辆的安全应尽的责任。因此，C选项错误。

我国《保险法》第62条规定：“除被保险人的家庭成员或者其组成人员故意造成本法第六十条第一款规定的保险事故外，保险人不得对被保险人的家庭成员或者其组成人员行使代位请求赔偿的权利。”本题中小李并非故意造成保险事故，

根据上述规定保险公司不得对小李行使代位追偿权，故D选项正确。

6. ACD。保险法规定，责任保险的被保险人因给第三者造成损害的保险事故而被提起仲裁或者诉讼的，除合同另有约定外，由被保险人支付的仲裁或者诉讼费用以及其他必要的、合理的费用，由保险人承担。这里的损害指的是物质上的损害，而不包括名誉损失，因此B项不选。

7. AC。信用保险属于与再保险相对的原保险，因此，再保险合同并非信用保险合同中的一种类型；而信托投资合同不是保险合同。

8. ABD。货物运输基本险是与货物运输综合险、货物运输一切险等险种相对的，不是海洋货物运输保险的一种类型。

9. ABC。在被保险人指定了受益人，且被保险人先于受益人死亡的情况下，保险人向受益人给付保险金；如果被保险人未指定受益人，则保险人应当将保险金作为遗产向被保险人的继承人给付保险金。

10. ABC。我国《保险法》第23条第1款规定：保险人收到被保险人或者受益人的赔偿或者给付保险金的请求后，应当及时作出核定……应将核定结果通知被保险人或者受益人；对属于保险责任的，在与被保险人或者受益人达成赔偿或者给付保险金的协议后十日内，履行赔偿或者给付保险金义务。保险合同对赔偿或者给付保险金的期限有约定的，保险人应当按照约定履行赔偿或者给付保险金义务。由此可见，王某在保险事故发生后可以直接向保险人要求赔付，而不必先向邻居索赔，所以A选项错误。

我国第61条规定：保险事故发生后，保险人未赔偿保险金之前，被保险人放弃对第三者请求赔偿的权利的，保险人不承担赔偿保险金的责任。因此，B选项错误。

我国第60条规定：因第三者对保险标的的损害而造成保险事故的，保险人自向被保险人赔偿保险金之日起，在赔偿金额范围内代位行使被保险人对第三者请求赔偿的权利。前款规定的保险事故发生后，被保险人已经从第三者取得损害赔偿的，保险人赔偿保险金时，可以相应扣减被保险人从第三者已取得的赔偿金额。保险人依照第1款行使代位请求赔偿的权利，不影响被保险人就未取得赔偿的部分向第三者请求赔偿的权利。可见，若王某已从邻居处得到10万元的全额赔偿，就不得再向保险公司索赔。因此，C选项错误，D选项正确。

11. ABD。C项中的投保人违反了如实告知的义务，且对保险事故的发生有严重影响，因此，保险人不承担赔偿或给付保险金的责任。

12. BD。《保险法》第55条第4款规定：“保险金额低于保险价值的，除合同另有约定外，保险人按照保险金额与保险价值的比例承担赔偿保险金的责任。”故A项错误。第60条第2款规定：“前款规定的保险事故发生后，被保险人已经从第三者取得损害赔偿的，保险人赔偿保险金时，可以相应扣减被保险人从第三者已取得的赔偿金额。”故B项正确。第60条第1款规定：“因第三者对保险标的的损害而造成保险事故的，保险人自向被保险人赔偿保险金之日起，在赔偿金额范围内代位行使被保险人对第三者请求赔偿的权利。”《保险法司法解释（二）》第16条规定：“保险人应以自己的名义行使保险代位求偿权。”故C项错误。《保险法》第60条第3款规定：“保险人依照本条第1款规定行使代位请求赔偿的权利，不影响被保险人就未取得赔偿的部分向第三者请求赔偿的权利。”故D项正确。

13. AD。《保险法司法解释（二）》第6条第1款规定：“投保人的告知义务限于保险人询问的范围和内容。当事人对询问范围及内容有争议的，保险人负举证责任。”因此，A项正确、B项错误。第6条第2款：“保险人以投保人违反了对投保单询问表中所列概括性条款的如实告知义务为由请求解除合同的，人民法院不予支持。但该概括性条款有具体内容的除外。”故C项错误。第7条规定：“保险人在保险合同成立后知道或者应当知道投保人未履行如实告知义务，仍然收取保险费，又依照保险法第十六条第二款的规定主张解除合同的，人民法院不予支持。”故D项正确。

14. ABD。《保险法司法解释（二）》第3条第1款规定：“投保人或者投保人的代理人订立保险合同时没有亲自签字或者盖章，而由保险人或者保险人的代理人代为签字或者盖章的，对投保人不生效。但投保人已经交纳保险费的，视为其对代签字或者盖章行为的追认。”本题中，虽然由保险公司业务员代为填写和签字保单，但是甲公司为张某交纳了保费，保险合同成立。故A项正确。《保险法》第45条规定："因被保险人故意犯罪或者抗拒依法采取的刑事强制措施导致其伤残或者死亡的，保险人不承担给付保险金的责任。投保人已交足二年以上保险费的，保险人应当按照合同约定退还保险单的现金价值。"由此可知，张某为了催要租金，采取打碎玻璃挡在车前的行为，并不具有严重的社会危害性，不构成犯罪，保险公司应当承担保险责任，故B项正确。自助行为是指，权利人在受到不法侵害时，因情况紧急来不及请求国家机关救助，依靠自己的力量，对他人财产和自由加以扣押或者约束的行为。本题中张某的行为不是在情况紧急的时候实施，不能算作自助行为，故C项错误。《保险法》第44条第1款规定："以被保险人死亡为给付保险金条件的合同，自合同成立或者合同效力恢复之日起二年内，被保险人自杀的，保险人不承担给付保险金的责任，但被保险人自杀时为无民事行为能力人的除外。"结合《保险法》第45条，可知张某因李某而导致死亡，张某的行为本身不属于自杀，也不属于故意犯罪，保险公司不能免责，故D项正确。

15. AB。《保险法》第27条第3、4款规定："保险事故发生后，投保人、被保险人或者受益人以伪造、变造的有关证明、资料或者其他证据，编造虚假的事故原因或者夸大损失程度的，保险人对其虚报的部分不承担赔偿或者给付保险金的责任。投保人、被保险人或者受益人有前三款规定行为之一，致使保险人支付保险金或者支出费用的，应当退回或者赔偿。"投保人甲公司伪造证明夸大损失，保险人只对虚报的部分不承担给付保险金的责任，但是对实际的损失应当按照约定给付保险金，保险人不享有解除保险合同的权利，故A项正确，C、D项错误。保险公司因投保人甲公司夸大损失而为查清事实所花费的5万元，应当由投保人甲公司承担，所以B项正确。

（三）不定项选择题

1. ABCD。在张某为其母亲投保的意外伤害保险中，张某及其母亲甲都可以成为受益人，也可以指定第三人为受益人。投保人指定自己为受益人时需经被保险人同意。

2. A。由于张某的女儿张乙年仅8岁，为无民事行为能力人，根据保险法的有关规定，作为监护人张某可以为其指定受益人。

3. AD。保险法规定，合同约定分期支付保险费，投保人支付首期保险费后，除合同另有约定外，投保人超过规定的期限60日未支付当期保险费的，合同效力中止，或者由保险人按照合同约定的条件减少保险金额。

4. C。投保人解除合同，已交足2年以上保险费的，保险人应当自接到解除合同通知之日起30日内，退还保险单的现金价值；未交足2年保险费的，保险人按照合同约定在扣除手续费后，退还保险费。

5. C。在责任保险中，保险人的责任范围仅涵盖被保险人依法应当承担的民事赔偿责任，刑事责任、行政责任等责任不属于责任保险承保范围。

6. ABCD。产品保证保险合同的责任免除事项一般包括：由于用户的故意行为或者未按照操作说明使用产品所造成的损失；由于用户对产品保管不善或者擅自拆卸、改造产品所造成的损失；由于产品零配件的自然磨损所造成的损失；其他不属于产品质量责任问题所造成的损失。

简答题

1. 代位求偿权，是指保险人在赔偿被保险人的损失后，取得了该被保险人所享有的依法向负有民事赔偿责任的第三人追偿的权利。代位求偿权是保险合同赋予保险人所特有的一项权利，是民法理论中债权人代位权在保险法律关系中的运用。代位求偿权仅仅是求偿权利的代位，即保险人获得的仅是向第三人求偿的权利，该权利在很大程度上受到保险人实际赔款数额的限制。代位求偿权是财产保险合同补偿性的具体表现，是保险人履行保险赔偿责任后的必然结果。代位求偿制度是财产保险合同特有的法律制度。代位求偿权的构成要求主要包括以下几个方面：第一，保险事故的发生必须是由于第三人的违法行为引起的。第二，保险事故的发生与第三人的过错行为必须存在因果关系。第三，被保险人必须对第三人享有损害赔偿请求权。第四，代位求偿权一般在保险人向被保险人履行了给付赔偿金责任后方可行使。

保险人必须以自己的名义行使代位求偿权，且保险人在行使代位求偿权时权利行使的对象是有限制的：保险人只能向对保险标的的损失负有民事赔偿责任的第三人行使权利。如果保险事故是由被保险人的家庭成员或者其组成人员造成的，除非上述人员的行为是出于故意，否则，保险人不得对其行使代位求偿权。

2. 保险合同当事人的基本权利、义务可大致分为如下几个方面：

第一，保险人的基本权利和义务。保险人在保险合同中的基本权利就是保险费请求权。保险人有权请求投保人按期足额支付保险费。保险人的基本义务有以下三个方面：其一，承担保险责任的义务，即：在发生保险事故并导致保险标的受到损害或者保险合同约定的期限届满时，保险人向被保险人或者受益人支付保险赔偿金或者人身保险金的义务；其二，承担施救费用的义务，即对于被保险人在保险事故发生时为避免或减少保险标的的损失而实施的施救行为所花费的必要费用，保险人应当予以承担；其三，保密的义务，保险人对于其在保险经营中获得的各种客户的信息负有保密的义务，不得擅自泄露或进行不正当使用。

第二，投保人和被保险人的基本权利和义务。其基本权利主要包括：其一，指定受益人的权利。我国保险法规定被保险人和投保人可以指定一人或数人为受益人，但是投保人指定或变更受益人时须经被保险人同意。其二，保险金请求权。这项权利是投保人和被保险人订立保险合同目的的直接体现，也是其履行支付保险费等义务的对价。其基本义务主要包括：其一，支付保险费的义务。这是保险合同成立的基础，也是获取保险保障的对价条件。其二，告知的义务。这是保险法基本原则中的最大诚信原则在保险合同中的具体体现，投保人和被保险人应当在保险合同订立过程中履行如实告知的义务。在保险合同成立后，如发现在订立过程中存在陈述有误的情况，也应及时告知保险人。其三，维护保险标的安全的义务。这是投保人和被保险人的一项法定义务，保险人对于未按照保险合同约定履行维护保险标的安全义务的投保人、被保险人有权增加保险费或解除合同。其四，通知义务。在保险标的的危险程度增加及发生保险事故后，被保险人均有义务通知保险人。其五，防止或者减少保险标的的损失的义务。在保险事故发生时，被保险人有义务尽力采取必要的措施防止或者减少保险标的的损失，否则，保险人将可能对于能够防止或减少而未能防止或减少的损失免除赔偿责任。

第三，受益人的基本权利和义务。受益人的基本权利就是要求保险人按照保险合同的约定给付保险金。受益人的基本义务就是遵守法律的禁止条款，不得有为谋取保险金而故意伤害被保险人等行为。

3. 委付是指在保险事故发生造成保险标的被推定全损时，被保险人明确表示将该保险标的的一切权利转移给保险人，而有权请求保险人赔偿全部保险金额。委付是财产保险合同中所独有的一项法律制度，多用于海上保险之中。

委付的构成要件主要有以下几个方面：

第一，委付的前提是推定保险标的全损。由于委付意味着被保险人将保险标的的一切权利转移给保险人，所以只有保险标的全损时才可适用。

第二，委付必须适用于保险标的的整体。被保险人要求委付，必须是针对推定全损的保险标的整体，不可以对部分保险标的提出委付的请求。

第三，被保险人应当在法定时间内向保险人提出书面的委付申请。被保险人提出委付申请必须以书面的形式，即向保险人发出委付书，且必须在法定的时间内提出。

第四，被保险人必须将保险标的的一切权利转移给保险人，并且不得附加条件。这就是说，被保险人必须将保险标的的一切权利无条件地让渡给保险人。

第五，委付必须经保险人承诺接受才能生效。委付成立与否，还要看保险人的态度。保险人可以接受委付，也可以不接受。如果保险人接受委付，则不得再行撤回。

案例分析题

1. 法院应当驳回乙的诉讼请求。

本案涉及的是在订立人身保险合同过程中投保人如实告知义务的履行问题。投保人的如实告知义务是基于保险合同自身的特点和保险的基本原则而产生的。投保人在签订保险合同时，应将其知道的或推定其应当知道的有关保险标的的重要情况如实向保险人进行说明。因为投保人提供的信息是保险人在订立保险合同过程中判断是否承保和确定保险费率的重要依据。我国保险法也明确规定，保险人可以就保险标的或者被保险人的有关情况提出询问，投保人应当如实告知；投保人故意隐瞒事实，不履行如实告知义务的，或者因过失未履行如实告知义务，足以影响保险人决定是否同意承保或者提高保险费率的，保险人有权解除保险合同。可见，投保人是否适当履行了如实告知义务对于保险合同的订立和生效有着非常重要的影响。

本案中，甲作为投保人在订立人身合同的过程中，虚报自己的年龄，且其真实年龄已经超过了人身保险条款规定的最高投保年龄。这一行为足以影响到保险人是否同意承保。因为如甲提供的是其真实的年龄，根据保险条款的规定，保险公司将拒绝承保。根据我国保险法的有关规定，无论甲的行为是出于故意还是出于过失，保险人都有权解除合同。我国保险法规定，投保人故意不履行如实告知义务的，保险人对于保险合同解除前发生的保险事故，不承担赔偿或者给付保险金的责任，并不退还保险费；投保人因过失未履行如实告知义务，对保险事故的发生有严重影响的，保险人对于保险合同解除前发生的保险事故，不承担赔偿或者给付保险金的责任，但可以退还保险费。可见，在甲虚报年龄足以影响保险公司是否承保的情况下，保险公司对于合同解除前发生的保险事故是不承担责任的。所以法院应当驳回乙的诉讼请求。

2.（1）责任保险是保险人以被保险人依法应当对第三人承担的民事损害赔偿责任为保险标的，向保险人支付保险费，保险人承诺在被保险人向第三人负赔偿责任时，按照保险合同的约定向被保险人给付保险赔偿金的保险。法人或自然人可以根据自己的需求，投保有关的责任风险，把自己应承担的责任风险，转嫁给保险人，由保险人负经济赔偿责任。其特征主要有以下几方面：第一，由保险人承担被保险人的赔偿责任；第二，责任保险的保险标的为一定范围内的损害赔偿责任；第三，责任保险的保险责任不能及于被保险人的人身或财产；第四，责任保险的保险人给付的保险赔偿金，以合同约定的最高赔偿责任为限。

（2）本案涉及的是责任保险中第三人的认定问题。刘某能否作为保险合同中规定的第三人是本案的关键。根据机动车辆保险条款的规定，保险车辆造成下列人身伤亡和财产损毁，不论在法律上是否应当由被保险人承担赔偿责任，保险人也不负责赔偿：①被保险人所有或代管的财产；②私有、个人承包车辆的被保险人及其家庭成员，以及他们所有或代管的财产；③本车上的一切人员和财产；④车辆所载货物掉落、泄漏造成的人身伤亡和财产损毁。可见，如果刘某的身份是赵某车上的乘客，则对于刘某的损失保险公司是不予赔偿的。通过案情的分析我们可知，刘某是在打开车门下车后手机才掉落的，而刘某打开车门下车就意味着其已经不再是赵某车上的乘客。此时，刘某是符合第三者责任保险中对第三人的要求的，因此，刘某所受的财产上的损失属于第三者责任险承保的范围，保险公司应当予以赔偿。

论述题与深度思考题

人身保险合同中的特殊条款主要包括以下几个方面：

第一，不可抗辩条款。人寿保险合同和健康保险合同都列有这种条款，它是指自人身保险合同订立时起，超过法定时限后，保险人将不得以投保人在投保时违反如实告知义务如误告、漏告、隐瞒某些事实为理由，而主张合同无效或拒绝给付保险金。根据保险法的最大诚信原则，在投保时如果投保人故意隐匿或因过失遗漏而作不实申报，足以影响保险人对于风险的估计和对于合同是否订立的判断，保险人有权解除合同。这一规定是为了保障保险人的正当权利。但人身保险合同多为长期性合同，如果对此不加以规定、加以限制，保险人有可能滥用这一权利，从而使被保险人或受益人的权益无法得到保障。因此，保险法规定保险人自合同生效之日起两年内主张该权利的话，即丧失这一权利。

第二，迟交宽限条款。它是指在合同约定分期支付保险费的情况下，投保人支付首期保险费后，未按时交付续期保险费的，依法律规定或合同约定给予投保人一定的宽限时间，在宽限期内

保险合同效力不变。由于人身保险合同的长期性特征，法律为了维护投保人和被保险人的权利，给予投保人以适当的宽限期。对于超过宽限期，投保人仍未支付当期保险费的情况，保险法规定了两种后果：其一，保险合同效力中止；其二，由保险人按照合同约定的条件减少保险金额。

第三，中止、复效条款。在上述的宽限期到期后，投保人仍然未能缴纳保险费的，人身保险合同的效力中止。在保险合同效力中止后的两年内，投保人如果能够重新交纳保险费并希望恢复合同效力，经保险人同意，合同的效力可以恢复。对投保人来说，复效条款比重新订立一份保险合同要更为有利。

第四，自杀条款。基于维护人身保险合同各方当事人利益的考虑，在订立人身保险合同时，一般都会将自杀条款作为除外责任的一种列入保险合同。但是保险法规定，人身保险合同届满两年后，被保险人自杀的，保险人可以按照合同给付保险金。

第五，年龄误告条款。在人身保险合同中，被保险人的年龄是一个十分重要的因素，它不仅关系到保险合同规定的保险费，还可能影响到保险合同的成立、生效。当真实年龄超过保险人规定的最高承保年龄限制时，保险人不能予以承保。当发生此种情况时，合同自始无效，保险人可将已经缴付的保险费无息退还给投保人；当真实年龄小于保险人最低承保年龄时，保险人可将合同更改为自被保险人到达最低承保年龄当日起开始生效；因年龄不实导致溢交或短交保险费时，可分别采取予以无息退还、补交保险费等方法加以处理。

第六，不丧失价值条款。人身保险中的某些类型具有储蓄的性质，如生死两全险等。投保人在缴纳保险费到一定年限后，保险单便具有一定的现金价值，在投保人提出解除保险合同时，保险单所具有的现金价值并不因此而丧失。该现金价值仍然属于投保人、被保险人或者受益人所有。

第二十三章　保险业法

知识逻辑图

- 保险业法
  - 保险组织
    - 类型
      - 国有保险公司
      - 股份保险公司
      - 相互保险公司
      - 个人保险公司
    - 设立与变更
      - 保险组织的设立条件
        - ① 有符合保险法和公司法规定的章程
        - ② 有符合保险法规定的注册资本最低限额
        - ③ 有具备任职专业知识和业务工作经验的高层管理人员
        - ④ 有健全的组织机构和管理制度
        - ⑤ 有符合要求的营业场所和与业务有关的其他设施
      - 保险组织的变更
    - 破产、解散和清算
      - 破产：不能清偿到期债务；经保险监督管理机构同意
      - 解散：因其章程或法律规定的事由发生而丧失其法人资格
      - 清算：保险组织解散时对保险组织的资产、债权债务进行清理处分
  - 保险中介制度
    - 保险代理人：保险人授权委任的代理人，适用民法上的代理制度
    - 保险经纪人：专门从事保险经纪活动的经营实体，以自己的独立名义实施保险经纪行为
  - 保险经营的监督管理
    - 保险企业偿付能力的监管
      - 保险企业偿付能力的法定标准
      - 保险准备金的提取
      - 保险保障基金的提取
      - 保险资金的运用
      - 对保险企业财务状况的监管
    - 保险企业经营活动的监管
      - 保险企业的业务范围
      - 保险合同条款和保险费率
      - 自留额与分保业务的监管

名词解释与概念比较

1. 保险业法
2. 保险代理人与保险经纪人
3. 责任准备金

选择题

（一）单项选择题

1. 根据我国法律的规定，保险公司设立时，注册资本的最低限额为人民币（　　）亿元。

A. 2　　　　B. 3

C. 5　　　　D. 8

2. 保险业法与保险合同法之间的关系是(　　)。

A. 调整与被调整的关系

B. 普通法与特别法的关系

C. 母法与子法的关系

D. 并列的关系

3. 下列叙述中，哪一项不是在我国设立保险公司所应当符合的原则?(　　)

A. 遵守保险法律、法规和行政规章

B. 有利于我国保险市场和金融体制的稳定

C. 有利于我国保险业与国外保险业的接轨

D. 保险与银行、证券分业经营，财产保险业务与人身保险业务分业经营

4. 若A保险公司的实有资本金是人民币5 000万元，其公积金总额为人民币300万元，则A保险公司在对外承保时，对一次保险事故可能造成的最大损失范围所承担的责任不得超过(　　)。

A. 500万元　　　　B. 300万元

C. 30万元　　　　D. 530万元

5. 根据我国保险法的有关规定，保险公司成立后，应当将其注册资本总额的(　　)提取作为保证金。

A. 5%　　　　B. 10%

C. 20%　　　　D. 30%

6. 在世界范围内，保险行业自我管理组织的基本组织形式是(　　)。

A. 保险同业公会

B. 共同出资设立的新的管理公司

C. 共同协商委托的一个经济体

D. 保险业内人士俱乐部

7. 甲保险公司是一家中外合资的股份制保险公司，现由于经营不善欲进入破产程序。甲公司破产，首先要经过(　　)的同意，才可由人民法院宣告其破产。

A. 中国人民银行

B. 公司董事会

C. 公司股东大会

D. 保险监督管理部门

8. 根据保险法的规定，经营下列哪种业务的保险公司不得解散?(　　)

A. 出口信用保险

B. 人身意外伤害保险

C. 海上保险

D. 人寿保险

9. 保险公司注册资本金达到(　　)，在偿付能力充足的情况下，设立分公司可不再增加资本金。

A. 人民币10亿元　　　　B. 人民币5亿元

C. 人民币3亿元　　　　D. 人民币2亿元

10. 保险公司依法破产时，其破产财产在支付其破产费用后，应当在第一位受偿的是(　　)。

A. 清偿公司债务

B. 缴清所欠税款

C. 赔偿或给付保险金

D. 支付所欠职工工资和劳动保险费用

11. 财产保险公司、综合再保险公司和财产再保险公司的保险保障基金余额达到公司(　　)6%的，可以暂停缴纳保险保障基金。

A. 公积金　　　　B. 净资产

C. 总资产　　　　D. 保险准备金

12. 个人保险代理人在代办人寿保险业务时的限制是指(　　)。

A. 不得同时接受两个投保人的委托

B. 不得同时接受两个被保险人的委托

C. 不得同时接受两个保险人的委托

D. 不得同时办理两项寿险业务

13. 保险公司成立后依法提取的保证金，除(　　)外，不得动用。

A. 用于清偿债务

B. 用于对外投资

C. 用于对外担保

D. 清算时用于清偿债务

14. 因保险经纪人办理保险业务过程中的过错致使投保方损失的，承担赔偿责任的主体是(　　)。

A. 投保人

B. 保险经纪人

C. 保险人

D. 保险人与保险经纪人

15. 保险经纪人是基于(　　)的利益而提供保险中介服务。

A. 投保人　　　　B. 保险人

C. 被保险人　　　　D. 保险经纪人自身

16. 未经批准，而擅自设立保险公司尚不构成犯罪的，依法应当追究其(　　)。

A. 民事责任　　B. 刑事责任

C. 行政责任　　D. 经济责任

17. 王某是一名保险代理人，但是他不能签发保险单，那么他应当属于(　　)。

A. 专业保险代理人

B. 兼业保险代理人

C. 在保险代理公司从业的保险代理人

D. 个人保险代理人

（二）多项选择题

1. 依照《保险法》规定，保险企业的组织形式可以采取下列哪些形式？(　　)

A. 合伙

B. 国有独资公司

C. 股份有限公司

D. 保险法允许的其他组织形式

2. 保险业法的调整对象一般包括(　　)。

A. 国家在监督和管理保险企业过程中所发生的关系

B. 保险企业相互间因合作、竞争而发生的关系

C. 保险企业内部的经营管理关系

D. 保险企业与其客户之间的经营关系

3. 根据我国保险法的规定，下列保险险种中保险条款和保险费率应当报保险监督管理机构审批的有：(　　)。

A. 关系社会公众利益的保险险种

B. 依法实行强制保险的险种

C. 新开发的人寿保险险种

D. 所有的保险险种

4. M公司是一家外资保险公司，其准备与中国一家公司共同成立一家合资财产保险公司，则成立后的新公司可以办理的财产保险险种主要有：(　　)。

A. 国内财产保险　　B. 涉外财产保险

C. 农业保险　　D. 失业保险

5. 下列选项中，属于保险公司资金可以投入的领域的有：(　　)。

A. 银行存款

B. 买卖金融机构债券

C. 买卖政府债券

D. 向其他企业投资

6. 根据我国保险法的规定，同一保险人不得同时兼营(　　)。

A. 人寿保险业务和意外伤害保险

B. 企业财产保险业务和家庭财产保险

C. 财产保险业务和人身保险业务

D. 人寿保险业务和责任保险

7. 保险监督管理部门在执行监督职能的过程中，发现某保险公司存在违法经营的行为，则保险监督管理部门可以采取的措施有：(　　)。

A. 合并

B. 接管

C. 整顿

D. 责令其限期整改

8. 在我国，保险代理人一般可以分为(　　)。

A. 专业代理机构　　B. 兼业代理机构

C. 外资代理机构　　D. 个人代理人

9. 下列主体中，不得投资设立保险代理公司的有：(　　)。

A. 保监会

B. 中国工商银行

C. 中国人民财产保险公司

D. 行业协会

（三）不定项选择题

1. 保险业法在性质上的特征包括(　　)。

A. 私法　　B. 组织法

C. 行为法　　D. 监管法

2. 某保险公司经营管理状况混乱，保险监督管理机关对该保险公司进行整顿，在整顿过程中，下列做法正确的是？(　　)

A. 停止该保险公司原有业务的继续进行

B. 停止该保险公司开展新的业务

C. 经整顿后的保险公司纠正了违法行为，应继续由整顿组织监督该保险公司的业务活动

D. 整顿开始后，监督该保险公司的日常业务

3. 保险代理人可以向(　　)收取代理手续费。

A. 投保人　　B. 保险人

C. 被保险人　　D. 受益人

4. 当保险公司出现哪些情形时，保险监督管

理部门可以对其实行接管？（ ）

A. 保险公司因经营不善而长期亏损

B. 经保险公司股东大会通过，应公司董事会要求

C. 保险公司违反保险法的规定，损害社会公共利益，可能严重危及保险公司的偿付能力的

D. 保险公司违反保险法的规定，损害社会公共利益，已经危及该保险公司的偿付能力

5. 我国保险公司注册资本的最低限额的资本形式为（ ）。

A. 货币　　B. 实物

C. 无形资产　　D. 有形资产

简答题

1. 简述保险资金运用的原则。
2. 简述保险公司设立的条件。
3. 简述保险代理人的法律地位。

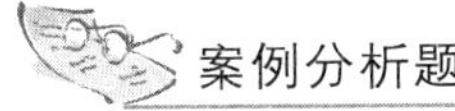

案例分析题

案情：2012年6月，甲公司与乙旅行社签订了一份旅游合同，合同约定由旅行社负责组织甲公司职工到某东南亚国家进行7日游活动，时间是7月20日至7月26日。协议中包括了乙旅行社代为投保旅游意外保险。7月20日乙旅行社将该旅游团被保险人名单及有关事项加盖公章传真给保险公司，保险公司加盖业务章后又传真给了乙旅行社。但是，直到8月7日乙旅行社才向保险公司拨付保险费。顾某是甲公司的职工，参加这次的旅行团。7月24日，顾某在游览某景点时不慎从高处跌落导致脑出血，经抢救无效死亡。乙旅行社随即向保险公司索赔。保险公司以保险费是在顾某死后才收到的为由拒绝赔偿。双方遂诉至法院。经查，保险公司与乙旅行社约定：保险公司委托乙旅行社代理旅游保险，保险费应当在次月5日前按月与保险公司进行结算。乙旅行社应当在旅游团出发前将被保险人名单及有关事项等加盖公章后传真给保险公司，保险公司接到传真后，加盖业务公章传真给乙旅行社，以此作为投保凭证。保险公司每月以传真资料为依据向旅行社收取保险费、承担保险责任，并支付代理手续费。

问题：该案应如何处理？

论述题与深度思考题

试述保险公司的整顿。

参考答案

名词解释与概念比较

1. 保险业法是指国家对保险业组织从事的保险经营活动进行监督和管理的专门的法律。广义上的保险业法除了指保险业的专门法律外，还包括国家对保险业进行监督和管理的其他规定。

2.

保险经纪人	保险代理人
保险经纪人是具有独立法律地位的保险中介人，是独立从事保险经纪活动的经营实体	保险代理人的代理权来自于保险公司的授权，保险代理人以保险公司的名义从事保险中介活动
保险经纪人代表的是投保人的利益	保险代理人代表的是保险人的利益
保险经纪人的行为后果由保险经纪人自身承担	保险代理人代理行为的后果由保险人承担
保险经纪人可以向投保人和保险人双方收取佣金	保险代理人只能向保险人收取代理佣金

3. 责任准备金是保险企业偿付能力的一种保障手段，主要是指保险企业按照有关法律、法规的规定，从收取的保险费或者经营利润中提取的准备用于履行保险责任的货币金额。

选择题

（一）单项选择题

1. A。根据我国保险法的规定，设立保险公司，其注册资本的最低限额为人民币2亿元。且保险公司注册资本最低限额必须为实缴货币资本。

2. D。保险业法和保险合同法之间不存在从属的关系，而是相互并列的关系。

3. C。C项中所述内容不属于我国设立保险公司所应符合的原则。

4. D。保险公司对每一危险单位，即对一次保险事故可能造成的最大损失范围所承担的责任，不得超过其实有资本金加公积金总和的10%；超过的部分，应当办理再保险。

5. C。我国保险法规定，保险公司成立后应当按照其注册资本总额的20%提取保证金，存入保险监督管理机构指定的银行，除保险公司清算时用于清偿债务外，不得动用。提取保险保证金对于促进保险公司稳健经营、维护债权人的利益都是十分必要的。

6. A。从世界范围来看，保险同业公会是保险行业自我管理组织的基本组织形式。

7. D。我国保险法规定，保险公司不能支付到期债务，经保险监督管理机构同意，由人民法院依法宣告破产。

8. D。根据我国保险法的有关规定，经营有人寿保险业务的保险公司，除分立、合并外，不得解散。因为人寿保险业务具有长期性的特点，如允许经营人寿保险业务的保险公司任意解散，将不利于维护保险法律关系的稳定性和保护投保人、被保险人及受益人的合法权益。

9. B。《保险公司管理规定》第16条第3款规定，保险公司注册资本达到人民币5亿元，在偿付能力充足的情况下，设立分公司不需要增加注册资本。上述规定为设立分公司不需增加注册资本设立了下限，使保险公司能够保证充足的偿付能力。

10. D。保险公司依法破产的，破产财产优先支付其破产费用后的清偿顺序为：（1）所欠职工工资和劳动保险费用；（2）赔偿或者给付保险金；（3）所欠税款；（4）清偿公司债务。

11. C。根据《保险保障基金管理办法》的有关规定，上述类型的保险公司保险保障基金余额达到公司总资产6%的，可以暂停缴纳保险保障基金。

12. C。保险法规定，个人保险代理人在代为办理人寿保险业务时，不得同时接受两个以上保险人的委托。

13. D。保险法规定，保险公司成立后应当按照其注册资本总额的20%提取保证金，存入保险监督管理机构指定的银行，除保险公司清算时用于清偿债务外，不得动用。

14. B。保险法规定，因保险经纪人在办理保险业务中的过错，给投保人、被保险人造成损失的，由保险经纪人承担赔偿责任。保险经纪人的法律地位独立，它并不依附于保险人，并对自己的行为独立承担责任。

15. A。从保险经纪人行为的性质来看，保险经纪人是基于投保人的利益而提供保险中介服务。

16. C。我国保险法规定，擅自设立保险公司或者非法从事商业保险业务活动的，由保险监督管理机构予以取缔；尚不构成犯罪的，由保险监督管理机构没收违法所得，并处以相应罚款。

17. D。个人保险代理人不得签发保险单。

（二）多项选择题

1. BC。我国保险法规定，保险公司应当采取下列组织形式：（1）股份有限公司；（2）国有独资公司。

2. ABC。保险企业与客户之间的关系一般通过保险合同法来调整，而不是保险业法的调整对象。

3. ABC。并非所有的保险险种均须报保险监督管理机构审批，部分险种报保险监督管理机构备案即可。A、B、C三项所列险种必须报批。

4. ABC。在我国，失业保险不属于财产保险的范畴，因此，M公司可以办理的财产保险险种中不包括失业保险。

5. ABC。根据《保险法》第106条的规定，保险资金运用限于：（1）银行存款；（2）买卖政府债券、股票、证券投资金基金份额等有价证券；（3）投资不动产；（4）国务院规定的其他资金运用方式。

6. CD。根据保险法的相关规定，同一保险人不得同时兼营财产保险业务和人身保险业务，因此C项正确。人寿保险属于人身保险范畴，责任保险属于财产保险范畴，因此D项也正确。

7. BCD。保险监督管理部门可以采取的措施包括责令限期改正、整顿、接管三种，但无权指令保险公司进行合并。

8. ABD。根据《保险代理人管理规定》《保

险代理机构管理规定》的有关规定，我国的保险代理人有个人代理人、专业保险代理机构、兼业保险代理机构三种。

9. ABCD。根据有关法律、法规的规定，有关政府部门、商业银行、保险公司、社会团体不得投资设立保险代理公司。

（三）不定项选择题

1. BCD。我国学者普遍认为，保险业法是对保险业进行监督和管理的法律规范的总称。因此将其归入公法的范畴。

2. BD。根据保险法的有关规定，保险监督管理机关在整顿过程中，保险公司的原有业务继续进行，但是保险监督管理机构有权停止开展新的业务或者停止部分业务，调整资金运用。整顿组织在整顿过程中，有权监督该保险公司的日常业务，但是无权停止该保险公司原有业务；并且在纠正违法行为后，就应报保险监督管理机构批准结束整顿，不应再继续监督该公司的业务活动。

3. B。保险代理人是根据保险人的委托代为办理保险人的保险业务，因此，保险代理人可以向保险人收取代理手续费。

4. CD。我国保险法规定，保险公司违反本法规定，损害社会公共利益，可能严重危及或者已经危及保险公司的偿付能力的，保险监督管理机构可以对该保险公司实行接管。

5. A。保险公司注册资本最低限额必须为实缴货币资本。

简答题

1. 保险资金的运用一般有以下几方面原则：

第一，安全性原则。这是保险资金运用的首要原则。这一原则主要是为了保护被保险人的利益，如果保险资金的运用缺乏安全性，则保险组织的偿付能力将受到很大影响。安全性原则要求保险组织在运用保险资金时，必须保持慎重的态度，确保保险资金投向的安全、可靠，避免投机行为的发生，并能够按时收回投资。各国保险法为了贯彻这一原则，纷纷对保险资金的运用作十分严格的规定。

第二，效益原则。任何营利性经济体都以实现效益的最大化为目标。保险组织运用保险资金的目的是实现资金效益的最大化。只有使保险资金不断实现其应有的效益，保险组织才能不断发展。但是，效益的增加往往是与风险的增大相伴的。这就要求保险组织必须以安全性原则为基础，在坚持安全的基础上，实现保险资金的合理运用，实现更高的效益。

第三，可变现性原则。保险资金的运用必须保障较好的可变现性，因为保险资金从目的上看，首先是要保证保险金及各种赔付需要得到及时的满足。这就要求保险资金必须有较强的流动性，能够及时变现以满足支付保险金等用途的需要。尤其是财产保险中，保险事故发生的偶然性很大，对保险资金变现性的要求更高。

2. 第一，公司形式符合法律要求。根据有关法律的规定，我国保险公司主要有三种形式，即国有独资公司、股份有限公司和外资保险公司。

第二，有符合保险法和公司法规定的章程。

第三，达到保险法规定的注册资本最低限额。我国保险法规定，保险公司注册资本的最低限额是2亿元人民币。

第四，有具备任职专业知识和业务工作经验的高级管理人员。

第五，有健全的组织结构和管理制度。

第六，有符合要求的营业场所和与业务有关的其他设施。

第七，符合国家产业政策。

3. 保险代理人的法律地位主要表现在以下几个方面：

第一，保险代理人是从事保险代理业务的独立经营主体。

第二，保险代理人是处于独立法律地位的法律主体。

第三，保险代理人代表着保险人的利益。

第四，保险代理人不得同时是保险人和投保人的双方代理人。

第五，保险代理人独立承担法律责任，主要表现为向被代理的保险公司承担法律责任。

案例分析题

本案涉及甲公司、乙旅行社和保险公司三方的关系，下面对其进行具体分析：第一，保险公

司与乙旅行社之间存在代理协议，但该协议是无效的。根据该协议，乙旅行社的身份是保险公司的保险代理人。我国保险法规定，保险代理人是根据保险人的委托，向保险人收取代理手续费，并在保险人授权的范围内代为办理保险业务的单位或者个人。但是，并不是任何单位和个人都可以成为保险代理人的，根据保险法和有关法律、法规的规定，未经保监会批准并颁发“经营保险代理业务许可证”并向工商行政管理机关办理登记、领取营业执照，是不能从事保险代理业务的。乙旅行社并无上述手续，因此，其与保险公司签订的代理协议无效。第二，虽然代理协议无效，但是乙旅行社向保险公司投保旅游意外保险的行为是有效的。在这个旅游意外保险关系中，旅行社是投保人，被保险人和受益人都是游客。第三，本案中保险公司以保险费实际收取的时间作为抗辩理由不成立。根据保险法的有关规定，投保人提出保险要求，经保险人同意承保，并就合同的条款达成协议，保险合同成立。乙旅行社将被保险人名单及有关事项加盖公章传真给保险公司的行为就是提出保险要约，保险公司加盖业务章后传真给乙旅行社的行为就是表示其同意承保，双方已经达成协议，保险合同成立。由于双方没有对合同生效作出特殊约定，故而保险合同已经生效。保险费给付时间只是旅行社与保险公司之间的结算协议问题，不影响保险合同的生效。综上所述，保险公司应当按保险合同的规定，承担相应的保险责任。

论述题与深度思考题

保险公司的整顿是指在保险公司存在违反保险法的某些行为，并且在有关保险监督管理部门规定的期限内未改正的情况下，有关保险监督管理部门采取必要措施对其进行整治、监督，介入其日常经营管理的行为。

根据保险法的规定，当保险公司未按照规定提取或者结转各项准备金，或者未按照保险法规定办理再保险，或者严重违反保险法关于资金运用的规定的，由保险监督管理机构责令该保险公司限期改正；保险公司在限期内未予改正的，由保险监督管理机构决定选派保险专业人员和指定该保险公司的有关人员，组成整顿组织，对该保险公司进行整顿。

对保险公司的整顿由整顿组织实施。整顿组织的成员由保险监督管理部门选派和指定，由保险专业人员和被整顿公司的有关人员组成。整顿组织的主要职权是监督被整顿保险公司的日常业务。整顿组织享有的是一种监督权，并不是一种直接经营的权力，保险公司的日常经营活动仍是由保险公司自己进行。整顿组织在整顿过程中，一方面是在行使监督权，另一方面也可以说是在履行监督的义务。如果在整顿过程中，整顿组织怠于履行监督的职责，没有对保险公司的日常业务进行应有的监督，整顿组织应承担相应的法律责任。整顿的目的是促使被整顿公司改善经营管理，纠正错误以达到保险法的要求并保护被保险人的利益，并非终止保险公司的原有业务。在整顿期间，保险公司可以继续经营其原有业务。但保险监督管理部门有权停止其开展新的业务或者停止部分业务。

对保险公司的整顿是有一定的期限的。当被整顿的保险公司已经纠正违法经营行为，经营管理状况已经得到改善，整顿理由已经消失时，整顿组织就应当提出报告，在经保险监督管理部门批准后结束整顿。此时，整顿组织可以将公司的日常经营管理权完整地交还给保险公司。如果整顿没有达到预期的效果，保险监督管理部门可以对该保险公司进行接管和清算。

第六编　破产法

第二十四章　破产法概述

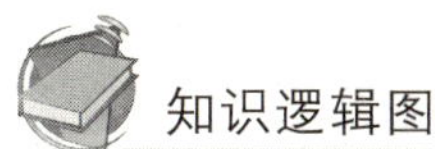

知识逻辑图

- 破产法概述
  - 破产
    - 概念
      - 事实上的破产：债务人不能清偿到期债务的客观事实状态
      - 法律上的破产：债务人不能清偿到期债务时，法院根据当事人的申请，就债务人的总财产进行分配，清偿债务的法律程序
    - 特征
      - 是一种特殊的债权实现形式
      - 是在特定情形下运用的偿债程序
      - 是在法院的指挥和监督下实施的程序
      - 以使全体债权人公平受偿为宗旨
      - 是一种概括的强制执行程序
    - 性质
      - 观点一：诉讼程序说
      - 观点二：非讼程序说 我国大多数学者采特殊程序说
      - 观点三：特殊程序说
  - 破产法
    - 概念
      - 狭义的破产法：仅指破产清算方面的法律规范的总称
      - 广义的破产法：还包括以避免债务人破产为主要目的的各种关于和解、重整等方面的法律规范的总称
    - 我国《企业破产法》规定了破产清算与和解、重整程序，是采广义的破产法
    - 立法模式
      - 适用范围：一般破产主义、商人破产主义、折中主义
      - 程序启动方式：职权主义、申请主义、折中主义
      - 清算程序与和解程序的关系：和解前置主义与和解分离主义
      - 破产宣告的效力：溯及主义与不溯及主义
      - 破产财产的范围：固定主义与膨胀主义
      - 破产剩余债务的清偿责任：免责主义与不免责主义
    - 我国《企业破产法》系采有限的商人破产主义、破产程序开始的申请主义、和解分离主义、破产宣告不溯及主义、破产财产膨胀主义
    - 内容
      - 程序性规范
      - 实体性规范
    - 适用范围
      - 观点一：只适用于中国境内的企业法人，不包括自然人
      - 观点二：应适用于中国境内的企业法人和自然人
      - 观点三：适用于所有企业法人和依法核准登记的非法人企业，但对非法人企业的有关法律条文可以原则一些
    - 我国《企业破产法》仅适用于企业法人
  - 破产程序开始的条件
    - 实质要件
      - 破产能力：民事主体可以依法被宣告破产的资格
      - 破产原因
        - 概念：适用破产程序所依据的特定的法律事实
        - 立法例
          - 列举主义：英国、加拿大、澳大利亚等采用
          - 概括主义：法国、意大利、日本等采用
      - 我国《企业破产法》规定的破产原因为不能清偿到期债务，并且资产不足以清偿全部债务，或者明显缺乏清偿能力，系采概括主义立法例
    - 形式要件

名词解释与概念比较

1. 破产制度与倒产制度
2. 破产法
3. 商人破产主义与一般破产主义
4. 破产能力与民事权利能力
5. 破产原因

选择题

(一) 单项选择题

1. 根据我国《企业破产法》的规定，破产是指(　　)。

A. 企业发生资不抵债时，不得不关闭的客观状态

B. 企业不能清偿到期债务或发生停止支付时，不得不关闭的客观状态

C. 企业丧失了继续经营事业的能力或发生了不能清偿债务的财务危机时，不得不关闭的事实

D. 企业因经营管理不善造成严重亏损，不能清偿到期债务的，法院根据有关当事人的申请，依《企业破产法》的规定宣告企业破产的一种法律程序

2. 根据我国现行有关破产的立法规定，从适用范围来说，采用了哪种立法模式？(　　)

A. 一般主义

B. 商人主义

C. 折中主义

D. 有限的商人主义

3. 根据我国现有有关破产法的规定，在我国境内哪些企业能够申请破产？(　　)

A. 个体工商户、农村承包经营户、国有企业、合伙型的联营企业

B. 全民所有制企业、个体工商户、农村承包经营户、个人合伙

C. 所有的企业法人，包括全民所有制的企业法人和非全民所有制的企业法人

D. 所有的企业，包括法人企业和非法人的企业

4. 有关破产程序的性质，说法正确的是：(　　)。

A. 破产实际上是债权人为了获得清偿，在一定条件下提起的破产还债的诉讼程序

B. 破产实际上是一种特殊的程序，是民事诉讼程序、非诉讼程序和民事执行程序所不能包容的特殊程序

C. 破产实际上是债权人在法院的主持、监督下与债务人进行的有关还债的非讼程序

D. 破产实际上是一种一般的民事执行程序

5. 我国《企业破产法》中规定的破产原因即破产界限，采取的是什么立法例？(　　)

A. 概括主义

B. 列举主义

C. 折中主义

D. 破产原因的多元主义

(二) 多项选择题

1. 根据我国现行法律的规定，下列选项所列民事主体中哪些不适用破产还债程序？(　　)

A. 私营有限责任公司

B. 未取得法人资格的联营企业

C. 个体工商户

D. 个人合伙

2. 下列哪些主体具有破产法上的破产能力？(　　)

A. 个人独资企业

B. 法人型联营企业

C. 国有企业

D. 社会团体

3. 综观在破产原因上采概括主义的国家，通常对破产原因的概括方式有哪些？(　　)

A. 不能清偿　　B. 严重亏损

C. 债务超过　　D. 停止支付

4. 依照我国现行破产法的规定，下列哪些主体能申请宣告甲公司破产？(　　)

A. 现在由于甲公司分立为丙、丁公司，需要解散甲公司。破产管理人在清理甲公司财产、编制资产负债表和财产清单后，发现公司财产不足清偿债务的，破产管理人向人民法院申请宣告破产

B. 甲公司的债权人发现甲公司不能清偿到期

债务的，向人民法院申请宣告甲公司破产

C. 如果甲公司是一全民所有制企业，因经营管理造成严重亏损，不能清偿到期债务，甲公司经其主管部门同意后，向人民法院申请宣告破产

D. 甲公司的一个债权人申请对甲公司的一笔到期债务进行强制执行，人民法院在强制执行过程中获悉甲公司不能清偿其到期债务时，径依职权宣告甲公司破产

5. 中南公司不能清偿到期债务，债权人天一公司向法院提出对其进行破产清算的申请，但中南公司以其账面资产大于负债为由表示异议。天一公司遂提出各种事由，以证明中南公司属于明显缺乏清偿能力的情形。下列哪些选项符合法律规定的关于债务人明显缺乏清偿能力、无法清偿债务的情形？（　　）（司考）

A. 因房地产市场萎缩，构成中南公司核心资产的房地产无法变现

B. 中南公司陷入管理混乱，法定代表人已潜至海外

C. 天一公司已申请法院强制执行中南公司财产，仍无法获得清偿

D. 中南公司已出售房屋质量纠纷多，市场信誉差

6. 关于破产清算、重整与和解的表述，下列哪些选项是正确的？（　　）（司考）

A. 债务人一旦被宣告破产，则不可能再进入重整或者和解程序

B. 破产案件受理后，只有债务人才能提出和解申请

C. 即使债务人未出现现实的资不抵债情形，也可申请重整程序

D. 重整是破产案件的必经程序

（三）不定项选择题

1. 下列有关我国破产或破产法的说法，不正确的是：（　　）。

A. 破产法是集实体性规范和程序性规范于一体的综合性的法律

B. 破产程序实际上是一种概括的强制执行程序

C. 在破产法中，不能清偿与资不抵债是同一个概念

D. 在我国，非企业的公法人和公益法人均无破产能力，且非法人的自然人企业如合伙企业等也无破产能力

2. 从破产法的历史沿革来看，近现代西方国家的破产法具有哪些特点？（　　）

A. 一般破产主义取代了商人破产主义

B. 以自力救济为主

C. 破产法破除了破产惩戒主义的影响，对债务人实行免责主义

D. 破产法的功能从仅仅为了使债权人获得平等受偿，发展为还包括预防债务人破产

简答题

1. 简述破产的概念与法律特征。

2. 简述破产法的立法目的。

3. 根据我国有关破产法的规定，我国关于破产的实质条件包括哪些？

4. 简述破产程序与民事执行程序的区别。

案例分析题

1. 案情：某省春江市的某学习用品公司为一集体企业，因长期的经营管理不善，造成企业的严重亏损，资不抵债数额达 87 万余元，已经无力清偿到期债务。在此情况下，该公司经其主管部门的批准，于 2007 年 6 月 23 日向该市某区人民法院提出破产申请。

问题：（1）法院是否应该受理该企业的破产申请？

（2）如果法院受理了该企业的破产申请，应当适用什么法律审理？

2. 案情：河北省某汽车设备机械厂是一国有企业，注册资本为 3 500 万元。因企业经营决策失误、资金使用不当，生产经营资金缺乏。经该市某会计师事务所审计，该审计报告指出，截至 2008 年 7 月底，某汽车设备机械厂的经营亏损总额达到 3 750 万元，账面资产总额为113 748 620.98元，负债总额为 113 723 945.47 元。此时，机械厂已经长期停止支付欠银行的几笔到期的债务了，银

行催还。

问题：此时，银行是否可以向法院申请宣告汽车设备机械厂破产？

论述题与深度思考题

请论述我国现行的破产立法对破产原因的规定。

参考答案

名词解释与概念比较

1. 所谓破产制度是指当债务人不能清偿到期债务，并且资产不足以清偿全部债务或者明显缺乏清偿能力时，通过法定的破产程序，对债务人的财产进行清理、变价和分配，以使各债权人获得公平清偿的法律制度。

倒产制度又分为广义的和狭义的。狭义的倒产制度是指债务人不能清偿到期债务或者发生财务危机时，为了预防或者避免适用破产程序，或者以求恢复以及再建而请求法院干预的各种制度的总称，主要包括和解制度、公司特别清算制度和公司重整制度。广义上的倒产制度还包括破产制度等范围较广的制度。此处对破产制度和狭义的倒产制度进行比较。

破产制度	倒产制度
设立的主要目的是维护债权人在破产程序中的平等地位，以保障所有债权人获得公平的受偿并共同承担不能受偿的风险，从而实现社会资源的重新配置，促进社会经济的良性发展	设立目的是预防和避免债务人破产，以促使债务人恢复和再生。这一制度不单纯保护债权人的利益，也兼顾了债务人的利益，试图使与债务人利益相关者的损失降到最低
具有债权保障功能	融债权保障功能和对债务人的救济功能于一体
主要内容是对破产财产进行清算，公平分配破产财产	主要包括和解制度、公司特别清算制度和公司重整制度

2. 由于各国对破产的立法体例不同，破产法有广义和狭义的区分。狭义的破产法仅仅包括破产清算程序，从这个意义上说，破产法是关于债务人不能清偿到期债务，并且资产不足以清偿全部债务或者明显缺乏清偿能力时，宣告其破产，并由法院对其全部财产进行破产清算的法律规范的总称。广义的破产法包括破产清算、和解程序和重整程序，所以从这个意义上说，破产法是关于债务人不能清偿到期债务时，债务人和债权人进行和解、对债务人进行重整或者对债务人进行破产清算，从而由法院宣告其破产的法律规范的总称。我国现行破产法规定了破产程序与重整程序、和解程序，属于广义上的破产法。

破产法还有形式意义上的破产法和实质意义上的破产法之分。前者仅指以破产法或支付不能法等命名的法典；后者除了包括破产法典中的法律规范外，还包括民法、商法（如公司法、保险法、商业银行法等）、刑法、民事诉讼法等法律部门中有关破产的法律规范。从破产法的构成内容来说，破产法大多既包括破产清算制度的规定，又有破产预防制度的规定；既有破产的程序性规范，又有相关利害关系人的权利、义务的实体性规范。

3. 商人破产主义与一般破产主义是关于破产法在适用范围上的立法模式的区分，也即破产能力的问题。所谓商人破产主义，是指仅对具有商人身份的人适用破产程序的立法主义，表现为破产法只适用于商人，对非商人并不适用。采此种模式者，多不以破产法为独立的法典，而将破产制度规定于商法典中。此种模式起源于拿破仑商法典，法国法系国家多采此种模式。我国现行破产法采取的是有限的商人破产主义模式。

所谓一般破产主义，是指不分商人或非商人，均可以适用破产法的立法主义。采此模式者，多以破产法为独立的法典。德国法系国家及英美法系国家多采此模式。在现在，出于全面调整债务关系的需要，加之现代社会中商人的概念已经为法人、公司、企业等概念所取代，绝大多数国家都采或者改采一般破产主义，如法国于 1967 年颁布的破产法改采一般破产主义。

还有一种所谓折中主义的模式，是指商人与非商人均得适用破产法，但商人的破产程序有别于非商人的破产程序。历史上，西班牙、丹麦等

国家曾采此模式。

4. 破产能力是指债务人能够适用破产程序解决债务清偿问题的资格，也即民事主体可以被依法宣告破产的资格。民事权利能力是指民事主体能够依法享有权利和承担义务的资格。二者的区别如下：

破产能力	民事权利能力
破产能力是民事权利能力在破产法中的体现	具有民事权利能力是具有破产能力的前提
有些情况下，具有破产能力但不具有民事权利能力。如：许多国家的破产法规定，特定情况下的遗产也具有破产能力	在采一般破产主义的国家，一般凡具有民事权利能力者均具有破产能力；在采商人破产主义的国家，具有民事权利能力的人并不都具有破产能力，只有商主体才具有破产能力。如我国采有限的商人破产主义，只有企业法人具有破产能力

5. 破产原因是指认定债务人丧失债务清偿能力，当事人得以提出破产申请，法院据以启动破产程序、宣告债务人破产的法律事实，即引起破产程序发生的原因。破产原因在英美法系中被称为破产行为，我国有时称其为破产界限。

在世界范围内，关于破产原因的立法体例主要有两种：一为破产原因的列举主义，一为破产原因的概括主义。列举主义，即在法律中列举规定若干种表现债务人丧失清偿能力，或影响债务人清偿能力的损害债权人利益的具体行为，凡实施行为之一的便认为发生破产原因。这些行为被称为破产行为或无力清偿行为。此种方式主要是英美法系的国家和地区采用，如 1914 年的英国《破产法》及 1978 年前的美国破产法、我国香港特别行政区的《破产条例》和加拿大《破产法》等。列举主义在立法形式上受到早期破产犯罪立法思想的影响，将着眼点放在债务人具体实施的不当行为上，故采用列举方式逐项加以规定；其优点是规定明确，便于操作；缺点是僵化，缺乏弹性，不能适应变化了的实际情况。概括主义，即对破产原因从法学概念上作抽象性的规定，它着眼于破产发生的一般原因，而不是具体行为。此种立法方式主要为大陆法系国家所采用，如法国、日本、意大利等。在这些国家中，通常对破产原因的概括方式有：(1) 不能清偿或支付不能；(2) 债务超过或资不抵债；(3) 停止支付。在概括主义立法模式下，法院的自由裁量权较大，有利于根据实际情况灵活适用法律。现在这种方式已逐渐成为一种通行的趋势。我国现行破产法是采概括主义的立法例。

选择题

（一）单项选择题

1. D。我们通常所使用的“破产”一词，实际上有两种含义：一是指一种客观的事实状态，二是指一种特殊的法律程序。第一种含义上的破产是指债务人不能清偿到期债务的客观的事实状态，它主要用于描述债务人的经济状况，债务人不能清偿到期债务，并且资产不足以清偿全部债务或者明显缺乏清偿能力时所陷入的经济状况。而第二种含义上的破产，是指当债务人不能清偿到期债务时，法院根据有关当事人的申请，对债务人的总财产进行概括的执行，以使全体债权人获得公平清偿的一种特殊的法律程序。我国《企业破产法》中的破产应当是在这个意义上使用。所以，D 项正确。选项 A、B、C 都认为破产是一种客观的事实状态，从第一种含义，不是《企业破产法》上破产的含义，所以不正确。

2. D。根据破产法是适用于商人还是适用于一般的民事主体的不同，各国形成了不同的立法例：商人破产主义、一般破产主义与折中破产主义。我国现行破产立法规定只是适用于企业法人。企业法人不能清偿到期债务，并且资产不足以清偿全部债务或者明显缺乏清偿能力的，依照破产法的规定清偿债务。

3. C。这题实际是考查哪些主体具有破产能力。我国《企业破产法》第 2 条规定，企业法人不能清偿到期债务，并且资产不足以清偿全部债务或者明显缺乏清偿能力的，依照本法规定清偿债务。所以，A、B、D 项都错了。

4. B。关于破产程序的性质历来有三种学说：诉讼程序说、非讼程序说与特殊程序说。诉讼程序说认为破产程序相当于民事诉讼中的财产保全、判决和执行程序的结合，应属诉讼程序。非诉程序说认为破产程序中设有破产管理人、债权人会议等专门机构，具有诉讼程序中不具备的债权人自治性质的内容，应为非讼程序。特殊程序说认为破产程序既有程序方面的规定，也有如破产抵销权、破产别除权等特殊的实体规定，属于一种特殊的程序。现在大多数学者认为，破产程序属于一种特殊的程序。同时，破产程序是一种不同于单个债权的民事执行程序，它是一种就债务人的总财产概括执行的程序，所以，D项错误。B项比较合理。

5. A。在各国破产立法上，对破产原因的规定主要有两种立法例：列举主义与概括主义。我国《企业破产法》关于破产原因的规定为：企业法人不能清偿到期债务，并且资产不足以清偿全部债务或者明显缺乏清偿能力的，依照本法规定清偿债务。可以看出，我国破产原因采取的是概括主义立法例。

（二）多项选择题

1. BCD。根据我国《企业破产法》第 2 条可知，我国破产程序只适用于企业法人。而根据我国《公司法》第 2 条、第 3 条的规定，公司是指依照《公司法》在中国境内设立的有限责任公司和股份有限公司。有限责任公司和股份有限公司是企业法人，所以，私营有限责任公司也是企业法人，可以适用破产程序，题目是选否定项，所以 A 项不选。选项 B 中未取得法人资格的联营企业属于不是法人的企业，所以选项 B、C、D 为应选项。

2. BC。破产能力是民事主体能够被宣告破产的资格，也即哪些主体能够适用破产程序。根据我国现行破产法的规定，我国破产程序仅适用于企业法人，只有企业法人具有破产能力。据此，在我国，非企业的公法人和公益法人均无破产能力，社团法人属于公益法人，自然不适用破产程序，所以 D 项不选。同时，非法人的自然人企业如个人独资企业、合伙企业等目前也无破产能力，所以 A 项不选。国有企业为企业法人，同样具有破产能力，所以，选 B、C 项。

3. ACD。综观各个采概括主义的国家，破产原因通常有：不能清偿、债务超过、停止支付。不能清偿是指债务人对请求偿还的到期债务，因丧失清偿能力而无法偿还的客观财产状况，亦称支付不能或不能支付。不能清偿在法律上的着眼点是债权债务关系能否正常维系，此处不能清偿既包括不能以财产清偿，也包括不能以信用、能力等任何方式清偿债务。债务超过，是指债务人的负债超过实有资产，也称资不抵债，其着眼点是债务人的资产与负债的比例关系。停止支付是指债务人以其行为向债权人作出不能支付一般金钱债务的主观意思表示。停止支付是债务人丧失清偿能力的典型的外在表现，但是债务人停止支付却不一定已达到不能清偿的地步。由于债务人的停止支付状态客观上已经损害了债权人的利益，故立法允许债权人在无相反证据的情况下据此提出破产申请。所以，选 A、C、D 项。

4. ABC。此题考查的是破产申请的申请人有哪些。根据我国有关破产的法律规定，债权人、债务人和特定条件下的破产管理人可以成为申请人。《公司法》第 187 条规定：清算组在清理公司财产、编制资产负债表和财产清单后，发现公司财产不足清偿债务的，应当依法向人民法院申请宣告破产。所以，选 A 项。《企业破产法》第 7 条规定：债务人有本法第 2 条规定的情形，可以向人民法院提出重整、和解或者破产清算申请。债务人不能清偿到期债务，债权人可以向人民法院提出对债务人进行重整或者破产清算的申请。企业法人已解散但未清算或者未清算完毕，资产不足以清偿债务的，依法负有清算责任的人应当向人民法院申请破产清算。所以，选 B、C 项。关于选项 D 中所述情况，法律没有明确规定。

5. ABC。选项 D 不能表明债务人明显缺乏清偿能力、无法清偿债务。

6. ABC。《企业破产法》第 70 条第 2 款规定，债权人申请对债务人进行破产清算的，在人民法院受理破产申请后、宣告债务人破产前，债务人或者出资额占债务人注册资本 1/10 以上的出资人，可以向人民法院申请重整。第 95 条第 1 款规定，债务人可以依照本法规定，直接向人民法院申请和解；也可以在人民法院受理破产申请后、宣告债务人破产前，向人民法院申请和解。据此可知，人民法院受理破产申请后、宣告破产前可以进入重整或和解程序，但是一旦被宣告破产，则不能再进入重整或和解程序。因此，选项 A、B 正确。《企业破产法》第 2 条规定，企业法人不能清偿到期债务，并且资产不足以清偿全部债务或

者明显缺乏清偿能力的，依照本法规定清理债务。企业法人有前款规定情形，或者有明显丧失清偿能力可能的，可以依照本法规定进行重整。据此可知，企业法人有明显丧失清偿能力可能的，即使未出现现实的资不抵债情形，也可申请重整程序。因此，选项C正确。《企业破产法》第7条第1款规定，债务人有本法第2条规定的情形，可以向人民法院提出重整、和解或者破产清算申请。据此可知，重整并非破产案件的必经程序。所以，选项D错误。

（三）不定项选择题

1. C。我国破产法中既有程序性的规范，也有实体性的规范，体现了现代商事法律制度的特点。其中程序性规范包括：破产案件的管辖、破产案件的申请与受理、债权申报、债权人会议、和解和重整程序、破产清算和破产程序的终结等。其实体性规范包括：破产财产制度，破产法上的撤销权、取回权、别除权、抵销权，破产债权等。所以，A项正确，不选。破产程序与普通民事执行程序的不同在于，其是为全体债权人的利益而对债务人的全部财产进行的执行程序，即一种概括的执行程序。所以，B项正确，不选。“不能清偿”与“资不抵债”是不同的概念，C项错，应选。选项D所述情形正确，理由如前多项选择相关题目中所述，所以，D项不选。

2. ACD。此题的答案可以参见王欣新．破产法．3版．北京：(中国人民大学出版社，2011. 第28页对近现代西方国家的破产法特点的归纳。自力救济为主是近现代以前古罗马时期及中世纪欧洲的破产法的特点。所以，选A、C、D项。

简答题

1. 破产是指债务人不能清偿到期债务时，法院根据有关当事人的申请，对债务人的总财产进行概括的执行，以使全体债权人获得公平清偿的法律程序。其法律特征表现为：

（1）破产是一种特殊的债权实现形式。与清偿、免除、抵销、提存、混同等债的消灭方式不同，破产是以债务人的全部财产作为清偿的对象，并以债务人主体资格的丧失（自然人破产除外）或营业体的解散作为偿债的代价。

（2）破产是在特定的条件下运用的偿债程序。因为破产是以终止债务人的营业权利能力和行为能力为代价，法律就必须设定严格的前提条件，也即必须有破产原因的客观存在。各国对这一前提规定不同，大体为不能清偿、债务超过和停止支付等法律事实。

（3）破产是在法院的指挥和监督下实施的债务清偿程序。破产是关系到债权能否实现和债务人能否继续存在的大事，因此法律规定，破产宣告只能由法院作出，并且整个破产程序也必须在法院的指挥和监督下进行，任何单位或个人都不得自行宣告债务人破产。

（4）破产程序进行的主要目的是使全部债权人获得公平的受偿，同时兼顾债务人的正当权益。破产法所要解决的主要矛盾之一，是多数债权人之间因债务人有限的财产不足以清偿全部债权而发生的相互冲突。因此，破产法设计了专门的制度来分配破产财产，使各债权人获得平等受偿的机会并共同承担不能受偿的风险。此外，破产程序对债务人的正当权益也作了一些特殊的保护规定，如通过和解、重整制度来挽救债务人。

（5）破产程序具有总括执行程序的特点。总括执行不同于一般的民事执行程序，其是将债权人的总债权就债务人的全部财产实施全盘的、统一的执行，而不是为了个别债权人就债务人的特定的财产进行强制执行。

2. 破产法的立法目的如下：

（1）公平保护债权人的利益。按照传统的民事救济手段，各债权人为个别诉讼，对于取得执行名义的债权可对债务人的财产为强制执行。当债务人的财产不足以清偿全部债务时，先为诉讼而取得判决的债权人可能得到全额清偿，而诉讼在后或没有诉讼的债权人可能分文不得，这就会使得各债权人纷纷诉讼。为了维护多数相互竞合的债权人间的公平清偿，设计了破产制度，使之按照实体法或破产法规定的顺序清偿。

（2）对债务人提供救济。当债务人不能清偿到期债务时，可自己申请开始破产程序，从个别诉讼和执行中解脱出来。债务人还可以在破产程序中与债权人达成和解与重整，从而可能挽救债务人，避免最终破产。

（3）实现资源的优化配置和合理利用，保障

经济秩序的良好运行。从社会经济而言，破产法通过对破产债务及时、合理地清理，可以消除破产状态下债务的恶性膨胀，避免连锁破产。同时，破产法通过对经营水平低下企业的淘汰，将实现资源的优化配置和合理利用。

3. 根据我国有关破产法的规定，启动破产程序必须具备破产要件。破产要件是指开始破产程序应具备的各项条件。破产要件包括实质要件与形式要件两类。前者是指开始破产程序在实体上应具备的条件，后者指开始破产程序在形式上应具备的条件。在理论上，对哪些事项应属于破产的实质要件存在不同的学说。第一，四要件说，即开始破产程序应当具备债务人具有破产能力、债务人发生破产原因、无破产障碍和存在多数债权人四项要件。第二，三要件说，即在上述四要件中排除“存在多数债权人”要件。第三，二要件说，即在三要件说的基础上又排除了“无破产障碍”要件。

我们认为，根据我国破产法的规定，我国关于破产的实质要件包括：破产能力和破产原因。具体说来，破产的主体首先要具备破产能力，其次要达到破产的条件。

破产能力是民事主体可以依法被宣告破产的资格。根据我国《企业破产法》第 2 条的规定，在我国只有企业法人具有破产能力。非企业的公法人和公益法人均无破产能力，非法人的自然人企业目前也无破产能力。

破产原因，又称破产界限，是指适用破产程序所依据的特定的法律事实。总体说来，我国对破产原因的规定采取的是概括主义的立法例。我国《企业破产法》第 2 条第 1 款规定了破产原因：企业法人不能清偿到期债务，并且资产不足以清偿全部债务或者明显缺乏清偿能力的，依照本法规定清理债务。

4. 破产程序与民事执行程序的区别如下：

（1）民事执行程序中的债务人在一般情况下是具有清偿能力的，强调的是债务人对个别债权人的执行程序。而破产程序中的债务人已无清偿能力，已经不可能对全体债权人完全、公平地履行义务，所以要以破产清算的方式解决，以保证对债权人的公平清偿。

（2）民事执行与破产制度虽都具有为债权人利益进行的性质，但前者是为了个别债权人的利益进行的，后者是为了全体债权人的利益进行的，所以破产程序具有优先适用的排他性质。民事执行只有债权已经到期的债权人才可以提起，而在破产程序中，对未到期债权的债权人同样应当给予公平清偿。

（3）民事执行涉及的标的范围广泛，随执行的债权内容而定，既包括对财产的执行，也包括对行为义务的执行，如强制排除妨碍等。破产程序执行的对象仅限于财产，所以只有能够表现为或折算为货币的债权才能在破产程序中获得清偿。民事执行仅就债务人与执行标的相关的财产进行，而破产程序则是对债务人的全部财产与经济关系进行彻底的清算执行。

（4）在破产案件中，债权人、债务人都可以提出破产申请。破产财产的分配由破产管理人进行，而民事执行由人民法院进行。破产程序中设有债权人会议、破产管理人等专门的破产机构。

案例分析题

1.（1）法院应当受理该企业的破产申请。首先，该学习用品公司为一集体企业，且领取了企业法人营业执照，说明该企业属于企业法人，根据破产法的规定，该企业具备破产能力。其次，由于该企业因长期的经营管理不善，造成企业严重亏损，资不抵债数额达 87 万余元，已经无力清偿到期债务。根据《企业破产法》第 2 条的规定——“企业法人不能清偿到期债务，并且资产不足以清偿全部债务或者明显缺乏清偿能力的，依照本法规定清理债务”，该企业已经具备破产原因。最后，根据《企业破产法》第 7 条前两款——“债务人有本法第二条规定的情形，可以向人民法院提出重整、和解或者破产清算申请。债务人不能清偿到期债务，债权人可以向人民法院提出对债务人进行重整或者破产清算的申请”，债权人可以向人民法院申请宣告债务人破产还债，债务人也可以向人民法院申请宣告破产还债。本案中是债务人自己向人民法院申请破产宣告的。所以，法院应该受理该企业的破产申请。

（2）该企业是一具有法人资格的集体企业，应该适用现行破产法的相关规定进行审理。

2. 本案中，要考虑的是某汽车设备机械厂是否具备破产的条件。首先，该企业是一国有企业，具有法人资格。根据《企业破产法》第 2 条的规定，该企业具有破产能力。其次，该企业是否具有破产原因。根据审计报告，该企业的账面资产总额略大于其负债总额，企业并没有达到“资不抵债”。该企业是否达到破产界限呢？根据我国《企业破产法》第 2 条的规定，破产的条件为“企业法人不能清偿到期债务，并且资产不足以清偿全部债务或者明显缺乏清偿能力”，并未将“资产不足以清偿全部债务”作为破产的唯一条件。“资不抵债”与“不能清偿”不是同一概念。这说明立法上更注重债务人的偿债能力，而不是形式上的资产负债比例。资不抵债通常反映企业已无清偿的能力，而资大于债并不能说明企业有足够的清偿能力。同时，根据我国现行的会计制度，会计报表中的资产部分含有一定的“虚资产”，如递延资产，等等，账面资产额与实际资产价值有一定的差异。另外，从本案中可知，该企业已经长期停止支付到期的债务了，为“明显缺乏清偿能力”。所以，该企业已具有破产原因。最后，银行作为该企业的债权人，根据《企业破产法》第 7 条的规定，可以申请宣告债务人破产。所以，银行可以向法院申请宣告某汽车设备机械厂破产。

论述题与深度思考题

我国现行《企业破产法》第 2 条规定：企业法人不能清偿到期债务，并且资产不足以清偿全部债务或者明显缺乏清偿能力的，依照本法规定清理债务。破产原因是申请债务人破产的事实根据，是对债务人依法进行破产清算和破产预防的法律事实。这种法律事实一般是指债务人的债务状况和财产状况，即：当债务人出现了什么样的经济状况时，才能申请破产？关于破产原因的确定，直接涉及债务人和债权人甚至整个社会的整体利益。在世界范围内，由于各国历史传统和法律文化的差异，关于破产原因的规定，形成了两种不同的立法体例：一是以英美法系为代表的列举主义，二是以大陆法系为代表的概括主义。前者仅规定债务人的各种行为和事实，债务人如果出现了法定的行为或事实，就可以被认定具备了破产原因。该种立法模式的优点在于规定得具体、明确，容易把握，便于认定；缺点在于规定得过于局限，不可能穷尽现实生活中债务人的各种破产事由，容易造成疏漏。后者只规定破产原因衡量的原则标准，而不规定债务人的具体行为和事实。它较列举主义更有利于债权人和司法机关的灵活掌握，缺点在于不如列举主义明确和规范。如前所述，我国采用的是概括主义。

对于企业破产法而言，破产原因的规定具有以下法律意义：(1) 破产原因是申请债务人破产的事实依据；(2) 破产原因是对债务人进行破产预防的法律依据；(3) 破产原因是破产程序变更和终结的依据；(4) 破产原因是影响社会经济秩序的法律因素。

我国的破产程序包括清算、和解、重整三套破产程序，破产程序概念在广义上使用。不同的破产程序所适用的破产原因有所区别。就破产清算程序而言，破产原因实际上分为两种情况：第一，债务人不能清偿到期债务，并且资产不足以清偿全部债务；第二，不能清偿到期债务，并且明显缺乏清偿能力。前者主要适用于债务人提出破产申请，资不抵债现象明显、易于判断的案件；后者主要适用于债权人提出破产申请，以及债务人提出破产申请、资不抵债不易判断的案件。立法中的“明显缺乏清偿能力”，应当指表面上难以判断是否已经到资不抵债程度，但实际上由于各类债权债务关系的错综复杂和交叉或不稳定因素等原因，仍然无能力清偿到期债务。和解程序适用的破产原因与破产清算程序相同。而启动破产重整程序的原因则较为宽泛，既包括清算程序所适用的破产原因，也包括“明显丧失清偿能力”的情形。宽泛的重整原因可以较早地启动重整程序，有利于及时解决债务人的财务困境，较好地体现了现代破产法的破产预防理念。

第二十五章　破产程序法

知识逻辑图

- 破产程序的开始
  - 破产申请
    - 实质要件（参见前一章）
    - 形式要件
      - 申请人
        - 债权人
        - 债务人
      - 申请的形式：书面形式
      - 应提交的材料
        - 债权人申请应提交的材料
        - 债务人申请应提交的材料
  - 申请的效力：中断诉讼时效
  - 破产案件的受理
    - 破产案件的管辖：地域管辖——债务人住所地人民法院
    - 受理的程序
      - （1）对破产申请的审查
      - （2）发布通知和公告
      - （3）破产案件的保全
      - （4）受理债权的申报
    - 受理的法律效力
      - 中止对债务人财产的其他民事执行程序
      - 限制债务人对个别债权人的清偿行为
- 破产程序进行中
  - 债权人会议
    - 概念：由所有申报债权的债权人组成的，表达债权人意志和统一债权人行动的议事机构
    - 性质
      - 观点一：债权人团体的机关说
      - 观点二：事实上的集合说
      - 观点三：自治团体说
    - 组成
      - 出席人员
        - 有表决权的债权人
          - 无财产担保的债权人
          - 放弃优先受偿权的有财产担保的债权人
          - 未能就担保物受足额清偿的有财产担保的债权人
          - 享有追偿权的保证人和连带债务人
          - 享有法定优先权的债权人
        - 无表决权的债权人
          - 有财产担保的债权人
          - 债权尚未确定的债权人
      - 会议主席：由人民法院从有表决权的债权人中指定
    - 召集
      - 召集人：人民法院（第一次债权人会议）和会议主席
      - 召集依据
        - ① 法律的规定
        - ② 人民法院认为必要
        - ③ 管理人、债权人委员会、占债权总额 1/4 以上的债权人向债权人会议主席提议

- 破产程序进行中
  - 债权人会议
    - 职权
      - ① 核查债权
      - ② 申请人民法院更换管理人，审查管理人的费用和报酬
      - ③ 监督管理人
      - ④ 选任和更换债权人委员会成员
      - ⑤ 决定继续或者停止债务人的营业
      - ⑥ 通过重整计划
      - ⑦ 通过和解协议
      - ⑧ 通过债务人财产和管理方案
      - ⑨ 通过破产财产的变价方案
      - ⑩ 通过破产财产的分配方案
    - 决议
      - 决议规则
        - 我国采取的是人数和债权额双重多数议决
        - 出席会议的有表决权的债权人的过半数＋所代表的债权额占无财产担保债权总额的 2/3 以上
      - 决议的效力
        - 对全体债权人均有效力
        - 有异议的债权人可以提请法院裁定
  - 重整与和解
    - 重整制度
      - 概念：经利害关系人的申请，在审判机关的主持和利害关系人的参与下，对不能支付到期债务、陷入财务困难的企业进行生产经营的整顿和债权、债务的清理的，一种旨在使债务人企业摆脱困难、挽救其生存的积极特殊法律程序
      - 提出重整申请法院裁定
        - 驳回申请
        - 裁定重整，进入重整期间
      - 重整计划
        - 草案
        - 表决
          - 未通过
            - 法院不批准，则进入破产清算
            - 法院强制批准，进入重整计划执行
          - 通过如法院批准，进入重整计划执行
        - 执行
          - 债务人不能执行或者不执行的，终止执行宣告破产
          - 执行完毕
        - 执行监督：由管理人监督重整计划的执行
        - 终止执行
          - 不能执行：债务人执行重整计划存在客观不能的情况
          - 不执行：债务人存在主观不能的情况
        - 执行完毕的效力
          - 程序上的效力：同时宣告债务人破产
          - 实体上的效力（对债权人）
            - ① 债权人因重整计划实施所受的清偿仍然有效
            - ② 债权人在重整计划中作出的让步失去效力
            - ③ 为重整计划执行提供的担保，在重整计划规定的担保范围内继续有效
    - 和解制度
      - 概念：人民法院受理债权人破产申请后，为预防和避免债务人宣告破产，由债务人和债权人达成中止破产程序的协议，以及围绕该协议的履行而设置的一项制度
      - 步骤
        - ① 债权人提出破产申请并被受理
        - ② 债务人提出和解协议草案并由债权人会议通过
        - ③ 和解协议得到人民法院认可
      - 和解效力
        - 中止破产程序
        - 对债权人与债务人都有约束力
        - 无强制执行力

- 破产程序进行中
  - 破产宣告
    - 概念：法院依法定程序对已经具备破产条件的债务人作出宣告其破产的裁判行为
    - 情形
      - 债务人不能清偿到期债务且与债权人不能达成和解协议
      - 债务人不履行或不能履行和解协议
      - 债务人被依法终结重整
      - 重整期满，债务人不能按照重整协议清偿债务
    - 程序：公开进行，当庭宣布并公告
    - 效力
      - 对破产人的效力
        - 对破产企业身份上的效力
        - 对破产企业财产上的效力
        - 对破产企业法定代表人的效力
        - 对破产企业职工的效力
      - 对债权人的效力：除有物权担保者外，非依破产程序不得清偿
      - 对第三人的效力
        - 对破产企业的债务人和财产持有人的效力
        - 因决定是否继续履行合同而对相对人发生的效力
        - 行使撤销权对第三人发生的效力
  - 破产清算
    - 破产管理人
      - 概念：破产宣告后依法成立，在法院的指挥和监督下全面接管破产企业并负责破产财产的保管、清理、估价、处理和分配等事务的专门机构
      - 性质（大陆法系）
        - 观点一：代理说
        - 观点二：职务说
        - 观点三：财团代表说
      - 选任与组成
        - 选任：由人民法院选任
        - 组成（参见《企业破产法》第24条）
      - 职责（参见《企业破产法》第25条）
    - 破产财产分配
      - 概念：将破产财产按各债权人的受偿顺序和受偿比例在债权人之间进行分配的程序
      - 方式
        - 中间分配
        - 最后分配
        - 追加分配
      - 分配顺序
        - ① 破产费用和共益债务
        - ② 破产企业所欠职工工资和劳动保险费用
        - ③ 破产企业所欠税款和前项规定外的社会保险费用
        - ④ 破产债权

- 破产程序终结
  - 情形
    - 企业整顿成功
    - 破产财产不足以支付破产费用
    - 破产财产分配完毕
  - 终结程序
    - ① 破产管理人提请人民法院裁定
    - ② 破产管理人向登记机关注销登记
    - ③ 人民法院宣布撤销破产管理人
    - ④ 材料移交破产企业上级主管机关或开办人保存
  - 终结的效力
    - 对破产人的效力
    - 对破产债权人的效力
    - 对破产机构的效力

名词解释与概念比较

1. 破产和解与破产重整（考研）
2. 债权人会议
3. 破产清算人与破产管理人
4. 破产宣告

选择题

（一）单项选择题

1. 根据我国《企业破产法》的规定，可以提出破产申请的主体是：（　　）。

A. 债权人

B. 债务人

C. 债务人的上级主管部门

D. 债权人和债务人

2. 甲企业是在兰州市工商局登记并领取法人营业执照的全民所有制企业法人，其主要办事机构所在地在白银市。现在家住金昌市的债权人乙向法院申请宣告甲企业破产。根据我国破产法的规定，甲企业的破产案件应由下列哪个法院管辖？（　　）

A. 金昌市的基层人民法院

B. 兰州市的中级人民法院

C. 白银市的基层人民法院

D. 白银市的中级人民法院

3. 人民法院对于破产案件审判的形式可以采取下列哪种？（　　）

A. 破产案件一律用裁定的形式

B. 破产案件一律用判决的形式

C. 破产案件可以用判决的形式或者裁定的形式

D. 破产案件只能用通知书的形式

4. 按照我国破产法的规定，破产财产应当按照下列哪种顺序清偿？（　　）

A. 破产费用、破产企业所欠税款、破产企业所欠职工工资和劳动保险费用、破产债权

B. 破产企业所欠职工工资和劳动保险费用、破产企业所欠税款、破产债权、破产费用

C. 破产费用、破产企业所欠职工工资和劳动保险费用、破产企业所欠税款、破产债权

D. 破产费用、破产债权、破产企业所欠职工工资和劳动保险费用、破产企业所欠税款

5. 如果某公司的债权人申请破产宣告，人民法院受理破产案件后，应当在（　　）日内通知债务人。

A. 5　　　　B. 10

C. 15　　　　D. 30

6. 甲企业与乙企业签订买卖合同，约定乙企业应于 8 月 30 日前交货，货到 7 日内甲企业付款。同年 8 月 10 日，甲企业被法院依法宣告破产。对该合同的处理，下列选项哪一个是正确的？（　　）

A. 由破产管理人决定解除还是继续履行

B. 由甲企业自主决定解除还是继续履行

C. 由债权人会议决定解除还是继续履行

D. 不得继续履行

7. 根据我国《企业破产法》的有关规定，债权人会议要通过和解协议草案，应当（　　）。

A. 由出席会议的有表决权的债权人的过半数通过，且其所代表的债权额必须占无财产担保债权总额的半数以上

B. 全体有表决权的债权人的过半数通过，且其所代表的债权额必须占无财产担保债权总额的三分之二以上

C. 由出席会议的有表决权的债权人的过半数通过，且其所代表的债权额必须占无财产担保债权总额的三分之二以上

D. 全体有表决权的债权人的过半数通过，且其所代表的债权额必须占无财产担保债权总额的半数以上

8. 人民法院受理破产案件后，债务人对债权人的个别清偿行为应如何处理？（　　）

A. 一律认定无效

B. 均可由其他债权人撤销

C. 无效，但是债务人正常生产经营所必需的除外

D. 可由其他债权人撤销，但是债务人正常生产经营所必需的除外

9. 某商场是某破产案件中债权人会议中有表决权的成员，在债权人会议主席召开的一次债权

人会议上，在讨论通过一份有关债务人部分固定资产的拍卖方案的决议中，某商场投了反对票，但是按照债权人会议的决议规则，债权人会议通过了这一决议。某商场认为这次决议损害了自己的利益，其可以采取下列哪种方式维护自己的合法权益？（　　）

A. 请求债权人会议主席重新召集并重新作出决议

B. 请求债权人会议复议一次

C. 如果某商场认为债权人会议的决议违反法律的规定，可以在决议作出后 15 日内提请人民法院裁定

D. 退出债权人会议，并表示债权人会议的决议对本商场无效

10. 根据《企业破产法》的规定，债权人会议主席应如何产生？（　　）

A. 由人民法院的审判人员担任

B. 由人民法院从有表决权的债权人中指定

C. 由债权人会议选举产生

D. 由债权人会议选举产生，在不能选举产生的情况下由法院审判人员担任

11. 人民法院受理破产案件后，对债务人财产的其他民事执行程序应如何处理？（　　）

A. 应当中止

B. 应当终结

C. 应当继续进行

D. 应当与破产程序合并

12. 债权人提出破产申请的，人民法院应当自收到申请之日起（　　）日内通知债务人。债务人对申请有异议的，应当自收到人民法院的通知之日起（　　）日内向人民法院提出。人民法院应当自异议期满之日起（　　）日内裁定是否受理。除此情形外，人民法院应当自收到破产申请之日起（　　）日内裁定是否受理。有特殊情况需要延长前两款规定的裁定受理期限的，经上一级人民法院批准，可以延长（　　）日。

A. 5，7，8，10，15

B. 7，6，10，15，15

C. 5，7，10，15，15

D. 5，15，7，10，15

13. 在一起地下商场破产案中，人民法院受理后，将第一次债权人会议召开的日期通知了已知的债权人，并告知于规定的日期内申报债权，并于 2007 年 5 月 1 日发布公告。地下商场的债权人之一甲未接到法院的通知，同时也未看到公告。甲于 2007 年 8 月 5 日才听地下商场的另一债权人乙说地下商场已进入破产程序，欲申报。此时，对于甲的债权将产生什么后果？（　　）

A. 视为自动申报债权

B. 补充申报，且不能补充分配

C. 向法院说明情况后可以延期申报债权

D. 仍然可以直接参加债权人会议

14. 关于破产案件受理后、破产宣告前的程序转换，下列哪一表述是正确的？（　　）（司考）

A. 如为债务人申请破产清算的案件，债权人可以申请和解

B. 如为债权人申请债务人破产清算的案件，债务人可以申请重整

C. 如为债权人申请债务人重整的案件，债务人可以申请破产清算

D. 如为债权人申请债务人破产清算的案件，债务人的出资人可以申请和解

15. 祺航公司向法院申请破产，法院受理并指定甲为管理人。债权人会议决定设立债权人委员会。现昊泰公司提出要受让祺航公司的全部业务与资产。甲的下列哪一做法是正确的？（　　）（司考）

A. 代表祺航公司决定是否向昊泰公司转让业务与资产

B. 将该转让事宜交由法院决定

C. 提议召开债权人会议决议该转让事宜

D. 作出是否转让的决定并将该转让事宜报告债权人委员会

16. 关于破产重整的申请与重整期间，下列哪一表述是正确的？（　　）（司考）

A. 只有在破产清算申请受理后，债务人才能向法院提出重整申请

B. 重整期间为法院裁定债务人重整之日起至重整计划执行完毕时

C. 在重整期间，经债务人申请并经法院批准，债务人可在管理人监督下自行管理财产和营业事务

D. 在重整期间，就债务人所承租的房屋，即使租期已届至，出租人也不得请求返还

（二）多项选择题

1. 下列关于破产申请的说法正确的是（　　）。

A. 无论是债权人还是债务人提出破产申请，都应当采用书面形式

B. 债权人向法院提出破产申请，应当向人民法院提交债权发生的事实及有关证据、债权的性质及数额、债权有无担保及债务人不能清偿到期债务的有关证据

C. 债权人和债务人都可以直接向人民法院申请破产

D. 当债务人不能清偿到期债务时，无论债权人的债权是否到期，都可以向人民法院申请宣告破产

2. 有关债权人会议的召集的说法，正确的是（　　）。

A. 第一次债权人会议由人民法院召集，自债权申报期限届满之日起 15 日内召开

B. 以后的债权人会议，在人民法院认为必要时可以召开

C. 管理人、债权人委员会提议时可以召开

D. 债权人中，占债权总额的 1/4 以上的债权人可以要求召开

3. 某纺织品加工厂由于严重亏损，向人民法院申请宣告破产。参加债权人会议的有甲、乙、丙、丁四人。甲的债权已经取得了该纺织品加工厂的厂房抵押；乙是该纺织品加工厂的职工，对该厂享有 3 个月的劳动债权；丙是该厂的保证人，已经代替该厂清偿了债务；丁是该厂的贷款人。请问：在债权人会议中，对选任债权人委员会委员的事项，该纺织品加工厂的债权人中哪些人有表决权？（　　）

A. 甲　　B. 乙

C. 丙　　D. 丁

4. 根据我国破产法的有关规定，债务人提出破产申请的，应当向法院提供以下哪些证据材料？（　　）

A. 债权的数额

B. 有无财产担保的证明

C. 企业的亏损情况的说明

D. 企业的资产负债表

5. 下列有关和解效力的说法，不正确的是：（　　）。

A. 和解协议生效后，对于生效后新产生的债权仍然有约束力

B. 和解协议生效后对于债务人的保证人和其他连带债务人也有约束力

C. 和解协议生效后对债务人和全体债权人都有约束力

D. 和解协议不具有强制执行力

6. 某纺织厂是一国有企业，因经营管理不善，长期亏损，已经严重到不能清偿到期债务。该厂一到期债权的债权人向法院申请宣告该厂破产。有下列哪些情形时，人民法院应当宣告企业破产？（　　）

A. 如果该厂与债权人会议达成和解协议，和解协议生效后，该厂不执行和解协议，部分债权人提出申请的

B. 如果该厂在重整期间，不执行重整计划，严重损害其他债权人利益，部分债权人提出申请的

C. 重整计划草案未获通过

D. 该厂的上级主管部门不申请重整的

7. 企业法人不能清偿到期债务，并且资产不足以清偿全部债务或者明显缺乏清偿能力的，根据《企业破产法》的规定，该企业法人可以选择以下哪些程序处理其与债权人之间的债权债务关系？（　　）（司考）

A. 申请破产清算

B. 直接向法院申请和解

C. 决议解散并进行清算

D. 直接向法院申请重整

8. 法院受理了利捷公司的破产申请。管理人甲发现，利捷公司与翰扬公司之间的债权债务关系较为复杂。下列哪些说法是正确的？（　　）（司考）

A. 翰扬公司的某一项债权有房产抵押，可在破产受理后行使抵押权

B. 翰扬公司与利捷公司有一合同未履行完毕，甲可解除该合同

C. 翰扬公司曾租给利捷公司的一套设备被损毁，侵权人之前向利捷公司支付了赔偿金，翰扬公司不能主张取回该笔赔偿金

D. 茹洁公司对利捷公司负有债务，在破产受

理后茹洁公司受让了翰扬公司的一项债权，因此茹洁公司无须再向利捷公司履行等额的债务

9. 2013年3月，债权人甲公司对债务人乙公司提出破产申请。下列哪些选项是正确的？（　　）（司考）

A. 甲公司应提交乙公司不能清偿到期债务的证据

B. 甲公司应提交乙公司资产不足以清偿全部债务的证据

C. 乙公司就甲公司的破产申请，在收到法院通知之日起7日内可向法院提出异议

D. 如乙公司对甲公司所负债务存在连带保证人，则其可以该保证人具有清偿能力为由，主张其不具备破产原因

10. 尚友有限公司因经营管理不善，决定依照《企业破产法》进行重整。关于重整计划草案，下列哪些选项是正确的？（　　）（司考）

A. 在尚友公司自行管理财产与营业事务时，由其自己制作重整计划草案

B. 债权人参加讨论重整计划草案的债权人会议时，应按法定的债权分类，分组对该草案进行表决

C. 出席会议的同一表决组的债权人过半数同意重整计划草案，即为该组通过重整计划草案

D. 三分之二以上表决组通过重整计划草案，重整计划即为通过

（三）不定项选择题

1. 在关于甲企业的破产宣告案中，甲的债权人之一乙享有就甲的厂房抵押的一笔500万元的贷款及两笔总额为50万元的到期债权，此时如果召开债权人会议，乙在债权人会议上（　　）。

A. 不享有表决权

B. 享有有限的表决权，其表决时所代表的债权数额仅限于有财产担保的债权额500万元

C. 享有表决权，并且其表决时所代表的债权额为550万

D. 享有有限的表决权，其表决时所代表的债权数额仅限于无财产担保的债权额50万元

2. 下列有关债权人会议的说法，不正确的是？（　　）

A. 参加债权人会议的债权人只能亲自出席，不能委托代理人出席

B. 对特定财产享有担保权的债权人，在债权人会议中，不享有表决权

C. 即使债权人的债权数额不确定，也享有表决权

D. 债权人会议主席除了第一次会议主席由人民法院指定外，以后债权人会议可以自行撤换会议主席

3. 下列有关破产宣告的说法，正确的是：（　　）。

A. 第三人为债务人提供足额担保或者为债务人清偿全部到期债务的，不应当宣告破产

B. 债务人已清偿全部到期债务的，应当终结破产程序

C. 对破产人的特定财产享有担保权的权利人，在破产宣告后，对该特定财产享有优先受偿的权利

D. 应当将破产裁定送达债务人和债权人，并予以公告

简答题

1. 简述我国和解重整制度的特点及存在的问题。

2. 简述破产管理人的职责。

3. 简述破产宣告对债务人的法律效力。（考研）

4. 简述破产管理人的范围。（考研）

案例分析题

1. 案情：某市某纺织厂是一家在省工商行政管理局注册登记的全民所有制企业，该厂自2005年以来，由于经营管理不善，产品缺乏创新，致使产品滞销。从2006年开始，连年亏损。当地政府曾采取一系列措施，试图挽救该厂，但该厂状况未见好转，致使亏损额越来越大。到2006年12

月，企业债务已高达 2 342.5 万元，而该企业的资产和债权只有 1 065.5 万元，且企业大部分资产作了银行贷款的抵押。2006 年 12 月 27 日，该厂的债权人之一向某市人民法院申请该纺织厂破产。某市人民法院在接到债权人的申请后，经审查于 2007 年 1 月 2 日立案。同时人民法院于 2007 年 1 月 15 日通知了该纺织厂及已知的债权人，并于 2007 年 1 月 15 日发布公告，要求该纺织厂的所有债权人申报债权，并决定在 2007 年 5 月 20 日召开第一次债权人会议。

问题：(1) 对于该纺织品厂的破产申请，应由哪个人民法院受理？

(2) 该厂的债权人申请破产的，应当向法院提供什么材料？

(3) 某市人民法院在审理破产案件时程序上存在什么问题？

2. 案情：某电器设备厂是一国有企业，生产的主要产品为电风扇、电冰箱等。该厂因长期管理不善，导致连年亏损，资不抵债，无力清偿到期债务。该厂经其上级主管部门同意，向人民法院申请宣告破产，法院经审查已经受理。法院经审理查明：①该厂已经与某商场签订了供应电冰箱的合同，约定货到付款，电器设备厂还未履行；②电器设备厂曾经作为甲厂向银行借的一笔 500 万元的贷款的保证人，现在甲厂未偿还这笔到期的贷款；③该厂还欠职工工资和劳动保险费用合计 120 万元，欠缴税款 50 万元，另外，该厂还欠破产案件的诉讼费用 3 万元。

问题：(1) 对于该厂与某商场签订的电冰箱供应合同应当如何处理？

(2) 银行能否申报债权、参与破产程序？

(3) 该厂的破产财产应当如何分配？

3. 案情：2012 年 4 月，陈明设立一家有限责任公司，从事绿色食品开发，注册资本为 200 万元。公司成立半年后，为增加产品开发力度，陈明拟新增资本 100 万元，并为此分别与张巡、李贝洽谈，该二人均有意愿认缴全部新增资本，加入陈明的公司。陈明遂先后与张巡、李贝二人就投资事项分别签订了书面协议。张巡在签约后第二天，即将款项转入陈明的个人账户，但陈明一直以各种理由拖延办理公司变更登记等手续。2012 年 11 月 5 日，陈明最终完成公司章程、股东名册以及公司变更登记手续，公司注册资本变更为 300 万元，陈明任公司董事长，而股东仅为陈明与李贝，张巡的名字则未出现在公司登记的任何文件中。

李贝虽名为股东，但实际上是受刘宝之托，代其持股，李贝向公司缴纳的 100 万元出资，实际上来源于刘宝。2013 年 3 月，在陈明同意的情况下，李贝将其名下股权转让给善意不知情的潘龙，并在公司登记中办理了相应的股东变更。

2014 年 6 月，因产品开发屡次失败，公司陷入资不抵债且经营无望的困境，遂向法院申请破产。法院受理后，法院所指定的管理人查明：第一，陈明尚有 50 万元的出资未实际缴付；第二，陈明的妻子葛梅梅本是家庭妇女，但自 2014 年 1 月起，却一直以公司财务经理的名义，每月自公司领取奖金 4 万元。(司考)

问题：

(1) 在法院受理公司破产申请前，张巡是否可向公司以及陈明主张权利，主张何种权利？为什么？

(2) 在法院受理公司破产申请后，张巡是否可向管理人主张权利，主张何种权利？为什么？

(3) 李贝能否以自己并非真正股东为由，主张对潘龙的股权转让行为无效？为什么？

(4) 刘宝可主张哪些法律救济？为什么？

(5) 陈明能否以超过诉讼时效为由，拒绝 50 万元出资的缴付？为什么？

(6) 就葛梅梅所领取的奖金，管理人应如何处理？为什么？

论述题与深度思考题

论述我国破产管理人的职责及其完善。

参考答案

名词解释与概念比较

1. 破产和解一般是指为了避免破产清算，由

债务人提出和解申请并提出和解协议草案，经债权人会议表决通过并经法院许可的关于解决债权、债务问题的制度。破产重整，是指对已经具有破产原因或有破产原因之虞而又有再生的希望的债务人实施的，旨在挽救其生存的积极救济制度。我国《企业破产法》既规定了破产和解，又规定了破产重整。

破产和解	破产重整
一般来说，破产能力与和解能力是一致的。在我国，和解的对象是企业法人	除在美国、法国等少数国家（地区）重整对象较宽外，其他国家将重整对象限制在如股份有限公司
只有当债务人具备破产原因时，才可以提出和解申请	重整的原因宽松，包括具有破产原因和具有破产原因之虞
按一般国家的规定，和解申请只能由债务人提出，其他任何利害关系人均不得提出和解申请，法院也不得依职权开始和解程序	重整启动的程序多样，可由债权人提出，可由债务人提出
和解程序仅优先于一般民事执行程序和破产程序	重整程序不仅优先于一般民事执行程序和破产程序，而且优先于和解程序
和解程序的效力不及于别除权之优先行使	重整程序的效力及于别除权，重整程序的开始限制别除权的优先行使

2. 债权人会议是指在破产程序进行中为了便于全体债权人参与破产程序以实现其破产程序参与权，维护全体债权人的共同利益，由申报债权的债权人组成的表达债权人意志和统一债权人行动的议事机构。对于债权人会议的性质，理论界主要有以下几种学说：（1）债权人团体的机关说。这是日本学界的传统学说。该说认为全体债权人构成破产债权人团体，是一个法人，债权人会议则是该团体的机关。（2）事实上的集合体说。这是日本学界当前的通说。该说主张债权人会议是由法院召集的临时性集合组织。（3）自治团体说。这是我国部分学者的主张。该说主张债权人会议并非法人组织，而是非法人性质的特殊社团组织，是表达债权人共同意志的一种自治性团体。实际上，破产程序中的各债权人在利益上既有一致的一面，也有差异的一面。同时，各国对债权人会议制度的规定不同。这种差异性决定了债权人会议性质的多样性，抽象地讨论债权人会议的共同的法律性质没有多大实际意义。

3. 破产清算人是指破产宣告后依法成立的，在法院的指挥和监督之下全面接管破产企业并负责破产财产的保管、清理、估价、处理和分配等破产清算事务的专门机构。与其职能相同的机构，在大陆法系国家一般称为破产管理人，在日本称为破产管财人，在英美法系国家通常称为破产受托人。我国现行破产法中建立了管理人制度。我国破产清算人与破产管理人制度的不同如下：

破产清算人	破产管理人
在我国，清算人只能由人民法院选任	破产管理人由人民法院指定。在特定情况下，债权人有权申请人民法院更换
在我国，清算人的成员有多个	可根据破产案件的具体情况确定，破产管理人大多为一人，但必要时可为多人
在我国，清算人的成员由企业的上级主管部门、政府财政部门等有关部门和专业人员组成，是一种以政府官员为主体的构成模式，行政化色彩浓厚，难保客观、公正	破产管理人资格分为积极资格和消极资格。积极资格一般要求具有相关专业知识并取得执业资格的人员担任破产管理人，大部分由律师或会计师等担任。消极资格一般要求：没有因故意犯罪受到过刑事处罚；未曾被吊销相关专业执业证书；与本案没有利害关系等
我国法律规定，破产宣告后成立清算人。在法院受理破产案件后至债务人被宣告破产前，没有专门的管理机构对债务人的破产财产进行管理，企业财产事实上仍然处于债务人的管理之下，这就极易使债务人转移财产，或者造成破产财产的损失、浪费	全程参与破产案件，从法院受理破产案件起到破产案件终结；由破产管理人接管、处理债务人的全部财产，使破产财产依法得到公正的分配
清算人成员分属于各个不同的部门，其参加清算工作具有临时性，对清算人成员的违法、失职行为无法追究法律责任	建立管理人制度，由专门的管理人管理债务人的财产，有助于明确其权利、义务与法律责任。管理人因故意或重大过失给债权人造成损失的，应当承担民事赔偿责任；构成犯罪的，还应当追究其刑事责任

4. 破产宣告是指法院依据法定的程序对已经具备破产条件的债务人作出宣告其破产的裁判行为。与我国《企业破产法》在破产案件的受理上采取申请主义不同，破产宣告是法院依职权宣告债务人破产的行为，其性质为司法审判行为，并发生破产法对债务人或债权人的法律拘束力。

选择题

（一）单项选择题

1. D。我国《企业破产法》第 7 条规定：债务人有本法第 2 条规定的情形，可以向人民法院提出重整、和解或者破产清算申请。债务人不能清偿到期债务，债权人可以向人民法院提出对债务人进行重整或者破产清算的申请。企业法人已解散但未清算或者未清算完毕，资产不足以清偿债务的，依法负有清算责任的人应当向人民法院申请破产清算。所以，债权人和债务人都能提出破产申请。

2. D。此题涉及破产案件的地域管辖和级别管辖。《企业破产法》第 3 条规定：破产案件由债务人住所地人民法院管辖。在本案中，债务人的办事机构所在地是白银市，所以，选项 A、B 错误。《企业破产法》第 4 条规定：破产案件审理程序，本法没有规定的，适用民事诉讼法的有关规定。我国破产法对破产案件的地域管辖没有明确规定。本案中，甲企业是在兰州市工商局登记注册的企业，按照《民事诉讼法》第 21 条的规定，应该由中级人民法院管辖，C 项错。所以本案最终应该由白银市的中级人民法院管辖。

3. A。根据我国《企业破产法》的规定，破产还债案件，一律用裁定。可见，选项 A 正确。

4. C。我国《企业破产法》第 43 条规定：破产费用和共益债务由债务人财产随时清偿；债务人财产不足以清偿所有破产费用和共益债务的，先行清偿破产费用；债务人财产不足以清偿所有破产费用或者共益债务的，按照比例清偿；债务人财产不足以清偿破产费用的，管理人应当提请人民法院终结破产程序；人民法院应当自收到请求之日起 15 日内裁定终结破产程序，并予以公告。可知，破产费用是为全体债权人的利益或者是为了管理破产财产而支出的必要费用，破产财产应当优先清偿破产费用，否则，破产程序不能顺利进行。所以，破产费用在破产财产分配中应当放在第一位。《企业破产法》第 113 条规定：破产财产在优先清偿破产费用和共益债务后，依照下列顺序清偿：（1）破产人所欠职工的工资和医疗、伤残补助、抚恤费用，所欠的应当划入职工个人账户的基本养老保险、基本医疗保险费用，以及法律、行政法规规定应当支付给职工的补偿金；（2）破产人欠缴的除前项规定以外的社会保险费用和破产人所欠税款；（3）普通破产债权。破产财产不能满足同一顺序的清偿要求的，按照比例分配。破产企业的董事、监事和高级管理人员的工资按照该企业职工的平均工资计算。所以，应选 C 项。

5. A。《企业破产法》第 11 条规定：人民法院受理破产申请的，应当自裁定作出之日起 5 日内送达申请人。债权人提出申请的，人民法院应当自裁定作出之日起 5 日内送达债务人。债务人应当自裁定送达之日起 15 日内，向人民法院提交财产状况说明、债务清册、债权清册、有关财务会计报告以及职工工资的支付和社会保险费用的缴纳情况。所以，选 A 项。

6. A。本案实际上涉及当企业被宣告破产时，如何处理企业未履行的合同的问题。《企业破产法》第 18 条规定：人民法院受理破产申请后，管理人对破产申请受理前成立而债务人和对方当事人均未履行完毕的合同有权决定解除或者继续履行，并通知对方当事人。管理人自破产申请受理之日起 2 个月内未通知对方当事人，或者自收到对方当事人催告之日起 30 日内未答复的，视为解除合同。管理人决定继续履行合同的，对方当事人应当履行；但是，对方当事人有权要求管理人提供担保。管理人不提供担保的，视为解除合同。所以，选 A 项。

7. C。本题考查债权人会议的决议规则。我国《企业破产法》第 97 条规定：债权人会议通过和解协议的决议，由出席会议的有表决权的债权人过半数同意，并且其所代表的债权额占无财产担保债权总额的 2/3 以上。所以，选 C 项。

8. A。这题考查的是破产案件受理所发生的法律效力。《企业破产法》第 16 条规定：人民法院受理破产申请后，债务人对个别债权人的债务清偿无效。所以，一般由法院宣告无效，债权人无

权撤销。

9. C。《企业破产法》第 64 条第 3 款规定：债权人会议的决议，对于全体债权人均有约束力。由此可知，无论是出席会议但表决不同意决议的债权人，还是未出席会议的债权人，均要遵照执行。此外，债权人会议的决议对于有财产担保的债权人也应当具有约束力。因为，有财产担保的债权人具有双重身份，一为物权人身份，一为债权人身份。债权人会议的决议对其债权人身份仍然有约束作用，但不能限制和约束其行使物权。同时，为了给反对债权人会议的少数债权人维护权利提供救济渠道，《企业破产法》第 64 条第 2 款规定：债权人认为债权人会议的决议违反法律规定，损害其利益的，可以自债权人会议作出决议之日起 15 日，请求人民法院裁定撤销该决议，责令债权人会议重新作出决议。因此，选 C 项。

10. B。本题考查的是债权人会议主席的产生方式。为了保证债权人会议的顺利进行，英美法系的部分国家立法规定在债权人会议中设会议主席。而有些国家如日本等，立法中未规定设债权人会议主席，仅由法官指挥。我国《企业破产法》第 60 条第 1 款规定：债权人会议设主席一人，由人民法院从有表决权的债权人中指定。所以，B 项正确。

11. A。这题是考查破产案件受理的法律效力。《企业破产法》第 19 条规定：人民法院受理破产申请后，有关债务人财产的保全措施应当解除，执行程序应当中止。可知，由于破产程序的优先性，其是一种特殊的执行程序，应当优先于其他民事执行程序。所以，A 项正确。

12. C。《企业破产法》第 10 条规定：债权人提出破产申请的，人民法院应当自收到申请之日起 5 日内通知债务人。债务人对申请有异议的，应当自收到人民法院的通知之日起 7 日内向人民法院提出。人民法院应当自异议期满之日起 10 日内裁定是否受理。除前款规定的情形外，人民法院应当自收到破产申请之日起 15 日内裁定是否受理。有特殊情况需要延长前两款规定的裁定受理期限的，经上一级人民法院批准，可以延长 15 日。所以，选 C 项。

13. B。此题考查的是逾期未申报债权的后果。《企业破产法》第 14 条规定：人民法院应当自裁定受理破产申请之日起 25 日内通知已知债权人，并予以公告。通知和公告应当载明下列事项：(1) 申请人、被申请人的名称或者姓名；(2) 人民法院受理破产申请的时间；(3) 申报债权的期限、地点和注意事项；(4) 管理人的名称或者姓名及其处理事务的地址；(5) 债务人的债务人或者财产持有人应当向管理人清偿债务或者交付财产的要求；(6) 第一次债权人会议召开的时间和地点；(7) 人民法院认为应当通知和公告的其他事项。

同时，我国《企业破产法》第 45 条规定：人民法院受理破产申请后，应当确定债权人申报债权的期限。债权申报期限自人民法院发布受理破产申请公告之日起计算，最短不得少于 30 日，最长不得超过 3 个月。第 56 条规定：在人民法院确定的债权申报期限内，债权人未申报债权的，可以在破产财产最后分配前补充申报；但是，此前已进行的分配，不再对其补充分配。为审查和确认补充申报债权的费用，由补充申报人承担。债权人未依照本法规定申报债权的，不得依照本法规定的程序行使权利。因此，甲只能选择补充申报，且不能补充分配。

14. B。《企业破产法》第 7 条规定：债务人有本法第 2 条规定的情形，可以向人民法院提出重整、和解或者破产清算申请。债务人不能清偿到期债务，债权人可以向人民法院提出对债务人进行重整或者破产清算的申请。企业法人已解散但未清算或者未清算完毕，资产不足以清偿债务的，依法负有清算责任的人应当向人民法院申请破产清算。只有债务人有权申请和解，债权人在任何情况下都无权申请和解。因此，A 项错误。《企业破产法》第 70 条第 2 款规定：债权人申请对债务人进行破产清算的，在人民法院受理破产申请后、宣告债务人破产前，债务人或者出资额占债务人注册资本 1/10 以上的出资人，可以向人民法院申请重整。因此，B 项正确。第 70 条第 1 款规定，债务人或者债权人可以依照本法规定，直接向人民法院申请对债务人进行重整。据此可知，债权人和债务人都有权直接申请重整，如果债权人先申请了重整，债务人是不能再申请破产清算的。因此，C 项错误。如为债权人申请债务人破产清算的案件，债务人的出资人可以申请重整，不能

申请和解，只有债务人才能申请和解。因此，D项错误。

15. D。根据《企业破产法》第 69 条的规定，管理人转让全部库存或者营业的，应当及时报告债权人委员会。未设立债权人委员会的，管理人实施前款规定的行为应当及时报告人民法院。因此，D 项正确。

16. C。根据《企业破产法》第 70 条的规定，债务人或者债权人可以不经过申请破产程序而直接申请破产重整。故 A 项错误。第 72 条规定："自人民法院裁定债务人重整之日起至重整程序终止，为重整期间。"故 B 项错误。第 73 条规定："在重整期间，经债务人申请，人民法院批准，债务人可以在管理人的监督下自行管理财产和营业事务。"故 C 项正确。第 38 条规定："人民法院受理破产申请后，债务人占有的不属于债务人的财产，该财产的权利人可以通过管理人取回。但是，本法另有规定的除外。"就出租人的取回权而言，破产重整与破产清算程序并无区别，法律并未特别限制出租人的取回权，故 D 项错误。

（二）多项选择题

1. ABC。关于破产申请的具体形式，各国破产法的规定不一致。有的规定应以书面形式为之；有的规定既可以用书面为之，也可以口头提出。我国《企业破产法》第 8 条规定：向人民法院提出破产申请，应当提交破产申请书和有关证据。破产申请书应当载明下列事项：（1）申请人、被申请人的基本情况；（2）申请目的；（3）申请的事实和理由；（4）人民法院认为应当载明的其他事项。债务人提出申请的，还应当向人民法院提交财产状况说明、债务清册、债权清册、有关财务会计报告、职工安置预案以及职工工资的支付和社会保险费用的缴纳情况。可见，A、B 项正确。一般来说，只要债务人具备破产原因，债权人或债务人都可以向法院申请宣告破产。所以，C 项正确。《企业破产法》第 2 条第 1 款规定：企业法人不能清偿到期债务，并且资产不足以清偿全部债务或者明显缺乏清偿能力的，依照本法规定清理债务。可见，我国法律规定的破产原因是债务人不能清偿到期债务，能申请破产宣告的债权人必须提供债务人不能清偿到期债务的有关证据，如果债权人的债权未到期，则不能提出破产申请，只能是债权到期的债权人提出申请。当法院受理破产宣告时，未到期的债权视为已到期，可以申报债权。在采"资不抵债"为破产原因的国家，当债权人发现债务人资不抵债时，即使债权未到期，也可以以债务人债务超过为由，申请宣告破产。所以，D 项不正确。

2. ABCD。关于债权人会议的召集，我国《企业破产法》第 62 条作了规定：第一次债权人会议由人民法院召集，自债权申报期限届满之日起 15 日内召开。以后的债权人会议，在人民法院认为必要时，或者管理人、债权人委员会、占债权总额 1/4 以上的债权人向债权人会议主席提议时召开。所以 4 个选项应当全选。

3. BCD。本题是关于债权人会议的组成成员中哪些人有表决权的问题。《企业破产法》第 59 条规定：依法申报债权的债权人为债权人会议的成员，有权参加债权人会议，享有表决权。债权尚未确定的债权人，除人民法院能够为其行使表决权而临时确定债权额的外，不得行使表决权。对债务人的特定财产享有担保权的债权人，未放弃优先受偿权利的，对于本法第 61 条第 1 款第 7 项、第 10 项规定的事项不享有表决权。债权人会议应当有债务人的职工和工会的代表参加，对有关事项发表意见。所以，选 B、C、D 项。

4. CD。本题是关于债务人提出破产申请应当向法院提交什么材料的问题。我国《企业破产法》第 49 条规定：债权人申报债权时，应当书面说明债权的数额和有无财产担保，并提交有关证据。申报的债权是连带债权的，应当说明。所以，选择 C、D 项。

5. ABC。和解协议生效前产生的债权，债权人只能按照和解协议的规定接受债务清偿，不得要求或接受和解协议外的单独利益，也无权提起民事执行程序。但是和解协议生效后新产生的债权，如在企业整顿期间因生产经营而新产生的债权，不受和解协议约束，可要求单独受偿，并可以提起民事执行程序。所以，A 项错，应选。债务人的保证人和其他连带债务人所享有的权利，不因和解协议的成立、生效而受影响。也就是说，和解协议对债务人的保证人和连带债务人无效，债权人对债务人所作出的债务减免清偿或延期偿还的让步，效力不及于债务人的保证人和连带债务人，他们仍应按照原来的约定或法律规定承担保证责任和连带责任。所以，B 项错，应选。和解协议生效后，对债务人和债权人都有约束力，但是，有财产担保的债权人不受和解协议效力的约束，仍可以提起对担保物的执行程序。债务人如为避免担保物执行使企业重整难以进行，应与担保债权人单独达成和解。所以，C 项不正确，应选。一般来说，和解协议是不具有强制执行的效力的，如果债务人不执行和解协议，债权人只能申请法院终结企业重整，宣告破产，而不能提起强制执行程序。所以，D 项正确，不选。

6. ABC。这题是关于法院宣告破产的情形。《企业破产法》第 104 条第 1 款规定：债务人不能执行或者不执行和解协议的，人民法院经和解债权人请求，应当裁定终止和解协议的执行，并宣告债务人破产。第 93 条第 1 款规定，债务人不能执行或者不执行重整计划的，人民法院经管理人或者利害关系人请求，应当裁定终止重整计划的执行，并宣告债务人破产。第 88 条规定：重整计划草案未获得通过且未依照本法第 87 条的规定获得批准，或者已通过的重整计划未获得批准的，人民法院应当裁定终止重整程序，并宣告债务人破产。所以，选择 A、B、C 项。

7. ABD。《企业破产法》第 2 条规定：企业法人不能清偿到期债务，并且资产不足以清偿全部债务或者明显缺乏清偿能力的，依照本法规定清理债务。企业法人有前款规定情形，或者有明显丧失清偿能力可能的，可以依照本法规定进行重整。第 7 条规定：债务人有本法第 2 条规定的情形，可以向人民法院提出重整、和解或者破产清算申请。债务人不能清偿到期债务，债权人可以向人民法院提出对债务人进行重整或者破产清算的申请。企业法人已解散但未清算或者未清算完毕，资产不足以清偿债务的，依法负有清算责任的人应当向人民法院申请破产清算。结合上述规定，选项 A、B、D 的说法均可以成立，是本题的正确答案。选项 C 的说法错误。企业法人自行解散并进行清算，发生在企业财产可以清偿债务的前提下。一旦企业财产“资不抵债”，必须申请人民法院进行破产清算。

8. BC。《破产法司法解释（二）》第 14 条规定：“债务人对以自有财产设定担保物权的债权进行的个别清偿，管理人依据企业破产法第三十二条的规定请求撤销的，人民法院不予支持。但是，债务清偿时担保财产的价值低于债权额的除外。”翰扬公司的某项债权有房产抵押，可以在破产受理后优先受偿，但是也应当按照破产程序申报债权，在清偿时享有优先受偿权，故 A 项错误。《企业破产法》第 18 条第 1 款规定，人民法院受理破产申请后，管理人对破产申请受理前成立而债务人和对方当事人均未履行完毕的合同有权决定解除或者继续履行，并通知对方当事人。翰扬公司与利捷公司有一合同未履行完毕，管理人甲可解除该合同，故 B 项正确。《破产法司法解释（二）》第 32 条规定，债务人占有的他人财产毁损、灭失，如果财产毁损、灭失发生在破产申请受理前的，权利人因财产损失形成的债权，作为普通破产债权清偿。因此，翰扬公司不能行使取回权，所以 C 项正确。《企业破产法》第 40 条第 1 项规定，债权人在破产申请受理前对债务人负有债务的，可以向管理人主张抵销。但是，债务人的债务人在破产申请受理后取得他人对债务人的债权的，不得抵销。茹洁公司在破产受理后受让了翰扬公司的债权，不得抵销，仍需要履行等额的债务，所以 D 项错误。

9. AC。《破产法司法解释（一）》第 6 条第 1 款规定：“债权人申请债务人破产的，应当提交债务人不能清偿到期债务的有关证据。债务人对债权人的申请未在法定期限内向人民法院提出异议，或者异议不成立的，人民法院应当依法裁定受理破产申请。”债权人甲公司向法院申请债务人乙公司破产应该提供乙公司不能清偿到期债务的证据，而非不能清偿全部债务的证据，故 A 项正确，B 项错误。《企业破产法》第 10 条第 1 款规定：“债权人提出破产申请的，人民法院应当自收到申请之日起五日内通知债务人。债务人对申请有异议的，应当自收到人民法院的通知之日起七日内向人民法院提出。人民法院应当自异议期满之日起十日内裁定是否受理。”由此可知，债务人乙公司如对甲公司的破产申请有异议的，应在收到法院通知的 7 日内向法院提出，故 C 项正确。《破产法司法解释（一）》第 1 条规定：“债务人不能清偿到期债务并且具有下列情形之一的，人民法院应当认定其具备破产原因：（一）资产不足以清偿全

部债务；（二）明显缺乏清偿能力。相关当事人以对债务人的债务负有连带责任的人未丧失清偿能力为由，主张债务人不具备破产原因的，人民法院应不予支持。”乙公司不能以对甲公司所负债务存在连带保证人，且该保证人具有清偿能力为由，主张其不具备破产原因，故D项错误。

10. AB。《企业破产法》第80条规定：“债务人自行管理财产和营业事务的，由债务人制作重整计划草案。管理人负责管理财产和营业事务的，由管理人制作重整计划草案。”因此，尚友公司自行管理财产与营业事务时，由其自己制作重整计划草案，故A项正确。根据《企业破产法》第82条的规定，债权人会议应该按照债权分类，分组表决，故B项正确。《企业破产法》第84条第2款规定：“出席会议的同一表决组的债权人过半数同意重整计划草案，并且其所代表的债权额占该组债权总额的三分之二以上的，即为该组通过重整计划草案。”由此可知，重整计划草案的通过需要人数的过半数同时债权占到本组债权总额的2/3以上。故C项错误。《企业破产法》第86条第1款规定：“各表决组均通过重整计划草案时，重整计划即为通过。”故D项错误。

（三）不定项选择题

1. C。《企业破产法》第59条规定：依法申报债权的债权人为债权人会议的成员，有权参加债权人会议，享有表决权。债权尚未确定的债权人，除人民法院能够为其行使表决权而临时确定债权额的以外，不得行使表决权。对债务人的特定财产享有担保权的债权人，未放弃优先受偿权利的，对于本法第61条第1款第7项、第10项规定的事项不享有表决权。债权人会议应当有债务人的职工和工会的代表参加，对有关事项发表意见。所以，选C项。

2. ABCD。《企业破产法》第59条规定：依法申报债权的债权人为债权人会议的成员，有权参加债权人会议，享有表决权。债权尚未确定的债权人，除人民法院能够为其行使表决权而临时确定债权额的以外，不得行使表决权。对债务人的特定财产享有担保权的债权人，未放弃优先受偿权利的，对于本法第61条第1款第7项、第10项规定的事项不享有表决权。债权人可以委托代理人出席债权人会议，行使表决权。代理人出席债权人会议，应当向人民法院或者债权人会议主席提交债权人的授权委托书。债权人会议应当有债务人的职工和工会的代表参加，对有关事项发表意见。

由上述规定可以知道，参加债权人会议的债权人不一定要亲自出席，可以委托代理人出席。对特定财产享有担保权的债权人，在债权人会议中享有表决权，但对财产分配等特定事项不享有表决权。债权人的债权数额不确定的，享有表决权，但除人民法院能够为其行使表决权而临时确定债权额的外，不得行使表决权。所以，A、B、C项所述事项都错。《企业破产法》第60条规定：债权人会议设主席一人，由人民法院从有表决权的债权人中指定。债权人会议主席除了第一次会议主席由人民法院指定，以后债权人会议不可以自行撤换会议主席，D项错。所以，应选A、B、C、D项。

3. ABCD。《企业破产法》第108条规定：破产宣告前，有下列情形之一的，人民法院应当裁定终结破产程序，并予以公告：（1）第三人为债务人提供足额担保或者为债务人清偿全部到期债务的；（2）债务人已清偿全部到期债务的。由此可知，选项A、B正确。《企业破产法》第109条规定：对破产人的特定财产享有担保权的权利人，对该特定财产享有优先受偿的权利。故选项C正确。《企业破产法》第107条规定：人民法院依照本法规定宣告债务人破产的，应当自裁定作出之日起5日内送达债务人和管理人，自裁定作出之日起10日内通知已知债权人，并予以公告。故D项正确。所以，选择A、B、C、D项。

简答题

1. （1）我国和解重整制度的主要特点如下：采取和解分离主义。和解并非法院作出破产宣告的必经程序，是否进入和解程序完全由当事人自行决定。

（2）我国和解重整制度中存在的问题有：①政府行政干预严重。②对债权人的利益保护不周。③在和解程序中未设置和解监督人，对债务人的活动进行监督。④立法规定过于粗糙、原则化，不具有可操作性。

2. 依我国《企业破产法》第 25 条，破产管理人履行下列职责：(1) 接管债务人的财产、印章和账簿、文书等资料；(2) 调查债务人的财产状况，制作财产状况报告；(3) 决定债务人的内部管理事务；(4) 决定债务人的日常开支和其他必要开支；(5) 在第一次债权人会议召开之前，决定继续或者停止债务人的营业；(6) 管理和处分债务人的财产；(7) 代表债务人参加诉讼、仲裁或者其他法律程序；(8) 提议召开债权人会议；(9) 人民法院认为管理人应当履行的其他职责。

《企业破产法》对管理人的职责另有规定的，适用其规定。

3. 人民法院作出破产宣告后，便产生相应的法律效力。破产宣告对债务人的效力，从我国的现行法律规定来看，可具体分为对破产企业身份上的效力、对破产企业财产上的效力、对破产企业法定代表人的效力，以及对破产企业职工的效力。具体分述如下：

(1) 对破产企业身份上的效力。这是指企业由债务人变为破产人，其法人资格已出现法定消灭原因，仅在破产清算意义上存在。被人民法院宣告破产后，破产企业无权再继续进行原来企业营业执照中允许的各项经营活动（但为债权人利益，人民法院或破产管理人认为确有必要继续者除外）。经破产管理人允许，破产企业可以在破产程序终结之前，以破产管理人的名义从事与破产管理人的工作相关的生产经营活动，否则，应当认定为无效。此外，破产企业的代表机构如股东会、董事会、经理等，也终止了原有的职权活动，丧失对外代表破产企业的权利，由破产管理人接管破产企业，并代表其对外活动。

(2) 对破产企业财产上的效力。这是指债务人成为破产人后，丧失对企业财产的经营、管理、处分的权利，其财产成为破产财产。在破产宣告后，破产企业对其财产所作处分一律无效，由破产管理人全面接管企业，管理破产企业的一切财产及物品。

(3) 对破产企业法定代表人的效力。作为破产企业的代表，破产企业法定代表人一方面要承受破产宣告对破产企业产生的种种效力，如丧失其代表破产企业行使的财产经营、处分权利等；另一方面，因担任企业法定代表人，在个人人身、资格权利等方面也受到破产宣告效力的影响，如必须列席债权人会议，回答债权人的询问等。由于我国现行破产法不适用于自然人企业和自然人，所以没有关于破产宣告对自然人破产人的人身限制和资格限制。

(4) 对破产企业职工的效力。这是指企业被宣告破产后，职工原来与企业订立的劳动合同即可依法宣告解除，职工成为失业人员，有权依据国家的有关规定领取失业救济金，并有权自谋职业，或者根据有关规定要求国家有关部门安排重新就业。但是，被指定留守企业的留守人员应履行留守职责，费用从破产财产中优先拨付。

4. 破产管理人可以由有关部门、机构的人员组成的清算组或者依法设立的律师事务所、会计师事务所、破产清算事务所等社会中介机构担任。人民法院根据债务人的实际情况，可以在征询有关社会中介机构的意见后，指定该机构具备相关专业知识并取得执业资格的人员担任破产管理人。有下列情形之一的，不得担任破产管理人：(1) 因故意犯罪受过刑事处罚；(2) 曾被吊销相关专业执业证书；(3) 与本案有利害关系；(4) 人民法院认为不宜担任管理人的其他情形。个人担任管理人的，应当参加执业责任保险。

案例分析题

1. (1) 该纺织厂是一家全民所有制企业，根据《企业破产法》第 3 条，破产案件由债务人住所地人民法院管辖，故本案中应由省会城市的中级人民法院管辖。

(2) 本案是由债权人申请破产的案件。《企业破产法》第 8 条规定：向人民法院提出破产申请，应当提交破产申请书和有关证据。破产申请书应当载明下列事项：①申请人、被申请人的基本情况；②申请目的；③申请的事实和理由；④人民法院认为应当载明的其他事项。

(3)《企业破产法》第 10 条规定：债权人提出破产申请的，人民法院应当自收到申请之日起 5 日内通知债务人。债务人对申请有异议的，应当自收到人民法院的通知之日起 7 日内向人民法院提出。人民法院应当自异议期满之日起 10 日内裁定是否受理。除前款规定的情形外，人民法院应

当自收到破产申请之日起 15 日内裁定是否受理。有特殊情况需要延长前两款规定的裁定受理期限的，经上一级人民法院批准，可以延长 15 日。本案中，该厂的债权人之一于 2006 年 12 月 27 日向人民法院申请破产宣告，人民法院应当在 2007 年 1 月 6 日前立案，而本案中人民法院经审查于 2007 年 1 月 2 日立案，符合法律对立案期限的规定。

《企业破产法》第 11 条规定：人民法院受理破产申请的，应当自裁定作出之日起 5 日内送达申请人。债权人提出申请的，人民法院应当自裁定作出之日起 5 日内送达债务人。债务人应当自裁定送达之日起 15 日内，向人民法院提交财产状况说明、债务清册、债权清册、有关财务会计报告以及职工工资的支付和社会保险费用的缴纳情况。本案中，法院于 2007 年 1 月 2 日立案，应当于 2007 年 1 月 7 日前通知债务人并发布公告，但是，人民法院于 2007 年 1 月 15 日通知该纺织厂并发布公告，违反了法律对期限的规定，没有及时通知债务人并发布公告。

《企业破产法》第 45 条规定：人民法院受理破产申请后，应当确定债权人申报债权的期限。债权申报期限自人民法院发布受理破产申请公告之日起计算，最短不得少于 30 日，最长不得超过 3 个月。结合本案，人民法院于 2007 年 1 月 15 日通知已知的债权人并发布公告，债权申报期至迟应于 2007 年 4 月 15 日届满。《企业破产法》第 62 条规定：第一次债权人会议由人民法院召集，自债权申报期限届满之日起 15 日内召开。因此，第一次债权人会议至迟应当在 2007 年 4 月 30 日前召开，才符合法律对期限的规定。本案中，人民法院通知于 2007 年 5 月 20 日召开第一次债权人会议，不符合法律的规定。

2.（1）电器设备厂与商场签订的电冰箱供应合同，由于电器设备厂被申请宣告破产而没有履行，破产管理人有权解除或继续履行，并通知对方当事人。破产管理人自破产申请受理之日起两个月之内未通知对方当事人，或者自收到对方当事人催告人之日起 30 日内未答复的，视为解除合同。

（2）债务人为其他单位担任保证人的，应当在收到人民法院破产立案通知书后 5 日内转告有关当事人。债权人得知保证人（债务人）破产的情况后，享有是否将其债权作为破产债权的选择权。债权人既不参加破产程序，又不告知保证人的，保证人（债务人）的保证义务即自此终止；债权人参加破产程序的，债权人在破产宣告时所享有的债权额即为破产债权，参加分配后仍然可就其未受清偿的债权向被保证人求偿。可见，银行作为债权人享有参与破产程序的选择权，其可以就所享有的债权额申报债权，参与破产分配。

（3）关于破产财产如何分配，涉及破产财产的清偿顺序。《企业破产法》第 41 条规定，人民法院受理破产申请后发生的下列费用，为破产费用：①破产案件的诉讼费用；②管理、变价和分配债务人财产的费用；③管理人执行职务的费用、报酬和聘用工作人员的费用。

《企业破产法》第 113 条规定，破产财产在优先清偿破产费用和共益债务后，依照下列顺序清偿：①破产人所欠职工的工资和医疗、伤残补助、抚恤费用，所欠的应当划入职工个人账户的基本养老保险、基本医疗保险费用，以及法律、行政法规规定应当支付给职工的补偿金；②破产人欠缴的除前项规定以外的社会保险费用和破产人所欠税款；③普通破产债权。破产财产不能满足同一顺序的清偿要求的，按照比例分配。破产企业的董事、监事和高级管理人员的工资按照该企业职工的平均工资计算。

在本案中，破产财产应当首先拨付破产案件的诉讼费用 3 万元；其次，清偿该厂欠职工工资和劳动保险费用合计 120 万元；再次，清偿该厂所欠缴税款 50 万元；最后，清偿因解除合同而应承担的损害赔偿数额及银行的 500 万元债权。破产财产不能满足同一顺序的清偿要求的，按照比例分配。

3.（1）根据案情交代，即陈明是以自己的名义与张巡签订协议，款项也是转入陈明个人帐户，且张巡并未登记为公司股东，故在张巡与公司之间：第一，张巡并未因此成为公司股东；第二，张巡与公司之间不存在法律关系。因此张巡不能向公司主张任何权利。

鉴于投资协议仅存在于张巡与陈明个人之间，张巡只能向陈明主张违约责任，请求返还所给付的投资以及相应的损害赔偿。

（2）根据问题（1）的结论，张巡与公司之间不存在法律关系，故而在公司进入破产程序后，张巡也不得将其对陈明的债权，视为对公司的债权，向管理人进行破产债权的申报。

（3）依《公司法司法解释（三）》第24条第3款，李贝虽为名义股东，但在与公司的关系上为真正的股东，其对股权的处分应为有权处分；退一步说，即使就李贝的股东身份在学理上存在争议，但在《公司法司法解释（三）》第25条第1款关于股权善意取得的规定下，李贝的处分行为也已成为有权处分行为，因此为保护善意相对人起见，李贝也不得主张该处分行为无效。

（4）鉴于刘宝仅与李贝之间存在法律关系，即委托持股关系，因而刘宝也就只能根据该合同关系，向李贝主张违约责任，对公司不享有任何权利主张。

（5）股东的出资义务，不适用诉讼时效（《公司法司法解释（三）》第19条第1款），因此管理人在向陈明主张50万元出资义务的履行时，其不得以超过诉讼时效为由来予以抗辩（《企业破产法》第35条、《破产法司法解释（二）》第20条第1款）。

（6）根据《企业破产法》第36条，债务人的董事、监事、高级管理人员利用职权从企业获取的非正常收入，管理人负有追回义务；再根据《破产法司法解释（二）》第24条第1款，董事、监事、高级管理人员所获取的绩效奖金属于非正常收入范围，故而管理人应向葛梅梅请求返还其所获取的收入，且可以通过起诉方式来予以追回。

论述题与深度思考题

2007年施行的《中华人民共和国企业破产法》（以下简称新破产法）引入了管理人制度。这是我国破产立法与相关国外立法接轨的重大标志。世界主要发达国家的破产立法都规定了完善的管理人制度，涉及管理人的资格、选任、报酬、职责、监督等各个方面。由于我国在管理人制度建设方面既欠缺实践基础，又缺乏成熟的理论指导，立法不足在所难免。

1. 管理人的职责范围

管理人是指破产案件受理后依法成立的，在法院的指导和监督之下全面接管债务人企业并负责债务人财产的保管、清理、估价、处理和分配等事务的专门机构。管理人是非常重要的破产程序参与人，管理人职责是管理人制度的重要组成部分。从逻辑上讲，只有法律明确了管理人的职责范围，其才能在破产程序中发挥积极作用。新破产法规定管理人履行下列职责：①接管债务人的财产、印章和账簿、文书等资料；②调查债务人财产状况，制作财产状况报告；③决定债务人的内部管理事务；④决定债务人的日常开支和其他必要开支；⑤在第一次债权人会议召开之前，决定继续或者停止债务人的营业；⑥管理和处分债务人的财产；⑦代表债务人参加诉讼、仲裁或者其他法律程序；⑧提议召开债权人会议；⑨人民法院认为管理人应当履行的其他职责。新破产法对管理人的职责另有规定的，适用其规定。

管理人的职责是根据其需要完成的任务而设定的，其在不同的破产程序中的任务并不完全相同。管理人的首要任务是查明并有效控制债务人的财产，决定是否继续债务人的营业，清理债务人的债权债务关系。因此，管理人必须拥有调查权、接收并占有破产财产的权利以及是否继续债务人营业的决定权。管理人要完成接受债权的申报登记和审查工作，所以还应有权调查债权人申报的破产债权。此外，在破产程序进行中，管理人还需要完成诸多工作：管理人需要帮助债权人以会议形式议决事项，了解债权人的具体意见，回答债权人的咨询和质疑，因此，其需要有权提议召集并参加债权人会议。管理人需要全面管理债务人的内外事务，为此其必须有权管理和处分债务人财产，接手处理未结的诉讼或仲裁，提起或应对新的诉讼，撤销损害债权人利益的行为，对双方都没有履行完毕的双务合同选择是否继续履行，并对借款事项作出决定。管理人需要追回相关人员非法获得的债务人财产，让其赔偿债权人的损失或承担其他法律责任，为此，其必须有追回权和申请追究相关人员法律责任的权利。在破产财产分配阶段，管理人的主要任务是变价破产财产并对全体债权人进行分配。为此，管理人必须有权为分配目的变卖破产财产并将所得收益在债权人之间分配。需要注意的是，由于重整程序具有独特的目的和功能，管理人还需完成两个任务：一是负责重整方案的制订和提交，二是在

债务人自行管理的情况下对债务人的经营管理行为进行全面监督。因此，管理人在重整程序中还需要享有制订并提交重整方案和监督债务人的权利。

2. 我国破产管理人职责规定的不足及其完善

(1) 调查权弱化

调查权是管理人的一项重要职责。管理人被任命后最迫切的任务就是全面掌握债务人的财产情况，以便为破产程序的顺利进行提供信息支持。为了完成上述任务，管理人必须拥有调查权。要想充分保护债权人的利益，维护债务人财产，管理人尤其需要纠正债务人的违法处分财产行为，由此可能还需要追究债务人相关人员的法律责任，这些问题也需要管理人行使调查权了解情况、收集证据，加以解决。因此，赋予管理人广泛而有效的调查权，对债权人利益保障意义重大。我国新破产法授予了管理人调查权，但在具体规定上还存在一些需要完善的问题。

第一，可调查的事项范围过于狭窄。新破产法第 25 条第 2 款规定："管理人履行下列职责：……(二) 调查债务人财产状况……"据此规定，管理人行使调查权的范围仅限于债务人财产状况。管理人的一项重要工作就是查明在破产案件受理前债务人是否存在欺诈或偏袒性清偿等损害债权人利益的行为，并对这些行为予以撤销，或者主张无效，以追回破产财产，实现债权人利益最大化。但是新破产法没有明确授予管理人对上述事项的调查权，尤其是当破产人的违法行为涉及他人时的调查权。这就可能导致管理人在调查这些违法行为时遇到困难。我国破产法需要扩展管理人调查权的调查事项范围，将所有与保护债权人利益、维护债务人财产等和破产案件相关的事项都纳入调查权范围。

第二，被调查的主体范围狭窄。根据新破产法第 15 条的规定，管理人调查权针对的主体只包括企业的法定代表人，经人民法院决定，还可以包括企业的财务管理人员和其他经营管理人员。据此，管理人可以自由调查的主体只限于企业的法定代表人，如果想对企业的财务管理人员和其他经营管理人员进行调查，必须由人民法院作出决定。对其他主体，立法没有明确规定管理人的调查权利。这显然是不足以保障管理人完成其法定职责的。我国破产法应扩大被调查主体的范围，凡是可能掌握被调查事项信息的主体都应被纳入调查范围内，这样才能真正使管理人的调查权获得充分实现。

第三，管理人还经常需要向政府有关部门调取资料、查询信息，所以立法还需要明确规定政府有关部门应当配合管理人的调查活动。在实践中，经常出现政府有关部门不配合管理人的调查活动，甚至予以阻碍，导致破产程序难以进行的现象，迫使人民法院不得不介入本可以由管理人独立完成的调查工作。

第四，必须明确规定被调查的主体不予配合时的法律责任。新破产法对债务人的有关人员拒绝协助管理人行使调查权的行为规定可以由人民法院罚款，但没有明确罚款的具体标准；对其他人拒绝协助调查行为的法律责任没有规定，至于政府有关部门拒绝协助调查的行为尽管屡屡发生，更是无法追究其法律责任。从破产司法实践看，责任的模糊大大弱化了管理人的调查权及调查效果。如果不能明确规定被调查主体拒绝履行协助义务的法律责任，管理人的调查权将难以实现，最终可能导致不得不由法院来完成管理人的调查职责。

(2) 借款权缺乏合理制约

在破产程序尤其是重整程序中，为了维持债务人的营业，管理人常常需要向第三人借款。我国新破产法第 69 条规定，管理人实施借款行为，包括为借款设定财产担保，应当及时报告债权人委员会；如果没有设立债权人委员会，则需要及时报告人民法院。我们可以规定，由法院在每个案件召开第一次债权人会议时向各方当事人释明，由债权人会议通过决议为管理人行使借款权设定数额与性质等标准，如规定在一定数额标准以下的借款（有无担保可另行规定）无须事先报告债权人会议和债权人委员会，可由管理人径行实施；在一定数额标准以上、另一数额标准以下的借款则需报告债权人委员会，如果没有设立债权人委员会，则应报告人民法院，由其监督；另一定数额标准以上的借款必须报告债权人会议。

(3) 管理和处分债务人财产的权限过大

我国新破产法第 25 条明确赋予管理人管理和处分债务人财产的权利，但没有针对管理人实施

的重大财产处分行为设定严格的制约机制。新破产法第69条规定，管理人转让不动产权益、探矿权、采矿权、知识产权、全部库存或营业、债权、有价证券以及借款、设定财产担保和放弃权利等行为，只要及时向债权人委员会或人民法院报告就可以进行。如此广泛、宽松的授权，可能导致管理人的权利行使失控，需要加以适当限制。我们可以规定，在具体案件中由债权人会议决议界定其与管理人和债权人委员会在管理和处分债务人财产上的职责划分，这样可以根据不同的案件情况由债权人会议充分行使自治权，通过授权的方式既维护了其在管理和处分债务人财产上的最终权力，又明确了管理人管理和处分债务人财产的具体职责，同时还能实现管理人和债权人委员会之间的制约、平衡。

（4）对撤销权行使的异议缺乏处理途径

我国新破产法借鉴国际破产立法惯例，赋予管理人撤销权，但未明确：如果管理人决定不行使撤销权而债权人认为应该行使撤销权，或者管理人决定行使撤销权而债权人认为不应该行使，应如何处理。由于撤销权行使的具体情况千差万别，管理人在决定是否行使撤销权时需要综合考量，主要是撤销成本和撤销收益的比较。当管理人和债权人在撤销权行使上发生冲突时如何解决争议，是由管理人自行决定还是允许债权人向法院寻求救济呢？我们认为，应当允许债权人对管理人的决定向法院提出异议，由法院作出裁判。

（5）制订并提交重整方案的权利不应形成垄断权利

我国新破产法规定，在破产重整程序中，管理人或债务人有权制订并提交重整方案；由管理人管理财产和营业事务的，管理人负责制订重整计划草案；由债务人管理财产和营业事务的，则由债务人负责制订重整计划草案。如果管理人或债务人自人民法院裁定债务人重整之日起6个月内没有提交重整计划草案，则宣告债务人破产。由此可见，新破产法赋予了管理人或债务人制订并提交重整方案的垄断权。这一规定有不妥之处，应该打破管理人或债务人在重整计划草案制订和提交上的垄断权，鼓励债权人、投资人等其他利益关系人参与破产重整程序，允许他们在管理人或债务人不能按期制订重整计划草案时，自行制订重整计划草案。

［参见王欣新，郭丁铭．论我国破产管理人职责的完善．政治与法律，2010（9）。］

第二十六章　破产实体法

知识逻辑图

- 破产实体法
  - 破产财产
    - 概念：破产宣告后至破产程序终结前，由破产人所有的供破产清偿的财产及财产权利的集合体
    - 性质
      - 观点一：客体说
      - 观点二：主体说
    - 范围：破产申请受理时属于债务人的全部财产，以及破产申请受理后至破产程序终结前债务人取得的财产
    - 例外
      - 已作为担保的财产
      - 破产企业内党团、工会等社会团体的财产
      - 破产企业兴办的社会公益事业等
  - 取回权
    - 概念：破产管理人占有不属于破产财产的他人财产的，财产权利人得不依破产程序，直接通过破产管理人取回财产的权利
    - 性质
      - 观点一：第三人对执行标的的异议权
      - 观点二：实体法上物的返还请求权
    - 特征
      - 取回权的标的物必须为现实存在之物
      - 取回权据以存在的权利依据必须在破产宣告前已存在
      - 取回权与权利基础须具有物权特性
      - 取回权的行使以破产管理人为相对人
    - 分类
      - 一般取回权
      - 特别取回权：出卖人取回权
      - 代偿取回权
  - 撤销权
    - 概念：破产管理人对破产人在破产宣告前的法定期间内实施的有害于全体债权人利益的行为，有请求法院撤销其行为，并使转让的财产或利益回归破产人的权利
    - 性质
      - 观点一：返还请求权说
      - 观点二：形成权说
      - 观点三：破产法上的特别权说
      - 观点四：折中说
    - 立法模式
      - 观点一：列举主义
      - 观点二：列举加概括主义
      - ⟹我国《企业破产法》采列举主义
    - 适用范围
      - 无偿转让财产
      - 以明显不合理的价格进行交易的
      - 对没有财产担保的债务提供财产担保的
      - 对未到期的债权提前清偿的
      - 放弃债权的
    - 特征
      - 可撤销行为以财产性内容为标的
      - 可撤销行为损害了债权人的利益
      - 有基于可撤销行为而获益的第三人存在
      - 只能在法定期间内构成，并得在规定的期间内行使
      - 行使主体为破产管理人
    - 行使方式：破产管理人以诉讼方式行使
    - 效力：破产人的行为被撤销，财产或利益归入破产财产

破产实体法
- 破产无效（适用范围）
  - 为逃避债务而隐匿、转移财产的
  - 虚构债务或者承认不真实的债务的
- （其他与破产撤销相同）
- 破产债权
  - 概念：破产宣告前成立的，依法申报并获得确认的，通过破产程序受偿的财产请求权
  - 特征
    - 限于财产上的请求权
    - 限于破产宣告前成立的财产请求权
    - 限于能够强制执行的债权
    - 限于依破产程序进行申报并确认的债权
- 别除权
  - 概念：破产宣告前成立的有财产担保债权的债权人享有的不依破产程序，就规定的担保财产优先受偿的权利
  - 特征
    - 是针对破产人的财产所行使的权利
    - 是针对破产人设定担保之特定财产行使的权利
    - 是就特定财产优先受偿的权利
    - 是不依破产程序受偿的权利
    - 作为基础权利的担保权是在破产宣告前成立的
  - 行使
    - 别除权人应在法定期间内申报债权，并经确认
    - 依一般民事程序行使
    - 受偿范围包括主债权及利息、违约金、损害赔偿金和实现权利的费用等
  - 效力
    - 标的物价值＞所担保的债权超出部分归入破产财产
    - 标的物价值＜所担保的债权剩余债权作为破产债权
- 抵销权
  - 概念：破产债权人在破产宣告前对债务人负有债务的，可不依破产程序以自己的债权与该债务抵销的权利
  - 特征
    - 可抵销的债权必须在破产程序开始前即已存在
    - 无论该债权、债务是否到期，种类是否相同，均得抵销
    - 行使权利的主体只能是破产债权人
    - 侧重对债权人的担保作用
  - 效力：同等数额内，溯及于抵销权成立时双方的债务归于消灭
- 破产费用
  - 概念：在破产程序中为全体债权人的共同利益而支付的各项费用的总称
  - 特征
    - 在破产程序进行中发生的费用
    - 为了全体债权人的共同利益而支出的费用
    - 以破产财产为担保
    - 随时、足额、优先拨付
  - 范围（参见《企业破产法》第41条）
- 破产责任
  - 民事赔偿责任
  - 行政处分
  - 刑事责任

名词解释与概念比较

1. 破产财产
2. 取回权与别除权（考研）
3. 破产法上的撤销权与民法上的撤销权
4. 破产法上的抵销权与民法上的抵销权
5. 破产费用

一、选择题

(一) 单项选择题

1. 下列有关破产财产的说法错误的是：(　　)。

A. 英美法系国家主要采“破产财产”的概念；大陆法系国家主要采“破产财团”的概念

B. 对于破产财产的性质的争论，主要存在“权利客体说”和“权利主体说”

C. 我国在破产财产的构成范围上，采取的是固定主义的立法例

D. 在我国破产财产是由破产管理人负责管理的

2. 某企业是一家国有企业，由于经营管理不善，企业严重亏损，已经不能清偿到期债务。法院受理并宣告了该企业破产。破产管理人在清理该企业的财产时，下列哪项财产不属于破产财产？(　　)

A. 该企业库存的货物

B. 该企业的一辆已经设立抵押的汽车

C. 该企业享有的注册商标权

D. 该企业一台租赁出去的机器

3. 甲企业由于经营管理不善，不能清偿到期债务，法院依法宣告甲企业破产。乙企业发现甲企业将其出租给甲企业生产经营的一台设备于破产宣告前1个月擅自出卖，现乙企业可以享有什么权利？(　　)

A. 撤销权　　B. 取回权

C. 别除权　　D. 破产债权

4. 以下为F建筑公司破产案件中当事人提出的破产抵销主张。其中哪一项不能合法成立？(　　)

A. 甲工厂主张抵销23万元：“F公司收取我厂141万元预付工程款后，未履行合同即宣告破产；在此之前，我厂有23万元给F公司的结算款，付给的汇票因填写不当被银行退回。”

B. 乙工厂主张抵销49万元：“破产案件受理前，F公司欠我厂设备货款120万元；F公司曾退回我厂一台质量不合格的机器，其已付价金为49万元，双方达成协议按退货处理。”

C. 丙公司主张抵销85万元：“我公司欠F公司工程款187万元；在F公司破产宣告后，M建材厂将其对F公司的85万元债权转移给我公司，以抵偿其欠我公司的债务。”

D. 丁公司主张抵销142万元：“我公司欠F公司工程款256万元；在F公司破产宣告前，我公司作为保证人向银行偿付了F公司所欠的142万元债务。”

5. 根据我国破产法的规定，权利人可以经人民法院同意后，不依破产程序而能从破产企业的特定财产上优先受偿的权利是：(　　)。

A. 取回权　　B. 别除权

C. 撤销权　　D. 抵销权

6. 下列有关破产撤销权的说法错误的是：(　　)。

A. 在人民法院受理破产案件前6个月至破产宣告之日的期间内，债务人无偿转让财产的，由破产管理人行使撤销权

B. 在破产宣告后，只要发现债务人在破产清算期间有明显侵害债权人利益的行为，都可以撤销，并追回财产

C. 我国破产法对破产撤销权的立法模式是列举主义

D. 撤销权是以诉讼的方式行使

7. 对下列哪项费用，应当从破产财产中优先拨付？(　　)

A. 破产企业留守人员的工资和劳动保险费用

B. 破产企业所欠职工工资和劳动保险费用

C. 破产企业所欠税款

D. 破产债权

8. 下列有关破产抵销权的说法，正确的是：(　　)。

A. 相互抵销的债务应当属于同一种类、品质的债务

B. 债权人的债权已经得到确认，且主张抵销的债权、债务均发生在破产宣告之前

C. 相互抵销的债务必须都已到清偿期限

D. 双方当事人都能主动提出抵销

9. 下列有关破产别除权的说法，错误的是：(　　)。

A. 担保物权是破产别除权的权利基础

B. 享有别除权的债权人的债权应当在破产宣告之前成立

C. 别除权人要行使权利也须在法定的期间内申报债权，并予以登记

D. 别除权的行使完全不受破产程序的约束，可以在破产宣告后直接行使

10. 千叶公司因不能清偿到期债务，被债权人百草公司申请破产，法院指定甲律师事务所为管理人。下列哪一选项是错误的？（　　）（司考）

A. 甲律师事务所租赁百草公司酒店用作管理人办公室的行为不违反破产法的规定

B. 甲律师事务所有权处分千叶公司的财产

C. 甲律师事务所有权因担任管理人而获得报酬

D. 如甲律师事务所不能胜任职务，债权人会议有权罢免其管理人资格

11. 绿杨公司因严重资不抵债向法院申请破产，法院已经受理其申请。根据《企业破产法》的规定，在法院已经受理破产申请、尚未宣告绿杨公司破产之时，下列哪一项财产不构成债务人财产？（　　）（司考）

A. 绿杨公司享有的未到期债权

B. 管理人撤销绿杨公司6个月前以明显不合理价格进行交易涉及的财产

C. 绿杨公司所有但已设定抵押的财产

D. 绿杨公司购买的正在运输途中的但尚未付清货款的货物

12. 甲公司严重资不抵债，因不能清偿到期债务向法院申请破产。下列哪一财产属于债务人财产？（　　）（司考）

A. 甲公司购买的一批在途货物，但尚未支付货款

B. 甲公司从乙公司租用的一台设备

C. 属于甲公司但已抵押给银行的一处厂房

D. 甲公司根据代管协议合法占有的委托人丙公司的两处房产

13. 辽沈公司因不能清偿到期债务而申请破产清算。法院受理后，管理人开始受理债权人的债权申报。对此，下列哪一债权人申报的债权属于应当受偿的破产债权？（　　）（司考）

A. 债权人甲的保证人，以其对辽沈公司的将来求偿权进行的债权申报

B. 债权人乙，以其已超过诉讼时效的债权进行的债权申报

C. 债权人丙，要求辽沈公司作为承揽人继续履行承揽合同进行的债权申报

D. 某海关，以其对辽沈公司进行处罚尚未收取的罚款进行的债权申报

14. 2010年8月1日，某公司申请破产。8月10日，法院受理并指定了管理人。该公司出现的下列哪一行为属于《企业破产法》中的欺诈破产行为，管理人有权请求法院予以撤销？（　　）（司考）

A. 2009年7月5日，将市场价格100万元的仓库以30万元出售给母公司

B. 2009年10月15日，将公司一辆价值30万元的汽车赠与甲

C. 2010年5月5日，向乙银行偿还欠款50万元及利息4万元

D. 2010年6月10日，以协议方式与债务人丙相互抵销20万元债务

15. 2014年6月经法院受理，甲公司进入破产程序。现查明，甲公司所占有的一台精密仪器，实为乙公司委托甲公司承运而交付给甲公司的。关于乙公司的取回权，下列哪一表述是错误的？（　　）（司考）

A. 取回权的行使，应在破产财产变价方案或和解协议、重整计划草案提交债权人会议表决之前

B. 乙公司未在规定期限内行使取回权，则其取回权即归于消灭

C. 管理人否认乙公司的取回权时，乙公司可以诉讼方式主张其权利

D. 乙公司未支付相关运输、保管等费用时，保管人可拒绝其取回该仪器

16. 甲公司于2012年12月申请破产。法院受理后查明：在2012年9月，因甲公司无法清偿欠乙公司100万元的货款，而甲公司董事长汪某却有150万元的出资未缴纳，乙公司要求汪某承担偿还责任，汪某随后确实支付给乙公司100万元。下列哪一表述是正确的？（　　）（司考）

A. 就汪某对乙公司的支付行为，管理人不得主张撤销

B. 汪某目前尚未缴纳的出资额应为150万元

C. 管理人有义务要求汪某履行出资义务

D. 汪某就其未履行的出资义务，可主张诉讼时效抗辩

（二）多项选择题

1. 某有限责任公司甲由于公司章程规定的营业期限届满而发生解散时，破产管理人在清理公司财产、编制资产负债表和财产清单后，发现公司财产不足以清偿债务，依法向人民法院申请宣告破产。法院依法宣告甲公司破产。现破产管理人在清理甲公司的财产，甲公司的下列哪些财产或权利属于破产财产？（　　）

A. 甲公司与乙公司共有一厂房的土地使用权，在破产宣告后，甲公司将其份额转让给乙公司的所得款

B. 破产管理人在清理甲公司的资产时，发现甲公司的一位股东对注册资本出资不实，应当由此股东补足的部分

C. 甲公司作为丙公司的保证人，在破产宣告前已经代替丙公司偿还了债务，甲公司由此取得的代为求偿权

D. 甲公司在被宣告破产时对于丁公司未到期的债权

2. 对破产财产的范围采固定主义的立法理由是（　　）。（考研）

A. 充分保护破产债权人

B. 符合破产程序节俭和迅速原则

C. 有助于破产人再兴

D. 有助于破产人与债权人达成和解

3. 破产宣告前成立的（　　），可以作为破产债权。（考研）

A. 无财产担保的债权

B. 票据追索权

C. 放弃了优先受偿权的债权

D. 债权人参加破产程序的费用

4. 松花江实业有限公司因不能清偿到期债务而申请破产救济，各债权人纷纷向破产管理人申报债权。下列选项中哪些属于破产债权？（　　）

A. 甲公司要求收回其租赁给松花江公司的一套设备

B. 乙银行因派员参与破产程序花去的差旅费5万元

C. 丙银行贷给松花江公司的50万元贷款，但尚未到还款期

D. 丁银行行使抵押权后仍有10万元债权未受偿

5. 甲公司因负债被申请破产，法院受理了破产申请。其后，相应的机关和当事人实施了以下行为，其中哪些是违法的？（　　）

A. 乙法院委托拍卖行拍卖1年前查封的甲公司的土地

B. 甲公司为维持生产经营向某公司支付10万元货款

C. 税务机关通知银行直接从甲公司账上扣缴税款5万元

D. 甲公司以自己的债权抵销了所欠某公司的债务8万元

6. 皇都大酒店于2012年3月2日被宣告破产。在破产程序中提出的下列给付请求中哪些能够成为破产债权？（　　）

A. 某女士于2011年3月被该酒店保安人员殴打致伤，住院治疗8个月，要求赔偿医疗费8 730元

B. 因该酒店歌舞厅从事色情营业，市公安局于2012年2月26日对其罚款1万元，限7日内缴纳

C. 某旅行社与该酒店签订的合同，因酒店被宣告破产而终止，旅行社要求赔偿由此造成的损失18 000元

D. 该酒店经理以酒店名义借用某公司小轿车一辆供其亲属使用，现该公司要求返还

7. 在一起某国有企业的破产案件中，人民法院于2012年7月18日受理对该企业的破产案件，经审理，于2012年10月5日作出破产宣告的裁定。在破产企业的下列行为中，破产管理人可以申请法院撤销的有：（　　）。

A. 该企业于2012年2月10日对于2012年5月7日到期的一笔债务提前予以清偿

B. 该企业的上级主管部门于2012年3月9日从该企业无偿调出价值为20万元的机器设备一套

C. 该企业于2012年1月15日与其债务人签订协议，放弃其到期债权15万元

D. 该企业于2012年4月5日，对其借某商场

的一笔无财产担保的20万元的贷款，提供该企业的一辆汽车抵押

8. 下列有关破产取回权的说法中哪些是正确的？（　　）

A. 取回权的行使不受破产程序的限制，权利人通过破产管理人取回财产

B. 取回权的行使只限于取回原物

C. 权利人在取回保管物时，如果存在相应的对待给付义务，应向破产管理人交付保管费用后方可取回。

D. 如果取回权的标的财产在破产宣告后因破产管理人的责任毁损、灭失的，此时权利人可以要求破产管理人等值赔偿

9. 下列哪些款项或权利属于破产债权？（　　）

A. 科技管理部门通过与债务人企业签订合同，有偿发放给债务人使用，并且约定定期归还的款项

B. 债务人的受托人在债务人破产后，为债务人的利益处理委托事务所发生的债权

C. 债务人企业所欠企业职工的集资款

D. 债务人未支付的劳动保险金的滞纳金

10. 甲公司向乙银行贷款100万元，由A公司和B公司作为共同保证人，并以甲公司的厂房作抵押担保。其后，甲公司因严重资不抵债而向法院申请破产。法院裁定受理破产申请，并指定了破产管理人。下列哪些选项是正确的？（　　）（司考）

A. 管理人可以优先清偿乙银行的债务

B. 如A公司已代甲公司偿还了乙银行贷款，则其可向管理人申报100万元债权

C. 如乙银行不申报债权，则A公司或B公司均可向管理人申报100万元债权

D. 如乙银行已申报债权并获40万元分配，则剩余60万债权因破产程序终结而消灭

11. 甲企业是一法人企业，因经营管理不善，被宣告破产。与甲企业有关的下列哪些款项或债权属于破产债权？（　　）

A. 在破产宣告前，甲企业以厂房抵押向银行借款20万元

B. 甲企业所欠职工的集资款，该集资款是职工向企业的投资

C. 甲企业作为汇票出票人被宣告破产后，付款人或承兑人不知其事实而向持票人付款或者承兑所产生的债权

D. 甲企业的债权人乙公司参加破产程序花费3万元

12. 2011年9月1日，某法院受理了湘江服装公司的破产申请并指定了管理人，管理人开始受理债权申报。下列哪些请求权属于可以申报的债权？（　　）（司考）

A. 甲公司的设备余款给付请求权，但根据约定该余款的支付时间为2011年10月30日

B. 乙公司请求湘江公司加工一批服装的合同履行请求权

C. 丙银行的借款偿还请求权，但该借款已经设定财产抵押担保

D. 当地税务机关对湘江公司作出的8万元行政处罚决定

13. 某破产案件中，债权人向法院提出更换管理人的申请。申请书中指出了如下事实，其中哪些属于主张更换管理人的正当事由？（　　）（司考）

A. 管理人列席债权人会议时，未如实报告债务人财产接管情况，并拒绝回答部分债权人询问

B. 管理人将债务人的一处房产转让给第三人，未报告债权人委员会

C. 债权人对债务人在破产申请前曾以还债为名向关联企业划转大笔资金的情况多次要求调查，但管理人一再拖延

D. 管理人将对外追收债款的诉讼业务交给其所在律师事务所办理，并单独计收代理费

14. A公司因经营不善，资产已不足以清偿全部债务，经申请进入破产还债程序。关于破产债权的申报，下列哪些表述是正确的？（　　）（司考）

A. 甲对A公司的债权虽未到期，仍可以申报

B. 乙对A公司的债权因附有条件，故不能申报

C. 丙对A公司的债权虽然诉讼未决，但丙仍可以申报

D. 职工丁对A公司的伤残补助请求权，应予以申报

15. 甲公司因不能清偿到期债务且明显缺乏清

偿能力，遂于2014年3月申请破产，且法院已受理。经查，在此前半年内，甲公司针对若干债务进行了个别清偿。关于管理人的撤销权，下列哪些表述是正确的？（　　）（司考）

A. 甲公司清偿对乙银行所负的且以自有房产设定抵押担保的贷款债务的，管理人可以主张撤销

B. 甲公司清偿对丙公司所负的且经法院判决所确定的货款债务的，管理人可以主张撤销

C. 甲公司清偿对丁公司所负的为维系基本生产所需的水电费债务的，管理人不得主张撤销

D. 甲公司清偿对戊所负的劳动报酬债务的，管理人不得主张撤销

（三）不定项选择题

某企业因经营管理不善，不能清偿到期债务，经上级主管部门同意，该企业向人民法院申请破产宣告。人民法院于2007年6月5日受理了该破产案件，2007年9月3日人民法院依法宣告其破产，并于9月10日成立破产管理人。破产管理人清理破产企业的财产和权利的情况如下：（1）破产宣告时，破产企业经营管理的全部财产如下：①厂房价值200万元，在向甲银行贷款200万元时抵押给了银行；②从乙公司租用的一台价值90万元的机器设备；③注册商标作价50万元；④破产企业对外投资100万元；⑤2007年3月9日，破产企业将一台价值120万元的生产设备赠与丙公司；⑥对丁企业拥有未到期的债权150万元。（2）破产企业的债权及相关费用情况如下：①甲银行向破产企业贷款200万元，还有3个月到期；②丁企业拥有无担保的到期债权100万元；③因企业破产而解除劳动合同，劳动者依法对企业享有30万元的经济补偿金请求权；④破产管理人决定解除与戊公司未履行的合同，从而造成戊公司实际损失80万元，并且合同规定，违约金为20万元；⑤欠缴税款160万元、罚款60万元。⑥破产企业对破产财产的拍卖费用10万元。

根据上述情况，回答下列问题：

1. 该案中，哪些财产属于取回权的范围？（　　）

A. 向甲银行抵押的价值200万元的厂房

B. 从乙公司租用的一台价值90万元的机器设备

C. 破产企业对外投资100万元

D. 破产企业赠与丙公司的生产设备

2. 该案中，哪些行为属于撤销权的范围？（　　）

A. 在向银行贷款200万元时，将厂房抵押给了银行

B. 破产企业的对外投资100万元

C. 2007年3月9日，破产企业将一台价值120万的生产设备赠与丙公司

D. 破产管理人决定解除与戊公司未履行的合同，从而造成戊公司实际损失80万元，并且合同规定违约金20万元

3. 该案中，哪些属于别除权？（　　）

A. 甲银行向破产企业贷款200万元，还有3个月到期

B. 丁企业拥有无担保的到期债权100万元

C. 破产企业对破产财产的拍卖费用10万元

D. 欠缴税款160万元

4. 该案中，破产企业的哪些债权人可以向破产管理人要求抵销？（　　）

A. 甲银行向破产企业贷款200万元，还有3个月到期

B. 丁企业拥有无担保的到期债权100万元

C. 因企业破产而解除劳动合同，劳动者依法对企业享有30万元的经济补偿金请求权

D. 欠缴税款160万元

5. 破产企业经营管理的下列财产中，哪些属于破产财产？（　　）

A. 价值200万元的厂房

B. 作价50万元的注册商标

C. 破产企业的对外投资100万元

D. 破产管理人撤销破产企业赠与丙公司的行为，而追回的一台价值120万元的设备

6. 该案中，下列哪些债权属于破产债权？（　　）

A. 还有3个月到期的甲银行的200万元的债权

B. 因企业破产而解除劳动合同，劳动者依法对企业享有的30万元的经济补偿金请求权

C. 破产管理人决定解除与戊公司未履行的合

同，戊公司根据合同规定，享有违约金 20 万元请求权

D. 破产企业欠税罚款 60 万元

7. 该案中，破产财产应当按照怎样的顺序清偿？（　　）

A. 破产企业对破产财产的拍卖费用、破产企业解除劳动合同依法应给付的经济补偿金、欠缴税款、破产债权

B. 破产企业对破产财产的拍卖费用、欠缴税款、破产债权、破产企业解除劳动合同依法应给付的经济补偿金

C. 破产企业解除劳动合同依法应给付的经济补偿金、破产企业对破产财产的拍卖费用、欠缴税款、破产债权

D. 欠缴税款、破产企业对破产财产的拍卖费用、破产企业解除劳动合同依法应给付的经济补偿金、破产债权

简答题

1. 简述破产无效行为及其认定。（考研）

2. 依我国《企业破产法》之规定，简述我国破产财产的范围。（考研）

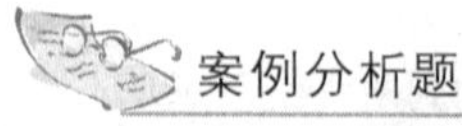

案例分析题

1. 案情：甲公司欠乙公司 10 万元债务，现乙公司即将破产，预计破产分配对普通债权的清偿率为 10%。甲与乙的债权人丙达成协议：甲以 4 万元的价格收购丙对乙的 10 万元的债权。

问题：甲能否在破产程序中主张以这 10 万元债权与其所欠乙公司的 10 万元债务相抵销？（考研）

2. 案情：某纺织品公司为国有企业，因长期管理不善，造成企业严重亏损，资不抵债数额较大，无力清偿到期债务。在此情况下，该公司经其上级主管部门批准，于 2010 年 12 月 10 日向某市中级人民法院提出破产申请。经审查，人民法院于 2010 年 12 月 15 日受理了该案，于 2011 年 2 月 4 日依法宣告该纺织品公司破产，于 2011 年 2 月 10 日成立破产管理人清理破产企业的财产。破产管理人发现：纺织品公司向银行借款 140 万元，以破产企业的 3 辆汽车作为抵押担保，汽车仍由纺织品公司使用。在使用过程中，其中一辆发生了重大交通事故，严重毁损，获得保险公司赔付 30 万元；同时造成 1 人重伤，法院判决纺织品公司赔偿 10 万元。银行对纺织品公司的贷款期限是 4 年，年利率是 5%，还有 2 年到期。另查明，纺织品公司的厂房价值 90 万元，纺织品公司还欠职工集资款 50 万元、应付税款 20 万元、破产案件诉讼费用 5 万元、应付破产管理人成员工资 4 万元。另查明，2010 年 11 月 20 日，该纺织品公司的总经理王某擅自决定放弃对某商场的货款债权 35 万元。

问题：

（1）对纺织品公司的哪些债权属于破产债权，数额分别是多少？

（2）纺织品公司总经理王某的行为是否有效？为什么？

（3）对纺织品公司的债权应当如何清偿？

论述题与深度思考题

何谓复权制度？试述其立法例及事由。（考研）

参考答案

名词解释与概念比较

1. 破产财产是指在破产申请时或破产宣告后至破产程序终结前（视所采立法原则而定），由破产人所有的供破产清偿的财产及财产权利所构成的财产性集合体。英美法系国家主要使用破产财产的概念，大陆法系国家多采用破产财团。国外通常根据破产财团的构成范围不同，将其分为三种：法定财团、现有财团和分配财团。法定财团是指由破产法规定应属于破产财产的全部财产组成的财团。现有财团是指现实在破产管理人管理下的财产组成的财团。分配财团是指破产管理人在破产清算后实际用于对破产债权分配的财产组成的财团。对破产财产的性质，学理上主要有两

种观点：其一是权利客体说，即主张虽然债务人被宣告破产，但破产财产仍然是破产人的权利客体；其二是权利主体说，即主张破产财产本身即构成权利主体，可享有权利，其作为财团法人，具有民事主体资格。

2. 取回权是指破产管理人占有不属于破产财产的他人财产，财产的权利人得不依破产程序，直接通过破产管理人从破产财产中取回的权利。取回权并非破产法所创设，而是基于民事法律产生的，是物权，主要是所有权的效力在破产程序中的体现。

别除权是指债权人于破产宣告前就其债权设定了物权担保，其享有不依破产程序就特定的担保财产优先受偿的权利。它是由破产人特定财产上已存在的担保物权或法定优先权之排他性优先效力沿袭而来，并非破产法所创设。两者区别如下：

取回权	别除权
其基础权利是物权，主要是所有权，基于返还原物请求权而取回特定的财产	其优先受偿权源于债的担保物权或法定优先权，以担保物权最为常见
取回权人是对自己所有的财产行使权利，所以通常没有损失的风险	别除权的行使是基于特定财产的优先受偿权，可能出现担保物的价款不足以清偿债权的情况

3. 破产法上的撤销权是指破产管理人对破产人在破产宣告前的法定期间内实施的，欺诈或偏颇等有害于债权人利益的行为，有请求法院撤销其行为，并使因此而转让的财产或利益回归破产人的权利。在各国破产立法中，撤销权又被称为否认权、取消权、可撤销交易制度等。破产法以维护债务的公平清偿为首要目标，撤销权制度是维护在全体债权人之间公平清偿的关键环节。民法上的撤销权，主要是指《合同法》第 74 条规定的债权人的撤销权。破产法上的撤销权是民法上的撤销权制度在破产程序中的延伸，所以在性质与宗旨上并无不同，均为保护债权人的利益而设。两者的区别如下：

破产法上的撤销权	民法上的撤销权
成为撤销权对象的行为有欺诈行为与偏颇行为	债权人撤销权的对象通常为欺诈行为

续前表

破产法上的撤销权	民法上的撤销权
在我国司法实践中，不以债务人的主观恶意为要件，只要客观上实施了行为即可	对于有偿行为，须以债务人有主观恶意为要件
行使权利的主体只能是破产管理人	行使权利的主体是债权人
可撤销行为产生在破产宣告前的法定期间内	可撤销行为必须产生于债权成立后，对于在债权成立之前减少债务人财产的行为，债权人无权提出撤销

4. 破产法上的抵销权是指破产债权人在破产宣告前对债务人负有债务的，可不依破产程序，以自己享有的破产债权与其对债务人所负债务相抵销的权利。民法上的抵销权，是指《合同法》第 99 条、第 100 条规定的抵销权。破产抵销权是民法上债的抵销制度在破产法上的运用，其设立的目的是保证对债权人的公平清偿，具有债的担保作用。两者的区别如下：

破产法上的抵销权	民法上的抵销权
主要目的是在相互抵销的范围内负担担保性的功能，以保证对特定破产债权人公平清偿。简化破产程序、节省清算时间和费用的目的退居其次	主要目的在于简化债的消灭程序，节省履行的时间和费用
无论给付的种类是否相同，无论是否已届清偿期限，在破产宣告时都可抵销	要求相互抵销的债务均已到清偿期限，且通常情况下要求相互抵销的债务给付种类、品质相同
权利专属于破产债权人行使，破产人和清算人都不得主动主张抵销	双方当事人均可主动提出抵销
原则上，为了保证抵销的公平，债权人在破产宣告后非基于法定原因所生的债务不能抵销，已知破产程序开始而对债务人负担债务的，不得抵销	对相互抵销的债权成立的时间没有限制

5. 依我国破产法的规定，破产费用是指在破产程序进行过程中，为了破产程序的顺利进行、破产财产的管理和处分，以及为了全体破产债权

人的共同利益所支出的各种费用的总称。国外将上述费用分为两类：一类是财团费用或共益费用，是在破产程序中为了全体债权人的共同利益而支付的各项费用的总称。另一类是财团债务或共益债务，是在破产程序中为全体债权人的利益而由破产财团负担的各种债务的总称。在破产财产不足以同时支付共益费用与共益债务时，有的国家采取共益费用与共益债务同一顺序清偿的原则，有的国家采用共益费用优先于共益债务清偿的原则。我国现行破产法将这些费用与债务统一称为破产费用，统一从破产财产中优先拨付。根据我国《企业破产法》第 41 条，人民法院受理破产申请后发生的下列费用，为破产费用：（1）破产案件的诉讼费用；（2）管理、变价和分配债务人财产的费用；（3）破产管理人执行职务的费用、报酬和聘用工作人员的费用。

选择题

（一）单项选择题

1. C。根据上述对破产财产的解释，可知 A、B 项是正确的。关于破产财产的构成范围，各国破产法中有固定主义和膨胀主义两种立法例，分别为德国法系和法国法系所采纳。固定主义是指破产财产的构成范围以破产宣告时属于破产人的全部财产为限，破产宣告后债务人新取得的财产不作为破产财产。膨胀主义是指破产财产并不以破产宣告时破产人所有的财产为限，破产宣告后、破产程序终结之前债务人新取得的财产应划归破产财产。根据我国《企业破产法》第 30 条，破产申请受理时属于债务人的全部财产，以及破产申请受理后至破产程序终结前债务人取得的财产，为债务人财产。所以，我国采用的膨胀主义，C 项错。所以，D 项正确。

2. B。由于该企业是企业法人，首先适用《企业破产法》。根据《企业破产法》第 30 条关于破产财产范围的规定，破产申请受理时属于债务人的全部财产，以及破产申请受理后至破产程序终结前债务人取得的财产，为债务人财产。从破产企业所有的财产来看，既包括破产宣告时由破产企业占有的财产，也包括暂时被他人合法或非法占有的财产，如依租赁、保管等合同为他人占有的财产，被他人非法侵占的财产以及破产企业非法处分后被破产管理人追回的财产等。所以，破产企业库存的货物及破产企业出租出去的机器都是破产财产。故 A、D 项正确。企业的全部财产不仅指有形财产，也包括财产权利，《企业破产法》中规定的应当由破产企业行使的财产权利，如由破产企业所有的专利权、著作权、商标权、土地使用权等权利也属于破产财产，所以 C 项正确。已作为担保物的财产不属于破产财产，所以应选 B 项。

3. D。甲企业擅自出卖的设备本来就不属于破产财产，而是乙企业所有的财产。《企业破产法》第 31 条规定：人民法院受理破产申请前 1 年内，涉及债务人财产的下列行为，管理人有权请求人民法院予以撤销：（1）无偿转让财产的；（2）以明显不合理的价格进行交易的；（3）对没有财产担保的债务提供财产担保的；（4）对未到期的债务提前清偿的；（5）放弃债权的。同时，第 32 条规定：人民法院受理破产申请前 6 个月内，债务人有本法第 2 条第 1 款规定的情形，仍对个别债权人进行清偿的，管理人有权请求人民法院予以撤销。但是，个别清偿使债务人财产受益的除外。

撤销权所撤销的欺诈行为和偏颇行为都是破产企业减少破产财产，从而损害债权人利益或者破坏对全体债权人的公平清偿的行为，针对的是破产人所有的财产，而不是处分他人财产的行为。同时，只有破产管理人才享有撤销权。所以，A 项不选。我国《企业破产法》第 38 条规定：人民法院受理破产申请后，债务人占有的不属于债务人的财产，该财产的权利人可以通过管理人取回；但是，本法另有规定的除外。取回权是当破产管理人占有不属于破产财产的他人财产时，财产的权利人得不依破产程序，直接通过破产管理人从破产财产中取回的权利。取回权的行使只限于取回原物。所以，B 项不选。别除权是有财产担保的债权人享有的不依破产程序就特定的担保物优先受偿的权利。所以 C 项不选。D 项应选。

4. C。破产抵销权是指破产债权人在破产宣告前对债务人负有债务的，可不依破产程序以自己享有的破产债权与其对债务人所负债务相抵销的权利。《企业破产法》第 40 条规定：债权人在破产申请受理前对债务人负有债务的，可以向管理人主张抵销；但是，有下列情形之一的，不得抵

销：（1）债务人的债务人在破产申请受理后取得他人对债务人的债权的；（2）债权人已知债务人有不能清偿到期债务或者破产申请的事实，对债务人负担债务的；但是，债权人因为法律规定或者有破产申请1年前所发生的原因而负担债务的除外；（3）债务人的债务人已知债务人有不能清偿到期债务或者破产申请的事实，对债务人取得债权的；但是，债务人的债务人因为法律规定或者有破产申请1年前所发生的原因而取得债权的除外。

选项C中，破产人F的债务人丙公司在破产宣告后取得M厂对F的破产债权，丙公司主张抵销是禁止的，因为这种债权本身虽成立于破产宣告前，但对丙公司来说，其取得是在破产宣告后，如果允许抵销的话，可能会出现侵害其他破产债权人利益的情况。所以，丙公司不得主张抵销。故选C项。A、B、D三项中对于抵销的主张都符合抵销的条件，可以抵销。

5.B。破产宣告前成立的有财产担保的债权，债权人享有就该担保物优先受偿的权利。这就是破产别除权，所以选B项。

6.B。《企业破产法》第31条规定：人民法院受理破产申请前1年内，涉及债务人财产的下列行为，管理人有权请求人民法院予以撤销：（1）无偿转让财产的；（2）以明显不合理的价格进行交易的；（3）对没有财产担保的债务提供财产担保的；（4）对未到期的债务提前清偿的；（5）放弃债权的。

由第1项规定可知，A项正确。B项所述情形没有明确规定，不选。各国破产法对撤销权有两种立法模式：其一为列举主义，即将得撤销之行为逐一列举规定，法官据此判定，无自由裁量适用的余地。其二为列举加概括主义，即除将得撤销之行为列举规定外，还对得撤销行为的性质加以抽象的概括规定，法官可以享有一定的自由裁量权。从《企业破产法》第31条的规定可以看出，我国采取的是列举主义的立法模式。故C项正确。大多数国家都规定，撤销权的行使是破产管理人以诉讼的方式请求法院为之。我国也是由破产管理人以诉讼的方式向法院申请撤销欺诈和偏颇行为，并追回财产。故D项正确。

7.A。根据我国破产法的规定，破产费用和共益债务应当从破产财产中优先拨付、随时拨付、足额拨付。本题主要考查哪些费用属于破产费用。我国《企业破产法》第41条规定，人民法院受理破产申请后发生的下列费用，为破产费用：（1）破产案件的诉讼费用；（2）管理、变价和分配债务人财产的费用；（3）管理人执行职务的费用、报酬和聘用工作人员的费用。

第42条规定：人民法院受理破产申请后发生的下列债务，为共益债务：（1）因管理人或者债务人请求对方当事人履行双方均未履行完毕的合同所产生的债务；（2）债务人财产受无因管理所产生的债务；（3）因债务人不当得利所产生的债务；（4）为债务人继续营业而应支付的劳动报酬和社会保险费用以及由此产生的其他债务；（5）管理人或者相关人员执行职务致人损害所产生的债务；（6）债务人财产致人损害所产生的债务。

选项中只有破产企业留守人员的工资和劳动保险费用属于破产费用，应当优先拨付。所以，选A项。

8.B。参见前述对破产法上的抵销权与民法上的抵销权的对比，选项A、C、D都是民法上抵销权的特征。《企业破产法》第40条规定，债权人在破产申请受理前对债务人负有债务的，可以向管理人主张抵销。但是，有下列情形之一的，不得抵销：（1）债务人的债务人在破产申请受理后取得他人对债务人的债权的；（2）债权人已知债务人有不能清偿到期债务或者破产申请的事实，对债务人负担债务的；但是，债权人因为法律规定或者有破产申请1年前所发生的原因而负担债务的除外；（3）债务人的债务人已知债务人有不能清偿到期债务或者破产申请的事实，对债务人取得债权的；但是，债务人的债务人因为法律规定或者有破产申请1年前所发生的原因而取得债权的除外。所以，选B项。

9.D。享有别除权的债权人的债权应当是在破产宣告前成立的有财产担保的债权。因此，别除权的权利基础是担保物权和法定优先权，以担保物权最为常见。所以，A、B项是正确的。人民法院对有财产担保债权和无财产担保债权的申报，应当分别登记。可见，即使是有财产担保的债权，也必须在法定期间内申报并登记，否则不能行使其权利。故C项正确。需要注意的是，别除权虽然不依破产程序受偿，但是担保物权人在破产案件受理后至破产宣告前要行使优先受偿权的，应当遵循法定程序。所以，D项错误。

10. D。《企业破产法》第22条规定："管理人由人民法院指定。债权人会议认为管理人不能依法、公正执行职务或者有其他不能胜任职务情形的，可以申请人民法院予以更换。指定管理人和确定管理人报酬的办法，由最高人民法院规定。"依据该条规定，破产管理人由人民法院指定，同时赋予债权人会议向人民法院申请更换不能胜任职务的破产管理人的权利。破产管理人有取得报酬的权利。选项C符合法律规定，表述正确，不是本题正确答案。选项D的表述错误，是本题的正确答案，债权人会议有权申请人民法院更换不能胜任职务的破产管理人，而不是自己有权直接作出罢免的决定。《企业破产法》第25条规定："管理人履行下列职责：(一) 接管债务人的财产、印章和账簿、文书等资料；(二) 调查债务人财产状况，制作财产状况报告；(三) 决定债务人的内部管理事务；(四) 决定债务人的日常开支和其他必要开支；(五) 在第一次债权人会议召开之前，决定继续或者停止债务人的营业；(六) 管理和处分债务人的财产；(七) 代表债务人参加诉讼、仲裁或者其他法律程序；(八) 提议召开债权人会议；(九) 人民法院认为管理人应当履行的其他职责。本法对管理人的职责另有规定的，适用其规定。"依据该条第6项的规定，选项B表述正确，非本题正确答案。破产管理人在破产程序中应保持中立地位，选项A所表述的行为，看似有违其要求，但是就本题所给信息很难判断其违反了破产法的规定，且本题是单项选择题，最佳答案是选项D。

11. D。债务人财产是指在破产程序中被纳入破产管理的为债务人所拥有的财产。破产财产是指在破产过程中扣押的，由管理人依照破产程序分配给债权人的财产。可见，债务人财产和破产财产是两个不同的概念，前者是再建主义立法概念，后者是清算主义立法概念。破产宣告前，债务人财产的管理都服从于债务清理和企业拯救这两个目的。破产宣告后，债务人财产才成为以清算分配为目的的破产财产。债务人财产的范围要大于破产财产的范围。《企业破产法》第30条规定："破产申请受理时属于债务人的全部财产，以及破产申请受理后至破产程序终结前债务人取得的财产，为债务人财产。"选项A、B、C三项均为债务人的财产，均应纳入以债务清理和企业拯救为目的的债务人财产管理。选项D，从合同法的角度分析，亦应为债务人的财产，但是《企业破产法》第39条对此有特别规定。《企业破产法》第39条规定："人民法院受理破产申请时，出卖人已将买卖标的物向作为买受人的债务人发运，债务人尚未收到且未付清全部价款的，出卖人可以取回在运途中的标的物。但是，管理人可以支付全部价款，请求出卖人交付标的物。"依据该条规定，选项D表述的情形下，绿杨公司的债权人是享有取回权的，绿杨公司在没有支付全部价款的情况下，是没有取得标的物所有权的。所以，选择D项。

12. C。《企业破产法》第39条规定，人民法院受理破产申请时，出卖人已将买卖标的物向作为买受人的债务人发运，债务人尚未收到且未付清全部价款的，出卖人可以取回在运输途中的标的物。但是，破产管理人可以支付全部价款，请求出卖人交付标的物。因此，A项错误。《合同法》第242条规定：出租人享有租赁物的所有权。承租人破产的，租赁物不属于破产财产。因此，B项错误。债务人已经设定担保的财产属于债务人的财产。因此，C项正确。委托保管合同中，标的物的所有权属于委托人，而非保管人。甲公司根据代管协议合法占有的房产的所有权是委托人丙公司的，而非甲公司的，该房产不属于破产财产。因此，D项错误。

13. A。《企业破产法》第51条第2款规定，债务人的保证人或者其他连带债务人尚未代替债务人清偿债务的，以其对债务人的将来求偿权申报债权。但是，债权人已经向管理人申报全部债权的除外。所以A项正确。《企业破产法》并没有规定可以就已超过诉讼时效的债权和罚款申报债权，因此不可能得到受偿。因此B、D项错误。《企业破产法》第53条规定，管理人或者债务人依照本法规定解除合同的，对方当事人以因合同解除所产生的损害赔偿请求权申报债权。选项C中"债权人丙，要求辽沈公司作为承揽人继续履

行承揽合同进行的债权申报”意味着合同并没有解除，因此不属于可以申报的债权范围。选项C错误。

14. B。《企业破产法》第31条规定，人民法院受理破产申请前1年内，涉及债务人财产的下列行为，管理人有权请求人民法院予以撤销：(1) 无偿转让财产的；(2) 以明显不合理的价格进行交易的；(3) 对没有财产担保的债务提供财产担保的；(4) 对未到期的债务提前清偿的；(5) 放弃债权的。

15. B。《破产法司法解释（二）》第26条规定：“权利人依据企业破产法第三十八条的规定行使取回权，应当在破产财产变价方案或者和解协议、重整计划草案提交债权人会议表决前向管理人提出。权利人在上述期限后主张取回相关财产的，应当承担延迟行使取回权增加的相关费用。”故A项正确、B项错误。《破产法司法解释（二）》第27条第1款规定：“权利人依据企业破产法第三十八条的规定向管理人主张取回相关财产，管理人不予认可，权利人以债务人为被告向人民法院提起诉讼请求行使取回权的，人民法院应予受理。”故C项正确。《破产法司法解释（二）》第28条规定：“权利人行使取回权时未依法向管理人支付相关的加工费、保管费、托运费、委托费、代销费等费用，管理人拒绝其取回相关财产的，人民法院应予支持。”故D项正确。

16. C。《企业破产法》第32条规定：“人民法院受理破产申请前六个月内，债务人有本法第二条第一款规定的情形，仍对个别债权人进行清偿的，管理人有权请求人民法院予以撤销。但是，个别清偿使债务人财产受益的除外。”本题中，甲公司12月份申请破产，甲公司在9月份对乙公司清偿100万元，属于在人民法院受理破产申请前6个月内，仍对个别债权人清偿的行为，因此管理人有权请求法院予以撤销，故A项错误。《企业破产法》第34条规定：“因本法第三十一条、第三十二条或者第三十三条规定的行为而取得的债务人的财产，管理人有权追回。”《公司法》第28条第1款规定：“股东应当按期足额缴纳公司章程中规定的各自所认缴的出资额。股东以货币出资的，应当将货币出资足额存入有限责任公司在银行开设的账户；以非货币财产出资的，应当依法办理其财产权的转移手续。”汪某向乙公司支付的100万元，属于以个人财产清偿公司债务，但是汪某尚有150万元的出资未缴纳，因此这100万元实际属于公司的财产，经管理人撤销后，汪某尚未缴纳的出资额应为50万元，故B项错误。《企业破产法》第35条规定：“人民法院受理破产申请后，债务人的出资人尚未完全履行出资义务的，管理人应当要求该出资人缴纳所认缴的出资，而不受出资期限的限制。”故C项正确。《公司法司法解释（三）》第19条第1款规定：“公司股东未履行或者未全面履行出资义务或者抽逃出资，公司或者其他股东请求其向公司全面履行出资义务或者返还出资，被告股东以诉讼时效为由进行抗辩的，人民法院不予支持。”因此，汪某就其未履行的出资义务不能主张诉讼时效抗辩，故D项错误。

（二）多项选择题

1. ABCD。有限责任公司作为企业法人，其破产程序应当适用《企业破产法》相关规定。债务人与他人共有的物、债权、知识产权等财产或者财产权，应当在破产清算中予以分割，债务人分割所得属于破产财产；不能分割的，应当将其应得部分转让，转让所得属于破产财产。可见，厂房的土地使用权属于财产权，甲公司的转让所得应属于破产财产。A项应选。债务人的开办人注册资金投入不足的，应当由该开办人予以补足，补足部分属于破产财产。可见，B项应选。债务人依照法律规定取得代位求偿权的，依该代位求偿权享有的债权属于破产财产。可见，C项应选。债务人在被宣告破产时未到期的债权视为已到期，属于破产财产，但应当减去未到期的利息。可见，D项应选。

2. BCD。关于破产财产的构成范围，各国破产立法采取的主要有固定主义与膨胀主义两种立法例。客观而言，这两种立法方法各有利弊。固定主义因在破产宣告时便将用于分配的财产范围确定，有助于破产程序迅速进行，可以使债权人早受分配。破产人在破产宣告后新得到的财产不用于破产清偿，由其自由支配，可鼓励其在破产后恢复经济活动，减少社会负担。同时，以破产宣告前的财产清偿破产宣告前的债权，以破产宣告后的新得财产清偿破产宣告后的新生债权，使新、旧债权人各自得到公平分配。此外，在破产人新得财产不属于破产财产的情况下，有利于促成债权人会议与破产人达成和解，避免破产。但是，其弊病在于对债权人的利益保障不足，可能导致二次破产，使案件复杂化；还有可能使破产人利用时间差来规避债务，侵害债权人的利益。所以，选B、C、D项。

3. ABC。根据《企业破产法》的规定，破产宣告前成立的无财产担保的债权和放弃优先受偿权利的有财产担保的债权属于破产债权。所以，A、C项应选。票据追索权，是指持票人在票据到期不获付款或到期前不获承兑或有其他法定原因时，在依法行使或保全了票据权利后，向其前手请求偿还票据金额、利息及其他法定款项的一种票据权利。对以破产人为出票人的票据追索权，属于破产债权。B项应选。D项中债权人参加破产程序的费用不属于破产债权，故D项不选。

4. CD。《企业破产法》第38条规定：人民法院受理破产申请后，债务人占有的不属于债务人的财产，该财产的权利人可以通过管理人取回。甲公司要求收回其租赁给松花江实业有限公司的一套设备，是其基于对该设备的所有权而享有的取回权。前已分析，如果该设备不存在了，那么甲公司以直接损失额对松花江实业有限公司享有破产债权。故A项不选。债权人为参加破产程序支出的费用，不属于破产债权，故B项也不对。破产宣告时未到期的债权，视为已到期债权，但是应当减去未到期的利息，所以，丙银行贷给松花江实业有限公司的未到期债权属于破产债权。有财产担保的债权，其数额超过担保物的价款的，未受偿的部分，属于破产债权。所以，C、D项正确。

5. ACD。人民法院受理破产案件后，对债务人财产的其他民事执行程序必须中止。可见，破产程序优先于一般的民事执行程序。破产程序开始后，债务人的财产进入保全状态，债权人申请法院的强制执行程序也应当中止。根据破产管理人的职责，破产管理人负责进行破产财产的委托评估、拍卖及其他变现工作。可见，在破产程序中，人民法院也不得行使破产管理人的职权。所以，A项违法，应选。人民法院受理破产案件后，债务人对部分债权人的清偿无效，但是债务人正常生产经营所必需的除外。选项B中甲公司向某公司支付货款是否是为了维持正常的生产经营，此时由于破产管理人还没有成立，应当经人民法院认可。就本题给出的情况来看，B项可以认为是正确的，不选。人民法院受理破产案件后，应当及时通知债务人的开户银行停止办理债务人清偿债务的结算业务；开户银行支付维持债务人正常生产经营所必需的费用，需经人民法院许可。同时，债务人的开户银行收到人民法院的通知后，不得扣划债务人的既存款和汇入款抵还贷款，扣划的，无效，应当退回扣划的款项。所以，C项违法，应选。破产抵销权专属于破产债权人行使，破产人和破产管理人都不得主动主张抵销，所以，甲公司作为破产企业不得主动主张抵销，否则，对其他破产债权人来说不公平。D项应选。

6. AC。债务人在破产宣告前因侵权、违约给他人造成财产损失而产生的赔偿责任，属于破产债权。选项A中的侵权之债发生于破产宣告前，应属于破产债权。故A项应选。由于破产宣告致使破产企业未履行合同的，破产管理人可以决定解除或者继续履行。因破产管理人解除合同给对方当事人造成可以用货币计算的损害的，其损害赔偿额可作为破产债权。所以，C项正确。行政、司法机关对破产企业的罚款、罚金以及其他有关费用不属于破产债权，这些款项是根据公法产生的，不同于根据私法产生的债权。所以，B项错。选项D中该公司享有的是取回权，不是债权，故D项不选。

7. ABCD。《企业破产法》第31条规定：人民法院受理破产申请前1年内，涉及债务人财产的下列行为，管理人有权请求人民法院予以撤销：（1）无偿转让财产的；（2）以明显不合理的价格进行交易的；（3）对没有财产担保的债务提供财产担保的；（4）对未到期的债务提前清偿的；（5）放弃债权的。所以A、C、D项正确。

在本案中，破产企业在2012年1月18日至2012年10月5日期间实施上述的行为无效，即使是该企业的上级主管部门实施的行为，破产管理人也得请求法院予以撤销。所以，B项应选。

8. ABCD。由于取回权的基础权利是物权主要是所有权，取回权的行使不受破产程序的限制，也无须通过诉讼程序（无争议时），但因标的财产

在破产管理人占有之下，权利人须通过破产管理人取回财产。所以，A项正确。取回权的行使只限于取回原物。依各国对取回权的立法惯例，如在破产宣告前，原物已被破产人卖出或灭失，权利人一般只能以直接损失额作为破产债权要求清偿。财产在破产宣告前已经毁损、灭失的，财产权利人仅能以直接损失额为限申报债权；在破产宣告后因破产管理人的责任毁损、灭失的，财产权利人有权获得等值赔偿。所以，B、D项正确。破产管理人基于保管合同占有他人的财产的，如果权利人不履行相应的对待给付义务，破产管理人享有留置权，优先于权利人的所有权。所以，C项正确。

9. ABC。政府无偿拨付给债务人的资金不属于破产债权，但财政、扶贫、科技管理等行政主管部门通过签订合同，按有偿使用、定期归还原则发放的款项，可以作为破产债权。所以，A项正确。债务人的受托人在债务人破产后，为债务人的利益处理委托事务所发生的债权属于破产债权。所以，B项正确。债务人所欠的集资款应当是企业向职工的借款，属于债权性质，应当属于破产债权。所以，C项正确。人民法院受理破产案件后债务人未支付应付款项的滞纳金，包括债务人未执行生效法律文书应当加倍支付的迟延利息和劳动保险金的滞纳金，不属于破产债权。所以，D项错误。

10. BC。《企业破产法》第109条规定：对破产人的特定财产享有担保权的权利人，对该特定财产享有优先受偿的权利。乙银行对甲公司中的厂房享有担保物权，故可以行使别除权而优先受偿，但《企业破产法》第132条规定："本法施行后，破产人在本法公布之日前所欠职工的工资和医疗、伤残补助、抚恤费用，所欠的应当划入职工个人账户的基本养老保险、基本医疗保险费用，以及法律、行政法规规定应当支付给职工的补偿金，依照本法第一百一十三条的规定清偿后不足以清偿的部分，以本法第一百零九条规定的特定财产优先于对该特定财产享有担保权的权利人受偿。"所以，本题中，乙银行对该厂房抵押而享有的优先受偿权能否实现还要受到一定限制。故A项错误。《企业破产法》第51条第1款规定："债务人的保证人或者其他连带债务人已经代替债务人清偿债务的，以其对债务人的求偿权申报债权。"保证人A公司已代替债务人甲公司清偿债务，可以以其对甲公司的求偿权申报100万元债权。故B项正确。《企业破产法》第51条第2款规定："债务人的保证人或者其他连带债务人尚未代替债务人清偿债务的，以其对债务人的将来求偿权申报债权。但是，债权人已经向管理人申报全部债权的除外。"由于乙银行未申报债权，保证人A公司、B公司尚未代替甲公司清偿债务，可以以其对债务人——甲公司的将来求偿权申报债权。故C项正确。

《企业破产法》第124条规定："破产人的保证人和其他连带债务人，在破产程序终结后，对债权人依照破产清算程序未受清偿的债权，依法继续承担清偿责任。"破产程序终结后，保证人对乙银行未受清偿的60万债权，依然继续承担清偿责任，并不消灭。D项表述错误。所以，选B、C项。

11. AC。甲企业是一企业法人，适用《企业破产法》的有关规定。根据《企业破产法》第六章的规定，破产债权是破产宣告前成立的债权。选项A中甲企业向银行借款20万元发生在破产宣告前，但是是有财产担保的债权，属于破产债权，根据《企业破产法》第59条第3款，但对有些事项不享有表决权。债权人参加破产程序所支出的费用不属于破产债权。所以，D项不选。职工向企业的投资，不属于破产债权。选项B中的集资款如果是借款的性质，那么属于破产债权。但是，如果其作为职工向企业的投资，意味着职工从债权人转而成为企业的股东，其享有的是股权。所以B项不选。根据《企业破产法》第55条，债务人是票据的出票人，被裁定适用本法规定的程序，该票据的付款人继续付款或者承兑的，付款人以由此产生的请求权申报债权。所以，选A、C项。

12. AC。《企业破产法》第46条第1款规定，未到期的债权，在破产申请受理时视为到期。甲公司的设备余款给付请求权，属于破产债权，虽然该债权未到期，但是在破产申请受理时视为到期，甲公司可以就此向管理人申报债权。所以A正确。《企业破产法》第18条规定：人民法院受理破产申请后，管理人对破产申请受理前成立而债务人和对方当事人均未履行完毕的合同有权决

定解除或者继续履行，并通知对方当事人。管理人自破产申请受理之日起2个月内未通知对方当事人，或者自收到对方当事人催告之日起30日内未答复的，视为解除合同。破产管理人决定继续履行合同的，对方当事人应当履行；但是，对方当事人有权要求管理人提供担保。管理人不提供担保的，视为解除合同。据此可知，法院在受理湘江服装公司的破产申请后，破产管理人对破产申请受理前与乙公司成立但目前还未履行完毕的服装加工合同，有权决定解除或继续履行。乙公司无权单方请求湘江服装公司继续履行，因而该请求也不属于破产债权，因此B项错误。《企业破产法》第59条第3款规定，对债务人的特定财产享有担保权的债权人，未放弃优先受偿权利的，对于本法第61条第1款第7项、第10项规定的事项不享有表决权。据此可知，对债务人的特定财产享有担保权的债权，依然属于破产债权，可以向破产管理人进行申报，所以C项正确。对债务人的罚款等财产性行政处罚，不得申报。在企业破产清算的情况下，债务人财产最终将归属于债权人，此时若执行对债务人的财产性行政处罚，事实上处罚的是债权人，这样既不能达到行政处罚的目的，又损害了债权人的合法权益。但是，在破产程序终结后，如果债务人因重整或和解继续存续，处罚机关可以根据情况，决定是否执行原来的处罚决定，所以选项D错误。

13. ABC。根据《企业破产法》第22条第2款的规定，债权人会议认为管理人不能依法、公正执行职务或者有其他不能胜任职务情形的，可以申请人民法院予以更换。第23条规定，管理人依照本法规定执行职务，向人民法院报告工作，并接受债权人会议和债权人委员会的监督。管理人应当列席债权人会议，向债权人会议报告职务执行情况，并回答询问。《企业破产法》第69条第1项规定，管理人实施涉及土地、房屋等不动产权益的转让应当及时报告债权人委员会。第33条第1项规定，债务人为逃避债务而隐匿、转移财产的行为无效。第34条规定，因本法第31条、第32条或者第33条规定的行为而取得的债务人的财产，管理人有权追回。据此可知，管理人有义务对债务人在破产申请前为逃避债务而转移财产的行为进行调查，如果属实，应当将转移财产追回。所以本题答案为A、B、C项。

14. AC。《企业破产法》第46条第1款规定："未到期的债权，在破产申请受理时视为到期。"因此，甲对A公司的债权虽未到期，仍可以申报，A项正确。第47条规定："附条件、附期限的债权和诉讼、仲裁未决的债权，债权人可以申报。"因此，B项错误、C项正确。第48条第2款规定："债务人所欠职工的工资和医疗、伤残补助、抚恤费用，所欠的应当划入职工个人账户的基本养老保险、基本医疗保险费用，以及法律、行政法规规定应当支付给职工的补偿金，不必申报，由管理人调查后列出清单并予以公示。"故D项错误。

15. CD。《破产法司法解释（二）》第14条规定："债务人对以自有财产设定担保物权的债权进行的个别清偿，管理人依据企业破产法第三十二条的规定请求撤销的，人民法院不予支持。但是，债务清偿时担保财产的价值低于债权额的除外。"故A项错误。第15条规定："债务人经诉讼、仲裁、执行程序对债权人进行的个别清偿，管理人依据企业破产法第三十二条的规定请求撤销的，人民法院不予支持。但是，债务人与债权人恶意串通损害其他债权人利益的除外。"故B项错误。第16条规定："债务人对债权人进行的以下个别清偿，管理人依据企业破产法第三十二条的规定请求撤销的，人民法院不予支持：（一）债务人为维系基本生产需要而支付水费、电费等的；（二）债务人支付劳动报酬、人身损害赔偿金的；（三）使债务人财产受益的其他个别清偿。"故C、D两项正确。

（三）不定项选择题

1. B。破产企业内属于他人的财产，权利人有通过破产管理人取回该财产的取回权。选项B中价值90万元的机器设备属于乙公司所有，乙公司享有取回权。所以，选B项。

2. C。人民法院于2007年6月5日受理了该破产案件，2007年9月3日人民法院依法宣告其破产。如果破产企业在2006年6月5日至2007年6月5日之间实施了损害全体债权人利益的欺诈行为和偏颇行为，那么破产管理人有权向人民法院申请撤销该行为，并追回财产并入破产财产。选项C中的行为属于在撤销权的期间内实施的无偿转让财产的行为，损害了全体债权人的利益，破

产管理人可以撤销。选项 A、B 中的行为都属于破产企业在破产宣告前的自主经营行为。选项 D 中是破产管理人正常行使职责的行为。所以，选 C 项。

3. A。破产宣告前成立的有财产担保的债权，权利人享有别除权，可以就该担保的财产优先受偿。不足以受偿的，其未受偿的部分可以作为破产债权依破产程序受偿。破产宣告时未到期的债权，视为已到期债权，但是应当减去未到期的利息。本案中，破产企业的价值 200 万元的厂房，在向甲银行贷款 200 万元时抵押给了银行，所以银行享有的债权是有财产担保的债权，银行享有别除权。A 项正确。其他选项都不属于别除权。

4. B。债权人对破产企业负有债务的，可以在破产清算前抵销。本案中，破产企业对丁企业拥有未到期的债权 150 万元，同时，丁企业对破产企业也拥有无担保的到期债权 100 万元。本案中只有破产企业和丁企业互负债权、债务，破产宣告时破产企业未到期的债权作为到期债权列入破产财产，但应当减去未到期的利息及其他损失。相互抵销的债权债务无论是否到期、给付种类是否相同，均得抵销。因此，丁企业得主张抵销 100 万元。选 B 项。

5. BCD。破产企业的破产财产是由破产宣告时破产企业所有的或经营管理的全部财产和财产权利及在破产宣告后至破产程序终结前取得的财产构成。但是，已作为担保物的财产不属于破产财产。本案中，价值 200 万元的厂房已经抵押给了银行，用于清偿银行的 200 万元贷款及利息，如果厂房的价值用于清偿银行的债权后还有剩余，则剩余部分属于破产财产。所以，A 项不选。作价 50 万元的注册商标属于破产企业所有的知识产权，应当属于破产财产，故 B 项对。债务人对外投资形成的股权及其收益应当予以追收。对该股权可以出售或者转让，出售、转让所得列入破产财产进行分配。所以，C 项对。破产管理人行使撤销权后追回的财产，应当并入破产财产。所以，D 项对。

6. B。破产宣告前成立的无财产担保的债权才属于破产债权，有财产担保的债权是不属于破产债权的。本案中，银行对破产企业享有的 200 万元贷款，是在破产宣告前成立的有财产担保的债权，不属于破产债权。故 A 项错。劳动者的经济补偿金请求权应当属于破产债权。所以，B 项正确。破产管理人解除合同使对方当事人因此造成的可以用货币计算的损失可以作为破产债权。此损失以实际损失为限，违约金不作为破产债权，定金不再适用定金罚则。可见，戊公司实际损失的 80 万元可以作为破产债权，违约金 20 万元不可作为破产债权，所以，C 项错。罚款不属于破产债权，故 D 项错。

7. A。破产企业对破产财产的拍卖费用属于破产费用，应当优先拨付。劳动者享有的补偿金请求权应当在拨付破产费用后优先受偿。因此，根据《企业破产法》的规定，选项 A 正确。

简答题

1. 破产撤销权制度，又称为破产否认权制度等，是指破产管理人对破产人在破产程序开始前的法定期间内实施的有害于全体债权人利益的无效行为，通过人民法院予以撤销，并使因此转让的财产或利益回归破产人的权利。可见，破产无效行为是破产管理人行使撤销权的对象。根据日本学者的解释，对债权人的所有损害行为可分为两大类：一是欺诈行为，二是偏颇行为。欺诈行为是指债务人在支付能力不足时仍然处分自己的财产而使其一般财产减少，从而损害一般债权人的利益。偏颇行为是指债务人在支付能力不足时，只对个别债权人进行清偿而损害其他债权人的利益，从而使债权人之间产生不平等的结果。各国破产法中历来对破产无效行为的规定采取两种立法例：其一为列举主义，其二为列举加概括主义。我国系采列举主义的立法例。

我国《企业破产法》第 31 条规定：人民法院受理破产申请前 1 年内，涉及债务人财产的下列行为，管理人有权请求人民法院予以撤销：(1) 无偿转让财产的；(2) 以明显不合理的价格进行交易的；(3) 对没有财产担保的债务提供财产担保的；(4) 对未到期的债务提前清偿的；(5) 放弃债权的。第 32 条规定：人民法院受理破产申请前 6 个月内，债务人有本法第 2 条第 1 款规定的情形，仍对个别债权人进行清偿的，管理人有权请求人民法院予以撤销。但是，个别清偿

使债务人财产受益的除外。

根据我国《企业破产法》第 31 条的规定，破产无效行为的范围包括：（1）无偿转让财产的行为。无偿转让是指将企业财产无代价地赠与或转让给他人的行为。（2）以明显不合理的价格进行交易的行为。这种行为是指虽然财产的出售是有代价的，但是售价明显低于市场上同类财产和同类质量财产的价格。（3）对没有财产担保的债务提供财产担保的行为。此种行为是指在法律规定的期间内对本来没有财产担保的债务追加提供担保。这不同于在债务成立的同时提供担保的行为。（4）对未到期债务的提前清偿。债务未到期，债务人享有期限利益，提前清偿的行为表明债务人放弃了其期限利益，使其他债权人处于不利的地位。（5）放弃自己的债权。这种行为直接影响了破产财产的价值构成，导致破产财产减少，损害了全体债权人的利益。其中，第一、二、五种行为属于欺诈行为，第三、四种行为属于偏颇行为。

2. 在破产财产的构成范围上，各国破产法主要采取固定主义和膨胀主义两种立法例。固定主义是指破产财产的构成范围以破产宣告时属于破产人的全部财产为限。膨胀主义是指破产财产并不以破产宣告时破产人所有的财产为限，破产宣告后至破产程序终结前债务人新取得的财产也属于破产财产。我国《企业破产法》采取的是膨胀主义立法例。

《企业破产法》第 30 条规定：破产申请受理时属于债务人的全部财产，以及破产申请受理后至破产程序终结前债务人取得的财产，为债务人财产。

在我国破产财产由下列财产构成：（1）破产申请受理时破产企业所有的全部财产。从财产的来源看，从财产占有情况看，既包括破产宣告时在企业占有之下的财产，也包括暂时被合法或非法置于企业占有之外的财产，如对外投资形成的股权及其收益，依租赁、保管等合同为他人占有的财产，破产管理人可撤销追回的财产等。（2）破产企业在破产受理后至破产程序终结前所取得的财产。在我国，所谓新取得的财产，应当是指破产企业在破产申请受理时并不享有，而在破产程序进行过程中新取得的财产或财产权益，包括受赠财产，财产的自然或者法定孳息，破产管理人决定继续履行合同而取得的财产，以及破产管理人继续某些特定的营业而取得的财产和其他合法的财产权益等。（3）担保物的价款超过其所担保的债务数额的，超过部分属于破产财产。已作为担保标的物的财产因担保物权人可以对其直接行使优先权，故不能列入破产财产供作一般债权人分配。但是，担保物的价值超过其所担保的债务数额的部分应当属于破产财产。（4）应当由破产企业行使的其他财产权利。一般认为，其他财产权利包括企业享有的土地使用权、债权、股权、专利权、著作权、商标权等财产权利。但是，有的学者认为，此项规定是多余的，其实第 1 项规定中的全部财产已经包括了应由破产企业行使的全部财产权利在内。

案例分析题

1. 不能。《企业破产法》第 40 条规定：债权人在破产申请受理前对债务人负有债务的，可以向管理人主张抵销。但是，有下列情形之一的，不得抵销：（1）债务人的债务人在破产申请受理后取得他人对债务人的债权的；（2）债权人已知债务人有不能清偿到期债务或者破产申请的事实，对债务人负担债务的；但是，债权人因为法律规定或者有破产申请 1 年前所发生的原因而负担债务的除外；（3）债务人的债务人已知债务人有不能清偿到期债务或者破产申请的事实，对债务人取得债权的；但是，债务人的债务人因为法律规定或者有破产申请 1 年前所发生的原因而取得债权的除外。

债权人对破产企业负有债务的，可以在破产清算前抵销。相互抵销的债权、债务无论是否到期，无论给付种类是否相同，均可不依破产程序而为抵销。但是，破产抵销权只能由债权人主动向破产管理人行使，破产管理人或破产人不得主动主张债务抵销。为了防止破产抵销权为当事人所滥用，损害他人利益，许多国家的破产法对抵销权的行使均规定有禁止条款，违法抵销的行为无效。从各国立法规定看，破产法中禁止抵销的情况主要有以下几种：（1）在破产宣告后，破产债权人对破产人负有债务的，禁止抵销。（2）破产人的债务人在破产宣告后对破产人取得债权或

者取得他人的破产债权的，禁止抵销。(3) 破产债权人在已知破产人停止支付或有破产申请的情况下，对破产人发生的债务禁止抵销。(4) 破产人的债务人在已知破产人停止支付或者有破产申请的情况下，取得破产债权或取得他人的破产债权的，禁止抵销。在本案中，甲公司主张的抵销属于上述第 4 项中禁止抵销的情形。债权转手之后禁止抵销，是因为在债权转手过程中，可能会出现侵害其他破产债权人利益的行为。在本案中，乙公司即将破产，预计破产分配对普通债权的清偿率为 10%，说明破产债权一般只能获得原债权 10%的清偿，但当它用于抵销债务时，却可以获得全额清偿，这就使破产清偿与抵销清偿之间出现了一定的差额。已知丙对乙享有 10 万元债权，当乙被宣告破产后，其按比例只能获得 1 万元的清偿。此时甲以 4 万元的价格收购丙对乙的 10 万元债权，丙就可以多获得 3 万元的清偿，并且可以立即得到清偿。而甲公司欠乙公司 10 万元债务，如果允许甲公司以其从丙处受让的 10 万元债权与其对乙公司的 10 万元债务进行抵销，那么甲公司可以少支付 6 万元。这对甲、丙双方都有利可图。但是，这差额的 9 万元本应当在甲还债后纳入破产财产，分配给全体破产债权人的，现在被甲、丙两人瓜分了，这显然损害了其他债权人的利益。所以，法律要禁止这种破产人的债务人低价收购破产债权用于抵销、非法牟利的现象。本案中，乙公司即将破产，虽然此时乙公司并没有被宣告破产，但是仅禁止破产宣告后发生的债权、债务的不当抵销行为，尚不足以保障全体债权人获得公平清偿。当破产债权人已知破产人出现破产原因、即将破产时，便可能出现受让破产人的债权以牟利的现象，这同样会侵害其他破产债权人的利益，所以法律也予以禁止。

2. (1) 我国《企业破产法》第 30 条规定：破产申请受理时属于债务人的全部财产，以及破产申请受理后至破产程序终结前债务人取得的财产，为债务人财产。破产宣告时未到期的债权，视为已到期债权，但是应当减去未到期的利息。本案中，纺织品公司向银行借款 140 万元，贷款期限是 4 年，年利率是 5%，还有 2 年到期，可知，纺织品公司欠银行的款项为 154 万元 [140＋2 (140×5%)]；而且银行的贷款是以纺织品公司的 3 辆汽车作抵押的，所以，银行享有的 154 万元的债权中超 3 辆汽车价值的部分属于破产债权。但是，被抵押的一辆汽车发生重大交通事故，严重毁损，获得保险公司赔付的 30 万元保险金，这笔保险金实际上是担保物的代位物，不属于破产财产，银行对这 30 万元享有优先受偿权。债务人在破产宣告前因侵权、违约给他人造成财产损失而产生的赔偿责任，应当属于破产债权，所以，纺织品公司因公司车辆发生交通事故应当向受害人支付的 10 万元损害赔偿金，属于侵权之债，属于破产债权。破产案件诉讼费用 5 万元及应付破产管理人成员工资 4 万元，属于破产费用，不属于破产债权。债务人所欠企业职工集资款属于破产债权，但违反法定的高额利息部分不予保护，所以，破产企业欠企业职工集资款 50 万元及应付税款 20 万元，属于破产债权，但是一种特殊的破产债权。

(2)《企业破产法》第 31 条第 1 项规定：人民法院受理破产申请前 1 年内，涉及债务人财产的下列行为，管理人有权请求人民法院予以撤销：无偿转让财产的……

本案中，人民法院于 2010 年 12 月 15 日受理了该案，于 2011 年 2 月 4 日依法宣告了破产，只要纺织品公司于 2009 年 12 月 15 日至 2010 年 12 月 15 日实施了损害债权人利益的上述行为，破产管理人都可以申请法院撤销其行为，并追回财产并入破产财产。该纺织品公司的总经理王某于 2010 年 11 月 20 日擅自决定放弃对某商场的货款债权 35 万元，属于破产企业在法定期间内实施了放弃自己的债权的行为，应当认定为无效。

(3) 银行的 154 万元债权可以就剩下的两辆汽车及 30 万元的保险金优先受偿，未受清偿的部分作为破产债权受偿。破产案件诉讼费用 5 万元及应付破产管理人成员工资 4 万元属于破产费用，应当从破产财产中优先拨付，如果破产财产不足以支付破产费用的，人民法院应当宣告破产程序终结。按照《企业破产法》第 113 条的规定，破产财产在优先清偿破产费用和共益债务后，依照下列顺序清偿：1) 破产人所欠职工的工资和医疗、伤残补助、抚恤费用，所欠的应当划入职工个人账户的基本养老保险、基本医疗保险费用，以及法律、行政法规规定应当支付给职工的补偿

金；2）破产人欠缴的除前项规定以外的社会保险费用和破产人所欠税款；3）普通破产债权。破产财产不能满足同一顺序的清偿要求的，按照比例分配。破产企业的董事、监事和高级管理人员的工资按照该企业职工的平均工资计算。

因此，剩下的债权应当按照下列顺序清偿：破产企业欠企业职工集资款50万元、应付税款20万元及民事赔偿10万元。破产财产不能满足同一顺序的清偿要求的，按比例分配。

论述题与深度思考题

复权制度，是指通过法定程序，将破产人或者准破产人因破产宣告所受到的破产法上以及破产法之外的有关破产人的公、私权利限制或者资格限制除去，从而恢复其固有权利的制度。复权是与失权相对应的制度，无“失”就无所谓“复”。破产法上的失权，亦称人格贬损，是指破产人因破产宣告所受到的破产法上以及破产法之外的关于破产人的公、私权利限制或者资格限制。受破产宣告的人，可能存在经营水平、管理能力、经济信用等的不足，还有可能实施了破产犯罪行为。所以为了防止破产人再给社会公益、交易安全、善良风俗造成不利影响，法律上有必要限制破产人的部分权利或资格。早期破产法实行的是有罪破产主义，破产程序终结后，破产人还要受到严厉的人身惩罚或人格侮辱。当时，破产人被当作犯罪人看待，对其权利或资格的限制被作为一种惩戒手段。因此，早期和中期的破产法中不存在复权制度。到了近代，破产法理念发生了变化，即从破产有罪向破产无罪、从惩戒主义向非惩戒主义、从不免责主义向免责主义转变，复权制度才最终确立。

综观各国（地区）破产法的规定，关于复权制度有三种立法例：一为当然复权主义，二为许可复权主义，三为混合主义。

当然复权主义是指破产程序终结后，只要破产人具备法定免责条件，自动解除因破产宣告而带来的公、私法上的限制，而不必向法院申请许可。学者认为，英美法上的复权为当然复权主义。参考各国的立法，破产人当然复权的事由主要有：(1) 免责许可的确立。免责是使破产人再生的制度，为了达到此目的，法律使免责与复权结合起来，以破产免责为基础，破产人有免责就有复权。如果免责取消，复权也将被取消。(2) 强制和解协议或破产废止协议的认可。破产人与债权人达成上述协议，经法院裁定许可后，复权的效力自法院裁定终结破产程序之时起发生。(3) 法定期限的经过。如果破产人没有通过上述两种方式取得复权的效力，那么，过长地限制破产人的权利或资格与现代破产法鼓励破产人再生的精神相悖。因此，各国大多规定，破产人可以因单纯的时间因素而取得复权利益。各国对这一时间规定得不同，如日本破产法规定为10年，我国《公司法》分不同情况规定了3年和5年，等等。

许可复权主义是指在破产程序终结后，用清偿或其他合法的方式免除了对破产债权人的全部债务后，就其复权向法院申请并经法院许可的制度。我国台湾地区“破产法”为许可复权制度。根据我国台湾地区“破产法”第150条的规定，复权的事由有：(1) 破产人以清偿或者其他方法解免其全部债务，才能向法院提出申请；(2) 破产人不能依前项规定解免其全部债务，但未犯罪者，得于破产程序终结3年后或者于调协履行后，向法院提出申请。

混合复权制度为当然复权与许可复权的混合，即破产法中既有当然复权的规定，也有许可复权的规定。日本破产法在第366条之21第1款规定了4种当然复权的事由，然后又在第367条规定了许可复权的条件。

综合测试题（一）

一、名词解释

1. 公司设立原则
2. 绝对商行为和相对商行为
3. 保险经纪人
4. 空白票据
5. 支付不能

二、选择题

（一）单项选择题

1. 赵、钱、孙、李、陈五人共同投资 1 000 万元人民币，设立蓝天化工股份有限公司。该公司注册资本分为 1 000 万股，每股 1 元人民币。赵、钱、孙三人分别持有 300 万元股，李、陈二人分别持有 50 万股。该公司运营中的债务应由（　　）。

A. 赵、钱、孙、李五股东共同承担　　B. 公司以注册资本为限承担

C. 公司与股东共同承担　　D. 公司以其全部资产承担

2. 国有独资公司的组织机构为（　　）。

A. 唯一股东、董事会和监事会　　B. 董事会和监事会

C. 股东会、董事会和监事会　　D. 股东会、执行董事和监事

3. 依民法原理和现行民事法律，下列选项中，哪一表述是正确的？（　　）

A. 清算法人不具有民事行为能力

B. 清算法人具有与原法人相同的民事行为能力

C. 清算法人仅具有清算范围内的民事行为能力

D. 清算法人仅具有资产清理的民事行为能力

4. 外国公司分支机构由（　　）。

A. 外国公司依照外国法律在我国境外设立

B. 我国公司依照外国法律在我国境外设立

C. 外国公司依照我国法律在我国境内设立

D. 我国公司依照外国法律在我国境内设立

5. 黑龙江省大庆市 5 家全民所有制企业共同发起成立属于集体所有制性质的南源实业集团有限责任公司，该公司的管理应适用（　　）。

A.《公司法》　　B.《城镇集体所有制企业条例》

C.《全民所有制工业企业法》　　D.《有限责任公司规范意见》

6. 下列公司的行为依据我国证券法的规定不属于证券发行的是（　　）。

A. 甲公司在香港证券交易所公开发行 H 股票

B. 乙公司由 30 名大学教师发起设立而向各教师交付股票

C. 丙公司把本公司未发行在外的股票 20 万股送给其经理作为报酬

D. 丁公司向 H 国的境外合格投资者发行股票

7. 下列同学关于协议收购的说法正确的是(　　)。

A. 甲同学认为，协议收购可以发生在任何情况下，当事人自由约定协议内容

B. 乙同学认为，协议收购和要约收购的对象是不同的，前者为目标公司所有股东，后者为目标公司的部分股东

C. 丙同学认为，协议收购和要约收购中的继续收购是一样的，都需要发出收购要约

D. 丁同学认为，协议收购的同时不可以在证交所继续经过集中竞价方式获得目标公司的股份

8. S股份公司的股票在上海证券交易所挂牌交易，这种交易方式为(　　)。

A. 集中交易　　B. 非集中交易

C. 大宗交易　　D. 场内交易

9. 关于商事信托的下列表述哪个是正确的？(　　)

A. 信托最初起源于大陆法系，现已被英美法系广泛接受

B. 委托人将其财产转移给受托人，受托人以委托人的名义按照委托人的指定为受益人的利益而管理财产的行为

C. 商事信托是以获取商业利益为目的的商事法律行为

D. 商事信托包括投资资金信托、附担保的公司债信托、承继信托和设备买卖融资担保信托等

10. 辛某为其3岁的女儿投保了人身保险，辛某自己为受益人。后来，辛某全家在外出旅行的过程中遭遇车祸全部丧生。下列叙述中正确的是(　　)。

A. 由于辛某已经死亡，没有受益人，所以保险公司不必给付保险金

B. 保险公司可以与死者的家属协商，重新指定受益人，向其给付保险金

C. 由于辛某为无行为能力人投保以死亡为给付保险金条件的人身保险，因此该保险合同无效，保险公司不必给付保险金

D. 保险公司应当给付保险金，保险金作为被保险人的遗产由其继承人继承

11. 保险人、被保险人为查明和确定保险标的的损失程度所支付的必要的、合理的费用由(　　)来承担。

A. 保险人　　B. 被保险人

C. 受益人　　D. 投保人

12. 甲于2012年10月向保险公司投保房屋火灾保险，其中约定不得在房间置放易燃易爆物品。后保险公司在例行检查中发现房屋内存放大量汽油，遂提出解除合同。请问：保险人以何种理由行使解除权？(　　)

A. 投保人违反了告知义务　　B. 投保人违反了保证条款

C. 投保人违反了出险的通知义务　　D. 投保人违反了契约义务

13. 将票据分为委付证券和自付证券的标准是(　　)。

A. 票据出票时记载收款人的方式

B. 票据行为的发生地和适用的法律

C. 票据关系中的付款人是否为出票人

D. 票据出票时的绝对必要记载事项是否记载完全

14. 汇票资金关系指的是(　　)。

A. 付款人与收款人之间的关系　　B. 出票人与付款人之间的关系

C. 保证人与收款人之间的关系　　D. 承兑人与收款人之间的关系

15. 在汇票关系中，承兑关系属于(　　)。

A. 主票据关系　　B. 附属票据关系

C. 辅助票据关系　　D. 票据原因关系

16. 根据《商业银行法》的相关规定，当商业银行破产时，有关债权和费用的清偿顺序如何？（　　）

A. 清算费用、所欠职工工资和劳动保险费用、欠缴的税款、个人储蓄存款的本金和利息

B. 清算费用、所欠职工工资和劳动保险费用、个人储蓄存款的本金和利息、欠缴的税款

C. 清算费用、个人储蓄存款的本金和利息、所欠职工工资和劳动保险费用、欠缴的税款

D. 个人储蓄存款的本金和利息、清算费用、所欠职工工资和劳动保险费用、欠缴的税款

17. 根据我国破产法及相关司法规定，破产债权人应该向以下哪个主体主张破产抵销权？（　　）

A. 债务人　　B. 债权人会议

C. 债务人住所地的人民法院　　D. 清算组

（二）多项选择题

1. 公司向其他企业投资或者为他人提供担保，可以作出决议的是：（　　）。

A. 董事会　　B. 监事会

C. 股东会或股东大会　　D. 经理

2. 某股份有限公司股东大会在审议董事会人选时，有下列4人的任职资格受到股东质疑。其中哪些不属于公司法规定不得担任董事的情形？（　　）（司考）

A. 张某，5年前因对一起重大工程事故负有责任，被判处有期徒刑1年

B. 李某，2年前被任命为一家长期经营不善、负债累累的国有企业的厂长，上任仅3个月，该企业被宣告破产

C. 陈某，曾独资开办一家工厂，一年前该厂因无力清偿大额债务而倒闭，债权人至今仍在追讨

D. 刘某，66岁，曾任市政府副秘书长，现退休在家

3. 上市公司W公开发行股票，在其招股说明书中明确确定招股资金的用途是研发有市场价值的高科技技术。在募集资金的过程中，由于相关措施不配套，预计资金用途不能按计划实现，现W公司的下列行为可行的有：（　　）。

A. 公司的董事会通过决议决定改变招股说明书所列资金用途

B. 董事会临时召开股东大会，作出更改招股说明书所列资金用途的提案

C. 公司预计股东大会会通过决议改变招股说明书用途而公开发行股票，后股东大会果然通过了改变招股说明书的决议

D. 公司决定将发行股票的范围锁定国外机构投资者

4. 公司关于下列事项需要听取公司工会意见的是：（　　）。

A. 研究决定改制　　B. 决定经营方面的重大问题

C. 聘任经理　　D. 制定公司安全生产规章

5. M公司股票发行因其财务会计报告做假而被撤销之后，应按照发行价并加算银行同期存款利息返还证券持有人，对该义务承担连带责任的人员有：（　　）。

A. M公司的证券分销公司N没有认真审核该财务会计报告

B. M公司的主承销公司T没有认真审查该财务会计报告

C. 持有M公司51%股份的发起人G唆使会计人员做假账

D. M公司的董事S明知该财务会计报表做假而没有提出异议的

6. 下列属于商法特征的是：（　　）。

A. 调整的行为具有营利性　　B. 是实体法与程序法的交错

C. 规范有较强的技术性　　D. 国际性

7. 2011年9月1日，王某为其所有的桑塔纳轿车投保了车辆保险，保险期为1年。2012年1月王某将该车转让给赵某，并将车辆的保险单一同交付给赵某，但双方均没有通知保险公司。2012年3月，赵某在倒车时不慎与路边的护栏相撞而造成车辆损坏，遂向保险公司索赔。下列关于本案的说法，正确的

是：(　　)。

A. 由于保险标的的转让没有通知保险人，保险合同效力中止，保险公司可以拒绝赔偿

B. 由于车辆和保险单都已转让给赵某，赵某已成为保险合同的当事人，保险公司应当按照保险合同承担赔偿责任

C. 虽然车辆和保险单都已经转让给赵某，但是王某依然是保险合同的当事人，因此保险公司仍应当向王某承担赔偿责任

D. 由于保险标的已经转让，王某对于保险标的已经无保险利益，所以王某无权向保险公司索赔

8. 甲于2008年6月与保险公司签订一份人身保险合同，其后甲按时交纳了2年的保险费，但后来甲因投资失败欠下巨额债务无力支付保险，至2012年9月甲仍未支付拖欠的保险费，则(　　)。

A. 保险公司有权与甲解除保险合同

B. 保险公司应当扣除手续费后，退还保险费

C. 保险公司应当退还保险单的现金价值

D. 如果甲在2012年9月发生保险事故，则保险公司不承担赔偿责任

9. 票据善意取得应具备的条件有：(　　)。

A. 须从有处分权人处取得票据　　B. 须以票据法规定的方法取得票据

C. 须取得有效票据　　D. 须给付对价

E. 须为善意

10. 下列哪些债权属于破产债权？(　　)

A. 债务人作为被保证人被宣告破产后，债权人将其全部债权额申报债权的

B. 债务人作为被保证人被宣告破产的，债权人未申报债权，保证人得以被保证人的全部债权额申报债权的

C. 债务人作为汇票的出票人被宣告破产的，付款人不知其事实而付款的，因此付款而产生的债权

D. 债务人被宣告破产时对破产企业未到期的债权

(三) 不定项选择题

1. 下列不属于对少数股东实现保护的救济手段的是(　　)。

A. 股东代表诉讼

B. 要求恢复原状

C. 要求多数股东以公平价格取得少数股东的股份

D. 返还出资

2. 公司公开发行股票和可转换公司债券，共同的地方在于(　　)。

A. 主体必须都是股份有限公司　　B. 核准的机关相同

C. 都要有保荐人　　D. 都要由承销机构承销

3. 下列关于人身保险合同的说法中错误的是(　　)。

A. 除法律另有规定外，投保人不得为无民事行为能力人投保以死亡为给付保险金条件的人身保险，保险人也不得承保

B. 父母可以为其未成年子女投保以死亡为给付保险金条件的人身保险，且可以自行确定死亡给付保险金额总和

C. 以死亡为给付保险金条件的合同，未经被保险人书面同意并认可保险金额的，合同无效

D. 依照以死亡为给付保险金条件的合同所签发的保险单，未经被保险人书面同意，不得转让，但可以质押

4. 我国《票据法》中所称的票据是指(　　)。

A. 汇票　　B. 本票

C. 支票　　D. 股票
E. 债券
5. 当债务人被宣告破产时，下列哪些财产不属于破产财产？（　）
A. 债务人用于担保的财产灭失后产生的保险金
B. 破产企业工会所有的财产
C. 债务人的幼儿园、学校、医院等公益福利性设施
D. 债务人在所有权保留买卖中尚未取得所有权的财产

三、简答题

1. 简述我国《公司法》对一人公司的特别规定。
2. 简述意外伤害保险合同中意外事故的构成要件。
3. 简述转让背书的效力。

四、案例分析题

1. 案情：甲、乙国有企业与另外 9 家国有企业拟联合组建设立“光中有限责任公司”（以下简称光中公司）。公司章程的部分内容为：公司股东会除召开定期会议外，还可以召开临时会议，临时会议须经代表 1/2 以上表决权的股东、1/2 以上的董事或 1/2 以上的监事提议召开。在申请公司设立登记时，工商行政管理机关指出了公司章程中规定的关于召开临时股东会议方面的不合法之处。经全体股东协商后，予以纠正。

2006 年 3 月，光中公司依法登记成立，注册资本为 1 亿元，其中甲以工业产权出资，协议作价金额 1 200 万元；乙出资 1 400 万元，是出资最多的股东。公司成立后，由甲召集和主持了首次股东会会议，设立了董事会。

2006 年 5 月，光中公司董事会发现，甲作为出资的工业产权的实际价额显著低于公司章程规定的价额，为了使公司股东出资总额仍达到 1 亿元，董事会提出了解决方案，即由甲补足差额，如果甲不能补足差额，则由其他股东按出资比例分担该差额。

2007 年 5 月，公司经过一段时间的运作后，经济效益较好，董事会制订了一个增加注册资本的方案，方案提出将公司现有的注册资本由 1 亿元增加到 1.5 亿元。增资方案提交股东会讨论表决时，有 7 家股东赞成增资，该 7 家股东出资总和为 5 830 万元，占表决权总数的 58.3%；有 4 家股东不赞成增资，该 4 家股东出资总和为 4 170 万元，占表决权总数的 41.7%。股东会通过了增资决议，并授权董事会执行。

2011 年 3 月，光中公司因业务发展需要，依法成立了海南分公司。海南分公司在生产经营过程中，因违反了合同约定被诉至法院，对方以光中公司是海南分公司的总公司为由，要求光中公司承担违约责任。（自考）

问题：（1）光中公司设立过程中订立的公司章程中关于召开临时股东会议的规定有哪些不合法之处？说明理由。

（2）光中公司的首次股东会议由甲召集和主持是否合法？为什么？

（3）光中公司董事会作出的关于甲出资不足的解决方案的内容是否合法？说明理由。

（4）光中公司股东会作出的增资决议是否合法？说明理由。

（5）光中公司是否应替海南分公司承担违约责任？说明理由。

2. 案情：某通信公司欲发射一颗通讯卫星，为防止发射失败所造成的巨额损失，该公司向甲保险公司为该卫星投保了全额的财产保险。甲公司承保后，将其中的 40%分给了乙保险公司。该通信公司担心一旦发射失败甲保险公司无力赔付，随后又向丙保险公司为该卫星投保了全额的财产保险。丙保险公司

承保后，将其中的30%分给了丁保险公司。后来，由于技术故障该卫星发射失败，该通信公司向保险公司索赔。

问题：(1) 该通信公司应当向哪家保险公司要求赔偿？

(2) 保险公司应当如何理赔？

五、论述题与深度思考题

1. 论股东派生诉讼。

2. 商业秘密的法律保护及制度的完善。

参考答案

一、名词解释

1. 公司设立的原则是指一个国家在法律上对公司设立所采取的基本态度，即以怎样的程序限制来规范公司的设立。从历史上看，公司设立的原则大致有以下几种：①自由设立主义，又称为放任主义，即国家对于公司的设立，不加任何干涉，不作任何限制，完全由当事人自由处断。②特许主义，是指公司的设立需要有专门的法令或国家的特别许可，在特许主义下设立的公司称为“特许公司”。③核准主义（又称许可主义），指公司设立时除了应符合法律规定的条件外，还要经过行政主管部门的批准。④准则主义，也称登记主义，指法律预先规定公司成立的条件，设立人可依照该条件设立，一旦符合公司的成立条件，无须经过主管部门批准，就可直接到登记机关办理登记，公司即可成立。

2.

绝对商行为	相对商行为
是依行为的客观的商性质，并由商事法律规定的商行为，又称客观商行为；具有客观性和无条件性，而不以行为主体是商人和行为采取营业形式为要件	即依行为主体的营利性，在营业上集团的、反复的、持续的行为，又称主观商行为；以主体是商人和行为采取营业形式为要件。主要包括营业的商行为和附属商行为
主要包括：1）投机买入并卖出；2）投机卖出并买入：以动产和有价证券为对象；3）交易所中的交易；4）关于取得票据和其他商业证券的行为	

3. 保险经纪人是基于被保险人的利益，为投保人与保险人订立保险合同提供中介服务，并依法收取佣金的单位或个人。保险经纪人是代表被保险人在保险市场上选择保险人，并同保险人一方商定保险合同条款，为被保险人提供中介服务的中间人。

4. 空白票据是指票据行为人仅在票据上签名，故意将票据上其他必要记载事项的全部或一部分不作记载，授权他人以后补记完全的票据。空白票据不同于不完全票据。空白票据虽然形式上看也是不完全的，但是票据行为人已经授予他人日后补记完全的权利，一旦空白之处被补记完全，票据就有效。空白票据的构成必须具备以下要件：空白票据上必须有票据行为人的签章；票据上必须有票据必要记载事项的欠缺；票据行为人必须将空白补记权授予他人；票据行为人必须有将空白票据交付的行为。

5. 支付不能又称为不能清偿或无力清偿，是指债务人因缺乏清偿能力，对于已届清偿期而受请求的债务全部或大部分不能清偿的客观经济状况。

二、选择题

(一) 单项选择题

1. D。公司以其全部财产对公司的债务承担责任。有限责任公司的股东以其认缴的出资额为限对公司承担责任；股份有限公司的股东以其认购的股份为限对公司承担责任。

2. B。国有独资公司不设股东会。

3. C。清算法人的民事行为能力受到限制，其行为能力仅限制于清算范围内，从事与清算有关的事务。

4. C。外国公司在中国境内设立分支机构，要依照我国法律设立，必须向我国主管机关提出申请，并提交其公司章程、所属国的公司登记证书等有关文件，经批准后，向公司登记机关依法办理登记，领取营业执照。

5. A。有限责任公司与股份有限公司均适用《公司法》。

6. C。其他选项都符合证券发行的特征，注意：证券发行可为公开发行，也可为定向发行或非公开发行。

7. B。参见《证券法》第96、97条。协议收购是有条件的，强制收购时就不适用协议收购；且协议收购是个别签订合同，无须发出要约；协议收购的同时还可以在证交所继续经过集中竞价方式获得目标公司的股份。

8. D。场内交易可以是集中交易，也可以是非集中交易。参见《证券法》第40条。

9. C。商事信托最初起源于英美法系，现已被大陆法系国家商法广泛接受，所以A项不对。商事信托是受托人以自己的名义依照委托人的指定从事行为，所以B项不对。商事信托的种类繁多，但承继信托属于民事信托而非商事信托，所以D项也不对。

10. D。辛某全家遭遇车祸丧生，根据继承法的有关原理，在这种情况下一般推定父母先于未成年子女死亡，则受益人辛某先于被保险人死亡。在这种情况下，保险金应当作为被保险人的遗产由被保险人的继承人予以继承。

11. A。保险法规定，保险人、被保险人为查明和确定保险事故的性质、原因和保险标的的损失程度所支付的必要的、合理的费用，由保险人承担。这是依据各国的通例作出的规定。保险人承担此项费用须符合两个前提：一个是合理，另一个是必要。

12. B。甲违反了其在保险合同中向保险公司作出的保证，根据保险法的有关原理，投保人违反保证条款的，保险人有权解除合同。

13. C。依照付款人是出票人还是出票人委托的人，将票据分为自付证券和委付证券。自付证券是出票人本人向持票人无条件支付一定金额的票据。委付证券是出票人委托他人向持票人无条件支付一定金额的票据。因此，本题选C项。

14. B。资金关系是一种特殊的原因关系，指出票人与付款人间的基础关系。本票因系出票人自为付款人，无资金关系（本票如有担当付款人，出票人与担当付款人间也有资金关系）。汇票或支票的出票人之所以委托付款人付款，付款人之所以承担付款，是因为他们之间有一定的关系。

15. B。票据行为，是指以发生票据权利、义务为目的而依照票据法所实施的法律行为。出票是主票据行为，其他4种行为，包括承兑，是附属的票据行为。因此选B项。

16. B。《商业银行法》第71条第2款规定：商业银行破产清算时，在支付清算费用、所欠职工工资和劳动保险费用后，应当优先支付个人储蓄存款的本金和利息。所以，B项正确。

17. D。我国《企业破产法》第40条规定了债权人的抵销权，但是没有具体规定债权人应当向谁主张抵销权。但是，《破产规定》第60条作了补充规定，规定与债务人互负债权、债务的债权人可以向清算组请求行使抵销权。

（二）多项选择题

1. AC。公司向其他企业投资或者为他人提供担保，按照公司章程的规定由董事会或者股东会、股东大会决议，由出席会议股东所持表决权的过半数通过。公司章程对投资或者担保的总额及单项投资或者担保的数额有限额规定的，不得超过规定的限额。

2. ABD。《公司法》第146条规定：有下列情形之一的，不得担任公司的董事、监事、高级管理人员：（1）无民事行为能力或者限制民事行为能力；（2）因贪污、贿赂、侵占财产、挪用财产或者破坏社会主义市场经济秩序，被判处刑罚，执行期满未逾 5 年，或者因犯罪被剥夺政治权利，执行期满未逾 5 年；（3）担任破产清算的公司、企业的董事或者厂长、经理，对该公司、企业的破产负有个人责任的，自该公司、企业破产清算完结之日起未逾 3 年；（4）担任因违法被吊销营业执照、责令关闭的公司、企业的法定代表人，并负有个人责任的，自该公司、企业被吊销营业执照之日起未逾 3 年；（5）个人所负数额较大的债务到期未清偿。尤其要注意 B 项，根据题意该企业被宣告破产可认定李某不负有个人责任。

3. BD。参见《证券法》第 15 条：公司对公开发行股票所募集资金，必须按照招股说明书所列资金用途使用。改变招股说明书所列资金用途，必须经股东大会作出决议。擅自改变用途而未作纠正的，或者未经股东大会认可的，不得公开发行新股。上市公司也不得非公开发行新股。

4. ABD。公司研究决定改制以及经营方面的重大问题、制定重要的规章制度时，应当听取公司工会的意见，并通过职工代表大会或者其他形式听取职工的意见和建议。

5. ABCD。主承销商为保荐人并存在过错，发起人为控股股东。

6. ABCD。营利性是指经济主体通过经营活动而获得经济利益的特性。营利性是商法的主要特性。商人是趋利避害的典型主体，商行为中的代理、票据、保险等制度的设立都需要考虑营利性的特征。从商法的整个法律规范上看，实体性规范与程序性规范伯仲难分，《公司法》中有股东大会决议程序、股东请求权、股东诉讼权等程序，保险合同的成立则包括了实体性规范与程序性规范两重内容。商法是实践性强的法律，具有可操作性和技术性，例如保险法中关于保险合同的费用、保险金额、保险标的、损害赔偿的估定等。商法起源于商事交易习惯，商事交易本身就是跨国的活动，各国为适应国际商事交易的需求，纷纷修改商法的规则，使其与国际商事法律、惯例相协调。

7. AD。保险法规定：保险标的的转让应当通知保险人，经保险人同意继续承保后，依法变更合同，但是，货物运输保险合同和另有约定的合同除外。投保人对保险标的应当具有保险利益。投保人对保险标的不具有保险利益的，保险合同无效。题中买卖双方都未通知保险人，因此保险合同效力中止，保险公司无赔偿义务。

8. ACD。保险法规定，合同约定分期支付保险费，投保人支付首期保险费后，除合同另有约定外，投保人超过规定的期限 60 日未支付当期保险费的，合同效力中止，或者由保险人按照合同约定的条件减少保险金额；依照前述规定合同效力中止的，经保险人与投保人协商并达成协议，在投保人补交保险费后，合同效力恢复。但是，自合同效力中止之日起 2 年内双方未达成协议的，保险人有权解除合同。保险人依照前述规定解除合同，投保人已交足 2 年以上保险费的，保险人应当按照合同约定退还保险单的现金价值；投保人未交足 2 年保险费的，保险人应当在扣除手续费后，退还保险费。

9. BCDE。票据善意取得应具备的条件包括：须以票据法规定的方法取得票据；须取得有效票据；须给付对价；须为善意。

10. ACD。根据《企业破产法》第 51 条和《破产规定》第 55 条第 12 项的规定，当被保证人被宣告破产时，保证人未代替被保证人清偿债务的，债权人可以以其全部债权额申报债权；保证人得知债权人不申报债权的，可以以其保证的债务数额申报债权。可知，A 项对，B 项错。根据《企业破产法》第 55 条的规定，C 项对。根据《企业破产法》第 46 条的规定，破产宣告时未到期的债权视为已到期债权，属于破产债权，D 项对。

（三）不定项选择题

1. BD。公司是企业法人，有独立的法人财产，享有法人财产权。公司成立后，股东的出资就独立于股东的财产而成为公司的独立财产，而公司股东依法享有资产收益、参与重大决策和选择管理者等权利。除非法定特殊情形，股东不得要求公司恢复原状、返还出资。少数股东可以通过代表诉讼、股份回购请求权、“用脚投票”来寻求救济，保护自己的权益。

2. ABCD。

3. BD。保险法规定，投保人不得为无民事行为能力人投保以死亡为给付保险金条件的人身保险，保险人也不得承保；父母为其未成年子女投保人身保险的，不受前述规定限制，但是死亡给付保险金额总和不得超过保险监督管理机构规定的限额，可见B项中父母可自行确定死亡给付保险金额总和的说法不正确。依照以死亡为给付保险金条件的合同所签发的保险单，未经被保险人书面同意，不得转让或者质押。因此D项错误。限制此类保险单的转让和质押主要是出于对被保险人利益的保护。

4. ABC。参见《票据法》第2条：在中华人民共和国境内的票据活动，适用本法。本法所称票据，是指汇票、本票和支票。

5. ABCD。根据《破产规定》第71条第3、7项，担保物灭失后产生的保险金、补偿金、代偿金等代位物，不属于破产财产；债务人在所有权保留买卖中尚未取得所有权的财产也不属于破产财产。有财产担保的债权人对担保物享有别除权。根据担保物权的物上代位性，别除权的优先受偿权可以延伸到担保物灭失后产生的保险金、补偿金、赔偿金等代位物，所以，这些款物不属于破产财产。同时，在保留所有权的买卖中，所有权保留是一种担保方式，在买受人破产时，出卖人可以保留有对标的物的所有权为由，对标的物行使别除权。至于是行使别除权还是行使取回权，学者间是有争议的，但是其不得作为破产财产是肯定的。所以，A、D项应选。《破产规定》第71条第9项规定，破产企业工会所有的财产，不属于破产财产。所以，B项应选。《破产规定》第82条规定：债务人的幼儿园、学校、医院等公益福利性设施，按国家有关规定处理，不作为破产财产分配。所以，D项应选。

三、简答题

1. 一人有限责任公司，是指只有一个自然人股东或者一个法人股东的有限责任公司。(1) 一人公司设立条件的特殊规定：公司章程由股东制定。一个自然人只能投资设立一个一人有限责任公司，该一人有限责任公司不能投资设立新的一人有限责任公司。一人有限责任公司应当在公司登记中注明自然人独资或者法人独资，并在公司营业执照中载明。(2) 一人公司组织机构的特殊规定：一人有限责任公司不设股东会。股东作出属于一般有限责任公司股东会的职权的决定时，应当采用书面形式，并由股东签字后置备于公司。(3) 一人公司监管的特殊规定：一人有限责任公司应当在每一会计年度终了时编制财务会计报告，并经会计师事务所审计。一人有限责任公司的股东不能证明公司财产独立于股东自己的财产的，应当对公司债务承担连带责任。

2. 意外伤害保险合同中意外事故的构成要件主要包括以下几个方面：

第一，意外事故是外来原因所造成的，事故的发生具有客观性。事故是直接外来因素造成的、外表可见的且与内在的疾病无关的伤害。

第二，意外事故必须是明显的、剧烈的，即人的身体因遭受猛烈而突然的侵袭而形成的伤害。一般而言，伤害结果与意外事故之间存在着直接的、瞬间的因果关系。

第三，意外事故是非当事人所预见的、不可预期的不可抗力事故。它包括自然灾害和过失行为引起的偶然事故，而排除了当事人因故意行为而造成的伤害。

3. 转让背书主要有下述三种效力：

(1) 权利移转的效力。此种权利移转效力是背书最基本的效力。背书是背书人以移转权利为目的而为的票据行为，背书有效成立后，票据上的一切权利包括对付款人的付款请求权、对前手的追索权、对票据保证人的权利等，均自背书人处移转于被背书人，亦即被背书人取代背书人而成为票据上的权利人。

(2) 担保付款的效力。这种担保承兑和付款的效力，来自法律的规定，除非法律允许背书人于背书时记载免除担保文句加以免除，它对于背书人来说就是绝对的法律责任。背书人在无相反记载时，对其后手，包括直接后手和其他一切后手，应按照票据文义负担保承兑与付款的责任。当持票人（背书人的一切后手）不获承兑或不获付款时，便可向背书人行使追索权。

(3) 权利证明的效力。背书的权利证明效力具体表现为：就持票人（最后被背书人）而言，其所持票据上的背书为连续时，其应被推定为真正的票据权利人，不必另行举证，即可行使票据权利。就票据债务人而言，当他向背书连续的持票人清偿票款时，也不必要求持票人提出证明，只要债务人为善意，该持票人即使不是真正的权利人，债务人也被免除其付款的责任，无须再向真正的权利人付款。对善意取得人而言，只要他是善意地（无恶意或无重大过失）从背书连续的汇票持票人那里依背书方式取得票据，即使因该背书人为非权利人而使背书无效时，他仍能取得票据权利。

四、案例分析题

1.（1）光中公司设立过程中订立的公司章程中关于召开临时股东会会议的提议权的规定不合法。《公司法》规定，代表1/10以上表决权的股东、1/3以上的董事、监事会或者不设监事会的公司的监事提议召开临时会议的，应当召开临时会议。而在光中公司的章程中却规定临时会议须经代表1/2以上表决权的股东、1/2以上的董事或1/2以上的监事提议召开，是不符合法律规定的。

（2）光中公司的首次股东会会议由甲召集和主持不合法。因为，《公司法》规定，有限责任公司股东会的首次会议由出资最多的股东召集和主持。光中公司的股东乙出资1 400万元，是出资最多的股东，因此，首次会议应由乙召集和主持。

（3）光中公司董事会作出的关于甲出资不足的解决方案的内容不合法。因为，《公司法》规定，有限责任公司成立后，发现作为出资的实物、工业产权、非专利技术、土地使用权的实际价额显著低于公司章程所定价额时，应当由交付出资的股东补齐其差额，公司设立时的其他股东对其承担连带责任，而并非由其他股东按出资比例分担该差额。

（4）光中公司股东会作出的增资决议不合法。因为，《公司法》规定，股东会对公司增加注册资本作出决议，必须经代表2/3以上表决权的股东通过。而光中公司讨论表决时，同意的股东的出资额占表决权总数的58.3%，未达到2/3的比例。因此，增资决议不能通过。

（5）光中公司应替海南分公司承担违约责任。因为，《公司法》规定，分公司只是总公司管理的一个分支机构，不具有法人资格，其民事责任由设立该分公司的总公司承担。

2.（1）本案涉及重复保险及再保险的问题。本案中通讯公司的行为是一种重复保险的行为。本案中，甲、丙保险公司是再保险关系中的原保险人，乙、丁保险公司为再保险关系中的再保险人。因此，根据保险法的有关规定，通信公司可以向甲、丙保险公司要求赔偿，但不得向乙、丁保险公司要求赔偿。

（2）保险法规定，重复保险的保险金额总和超过保险价值的，各保险人的赔偿金额的总和不得超过保险价值。除合同另有约定外，各保险人按照其保险金额与保险金额总和的比例承担赔偿责任。通信公司向甲、丙保险公司都投保了全额的财产保险，根据保险金额的比例关系，甲保险公司和丙保险公司应当各承担一半的损失赔偿数额。而甲保险公司和丙保险公司可以根据再保险合同约定的比例要求乙保险公司和丁保险公司分别承担40%和30%。

五、论述题与深度思考题

1. 股东派生诉讼是指公司的正当权益受到他人特别是有控制权的股东、董事等的侵害时，股东以自己的名义为公司的利益对侵害人提起诉讼，追究其法律责任的一种诉讼制度。股东派生诉讼制度最初形成于19世纪初的英美国家，是衡平法上一种特殊制度。在大陆法中通常把这种特殊的制度视为代表诉讼。股东派生诉讼不仅保护了少数股东或小股东的合法权益，更直接地是保护了公司的权益，也有利于保护公司债权人的利益。

（1）股东派生诉讼的诉讼主体

股东派生诉讼的原告是公司的股东，被告是公司侵害人，通常是公司的高级管理人员。为防止个别股东利用派生诉讼干扰公司的正常生产经营活动，各国基本上对作为原告方的股东的资格作出了一定的限制，一般规定原告持股数额须达到一定比例或连续持股达到一定期间，才有资格发动派生诉讼。

（2）股东派生诉讼的诉讼程序

为防止股东滥用诉权，避免原告股东以外的股东重复提起相同的诉讼，加之股东提起派生诉讼所要维护的实体权利属于公司，各国立法均要求股东在起诉前首先应向公司董事会或监事会要求其以公司名义对侵害人提起诉讼，未获成功时方可向法院提起派生诉讼。但在某些例外情况下，原告股东可不必经过前置程序而直接提起派生诉讼。同时为了避免和减少公司被诉而造成的损失，一些国家都规定被告有权请求法院在诉讼开始之前，要求原告股东对因此而发生的费用提供一定的担保。

（3）股东派生诉讼的法律效力

股东派生诉讼中权利受侵害的直接对象是公司，股东只是间接受害者，股东行使的是直接受害者——公司的权利，目的是维护公司的利益。当然，维护了公司的利益也就间接地维护了股东自身的权利。在派生诉讼中，原告股东仅享有程序意义上的诉权，实体意义上的诉权属于公司。如果原告股东胜诉，胜诉的利益归属公司，原告股东只能与其他股东一起间接分享公司由此而获得的利益，但同时应赋予胜诉原告股东诉讼费用补偿请求权。股东派生诉讼的判决不仅对原告股东有既判力，而且对公司和其他股东亦产生既判力。

（4）我国《公司法》关于股东派生诉讼的规定

我国《公司法》第151条是关于股东派生诉讼的具体规定：当董事、高级管理人员有本法第149条规定的情形的，有限责任公司的股东、股份有限公司连续180日以上单独或者合计持有公司1%以上股份的股东，可以书面请求监事会或者不设监事会的有限责任公司的监事向人民法院提起诉讼；监事有本法第150条规定的情形的，前述股东可以书面请求董事会或者不设董事会的有限责任公司的执行董事向人民法院提起诉讼。监事会、不设监事会的有限责任公司的监事，或者董事会、执行董事收到前款规定的股东书面请求后拒绝提起诉讼，或者自收到请求之日起30日内未提起诉讼，或者情况紧急，不立即提起诉讼将会使公司利益受到难以弥补的损害的，前款规定的股东有权为了公司的利益以自己的名义直接向人民法院提起诉讼。他人侵犯公司合法权益，给公司造成损失的，本条第1款规定的股东可以依照前两款的规定向人民法院提起诉讼。（注：《公司法》第149条规定，董事、监事、高级管理人员执行公司职务时违反法律、行政法规或者公司章程的规定，给公司造成损失的，应当承担赔偿责任。）

2. 世界贸易组织制定的《与贸易有关的知识产权协定》第39条把商业秘密界定为“未披露信息”。根据我国《反不正当竞争法》第10条的规定，商业秘密是指不为公众所知悉，能为权利人带来经济利益，具有实用性，并由权利人采取保密措施的技术信息和经营信息。《反不正当竞争法》同时还对侵犯商业秘密的行为类型作出了规定。为受侵害的商业秘密提供民事救济是各国的通例，我国《民法通则》对民事主体享有的知识产权作了专门规定。对侵犯商业秘密的行为可以根据《民法通则》第118条有关保护知识产权的规定，追究侵权人的民事责任包括赔偿责任。《合同法》第43条规定了合同当事人保守商业秘密的义务，如果当事人泄露或者不正当地使用商业秘密，则应当承担损害赔偿责任。该规定使我国对商业秘密的保护提高到一个新的高度。我国的《反不正当竞争法》将侵犯商业秘密的行为列为不正当竞争行为。该法不仅对商业秘密的定义及侵犯商业秘密的行为手段进行了明确规定，而且设定了侵犯商业秘密的法律责任，如该法第20条的规定。此外，我国还在行政法和刑法方面对商业秘密权进行保护。

但是我国保护商业秘密的法律还存在以下问题：当前，我国并无保护商业秘密的专门立法，规范散见于各种不同的法律、法规中，而这些不同的法律、法规的立法主旨和侧重点各不相同，关于商业秘密的法律规范便很难保证其内容上的统一性、协调性和体系的完整性。在合同法中，合同的相对性决定了合同效力在通常情况下不能及于合同当事人以外的第三人，从而使合同法对商业秘密的保护极为有限。适用侵权责任法保护商业秘密虽可及于第三人，但商业秘密持有人在侵权诉讼中必须承担很大的举证责任，商业秘密的法律保护操作性不强。《刑法》的实施虽然有助于加强对商业秘密的法律保护，但却无法弥补其他法律责任处罚力度过轻的弊病。如关于赔偿损失，《反不正当竞争法》规定为“侵权期间因侵权所获得的利润”，而不是以被侵权人所遭受到的损失为赔偿依据。处罚力度不够，显然不利于对商业秘密的保护。

在现代科技主导的商业竞争过程中，分散、软弱的法律保护显然难以适应保护商业秘密的需要。我国应适应国际上商业秘密法律保护的总趋势，尽快完善商业秘密保护法。

（1）商业秘密立法比较完善的国家，一般均对商业秘密的具体内容与范围作出较为详细的规定。相比之下，我国商业秘密立法过粗的不足显而易见。因此，在统一的商业秘密法中应有关于商业秘密具体内容的法律规定，准确界定商业秘密的范围，以期更好、更充分地保护商业秘密。

（2）我国《反不正当竞争法》在侵犯商业秘密的民事责任问题上，只规定了加害人承担实际损失的赔偿责任，是单一的补偿性赔偿制度。应增加惩罚性赔偿：法院除要求有过错的加害行为人赔偿受害方的实际损失外，还要对其过错行为实施经济惩罚，判令过错加害人向受害方支付惩罚性赔偿。惩罚性赔偿制度的积极作用在于它大大加重了对过错加害人的经济制裁，从而使生产者、经营者慑于难以承受的经济压力而不敢在侵权方面轻举妄动，增强其在竞争中严格按市场标准进行商业活动的自觉性，尽可能地减少侵权纠纷。

（3）增加竞业禁止的规定。竞业禁止就是禁止雇员在受雇期间和离职后与雇佣单位业务竞争，其内容就是禁止雇员在本单位任职期间同时兼职于业务竞争单位，禁止员工从本单位离职后从业于业务竞争单位，包括创建与本单位业务范围相同的机构。前者称为在职竞业禁止，后者称为离职竞业禁止。可在单位与其员工签订的劳动合同、聘用合同或者保护知识产权合同中明确约定竞业禁止条款，或在单位制定的内部规章中明确规定竞业禁止。我国《反不正当竞争法》没有对基于保护商业秘密的竞业禁止从法律上具体规定时间、主体、范围等合理限制条件。《劳动合同法》规定：用人单位与劳动者可以在劳动合同中约定保守用人单位的商业秘密和知识产权相关的保密事宜。竞业限制的人员限于用人单位的高级管理人员、高级技术人员和其他负有保密人员的义务。竞业限制的范围、地域、期限由用人单位与劳动者约定，竞业限制的约定不得违反法律、法规的规定。

（4）在商业秘密保护立法中将英美法系国家的禁令救济制度纳入保护措施，完善我国对商业秘密的法律保护制度。在商业秘密保护的众多法规中没有明确规定请求禁止的民事救济制度，而是用行政禁令代替停止侵害的民事责任方式，这对保护商业秘密权利人的效益会有不利影响。民事救济制度侧重于私权的保护，利用停止侵害等民事方法有利于所有人充分行使其权利，但对于采用正当手段如独立开发或善意获得商业秘密的行为，不应禁止。

总之，目前应根据我国的国情，借鉴外国的立法模式，补充和完善我国商业秘密法律保护的不足，更好地保护经济的有序和健康发展。

综合测试题（二）

一、名词解释

1. 一致行动人
2. 代办人
3. 慈善救济与保险
4. 票据的变造
5. 破产债权

二、选择题

（一）单项选择题

1. 募集设立是(　　)。

A. 公司设立的一种方式　　B. 公司设立的一项原则

C. 股份有限公司设立的一种方式　　D. 有限责任公司设立的一种方式

2. 在公司章程内容里，不属于绝对必要记载事项的是(　　)。

A. 公司名称　　B. 公司所在地

C. 盈余分配方法　　D. 公司股东姓名或名称

3. 北京某医药公司经营无方、前途黯淡，股东会决议解散。在清算过程中，恰逢“非典”爆发，市场上医疗防护用品奇缺，董事甲得到清算组同意后，以公司的名义从外地购进一批防护用品销售，获利 80 万元。对于这 80 万元应(　　)。

A. 归公司所有　　B. 归甲所有

C. 予以没收　　D. 归清算组所有

4. 设立公司时，章程中确定的资本总额不必一次全部缴纳公司就可成立。但在公司成立前由发起人和认股人认购的股份总额须达到法定比例，其余部分资本可以授权董事会在公司成立后的一定期限内根据公司的实际需要而随时发行，符合(　　)。

A. 折中资本制　　B. 法定资本制

C. 认可资本制　　D. 授权资本制

5. 甲公司有债务 50 万元人民币，乙公司有债务 30 万元人民币。现因生产经营需要，甲公司与乙公司被丙公司合并。甲公司和乙公司的债务应由(　　)。

A. 甲公司和乙公司分别承担

B. 甲公司和乙公司的设立人分别承担

C. 丙公司承担

D. 甲公司、乙公司和丙公司按照合并协议的规定承担

6. 关于证券公司的注册资本，下列说法符合法律规定的有：(　　)。

A. 设立证券自营类证券公司的最低注册资本为人民币 1 亿元

B. 国务院证券监督管理机构根据审慎监管原则和各项业务的风险程度，可以调整注册资本最低限额

C. 证券公司的注册资本无须是实缴资本，可以在 2 年内缴足

D. 设立综合类证券公司的最低注册资本为人民币 2 亿元

7. M股份公司准备发行可转换公司债券，下列哪个不符合法律规定的条件?(　　)

A. M公司的净资产达3 500万元

B. M公司是发起设立的

C. 本次发行的可转换公司债券为第二次发行，前次发行债券总额占其净资产的30%，本次发行总额占其净资产的20%

D. M公司去年亏损，但最近三年的平均可分配利润足以支付公司债券1年的利息

8. 有权部门在审核某公司公司债券发行申请时，其下列行为中哪项是不妥的?(　　)

A. 要求该公司补交相关申请文件

B. 自受理证券发行申请文件之日起经过2个月作出了予以核准的决定

C. 经审查后作出不予核准的决定，但没有说明理由

D. 没有就债券的发行情况举行听证会

9. 某股份有限公司申请公司股票上市，如果你是法律专家，你给出的下列哪个意见是妥当的?(　　)

A. 该公司已经按照有权机关的核准要求公开发行了股票

B. 公司的股份总额为1000万元人民币

C. 公开发行的股份达到公司股份总额的20%

D. 公司最近二年无重大违法行为

10. 证券交易中的下列行为，符合法律规定的是(　　)。

A. 某证券分析师认为某公司的股票一定会涨，建议股民购买

B. 某报纸刊登了某上市公司董事长可能涉嫌犯罪的文章

C. 某上市公司为了抬高本公司的股票市价而买卖本公司股票

D. 某上市公司为了股票期权计划而回购本公司股票

11. 当代各国商法中，商主体表现为多种形式，下面分类中错误的是(　　)。

A. 商主体可分为商个人、商法人、商合伙

B. 注册商人、固定商人、自由登记商人

C. 制造商、加工承揽商、行纪商、居间商

D. 个体经营者、企业、商业

12. 依我国《保险法》有关规定，投保人给付人寿保险的首期保险费后，超过下列哪一时间仍未交付续期保险费的，保险合同效力中止?(　　)

A. 10天　　　　B. 20天

C. 30天　　　　D. 60天

13. 小明的爸爸有一祖辈遗传下来的郑板桥字画，并欲以此字画作为标的向保险公司投保。若你是保险经纪人，你应当建议他投保以下哪一险种?(　　)

A. 足额保险　　　　B. 超额保险

C. 定值保险　　　　D. 不定值保险

14. 苏小姐在某银行以按揭的方式，在洪荣物业开发公司开发的楼盘为其父母购买房屋一套，并向华安保险公司购买保证保险作为担保。试问：下列哪一主体是该张保单的被保险人?(　　)

A. 苏小姐　　　　B. 苏小姐之父母

C. 某银行　　　　D. 洪荣物业开发公司

15. 若一张汇票上记载“见票后两个月付款”，这张汇票属于(　　)。

A. 即期汇票　　　　B. 定日汇票

C. 见票后定期付款的汇票　　　　D. 出票后定期付款的汇票

16. 下列关系中不属于票据基础关系的是(　　)。

A. 票据资金关系　　B. 票据返还关系

C. 票据预约关系　　D. 票据原因关系

17. 下列行为中不属于狭义票据行为的是(　　)。

A. 承兑　　B. 背书

C. 付款　　D. 保证

18. 企业破产时下列哪些财产不属于破产财产？(　　)

A. 宣告破产时破产企业所有的厂房、设备和土地使用权

B. 破产企业在破产程序进行期间取得的营业收入

C. 破产企业拥有的知识产权

D. 破产企业的担保人提供的抵押物和质物

（二）多项选择题

1. 下列人员可以成为公司的法定代表人的有：(　　)。

A. 监事　　B. 董事长

C. 执行董事　　D. 经理

2. 下列公司解散的原因不需要经过清算的是：(　　)。

A. 公司合并　　B. 被撤销

C. 章程规定的解散事由出现　　D. 公司分立

3. 公司如果有(　　)的情形，可以由公司登记机关吊销其营业执照。

A. 采取欺诈手段取得公司登记，情节严重的

B. 公司成立后无正当理由超过6个月未开业

C. 利用公司名义从事危害国家安全、社会公共利益的严重违法行为

D. 公司开业后自行停业连续6个月以上

4. 证券公司应当按照规定向国务院证券监督管理机构报送业务、财务等经营管理信息和资料。国务院证券监督管理机构有权要求(　　)在指定的期限内提供有关信息、资料。

A. 证券公司　　B. 证券公司的股东

C. 证券公司的实际控制人　　D. 证券公司的经理

5. 对于我国证券法对证券交易的理解，有几个股民发表了如下看法，正确的有：(　　)。

A. 非公开发行的证券不得买卖

B. 公开发行的股票应当在证交所交易，所以在交易所外其他地方买卖证券都是违法的

C. 股票和证券可以上市交易，其他的交易品种也可以上市交易

D. 证券的交易价格是按照时间优先和价格优先的，不过也可以自由协商定价

6. 经理人的法律特点有：(　　)。

A. 经理人是被商人通过特殊方式授予经理权的人，是典型的间接代理人，他以被代理人的名义为法律行为

B. 经理人的主要权限在于为商主体处理事务

C. 完全商人和小商人均可以授予代理人经理权

D. 在商事登记部门履行登记并不是经理人被授予经理权这一法律行为生效的唯一前提条件，经理人必须由商人通过“明确的意思表示”方式授予经理权

7. 某工厂投保了企业财产保险，保险金额为200万元。后在保险期限内该厂发生火灾，火灾所造成的损失价值195万元，该厂为了扑灭火灾而花费的合理的费用为15万元，为调查保险事故的原因及损失所花费的费用为3万元。则下列费用中应当由保险公司承担的有：(　　)。

A. 195万元的火灾损失赔偿金

B. 为扑灭火灾所花费的合理费用15万元

C. 为调查保险事故原因及损失所花费的费用3万元

D. 该厂支付的保险费

8. 公示催告的效力包括(　　)。

A. 票据无效　　B. 停止支付

C. 票据转让无效　　D. 除权判决生效

E. 权利申报

9. 依据我国《票据法》，不可以充当本票出票人的有：(　　)。

A. 国家机关　　B. 企业单位

C. 事业单位　　D. 银行

E. 自然人

（三）不定项选择题

1. 天涯科技股份有限公司拟投资设立一家企业实体，作为公司法律顾问的S律师给出如下意见，符合法律规定的有(　　)。

A. 天涯科技股份有限公司可以投资设立全资子公司

B. 天涯科技股份有限公司可以与其他公司共同投资设立一家企业，但投资的资本额不得超过公司资本总额的40%

C. 天涯科技股份有限公司可以投资设立一家合伙企业

D. 天涯科技股份有限公司可以与其子公司共同出资设立一家合伙企业，并约定承担有限责任

2. 某证券公司伙同上市公司粉饰财务会计报告，制造虚假信息，利用这种信息不对称，欺骗投资者，使得该上市公司的证券交易价格在一定时间内暴涨，事发后被证监会调查，那么证监会可能将该证券公司和上市公司的行为认定为(　　)。

A. 虚假陈述行为　　B. 操纵市场行为

C. 欺诈客户行为　　D. 内幕交易行为

3. 以下不属于再保险的有(　　)。

A. 王某到甲保险公司买了财产保险，又到乙保险公司买了人身保险

B. 王某到甲保险公司买了人身保险，又到乙保险公司买了人身保险

C. 王某到甲保险公司为其房屋分别买了火灾保险和工程质量保险

D. 甲保险公司行将倒闭，在被保险人王某的同意下，将其在本公司的财产保险转交给乙保险公司

4. 关于票据纠纷引起的诉讼，下列哪些人民法院应当受理？(　　)

A. 票据权利

B. 票据法上的非票据权利

C. 票据债务人以在票据未转让时的基础关系违法、双方不具有真实的交易关系和债权债务关系、持票人应付对价而未付对价为由，要求返还票据的

D. 票据被拒绝承兑或付款或行使追索权的

5. 人民法院受理破产案件前6个月至破产宣告之日的期间内，破产企业的下列行为中可撤销的是：(　　)。

A. 对原无财产担保的债务提供担保　　B. 对未到期的债务提前清偿

C. 放弃企业债权　　D. 无偿转让企业财产

三、简答题

1. 简述关联交易的概念和特征。

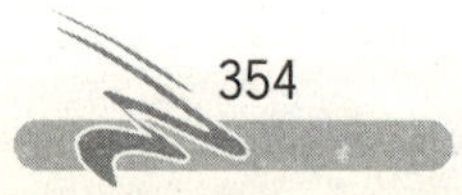

2. 简述商事交易的严格责任主义。

3. 简述投保人的义务。

四、案例分析题

1. 案情：甲、乙、丙、丁均为非国有企业。2009 年 2 月，甲、乙、丙、丁共同出资依法设立华昌有限责任公司（以下简称华昌公司），注册资本为 6 000 万元。2013 年 2 月 6 日，华昌公司召开股东会会议，作出如下两项决议：(1) 更换公司两名监事。一是由乙企业代表陈某代替丁企业代表王某，二是由公司职工代表李某代替公司职工代表徐某。(2) 经代表 2/3 以上表决权的股东通过，批准了公司董事会提出的从公司 2100 万元公积金中提取 500 万元转为公司资本的方案。3 月 10 日，华昌公司用公司公益金中的 20 万元修缮职工宿舍。3 月 15 日，华昌公司总经理用公司资产为其亲属提供债务担保。（注会真题，有改动）

问题：(1) 股东会会议作出更换两名监事的决议是否符合我国《公司法》的规定？为什么？

(2) 股东会会议批准公司公积金转为资本方案的决议是否符合我国《公司法》的规定？为什么？

(3) 华昌公司用公司公益金修缮职工宿舍是否符合我国《公司法》的规定？为什么？

(4) 华昌公司总经理用公司资产为其亲属提供债务担保的行为是否符合我国《公司法》的规定？为什么？

2. 案情：2012 年 3 月 22 日，甲公司根据与乙公司签订的买卖电视机协议，按照约定签发了金额分别为 300 万元和 450 万元、到期日分别为同年 11 月 16 日和 12 月 16 日、收款人为乙公司的两张银行承兑汇票，均由丙市农业银行承兑。这两张银行承兑汇票，被甲公司在交给乙公司前遗失。甲公司曾于 2012 年 8 月 2 日登报声明汇票作废，又于同年 9 月 2 日向人民法院申请公示催告。人民法院于当天通知丙市农业银行停止支付。在法律的公示催告期届满时，甲公司未向人民法院申请除权判决。甲公司后来交付给乙公司的是遗失的银行承兑汇票第一联（此联由承兑行支付票款时作借方凭证）复印件和丙市农业银行于 2012 年 8 月 28 日出具的说明函。在银行承兑汇票第一联复印件上的汇票签发人签章栏内，加盖了丙市农业银行的汇票专用章，但是没有甲公司的签章。丙市农业银行说明函的内容是：由于银行承兑汇票被出票人遗失，出票人已登报声明作废，因此同意在遗失汇票的底联复印件上加盖本行汇票专用章，作为收款人向本行收款的有效依据；汇票到期后，收款人必须派员凭此复印件结算票面款项。乙公司按复印件记载的日期，在到期后持上述遗失汇票第一联的复印件向丙市农业银行提示付款时，遭到丙市农业银行拒付。

问题：(1) 乙公司是否有权要求丙市农业银行付款？

(2) 乙公司的权利能否受到保护？应如何保护？

五、论述题与深度思考题

1. 论述保险合同的变更。

2. 论述票据追索权的特征。

参考答案

一、名词解释

1. 一致行动人是指通过协议、合作、关联方关系等合法途径，扩大其对一个上市公司股份的控制比例，或者巩固其对上市公司的控制地位，在行使上市公司表决权时采取相同意思表示的两个以上的自然人、法人或者其他组织。前述所称采取相同意思表示的情形包括共同提案、共同推荐董事、委托行使未注明投票意向的表决权等情形，但是公开征集投票代理权的除外。

2. 代办人是现实商事交往中普遍存在的一种现象，国外立法对此也有专门的规定，存在着拥有代办权的代办商和作为商辅助人的代办人。代办人的代理权在与第三人的交往中被商人限定于一个有效的范围内，这种代理权称为代办权。商辅助人的代办人是以商人的特别授权——代办权为产生和存在基础的。《德国商法典》第 54 条规定：某人不经授予经理权而有权经营营业或有权实施属于营业的一定种类的行为，或有权实施属于营业的个别行为，代理权（代办权）扩及于由经营此种营业或实施此种行为通常所产生的一切行为和法律行为。在法律性质上代办权属于代理权，与经理权相比存在着颇为明显的差异。

3.

慈善救济	保险
不需要筹备基金，即使筹备也完全来自外部，受益者自身是不需要分担的	必须建立保险基金，依靠参加保险的人按一定的计算方法交纳资金，并通过保险基金补偿损失
是一种单方法律行为，救济方对于相对方没有一定要救济的义务，相对方也无请求权	是一种双方法律行为，只要在保险期内发生保险事故或达到约定的条件，保险人就应当给付保险金，且被保险人或受益人享有请求权
数量和形式由救济者决定，可为实物，也可为金钱	保险金额是由保险合同约定的，且通常为金钱形式
对象是不特定的，可以向国内外的任何受灾组织或个人提供	对象是特定的，只能向参加保险的人提供

4. 票据的变造指无权限变更票据上记载事项的内容的人对有效票据上所记载的内容加以变更的行为，如变更金额、变更到期日等。如为变更签名，则属票据上签名的伪造。票据变造有三个要件：（1）票据合法成立。（2）将票据上内容变更。（3）无权限的人所变更。票据经变造时，票据仍有效。在票据上签名的人如签名在变造前，即依变造前的文义负责。

5. 破产债权是指在破产宣告前成立的，对破产人享有的，经依法申报确认，并得由破产财产获得公平清偿的可强制执行的财产请求权。

二、选择题

（一）单项选择题

1. C。股份有限公司设立有发起设立和募集设立两种方式。

2. C。公司章程绝对必要记载事项有：公司名称和住所，公司经营范围，公司注册资本，股东的姓名或者名称，股东的出资方式、出资额和出资时间，公司的机构及其产生办法、职权、议事规则，公司法定代表人。

3. C。公司在清算期间开展与清算无关的经营活动的，由公司登记机关予以警告，没收违法所得。

4. D。此题考查授权资本制的含义。

5. C。公司合并时，合并各方的债权、债务，应当由合并后存续的公司或者新设的公司承继。

6. A。参见《证券法》第 127 条：国务院的调整不得低于证券法规定的最低限额；证券公司的注册资本必须为实缴的资本；经营证券业务中两项以上的，注册资本最低限额为人民币 5 亿元。

7. C。参见《证券法》第 16 条：累计发行的可转换公司债券不得超过公司净资产的 40%。

8. C。参见《证券法》第 24 条：经审查作出不予核准决定的，发审委应给出理由。

9. A。参见《证券法》第 50 条：股票上市，公司股本不少于人民币 3000 万元；公开发行的股份达到公司股份总数的 25%以上，公司股本总额超过人民币 4 亿元的，公开发行股份的比例为 10%以上；公司最近三年无重大违法行为，财务会计报告无虚假记载。

10. D。其他选项都是证券法明确禁止的行为。

11. B。依照法律授权或法律设定的要件、程序和方式，商主体可分为法定商人、注册商人、任意商人，或称必然商人、应登记商人、自由登记商人。依照经营者的法律状态和事实状态，商主体可分为形

式商人或固定商人、拟制商人、表见商人。A、C、D项的分类均正确。

12. D。保险法规定，合同约定分期支付保险费，投保人支付首期保险费后，除合同另有约定外，投保人超过规定的期限60日未支付当期保险费的，合同效力中止，或者由保险人按照合同约定的条件减少保险金额。投保人承担该责任需具备以下要件：(1) 其已经支付了首期保险费；(2) 其未按合同的约定支付当期的保险费；(3) 未按规定期限支付当期保险费的行为持续至合同规定期限届满后60日以外；(4) 合同中没有相反的约定。

13. C。定值保险合同是指由双方当事人事先确定保险标的的实际价值，并载明于合同中的保险合同。它多适用于以某些不易确定价值的财产（如字画、古董、船舶等）为保险标的的财产保险合同。因为祖传的郑板桥字画的市价较难确定，采用定值保险便于双方约定其价值，避免保险事故发生后难以准确认定其价值。

14. C。保证保险合同的投保人和被保险人是本题中的债务人和债权人。苏小姐向某银行贷款，该银行为债权人，因此该银行为被保险人。

15. C。定期付款的汇票按照期限确定的时间可以分为见票后定期付款的汇票和出票后定期付款的汇票。本题属于见票后定期付款的汇票。

16. B。原因关系为当事人之间之所以接受票据的原因，例如，出票人之所以出票交给收款人，背书人之所以将票据转让给被背书人，是因为他们间原来有一种经济关系，包括票据资金关系、票据预约关系、票据原因关系。

17. C。狭义的票据行为，仅指能够发生票据债权、债务的法律行为，主要包括出票、背书、承兑、保证、参加等行为。因此答案为C项。

18. D。我国《企业破产法》第30条规定了破产财产的范围，本题中只有已作为担保的财产不属于破产财产。所以，选D项。

（二）多项选择题

1. BCD。《公司法》规定，公司法定代表人依照公司章程的规定，由董事长、执行董事或者经理担任，并依法登记。

2. AD。公司由于合并、分立而解散的，不需要经过清算。

3. ABCD。四个选项均是《公司法》规定可以吊销营业执照的情形。

4. ABC。参见《证券法》第148条：证券公司应当按照规定向国务院证券监督管理机构报送业务、财务等经营管理信息和资料。国务院证券监督管理机构有权要求证券公司及其股东、实际控制人在指定的期限内提供有关信息、资料。

5. CD。非法发行的证券不得买卖，证券法为场外交易开设了方便，至少是不禁止的。

6. BD。经理人是典型的直接代理人而非间接代理人。只有完全商人才可以授予代理人经理权，小商人不可以授予他人经理权，即不可以任用经理人。因此A、C项是错误的。

7. ABC。A项为保险合同约定的损失，应当由保险公司承担。保险法规定，保险事故发生后，被保险人为防止或者减少保险标的的损失所支付的必要的、合理的费用，由保险人承担；保险人、被保险人为查明和确定保险事故的性质、原因和保险标的的损失程度所支付的必要的、合理的费用，由保险人承担。所以B项和C项费用也应由保险公司承担。

8. BCE。公示催告为丧失票据人在丧失票据后依法申请法院宣告票据无效而使票据上权利与票据相分离的一种制度。其法律效力是停止支付、票据转让无效、权利申报。

9. ABCE。《票据法》第73条规定：本票是出票人签发的，承诺自己在见票时无条件支付确定的金额给收款人或者持票人的票据。本法所称本票，是指银行本票。因此，只有银行有权签发本票。

（三）不定项选择题

1. AC。公司可以向其他企业投资，但是除法律另有规定外，不得成为对所投资企业的债务承担连带责任的出资人。按照我国现行的合伙企业法，有限责任公司可以设立合伙企业。一人公司为我国公司法所允许，故可以设立全资子公司。公司向其他企业投资，没有投资资本额的限制。

2. B。虚假陈述是手段，目的是操纵市场，应定性为操纵市场行为。

3. ABCD。再保险是指保险人将其承担的保险业务，以承保形式部分转移给其他保险人的行为。因此，再保险可以理解为保险人的保险。再保险关系中，当事人双方是原保险的保险人和再保险的保险人，原保险的投保人与再保险中的保险人之间没有直接的法律关系。基于上述分析可知，题中 A、B、C、D 四项均不属于再保险。

4. ABCD。参见最高人民法院《关于审理票据纠纷案件若干问题的规定》第 1 条、第 2 条、第 3 条。

5. ABCD。根据《企业破产法》第 31 条的规定，四个选项中的行为都属于可撤销行为，应当全选。

三、简答题

1. 关联交易是指某一特定公司及其附属公司、企业与其关联企业或关联人之间形成的交易行为，或者更一般地说，关联交易是关联企业或关联人之间形成的交易行为，是关联企业利益冲突行为之一种。作为一种有别于一般市场交易的特殊行为，关联交易具有以下特征：

（1）关联交易是在控制权人意志控制或许可下进行的某种“基本自我交易”。（2）关联交易是在市场行为形式掩盖下的某种特殊交易，其行为内容具有隐蔽性，其交易过程避开了市场交易中必不可少的真实意思表示一致的过程。（3）关联交易是一种其交易公平性需要由法律控制规则进行保障的交易，也即关联交易本身是一中性概念，它仅指明了其交易双方主体，并不具有道德判断含义。但是，由于交易中存在着一种控制因素，致使交易主体在实质上并不平等，当此类交易完全不受法律控制时，即会成为各种不公允交易和各种规避法律行为的基本工具。

2. 随着交易标的的增大、交易手段的复杂、交易周期的加快、交易范围的扩大，交易风险日益突出。为增强商事主体的安全感，调动人们从事交易活动的积极性，商事交易条件严格法定便构成了商法规范营利原则之下的又一规则。商事交易条件的严格法定就是减少和消除商事交易活动中的不安全因素，确保交易行为的法律效力和法律后果的可预见性。商事交易条件的严格法定体现在对商事交易条件采取强制主义、公示主义、外观主义及严格责任主义之统制。严格责任主义即在商事交易中，债务人无论是否有过错，均应对债权人负责。如各国公司法规定，有限责任公司成立后，发现作为出资的实物、工业产权、非专利技术、土地使用权的实际价额显著低于公司章程所定价额的，应当由交付该出资的股东补足其差额，公司设立时的其他股东对其承担连带责任；股份有限公司不能成立时，发起人对其设立行为所生债务和费用负连带责任。

3. 根据保险法的有关原理，投保人的义务主要包括以下几个方面：

第一，支付保险费的义务。这是投保人的基本义务，也是保险法律关系得以建立的重要基础。

第二，如实告知的义务。这是投保人基于最大诚信原则所应当履行的一项义务，这一义务的履行对于保险人判断保险风险、保险费率等都有重要的意义。

第三，维护保险标的安全、接受保险人检查的义务。这是保险合同订立后，为保障保险人的权利、维护保险标的的安全而为投保人设定的一项义务。

第四，危险增加的通知义务。它是指在保险合同的有效期内，保险标的的危险程度增加的，投保人应依照合同规定及时通知保险人的义务。保险人有权根据危险增加的情况要求增加保险费或者解除合同。

第五，出险通知义务。出险通知义务是指投保人知道保险事故发生后，应当及时通知保险人。其目的在于使保险人能够迅速调查、取证，采取适当的方法，防止损失扩大，并为赔偿和给付保险金做准备。

第六，施救的义务。它是指在发生保险事故时，投保人应当采取必要合理的措施，避免保险事故所造成的损失的扩大。如投保人怠于履行这一义务，将对扩大部分的损失承担责任。

四、案例分析题

1. （1）股东会会议作出由乙企业代表陈某代替丁企业代表王某出任公司监事的决议符合我国《公司

法》的规定，而作出由公司职工代表李某代替公司职工代表徐某担任公司监事的决议不符合我国《公司法》的规定。根据我国《公司法》的规定，有限责任公司监事会中股东代表出任的监事由股东会选举和更换，公司职工代表出任的监事由公司职工民主选举产生。

(2) 符合我国《公司法》的规定。根据我国《公司法》的规定，经代表 2/3 以上表决权的股东表决通过，公司可以将公积金的一部分转为资本，但法定公积金转为资本时，所留存的该项公积金不得少于转增前公司注册资本的 25%。

(3) 符合我国《公司法》的规定。根据我国《公司法》的规定，公司依法提取的公益金用于本公司职工的集体福利。

(4) 不符合我国《公司法》的规定。根据我国《公司法》的规定，董事、高级管理人员不得违反公司章程的规定，未经股东会、股东大会或者董事会同意，将公司资金借贷给他人或者以公司财产为他人提供担保。

2. (1) 乙公司无权要求丙市农业银行付款。乙公司持此复印件请求行使票据权利，不符合我国《票据法》第 4 条第 2 款的规定，其无权要求丙市农业银行付款。根据我国《票据法》第 20 条之规定，出票是指出票人签发票据并将其交付给收款人的票据行为。甲公司虽然签发经丙市农业银行承兑的两张银行承兑汇票，但是这两张银行承兑汇票在向乙公司交付之前即被甲公司遗失，故甲公司并未完成出票的票据行为，乙公司也未实际持有该银行承兑汇票。现乙公司据以主张票据权利的，只是甲公司交给它的银行承兑汇票第一联复印件，该复印件上虽然有“汇票”字样、金额、付款人名称、收款人名称等复印内容，但是没有出票人甲公司的签章，且未经丙市农业银行同意承兑；另附的丙市农业银行说明函又对支付限定了条件，所以复印件上虽然有丙市农业银行加盖的汇票专用章，仍不能作为有效的汇票使用。

(2) 乙公司的权利能够受到保护。乙公司可以根据民法的有关规定，向甲公司主张债权。因为票据是要式证券，票据的制作必须严格符合法律的规定。乙公司从甲公司得到的银行承兑汇票第一联复印件，不符合票据法对汇票的规定，不是有效票据，乙公司不能据此主张行使票据权利。但是我国《票据法》第 18 条规定：持票人因超过票据权利时效或者因票据记载事项欠缺而丧失票据权利的，仍享有民事权利，可以请求出票人或者承兑人返还其与未支付的票据金额相当的利益。甲公司是因乙公司供给其电视机，才给乙公司出具汇票。乙公司虽因票据无效而丧失了票据权利，但是对甲公司享有的债权并未丧失，乙公司与甲公司之间的债权债务系原因关系，属民法调整，乙公司可向甲公司行使利益返还请求权。

五、论述题与深度思考题

1. 保险合同的变更主要有以下几个方面：

第一，主体变更。保险合同主体的变更主要是指保险合同成立后、未履行完毕之前发生的投保人、被保险人和受益人的变化。保险合同的主体不同，变更所涉及的法律程序规定也不相同。A. 投保人的变更，即将保险合同或者保险单进行转让，如在转移财产所有权的同时将保险合同一并转让给财产受让人。我国保险法规定，保险标的的转让应当通知保险人，保险人同意继续承保后，依法变更合同。B. 被保险人的变更，只能发生在财产保险合同中。在人身保险合同中，保险标的即被保险人的生命或身体，是保险合同成立的基础，因此不能变更。在财产保险合同中，保险标的的变更实际上意味着被保险人的变更。C. 受益人的变更，保险法规定，被保险人或者投保人可以变更受益人并书面通知保险人。保险人收到变更受益人的书面通知后，应当在保险单上批注。投保人变更受益人时须经被保险人同意。

第二，客体变更。保险合同的客体即保险利益，保险利益为投保人所有，其变更为投保人的变更所致。

第三，内容变更。保险合同内容的变更指保险合同中规定的各事项的变更。保险法规定，在保险合同有效期内，投保人和保险人经协商同意，可以变更保险合同的有关内容。变更保险合同的，应当由保险人在原保险单或者其他保险凭证上批注或者附贴批单，或者由投保人和保险人订立变更的书面协议。这一规定确立了保险合同双方当事人协商变更合同内容的原则，即须双方协商同意后由保险人批注或者附贴批单或者双方订立变更的书面协议，即保险合同内容的变更须经保险人同意。保险合同内容的变更有两种情况：一种是投保人根据自己的需要提出变更，经与保险人协商后变更合同内容；另一种是因发生法定情况，保险合同一方须提出变更，而另一方亦不得拒绝变更。保险合同内容的变更包括保险费的变更等方面的变更，其中主要体现为保险费的变更。具体的变更情况，可以根据保险法的有关规定和合同当事人的具体情况进行把握。其中法定的变更情况可参见保险法的具体条款，如《保险法》第 52 条规定：在合同有效期内，保险标的的危险程度显著增加的，被保险人应当按照合同约定及时通知保险人，保险人有权要求增加保险费或者解除合同。

2. 追索权本质上是持票人依票据享有的第二请求权，其法律特征在于：

(1) 是一票据上权利，是票据请求权之一种。追索权与票据出票人或背书人的担保兑付责任相对应，票据权利人在其票据不获兑付时可依票据法向其前手追索，且该追索权不受票据基础关系效力的影响，它与基于票据基础关系的利益偿还请求权不同。追索权制度的作用在于增强票据的效力和信用力，以确保票据兑付请求权的实现。

(2) 是票据权利人向其前手请求偿还票据金额、利息及费用的请求权。这就是说，追索权在客体上不同于第一请求权，它不仅包括票据金额，还包括因票据不获兑付而使票据权利人损失的票据利息以及取得拒绝证书和发出通知的费用。各国票据法对于追索权客体的这一规定，意在全面保护票据权利人的合法权益，增强票据的信用力和社会接受程度。

(3) 是在票据到期不获付款、期前不获承兑或者发生其他法定事由时，方可依法定程序行使的票据上权利。根据我国《票据法》第 61 条和第 62 条的规定，汇票权利人只有在下述情况发生时，方可依法行使追索权：①汇票在付款提示期间经合法提示被拒绝付款并取得拒绝证书的；②汇票在付款到期日前经合法提示被拒绝承兑并取得拒绝证书的；③汇票在提示承兑或付款时，承兑人或者付款人死亡、逃匿、被依法宣告破产或者被责令终止业务活动，权利人取得了法院或主管部门出具的等同于拒绝证明效力的文件的。

(4) 在法律上具备可选择性和可代位性。根据我国和多数国家的票据法的规定，票据权利人在其票据不获兑付时，可依法向其全部前手的担保债务人中一人或数人进行追索，其中包括出票人、背书人和保证人（但在有保证人保证的条件下，第二债务人的范围依法定规则），该等第二债务人负有连带责任，而票据权利人的追索权具有可选择性。在被追索人向初次追索权人清偿了追索债务后，依法将取得对其前手的再追索权，该代位权人有权向其前手请求偿还其已经偿付的全部金额，也有权向其前手请求偿还其在获得再追索清偿前的利息损失和发出相关通知的费用。此为追索权的可代位性，它将最终溯及至票据出票人。

综合测试题（三）

一、名词解释

1. 关联关系
2. 商业形象权
3. 超额保证保险合同
4. 记名票据与不记名票据

二、选择题

（一）单项选择题

1. 某外国公司驻北京办事处的以下行为中，哪项符合我国公司法的规定？（　　）

A. 办事处未置备该外国公司的章程

B. 办事处在与它的中国雇员签订的劳动合同中约定，雇员对办事处的任何请求，不得诉及该外国公司

C. 办事处在该外国公司被所在国法院宣告破产后，仍继续在中国从事经营活动

D. 该外国公司撤销该办事处时，办理解散清算手续后，才能将其资金汇出中国境外

2. 甲公司违规生产并销售不合格保健品，致使顾客乙身体受到伤害。法院判决甲赔偿乙120万元，同时工商局对甲处以20万元的罚款，而甲现有的总资产为100万元。以下说法正确的是（　　）。

A. 甲应优先交纳20万元罚款

B. 甲应优先赔偿乙

C. 交纳罚款和赔偿处于同一顺序，甲应按比例清偿

D. 按公司章程规定处理

3. 对公司章程的修改不需要股东会表决的是（　　）。

A. 由于股权转让而修改有关章程中的股东及其出资额记载的

B. 修改经营范围的

C. 修改公司存续期间的

D. 修改变更法人代表的

4.（　　）可以在股东大会召开10日前提出临时提案。

A. 监事　　B. 监事会

C. 单独或者合计持股3%以上的股东　　D. 任一股东

5. 在理论上，可将公司分为公开公司和封闭公司，其分类标准是（　　）。

A. 依据公司的资本基础

B. 依据股东对公司的责任形式

C. 依据公司股东构成和股份的转让方式

D. 依据公司与公司之间的控制依附关系

6. 股份有限公司董事会会议就所议事项作出决议时，必须经超过全体董事的（　　）通过。

A. 1/2　　B. 2/3

C. 3/4　　D. 1/3

7. 股份有限公司的董事任期由公司章程规定，但每届任期不得超过(　　)年。

A. 1 年　　B. 2 年

C. 3 年　　D. 4 年

8. 关于国有企业是否能够进行股票交易的讨论中，下列同学的发言值得赞同的是(　　)。

A. 甲同学认为，国有企业有保值增值的义务，所以应禁止其买卖一切股票

B. 乙同学认为，国有企业也是市场经济的主体，其可以自由买卖上市股票

C. 丙同学认为，国有企业作为市场经济的组成部分，只要遵守国家有关规定就应该可以买卖上市股票

D. 丁同学认为，由于我国法律禁止国有企业炒股，所以国有企业不得买卖上市的股票

9. N 公司在其进行要约收购中从事的下列行为中符合证券法的规定的是(　　)。

A. 在其收购要约中规定，本要约收购仅面向持有目标公司证交所发行股票的股东

B. 在收购要约规定的期限内，以其股东大会作出不准收购决议为由撤回其收购要约

C. 在收购要约规定的期限内，通过证交所继续收购目标公司的股份

D. 在收购要约规定的期限内，向有关机关申请变更收购要约

10. 关于证券交易所的职责，下列同学的叙述有偏差的有(　　)。

A. 证券交易所应当对上市公司及相关信息披露义务人披露信息进行监督，督促其依法及时、准确地披露信息

B. 证券交易所对证券交易实行实时监控，并按照国务院证券监督管理机构的要求，对异常的交易情况提出报告

C. 证券交易所根据需要，可以对出现重大异常交易情况的证券账户限制交易，并报国务院证券监督管理机构备案

D. 证券交易所应当从其收取的交易费用和会员费中提取一定比例的金额设立风险基金

11. 委付制度适用于(　　)。

A. 财产保险和人身保险　　B. 财产损失保险

C. 责任保险　　D. 海上保险

12. 关于最初国内开设投资信用保险合同的投保人，下列判断中正确的应该是(　　)。

A. 本国投资者　　B. 来华投资的外国投资商

C. 国内外投资者　　D. 港澳台投资商

13. 我国保险法规定，为了保障被保险人的利益，支持保险公司稳健经营，保险公司应当按照金融监督管理部门的规定提取(　　)。

A. 未决赔款准备金　　B. 保险保障基金

C. 保险保证金　　D. 保险公积金

14. 保险公司在整顿过程中(　　)。

A. 日常业务全部停止　　B. 日常业务仍由保险公司进行

C. 消极行为可进行　　D. 日常事务由整顿小组领导

15. 在涉外票据中，汇票和本票出票行为的记载事项应当适用(　　)。

A. 出票人所属国的法律　　B. 付款人所属国的法律

C. 出票地的法律　　D. 付款地的法律

16. 根据我国《票据法》的规定，本票出自出票之日起，付款期限最长不得超过(　　)。

A. 15 天　　B. 1 个月

C. 2 个月　　D. 3 个月

17. 根据我国《票据法》的规定，支票出票人的主要票据义务包括(　　)。

A. 直接付款义务　　B. 担保义务

C. 背书义务　　D. 承兑义务

18. 下列哪种在破产宣告前成立的请求权，不得成为破产债权？（　　）

A. 放弃了优先受偿权的债权

B. 有财产担保的债权，经由担保物清偿后的未受清偿的部分

C. 破产人的连带债务人，因代替破产人清偿债务而取得的求偿权

D. 破产人欠缴的罚款

19. 根据我国破产法，我国破产程序的启动方式是采取下列哪种立法例？（　　）

A. 职权主义　　B. 申请主义

C. 折中主义　　D. 兼采职权主义和申请主义

20. 破产立法的首要目的是(　　)。

A. 对债务人的救济

B. 债权人公正分配要求的满足

C. 实现资源的优化配置和合理使用

D. 促进社会生产力水平的提高

21. 在下列情况下，天中科技有限责任公司的股东甲可以请求公司按照合理的价格收购其股权的有(　　)。

A. 天中科技股份有限公司决定公司在当年不分配利润，虽然符合法律关于分配利润的条件，甲股东表示反对

B. 天中科技股份有限公司决定与某公司合并以提高公司的竞争力，甲以提高其在合并后公司的持股比例为前提表示赞成，但没有得到公司的同意

C. 天中科技股份有限公司的营业期届满，经股东会决议使公司继续存在，甲犹豫不决而最终弃权

D. 天中科技股份有限公司决定分立成为两个公司，由于此时没有关系到甲的切身利益，甲在表决时没有投反对票，后后悔而表示反对

22. 下列属于资本公积金的有(　　)。

A. 股票溢价发行所得的款项　　B. 公司厂房评估后的增值部分

C. 公司的利润　　D. 公司的税收扣减额

23. 根据《企业破产法》的规定，在人民法院于债权申报期限届满后 15 日内召开第一次债权人会议后，以后的债权人会议可以在什么情形下召开？（　　）

A. 人民法院认为必要时

B. 会议主席认为必要时

C. 清算组成员中的 1/2 提出要求时

D. 登记在册的 1/4 以上的债权人提出要求的

（二）多项选择题

1. 下列属于《公司法》所规定的公司高级管理人员的是：（　　）。

A. 上市公司董事会秘书　　B. 经理、副经理

C. 公司章程规定的其他人员　　D. 财务负责人

2. 依照《公司法》的规定，有限责任公司在下列哪些情况下可以不设监事会？（　　）（司考）

A. 公司规模较小　　B. 股东人数较少

C. 国有独资公司　　D. 国有控股公司

3. 下列关于股票和债券的表述中，哪些是正确的？（　　）

A. 股票和债券都属于投资证券

B. 法律对股票的发行条件与债券的发行条件有不同的要求

C. 有限责任公司和股份有限公司都可以发行股票和债券

D. 股份和债券都属于有价证券

4. 某上市公司在出现下列哪些情况时，必须向国务院证券监督管理机关和证券交易所报送临时报告，并予以公告？（　　）

A. 公司股东大会作出改变公司经营范围的决定

B. 公司拖欠职工工资数额较大

C. 公司在从事某项交易时因市场的变化出现较大亏损

D. 持有10%公司股份的董事长病故

5. 甲公司持有乙上市公司30%的股份，现欲继续收购乙公司的股份，遂发出收购要约。甲公司发出的下列收购要约中哪些内容是合法的？（　　）

A. 甲公司收购乙公司的股份至51%时即不再收购

B. 甲公司将在45日内完成对乙公司股份的收购

C. 本收购要约所公布的收购条件适用于乙公司的所有股东

D. 在收购要约的有效期限内，甲公司视具体情况可以撤回收购要约

6. 保险人或再保险人在办理保险业务过程中，应对下列哪些事项负有保密义务？（　　）

A. 投保人、被保险人、受益人的业务情况

B. 投保人、被保险人、受益人的财产情况

C. 投保人和受益人的个人隐私

D. 再保险分出人的业务情况

7. 依据我国《票据法》，支票的出票人除必须记载“支票”字样外，还必须记载（　　）。

A. 支付文句　　B. 付款人名称

C. 收款人名称　　D. 出票日期

E. 出票人签章

8. 根据我国有关破产的相关规定，下列哪些费用应当从破产财产中优先拨付？（　　）

A. 破产财产的管理、变卖和分配所需要的费用，包括聘任工作人员的费用

B. 破产案件的诉讼费用

C. 为债权人的共同利益而在破产程序中支付的费用

D. 清算期间职工生活费、医疗费

9. 下列关于国有独资公司组织机构的表述中，符合《公司法》规定的是：（　　）。

A. 必须设董事长，可以设副董事长，均由国有资产监督管理机构从董事会成员中指定

B. 国有独资公司不设股东会

C. 国有独资公司董事长由董事会选举产生

D. 国有独资公司监事由董事长任命

（三）不定项选择题

1. 根据《公司法》关于法律责任的规定，某公司董事、经理的下列行为中，哪些导致其因该行为的所得收入归公司所有或予以没收？（　　）（司考）

A. 董事长甲向社会公众散布虚假信息，引起该公司股票上涨，然后将自己持有的该公司股票抛出以获利

B. 总经理乙将公司的一笔暂时不用的资金用于个人炒股，获利后将这笔资金归还

C. 副董事长丙以公司的一处房产为某个体户的贷款提供担保，获得一笔资金

D. 副总经理丁得知某种货物价格将会上涨，将公司库存的这种货物卖给自己的亲戚，以后又替他将这批货物卖出，从中分得一部分利润

2. 根据票据法的一般原理，票据保证人的责任具有多重属性，主要包括：(　　)。

A. 票据保证人的责任是同一责任　　B. 票据保证人的责任是刑事责任

C. 票据保证人的责任是行政责任　　D. 票据保证人的责任是独立责任

E. 票据保证人的责任是连带责任

三、简答题

1. 简述票据的作用。

2. 简述破产债权的特征。

四、案例分析题

1. 案情：原告欧美大地公司诉称：其于1994年10月开始便正式注册、使用现名（欧美大地仪器设备中国有限公司），其主要业务是为在引进世界先进的基础设施建设工作中提供中国使用的各种检测与测试仪器设备。经过长期的苦心经营，原告及经其合法授权而成立的广州欧美大地仪器设备有限公司已经在国内同行业中积累了良好的商业信誉。"欧美大地"字号已经被业内其他经营者及相关用户所公认。但是被告却在明知的情况下，于2001年12月在北京登记注册了北京欧美大地仪器设备有限公司，并且还从事与原告相关的经营，并已经给原告实际造成了客户的混淆与误认。原告认为，被告的行为已经构成了不正当竞争，请求人民法院判令被告停止侵权，并赔偿经济损失人民币10万元等。被告则认为：自己的企业名称是合法注册的，并不构成对他人权利的损害，更何况依据《中华人民共和国企业名称登记管理实施办法》的规定，企业名称应由行政区划、字号、行业、组织形式依次组成，由于企业名称的专用权是指对企业全部名称的专用权，并不意味着对上述4个构成要素分别享有专用权，所以原告的主张无法律依据，而且其与原告的经营范围、产品等均有不同。

问题：原告是否有理由起诉被告?

2. 案情：某电子有限公司系中外合资企业，2006年12月因经营不善，已达破产境地，准备向法院申请破产，该企业的基本情况如下：该公司是在省工商行政管理局登记的企业；该公司的债权人某建筑公司因经济纠纷于2个月以前起诉该电子有限公司，该案已经审结但尚未执行；该公司欠当地工商银行贷款1 500万元，其中的900万元贷款是用该公司的厂房作为抵押；该公司曾为北方公司向当地建设银行一笔1 000万元的贷款作保证人，现北方公司借款已到期，北方公司未偿还该笔贷款。

人民法院收到破产申请后，经审查决定于12月15日立案，并指定李某独任审理此案。12月28日，人民法院发布公告，通知该电子有限责任公司的债权人来申报债权。2007年3月23日，召开了第一次债权人会议。4月10日，人民法院宣告该电子有限公司破产，并在4月30日指定破产管理人，接管了该电子有限公司的财产。破产管理人讨论提出了破产财产的分配方案，决定将该电子有限公司财产整体拍卖出售，所有债权人按比例受偿。工商银行提出异议，被人民法院驳回。

问题：(1) 该电子有限公司申请破产案应由哪级人民法院受理?

(2) 该电子有限公司与某建筑公司之间已经审结的经济纠纷应当如何处理?

(3) 工商银行的1500万元贷款应该如何处理?

(4) 建设银行能否参加破产程序，申报债权?

五、论述题与深度思考题

1. 商誉权的法律性质。

2. 论述破产管理人制度。

参考答案

一、名词解释

1. 关联关系是指公司控股股东、实际控制人、董事、监事、高级管理人员与其直接或者间接控制的企业之间的关系以及可能导致公司利益转移的其他关系。但是，国家控股的企业之间不仅仅因为同受国家控股而具有关联关系。

2. 商业形象权最早是在美国发展起来的，从作为隐私权的肖像权出发，不仅包括人格权，也包括财产权；财产权可以转让给他人，也可以根据合同许可给他人独占使用。商业形象权是名人对其姓名、形象及其他对有顾客吸引力、有识别性的经济利益或价值（publicityvalue）进行排他性支配的权利。对于未经许可利用名人尤其是演员的姓名或形象的，法院判例认定是损害商业形象权，可请求责令停止侵害、损害赔偿、销毁侵害产品。但是关于商业形象权的性质，法学界还没有定论，有两种见解：一种是强调人格权，另一种是强调财产权。日本名古屋法院认为：商业形象权不一定是人格权，人和物品有互相独立的经济价值，不仅保护名人的人格权，也保护物（包括动物）的名称等的经济价值。

3. 超额保证保险合同是财产保险合同的一种，是指保险人在被保险人的信用危机给权利人造成损失时，仅对超出限额部分承担损失赔偿责任的一种保险合同。

4. 依据票据法规定的对票据收款人的记名方式，可将票据分为：记名票据、不记名票据。记名票据是指出票人在出票时依法需在票据上明确记载票据收款人的姓名或名称的票据。此类票据如未记名，则属于欠缺必要记载事项，不发生票据效力。不记名票据是指出票人在出票时，依法在票据上可以不记载票据收款人的姓名或仅抽象地指定“持票人”为权利人的票据。此类票据不以收款人姓名为绝对必要记载事项，而推定票据持票人为权利人。

二、选择题

（一）单项选择题

1. D。外国公司的分支机构应当在本机构中置备该外国公司章程，故A项错误。外国公司对其分支机构在中国境内进行经营活动承担民事责任，故B项约定违法而无效。外国公司的分支机构以外国公司的名义进行经营活动，该外国公司破产的，分支机构不得再行经营，故C项错误。外国公司撤销其在中国境内的分支机构时，必须依法清偿债务，依照公司清算程序的规定进行清算，未清偿债务之前，不得将其分支机构的财产移至中国境外，所以D项正确。

2. B。公司违反公司法的规定，应当承担民事赔偿责任和缴纳罚款、罚金的，其财产不足以支付时，先承担民事赔偿责任。

3. A。股东转让股权的，公司应当注销原股东的出资证明书，向新股东签发出资证明书，并相应修改公司章程和股东名册中有关股东及其出资额的记载。对公司章程的该项修改不需再由股东会表决。

4. C。我国《公司法》规定：单独或者合计持有公司3%以上股份的股东，可以在股东大会召开10日前提出临时提案并书面提交董事会；董事会应当在收到提案后2日内通知其他股东，并将该临时提案提交股东大会审议。临时提案的内容应当属于股东大会职权范围，并有明确议题和具体决议事项。股东大会不得对前述通知中未列明的事项作出决议。

5. C。依据公司股东构成和股份的转让方式，可将公司分为公开公司和封闭公司。

6. A。股份有限公司董事会作出决议，必须经全体董事的过半数通过。

7. C。有限责任公司和股份有限公司的董事任期由公司章程规定，但每届任期不得超过3年。董事任期届满，连选可以连任。

8. C。参见《证券法》第83条：国有企业和国有资产控股的企业买卖上市交易的股票，必须遵守国家有关规定。所以国有企业在遵守相关规定后是可以买卖股票的。

9. D。参见《证券法》第 91、92 条：在收购要约确定的承诺期限内，收购人不得撤销其收购要约。收购人需要变更收购要约的，必须及时公告，载明具体变更事项。收购要约提出的各项收购条件，适用于被收购公司的所有股东。

10. D。参见《证券法》第 116 条：证券交易所应当从其收取的交易费用和会员费、席位费中提取一定比例的金额设立风险基金。

11. B。委付制度适用于财产保险，并且以保险标的的推定全损为条件。

12. B。外国政府经营的投资信用保险合同所保障的是本国投资人在外国的投资风险，而我国的投资信用保险合同最初承保的是外国的投资者在我国境内投资的风险。这主要是当时出于吸引外资的需要而设计的。

13. B。保险保障基金是为了使保险人有足够的财力应付较长周期可能发生的巨额赔款，从年终结余中专门提存的后备基金。保险法规定，为了保障被保险人的利益，支持保险公司稳健经营，保险公司应当按照保险监督管理机构的规定提存保险保障基金。

14. B。在整顿过程中，保险公司的原有业务继续进行，但是保险监督管理机构有权停止开展新的业务或者停止部分业务，调整资金运用。整顿的目的是恢复保险公司的日常业务，因此整顿组织有权监督保险公司的日常业务，使之按照整顿的目标运营。

15. C。《票据法》第 97 条规定：汇票、本票出票时的记载事项，适用出票地法律。支票出票时的记载事项，适用出票地法律；经当事人协议，也可以适用付款地法律。

16. C。《票据法》第 78 条规定：本票自出票日起，付款期限最长不得超过 2 个月。

17. B。支票出票人在签发支票后也要承担担保责任。但是由于支票不存在承兑环节，所以出票人的担保责任仅限于保证支票得到付款。

18. D。根据《破产规定》第 61 条的规定，行政机关的罚款不属于破产债权。故 D 项错。

19. B。依据破产程序的启动方式不同，历来有三种立法例：职权主义、申请主义与折中主义。根据我国破产法的规定，我国破产程序是由债权人或债务人提出申请才能启动。所以，B 项对。

20. B。破产制度的产生首先是源于对债权人公正分配的需要，这也是破产法的首要目的。只是到了近现代，才兼顾了如对债务人救济、实现资源的优化配置等目的。所以，选 B 项。

21. B。股东股份回购请求权的行使是有条件的，即股东对公司的相关决定表示反对，这些决议包括：公司连续 5 年不向股东分配利润，而公司该 5 年连续盈利，并且符合公司法规定的分配利润条件的；公司合并、分立、转让主要财产的；公司章程规定的营业期限届满或者章程规定的其他解散事由出现，股东会会议通过决议修改章程使公司存续的。

22. A。股份有限公司以超过股票票面金额的发行价格发行股份所得的溢价款应当列为公司资本公积金而不是发行所得。C、D 项为一般的利润。

23. A。根据《企业破产法》第 62 条的规定，只有 A 项正确。

（二）多项选择题

1. ABCD。我国《公司法》规定：高级管理人员，是指公司的经理、副经理、财务负责人，上市公司董事会秘书和公司章程规定的其他人员。

2. AB。股东人数较少或者规模较小的有限责任公司，可以设 1 名至 2 名监事，不设立监事会。

3. ABD。股份有限公司才能发行股票，有限责任公司不能发行股票。

4. AD。参见《证券法》第 67 条。B、C 项不属于临时报告的范围。

5. ABC。在收购要约的有效期限内，甲公司依法不可以撤回收购要约。

6. ABCD。保险法规定，保险人或者再保险接受人对在办理保险业务过程中知道的投保人、被保险人、受益人或者再保险分出人的业务和财产情况及个人隐私，负有保密的义务。题中四个选项均属于保险法要求的保密义务范围。

7. ABDE。根据《票据法》第 84 条，支票必须记载下列事项包括：表明“支票”的字样；无条件支付的委托；确定的金额；付款人名称；出票日期；出票人签章。

8. ABCD。根据《企业破产法》第 41 条的规定，选项 A、B、C 中的费用都属于破产费用，都应当从破产财产中优先拨付。《破产规定》第 90 条规定：清算期间职工生活费、医疗费可以从破产财产中优先拨付。所以，D 项也对。但是，这条规定颇受学者批评。

9. AB。国有独资公司不设股东会，由国有资产监督管理机构行使股东会职权。董事会设董事长一人，可以设副董事长。董事长、副董事长由国有资产监督管理机构从董事会成员中指定。国有独资公司监事会成员除职工代表外由国有资产监督管理机构委派。

（三）不定项选择题

1. BCD。参见《公司法》第 148 条有关规定。

2. E。《票据法》第 50、51 条规定：被保证的汇票，保证人应当与被保证人对持票人承担连带责任。汇票到期后得不到付款的，持票人有权向保证人请求付款，保证人应当足额付款。保证人为 2 人以上的，保证人之间承担连带责任。保证人清偿汇票债务后，可以行使持票人对被保证人及其前手的追索权。因此选择 E 项。

三、简答题

1. 票据的作用主要有以下几种：（1）汇兑作用。在商业交易中，交易双方往往分处两地或远居异国，经常会发生在异地之间兑换或转移金钱的需要。因为一旦成交，就要向外地或外国输送款项，供清偿之用。在这种情况下，如果输送大量现金，不仅十分麻烦，而且途中风险很大。但是，如果通过在甲地将现金转化为票据，再在乙地将票据转化为现金的办法，以票据的转移代替实际的金钱的转移，则可以大大减少上述麻烦或风险。汇票出现以后，便成为异地交易中代替现金支付的最佳工具。在国际贸易中，汇票的这种作用更加突出。（2）支付作用。汇票、本票作为汇兑工具的功能逐渐成形后，在交易中以票据支付代替现金支付的方式逐渐流行起来。用票据代替现钞作为支付工具，可以避免清点现钞时可能产生的错误，并可以节省清点现钞的时间。因此，人们在经济生活中都普遍使用票据特别是支票作为支付的工具。（3）流通作用。票据具有流通功能，得以背书方式进行转让。按照背书制度，背书人对票据的付款负有担保义务，因此，背书的次数越多，对票据负责的人数也越多，该票据的可靠性也越高。（4）融资作用。票据的融资作用就是票据筹集资金的作用。这主要通过票据贴现来实现。所谓票据贴现，是指对未到期票据的买卖行为，也就是持有未到期票据的人通过卖出票据来得到现款。在汇票、本票的付款期日未到之前，持票人可能会发生资金运用困难的情况，为了调动资金，持票人可寻求将手中未到期的票据以买卖方式转让于他人。收买未到期的票据，再将其卖给需用票据进行支付或结算的人，可以从买卖票据的差价中获利，这样，买卖票据的业务发展起来。现代票据市场一方面买卖到期票据，另一方面买卖未到期票据，使得社会资金供求灵活，得以满足市场经济发展对资金的需求。（5）信用作用。这是票据的核心功能。票据当事人可以凭借某人的信誉，就未来可以取得的金钱，作为现在的金钱来用。票据的背书，加强了票据的信誉作用。汇票和本票都有信用工具的作用。

2. （1）破产债权为财产上的请求权。财产请求权是指直接以金钱给付为内容，或者虽不直接表现为金钱但得以金钱计算的请求权。在进入破产程序后，债权人的债权只能以债务人的财产给付为内容，非财产请求权在破产程序中无法受偿，故不属于破产债权。（2）破产债权仅限于破产宣告前成立的债权。破产程序是一种概括性的程序，其目的之一是对债权人进行公平的清偿。在我国，把破产宣告作为划定破产债权范围的界限。（3）破产债权必须是能够强制执行的债权。破产程序是一种概括的强制执行程序，参加破产程序的债权必须是受法律保护且能够予以强制执行的债权。（4）破产债权须是依法申报并经确认的债权。债权人应当在破产案件受理后，依照法定的期限向人民法院申报并登记，否则视为放弃债权，在破产程序中不予清偿。

四、案例分析题

1. 本案例争论的焦点在于被告是否侵犯了原告的合法权利——“欧美大地”商号权。原告从事的行业为经营基础设施建设工作中使用的各种检测与测试仪器设备，还成立了广州欧美大地仪器设备有限公司；被告北京欧美大地仪器设备有限公司是于 2001 年 12 月在北京登记注册而成立的，从事的也是与原告相关的行业经营。由于原、被告的商号都是“欧美大地”，两者所经营的行业又相同，很容易引起消费者的误认与混淆。这些商号纠纷的发生，与知名商号背后隐藏的巨大商誉是有很大关系的。这种现象在商号侵权案中常常出现，被称为“顺向混淆”。企业名称采取的是区域登记注册制，由每个行政区域的工商行政管理机关作为登记管理机关，负责该区域内的工商企业的注册登记；国家工商行政管理机关只主管、负责全国公司企业的登记注册工作。企业字号只要不是中国驰名商标，在一定区域之外的其他地方也是可以进行注册的。因此，原告没有理由诉讼被告侵犯其商号权。

2. （1）本案中，某电子有限公司系中外合资企业，其作为中国境内的企业法人可以适用企业法人破产还债程序。根据《破产规定》第 2 条，地区、地级市（含本级）以上的工商行政管理机关核准登记企业的破产案件，由中级人民法院管辖。本案所涉公司是在省工商行政管理局登记的企业，且破产案件是由债务人所在地法院属地管辖，所以，该电子有限公司破产案件由该公司所在地的中级人民法院管辖。

（2）根据《破产规定》第 20 条的规定，人民法院受理破产案件后，对债务人财产的其他民事执行程序应当中止。因此，应中止执行债务人的财产，由某建筑公司在法定期间申报债权。

（3）根据《企业破产法》第 49 条的规定，工商银行的 1 500 万元贷款作为破产债权申报，同时说明有 900 万元的担保。

（4）能。根据《破产规定》第 55 条第 9 项，建设银行的债权为破产债权。

五、论述题与深度思考题

1. 现代西方法律对商誉的解释为：商誉是一种无形资产，它由因企业经营管理人员的人格和经验而获得的超过企业纯粹的出售价值的好感或者声望，因企业经营管理人员的技术和可信赖性而产生的声誉，企业的地理位置或者其他附着于企业的能够招徕和留住顾客的环境因素等构成。对于商誉权的法律性质，学界存在三种观点。其一是人格权论。该说将商誉权与名誉权等同，认为商誉权与名誉权一样，从属于人格权。人格权论认为商誉权不具有财产性，或者虽承认其具有财产性，但认为财产性不是其本质属性，仅人格权才是其本质属性，《民法通则》第 101 条和第 120 条有关法人名誉权的规定是人格权论的法律论据。其二是人格权与财产权相结合的复合权论。此理论认为商誉权具有财产权和人格权的双重内容，侵害商誉权的行为不仅侵犯了权利主体的知识产权，同时也侵犯了其人格权，是一种竞合侵权。其三是知识产权说。在商誉权的性质问题上，认为商誉权是一种知识产权而不是名誉权的观点逐渐被我国理论界（尤其是知识产权法学界）认可。但对这一观点的论证理由各有不同。吴汉东教授认为，将商誉权归类于知识产权，关键在于其无形财产权属性，或者说其客体（商誉）的非物质性。在这个意义上商誉权符合知识产权的固有特征。郑成思教授认为，知识产权的客体是信息，商誉是对特定经营性主体综合品质的市场评价，是一种“主体结构性信息”，商誉当然就属于知识产权了。这两种有代表性的表述都是从知识产权客体特征的视角，将商誉权视为一种知识产权，认为商誉权具有人身性和财产性的双重属性，与专利权、商标权、版权相似。

2. 在各国的破产立法或商法典中，对破产管理人制度均作有相应规定。破产管理人制度的起源可追溯至古罗马时代。当时，盛行债权人的自力救济主义，债权人胜诉后，可通过自行执行实现其权利，故破产程序和个别强制执行程序并无区别。并且，债权人可以采取对债务人的人身执行的方式受偿债务（如债务人的自由、名誉、身体和生命均可作为执行对象，甚至多数债权人可肢解债务人尸体以达公平分配之目的）。后来，以委付财产为主要方式的财产执行制度逐渐建立并获得发展，法官可依债权人之请求，发给管财命令，允许债权人占有债务人的全部财产。管财命令应当公布，其他债权人可参加管理债务人的财产并获得分配。

此种制度即被视为后世破产制度的起源。但此处之管财命令只相当于今日之破产宣告，至于此后之财产如何保管、变价和分配，以及分配之顺位等，均由债权人自行办理。此即债权人自助主义。同时，法律还规定，宣告债务人财产交债权人占有 30 日后，债权人可为财产之变价而申请法院在债权人中选任 Magister，即财产管理人，由他充当拍卖财产的特别负责人，且采取总括的拍卖方式。然而，实际上由于法院发布管财令到财产之变价分配之间所需时间较长，应有专人负责管理债务人财产，故有时由该财产管理人兼负管理之责。所以，Magister 中已包括了破产管理人的内容，罗马法之 Magister 制，实为破产管理人或破产清算人制度的开端。

罗马帝制时代以后，改破产财产总括拍卖为个别拍卖，其程序较之总括拍卖更为复杂，所需时间也更长久，更有设置专门的管理人之必要。立法乃规定必须选任财产管理人（Curator），即相当于今日之破产管理人。而后，破产案件之处理权限，逐步归之于法院，但在破产宣告后，破产财产的管理和清算工作繁杂、沉重，加之大量的法律事务和非法律事务掺杂其间，远非法院的人力、物力所能胜任，故仍有成立专门的清算组织的必要。此项制度延续、发展至今，便形成了当代的破产管理人制度。

破产管理人是破产程序中最重要的一个组织，它具体管理破产中的各项事务，破产程序进行中的其他机关或组织仅起监督或辅助作用。破产程序能否在公正、公平和高效的基础上顺利进行和终结，与破产管理人的活动密切相关。

当破产程序启动后，破产管理人何时开始存在呢？此即关系到其选任的时间。破产程序立法例的不同，决定了不同的选任时间。目前世界各国（地区）关于破产程序开始的规定，大体分为两种情况：以法国、德国为代表的大陆法系国家，实行破产程序宣告开始主义，法院宣告破产前，破产程序并未开始，债务人的民事主体地位也没有发生变化，其财产不受约束而仍由其支配，而至法院破产宣告时，才指定破产管理人，负责破产财产的管理；而在以英国、美国为代表的英美法系国家，实行破产程序受理开始主义，法院受理破产案件至破产宣告前，为防止债务人不当处分财产，债务人不能再对财产进行管理和处分，而是设立临时财产管理人，由临时财产管理人对债务人的财产进行全面管理，到正式破产宣告后，则由选任出的破产管理人从临时财产管理人处接过管理权，对破产财产进行占有支配并予分配。上述两种立法例都使得破产管理人能及时接管破产财产，避免了破产人因一己之私或其他目的而非法处分破产财产、损害破产债权人共同利益之事发生，破产管理人被选任的时间是妥当的。关于破产管理人的选任方式，各国（地区）存在三种立法例：（1）由法院选任并指定破产管理人。这为日本、西班牙、法国、比利时等采用。法院在破产程序中决定指定何人为破产管理人，债权人会议一般不得干预。但债权人会议对法院指定的破产管理人不服的，可以向法院提出异议。这一方式最大的优点在于效率高，破产管理人能及时产生，但其主要弊端是债权人的共同意志难以充分体现。（2）由债权人会议选任破产管理人。这以美国、瑞士、加拿大等为代表。在这些国家破产宣告后，由债权人会议选任破产管理人，在破产宣告至破产管理人被选任出来前或债权人会议一直未选任出破产管理人两种情况下，由法院任命临时破产管理人负责清算事务。这一方式反映了破产法对债权人利益的保护这一基本功能要求，“彻底贯彻债权人在破产程序中的自治精神”。但这一方式的不利之处是效率低，可能会出现债权人会议选不出破产管理人的情形。（3）由债权人会议选任和法定权力机关指定破产管理人。这以我国台湾地区和英国为代表，但这种选任方式可能导致事权不一，因而受到较多的批评。

我国《企业破产法》规定：破产管理人由人民法院指定。债权人会议认为破产管理人不能依法、公正执行职务或者有其他不能胜任职务情形的，可以申请人民法院予以更换。指定管理人和确定管理人报酬的办法，由最高人民法院规定。破产管理人依照《企业破产法》规定执行职务，向人民法院报告工作，并接受债权人会议和债权人委员会的监督。破产管理人应当列席债权人会议，向债权人会议报告职务执行情况，并回答询问。破产管理人可以由有关部门、机构的人员组成的清算组或者依法设立的律师事务所、会计师事务所、破产清算事务所等社会中介机构担任。人民法院根据债务人的实际情况，可以在征

询有关社会中介机构的意见后，指定该机构具备相关专业知识并取得执业资格的人员担任破产管理人。有下列情形之一的，不得担任破产管理人：（1）因故意犯罪受过刑事处罚；（2）曾被吊销相关专业执业证书；（3）与本案有利害关系；（4）人民法院认为不宜担任破产管理人的其他情形。个人担任破产管理人的，应当参加执业责任保险。

破产管理人作为管理、处分破产财产的法定机关，其职责是指破产管理人在破产程序中依法享有的权利和承担的义务。破产管理人独立完成破产财产的保管、清理、估价、处理、分配事务，但必须对法院负责并报告工作，并受债权人会议的监督。我国破产法规定破产管理人履行下列职责：（1）接管债务人的财产、印章和账簿、文书等资料；（2）调查债务人的财产状况，制作财产状况报告；（3）决定债务人的内部管理事务；（4）决定债务人的日常开支和其他必要开支；（5）在第一次债权人会议召开之前，决定继续或者停止债务人的营业；（6）管理和处分债务人的财产；（7）代表债务人参加诉讼、仲裁或者其他法律程序；（8）提议召开债权人会议；（9）人民法院认为破产管理人应当履行的其他职责。

参考书目

1. 范健，王建文．商法论．北京：高等教育出版社，2003
2. 范健主编．商法．4 版．北京：高等教育出版社，北京大学出版社，2011
3. 范健，王建文．商法的价值、源流及本体．2 版．北京：中国人民大学出版社，2007
4. 雷兴虎．商法学教程．2 版．北京：中国政法大学出版社，2008
5. 赵万一主编．商法学．北京：法律出版社，2006
6. 覃有土主编．商法学．5 版．北京：中国政法大学出版社，2011
7. 赵万一．商法基本问题研究．2 版．北京：法律出版社，2013
8. 史际春等．企业和公司法．3 版．北京：中国人民大学出版社，2013
9. 周林彬，任先行．比较商法导论．北京：北京大学出版社，2000
10. 谢怀栻．外国民商法精要．北京：法律出版社，2002
11. ［美］伯尔曼．法律与革命．北京：法律出版社，2008
12. 张国键．商事法论．台北：三民书局，1985
13. 张民安，龚赛红．商法总则．2 版．广州：中山大学出版社，2007
14. 赵中孚主编．社会主义市场经济民商法律问题研究．北京：中国法制出版社，2005
15. 赵中孚主编．商法总论．4 版．北京：中国人民大学出版社，2009
16. 叶林．证券法．4 版．北京：中国人民大学出版社，2013
17. 李朝晖．证券市场法律监管比较研究．北京：人民出版社，2000
18. 张宇润等．中国证券法．北京：中国经济出版社，2002
19. 姜廷松等．中国证券法与证券法律实务．北京：华夏出版社，2002
20. 董安生．票据法．3 版．北京：中国人民大学出版社，2009
21. 赵旭东．商法学教程．北京：中国政法大学出版社，2004
22. 王小能编著．票据法教程．北京：北京大学出版社，2001
23. 林嘉主编．商法总论教学参考书．北京：中国人民大学出版社，2002
24. 徐学鹿主编．票据法教程．北京：首都经济贸易大学出版社，2002
25. 赵新华．票据法律问题研究．北京：法律出版社，2007
26. 施天涛．商法学．4 版．北京：法律出版社，2010
27. 赵旭东主编．公司法学．3 版．北京：高等教育出版社，2012
28. 王保树主编．中国商法．北京：人民法院出版社，2010
29. 汤维建．破产程序与破产立法研究．北京：人民法院出版社，2001
30. 王欣新．破产法．3 版．北京：中国人民大学出版社，2011
31. 李永军．破产法律制度．北京：中国法制出版社，2000
32. 郑远民．破产法律制度比较研究．长沙：湖南大学出版社，2002
33. 温世扬主编．保险法．2 版．北京：法律出版社，2007
34. 李玉泉．保险法学．北京：高等教育出版社，2010
35. 林嘉主编．新版以案说法·保险法篇．北京：中国人民大学出版社，2004

21世纪高等院校法学系列精品教材

书名	ISBN	作者	定价
行政法与行政诉讼法（第四版）	978-7-300-21648-5	叶必丰　主编	39.80
海商法专论（第三版）	978-7-300-20444-4	司玉琢　著	49.80
经济法学（第三版）	978-7-300-22701-6	张守文　著	45.00
财税法学（第四版）	978-7-300-19447-9	张守文　著	48.00
民事诉讼法(第三版)	978-7-300-21614-0	张卫平　著	49.80
物权法（第三版）	978-7-300-18789-1	崔建远　著	59.80
判例刑法学（教学版）	978-7-300-14059-9	陈兴良　著	39.80
规范刑法学（教学版）	978-7-300-20430-7	陈兴良　著	48.00
刑法总论（第三版）	978-7-300-18042-7	周光权　著	55.00
刑法各论（第三版）	978-7-300-14536-5	周光权　著	59.00
刑事诉讼法学（第四版）	978-7-300-18548-4	郑　旭　著	45.00
侵权法学	978-7-300-13533-5	周友军　著	49.80
普通公司法	978-7-300-11227-5	邓　峰　著	68.00
网络法学（第二版）	978-7-300-21814-4	刘品新　著	29.00
中国宪法（第四版）	978-7-300-12301-1	许崇德　主编	29.80
商法学（第四版）	978-7-300-20622-6	徐学鹿　主编	49.80
证据学（第六版）	978-7-300-21850-2	陈一云　主编	36.00
外国法制史（第四版）	978-7-300-22682-8	林榕年　叶秋华　主编	38.00
婚姻家庭法学（第三版）	978-7-300-16894-4	杨大文　龙翼飞　主编	29.00
法社会学新阶	978-7-300-18452-4	付子堂　主编	32.00
民事诉讼法（第四版）	978-7-300-18072-4	田平安　主编	48.00

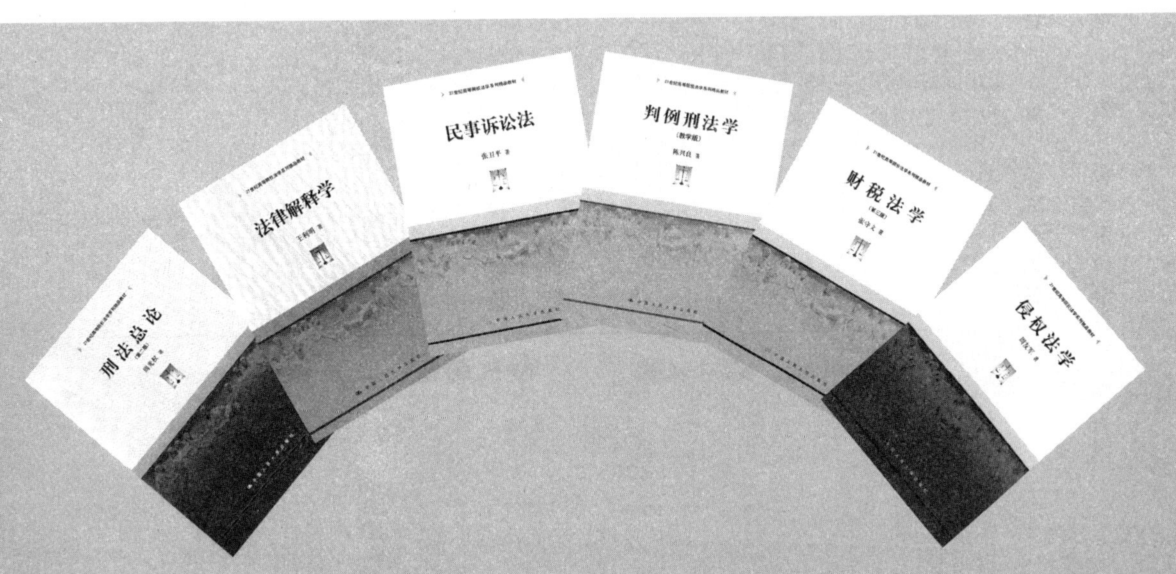

图书在版编目（CIP）数据

商法练习题集/林嘉主编 .—4 版 .—北京：中国人民大学出版社，2017.3
21 世纪法学系列教材配套辅导用书
ISBN 978-7-300-23992-7

Ⅰ.①商… Ⅱ.①林… Ⅲ.①商法-中国-高等学校-习题集 Ⅳ.①D923.99-44

中国版本图书馆 CIP 数据核字（2017）第 021575 号

21 世纪法学系列教材配套辅导用书
商法练习题集（第四版）
主编 林 嘉
Shangfa Lianxitiji

出版发行 中国人民大学出版社
社 址 北京中关村大街 31 号 邮政编码 100080
电 话 010－62511242（总编室） 010－62511770（质管部）
010－82501766（邮购部） 010－62514148（门市部）
010－62515195（发行公司） 010－62515275（盗版举报）
网 址 http://www.crup.com.cn
http://www.ttrnet.com(人大教研网)
经 销 新华书店
印 刷 北京七色印务有限公司
规 格 185 mm×260 mm 16 开本
印 张 24
字 数 686 000
版 次 2006 年 5 月第 1 版
2017 年 3 月第 4 版
印 次 2018 年 10 月第 4 次印刷
定 价 42.00 元